家事事件手続法下における書記官事務の運用に関する実証的研究
―家事調停事件及び別表第二審判事件を中心に―

研 究 員

　　　神戸家庭裁判所姫路支部主任書記官　　立 田 将 隆
　　　名古屋家庭裁判所主任書記官　　　　　表　　政 則

協力研究員

　　　東京家庭裁判所判事　　　　　　　　　右 田 晃 一

は　し　が　き

　平成25年1月1日に家事事件手続法が施行されてから4年が経過しました。同法では，当事者等の手続保障を図るための制度の拡充に加え，国民が家事事件の手続を利用しやすくするための制度の創設や見直し等も行われ，裁判所書記官（以下「書記官」という。）の事務にも大きく影響を及ぼす様々な規定が新たに設けられました。

　これまで各家庭裁判所においては，この家事事件手続法の趣旨や規定を踏まえ，家事調停事件及び同法別表第二に掲げる事項についての家事審判（以下「別表第二審判」という。）事件に関する各種書記官事務について，その根拠と目的を踏まえた上で，適正かつ迅速で合理的な書記官事務の在り方について，不断に検討や見直し等が行われてきました。

　本研究では，家事調停事件及び別表第二審判事件の手続を中心に，書記官事務の視点から，前述の各家庭裁判所における検討や見直し等に基づいて蓄積されたノウハウや工夫等の実務上の運用について調査・分析し，その根拠と目的を踏まえた上で，裁判官や家事調停委員，家庭裁判所調査官等の関係職種との連携・協働の在り方も含め，適正かつ迅速で合理的な書記官事務の在り方について実証的な研究を行いました。また，家事調停事件及び別表第二審判事件の手続の運営主体である裁判官の効果的かつ合理的な手続への関与の在り方も踏まえ，書記官が果たすべき役割はどう在るべきかという家庭裁判所の現場の裁判官の視点を組み込むために，協力研究員である東京家庭裁判所の右田晃一裁判官に本研究報告書執筆の過程で御助言と御協力をいただきました。

　本研究報告書の全体の構成や項目（目次及び序論の第3参照）及びアンケート調査の質問事項の検討並びに第2編の第7章，第3編，第4編の第6章，第5編，第6編等の具体的な書記官事務に関する部分の記載は主として立田が担当し，その他の総論部分等の記載は主として表が担当しました。その上で，本研究報告書が各家庭裁判所の現場にとって真に有益なものとなるように，家事調停事件及び別表第二審判事件に関する各種書記官事務について，可能な限り，実務に沿う形で，根拠となる法や規則，通達等を記載するなどしてその根拠と目的を明らかにし，また，その理解に資するように，実務で必要とされる実体法上の知識等についても説明を加え，さらに，具体的な事務の考え方やイメージを示すものとして必要な限度で，フローチャートや表を取り入れたり，参考となる書式例を掲載するなどして，読みやすさにも留意して記載するよう心掛けました。

　本研究は，平成27年度書記官実務研究「家事事件手続法下における書記官事務の運用に関する実証的研究―別表第一事件を中心に―」（書記官実務研究報告書第13号）（以下「平成27年度書記官実務研究」という。）と合わせて家事事件手続法下における書記官事務の運用に関する体系的な研究を完成させることも目的としたものですので，本研究が，平成27年度書記官実務研究とともに，各家庭裁判所の家事事件を取り扱う現場において，より適正かつ迅速な書記官事務を行う上での一助となるとともに，更には合理的な書記官事務の在り方についての検討や見直し等を行う際の一助となれば幸いです。

最後に，アンケート調査及びヒアリング調査に御協力いただいた各家庭裁判所の皆様，懇切丁寧な御指導と御助言をいただいた裁判所職員総合研修所の教職員の皆様，最高裁判所事務総局総務局及び家庭局の皆様に，心から感謝し，厚く御礼を申し上げます。

　平成29年3月

　　　　　　　　　　　　　　　　　　　　　　　　　立　田　将　隆
　　　　　　　　　　　　　　　　　　　　　　　　　表　　　政　則

本研究におけるアンケート調査及びヒアリング調査の実施について

　本研究では，家事調停事件及び別表第二審判事件について，各家庭裁判所の実情を把握する目的で，実務における書記官事務の運用に関する事項，家事調停の運営や別表第二審判の審理方針に関する事項並びに事実の調査に関する事項等を中心に，アンケート調査を実施しました。さらに，必要に応じて，アンケート調査の結果に関係する事項のほか，アンケート調査における質問事項以外の事項についても，いくつかの庁に対し，個別に電話等によるヒアリング調査を行いました。
　これらの結果等については，適宜文中において取り上げましたので，現場の執務の参考にしていただければ幸いです。
　御多忙の中，アンケート調査及びヒアリング調査に御協力いただいた各家庭裁判所の皆様に，改めて心より御礼を申し上げます。

◇　アンケート対象庁
　　全国の家庭裁判所本庁（50庁）。
　　なお，本庁と異なる運用をしている支部がある場合は，当該支部特有の取扱い等（実情等）についても，御回答いただいた。
◇　アンケート実施時期
　　平成28年10月から11月まで

凡　例

1 **法令**

法………………………	家事事件手続法
規………………………	家事事件手続規則
人訴法………………………	人事訴訟法
民訴法………………………	民事訴訟法
民訴規………………………	民事訴訟規則
民訴費用法………………………	民事訴訟費用等に関する法律
民調法………………………	民事調停法
民執法………………………	民事執行法
民執規………………………	民事執行規則

2 **裁判例**

【記載例】
- 最決平25.3.28（家月65巻6号96頁）
  → 平成25年3月28日最高裁判所決定（家庭裁判月報第65巻第6号96頁）
- 大阪高決昭31.9.26（家月8巻9号48頁）
  → 昭和31年9月26日大阪高等裁判所決定（家庭裁判月報第8巻第9号48頁）

【判例集等】
- 民集……………………… 最高裁判所民事判例集
- 家月……………………… 家庭裁判月報

3 **通達**

受付分配通達………………………	平成4年8月21日付け最高裁総三第26号事務総長通達「事件の受付及び分配に関する事務の取扱いについて」
記録編成通達………………………	平成24年12月11日付け最高裁総三第000339号事務総長通達「家事事件記録の編成について」

4 **引用文献**

逐条………………………	金子修編著「逐条解説　家事事件手続法」（商事法務）
一問一答………………………	金子修編著「一問一答　家事事件手続法」（商事法務）
条解規則………………………	平成24年12月家庭裁判資料第196号「条解家事事件手続規則」（最高裁判所事務総局）
家事事件手続法概説………………………	平成27年2月研修教材第28号「家事事件手続法概説」（裁判所職員総合研修所）
調停条項集………………………	平成14年3月家庭裁判資料第180号「家事調停条項事例集（新訂）」（最高裁判所事務総局）
和解条項集………………………	書記官実務研究報告書「書記官事務を中心とした和解条項に関する実証的研究〔補訂版・和解条項記載例集〕」（裁判所職員総合研修所）

目　次

序　論

第1　研究の目的 …………………………………………………………………… 1
第2　研究の方針 …………………………………………………………………… 2
第3　研究の構成 …………………………………………………………………… 2
　1　全体構成 ……………………………………………………………………… 2
　2　第2編から第5編までの構成 ……………………………………………… 2
　3　平成27年度書記官実務研究との関係 …………………………………… 3
　4　その他 ………………………………………………………………………… 3

第1編　家事事件手続法の概要

第1章　家事事件手続法の制定 …………………………………………………… 4

第2章　家事事件手続法の特徴 …………………………………………………… 5
第1　当事者等の手続保障を図るための制度の拡充 ………………………… 5
第2　国民が家事事件の手続を利用しやすくするための制度の創設等 …… 5
第3　手続の基本的事項に関する規定の整備 ………………………………… 5
第4　審判等によって影響を受ける子の利益への配慮のための制度の拡充 … 6

第3章　家事事件手続法適用事件と家事審判法適用事件 ……………………… 7

第2編　家事調停手続における書記官事務【総論】

第1章　家事調停制度 ……………………………………………………………… 8
第1節　家事調停の概念 …………………………………………………………… 8
第2節　家事調停制度の特色 ……………………………………………………… 8
　第1　合意による解決 …………………………………………………………… 8
　第2　民間人の参加 ……………………………………………………………… 8
　第3　簡易な手続 ………………………………………………………………… 8
　第4　非公開の手続 ……………………………………………………………… 9
　第5　調停成立調書の効力 ……………………………………………………… 9
第3節　家事調停事件についての家事事件手続法の規定 ……………………… 9

第2章　家事調停事項 ……………………………………………………………… 10
第1節　意義と範囲 ………………………………………………………………… 10
　第1　概説 ………………………………………………………………………… 10

- 目次1 -

	第2	人事に関する訴訟事件	10
	第3	その他家庭に関する事件	10
第2節	調停前置主義		11
第1	意義		11
第2	調停を経ない訴訟事件の必要的付調停		11
第3節	家事調停と民事調停との関係		11

第3章 調停機関 13

第1節	裁判所	13
第2節	調停機関	13
第1	調停委員会	13
1	構成	13
2	調停委員会を構成する家事調停委員の指定	13
3	家事調停委員の職務	13
4	調停委員会の権限	14
第2	裁判官	16
第3	家事調停官	16
第4	除斥・忌避・回避	16
1	家事調停官及び家事調停委員の除斥に関する書記官事務	17
(1)	家事調停官の除斥に関する書記官事務	17
	ア　申立書類の審査	
	イ　立件	
	ウ　手続の停止	
	エ　除斥についての裁判	
	オ　決定の告知	
	カ　基本事件が係属する部への連絡	
	キ　不服申立て	
(2)	家事調停委員の除斥に関する書記官事務	19
2	家事調停官の忌避に関する書記官事務	20
(1)	申立手数料	20
(2)	簡易却下の制度	20
3	家事調停官及び家事調停委員の回避	20

第4章 当事者・代理・補佐・参加・排除に関する書記官事務 22

第1節	当事者	22
第1	概説	22
第2	当事者能力	22
第3	当事者適格	22
第4	手続行為能力	22
第2節	代理人及び補佐人	23

第1	代理人	23
	1 法定代理人	23
	(1) 代理権の範囲	23
	(2) 代理権の消滅	24
	(3) 法定代理権の確認等の事務	24
	2 特別代理人	24
	3 手続代理人	25
	(1) 手続代理人の代理権等の確認に関する事務	25
	ア 手続代理人の代理権の範囲	
	イ 手続代理人の代理権の消滅	
	(2) 許可代理人の許可の手続に関する事務	26
	(3) 裁判長による手続代理人の選任に関する事務	27
	ア 手続の概要	
	イ 裁判長による手続代理人の選任に関する具体的な事務	
	ウ 子の手続代理人	
	【子の手続行為能力等一覧表】	
第2	補佐人	30
第3節	参加	30
第1	概説	30
第2	当事者参加	31
第3	利害関係参加	31
第4節	排除	32
第1	概説	32
第2	排除に関する書記官事務	32
	1 排除の手続	32
	2 排除の裁判	33
	(1) 裁判	33
	(2) 告知	34
	(3) 即時抗告	34
	3 排除の効果	34

第5章　手続費用に関する書記官事務 ………………………………………… 36

第1節	手続費用の負担	36
第1	手続費用とは	36
第2	家事調停手続における手続費用負担の規律	36
第3	手続費用額の確定手続	37
第2節	手続上の救助	38
第1	概要	38
第2	手続上の救助に関する書記官事務	38

第6章　管轄・移送等に関する書記官事務 ································ 40

第1節　管轄 ··· 40
第1　職分管轄 ·· 40
第2　土地管轄 ·· 40
1. 原則的な規律 ·· 40
2. 管轄の合意の方式 ·· 41
3. 遺産の分割の調停事件及び寄与分を定める処分の調停事件の特則 ······ 41
4. 土地管轄等についての総則的規定 ·· 42

第2節　移送 ··· 42
【家事調停事件の移送の規律（概要）】 ··· 43
第1　法9条の規定による移送 ··· 43
1. 管轄権を有しない（家庭）裁判所がする移送（法9条1項） ············ 43
2. 管轄権を有する家庭裁判所がする移送（法9条2項） ··················· 44
第2　法246条の規定による移送 ·· 44
1. 家事調停を行うことができる事件以外の事件の移送 ······················· 44
   (1) 管轄権を有する地方裁判所又は簡易裁判所への移送（法246条1項）······ 44
   (2) 管轄権を有しない地方裁判所又は簡易裁判所への移送（法246条3項）····· 45
2. 家事調停を行うことができる事件の移送 ································ 46
   (1) 管轄権を有する地方裁判所又は簡易裁判所への移送（法246条2項）······ 46
   (2) 管轄権を有しない地方裁判所又は簡易裁判所への移送（法246条3項）····· 47

第3節　自庁処理 ·· 48
第1　要件 ··· 48
第2　手続 ··· 48
1. 申立ての可否 ·· 48
2. 意見聴取 ·· 48
   (1) 意見聴取の時期 ··· 48
   (2) 意見聴取の方法 ··· 48
   (3) 意見聴取の記録化 ·· 49
3. 自庁処理の裁判 ·· 49
   (1) 自庁処理の裁判 ··· 49
   (2) 自庁処理の裁判の告知 ··· 50
   (3) 自庁処理の裁判の拘束力 ··· 50

第4節　回付 ··· 50

第7章　家事調停手続に関する書記官事務 ································ 52

【家事調停手続の一般的な流れ】 ·· 52
第1節　手続の開始 ··· 52
第1　概説 ··· 52
第2　当事者の申立て ·· 53

```
        1  申立ての方式 ················································· 53
          (1)  申立費用 ················································· 53
             ア  申立手数料
             イ  郵便切手
          (2)  申立書 ··················································· 53
             ア  書面による申立て
             イ  申立書の記載事項
          (3)  附属書類（添付書類）····································· 57
        2  申立ての併合 ················································· 62
        3  申立ての変更 ················································· 62
          (1)  概説 ····················································· 62
          (2)  申立ての変更の手続 ······································· 63
             ア  申立ての変更の方式
             イ  申立ての変更を認める場合
             ウ  申立ての変更を許さない旨の裁判
             エ  申立ての変更の通知
      第3  別表第二審判事件の付調停 ······································· 65
        1  立件及び申立費用について ····································· 65
        2  付調停された事件における手続代理人の権限について ············· 65
        3  付調停された事件における手続行為能力について ················· 66
      第4  訴訟事件の付調停 ··············································· 66
        1  立件及び申立費用について ····································· 67
        2  付調停された事件における手続代理人の権限について ············· 67
        3  付調停された事件における手続行為能力について ················· 67
      第5  移送・回付 ····················································· 67
   第2節  家事調停事件係属に関する書記官事務 ······························· 67
     第1  受付及び審査 ··················································· 67
        1  受付 ························································· 67
          (1)  意義 ····················································· 67
          (2)  受付事務の取扱者 ········································· 68
          (3)  受付事務の内容 ··········································· 68
        2  審査 ························································· 68
          (1)  概説 ····················································· 68
          (2)  家事調停の申立書の主な審査事項 ··························· 69
             ア  管轄の有無
             イ  当事者能力の有無
             ウ  当事者適格の有無
             エ  手続行為能力の有無
             オ  期間内の申立てか否か
             カ  申立費用の納付等の確認
```

　　　　キ　申立書の記載事項の確認
　　　　ク　附属書類（添付書類）の有無等
　　(3)　受付担当書記官から事件担当書記官への引継ぎ……………………72
　第2　記録の編成………………………………………………………………………72
　　1　概説…………………………………………………………………………………72
　　2　編成方法……………………………………………………………………………72
　　　　【記録の編成イメージ（主に家事調停事件：3分方式）】……………74
　第3　非開示希望情報等の適切な管理………………………………………………76
　　1　概説…………………………………………………………………………………76
　　2　根拠・目的…………………………………………………………………………77
　　3　事務処理態勢の構築………………………………………………………………77
　　(1)　前提の整理……………………………………………………………………78
　　　　ア　用語の定義
　　　　イ　非開示希望情報等として取り扱う可能性が類型的に高い情報の整理
　　　　ウ　非開示希望情報等を推知させる情報として取り扱う可能性が類型的に
　　　　　　高い情報の整理
　　　　エ　非開示希望情報等が記載されている可能性が類型的に高い書面等の整理
　　　　オ　法の趣旨及び閲覧・謄写等に関する規律
　　　　カ　記録上に表れた非開示希望情報等が流出する可能性がある場面の想定
　　(2)　記録上に不必要な非開示希望情報等が表れないようにするための措置……83
　　　　ア　手続教示
　　　　イ　当事者が提出した書面を受領する際の留意事項
　　(3)　記録上に表れた非開示希望情報等の共有等…………………………………87
　　　　ア　非開示希望情報等が記録に表れた場合の措置
　　　　イ　当事者が作成・提出する書面以外の書面に非開示希望情報等が記載さ
　　　　　　れている場合の措置
　　(4)　記録上に表れた非開示希望情報等の流出の防止の方策……………………89
　　　　ア　当事者が提出した書面からの流出の防止の方策
　　　　イ　家庭裁判所等が作成した書面からの流出の防止の方策
　　　　ウ　家事調停委員を含む関係職員の言動からの流出の防止の方策
　　(5)　その他の留意事項………………………………………………………………93
　　　　ア　当事者の手続保障
　　　　イ　家事調停手続と家事審判手続の関係
　　　　ウ　他の裁判所との関係
　　　　エ　効果的な事務処理態勢の構築
　第4　個人番号（マイナンバー）の適切な管理……………………………………95
　　1　当事者から書類を受領する場合の留意事項……………………………………95
　　2　調査嘱託を行う場合の留意事項…………………………………………………96
　　3　マイナンバーが記載された書面が提出された場合の留意事項………………96
　　(1)　マイナンバーが記録上に表れたことの共有…………………………………97

(2)　マイナンバーの流出の防止 …………………………………………… 97
　　　　ア　記録の保管方法
　　　　イ　閲覧・謄写等の申請がされた場合の対応
　　4　鑑定人や通訳人等に対して報酬を支払う場合の留意事項 ………………… 98
第5　**事件の分配** ……………………………………………………………………… 98
　　1　家事調停の申立書の審査 ……………………………………………………… 98
　　2　任意の補正の促し …………………………………………………………… 99
　　　(1)　概説 ……………………………………………………………………… 99
　　　(2)　対象 ……………………………………………………………………… 99
　　　(3)　方法 ……………………………………………………………………… 99
　　3　補正命令・予納命令 ………………………………………………………… 100
　　　(1)　対象 ……………………………………………………………………… 100
　　　　ア　補正命令の対象
　　　　イ　予納命令の対象
　　　(2)　補正命令・予納命令の発令に関する書記官事務 …………………… 100
　　4　申立書却下命令 ……………………………………………………………… 102
　　　(1)　概説 ……………………………………………………………………… 102
　　　(2)　申立書却下命令の発令に関する書記官事務 ………………………… 102
　　5　調査官による手続選別（インテーク） …………………………………… 104
　　6　家事調停手続の初期段階における調査官の関与 ………………………… 104
　　　(1)　第1回調停期日前の調査官による調査 ……………………………… 104
　　　(2)　第1回調停期日への調査官の立会い ………………………………… 104
第6　**調停期日及び家事調停委員の指定** …………………………………………… 105
　　1　調停期日の候補日の調整及び家事調停委員との連絡調整 ……………… 105
　　　(1)　調停期日の候補日の調整 ……………………………………………… 105
　　　(2)　家事調停委員との連絡調整 …………………………………………… 106
　　2　調停期日の指定及び家事調停委員の指定等 ……………………………… 106
　　　(1)　調停期日の指定及び家事調停委員の指定 …………………………… 106
　　　(2)　調停の場所 ……………………………………………………………… 107
　　　(3)　調停期日の呼出し ……………………………………………………… 107
　　　　ア　概説
　　　　イ　呼出しの時刻
　　　　ウ　呼出しの方法
　　　　エ　簡易呼出しによって調停期日の呼出しを行った場合の記録化
　　　(4)　調査命令等 ……………………………………………………………… 108
第7　**申立書の写しの送付等** ………………………………………………………… 109
　　1　【原則】申立書の写しの送付 ……………………………………………… 109
　　　(1)　概説 ……………………………………………………………………… 109
　　　(2)　申立書の写しの送付の事務 …………………………………………… 109
　　　　ア　送付の時期

　　　　イ　送付事務の内容
　　　　ウ　外国にいる当事者への送付に当たっての留意事項
　　2　【例外】申立書の写しの送付に代わる家事調停事件の係属の通知 …………110
　　　(1)　概説 ……………………………………………………………………………110
　　　(2)　家事調停事件の係属の通知の方法 ………………………………………110
　　3　申立書の写し及び家事調停事件の係属の通知以外の書類の送付 …………111
　第8　参考事項の聴取 …………………………………………………………………112
　　1　概説 ………………………………………………………………………………112
　　2　聴取の方法・時期等 ……………………………………………………………112
第3節　調停前の処分 ……………………………………………………………………112
　第1　概説 ………………………………………………………………………………112
　第2　要件 ………………………………………………………………………………113
　　1　家事調停事件が係属していること ……………………………………………113
　　2　調停のために必要であること …………………………………………………113
　第3　手続 ………………………………………………………………………………113
　　1　調停前の処分の主体 ……………………………………………………………113
　　2　調停前の処分の対象者 …………………………………………………………113
　　3　審理 ………………………………………………………………………………114
　　　(1)　申立ての可否 ………………………………………………………………114
　　　(2)　審理の内容 …………………………………………………………………114
　　4　調停前の処分の内容 ……………………………………………………………114
　　5　調停前の処分の形式 ……………………………………………………………114
　　　(1)　裁判の形式 …………………………………………………………………114
　　　(2)　調停前の処分に違反した場合の制裁の告知 ……………………………115
　　6　調停前の処分の告知 ……………………………………………………………115
　　7　調停前の処分の効力 ……………………………………………………………116
　　　(1)　効力 …………………………………………………………………………116
　　　(2)　効力の消滅 …………………………………………………………………116
　第4　不服申立て（即時抗告）の可否 ………………………………………………116
　第5　調停前の処分の取消し及び変更 ………………………………………………117
第4節　家事調停の実施 …………………………………………………………………117
　第1　家事調停手続の原則 ……………………………………………………………117
　　1　職権探知主義 ……………………………………………………………………117
　　2　非公開主義 ………………………………………………………………………117
　　　(1)　概説 …………………………………………………………………………117
　　　(2)　傍聴の許可 …………………………………………………………………118
　　　(3)　非公開主義の担保 …………………………………………………………118
　　3　本人出頭主義 ……………………………………………………………………118
　　4　簡易迅速処理の要請 ……………………………………………………………119
　第2　調停期日外における書記官事務 ………………………………………………119

1　期日間準備事務 …………………………………………………………… 119
　(1)　第1回調停期日までの準備事務 …………………………………… 119
　　　ア　相手方提出書面の取扱い
　　　イ　調査報告書の取扱い
　　　ウ　当事者等からの問合せ対応
　　　エ　家事調停委員による第1回調停期日前の記録の閲読等
　　　オ　第1回調停期日実施前の準備事務
　(2)　第1回調停期日以後（期日間）の準備事務 ……………………… 122
　　　ア　提出予定書面の提出期限の管理
　　　イ　当事者等からの提出書面の取扱い
　　　ウ　調査報告書等の取扱い
　　　エ　当事者等からの問合せ対応
　　　オ　当事者の連絡先の変更
　　　カ　次回調停期日において調停成立が予想される場合の準備事務
2　調停期日の変更 …………………………………………………………… 126
　(1)　調停期日の変更の事由等 …………………………………………… 126
　　　ア　調停期日の変更の事由及び申立ての可否
　　　イ　調停期日の変更の制限
　(2)　調停期日の変更の手続 ……………………………………………… 127
3　医師である裁判所技官の関与 …………………………………………… 128
　(1)　関与の形態 …………………………………………………………… 128
　(2)　関与の手続 …………………………………………………………… 129
　　　ア　診断を命ずる裁判等の準備
　　　イ　診断を命ずる裁判等の発令後の事務
　　　ウ　調査官との連携
4　通訳人の立会い等 ………………………………………………………… 129
5　事故防止対策等 …………………………………………………………… 130
第3　調停期日における書記官事務 ……………………………………… 130
1　家事調停委員の登庁及び記録の貸出し ………………………………… 131
2　出頭当事者等への対応等 ………………………………………………… 131
3　当事者双方立会いの下での手続説明 …………………………………… 132
4　調停期日における当事者等からの提出書面の取扱い ………………… 133
5　事故防止対策等 …………………………………………………………… 133
6　調停条項案の作成等 ……………………………………………………… 133
7　家事調停委員からの記録の返還等 ……………………………………… 134
8　調停期日に立ち会った調査官の意見を記載したメモ等の提出等 …… 135
9　調書及び事件経過表の作成 ……………………………………………… 135
　(1)　概説 …………………………………………………………………… 135
　(2)　調書の記載事項 ……………………………………………………… 136
　　　ア　形式的記載事項

　　　　イ　実質的記載事項
　　　(3)　調書作成のための書記官の立会い ……………………………………… 137
　　　(4)　調書及び事件経過表の様式及び記載方法 …………………………… 137
　　　　ア　調書の様式及び記載方法
　　　　イ　事件経過表の参考様式
　　10　調停期日の続行 ………………………………………………………………… 138
　第4　評議 ……………………………………………………………………………… 138
　　1　概説 ……………………………………………………………………………… 138
　　2　評議の類型 …………………………………………………………………… 139
　　　(1)　評議の時期に着目した類型 …………………………………………… 139
　　　(2)　評議の方法に着目した類型 …………………………………………… 139
　　3　書記官の評議への立会い（臨席） ………………………………………… 139
　第5　テレビ会議システム又は電話会議システムの方法による調停期日における
　　　手続の実施 ……………………………………………………………………… 140
　　1　概説 ……………………………………………………………………………… 140
　　2　要件 ……………………………………………………………………………… 140
　　　(1)　当事者が遠隔の地に居住しているときその他相当と認めるとき ……… 140
　　　(2)　当事者の意見の聴取 ……………………………………………………… 140
　　3　テレビ会議システム又は電話会議システムの方法によることができない場合 … 141
　　4　手続 ……………………………………………………………………………… 141
　第6　手続の併合・分離 ……………………………………………………………… 142
　第7　家事調停手続における関係職種との連携 ………………………………… 142
　　1　調停期日外に当事者等から主張書面等の提出や問合せがあった場合におけ
　　　る関係職種との連携について ………………………………………………… 143
　　2　調査官の関与に伴う関係職種との連携について ……………………… 143
　　3　調停委員会（主に家事調停委員）との連携について ………………… 144
第5節　事実の調査 …………………………………………………………………… 145
　第1　概説 ……………………………………………………………………………… 145
　第2　家事調停手続における事実の調査の特徴 ………………………………… 145
　　1　事実の調査に関する権限 …………………………………………………… 145
　　2　書記官が行う事実の調査 …………………………………………………… 145
　　3　家事調停委員による事実の調査 …………………………………………… 146
　　4　事実の調査の通知の要否 …………………………………………………… 146
　　5　事実の調査の要旨の記録化の要否 ………………………………………… 146
　　6　意見の聴取の嘱託 …………………………………………………………… 146
第6節　証拠調べ ……………………………………………………………………… 147
　第1　概説 ……………………………………………………………………………… 147
　第2　家事調停手続における証拠調べの特徴 …………………………………… 147
　　1　証拠調べに関する権限 ……………………………………………………… 147
　　2　証拠調べにおける家事調停委員による尋問 …………………………… 147

		3 証拠調べに関する書記官事務	148

第7節 子の意思の把握・考慮 …………………………………………………… 148
第1 概説 ……………………………………………………………………… 148
第2 子の意思の把握の方法 ……………………………………………… 149
1 子の陳述の聴取 …………………………………………………… 149
2 調査官による調査 ………………………………………………… 149
3 その他の適切な方法 ……………………………………………… 149
第3 把握した子の意思の考慮 ……………………………………………… 149
第4 子の意思の把握・考慮に関する書記官事務 ……………………… 150
1 関係職種との連携等 ……………………………………………… 150
2 事実の調査に関する事務等 ……………………………………… 150

第8節 記録の閲覧・謄写等 …………………………………………………… 150
第1 概説 ……………………………………………………………………… 150
【家事事件の記録の閲覧・謄写等一覧表】 ……………………………… 151
第2 実務上の運用等について …………………………………………… 152
第3 家事調停事件の記録の閲覧・謄写等に関する書記官事務 ……… 152
1 家事調停事件の記録の閲覧・謄写・複製に関する書記官事務 …… 152
(1) 申請人（申立人） ……………………………………………… 152
(2) 申請（申立て）の方法 ………………………………………… 153
(3) 手数料 …………………………………………………………… 153
(4) 手続 ……………………………………………………………… 153
2 家事調停事件の記録の正本，謄本若しくは抄本又は家事調停事件に関する
事項の証明書の交付に関する書記官事務 …………………………… 154
(1) 申請人（申立人）等 …………………………………………… 154
【家事調停事件の記録の正本等の交付の申請人（申立人）等一覧表】 …… 154
(2) 申請（申立て）の方法 ………………………………………… 154
(3) 手数料等 ………………………………………………………… 154
　ア 家事調停事件の記録の正本，謄本又は抄本の交付の手数料
　イ 家事調停事件に関する事項の証明書の交付の手数料
　ウ その他
(4) 手続 ……………………………………………………………… 155
　ア 家庭裁判所の許可が必要な場合（法254条1項の規定に基づく申請の場合）
　イ 家庭裁判所の許可が不要な場合（法254条4項の規定に基づく申請の場合）

第9節 受継 ………………………………………………………………………… 157
第1 概説 ……………………………………………………………………… 157
第2 家事調停手続における受継に関する書記官事務 ………………… 158

第10節 中止 ………………………………………………………………………… 158
第1 概説 ……………………………………………………………………… 158

第2 中止事由 ………………………………………………………………… 158
　1　法定の事故 ………………………………………………………………… 158
　2　中止命令 …………………………………………………………………… 158
　　(1)　当事者が不定期間の故障により家事事件の手続を続行することができないときの中止命令 ………………………………………………………… 158
　　(2)　家事調停の手続を優先させるための法定の中止命令 …………………… 159
第3　中止の終了 ……………………………………………………………… 159
第4　中止の効果 ……………………………………………………………… 159
第11節　家事調停手続における不服申立て ……………………………… 159
第1　家事審判の手続の規定が準用される場合 …………………………… 159
第2　「特別の定め」のある場合 ……………………………………………… 160
第12節　家事調停手続の終了 ………………………………………………… 160
第1　調停成立 ………………………………………………………………… 160
　1　概説 ………………………………………………………………………… 160
　2　要件等 ……………………………………………………………………… 161
　　(1)　対象事件 ………………………………………………………………… 161
　　(2)　調停の成立要件 ………………………………………………………… 161
　3　効力等 ……………………………………………………………………… 162
　　(1)　調停調書（成立）の効力 ……………………………………………… 162
　　　ア　概説
　　　イ　法別表第二に掲げる事項についての効力
　　　ウ　訴訟事項についての効力
　　(2)　付調停された事件（別表第二審判事件及び訴訟事件）への影響 ………… 162
　　　ア　別表第二審判事件への影響
　　　イ　訴訟事件への影響
　4　手続 ………………………………………………………………………… 163
　　(1)　調停調書（成立）の作成 ……………………………………………… 163
　　(2)　調停調書（成立）の作成に当たっての留意事項 ……………………… 164
　　　ア　事件の表示について
　　　イ　当事者等の表示について
　　(3)　調停条項について ……………………………………………………… 166
　　　ア　調停条項の記載例や留意事項等
　　　イ　調停調書（成立）に記載された調停条項に対する異議
　　(4)　調停成立後の事務について …………………………………………… 167
　　　ア　戸籍届出についての説明等
　　　イ　調停調書正本の送達申請等について
　　　ウ　利害関係参加人への通知
　　　エ　戸籍事務管掌者への通知
第2　調停条項案の書面による受諾 ………………………………………… 169
　1　概説 ………………………………………………………………………… 169

    2 要件 ··· 169
    3 調停条項案の書面による受諾の方法ができない場合 ······················· 170
    4 手続 ··· 170
      (1) 調停条項案の提示 ··· 170
      (2) 当事者の真意の確認 ··· 171
      (3) 調停調書（成立）作成に当たっての留意事項 ······················ 171
      (4) 調停条項案を受諾する旨の書面（受諾書面）を提出した当事者等への通知 ··· 171
  第3 合意に相当する審判 ··· 172
  第4 調停をしない措置 ·· 172
    1 概説 ··· 172
    2 要件 ··· 172
    3 効果等 ·· 173
      (1) 不服申立て（即時抗告）の可否 ······································· 173
      (2) 別表第二調停事件についての家事審判手続への移行の有無 ······ 173
      (3) 付調停された事件（別表第二審判事件及び訴訟事件）への影響 ··· 173
    4 手続 ··· 173
      (1) 調書への記載等 ··· 173
      (2) 当事者等への通知 ··· 174
  第5 調停不成立 ·· 174
    1 概説 ··· 174
    2 要件 ··· 175
    3 効果等 ·· 175
      (1) 不服申立て（即時抗告）の可否 ······································· 175
      (2) 訴え提起の擬制 ··· 175
      (3) 家事審判の申立ての擬制（家事審判手続への移行） ············· 175
      (4) 付調停された事件（別表第二審判事件及び訴訟事件）への影響 ··· 176
    4 手続 ··· 176
      (1) 調書への記載等 ··· 176
      (2) 当事者等への通知 ··· 176
      (3) 当事者双方立会いの下での手続説明等 ······························ 177
  第6 調停に代わる審判 ·· 177
    1 概説 ··· 177
    2 調停に代わる審判の主体，対象，要件等 ···································· 178
      (1) 審判の主体 ··· 178
      (2) 審判の対象 ··· 178
      (3) 審判の要件 ··· 178
      (4) 実務上の運用 ·· 178
    3 審判の方式等 ··· 179
    4 調停に代わる審判の特則 ··· 180
      (1) 家事調停の申立ての取下げの制限 ···································· 180

       (2) 調停に代わる審判の告知に関する特則等 ································ 180
       (3) 調停に代わる審判を告知することができないときの調停に代わる審判の取消し … 181
     5 異議の申立て等 ·· 182
       (1) 異議申立期間 ·· 182
       (2) 異議の申立ての方式 ·· 182
       (3) 異議の申立てに対する裁判 ·· 182
       (4) 適法な異議の申立てと調停に代わる審判の失効 ························ 182
       (5) 訴え提起の擬制 ·· 183
       (6) 家事審判の申立ての擬制（家事審判手続への移行） ···················· 183
       (7) 調停に代わる審判に服する旨の共同の申出 ···························· 183
     6 調停に代わる審判の効力 ·· 183
     7 付調停された事件（別表第二審判事件及び訴訟事件）への影響 ·············· 184
       (1) 別表第二審判事件への影響 ·· 184
       (2) 訴訟事件への影響 ·· 184
     8 調停に代わる審判の効力発生に伴う事務について ·························· 184
       (1) 戸籍届出についての手続教示等 ······································ 184
       (2) 戸籍事務管掌者への通知 ·· 184
   第7 取下げ ·· 185
     1 概説 ·· 185
     2 家事調停の申立ての取下げの時的限界 ···································· 185
     3 手続 ·· 185
       (1) 取下げの方式 ·· 185
         ア 原則（書面）
         イ 例外（口頭）
       (2) 付調停によって開始した家事調停事件の取下げの可否 ·················· 186
       (3) 当事者等への通知 ·· 186
     4 効果 ·· 186
   第8 当然終了 ·· 187
     1 概説 ·· 187
     2 手続 ·· 187
第13節 戸籍事務管掌者への通知 ·· 188
   第1 戸籍通知をする類型 ·· 188
     1 調停成立時の戸籍通知 ·· 188
     2 合意に相当する審判の確定時の戸籍通知 ································ 189
     3 調停に代わる審判の確定時の戸籍通知 ·································· 189
   第2 戸籍通知に関する書記官事務 ·· 189
第14節 家事調停手続終了後の書記官事務 ·· 190
   第1 記録表紙への記載及び民事裁判事務支援システム（MINTAS）への入力 ······ 190
   第2 裁判統計報告書（事件票，月報・年表）の作成 ···························· 190
     1 事件票の作成 ·· 190

	2 月報・年表の作成 ……………………………………………………………… 190
第3	予納郵便切手の返還 …………………………………………………………… 191
第4	家事予納金の返還 ……………………………………………………………… 191
第5	民事保管物の返還 ……………………………………………………………… 192
第6	記録の整理及び引継ぎ ………………………………………………………… 192
	1 記録の整理等 ……………………………………………………………… 192
	2 原本付記 …………………………………………………………………… 193
	(1) 保存規程7条の規定による裁判の原本等への付記 …………………… 193
	(2) 民執規18条2項の規定に準ずる裁判の原本等への付記 …………… 194
	(3) 規128条1項が準用する規50条3項の規定による告知の記録化 ……… 195
第7	記録等の保存・廃棄 …………………………………………………………… 195
	1 記録の保存の始期（原則） ……………………………………………… 196
	【家事調停事件の完結日等一覧表】 …………………………………………… 196
	2 記録の保存の始期（例外） ……………………………………………… 196
	3 記録の保存期間（原則） ………………………………………………… 196
	4 記録の保存期間（例外） ………………………………………………… 196
	5 付調停事件が調停成立等で事件が完結した場合の家事調停事件記録の保存 … 196
	(1) 訴訟事件が調停に付された場合（法257条2項本文，274条1項） ……… 196
	ア 受訴裁判所が自ら処理する場合（自庁調停）
	イ 他の裁判所に処理させる場合（他庁調停）
	(2) 家事審判事件が調停に付された場合（法274条1項） ……………… 197
	ア 家事審判事件が係属する裁判所が自ら処理する場合（自庁調停）
	イ 他の裁判所に処理させる場合（他庁調停）
	6 別表第二調停事件が審判移行（法272条4項，286条7項）して事件が完結した場合の記録の保存 …………………………………………………… 197
	7 事件書類の分離及び編冊 ………………………………………………… 197
	(1) 事件書類の分離 ………………………………………………………… 197
	【家事調停事件における主な事件書類の保存期間】 ………………………… 198
	(2) 事件書類の編冊 ………………………………………………………… 198
	8 記録等の廃棄 ……………………………………………………………… 198
第8	調停調書の更正 ………………………………………………………………… 198
	1 要件 ………………………………………………………………………… 198
	2 裁判 ………………………………………………………………………… 198
	3 留意事項 …………………………………………………………………… 199
	(1) 家事審判法（旧法）適用事件の調停調書の更正 …………………… 199
	(2) 書記官の処分に対する異議（法37条）との関係について ………… 199

第3編　家事調停手続における書記官事務【各論】

第1章　一般調停事件における書記官事務 …………………………………………… 201
第1節　夫婦関係調整調停申立事件 ……………………………………………… 202
第1　申立て …………………………………………………………………… 202
　　1　管轄 ……………………………………………………………………… 202
　　2　申立人 …………………………………………………………………… 203
　　3　申立ての方式 …………………………………………………………… 203
　　　(1)　申立費用 …………………………………………………………… 203
　　　　ア　申立手数料
　　　　イ　郵便切手
　　　(2)　申立書 ……………………………………………………………… 203
　　　(3)　附属書類（添付書類） …………………………………………… 203
第2　受付及び審査 …………………………………………………………… 204
　　1　付随申立てについて …………………………………………………… 204
　　　(1)　子の親権者の指定等について …………………………………… 204
　　　　ア　子の親権者の指定（連れ子養子との離縁を伴わない場合を含む。）について
　　　　イ　連れ子養子との離縁を伴う場合について
　　　(2)　財産分与，慰謝料及び養育費について ………………………… 205
　　　(3)　請求すべき按分割合に関する処分（年金分割）について …… 205
　　2　不貞行為の相手に対する慰謝料請求調停申立事件の取扱いについて ……… 205
　　3　当事者に外国人が含まれる場合（いわゆる渉外事件の場合）について …… 206
第3　立件基準（事件番号の付け方の基準） ……………………………… 206
第4　記録の編成 ……………………………………………………………… 206
第5　事件の分配 ……………………………………………………………… 207
第6　調停期日及び家事調停委員の指定 …………………………………… 207
第7　申立書の写しの送付等 ………………………………………………… 207
第8　参考事項の聴取 ………………………………………………………… 207
第9　調停の実施等 …………………………………………………………… 207
　　1　調停成立が予想される場合の留意事項 ……………………………… 207
　　2　調停成立に当たって必要な資料の提出指示（規127条，37条3項） ……… 208
　　　(1)　財産分与に関する調停条項を作成するに当たって必要な資料の提出指示 … 208
　　　　ア　不動産を分与する場合
　　　　イ　動産を分与する場合
　　　　ウ　自動車を分与する場合
　　　　エ　保険を分与する場合
　　　　オ　預貯金債権を分与する場合
　　　(2)　年金分割に関する調停条項を作成するに当たって必要な資料の提出指示 … 209

第10 調停手続の終了 ·· 209
1 調停成立 ·· 209
(1) 調停調書（成立）に記載する当事者等の表示について ············ 209
(2) 調停条項について ·· 210
ア 円満調整
イ 別居（別居期間中の子の監護に関する事項及び婚姻費用の支払を含む。）
ウ 調停離婚
エ 協議離婚
オ 親権者の指定（連れ子養子との離縁を含む。）
カ 養育費
キ 面会交流
ク 財産分与
ケ 年金分割
コ 慰謝料・解決金
サ 清算条項
シ 家事調停に関する手続の費用の負担に関する条項
ス その他の留意事項
(3) 調停成立後の事務について ·································· 220
ア 戸籍届出についての説明等
イ 年金分割の請求手続についての説明等
ウ 調停調書正本の送達申請等について
エ 付調停された事件（訴訟事件）の調停成立に伴う当該事件が係属していた裁判所に対する通知（規133条1項）について
2 調停に代わる審判 ·· 221
第11 戸籍事務管掌者への通知 ······································ 221
第12 調停手続終了後の書記官事務 ·································· 222
第2節 その他の一般調停事件 ·· 223
第1 離縁調停申立事件 ·· 224
1 申立人 ·· 224
(1) 原則 ·· 224
(2) 養子が15歳未満の場合の申立人 ······························ 224
2 申立時に必要な附属書類（添付書類） ·························· 225
3 離縁に付随して財産分与や慰謝料等を求めることの可否等について ·· 225
(1) 財産分与の請求について ···································· 225
(2) 慰謝料の請求について ······································ 226
(3) 養子が離縁前に養方の祭祀財産の権利を承継していた場合の承継者の指定について ·· 226
4 調停調書（成立）に記載する当事者等の表示及び調停条項等について ·· 226
第2 離婚後の紛争調整調停申立事件 ································ 227
1 申立人 ·· 227

         2　申立時に必要な附属書類（添付書類） ……………………………… 227
         3　財産の分与や請求すべき按分割合に関する処分（年金分割）等の法別表第
           二に掲げる事項について他の家庭に関する事項と併せて申し立てられた離婚
           後の紛争調整調停が成立しない場合における審判移行の有無 ……… 227
         4　調停条項について ……………………………………………………… 227
     第3　遺留分減殺による物件返還請求調停申立事件 ……………………… 228
         1　当事者 …………………………………………………………………… 228
           (1)　申立人 ……………………………………………………………… 228
           (2)　相手方（被減殺者） ……………………………………………… 228
         2　申立時に必要な附属書類（添付書類） ……………………………… 228
         3　立件基準（事件番号の付け方の基準） ……………………………… 229
         4　遺留分減殺請求権の行使について …………………………………… 230
           (1)　遺留分減殺請求権の行使の期間の制限について ……………… 230
           (2)　遺留分減殺請求権の行使の方法について ……………………… 230
         5　調停条項について ……………………………………………………… 231

第2章　別表第二調停事件における書記官事務 ……………………………… 232

  第1節　婚姻費用の分担請求調停申立事件 …………………………………… 233
     第1　申立て ………………………………………………………………… 233
         1　管轄 ……………………………………………………………………… 233
         2　申立人 …………………………………………………………………… 233
         3　申立ての方式 …………………………………………………………… 233
           (1)　申立費用 …………………………………………………………… 233
             ア　申立手数料
             イ　郵便切手
           (2)　申立書 ……………………………………………………………… 234
           (3)　附属書類（添付書類） …………………………………………… 234
     第2　受付及び審査 ………………………………………………………… 235
         1　婚姻費用の請求金額について ………………………………………… 235
         2　過去の婚姻費用について ……………………………………………… 235
         3　事情変更による婚姻費用の分担額の変更について ………………… 235
         4　当事者に外国人が含まれる場合（いわゆる渉外事件の場合）について …… 236
     第3　立件基準（事件番号の付け方の基準） …………………………… 236
     第4　記録の編成 …………………………………………………………… 236
     第5　事件の分配 …………………………………………………………… 236
     第6　調停期日及び家事調停委員の指定 ………………………………… 236
     第7　申立書の写しの送付等 ……………………………………………… 236
     第8　参考事項の聴取 ……………………………………………………… 236
     第9　調停の実施等 ………………………………………………………… 236
         1　調停の運営について …………………………………………………… 237

2　婚姻費用の分担の終期について ……………………………………………… 237
　　　3　夫婦関係調整調停申立事件との関係について ……………………………… 238
　第10　調停手続の終了 ……………………………………………………………………… 238
　　1　調停成立 …………………………………………………………………………… 238
　　　(1)　調停調書（成立）に記載する当事者等の表示について ………………… 238
　　　(2)　調停条項について ……………………………………………………………… 238
　　　(3)　調停成立後の事務について …………………………………………………… 239
　　　　ア　調停調書正本の送達申請等について
　　　　イ　付調停された事件（別表第二審判事件）の調停成立に伴う当該事件が
　　　　　　係属していた裁判所に対する通知（規133条2項）について
　　2　調停不成立（家事審判手続への移行）……………………………………………… 239
　第11　調停手続終了後の書記官事務 …………………………………………………… 240
第2節　面会交流調停申立事件 …………………………………………………………… 241
　第1　申立て ……………………………………………………………………………… 241
　　1　管轄 ………………………………………………………………………………… 241
　　2　申立人 ……………………………………………………………………………… 242
　　3　申立ての方式 ……………………………………………………………………… 242
　　　(1)　申立費用 ……………………………………………………………………… 242
　　　　ア　申立手数料
　　　　イ　郵便切手
　　　(2)　申立書 ………………………………………………………………………… 242
　　　(3)　附属書類（添付書類）………………………………………………………… 242
　第2　受付及び審査 …………………………………………………………………… 243
　　1　監護親からの非監護親と子との面会交流の禁止・制限を求める調停の申立
　　　てについて ………………………………………………………………………… 243
　　2　国際的な子の奪取の民事上の側面に関する条約の実施に関する法律が適用
　　　される面会交流についての特則について ……………………………………… 243
　　　(1)　申立書の記載事項等の特則 ………………………………………………… 243
　　　(2)　書記官から外務大臣（中央当局）への通知 ……………………………… 244
　第3　立件基準（事件番号の付け方の基準）………………………………………… 245
　第4　記録の編成 ……………………………………………………………………… 245
　第5　事件の分配 ……………………………………………………………………… 245
　第6　調停期日及び家事調停委員の指定 …………………………………………… 245
　第7　申立書の写しの送付等 ………………………………………………………… 245
　第8　参考事項の聴取 ………………………………………………………………… 245
　第9　調停の実施等 …………………………………………………………………… 245
　　1　調停の運営について ……………………………………………………………… 246
　　2　夫婦関係調整調停申立事件における面会交流の調停の運営について（参考）… 247
　第10　調停手続の終了 ………………………………………………………………… 247
　　1　調停成立 ………………………………………………………………………… 247

　　　　(1)　調停調書（成立）に記載する当事者等の表示について ……………… 247
　　　　(2)　調停条項について …………………………………………………… 247
　　　　(3)　調停成立後の事務について ………………………………………… 247
　　　　　ア　調停調書正本の送達申請等について
　　　　　イ　付調停された事件（別表第二審判事件）の調停成立に伴う当該事件が
　　　　　　　係属していた裁判所に対する通知（規133条2項）について
　　2　調停不成立（家事審判手続への移行） ……………………………………… 248
第11　調停手続終了後の書記官事務 …………………………………………………… 248
第3節　遺産の分割調停申立事件 ………………………………………………………… 249
第1　申立て ……………………………………………………………………………… 250
　1　管轄 ………………………………………………………………………………… 250
　2　当事者 ……………………………………………………………………………… 250
　　(1)　申立人 ………………………………………………………………………… 250
　　(2)　相手方 ………………………………………………………………………… 250
　3　申立ての方式 ……………………………………………………………………… 250
　　(1)　申立費用 ……………………………………………………………………… 250
　　　ア　申立手数料
　　　イ　郵便切手
　　(2)　申立書 ………………………………………………………………………… 250
　　(3)　附属書類（添付書類） ……………………………………………………… 250
第2　受付及び審査 ……………………………………………………………………… 253
　1　申立書等の審査について ………………………………………………………… 253
　　(1)　当事者について ……………………………………………………………… 253
　　　ア　当事者目録について
　　　イ　意思能力や手続行為能力に問題がある当事者がいる場合について
　　(2)　遺産目録について …………………………………………………………… 254
　　(3)　その他の申立書等の審査に当たっての留意事項（申立ての消極的要件等）… 255
　2　付随事件の申立てを要する場合について ……………………………………… 255
　　(1)　特別代理人の選任を要する場合について ………………………………… 255
　　(2)　臨時保佐人又は臨時補助人の選任を要する場合について ……………… 256
　　(3)　不在者財産管理人の選任を要する場合について ………………………… 257
　3　その他の申立てを要する場合等について ……………………………………… 257
　　(1)　寄与分を定める処分の調停の申立てを要する場合について …………… 257
　　(2)　遺言書の検認の申立てを要する場合について …………………………… 257
　　(3)　遺留分減殺請求権の行使後の法律関係について ………………………… 257
　4　受理面接について ………………………………………………………………… 257
第3　立件基準（事件番号の付け方の基準） ………………………………………… 258
第4　記録の編成 ………………………………………………………………………… 258
第5　事件の分配 ………………………………………………………………………… 258
第6　調停期日及び家事調停委員の指定 ……………………………………………… 258

1　調停期日の候補日の調整に当たっての留意事項 ･････････････････････ 259
　　　2　家事調停委員との連絡調整に当たっての留意事項 ･･････････････････ 259
　第7　申立書の写しの送付等 ･･･ 259
　第8　参考事項の聴取 ･･･ 260
　第9　調停の実施等 ･･･ 260
　　　1　調停の運営 ･･･ 261
　　　2　第1回調停期日までの準備事務 ･･･････････････････････････････････ 262
　　　3　相続分の譲渡・放棄 ･･･ 262
　　　　(1)　概説 ･･ 262
　　　　(2)　手続 ･･ 263
　　　4　調査官の関与 ･･･ 263
　　　5　中間合意調書の作成 ･･･ 264
　　　6　鑑定 ･･･ 264
　　　　(1)　概説 ･･ 264
　　　　(2)　手続 ･･ 264
　　　　　ア　鑑定に要する費用の予納
　　　　　イ　中間合意調書の作成
　　　　　ウ　鑑定の手続
　　　7　次回調停期日において調停成立が予想される場合の準備事務 ････････ 265
　　　　(1)　当事者（本人）の出頭確保等 ･････････････････････････････････ 265
　　　　(2)　自己契約・双方代理 ･･･ 266
　　　　(3)　不在者財産管理人の権限外行為許可 ･･･････････････････････････ 266
　　　　(4)　成年後見監督人等の同意等 ･･･････････････････････････････････ 266
　　　8　寄与分を定める処分調停申立事件との関係 ･････････････････････････ 267
　第10　調停手続の終了 ･･ 267
　　　1　調停成立 ･･･ 267
　　　　(1)　調停調書（成立）に記載する当事者等の表示について ･･･････････ 267
　　　　(2)　調停条項について ･･･ 268
　　　　(3)　調停成立後の事務について ･･･････････････････････････････････ 270
　　　　　ア　調停調書正本の送達申請等について
　　　　　イ　付調停された事件（別表第二審判事件）の調停成立に伴う当該事件が
　　　　　　係属していた裁判所に対する通知（規133条2項）について
　　　2　調停不成立（家事審判手続への移行） ･･････････････････････････････ 270
　第11　調停手続終了後の書記官事務 ･･････････････････････････････････････ 271
第4節　その他の別表第二調停事件 ･･ 272
　第1　養育費請求調停申立事件 ･･ 273
　　　1　当事者 ･･･ 273
　　　　(1)　申立人 ･･ 273
　　　　(2)　手続行為能力についての留意事項 ･････････････････････････････ 273
　　　2　申立手数料 ･･･ 273

－ 目次21 －

3　申立時に必要な附属書類（添付書類） …………………………………… 273
　　　4　受付及び審査 ………………………………………………………………… 274
　　　　(1)　養育費の請求金額について ……………………………………………… 274
　　　　(2)　過去の養育費について …………………………………………………… 274
　　　　(3)　事情変更による養育費の額の変更について …………………………… 274
　　　5　立件基準（事件番号の付け方の基準） …………………………………… 274
　　　6　調停の実施等 ………………………………………………………………… 274
　　　　(1)　調停の運営 ………………………………………………………………… 274
　　　　(2)　養育費の支払の終期について …………………………………………… 275
　　　7　他の調停事件との関係 ……………………………………………………… 275
　　　　(1)　夫婦関係調整（離婚）調停申立事件との関係 ………………………… 275
　　　　(2)　婚姻費用の分担請求調停申立事件との関係 …………………………… 275
　　　　(3)　扶養料請求調停申立事件との関係 ……………………………………… 275
　　　8　調停調書（成立）に記載する当事者等の表示及び調停条項について …… 275
　　　　(1)　当事者等の表示について ………………………………………………… 275
　　　　(2)　調停条項について ………………………………………………………… 275
　　第2　寄与分を定める処分調停申立事件 …………………………………………… 277
　　　1　管轄 …………………………………………………………………………… 277
　　　　(1)　原則 ………………………………………………………………………… 278
　　　　(2)　特則 ………………………………………………………………………… 278
　　　2　当事者 ………………………………………………………………………… 278
　　　　(1)　申立人 ……………………………………………………………………… 278
　　　　(2)　相手方 ……………………………………………………………………… 278
　　　3　申立手数料 …………………………………………………………………… 278
　　　4　申立書 ………………………………………………………………………… 278
　　　5　申立時に必要な附属書類（添付書類） …………………………………… 279
　　　6　寄与分制度の適用時期 ……………………………………………………… 279
　　　7　申立ての時期 ………………………………………………………………… 279
　　　8　立件基準（事件番号の付け方の基準） …………………………………… 279
　　　9　遺産の分割調停申立事件及び寄与分を定める処分調停申立事件が係属する
　　　　ときの調停の手続及び調停の併合等 ………………………………………… 279
　　　10　調停条項について …………………………………………………………… 280
　　　11　調停不成立（家事審判手続への移行）時の留意事項 …………………… 280

第3章　特殊調停事件（合意に相当する審判事件）における書記官事務 ………… 281

第1節　協議離婚無効確認申立事件 …………………………………………………… 282
第1　申立て …………………………………………………………………………… 282
　　1　管轄 ……………………………………………………………………………… 282
　　2　当事者 …………………………………………………………………………… 282
　　　(1)　申立人 ………………………………………………………………………… 282

		(2) 相手方 ··· 282

- 3 申立ての方式 ··· 282
  - (1) 申立費用 ··· 282
    - ア 申立手数料
    - イ 郵便切手
  - (2) 申立書 ···282
  - (3) 附属書類（添付書類） ·· 282
- 第2 受付及び審査 ··· 283
  - 1 戸籍訂正許可申立事件との関係について ························ 283
  - 2 婚姻取消申立事件との関係について ······························ 284
  - 3 当事者に外国人が含まれる場合（いわゆる渉外事件の場合）について ······· 284
- 第3 立件基準（事件番号の付け方の基準） ····························· 284
- 第4 記録の編成 ·· 285
- 第5 事件の分配 ·· 285
- 第6 調停期日及び家事調停委員の指定 ··································· 285
- 第7 申立書の写しの送付等 ··· 285
- 第8 参考事項の聴取 ··· 285
- 第9 調停の実施等 ·· 285
  - 1 合意に相当する審判の要件について ······························ 285
  - 2 家事調停手続について ··· 285
  - 3 合意の成立等について ··· 286
    - (1) 手続 ··· 286
    - (2) 合意を成立させることができない場合について ············ 287
  - 4 必要な事実の調査について ·· 287
  - 5 家事調停委員の意見聴取について ································ 288
  - 6 無効な協議離婚の追認について ··································· 288
- 第10 調停手続の終了 ·· 288
  - 1 合意に相当する審判 ·· 289
    - (1) 審判 ··· 289
    - (2) 審判の告知 ··· 290
    - (3) 不服申立て ··· 290
      - ア 概説
      - イ 当事者からの異議の申立て
      - ウ 利害関係人からの異議の申立て
    - (4) 合意に相当する審判の確定及び効力 ·························· 293
  - 2 調停不成立 ··· 293
  - 3 取下げ ·· 293
- 第11 戸籍事務管掌者への通知 ··· 294
- 第12 当事者への戸籍訂正申請についての説明 ························· 294
- 第13 手続終了後の書記官事務 ··· 294

第2節　嫡出否認申立事件 …………………………………………………… 295
　第1　親子関係の存否に関する各事件の関係の整理 ………………………… 296
　　　【親子関係の存否に関する各事件の関係について（概要）】…………… 296
　第2　申立て ………………………………………………………………………… 296
　　1　管轄 …………………………………………………………………………… 296
　　2　当事者 ………………………………………………………………………… 296
　　　(1)　申立人 …………………………………………………………………… 296
　　　(2)　相手方 …………………………………………………………………… 297
　　3　申立ての方式 ………………………………………………………………… 297
　　　(1)　申立費用 ………………………………………………………………… 297
　　　　ア　申立手数料
　　　　イ　郵便切手
　　　(2)　申立書 …………………………………………………………………… 297
　　　(3)　附属書類（添付書類） ………………………………………………… 297
　第3　受付及び審査 ………………………………………………………………… 298
　　1　申立期間について …………………………………………………………… 298
　　2　子又は親権を行う母からの申立ての場合について ……………………… 298
　　3　鑑定費用の予納についての説明について ………………………………… 299
　　4　親子関係不存在確認申立事件との関係について ………………………… 299
　　　(1)　推定を受ける嫡出子（民法772条の規定により嫡出の推定を受ける子）
　　　　について ……………………………………………………………………… 299
　　　(2)　推定を受けない嫡出子について ……………………………………… 299
　　　(3)　推定の及ばない子（実質的には民法772条の推定を受けない嫡出子）
　　　　について ……………………………………………………………………… 299
　　5　当事者に外国人が含まれる場合（いわゆる渉外事件の場合）について …… 300
　第4　立件基準（事件番号の付け方の基準） …………………………………… 300
　第5　記録の編成 …………………………………………………………………… 300
　第6　事件の分配 …………………………………………………………………… 300
　第7　調停期日及び家事調停委員の指定 ………………………………………… 300
　第8　申立書の写しの送付等 ……………………………………………………… 300
　第9　参考事項の聴取 ……………………………………………………………… 300
　第10　調停の実施等 ……………………………………………………………… 301
　　1　合意に相当する審判の要件について ……………………………………… 301
　　2　家事調停手続について ……………………………………………………… 301
　　3　合意の成立等について ……………………………………………………… 301
　　4　必要な事実の調査について ………………………………………………… 301
　　　(1)　鑑定嘱託に要する費用の予納 ………………………………………… 301
　　　(2)　鑑定嘱託 ………………………………………………………………… 302
　　　(3)　鑑定の実施 ……………………………………………………………… 303
　　　(4)　鑑定書の提出 …………………………………………………………… 303

		(5)	保管金の払出し	303
	5		家事調停委員の意見聴取について	303
第11			調停手続の終了	303
	1		合意に相当する審判	303
	2		夫が嫡出否認の調停の申立てをした後に死亡した場合の特則（法283条）	305
第12			戸籍事務管掌者への通知	305
第13			当事者への戸籍訂正申請等についての説明	305
	1		出生届済みの場合	305
	2		出生届未了の場合	305
第14			手続終了後の書記官事務	306

第3節 認知申立事件 …… 307

第1			申立て	307
	1		管轄	307
	2		当事者	307
		(1)	申立人	307
		(2)	相手方	307
	3		申立ての方式	307
		(1)	申立費用	307
			ア　申立手数料	
			イ　郵便切手	
		(2)	申立書	308
		(3)	附属書類（添付書類）	308
第2			受付及び審査	309
	1		親子関係不存在確認申立事件との関係について	309
	2		鑑定費用の予納についての説明について	309
	3		当事者に外国人が含まれる場合（いわゆる渉外事件の場合）について	310
第3			立件基準（事件番号の付け方の基準）	310
第4			記録の編成	310
第5			事件の分配	310
第6			調停期日及び家事調停委員の指定	310
第7			申立書の写しの送付等	310
第8			参考事項の聴取	310
第9			調停の実施等	310
	1		合意に相当する審判の要件について	310
	2		家事調停手続について	310
	3		合意の成立等について	311
	4		必要な事実の調査について	311
	5		家事調停委員の意見聴取について	311
第10			調停手続の終了	311
	1		合意に相当する審判	311

	2 取下げ……………………………………………………………313
第11	戸籍事務管掌者への通知………………………………………………313
第12	当事者への認知届出等についての説明…………………………………313

　　1　原則……………………………………………………………………313
　　2　母が前夫と婚姻中に出生した出生届済みの子と，当該子の血縁上の父との認知の審判がされて確定した場合………………………………313
　　3　出生届未了の場合……………………………………………………314

第13　手続終了後の書記官事務………………………………………………314

第4節　親子関係不存在確認申立事件……………………………………………315

第1　申立て………………………………………………………………………315
　　1　管轄……………………………………………………………………315
　　2　当事者…………………………………………………………………315
　　　(1)　申立人……………………………………………………………315
　　　(2)　相手方……………………………………………………………316
　　3　申立ての方式…………………………………………………………316
　　　(1)　申立費用…………………………………………………………316
　　　　ア　申立手数料
　　　　イ　郵便切手
　　　(2)　申立書……………………………………………………………316
　　　(3)　附属書類（添付書類）…………………………………………316

第2　受付及び審査………………………………………………………………317
　　1　嫡出否認申立事件及び認知申立事件との関係について…………317
　　2　嫡出の推定を受ける子からの申立ての場合について……………317
　　3　戸籍訂正許可申立事件との関係について…………………………317
　　4　鑑定費用の予納についての説明について…………………………318
　　5　子の氏の変更が必要な場合について………………………………318
　　6　当事者に外国人が含まれる場合（いわゆる渉外事件の場合）について………318

第3　立件基準（事件番号の付け方の基準）…………………………………318
第4　記録の編成…………………………………………………………………318
第5　事件の分配…………………………………………………………………318
第6　調停期日及び家事調停委員の指定………………………………………318
第7　申立書の写しの送付等……………………………………………………319
第8　参考事項の聴取……………………………………………………………319
第9　調停の実施等………………………………………………………………319
　　1　合意に相当する審判の要件について………………………………319
　　2　家事調停手続について………………………………………………319
　　3　合意の成立等について………………………………………………319
　　4　必要な事実の調査について…………………………………………319
　　5　家事調停委員の意見聴取について…………………………………319

第10　調停手続の終了……………………………………………………………320

第11　戸籍事務管掌者への通知 ……………………………………………………… 322
　　第12　当事者への戸籍訂正申請等についての説明 ……………………………… 322
　　　1　出生届済みの場合 …………………………………………………………… 322
　　　2　出生届未了の場合 …………………………………………………………… 322
　　第13　手続終了後の書記官事務 …………………………………………………… 323
　第5節　その他の特殊調停事件（合意に相当する審判事件）………………………… 324
　　第1　婚姻取消申立事件 ……………………………………………………………… 325
　　　1　当事者 ………………………………………………………………………… 325
　　　　(1)　申立人 …………………………………………………………………… 325
　　　　(2)　相手方 …………………………………………………………………… 325
　　　2　主な留意事項 ………………………………………………………………… 325
　　　　(1)　取消しの期間制限 ……………………………………………………… 325
　　　　(2)　協議離婚無効確認申立事件との関係 ………………………………… 325
　　　　(3)　婚姻の取消しについての合意に相当する審判の特則 ……………… 325
　　　3　当事者への婚姻取消しの届出についての説明 …………………………… 326
　　第2　父を定めることを目的とする申立事件 …………………………………… 327
　　　1　当事者 ………………………………………………………………………… 327
　　　　(1)　申立人 …………………………………………………………………… 327
　　　　(2)　相手方 …………………………………………………………………… 327
　　　2　主な留意事項 ………………………………………………………………… 327
　　　　(1)　重婚禁止違反の再婚の場合について ………………………………… 327
　　　　(2)　女性の再婚禁止期間について ………………………………………… 327
　　　3　当事者への戸籍訂正申請についての説明 ………………………………… 328

第4編　別表第二審判手続における書記官事務【総論】

第1章　別表第二審判事項 ……………………………………………………………… 329

　第1節　概説 ………………………………………………………………………………… 329
　第2節　別表第二審判事項についての審判と調停 …………………………………… 329

第2章　審判機関 …………………………………………………………………………… 331

　第1節　家庭裁判所 ………………………………………………………………………… 331
　第2節　参与員 ……………………………………………………………………………… 331
　　第1　概説 ……………………………………………………………………………… 331
　　第2　別表第二審判事件における参与員の関与について ……………………… 331
　　第3　申立人からの説明聴取について …………………………………………… 332
　第3節　除斥・忌避・回避 ………………………………………………………………… 332

第3章　当事者・代理・補佐・参加・排除に関する書記官事務 ………………… 333

第1節　当事者	333
第1　概説	333
第2　当事者能力	333
第3　当事者適格	333
第4　手続行為能力	333
1　原則（民訴法の規定の準用）	333
2　例外（個別の規定による特則）	333
第2節　代理人及び補佐人	334
第1　代理人	334
第2　補佐人	334
第3節　参加	334
第1　概説	334
第2　当事者参加	334
第3　利害関係参加	335
第4節　排除	335

第4章　手続費用に関する書記官事務 ……………………………… 336

第1節　手続費用の負担	336
第1　手続費用とは	336
第2　別表第二審判手続における手続費用負担の規律	336
第3　手続費用額の確定手続	337
第2節　手続上の救助	337

第5章　管轄・移送等に関する書記官事務 ………………………… 338

第1節　管轄	338
第1　総則	338
第2　別表第二審判事件における管轄の特則等	338
1　管轄の特則	338
2　管轄の標準時	338
第2節　移送	339
第3節　自庁処理	339
第4節　回付	339

第6章　別表第二審判手続に関する書記官事務 …………………… 340

【別表第二審判手続の一般的な流れ】	340
第1節　手続の開始	340
第1　概説	340
第2　当事者の申立て	341
1　申立ての方式	341
(1)　申立費用	341

― 目次28 ―

              ア　申立手数料
              イ　郵便切手
          (2) 申立書 ··· 341
              ア　書面による申立て
              イ　申立書の記載事項
          (3) 附属書類（添付書類）··· 345
      2　申立ての併合 ·· 346
          (1) ①の要件の「これらの事項についての家事審判の手続が同種であること」について ··· 346
          (2) ②の要件の「これらの事項が同一の事実上及び法律上の原因に基づくものであること」について ··· 346
          (3) 申立ての併合の要件を欠く場合の処理について ··················· 347
          (4) 併合管轄の規定がないことについて ································ 347
          (5) 申立ての併合がされた場合の申立手数料について ··············· 347
      3　申立ての変更 ·· 347
          (1) 概説 ·· 347
          (2) 申立ての変更が可能な時期（時的限界）·························· 348
          (3) 申立ての変更の手続 ··· 348
  第3　家事調停手続からの移行 ··· 348
      1　審判移行する事件について ·· 348
      2　立件及び申立費用について ·· 349
      3　管轄について ·· 349
      4　家事調停手続において収集された資料の取扱いについて ········ 350
      5　審判移行した事件における手続代理人の権限について ··········· 350
  第4　移送・回付 ·· 350
第2節　別表第二審判事件係属に関する書記官事務 ···················· 350
  第1　受付及び審査 ·· 350
      1　受付 ··· 350
      2　審査 ··· 350
          (1) 概説 ·· 350
          (2) 別表第二審判の申立書の主な審査事項 ···························· 351
              ア　管轄の有無
              イ　当事者能力の有無
              ウ　当事者適格の有無
              エ　手続行為能力の有無
              オ　期間内の申立てか否か
              カ　申立費用の納付等の確認
              キ　申立書の記載事項の確認
              ク　附属書類（添付書類）の有無等
          (3) 受付担当書記官から事件担当書記官への引継ぎ ················ 354

第2　記録の編成 ··· 354
　1　概説 ·· 354
　2　編成方法 ·· 354
第3　非開示希望情報等の適切な管理 ··· 355
第4　個人番号（マイナンバー）の適切な管理 ··· 355
第5　事件の分配 ··· 355
　1　別表第二審判の申立書の審査 ··· 356
　2　任意の補正の促し ··· 356
　　(1)　概説 ·· 356
　　(2)　対象 ·· 357
　　(3)　方法 ·· 357
　3　補正命令・予納命令 ··· 357
　　(1)　対象 ·· 357
　　　ア　補正命令の対象
　　　イ　予納命令の対象
　　(2)　補正命令・予納命令の発令に関する書記官事務 ··························· 357
　4　申立書却下命令 ··· 358
　　(1)　概説 ·· 358
　　(2)　申立書却下命令の発令に関する書記官事務 ······························· 358
　5　調査官による手続選別（インテーク） ··· 358
第6　審判期日の指定 ··· 358
　1　審判期日の候補日の調整 ··· 359
　2　審判期日の指定等 ··· 359
　　(1)　審判期日の指定 ·· 359
　　(2)　審判期日の呼出し ·· 360
　　　ア　概説
　　　イ　呼出しの時刻
　　　ウ　呼出しの方法
　　　エ　簡易呼出しによって審判期日の呼出しを行った場合の記録化
　　(3)　調査命令等 ·· 361
第7　申立書の写しの送付等 ··· 362
　1　【原則】申立書の写しの送付 ··· 362
　　(1)　概説 ·· 362
　　(2)　申立書の写しの送付の事務 ·· 362
　　　ア　送付の時期
　　　イ　送付事務の内容
　　　ウ　外国にいる当事者への送付に当たっての留意事項
　2　【例外】申立書の写しの送付に代わる別表第二審判事件の係属の通知 ········· 363
　　(1)　概説 ·· 363
　　(2)　別表第二審判事件の係属の通知の方法 ·································· 363

3　申立書の写し及び別表第二審判事件の係属の通知以外の書類の送付 …………364
　第8　参考事項の聴取 …………………………………………………………………365
第3節　別表第二審判事件の付調停 ………………………………………………………365
　第1　別表第二審判事件の付調停の手続 ……………………………………………365
　　1　付調停の対象事件 ……………………………………………………………365
　　2　付調停の時期 …………………………………………………………………365
　　3　当事者の意見聴取 ……………………………………………………………366
　　　(1)　概説 ………………………………………………………………………366
　　　(2)　意見聴取の方法 …………………………………………………………366
　　　(3)　意見聴取の記録化 ………………………………………………………366
　　4　付調停の裁判 …………………………………………………………………366
　　5　付調停の裁判後の事務 ………………………………………………………367
　第2　別表第二審判事件が付調停された場合における家事調停事件を処理する裁
　　　　判所 ……………………………………………………………………………367
　　1　原則 ……………………………………………………………………………367
　　2　例外 ……………………………………………………………………………367
　第3　付調停された別表第二審判事件の記録等の取扱い …………………………368
　　1　別表第二審判事件が係属する家庭裁判所が自ら処理する場合（自庁調停の
　　　　場合） …………………………………………………………………………368
　　2　他の家庭裁判所に処理させる場合（他庁調停の場合） …………………368
　第4　別表第二審判手続の中止 ………………………………………………………369
　　1　概説 ……………………………………………………………………………369
　　2　別表第二審判手続の中止の裁判 ……………………………………………369
第4節　審判前の保全処分 …………………………………………………………………369
　第1　概説 ………………………………………………………………………………369
　　1　審判前の保全処分の意義 ……………………………………………………369
　　　(1)　暫定性・緊急性 …………………………………………………………369
　　　(2)　付随性 ……………………………………………………………………369
　　　(3)　密行性 ……………………………………………………………………370
　　2　審判前の保全処分の類型 ……………………………………………………370
　　3　審判前の保全処分における本案係属要件 …………………………………370
　　4　審判前の保全処分の手続の規律 ……………………………………………371
　　5　審判前の保全処分における書記官事務等について ………………………371
　　【別表第二審判事件を本案とする審判前の保全処分に関する事件一覧表】……372
　第2　財産の管理者の選任等（第1類型の審判前の保全処分） …………………373
　　1　概説 ……………………………………………………………………………373
　　2　遺産の分割の審判事件を本案とする財産の管理者の選任等の手続 ………373
　　　(1)　財産の管理者の選任及び事件の関係人に対する財産の管理に関する事項
　　　　　の指示の申立て（法200条1項） ………………………………………373
　　　　ア　申立て

            イ　申立書類の受付及び審査等
            ウ　立件基準（事件番号の付け方の基準）
            エ　審理
            オ　審判
            カ　審判の告知
            キ　遺産管理者の選任後の職務等
            ク　遺産管理者の選任等の保全処分の効力の終期
            ケ　遺産管理者の任務終了後の措置
        (2)　遺産管理者の権限外行為許可の申立て（法200条3項，民法28条）……… 382
        (3)　遺産管理者に対する報酬付与の申立て（法200条3項，民法29条2項）… 382
第3　本人の職務執行停止又は職務代行者の選任（第3類型の審判前の保全処分）… 383
    1　概説……………………………………………………………………………………… 383
    2　親権者の指定又は変更の審判事件を本案とする親権者の職務執行停止及び
        職務代行者の選任の手続………………………………………………………………… 383
        (1)　申立て…………………………………………………………………………… 383
            ア　管轄
            イ　申立人
        (2)　申立書類の受付及び審査等 ………………………………………………… 383
            ア　申立費用
            イ　申立書
            ウ　附属書類（添付書類）
        (3)　立件基準（事件番号の付け方の基準）……………………………………… 384
        (4)　審理…………………………………………………………………………… 384
            ア　審理方針についての認識の共有
            イ　事実の調査等
            ウ　審問等
        (5)　審判…………………………………………………………………………… 385
        (6)　審判の告知…………………………………………………………………… 386
            ア　認容審判の告知
            イ　却下審判の告知
        (7)　戸籍記載の嘱託……………………………………………………………… 386
        (8)　即時抗告……………………………………………………………………… 387
            ア　親権者の職務執行停止の認容審判に対する即時抗告
            イ　親権者の職務執行停止の却下審判に対する即時抗告
            ウ　親権者の職務代行者選任の審判に対する即時抗告の可否
        (9)　即時抗告がされた場合の手続……………………………………………… 387
        (10)　審判前の保全処分に対する即時抗告に伴う執行停止等の申立て ……… 387
        (11)　親権者の職務執行停止の効果及び親権者の職務代行者の権限等 ……… 387
            ア　親権者の職務執行停止の効果
            イ　親権者の職務代行者の権限等

⑿　親権者の職務代行者の改任 …………………………………………………… 388
　⒀　親権者の職務代行者への報酬付与 …………………………………………… 388
　⒁　親権者の職務執行停止及び職務代行者選任の保全処分の効力の終期 ……… 388
　　ア　本案審判の効力発生及び取下げの場合
　　イ　申立ての取下げ
　　ウ　調停成立，付調停後の調停成立及び調停に代わる審判の確定
　　エ　審判前の保全処分の取消し
第４　仮差押え，仮処分その他の必要な保全処分（第４類型の審判前の保全処分）… 389
　1　概説 ……………………………………………………………………………… 389
　2　仮差押えの申立て（財産の分与に関する処分の審判事件を本案とする場合（法157条1項4号）） …………………………………………………………… 390
　⑴　概説 …………………………………………………………………………… 390
　⑵　申立て ………………………………………………………………………… 390
　　ア　管轄
　　イ　申立人
　⑶　申立書類の受付及び審査等 ………………………………………………… 390
　　ア　申立費用
　　イ　申立書
　　ウ　附属書類（添付書類）
　⑷　立件基準（事件番号の付け方の基準） …………………………………… 391
　⑸　審理 …………………………………………………………………………… 391
　⑹　担保 …………………………………………………………………………… 392
　⑺　審判 …………………………………………………………………………… 392
　⑻　審判の告知 …………………………………………………………………… 393
　⑼　保全処分の執行 ……………………………………………………………… 393
　⑽　即時抗告 ……………………………………………………………………… 394
　　ア　認容審判に対する即時抗告
　　イ　却下審判に対する即時抗告
　⑾　即時抗告がされた場合の手続 ……………………………………………… 394
　⑿　審判前の保全処分に対する即時抗告に伴う執行停止等の申立て ……… 394
　⒀　仮差押えの保全処分の終期 ………………………………………………… 394
　⒁　担保の取消しについて ……………………………………………………… 394
　3　係争物に関する仮処分の申立て（財産の分与に関する処分の審判事件を本案とする場合（法157条1項4号）） ……………………………………………… 395
　⑴　概説 …………………………………………………………………………… 395
　⑵　申立て ………………………………………………………………………… 395
　　ア　管轄
　　イ　申立人
　⑶　申立書類の受付及び審査等 ………………………………………………… 395
　　ア　申立費用

         イ　申立書
         ウ　附属書類（添付書類）
　　(4)　立件基準（事件番号の付け方の基準） ……………………………………… 396
　　(5)　審理 ………………………………………………………………………………… 396
　　(6)　担保 ………………………………………………………………………………… 397
　　(7)　審判 ………………………………………………………………………………… 397
　　(8)　審判の告知 ……………………………………………………………………… 397
　　(9)　保全処分の執行 ………………………………………………………………… 397
　　(10)　登記嘱託の手続 ………………………………………………………………… 398
　　(11)　即時抗告 ………………………………………………………………………… 399
         ア　認容審判に対する即時抗告
         イ　却下審判に対する即時抗告
　　(12)　即時抗告がされた場合の手続 ………………………………………………… 399
　　(13)　審判前の保全処分に対する即時抗告に伴う執行停止等の申立て ………… 399
　　(14)　係争物に関する仮処分の終期 ………………………………………………… 399
　　(15)　担保の取消しについて ………………………………………………………… 399
　4　仮の地位を定める仮処分の申立て（子の監護に関する処分（子の引渡し）
　　の審判事件を本案とする場合（法157条1項3号）） ………………………… 399
　　(1)　概説 ………………………………………………………………………………… 399
　　(2)　申立て ……………………………………………………………………………… 400
         ア　管轄
         イ　申立人
　　(3)　申立書類の受付及び審査等 …………………………………………………… 400
         ア　申立費用
         イ　申立書
         ウ　附属書類（添付書類）
　　(4)　立件基準（事件番号の付け方の基準） ……………………………………… 401
　　(5)　審理 ………………………………………………………………………………… 401
         ア　審理方針の策定
         イ　仮の地位を定める仮処分の手続における審判を受ける者となるべき者
         　　の必要的陳述聴取（法107条）
         ウ　子の監護に関する処分の審判事件を本案とする審判前の保全処分の特
         　　則（法157条2項）
　　(6)　審判 ………………………………………………………………………………… 402
　　(7)　審判の告知 ……………………………………………………………………… 403
　　(8)　保全処分の執行 ………………………………………………………………… 403
　　(9)　即時抗告 ………………………………………………………………………… 403
         ア　認容審判に対する即時抗告
         イ　却下審判に対する即時抗告
　　(10)　即時抗告がされた場合の手続 ………………………………………………… 403

(11) 審判前の保全処分に対する即時抗告に伴う執行停止等の申立て ………… 403
　　(12) 仮の地位を定める仮処分の終期 ……………………………………………… 403
第5節　審理 ……………………………………………………………………………… 404
　第1　審理手続の原則 ………………………………………………………………… 404
　第2　別表第二審判手続における審理手続の特則 ………………………………… 404
　　1　合意管轄（法66条）………………………………………………………………… 404
　　2　申立書の写しの送付等（法67条）……………………………………………… 404
　　3　陳述の聴取と審問（法68条，69条）…………………………………………… 404
　　　(1)　必要的陳述聴取（法68条1項）…………………………………………… 404
　　　(2)　審問の申出（法68条2項）………………………………………………… 405
　　　(3)　審問の期日への他の当事者の立会い（法69条）………………………… 405
　　　　ア　審問の期日への他の当事者の立会い（法69条）
　　　　イ　審問の期日の通知（規48条）
　　4　事実の調査の通知（法70条）…………………………………………………… 407
　　　(1)　概説 ……………………………………………………………………………… 407
　　　(2)　通知の内容 ……………………………………………………………………… 408
　　　(3)　通知の時期 ……………………………………………………………………… 409
　　　(4)　通知の方法等 …………………………………………………………………… 409
　　　(5)　通知をしたことの記録化 ……………………………………………………… 409
　　　　ア　審判期日において裁判官が出頭した当事者等に対して口頭で通知した
　　　　　　場合の記録化の例
　　　　イ　審判期日外に家庭裁判所の命を受けて事件担当書記官が事実の調査の
　　　　　　通知書を普通郵便で送付又はファクシミリで送信して通知した場合の記
　　　　　　録化の例
　　　　ウ　審判期日外に家庭裁判所の命を受けて事件担当書記官が電話又は口頭
　　　　　　で通知した場合の記録化の例
　　　(6)　通知が不要である場合（特に必要がないと認める場合）………………… 412
　　5　審理の終結（法71条）…………………………………………………………… 413
　　　(1)　概説 ……………………………………………………………………………… 413
　　　(2)　審理の終結の裁判 ……………………………………………………………… 413
　　　　ア　裁判
　　　　イ　告知
　　　(3)　審理の終結の効果 ……………………………………………………………… 415
　　　(4)　審理の終結後に当事者等から提出された資料の取扱い ………………… 415
　　　(5)　審理を終結する日の変更及び終結した審理の再開 ……………………… 415
　　6　審判日（法72条）………………………………………………………………… 416
　　　(1)　概説 ……………………………………………………………………………… 416
　　　(2)　審判をする日の指定の時期 …………………………………………………… 416
　　　(3)　審判をする日の指定の取消し及び変更 …………………………………… 417
　　7　その他 ……………………………………………………………………………… 417

第3　審判期日外における書記官事務 …………………………………………… 417
　1　期日間準備事務 ………………………………………………………………… 417
　　(1)　提出予定書面の提出期限の管理 …………………………………………… 417
　　(2)　当事者等（主に相手方）からの提出書面の取扱い ……………………… 418
　　(3)　当事者等からの問合せ対応 ………………………………………………… 418
　　(4)　当事者の連絡先の変更 ……………………………………………………… 419
　　(5)　調査報告書等の取扱い ……………………………………………………… 419
　　　ア　調査報告書の取扱い
　　　イ　調査嘱託の回答書（又は報告書）の取扱い
　　(6)　参与員による記録の閲読等 ………………………………………………… 420
　　(7)　審判期日実施前の準備事務 ………………………………………………… 420
　　　ア　審判期日の呼出しの成否（当事者等の出頭確保）の確認
　　　イ　記録の所在等の確認
　　　ウ　業務系システムの入力内容の正確性の確認
　　　エ　裁判官による記録の閲読
　2　審判期日の変更 ………………………………………………………………… 421
　3　医師である裁判所技官の関与 ………………………………………………… 421
　4　通訳人の立会い等 ……………………………………………………………… 421
　5　事故防止対策等 ………………………………………………………………… 421
第4　審判期日における書記官事務 ………………………………………………… 421
　1　出頭当事者等への対応等 ……………………………………………………… 421
　2　審判期日における当事者等からの提出書面の取扱い ……………………… 423
　3　審判期日に立ち会った調査官の意見を記載したメモ等の提出等 ………… 423
　4　調書及び事件経過表の作成 …………………………………………………… 423
　　(1)　概説 …………………………………………………………………………… 423
　　(2)　調書の記載事項 ……………………………………………………………… 424
　　　ア　形式的記載事項
　　　イ　実質的記載事項
　　(3)　調書作成のための書記官の立会い ………………………………………… 425
　　(4)　調書及び事件経過表の様式及び記載方法 ………………………………… 426
　　　ア　調書の様式及び記載方法
　　　イ　事件経過表の参考様式
　5　審判期日の続行 ………………………………………………………………… 426
第5　テレビ会議システム又は電話会議システムの方法による審判期日における
　　手続の実施 ……………………………………………………………………… 426
第6　手続の併合・分離 ……………………………………………………………… 426
第7　事実の調査 ……………………………………………………………………… 426
第8　証拠調べ ………………………………………………………………………… 427
第9　子の意思の把握・考慮等 ……………………………………………………… 427
　1　子の意思の把握・考慮（法65条） …………………………………………… 427

```
    2  子の必要的陳述聴取 ………………………………………………………… 427
  第10 別表第二審判手続における関係職種との連携 ………………………………… 428
 第6節 記録の閲覧・謄写等 ……………………………………………………………… 428
  第1 概説 …………………………………………………………………………………… 428
  第2 別表第二審判事件の記録の閲覧・謄写等に関する書記官事務 ……………… 429
    1 別表第二審判事件の記録の閲覧・謄写・複製に関する書記官事務 ………… 429
     (1) 当事者（利害関係参加人を含む。）による申請（申立て）に関する手続 …… 429
     (2) 利害関係を疎明した第三者による申請（申立て）に関する手続 ………… 429
     (3) 留意事項 ……………………………………………………………………… 429
       ア 非開示希望情報等の適切な管理について
       イ 家事調停手続が終了して審判移行した別表第二審判事件の記録の閲
          覧・謄写等について
    2 別表第二審判事件の記録の正本，謄本若しくは抄本又は別表第二審判事件
       に関する事項の証明書の交付に関する書記官事務 ………………………… 430
     (1) 申請人（申立人）等 ………………………………………………………… 430
       【別表第二審判事件の記録の正本等の交付の申請人（申立人）等一覧表】 …… 430
     (2) 手続 …………………………………………………………………………… 430
       ア 当事者（利害関係参加人を含む。）による申請（申立て）に関する手続
       イ 利害関係を疎明した第三者による申請（申立て）に関する手続
       ウ 別表第二審判事件の記録の正本，謄本又は抄本の作成及び交付
       エ 別表第二審判事件に関する事項の証明書の作成及び交付
 第7節 受継 ……………………………………………………………………………… 431
 第8節 中止 ……………………………………………………………………………… 432
 第9節 別表第二審判手続の終了 ……………………………………………………… 432
  第1 審判 ………………………………………………………………………………… 432
    1 概説 ………………………………………………………………………………… 432
    2 要件 ………………………………………………………………………………… 433
     (1) 審判 …………………………………………………………………………… 433
     (2) 一部審判 ……………………………………………………………………… 433
    3 手続等 ……………………………………………………………………………… 433
     (1) 審判書の作成等 ……………………………………………………………… 433
       ア 審判書の作成
       イ 審判書の原稿の点検
     (2) 判事補（いわゆる未特例判事補）の権限 ………………………………… 435
     (3) 審判の告知 …………………………………………………………………… 435
       ア 告知の対象者
       イ 告知の方法
       ウ 告知完了後の手続（告知の記録化）
     (4) 審判の効力発生時期 ………………………………………………………… 436
       ア 認容審判（積極的内容の審判）の場合
```

		イ　却下審判の場合
　　(5)　審判の確定時期 ……………………………………………………… 437
　　(6)　確定した審判の効力 ………………………………………………… 438
		ア　形成力
		イ　執行力
　　(7)　審判後の事務 ………………………………………………………… 438
		ア　審判確定証明書の交付及び手続教示等
		イ　審判確定後の戸籍事務管掌者への通知
　　(8)　審判に対する不服申立て …………………………………………… 440
　　(9)　審判の取消し又は変更 ……………………………………………… 440
　第2　取下げ ………………………………………………………………… 440
　　1　概説 …………………………………………………………………… 440
　　(1)　原則 …………………………………………………………………… 440
　　(2)　例外 …………………………………………………………………… 440
		ア　別表第二審判の申立ての取下げ（法82条2項）
		イ　財産の分与に関する処分の審判及び遺産の分割の審判の申立ての取下
		　げの制限（法153条，199条）
　　2　手続 …………………………………………………………………… 441
　　(1)　取下げの方式 ………………………………………………………… 441
		ア　原則（書面）
		イ　例外（口頭）
　　(2)　当事者等への通知等 ………………………………………………… 441
		ア　申立ての取下げについて相手方の同意が不要な場合
		イ　申立ての取下げについて相手方の同意を要する場合
　　3　取下げの擬制 ………………………………………………………… 444
　　(1)　概説 …………………………………………………………………… 444
　　(2)　裁判所が申立ての取下げがあったものとみなした場合の記録化 …… 444
　　(3)　当事者等への通知 …………………………………………………… 444
　　4　効果 …………………………………………………………………… 444
　第3　付調停後の調停成立又は調停に代わる審判の確定 ……………………… 445
　第4　当然終了等 …………………………………………………………… 445
　　1　当然終了 ……………………………………………………………… 445
　　2　裁判官の終了認定による事件の終了 ………………………………… 445
第10節　戸籍事務管掌者への通知 ……………………………………………… 446
　第1　戸籍通知をする事件類型 …………………………………………… 446
　第2　戸籍通知に関する書記官事務 ……………………………………… 446
第11節　別表第二審判手続終了後の書記官事務 …………………………… 446
　第1　記録表紙への記載及び民事裁判事務支援システム（MINTAS）への入力 …… 446
　第2　裁判統計報告書（事件票，月報・年表）の作成 ………………… 446
　第3　予納郵便切手の返還 ………………………………………………… 447

第4	家事予納金の返還	447
第5	民事保管物の返還	447
第6	記録の整理及び引継ぎ	447
第7	記録等の保存・廃棄	447

  1 記録の保存の始期（原則） 447
  【別表第二審判事件の完結日等一覧表】 447
  2 記録の保存の始期（例外） 448
  3 記録の保存期間（原則） 448
  4 記録の保存期間（例外） 448
  5 別表第二審判事件が調停に付された場合（法274条1項）に付調停事件が調停成立等で事件が完結した場合の別表第二審判事件記録の保存 448
  6 別表第二調停事件が審判移行（法272条4項，286条7項）して事件が完結した場合の記録の保存 448
  7 事件書類の分離及び編冊 448
  8 記録等の廃棄 448

第7章　別表第二審判手続における不服申立てに関する書記官事務 …… 449

第1節　概説 449
第2節　審判に対する不服申立て（即時抗告） 449
 第1 即時抗告の対象となる別表第二審判等 449
  1 即時抗告の対象となる別表第二審判及び即時抗告権者 449
  2 抗告審における当事者等（第一審の当事者等の地位） 449
 第2 即時抗告期間及びその起算点 449
  1 即時抗告をする者が審判の告知を受ける者（法74条1項）である場合 450
  2 即時抗告をする者が審判の告知を受ける者でない場合 450
 第3 即時抗告がされた場合の手続 450
  1 抗告状の受付に関する事務 450
   (1) 抗告状の提出先 450
   (2) 抗告状の記載事項及び委任事項の確認等 450
   (3) 抗告提起手数料等 451
   (4) 抗告状の写しの添付 451
   (5) 審判前の保全処分に対する即時抗告に伴う執行停止等の申立て（法111条） 452
   (6) 立件基準（事件番号の付け方の基準） 452
  2 担当部における事務 452
   (1) 原裁判所において即時抗告を却下する場合（法87条3項） 452
   (2) 抗告理由書の提出管理 453
   (3) 原裁判所による更正（再度の考案）は認められていないこと 453
   (4) 審判前の保全処分に対する即時抗告に伴う執行停止等の手続 453
   (5) 抗告裁判所への事件送付 454
    ア 原裁判所の意見の添付の要否の確認

　　　　イ　事件送付の時期
　　　　ウ　記録の送付等
　　　　エ　抗告裁判所（高等裁判所）との連携（非開示希望情報等の情報の提供等）
　第3節　審判以外の裁判に対する不服申立て（即時抗告）………………………………456

第8章　審判の取消し又は変更に関する書記官事務…………………………………457

　第1節　概説………………………………………………………………………………457
　第2節　審判の取消し又は変更に関する書記官事務……………………………………457

第9章　再審に関する書記官事務…………………………………………………………458

　第1節　概説………………………………………………………………………………458
　第2節　再審に関する書記官事務…………………………………………………………458

第10章　審判の更正に関する書記官事務…………………………………………………459

　第1節　概説………………………………………………………………………………459
　第2節　審判の更正に関する留意事項……………………………………………………459

第5編　別表第二審判手続における書記官事務【各論】

第1章　婚姻等に関する審判事件における書記官事務………………………………460

　第1節　夫婦間の協力扶助に関する処分の審判事件……………………………………461
　　第1　申立て……………………………………………………………………………461
　　　1　管轄………………………………………………………………………………461
　　　2　申立人……………………………………………………………………………461
　　　3　申立ての方式……………………………………………………………………462
　　　　(1)　申立費用……………………………………………………………………462
　　　　　ア　申立手数料
　　　　　イ　郵便切手
　　　　(2)　申立書………………………………………………………………………462
　　　　(3)　附属書類（添付書類）……………………………………………………462
　　第2　受付及び審査……………………………………………………………………463
　　　1　同居を請求する審判の申立てと夫婦関係調整調停（円満）の申立てとの関
　　　　係について…………………………………………………………………………463
　　　2　婚姻費用の分担に関する処分（法別表第二の二の項の事項）の審判との関
　　　　係について…………………………………………………………………………463
　　　3　審判又は調停成立後の事情の変更に基づく申立てについて………………464
　　　4　当事者に外国人が含まれる場合（いわゆる渉外事件の場合）について………464
　　第3　立件基準（事件番号の付け方の基準）………………………………………464
　　第4　記録の編成………………………………………………………………………464

第5	事件の分配	464
第6	審判期日の指定	464
第7	申立書の写しの送付等	464
第8	参考事項の聴取	465
第9	付調停	465
第10	審判前の保全処分	465
第11	審理等	465
第12	審判手続の終了	465
第13	審判手続終了後の書記官事務	466
第14	審判に対する即時抗告	466

第2節 婚姻費用の分担に関する処分の審判事件 467
- 第1 申立て 467
  - 1 管轄 467
  - 2 申立人 467
  - 3 申立ての方式 467
    - (1) 申立費用 467
      - ア 申立手数料
      - イ 郵便切手
    - (2) 申立書 467
    - (3) 附属書類（添付書類） 467
- 第2 受付及び審査 467
- 第3 立件基準（事件番号の付け方の基準） 468
- 第4 記録の編成 468
- 第5 事件の分配 468
- 第6 審判期日の指定 468
- 第7 申立書の写しの送付等 468
- 第8 参考事項の聴取 468
- 第9 付調停 468
- 第10 審判前の保全処分 469
- 第11 審理等 469
- 第12 審判手続の終了 469
- 第13 審判手続終了後の書記官事務 469
- 第14 審判に対する即時抗告 469

第3節 子の監護に関する処分の審判事件 470
- 第1 子の監護者の指定の審判事件 471
  - 1 申立て 471
    - (1) 管轄 471
    - (2) 申立人 472
    - (3) 申立ての方式 472
      - ア 申立費用

イ　申立書
　　　ウ　附属書類（添付書類）
　2　受付及び審査 …………………………………………………………… 473
　　(1)　父母（親）以外の第三者を監護者として指定することの可否について …… 473
　　(2)　受付担当部署（受付担当書記官）と事件担当部署（事件担当書記官）との連携について ……………………………………………………… 474
　　(3)　当事者に外国人が含まれる場合（いわゆる渉外事件の場合）について …… 474
　3　立件基準（事件番号の付け方の基準） ………………………………… 474
　4　記録の編成 ……………………………………………………………… 474
　5　事件の分配 ……………………………………………………………… 474
　6　審判期日の指定 ………………………………………………………… 474
　7　申立書の写しの送付等 ………………………………………………… 474
　8　参考事項の聴取 ………………………………………………………… 475
　9　付調停 …………………………………………………………………… 475
　10　審判前の保全処分 ……………………………………………………… 475
　11　審理等 …………………………………………………………………… 475
　　(1)　子の手続行為能力の特則 …………………………………………… 475
　　(2)　子の利害関係参加等 ………………………………………………… 476
　　(3)　15歳以上の子の必要的陳述聴取及び子の意思の把握・考慮 …… 476
　　(4)　審理方針の策定 ……………………………………………………… 476
　　(5)　関係職種との連携 …………………………………………………… 477
　　(6)　国際的な子の奪取の民事上の側面に関する条約の実施に関する法律に関する留意事項 …………………………………………………… 477
　12　審判手続の終了 ………………………………………………………… 479
　13　審判手続終了後の書記官事務 ………………………………………… 479
　14　審判に対する即時抗告 ………………………………………………… 479
第2　子の引渡しの審判事件 ……………………………………………………… 480
　1　申立て …………………………………………………………………… 480
　　(1)　管轄 …………………………………………………………………… 480
　　(2)　申立人 ………………………………………………………………… 480
　　(3)　申立ての方式 ………………………………………………………… 480
　　　ア　申立費用
　　　イ　申立書
　　　ウ　附属書類（添付書類）
　2　受付及び審査 …………………………………………………………… 481
　　(1)　人身保護請求との関係 ……………………………………………… 481
　　(2)　民事訴訟との関係 …………………………………………………… 482
　3　立件基準（事件番号の付け方の基準） ………………………………… 482
　4　記録の編成 ……………………………………………………………… 482
　5　事件の分配 ……………………………………………………………… 482

	6	審判期日の指定	482
	7	申立書の写しの送付等	482
	8	参考事項の聴取	483
	9	付調停	483
	10	審判前の保全処分	483
	11	審理等	483
	12	審判手続の終了	483
		(1) 認容審判の主文について	483
		(2) 審判書の理由中の判断について	483
	13	審判手続終了後の書記官事務	484
	14	審判に対する即時抗告	484
	15	子の引渡しの強制執行の具体的方法等	484

第4節 財産の分与に関する処分の審判事件 … 486
 第1 申立て … 486
  1 管轄 … 486
  2 申立人 … 486
  3 申立ての方式 … 487
   (1) 申立費用 … 487
    ア 申立手数料
    イ 郵便切手
   (2) 申立書 … 487
   (3) 附属書類（添付書類）… 487
 第2 受付及び審査 … 488
  1 請求期間（申立ての期間制限）について … 488
  2 申立ての特定について … 489
  3 当事者に外国人が含まれる場合（いわゆる渉外事件の場合）について … 489
 第3 立件基準（事件番号の付け方の基準） … 489
 第4 記録の編成 … 489
 第5 事件の分配 … 490
 第6 審判期日の指定 … 490
 第7 申立書の写しの送付等 … 490
 第8 参考事項の聴取 … 490
 第9 付調停 … 490
 第10 審判前の保全処分 … 491
 第11 審理等 … 491
  1 財産分与請求権の法的性質 … 491
  2 審理等 … 491
   (1) 対象財産 … 492
   (2) 対象財産の確定の基準時 … 493
   (3) 対象財産の評価（評価の基準時）… 493

	(4)	財産形成に対する寄与・貢献	493
	(5)	財産の分与の方法	494
第12	審判手続の終了		494
第13	審判手続終了後の書記官事務		495
第14	審判に対する即時抗告		495

第5節 離婚等の場合における祭具等の所有権の承継者の指定の審判事件 ……………………… 496
　第1　申立て ……………………… 496
　　1　管轄 ……………………… 496
　　2　申立人 ……………………… 497
　　3　申立ての方式 ……………………… 497
　　　(1)　申立費用 ……………………… 497
　　　　ア　申立手数料
　　　　イ　郵便切手
　　　(2)　申立書 ……………………… 497
　　　(3)　附属書類（添付書類） ……………………… 497
　第2　受付及び審査 ……………………… 498
　第3　立件基準（事件番号の付け方の基準） ……………………… 498
　第4　記録の編成 ……………………… 498
　第5　事件の分配 ……………………… 499
　第6　審判期日の指定 ……………………… 499
　第7　申立書の写しの送付等 ……………………… 499
　第8　参考事項の聴取 ……………………… 499
　第9　付調停 ……………………… 499
　第10　審理等 ……………………… 499
　第11　審判手続の終了 ……………………… 499
　第12　審判手続終了後の書記官事務 ……………………… 499
　第13　審判に対する即時抗告 ……………………… 499

第2章　親子に関する審判事件における書記官事務 ……………………… 500

離縁等の場合における祭具等の所有権の承継者の指定の審判事件 ……………………… 501
　第1　申立て ……………………… 501
　　1　管轄 ……………………… 501
　　2　申立人 ……………………… 501
　　3　申立ての方式 ……………………… 501
　　　(1)　申立費用 ……………………… 501
　　　　ア　申立手数料
　　　　イ　郵便切手
　　　(2)　申立書 ……………………… 502
　　　(3)　附属書類（添付書類） ……………………… 502
　第2　受付及び審査 ……………………… 502

第3 立件基準（事件番号の付け方の基準） ………………………………… 502
第4 記録の編成 ……………………………………………………………… 502
第5 事件の分配 ……………………………………………………………… 502
第6 審判期日の指定 ………………………………………………………… 502
第7 申立書の写しの送付等 ………………………………………………… 502
第8 参考事項の聴取 ………………………………………………………… 502
第9 付調停 …………………………………………………………………… 503
第10 審理等 …………………………………………………………………… 503
第11 審判手続の終了 ………………………………………………………… 503
第12 審判手続終了後の書記官事務 ………………………………………… 503
第13 審判に対する即時抗告 ………………………………………………… 503

第3章 親権に関する審判事件における書記官事務 …………………………… 504

第1節 養子の離縁後に親権者となるべき者の指定の審判事件 ………………… 505
第1 申立て …………………………………………………………………… 505
 1 管轄 …………………………………………………………………… 505
 2 申立人 ………………………………………………………………… 505
 3 申立ての方式 ………………………………………………………… 505
  (1) 申立費用 ………………………………………………………… 505
   ア 申立手数料
   イ 郵便切手
  (2) 申立書 …………………………………………………………… 506
  (3) 附属書類（添付書類） ………………………………………… 506
第2 受付及び審査 …………………………………………………………… 506
第3 立件基準（事件番号の付け方の基準） ……………………………… 506
第4 記録の編成 ……………………………………………………………… 506
第5 事件の分配 ……………………………………………………………… 507
第6 審判期日の指定 ………………………………………………………… 507
第7 申立書の写しの送付等 ………………………………………………… 507
第8 参考事項の聴取 ………………………………………………………… 507
第9 付調停 …………………………………………………………………… 507
第10 審理等 …………………………………………………………………… 507
第11 審判手続の終了 ………………………………………………………… 507
第12 審判手続終了後の書記官事務 ………………………………………… 508
第13 審判に対する即時抗告 ………………………………………………… 508

第2節 親権者の指定又は変更の審判事件 ………………………………………… 508
第1 親権者の指定の審判事件 ……………………………………………… 509
 1 申立て ………………………………………………………………… 509
  (1) 管轄 ……………………………………………………………… 509
  (2) 申立人 …………………………………………………………… 509

(3) 申立ての方式 ……………………………………………………………… 510
　　　ア　申立費用
　　　イ　申立書
　　　ウ　附属書類（添付書類）
　2 受付及び審査 …………………………………………………………………… 511
　　(1) 親権者の指定の審判の申立ての前提となる要件について ……………… 511
　　(2) 非嫡出子の単独親権者が行方不明の場合について ……………………… 511
　　(3) 非嫡出子の単独親権者が死亡している場合について …………………… 511
　　(4) 当事者に外国人が含まれる場合（いわゆる渉外事件の場合）について …… 511
　3 立件基準（事件番号の付け方の基準） ……………………………………… 512
　4 記録の編成 ……………………………………………………………………… 512
　5 事件の分配 ……………………………………………………………………… 512
　6 審判期日の指定 ………………………………………………………………… 512
　7 申立書の写しの送付等 ………………………………………………………… 512
　8 参考事項の聴取 ………………………………………………………………… 512
　9 付調停 …………………………………………………………………………… 512
　10 審判前の保全処分 ……………………………………………………………… 512
　11 審理等 …………………………………………………………………………… 513
　　(1) 15歳以上の子の必要的陳述聴取及び子の意思の把握・考慮 …………… 513
　　(2) 調査官との連携 ……………………………………………………………… 513
　　(3) 国際的な子の奪取の民事上の側面に関する条約の実施に関する法律に関
　　　 する留意事項
　12 審判手続の終了 ………………………………………………………………… 513
　　(1) 給付を命ずる審判 …………………………………………………………… 513
　　(2) 当事者への戸籍届出等についての手続教示 ……………………………… 514
　13 戸籍事務管掌者への通知 ……………………………………………………… 514
　14 審判手続終了後の書記官事務 ………………………………………………… 514
　15 審判に対する即時抗告 ………………………………………………………… 515
第2　親権者の変更の審判事件 ……………………………………………………… 516
　1 申立て …………………………………………………………………………… 516
　　(1) 管轄 …………………………………………………………………………… 516
　　(2) 申立人 ………………………………………………………………………… 516
　　(3) 申立ての方式 ………………………………………………………………… 516
　　　ア　申立費用
　　　イ　申立書
　　　ウ　附属書類（添付書類）
　2 受付及び審査 …………………………………………………………………… 517
　　(1) 単独親権者が行方不明の場合について …………………………………… 517
　　(2) 単独親権者が死亡している場合について ………………………………… 517
　　(3) 養親死亡後実親への親権者変更について ………………………………… 517

        (4) 子が実親と養親の共同親権に服している場合の親権者変更の可否について … 518
        (5) 当事者に外国人が含まれる場合（いわゆる渉外事件の場合）について …… 518
      3 立件基準（事件番号の付け方の基準） ………………………………………… 518
      4 記録の編成 ………………………………………………………………………… 518
      5 事件の分配 ………………………………………………………………………… 518
      6 審判期日の指定 …………………………………………………………………… 518
      7 申立書の写しの送付等 …………………………………………………………… 518
      8 参考事項の聴取 …………………………………………………………………… 518
      9 付調停 ……………………………………………………………………………… 518
     10 審判前の保全処分 ………………………………………………………………… 518
     11 審理等 ……………………………………………………………………………… 518
        (1) 15歳以上の子の必要的陳述聴取及び子の意思の把握・考慮 ……………… 519
        (2) 調査官との連携 ………………………………………………………………… 519
        (3) 国際的な子の奪取の民事上の側面に関する条約の実施に関する法律に関
            する留意事項 ……………………………………………………………………… 519
     12 審判手続の終了 …………………………………………………………………… 519
        (1) 給付を命ずる審判 ……………………………………………………………… 519
        (2) 当事者への戸籍届出等についての手続教示 ………………………………… 519
     13 戸籍事務管掌者への通知 ………………………………………………………… 520
     14 審判手続終了後の書記官事務 …………………………………………………… 520
     15 審判に対する即時抗告 …………………………………………………………… 520

第4章　扶養に関する審判事件における書記官事務 ……………………………………… 521

第1節　扶養の順位の決定及びその決定の変更又は取消しの審判事件 ………………… 522
  第1 申立て ……………………………………………………………………………………… 522
      1 管轄 ………………………………………………………………………………… 522
      2 申立人 ……………………………………………………………………………… 523
      3 申立ての方式 ……………………………………………………………………… 523
        (1) 申立費用 ………………………………………………………………………… 523
            ア 申立手数料
            イ 郵便切手
        (2) 申立書 …………………………………………………………………………… 523
        (3) 附属書類（添付書類） ………………………………………………………… 523
  第2 受付及び審査 …………………………………………………………………………… 524
  第3 立件基準（事件番号の付け方の基準） ……………………………………………… 524
  第4 記録の編成 ……………………………………………………………………………… 524
  第5 事件の分配 ……………………………………………………………………………… 524
  第6 審判期日の指定 ………………………………………………………………………… 525
  第7 申立書の写しの送付等 ………………………………………………………………… 525
  第8 参考事項の聴取 ………………………………………………………………………… 525

- 目次47 -

```
     第9   付調停 ································································ 525
     第10  審判前の保全処分 ·················································· 525
     第11  審理等 ································································ 525
     第12  審判手続の終了 ····················································· 525
     第13  審判手続終了後の書記官事務 ···································· 525
     第14  審判に対する即時抗告 ············································ 525
   第2節  扶養の程度又は方法についての決定及びその決定の変更又は取消しの審判事件 ··· 527
     第1   申立て ································································ 527
       1   管轄 ···································································· 527
       2   申立人 ································································ 527
       3   申立ての方式 ······················································· 528
        (1) 申立費用 ·························································· 528
            ア 申立手数料
            イ 郵便切手
        (2) 申立書 ····························································· 528
        (3) 附属書類（添付書類） ········································ 528
     第2   受付及び審査 ······················································ 529
       1   婚姻費用の分担に関する処分の審判の申立て及び子の監護に関する処分
           （養育費請求）の審判の申立てとの関係について ············· 530
       2   過去の扶養料請求について ····································· 530
     第3   立件基準（事件番号の付け方の基準） ······················ 530
     第4   記録の編成 ························································· 530
     第5   事件の分配 ························································· 530
     第6   審判期日の指定 ···················································· 530
     第7   申立書の写しの送付等 ·········································· 530
     第8   参考事項の聴取 ···················································· 531
     第9   付調停 ································································ 531
     第10  審判前の保全処分 ·················································· 531
     第11  審理等 ································································ 531
     第12  審判手続の終了 ····················································· 532
     第13  審判手続終了後の書記官事務 ···································· 532
     第14  審判に対する即時抗告 ············································ 532

第5章  相続に関する審判事件における書記官事務 ······················· 533

  相続の場合における祭具等の所有権の承継者の指定の審判事件 ········· 534
     第1   申立て ································································ 534
       1   管轄 ···································································· 534
       2   申立人 ································································ 534
       3   申立ての方式 ······················································· 534
        (1) 申立費用 ·························································· 534
```

− 目次48 −

            ア　申立手数料
            イ　郵便切手
         (2)　申立書 ………………………………………………………… 535
         (3)　附属書類（添付書類）………………………………………… 535
      第2　受付及び審査 ……………………………………………………… 535
      第3　立件基準（事件番号の付け方の基準）………………………… 535
      第4　記録の編成 ………………………………………………………… 535
      第5　事件の分配 ………………………………………………………… 535
      第6　審判期日の指定 …………………………………………………… 536
      第7　申立書の写しの送付等 …………………………………………… 536
      第8　参考事項の聴取 …………………………………………………… 536
      第9　付調停 ……………………………………………………………… 536
      第10　審理等 ……………………………………………………………… 536
      第11　審判手続の終了 …………………………………………………… 536
      第12　審判手続終了後の書記官事務 …………………………………… 536
      第13　審判に対する即時抗告 …………………………………………… 536

第6章　遺産の分割に関する審判事件における書記官事務 ……………… 537

   第1節　遺産の分割の審判事件 ……………………………………………… 538
      第1　申立て ……………………………………………………………… 538
       1　管轄 ………………………………………………………………… 538
       2　当事者 ……………………………………………………………… 538
       3　申立ての方式 ……………………………………………………… 538
         (1)　申立費用 ……………………………………………………… 538
            ア　申立手数料
            イ　郵便切手
         (2)　申立書 ………………………………………………………… 538
         (3)　附属書類（添付書類）………………………………………… 539
      第2　受付及び審査 ……………………………………………………… 539
      第3　立件基準（事件番号の付け方の基準）………………………… 539
      第4　記録の編成 ………………………………………………………… 539
      第5　事件の分配 ………………………………………………………… 539
      第6　審判期日の指定 …………………………………………………… 539
      第7　申立書の写しの送付等 …………………………………………… 539
      第8　参考事項の聴取 …………………………………………………… 540
      第9　付調停 ……………………………………………………………… 540
      第10　審判前の保全処分 ………………………………………………… 541
      第11　審理等 ……………………………………………………………… 541
       1　中間決定 …………………………………………………………… 542
         (1)　概説 …………………………………………………………… 542

(2) 方式 ………………………………………………………………… 542
　2 寄与分を定める処分の審判事件との関係（手続及び審判の併合等） ………… 542
　3 中間処分としての遺産の換価を命ずる裁判（法194条） ……………………… 543
　　(1) 競売して換価することを命ずる裁判 ……………………………………… 543
　　(2) 任意に売却して換価することを命ずる裁判 ……………………………… 543
　　(3) 換価を命ずる裁判の告知等 ………………………………………………… 544
　　(4) 換価の対象となる財産の管理者の選任 …………………………………… 544
　　(5) 換価を命ずる裁判が確定した旨の通知 …………………………………… 545
　　(6) 換価を命じられた相続人（換価人）の義務等 …………………………… 545
　　　ア 換価を命じられた相続人の届出義務
　　　イ 前記アの届出があったときの書記官の通知
　　　ウ 換価の報告等
　　　エ 換価代金の引渡義務
　　(7) 換価代金等の管理（保管） ………………………………………………… 546
　　(8) 換価を命じられた相続人（換価人）に対する報酬の付与 ……………… 546
　　(9) 換価を命ずる裁判の取消し ………………………………………………… 547
　4 参与員の関与 …………………………………………………………………… 547
第12 審判手続の終了 ………………………………………………………………… 547
　1 審判について …………………………………………………………………… 547
　2 申立ての取下げの制限について ……………………………………………… 548
第13 審判手続終了後の書記官事務 ………………………………………………… 548
第14 審判に対する即時抗告 ………………………………………………………… 548
第2節 遺産の分割の禁止の審判事件 ……………………………………………… 550
第1 申立て …………………………………………………………………………… 550
　1 管轄 ……………………………………………………………………………… 550
　2 当事者 …………………………………………………………………………… 550
　3 申立ての方式 …………………………………………………………………… 551
　　(1) 申立費用 ……………………………………………………………………… 551
　　　ア 申立手数料
　　　イ 郵便切手
　　(2) 申立書 ………………………………………………………………………… 551
　　(3) 附属書類（添付書類） ……………………………………………………… 551
第2 受付及び審査 …………………………………………………………………… 551
第3 立件基準（事件番号の付け方の基準） ……………………………………… 551
第4 記録の編成 ……………………………………………………………………… 551
第5 事件の分配 ……………………………………………………………………… 551
第6 審判期日の指定 ………………………………………………………………… 551
第7 申立書の写しの送付等 ………………………………………………………… 552
第8 参考事項の聴取 ………………………………………………………………… 552
第9 付調停 …………………………………………………………………………… 552

第10	審理等	552
第11	審判手続の終了	552
	1 審判について	552
	2 遺産の分割の禁止の審判の効果について	553
	3 遺産の分割の禁止の審判と登記	553
第12	審判手続終了後の書記官事務	553
第13	審判に対する即時抗告	553
第14	遺産の分割の禁止の審判の取消し又は変更	554
	1 概説	554
	2 手続	554
	(1) 概説	554
	(2) 管轄	554
	(3) 申立人	554
	(4) 申立手数料	554
	(5) 立件基準（事件番号の付け方の基準）	554
	(6) 審判に対する即時抗告	555

第3節　寄与分を定める処分の審判事件 …………………………………………… 556

第1　申立て …………………………………………………………………………… 556
　1　管轄 ……………………………………………………………………………… 556
　　(1) 原則 ………………………………………………………………………… 556
　　(2) 特則 ………………………………………………………………………… 556
　2　当事者 …………………………………………………………………………… 556
　3　申立ての方式 …………………………………………………………………… 556
　　(1) 申立費用 …………………………………………………………………… 556
　　　ア　申立手数料
　　　イ　郵便切手
　　(2) 申立書 ……………………………………………………………………… 557
　　(3) 附属書類（添付書類） …………………………………………………… 557
第2　受付及び審査 …………………………………………………………………… 557
　1　寄与分制度の適用時期 ………………………………………………………… 557
　2　申立ての時期の制限等 ………………………………………………………… 558
　　(1) 申立ての時期（遺産の分割の審判事件との関係） …………………… 558
　　(2) 寄与分を定める処分の審判の申立ての期間の指定等（法193条） … 558
第3　立件基準（事件番号の付け方の基準） ……………………………………… 559
第4　記録の編成 ……………………………………………………………………… 559
第5　事件の分配 ……………………………………………………………………… 559
第6　審判期日の指定 ………………………………………………………………… 559
第7　申立書の写しの送付等 ………………………………………………………… 559
第8　参考事項の聴取 ………………………………………………………………… 559
第9　付調停 …………………………………………………………………………… 559

         第10　審理等 ………………………………………………………………… 559
            1　遺産の分割の審判事件との手続及び審判の併合等について …………… 560
            2　寄与分の成立要件，寄与分についての事実の調査等について ………… 560
         第11　審判手続の終了 ……………………………………………………… 561
         第12　審判手続終了後の書記官事務 ……………………………………… 561
         第13　審判に対する即時抗告 ……………………………………………… 561

第7章　厚生年金保険法に関する審判事件における書記官事務 ……… 563

   請求すべき按分割合に関する処分の審判事件 ……………………………………… 564
      第1　申立て ………………………………………………………………………… 565
         1　管轄 …………………………………………………………………………… 565
         2　申立人 ………………………………………………………………………… 565
         3　申立ての方式 ………………………………………………………………… 565
            (1)　申立費用 ………………………………………………………………… 565
               ア　申立手数料
               イ　郵便切手
            (2)　申立書 …………………………………………………………………… 565
            (3)　附属書類（添付書類）………………………………………………… 565
      第2　受付及び審査 ………………………………………………………………… 566
         1　年金分割のための情報通知書の確認について …………………………… 567
         2　請求期限について …………………………………………………………… 567
         3　夫婦関係調整調停申立事件等との関係について ………………………… 568
         4　財産分与制度と離婚時年金分割制度との関係について ………………… 568
      第3　立件基準（事件番号の付け方の基準）…………………………………… 568
      第4　記録の編成 …………………………………………………………………… 569
      第5　事件の分配 …………………………………………………………………… 569
      第6　審判期日の指定 ……………………………………………………………… 569
      第7　申立書の写しの送付等 ……………………………………………………… 569
      第8　参考事項の聴取 ……………………………………………………………… 569
      第9　付調停 ………………………………………………………………………… 569
      第10　審理等 ……………………………………………………………………… 569
         1　陳述の聴取の特則（法68条2項の規定の不適用）について ………… 569
         2　審理の進め方について ……………………………………………………… 570
      第11　審判手続の終了 …………………………………………………………… 572
      第12　審判手続終了後の書記官事務 …………………………………………… 572
      第13　審判に対する即時抗告 …………………………………………………… 572

第8章　生活保護法等に関する審判事件における書記官事務 ……………… 573

   扶養義務者の負担すべき費用額の確定の審判事件 ………………………………… 574
      第1　申立て ………………………………………………………………………… 574

1	管轄	574
2	申立人	574
3	申立ての方式	574
(1)	申立費用	574
	ア　申立手数料	
	イ　郵便切手	
(2)	申立書	574
(3)	附属書類（添付書類）	575

- 第2　受付及び審査 …… 575
- 第3　立件基準（事件番号の付け方の基準） …… 575
- 第4　記録の編成 …… 576
- 第5　事件の分配 …… 576
- 第6　審判期日の指定 …… 576
- 第7　申立書の写しの送付等 …… 576
- 第8　参考事項の聴取 …… 576
- 第9　付調停 …… 576
- 第10　審理等 …… 576
- 第11　審判手続の終了 …… 576
- 第12　審判手続終了後の書記官事務 …… 576
- 第13　審判に対する即時抗告 …… 576

第6編　履行確保における書記官事務

第1章　履行状況の調査及び履行の勧告における書記官事務 …… 577

- 第1　概説 …… 577
- 第2　調査及び勧告の対象となる義務等 …… 577
- 第3　手続 …… 578
  - 1　管轄 …… 578
  - 2　申出人 …… 578
  - 3　申出の方式 …… 578
    - (1) 申出費用 …… 578
      - ア　申出手数料
      - イ　郵便切手
    - (2) 申出書 …… 578
    - (3) 附属書類（添付書類） …… 578
  - 4　立件基準（事件番号の付け方の基準） …… 578
  - 5　記録の編成 …… 579
  - 6　調査及び勧告 …… 579
    - (1) 概説 …… 579

　　　　(2) 調査及び勧告を裁判官が行う場合 ……………………………………… 579
　　　　(3) 調査及び勧告を調査官が行う場合 ……………………………………… 580
　　　　(4) 調査及び勧告の終了 ……………………………………………………… 580
　　7 嘱託による調査及び勧告の処理 …………………………………………… 580
　　8 記録の閲覧及び謄写等 ……………………………………………………… 581
　　9 経過措置 ……………………………………………………………………… 581

第2章　履行命令における書記官事務 ……………………………………………… 582

第1節　履行命令 …………………………………………………………………… 582
第1　概説 …………………………………………………………………………… 582
第2　履行命令の対象となる義務 ………………………………………………… 582
第3　手続 …………………………………………………………………………… 582
　1 管轄 …………………………………………………………………………… 582
　　(1) 管轄 ………………………………………………………………………… 582
　　(2) 移送 ………………………………………………………………………… 583
　2 申立人 ………………………………………………………………………… 583
　3 申立ての方式 ………………………………………………………………… 583
　　(1) 申立費用 …………………………………………………………………… 583
　　　ア　申立手数料
　　　イ　郵便切手
　　(2) 申立書 ……………………………………………………………………… 583
　　(3) 附属書類（添付書類） …………………………………………………… 583
　4 立件基準（事件番号の付け方の基準） …………………………………… 584
　5 記録の編成 …………………………………………………………………… 584
　6 審理 …………………………………………………………………………… 584
　7 履行命令 ……………………………………………………………………… 584
　　(1) 概説 ………………………………………………………………………… 584
　　(2) 履行命令の形式 …………………………………………………………… 585
　　(3) 履行命令に違反した場合の制裁の告知 ………………………………… 586
　　(4) 履行命令の告知 …………………………………………………………… 587
　8 履行命令手続の終了 ………………………………………………………… 587
　9 不服申立て（即時抗告）の可否 …………………………………………… 587
　10 経過措置 ……………………………………………………………………… 587
　11 履行命令事件の記録及び審判書原本の保存について …………………… 587
　　(1) 履行命令事件の記録の保存について …………………………………… 587
　　(2) 履行命令事件の審判書原本の保存について …………………………… 588

第2節　履行命令違反（不服従）に対する過料 ………………………………… 588
第1　概説 …………………………………………………………………………… 588
第2　手続 …………………………………………………………………………… 588
　1 規律 …………………………………………………………………………… 588

2　手続 …………………………………………………………………………… 589
　(1)　管轄 ………………………………………………………………………… 589
　(2)　申立ての可否 ……………………………………………………………… 589
　(3)　立件の要否 ………………………………………………………………… 589
　(4)　記録の編成 ………………………………………………………………… 589
　(5)　審理 ………………………………………………………………………… 590
　　ア　正式手続
　　イ　略式手続
　(6)　過料の裁判（過料に処する旨の裁判）………………………………… 591
　　ア　裁判書の作成
　　イ　過料の裁判の告知
　(7)　不服申立て（即時抗告）………………………………………………… 592
　　ア　即時抗告権者
　　イ　即時抗告期間
　　ウ　執行停止効の有無
　(8)　過料の裁判（過料に処する旨の裁判）の執行 ………………………… 592
　　ア　執行命令
　　イ　執行の実施
　(9)　手続終了後の過料事件の記録の保存 …………………………………… 593

序　論

第 1　研究の目的

　　平成 25 年 1 月 1 日に施行された家事事件手続法では，当事者等の手続保障を図るための制度が拡充され，参加制度の拡充（法 41 条，42 条，258 条 1 項），家事審判事件における閲覧・謄写等に関する制度の拡充（法 47 条），家事調停の申立書の写しの相手方への原則送付（法 256 条 1 項），別表第二審判の手続の特則（申立書の写しの相手方への原則送付（法 67 条 1 項），事実の調査の通知（法 70 条），審理の終結（法 71 条）及び審判日（法 72 条）等の法第 2 編第 1 章第 1 節第 6 款の各規定）等の各規定の整備のほか，国民が家事事件の手続を利用しやすくするための制度の創設や見直し等も行われ，テレビ会議システム及び電話会議システムの方法による家事事件の手続の期日における手続の規定（法 54 条，258 条 1 項）等が創設される等，書記官事務にも大きく影響を及ぼす様々な規定が新たに設けられた。

　　この家事事件手続法の規定や趣旨を踏まえ，これまで各家庭裁判所においては，当事者等の手続保障を図り，家事調停事件及び別表第二審判事件の手続が国民にとってより利用しやすいものとなるように，また，法 2 条に規定された裁判所の責務である公正かつ迅速な手続を実現するために，これらの事件に携わる書記官の各種事務について，その根拠である裁判所法 60 条に立ち返り，その根拠と目的を踏まえた上で，適正かつ迅速で合理的な書記官事務の在り方について，不断に検討や見直し等が行われてきた。

　　本研究は，家事事件手続法の施行から 4 年が経過し，家事調停事件及び別表第二審判事件の手続を中心に，書記官事務の視点から，前述の各家庭裁判所における検討や見直し等に基づいて蓄積されたノウハウや工夫等の実務上の運用について調査・分析し，その根拠と目的を踏まえた上で，裁判官や家事調停委員，家庭裁判所調査官（以下「調査官」という。）等の関係職種との連携・協働の在り方も含め，適正かつ迅速で合理的な書記官事務の在り方について実証的な研究をすることを目的としている[1]。

　　本研究報告書は，このような目的の下で，初めて家事調停事件及び別表第二審判事件を担当する書記官にとっての導入書となるとともに，各家庭裁判所におけるそれぞれの現場の実情に応じた適正かつ迅速で合理的な書記官事務の在り方について検討するための基礎となる考え方を示すものを目指して作成したものである。もっとも，実務においては，裁判官や調停委員会の手続運営の方針，事案ごとの個別の事情等のそれぞれの現場の実情に応じて，具体的な書記官事務の在り方は変化することから，それぞれの現場においては，本研究報告書で示した適正かつ迅速で合理的な書記官事務の在り方についての考え方や方向性等を素材として，それぞれの現場の実情に応じて，更に検討等が加えられなければならない。

1　最高裁判所や高等裁判所における書記官事務については，本研究の対象としていない。

序論

第2 研究の方針

　本研究では，家事調停事件及び別表第二審判事件における書記官事務について，まずは，各家庭裁判所の事務処理状況等を調査し，併せて，これらの事件に携わる裁判官や書記官にも事務処理状況等についてのアンケート調査や電話等によるヒアリング調査を実施して，広く現場の実情を把握することに努めた。

　次に，把握した現場の実情について，事務の類型ごとに，その根拠や目的に照らして分析・整理した上で，裁判官や家事調停委員，調査官等の関係職種との連携・協働も含む全体的な手続の流れの中で，手続の運営主体である裁判官の効果的かつ合理的な手続への関与の在り方も踏まえ，書記官が果たすべき役割はどう在るべきかという観点や，適正かつ迅速で合理的な書記官事務はどう実現されるべきかという観点で，実証的な研究を進めた。

　本研究では，前述のとおり，裁判官や家事調停委員，調査官等の関係職種との連携・協働も含む書記官事務の在り方について研究していることから，必要に応じて裁判官や調査官の手続への関与等にも触れており，それらの関与等に関する部分については，前述の各家庭裁判所の事務処理状況等の調査や諸文献等による調査のほか，本研究の協力研究員である東京家庭裁判所の右田晃一裁判官及び裁判所職員総合研修所の教官でもある調査官の意見等も聴取した上で記載したものである。

第3 研究の構成

1 全体構成

　本研究報告書は，大きく六つの編（枠組み）で構成されている。

　まず，第1編では本研究において必要不可欠な前提知識として家事事件手続法の概要を記載し，次に，第2編及び第3編では家事調停手続における書記官事務の総論部分と各論部分を，第4編及び第5編では別表第二審判手続における書記官事務の総論部分と各論部分を，それぞれ記載し，最後に，第6編でこれらの手続とも関連する履行確保における書記官事務を記載した。

2 第2編から第5編までの構成

　第2編及び第3編の家事調停手続における書記官事務では，まず，第2編で当該書記官事務に共通する総論部分として，家事調停制度，家事調停事項，調停機関，当事者・代理・補佐・参加・排除，手続費用，管轄・移送等，手続の開始から終了までの家事調停手続に関する書記官事務等の，家事調停手続全般に関する書記官事務について記載し，次に，第3編で個別の事件類型における書記官事務（各論部分）として，一般調停事件，法別表第二に掲げる事項についての家事調停（以下「別表第二調停」という。）事件及び特殊調停事件（合意に相当する審判事件）の各分類における代表的な事件類型に関する書記官事務について記載した。

　第4編及び第5編の別表第二審判手続における書記官事務では，まず，第4編で当該書記官事務に共通する総論部分として，別表第二審判事項，審判機関，当事者・代理・補佐・参加・排除，手続費用，管轄・移送等，手続の開始から終了までの別表第二審判手続に関する書記官事務，不服申立て，審判の取消し又は変更，再審，審判の更正等の，別表第二審判手続全般に関する書記官事務について記載し，次に，第5編

で個別の事件類型における書記官事務（各論部分）として，別表第二審判事件の全ての類型（16類型）における書記官事務について記載した。

なお，第3編及び第5編のいずれの各論部分についても，まずは，それぞれの類型の事件がどのような事件なのかについて概要を把握してもらうために，冒頭において【どんな事件？】と題した上で根拠となる法令等を示して当該事件の概要を記載し，次に，申立書の受付から事件の終了までの具体的な手続の流れに沿って，第2編や第4編の総論部分の記載内容とは重複しない範囲において，各家庭裁判所における実務上の運用を踏まえた上で，適正かつ迅速で合理的な書記官事務を行うに当たっての留意事項や特記事項等を記載する構成とした。

3　平成27年度書記官実務研究との関係

法別表第一に掲げる事項についての家事審判事件の手続を中心とした書記官事務については，平成27年度書記官実務研究において研究が行われている。

本研究は，平成27年度書記官実務研究と合わせて家事事件手続法下における書記官事務の運用に関する体系的な研究を完成させることも目的としたものであり，実務の現状等を踏まえ，適正かつ迅速で合理的な書記官事務の在り方について実証的に研究し，その成果を各家庭裁判所の家事事件を取り扱う現場にとって有益な形でまとめることを目指したものである。したがって，主に第1編の家事事件手続法の概要部分並びに第2編及び第4編の総論部分のうち平成27年度書記官実務研究において既に研究されている事項については，当該事項の内容を踏まえ，適宜参照する等して当該事項との重複記載は極力避け，本研究において必要不可欠な前提知識として，第3編や第5編の各論部分等にもつながるような事項についてのみ必要な限度で記載するにとどめた。

4　その他

このほか，本研究報告書の全般にわたって，初めて家事調停事件及び別表第二審判事件を担当する書記官並びにこれらの事件の経験がある書記官であっても実務上留意すべき実体法上の知識や各書記官事務の根拠や目的等を考える上で有用な関係知識等についても可能な限り記載し，また，具体的な書記官事務の考え方やイメージを示すものとして必要な限度で，フローチャートや表を取り入れたり，参考となる書式例を掲載するなどして，読みやすさにも留意して記載するよう心掛けた。

第1編　家事事件手続法の概要

本編では，家事事件全体を概観するため，家事事件手続法の概要について記載する。「第1章　家事事件手続法の制定」及び「第2章　家事事件手続法の特徴」については，家事事件手続法概説の第1章の第1節及び第2節（1頁～9頁）並びに平成27年度書記官実務研究の序論の第3（2頁）に詳細に記載されていることから，簡潔に記載するにとどめ，「第3章　家事事件手続法適用事件と家事審判法適用事件」については，本研究の主題となる家事調停事件及び別表第二審判事件に関する限りにおいて簡潔に記載した。

第1章　家事事件手続法の制定

　家事事件の手続は，従前，家事審判法，家事審判規則及び特別家事審判規則その他の法令（旧非訟事件手続法等）で定められていた。近年，我が国の家族をめぐる社会状況，国民の法意識の著しい変化，家族をめぐる事件の複雑・多様化等の事情を背景として，当事者等が自ら主体的に手続に関与するための機会を保障し，裁判の結果について当事者等の納得を得られるようにすることが求められるようになってきたが，家事審判法等の下では，それを保障するような明確な規律が十分とはいえない状況にあった。そこで，こうした現代社会の要請に的確に対応し，家事事件の手続を国民にとって利用しやすくするため，後述する当事者等の手続保障を図るための制度の拡充等現代社会に適合した内容とする家事事件手続法（平成23年法律第52号）が平成23年5月19日に成立し，同月25日，非訟事件手続法及び家事事件手続法の施行に伴う関係法律の整備等に関する法律（同年法律第53号）（以下「整備法」という。）等とともに公布され，平成25年1月1日に施行された。

第2章　家事事件手続法の特徴

　前述のとおり，家事事件手続法は，現代社会の要請に的確に対応し，家事事件の手続を国民にとって利用しやすくするために制定されたものであることから，従前の家事審判法等の規律から見直された点がその特徴ともいえる。その特徴のうち，主に家事調停事件及び別表第二審判事件に関するものは，次の第1から第4までのとおりである。

第1　当事者等の手続保障を図るための制度の拡充

　当事者等の手続保障を図るため，①参加制度を見直して，参加人の権限等を明確にし（法41条，42条，258条1項），②記録の閲覧・謄写等の規律を見直し，家事審判事件の当事者については記録の閲覧・謄写等を原則として認めるとともに記録の閲覧・謄写等をすることができない場合を明確にして，当事者が記録の閲覧・謄写等をすることを容易にし（法47条），③申立書の写しの相手方への原則的送付（法67条1項，256条1項），事実の調査の通知（法70条），当事者の審問申出権（法68条2項），当事者審問の期日における他方当事者の立会いの機会の保障（法69条），審理の終結（法71条），審判日の指定（法72条）の規定等の当事者の不意打ち防止のための諸規定が新設された。

第2　国民が家事事件の手続を利用しやすくするための制度の創設等

　国民が家事事件の手続を利用しやすくするために，①遠隔地に居住する者等の裁判所への出頭の負担を軽減するため，事案に応じて電話会議システム・テレビ会議システムを利用して，家事事件の手続を進めることができるようにし（法54条，258条1項），②高等裁判所において家事調停事件を自ら処理することができる（法274条3項）ようにしたほか，調停条項案の書面による受諾の方法を，離婚又は離縁についての調停事件以外の調停事件にも拡張し（法270条），離婚又は離縁についての調停事件以外は電話会議システム・テレビ会議システムにより調停を成立させることも可能とする（法268条3項，258条1項，54条1項）など，調停を成立させる方法を拡充し，③手続上の救助（法32条）や④通訳人制度を導入し（法55条，258条1項，民訴法154条），⑤調停に代わる審判（法284条）をすることができる事件の範囲が拡張されるなど新たな制度の創設等が行われた。

第3　手続の基本的事項に関する規定の整備

　手続の基本的事項として，①管轄に関する規定を整備して，法の個別の規定では管轄が定まらない場合の補充的な規定（法4条）を設け，管轄違いを理由とする移送に申立権を付与する規定（法9条1項本文）等を定め，②代理に関する規定を整備して，法定代理人と手続代理人の代理権の範囲を明確化し（法17条，24条），また，当事者等の手続追行能力を補充するために，裁判長による手続代理人の選任等の規定（法23条）を設け，③不服申立てに関する規定を整備して，審判に対する不服申立ての手続（法85条～98条）と審判以外の裁判に対する不服申立ての手続（法99条～102条）を分け

て規律し，また，再審の手続についての規定（法103条，104条）を整備した。

第4　審判等によって影響を受ける子の利益への配慮のための制度の拡充

家事事件を処理するに当たり，その結果により影響を受ける未成年者である子の福祉に配慮すべきことは当然であり，未成年者である子の心情や子が置かれた状況を把握する必要があるという点を考慮して，①一定の家事事件については，意思能力がある未成年者は，法定代理人によらずに自ら手続行為をすることができる（法151条2号，168条6号・7号，118条，252条1項2号～5号等）として，その意思を反映しやすくし，②一定の場合には，意思能力がある未成年者が利害関係参加人として手続に参加し有効に手続行為をすることができる（法42条，258条1項）とし，③意思能力がある未成年者が法定代理人によらずに自ら手続行為をすることができる場合にも，現実には手続行為を行うことが困難であることが多いことから，これを補うため，一定の例外を除き，法定代理人が未成年者を代理して手続行為をすることができる（法18条）とし，④未成年者等の手続行為能力を補充するために，裁判長による手続代理人の選任等の規定（法23条）が設けられ，⑤家庭裁判所が未成年者である子の意思を把握するように努め，子の年齢及び発達の程度に応じて，その意思を考慮しなければならない旨の規定（法65条，258条1項）等が設けられた。

第3章　家事事件手続法適用事件と家事審判法適用事件

　家事事件手続法の規定は，原則として，整備法の施行（平成25年1月1日）後に申し立てられた家事事件及び職権で手続が開始された家事事件について適用され，整備法の施行（平成25年1月1日）前に申し立てられた家事事件及び職権で手続が開始された家事事件については，家事審判法（旧法）が適用されることになる（法附則2条，整備法4条1号）。

　家事事件の手続は簡易迅速を旨とするものではあるが，本研究報告書の刊行時には，家事審判法（旧法）が適用される家事事件も一定程度係属している可能性もあることから，書記官は，手続の適正確保のため，どのような事件が家事審判法適用事件に当たるかについて理解しておく必要がある。

　家事事件手続法と家事審判法（旧法）が適用される家事事件については，平成25年3月家庭裁判資料第197号「家事事件手続法執務資料」（最高裁判所事務総局）の248頁から250頁までに一覧表形式でまとめられているため参照されたい。

第2編　家事調停手続における書記官事務【総論】

　本編では，まず，第1章及び第2章において，家事調停制度や家事調停事項といった家事調停手続における書記官事務を行うに当たって前提となる基本的事項について簡潔に記載し，次に，第3章から第6章までにおいて，家事調停手続における書記官事務全般に共通する事項（調停機関，当事者・代理・補佐・参加・排除，手続費用及び管轄・移送等に関する書記官事務）について記載し，最後に，第7章で，家事調停手続に関する書記官事務について，手続の開始から終了までの事務の流れに沿って記載した。

第1章　家事調停制度

第1節　家事調停の概念

　　　　家事調停は，家庭に関する紛争の解決手段で，調停機関が紛争の当事者の間に介在して，当事者の権利又は法律関係について合意を成立させることにより，紛争の自主的な解決を図る制度である。

第2節　家事調停制度の特色

　　　　家事調停制度の主な特色は，次の第1から第5までのとおりである。

第1　合意による解決

　　　　調停は，紛争当事者の互譲によって，事件の実情に即した衡平妥当な解決を得ることを目的とし，当事者の合意に基づくものである。その合意による解決は，当事者の自由意思によるべきものであるから，当事者にとって納得のいく解決が得られる反面，調停機関としてこれを当事者に強制することはできない。

第2　民間人の参加

　　　　調停は，民間から任命された家事調停委員と裁判官とが構成する調停委員会によって行われるのが原則である（法247条1項，248条1項）。
　　　　したがって，紛争の解決に健全な社会人の良識を反映し，その人格と社会経験に基づいて，当事者を互譲と合意に導き，具体的妥当な解決を図ることが期待される。そのため，この家事調停委員の指定（法248条2項）については，事件の内容などの多様な要素を考慮する必要がある。

第3　簡易な手続

　　　　家事調停手続は，訴訟手続に比べればもちろんのこと，家事審判手続と比較しても手続上の制約が少なく，話合いを進める手続や事件の関係人が意見を表明する方法について特別の制約がない。もっとも，手続の制約が少ないということは，それだけ手続進行の多くが調停機関の良識と技術に委ねられており，いかに公平，適切な調停を進めるかは，調停を行う者の責務であるといえる。

第4　非公開の手続

家事調停手続は，非公開で行われるので（法33条），紛争の経過や内容等が外部に知られることがなく，当事者も率直に意見を述べ，和やかに話合いを進めることができる。

第5　調停成立調書の効力

家事調停において，当事者間に合意が成立し，その内容が調書に記載されると，調停が成立したものとし，その記載は，確定判決（法別表第二に掲げる事項にあっては，確定した審判）と同一の効力が与えられる（法268条1項）。

第3節　家事調停事件についての家事事件手続法の規定

家事調停に関する手続については，法第3編に規定されている。この編の第1章の総則において家事調停及び当該手続においてされる手続上の裁判についての共通の規律が，第2章において合意に相当する審判についての規律が，第3章において調停に代わる審判についての規律が，第4章において家事調停の手続においてされた裁判に対する不服申立て及び再審についての規律がそれぞれ定められている。このほか，家事事件の手続全体に共通する規律を規定している第1編の総則の規定についても，当然に適用される。

第2章　家事調停事項

第1節　意義と範囲
第1　概説

家事調停の対象となる事項を家事調停事項といい，法244条で規定されている。家事調停の対象となる事件は，法別表第一に掲げる事項についての事件を除いた，人事に関する訴訟事件その他家庭に関する事件である。これらの事件の内容は，簡潔に記載すると次の第2及び第3のとおりである。

なお，家事事件手続法概説95頁から97頁までにおいても，これらの事件の分類について，図等を用いて説明されているため，併せて参照されたい。

第2　人事に関する訴訟事件

人事に関する訴訟事件は次のとおりである（人訴法2条）。
① 婚姻関係事件（人訴法2条1号）（婚姻の無効及び取消しの訴え，離婚の訴え，協議上の離婚の無効及び取消しの訴え並びに婚姻関係の存否の確認の訴え）
② 実親子関係事件（人訴法2条2号）（嫡出否認の訴え，認知の訴え，認知の無効及び取消しの訴え，民法773条の規定により父を定めることを目的とする訴え並びに実親子関係の存否の確認の訴え）
③ 養子縁組関係事件（人訴法2条3号）（養子縁組の無効及び取消しの訴え，離縁の訴え，協議上の離縁の無効及び取消しの訴え並びに養親子関係の存否の確認の訴え）
④ その他の身分関係の形成又は存否の確認を目的とする訴え（人訴法2条柱書き）（妻が夫の死亡後にした姻族関係を終了させる意思表示（民法728条2項）の効力を争う姻族関係の存否の確認の訴え等）

これらの事件のうち，離婚及び離縁については，当事者の任意の処分が許されている事項であるから，通常の調停による解決を目指すことになるが，その他の事件については，当事者の任意の処分が許されない事項についての事件であり，通常の調停による解決はできないことから（法268条4項，277条1項），合意に相当する審判（法277条）により解決することになる。

第3　その他家庭に関する事件

その他家庭に関する事件は，法244条で法別表第一に掲げる事項についての事件が除かれていることから，「別表第二調停事件」と，前記第2の人事に関する訴訟事件と別表第二調停事件を除いた「その余の家庭に関する事件」に分類することができる。

「家庭に関する事件」がどのような事件であるのかについては，必ずしもその意義及び範囲が明確にされているわけではないため，裁判所が，事件ごとに「家庭に関する事件」であるか否かを決めていくほかない。一般的には，①親族又はこれに準ずる者の間という一定の身分関係の存在，②その間における紛争の存在，③人間関係調整の要求（余地）の存在の三つの要素を備えているものが，「家庭に関する事件」とし

て家事調停の対象となると解されている。

第2節　調停前置主義
第1　意義

　　法244条の規定により調停を行うことができる事件について訴えを提起しようとする者は、まず家庭裁判所に家事調停の申立てをしなければならない（法257条1項）[2]。これは、家庭に関する訴訟事項をいきなり訴訟手続によって公開の法廷で争わせることは、家庭の平和と健全な親族共同生活の維持を図るという見地から望ましくないため、まずは当事者の互譲により円満かつ自主的に解決する措置を講じたものである。これを調停前置主義という。

　　この調停前置主義の対象は、人事に関する訴訟事件（人訴法2条）に限らず、家事調停を行うことができる民事訴訟一般である。例えば、不貞の相手方に対する慰謝料請求事件や遺留分減殺請求事件は民事訴訟事件であるが、調停前置主義の対象である（逐条771頁及び772頁参照）。

　　なお、家事調停の申立てが取り下げられた場合は、家事調停の申立ての効果が遡及的に消滅することになる（法273条2項、民訴法262条1項）が、これにより常に調停前置の要請を満たさなくなるわけではなく、実質的に調停手続を経たと認められるか否かで判断される（逐条772頁参照）。

第2　調停を経ない訴訟事件の必要的付調停

　　家事調停の申立てをすることなく訴えの提起があった場合には、裁判所が事件を調停に付することが相当でないと認めるときを除き、職権で、事件を家事調停に付さなければならないとされており（法257条2項）、調停前置主義が制度として担保されている。

　　また、調停前置主義と同様の趣旨から、法244条の規定により調停を行うことができる事件についての訴訟事件が係属している場合には、受訴裁判所は、当事者の意見を聴いて、職権で、いつでも、何回でも、訴訟事件を家事調停に付することができる（法274条1項）。

　　訴訟事件が係属している受訴裁判所が当該訴訟事件を家事調停に付した場合は、同一事件について訴訟と家事調停の双方の手続が併存することになる。このような場合には、受訴裁判所は、家事調停事件が終了するまで訴訟手続を中止することができる（法275条1項）。

　　なお、訴訟事件の付調停の詳細については、本編の第7章の第1節の第4（66頁）を参照されたい。

第3節　家事調停と民事調停との関係

　　本章の第1節（10頁）のとおり、家事調停は「人事に関する訴訟事件その他家庭に関する事件（法別表第一に掲げる事項についての事件を除く。）」（法244条）を対

---

[2] この規定の特則として、裁判外紛争解決手続の利用の促進に関する法律27条がある。

第2章　家事調停事項

象としており，民事調停は「民事に関する紛争事件」（民調法2条）を対象としている。しかし，「人事に関する訴訟事件その他家庭に関する事件」のうち，特に「その他家庭に関する事件」については，本章の第1節の第3（10頁）に記載したとおり，「家庭に関する事件」の意義及び範囲が明確にされているわけではないため，「家庭に関する事件」について民事調停が申し立てられ，又は「家庭に関する事件」の範囲が民事調停の対象となる「民事に関する紛争事件」の範囲と重複する部分があり得る。

　そのため，両者の調整を図るための移送手続に関し，法は特別の規定を設けている（本編の第6章の第2節（42頁）参照）。

第3章　調停機関

第1節　裁判所

　　家事調停を行うのは，家庭裁判所（裁判所法31条の3第1項1号）又は高等裁判所（裁判所法17条，法274条3項）である。家庭裁判所で家事調停事件が受理されると，毎年あらかじめ当該家庭裁判所の裁判官会議で定められた事務分配等（下級裁判所事務処理規則6条）に従って，各裁判官に分配（配てん）され，手続法上の家庭裁判所（調停裁判所）が定まることになる。

第2節　調停機関
第1　調停委員会
1　構成

　　調停委員会は，裁判官一人及び家事調停委員二人以上[3]で組織する（法248条1項）。なお，合議体で審理していた別表第二審判事件又は訴訟事件が調停に付された場合に当該合議体を構成する三人の裁判官と家事調停委員が調停委員会を構成して調停を行うことは許されない（法274条4項及び逐条745頁参照）。

2　調停委員会を構成する家事調停委員の指定

　　家事調停委員は，最高裁判所によって，弁護士となる資格を有する者，家事の紛争の解決に有用な専門的知識経験を有する者又は社会生活の上で豊富な知識経験を有する者で，人格識見の高い，原則として，年齢40歳以上70歳未満の者の中から，非常勤の公務員として任命され（法249条1項，民事調停委員及び家事調停委員規則1条），調停裁判所（事件の配てんを受けた手続法上の家庭裁判所たる裁判官）がその家事調停委員の中から，具体的な事件について指定する（法248条2項，274条5項）。

　　なお，家事調停委員の指定に関する書記官事務については，本編の第7章の第2節の第6（105頁）を参照されたい。

3　家事調停委員の職務

(1) 家事調停委員は，調停委員会の構成員として調停に関与することを主たる職務内容としているのは当然のことであるが，それ以外にも，法262条は，調停委員会は，相当と認めるときは，当該調停委員会を組織する家事調停委員に事実の調査をさせることができる[4]（ただし，調査官に事実の調査をさせることを相当と認めるときを除く。）旨規定している。

(2) また，調停委員会（裁判官のみで家事調停の手続を行う場合の当該裁判官を含む。）は，必要があると認めるときは，当該調停委員会を組織していない家事調停

---

[3] 実務上，二人の家事調停委員が指定されることが多いが，家事調停委員が三人以上であることも許容される。通常の一般的な知識経験を有する家事調停委員のほか，専門的知見を有する家事調停委員を加えることなどの運用上の工夫が想定される（逐条745頁参照）。

[4] 例えば，遺産の分割の調停事件において，不動産鑑定士である家事調停委員に不動産の評価に関する事実の調査をさせる場合や，当事者に精神障害等が疑われる場合において，精神科医である家事調停委員に事実の調査をさせること等を想定することができる（逐条793頁参照）。

第3章　調停機関

委員の専門的な知識経験に基づく意見を聴取することができる[5]（法264条1項，267条2項）。

手続の明確化の観点から，この意見を聴取する家事調停委員は，調停裁判所が指定する（法264条2項，267条2項）とされ，また，指定を受けた家事調停委員は，調停委員会に出席して意見を述べる（法264条3項，267条2項）。すなわち，調停委員会を構成する裁判官又は家事調停委員が，当該調停委員会を組織していない家事調停委員や当該指定を受けた家事調停委員から適宜に意見を聴取することができるわけではなく，当該調停委員会において意見を聴取する必要がある（逐条796頁参照）。

なお，調停委員会が当該指定を受けた家事調停委員から聴取した結果（内容）を当事者に告げることが必ずしも手続的に保障されているわけではないが，当該結果（内容）がその後の家事調停の進行に影響を与えるような場合には，聴取を調停期日において行ったり，聴取した結果（内容）を当事者に告げる等の手続上の配慮が求められる場合もある（逐条796頁参照）。

(3) さらに，家庭裁判所は，他の家庭裁判所の調停機関から，事件の関係人から紛争の解決に関する意見を聴取すること[6]の嘱託を受けた場合に，相当と認めるときは，家事調停委員に当該嘱託に係る意見を聴取させることができる（法263条2項）。ここで想定されているのは，意見を聴取するためにも一定の専門的知見を要することがあり，家事調停委員の中にそのような専門的知見を有する者があれば，その者が聴取することがふさわしいと認められる場合である（例えば，遺産の分割の調停事件において被相続人の経営する個人企業の資産価値が問題となる場合に公認会計士である家事調停委員が事件の関係人から意見を聴取する場合等である。逐条794頁及び795頁参照）。

4　調停委員会の権限

家事調停は，原則として，調停委員会で行う（法247条1項本文）。調停委員会において家事調停を行う場合，家事調停が係属する手続法上の調停裁判所と調停委員会の権限がどのように分掌されているのかが問題になる。この点，しかるべき調停合意点の探知，調停案の作成及び当事者間の調停合意の形成に向けた調整といったいわゆる本質的調停行為のために必要な行為については調停機関である調停委員会が行うものと考えられている（一問一答225頁参照）。そこで，調停委員会が本質的調停行為を行い手続を進めていくために必要となる具体的な権限は，次のとおり定められている。

---

[5] 例えば，遺産の分割の調停事件において，不動産鑑定士である家事調停委員から遺産である不動産の評価について既に収集された資料から可能な限度で意見を聴取すること等が想定される（逐条795頁及び796頁参照）。
[6] 本質的調停行為は調停機関が行うべきであり，嘱託を受けた家庭裁判所がすべきではないことから，飽くまで紛争の解決に関する意見の聴取にとどまり，意見の調整までは行わない（逐条794頁参照）。

第1　調停委員会

【調停委員会の権限】

法260条1項に列挙するもの	① 手続代理人の許可等（法260条1項1号，22条） ② 補佐人の許可等（法260条1項2号，27条，民訴法60条1項・2項） ③ 傍聴の許可（法260条1項3号，33条ただし書） ④ 手続の併合等の裁判（法260条1項4号，35条） ⑤ 申立ての変更（法260条1項5号，255条4項，50条3項・4項） ⑥ 参加の許可又は参加申出の却下の裁判（法260条1項6号，258条1項，41条1項・2項，42条1項〜3項・5項） ⑦ 排除の裁判（法260条1項6号，258条1項，43条1項） ⑧ 受継（法260条1項6号，258条1項，44条1項・3項） ⑨ 事件の関係人の呼出し（法260条1項6号，258条1項，51条1項） ⑩ 電話会議又はテレビ会議システムの方法による手続（法260条1項6号，258条1項，54条1項） ⑪ 事実の調査及び証拠調べ（過料及び勾引に関する事項を除く。）（法260条1項6号，258条1項，56条1項，59条1項・2項（これらの規定を60条2項において準用する場合を含む。），61条1項，62条，64条1項・5項）
事実の調査及び証拠調べに関するもの	① 調停委員会を組織する裁判官に事実の調査及び証拠調べをさせる決議（法261条1項） ② 調停委員会を組織する裁判官に調査官による社会福祉機関との連絡その他の措置をとらせる決議（法261条5項，59条3項） ③ 調停委員会を組織する家事調停委員に対する事実の調査の指示（法262条本文） ④ 他の家庭裁判所又は簡易裁判所への事件の関係人からの意見聴取の嘱託（法263条1項） ⑤ 調停委員会を組織していない家事調停委員からの専門的意見の聴取（法264条1項）
その他	① 調停前の処分（法266条1項，規129条1項） ② 調停をしないで事件を終了させる措置（法271条） ③ 調停が成立しないものとして事件を終了させる措置（法272条1項） ④ 裁判所外の適当な場所での調停（法265条）

　調停委員会の権限によりこれらの裁判をした場合，家事調停に関する審判以外の裁判については，一律に裁判書の作成を求められていない（法258条1項で準用する法81条1項の規定は法76条1項の規定を準用していない。）ことから，基本的には，当該裁判の内容を当該裁判を受ける者に相当と認める方法により告知し（法258条1項，81条1項，74条1項），当該裁判の内容，告知した旨及び告知の方法を記録上明らかにすれば足りる（規128条1項，50条4項・3項）。ただし，即時抗告をすることができる裁判については，即時抗告をするか否かの判断に資するため，また，抗告審が原審の裁判の理由を知ることができるようにするために審判書の作成を求めた法76条1項の趣旨に鑑み（逐条249頁及び250頁参照），家事調停に関する審判以外の裁判についても，即時抗告をすることができるものについては裁判書を作成することが望ましい。裁判書を作成する場合には，調停委員会の構成員全員の記名押印が必要になる（規128条1項，50条4項・1項）。

　なお，調停委員会が行う家事調停の手続は，調停委員会を組織する裁判官が指揮する（法259条）。調停委員会の意思決定は，その構成員の決議によることが必要である。その決議は，構成員の過半数の意見による。可否同数の場合には，裁判官が決める（法248条3項）。この決議をするには，十分な評議がされたことを前提としている。評議とは，調停委員会の構成員が意見を交換し，相談をすることをいい，決議とはその結論に当たる。この評議の経過やその内容，その構成員である裁判官や家事調停委員の意見，その多少の数は秘密であり（法248条4項），家事調停委員又は家事調停委員であった者が正当な理由なく評議の秘密を漏らした場合には罰則がある（法

第3章　調停機関

293条）（逐条888頁参照）。

第2　裁判官

　家事調停は，調停委員会で行われることが原則であるが，家庭裁判所（調停裁判所）が相当と認めるとき[7]は，裁判官のみで行うことができる（法247条1項ただし書）（実務上「単独調停」と呼ばれている。）[8]。ただし，当事者の（一方の）申立てがあるときは，裁判官のみで家事調停を行うことはできず，調停委員会で調停を行わなければならない（同条2項）。

第3　家事調停官[9]

　家事調停官は，弁護士で5年以上その職にあったもののうちから，最高裁判所が任命する。任期は2年であり，再任されることができる（法250条1項・3項）。家事調停官は非常勤である（同条4項）。家事調停官の任免等に関して必要な事項は，民事調停官及び家事調停官規則に規定されている（同条6項）。

　家事調停官は，家庭裁判所から指定を受けた家事調停事件を取り扱い（法251条1項），当該家事調停事件の処理については，法において家庭裁判所（調停裁判所），裁判官又は裁判長が行うものとして定められている家事調停事件の処理に関する権限を行うことができ（同条2項），独立して職権を行う（同条3項）。これは，家事調停官は，①調停裁判所としての権限，②調停機関としての調停委員会を組織する裁判官としての権限，③裁判官のみで調停を行う場合（いわゆる単独調停の場合）の当該裁判官の権限を有することを明らかにし，裁判官と同様に，これらの権限行使の独立性が保障されているという趣旨である。したがって，合意に相当する審判（法277条）や調停に代わる審判（法284条）もすることができる（詳細については，逐条751頁～753頁を参照されたい。）。

　前述のとおり，家事調停官は非常勤であり，裁判官とは勤務形態も異なることから，書記官は手続の適正確保並びに円滑な進行確保及び進行促進のため，家事調停官担当の家事調停事件の処理について，あらかじめ申合せや取決め等をして認識を共有しておく必要がある。

第4　除斥・忌避・回避

　除斥・忌避・回避の各制度の内容については，平成27年度書記官実務研究の第1

---

[7] この「相当と認めるとき」とは，準拠法の判断が必要ないわゆる渉外調停事件や訴訟事項である前提問題（遺産の分割の調停事件における遺産や相続人の範囲や特別受益の存否等）が争われているような調停事件において，法律的な整理が不可欠である場合等，紛争の解決のために法律的な判断の必要性が高く，家事調停委員が求められる役割を果たすのに適しないような場合等が想定される（逐条744頁参照）。

[8] 「裁判官のみによる家事調停」としては，裁判官による合議体で家事調停を行う場合もある。別表第二審判事件又は訴訟事件を合議体で審理しているときに調停に付した場合において，当該別表第二審判事件又は訴訟事件が係属する裁判所（受審判裁判所又は受訴裁判所）自ら調停を行う場合である。もっとも，家事調停の申立てがあった場合に当初からその手続を裁判官による合議体で行うことは想定されていない（逐条744頁参照）。

[9] なお，本研究報告書の家事調停に関する記載のうち，特に家事調停官と区別せずに裁判官と表記してあるものは，原則として，家事調停官も含むものである。

第4　除斥・忌避・回避

編の第3章（20頁）と同様であるため参照されたい。
　このほか，家事調停事件の関係では，家事調停官の除斥，忌避及び回避の制度並びに家事調停委員の除斥及び回避の制度が設けられているので，以下，主にこれらに関する書記官事務について記載する。
1　家事調停官及び家事調停委員の除斥に関する書記官事務
(1)　家事調停官の除斥に関する書記官事務
　　家事調停官については，法15条1項で裁判官の除斥の規律（法10条等）を準用していることから，家事調停官の除斥に関する書記官事務も，裁判官の除斥に関する書記官事務と概ね一致する。裁判官の除斥に関する書記官事務の詳細は，平成27年度書記官実務研究の第1編の第3章の第2の1（21頁）に記載されているので，ここでは家事調停官の除斥に関する書記官事務の流れについてのみ簡潔に記載する。
　ア　申立書類の審査
　　　家事調停官の除斥の申立権者は，当該除斥の申立てのあった家事調停事件（以下，この(1)において「基本事件」という。）の当事者及び利害関係参加人と解されており（逐条32頁参照），また，裁判所の職権により除斥の裁判をすることも可能である（法15条1項，10条2項）。
　　　家事調停官の除斥の申立ては，基本事件の手続の期日においてする場合を除き，家事調停官の所属する裁判所[10]に書面でする必要がある（規13条，10条1項・2項）。
　　　申立書が提出された場合，書記官は，申立書の一般的な記載事項（規1条1項）に加え，規13条で準用する規10条1項所定の除斥原因が記載されているか等について点検する。
　　　基本事件の手続の期日において申立てがされた場合は，書記官が期日調書に家事調停官の除斥の申立てがされた旨及びその原因等を記載する（法253条，規126条1項，32条1項柱書き）（条解規則29頁参照）。
　イ　立件
　　　家事雑事件として立件する（立件基準は申立書[11]（受付分配通達別表第5の12の(5)）。記録符号は「家ロ」。）。申立手数料は不要であるが，決定の告知に要する費用として，各家庭裁判所で定める券種及び枚数に応じた郵便切手を予納してもらう。
　ウ　手続の停止
　　　家事調停官につき除斥の申立てがあったときは，原則として，除斥の申立てについての裁判が確定するまで基本事件の手続を停止しなければならない（法15条1項，12条4項本文）。したがって，除斥事件の配てんを受けた担当部署の書

10　この「家事調停官の所属する裁判所」は，家事調停官が勤務する裁判所として最高裁判所に指定された家庭裁判所である（民事調停官及び家事調停官規則2条）（条解規則34頁参照）。
11　期日において除斥の申立てがされた場合には，その旨及び原因等が記載された期日調書に受付日付印を押印して立件することになろう。

記官は，除斥の申立てがあったことを速やかに基本事件が係属する部署の書記官に対して通知[12]する。この通知を受けた基本事件が係属する部署の書記官は，速やかに除斥の申立てを受けた家事調停官に伝え，家事調停官の指示に基づき，当事者等に対して基本事件の手続が停止された旨の連絡をする等の事務を行う。

　エ　除斥についての裁判

　　家事調停官の除斥は，その家事調停官が所属する家庭裁判所の合議体で裁判し，その家事調停官は当該裁判に関与することができない（法15条1項・3項，12条2項・3項）。また，除斥の申立てをした者は，申立てをした日から3日以内に除斥の原因を疎明しなければならない（規13条，10条3項）。除斥の申立後の早い段階で申立人から疎明があった場合でも，期間内に更に疎明がある場合もあることから，除斥事件の担当部署の書記官は，疎明期限を管理し，その状況を適時に除斥事件を担当する裁判所（合議体）に報告する必要がある。このほか，除斥の申立てを受けた家事調停官は，その除斥の申立てについて意見を述べることができる（規13条，11条）ことから，除斥事件を担当する裁判所の指示を受けて，除斥事件の担当部署の書記官は，除斥の申立てを受けた家事調停官に対して意見書の提出を求める等の事務を行う。

　　除斥についての裁判は，審判以外の裁判（法258条1項，81条）であり，決定により行われる。

　オ　決定の告知

　　(ｱ)　認容決定

　　　除斥を理由があるとする決定（認容決定）は，除斥の申立人に告知する（法258条1項，81条1項，74条1項）。また，裁判官が代わることを知らせるため，基本事件のその他の当事者及び利害関係参加人にも告知すべきであろう[13]。

　　　この認容決定に対しては，不服を申し立てることができない（法15条1項，12条8項）ことから，決定書謄本を普通郵便で送付するか，電話などの相当と認める方法で告知することで足りる。

　　(ｲ)　却下決定

　　　除斥の申立てを却下する決定（却下決定）は，除斥の申立人に告知することで効力を生じる（法258条1項，81条1項，74条1項・3項）。

　　　この却下決定に対しては，除斥の申立人から即時抗告をすることができる（法15条1項，12条9項）ことから，即時抗告期間の始期を明らかにするため，決定書謄本を送達する方法により告知するのが相当である。

---

[12] この通知は，明確性を期すために書面で行う。なお，緊急の場合は，書面で通知する前に，口頭でも連絡する。

[13] 法258条1項において準用する法81条1項の規定において準用する法74条1項が規定する告知の対象者となる「当事者及び利害関係参加人並びにこれらの者以外の審判を受ける者」とは，必ずしも基本事件における当事者及び利害関係参加人並びにこれらの者以外の裁判を受ける者ではなく，審判以外の裁判ごとに当該裁判の性質及び趣旨から判断されることになる（逐条264頁参照）が，除斥の認容決定の場合には，除斥の申立人に告知するとともに，基本事件のその他の当事者及び利害関係参加人に対しても，裁判官が代わることを知らせるため，告知すべきであろう（平成11年度書記官実務研究「民事上訴審の手続と書記官事務の研究」（裁判所書記官研修所）337頁参照）。

カ 基本事件が係属する部への連絡
　　除斥についての決定（認容決定又は却下決定）が確定した場合には，除斥事件の担当部署の書記官は，基本事件が係属する部署の書記官に対し，手続の円滑な進行確保及び進行促進のため，通知書又は電話等の適宜の方法によりその旨を連絡する。この連絡を受けて，基本事件が係属する部署では，停止していた手続を進めることになる。
キ 不服申立て
　(ア) 認容決定
　　　前述のとおり，不服申立ては認められていない（法15条1項，12条8項）。
　(イ) 却下決定
　　a 即時抗告権者
　　　除斥の申立人
　　b 即時抗告期間
　　　除斥の申立人が裁判の告知を受けた日から1週間（法288条，101条1項）
　　c 即時抗告があった場合の手続
　　　本編の第7章の第11節（159頁）参照。
　　なお，即時抗告による執行停止の効力はない（法288条，101条2項本文）。

(2) **家事調停委員の除斥に関する書記官事務**
　家事調停委員についても法16条1項で裁判官の除斥の規律（法10条等）を準用していることから，家事調停委員の除斥に関する書記官事務も，基本的には前記(1)（17頁）の家事調停官の除斥に関する書記官事務と同様であるため，以下，異なる点についてのみ記載する。
　家事調停委員の除斥の申立ては，家事雑事件として立件する（立件基準は申立書（受付分配通達別表第5の12の(6)）。記録符号は「家ロ」。）。申立手数料は不要であるが，決定の告知に要する費用として，各家庭裁判所で定める券種及び枚数に応じた郵便切手を予納してもらう。
　家事調停委員の除斥の申立てがあったときは，当該除斥の申立てのあった家事調停事件（以下，この(2)において「基本事件」という。）の手続は停止しない（法16条1項は法12条4項の規定を準用していない。）が，除斥の申立てを受けた家事調停委員は，その申立てについての裁判が確定するまで基本事件に関与することができない（法16条2項）ため，家事調停官につき除斥の申立てがあったときと同様，除斥事件の配てんを受けた担当部署の書記官は，当該家事調停委員につき除斥の申立てがあったことを速やかに基本事件が係属する部署の書記官に対して通知する。
　この場合，基本事件については，除斥についての裁判が確定するまでの間，事実上家事調停手続の進行を留保することや，あるいは例えば，調停期日が間近に迫っている場合等において，調停裁判所が相当と認めるときは，その手続の指揮に関する裁判により，裁判官のみの単独調停に切り替えて家事調停手続を進めること（法247条1項ただし書）等も考えられる。したがって，書記官は，速やかに裁判官（調停裁判所たる裁判官）に家事調停手続の進行方針を確認する必要がある。

第3章　調停機関

2　家事調停官の忌避に関する書記官事務

家事調停官の忌避の申立権者は，家事調停官が取り扱う家事調停事件の当事者及び利害関係参加人と解されているが（逐条34頁参照），それらの者は，家事調停官の面前において事件について陳述をしたとき[14]は，その家事調停官を忌避することができない。ただし，忌避の原因があることを知らなかったとき，又は忌避の原因がその後に生じたときは，忌避することができる（法15条1項，11条2項）。

家事調停官の忌避に関する書記官事務については，基本的には除斥の場合と同様であるため，以下，除斥の場合と異なる点についてのみ記載する[15]。

(1) 申立手数料

500円（民訴費用法3条1項別表第一の一七の項のイの(ハ)）

(2) 簡易却下の制度[16]

簡易却下の制度（法15条2項，12条5項）は，家事事件における迅速処理の要請及び濫用的な忌避の申立ての可能性に配慮し，違法又は不当な忌避の申立てにより審理が遅滞することを防止するために設けられたものであり（逐条37頁参照），簡易却下の要件を満たす場合には，忌避の申立てを受けた家事調停官が自らその忌避の申立てを却下することができる（法15条2項・3項ただし書）。

なお，簡易却下の要件は，次のアからウまでのとおりである（法15条2項，12条5項。逐条46頁及び47頁参照）。

ア　忌避の申立てが家事調停事件の手続を遅滞させる目的のみでされたことが明らかなとき。

イ　当事者が，家事調停官の面前において事件について陳述をした（具体的には，家事調停官が関与する家事調停事件の期日において，家事調停官に対し，事件についての自らの主張を述べた）後に，その家事調停官の忌避を申し立てたとき（ただし，忌避の原因があることを知らなかったとき，又は忌避の原因がその後に生じたときを除く。）。

ウ　忌避の申立てが規13条で準用する規10条に規定された手続に違反するとき。

おって，忌避の申立てが簡易却下された場合には，当該忌避の申立てのあった家事調停事件の手続は停止しない（法15条2項）。

期日において申し立てられた家事調停官の忌避の申立てを，家事調停官が直ちに簡易却下した場合には，その旨を期日調書に記載する（法253条，規126条1項，32条1項6号）。

3　家事調停官及び家事調停委員の回避

回避とは，家事調停官は除斥又は忌避の原因（法10条1項又は11条1項に規定す

---

[14] 具体的には，家事調停官が関与する家事調停事件の期日において，家事調停官に対し，事件についての自らの主張や認識・意向等を述べたときである（逐条46頁参照）。

[15] なお，家事調停官については，法15条1項で裁判官の忌避の規律（法11条等）を準用していることから，家事調停官の忌避に関する書記官事務も，裁判官の忌避に関する書記官事務と概ね一致する。裁判官の忌避に関する書記官事務の詳細については，平成27年度書記官実務研究の第1編の第3章の第3の1（23頁）を参照されたい。

[16] この簡易却下の制度は，前述した除斥の手続にはない。

る事実）があると考えるときに裁判所法80条により司法行政の監督権を有する裁判所の許可を得て，家事調停委員は除斥の原因があると考えるときに監督権を有する裁判所（通常はその所属裁判所が「監督権を有する裁判所」に該当するが，家事調停委員が所属裁判所以外の他の裁判所の家事調停委員の職務を行う場合には，当該事件に関する限り，事件の係属する裁判所が「監督権を有する裁判所」となる。）の許可を得て，それぞれ自発的に職務から離脱することをいう（規12条～14条参照）。

なお，回避は，裁判ではなく司法行政上の処置である（条解規則31頁，34～36頁参照）。

第4章　当事者・代理・補佐・参加・排除に関する書記官事務

第1節　当事者
第1　概説

　　　家事調停手続における「当事者」とは，申立人及び相手方をいう（一問一答13頁及び28頁参照）。
　　　当事者参加人（法41条）及び利害関係参加人（法42条）は，基本的には当事者と同様の権能が与えられている。
　　　本節では，以下において，当事者能力，当事者適格及び手続行為能力について簡潔に記載する。

第2　当事者能力

　　　家事調停事件における当事者能力とは，家事調停事件の手続における当事者となることのできる一般的能力のことをいい民訴法の当事者能力等の規定を準用している（法17条1項）。したがって，民事訴訟において当事者能力を有する権利能力を有する者及び法人でない社団又は財団で代表者又は管理人の定めがあるものは，家事調停事件の手続の当事者能力を有する（法17条1項，民訴法28条，29条。逐条52頁参照）。

第3　当事者適格

　　　具体的な家事調停事件において当事者となる資格又は権能を当事者適格という。すなわち，前述した当事者能力や後述する手続行為能力が，事件の具体的内容とは無関係に認められる一般的能力であるのに対し，当事者適格は，当該紛争を家事調停で解決するためには，誰が申立人として家事調停の申立てをすべきか，また，誰を相手方として家事調停の申立てをすべきかという問題であり，通常，民法等の実体法で定められている。

第4　手続行為能力

　　　家事調停手続における手続行為能力とは，家事調停事件の手続における手続上の行為をすることができる能力をいう（法17条1項）。手続行為能力についても当事者能力と同様に民訴法の規定を準用していることから，民事訴訟において訴訟能力が制限される未成年者[17]及び成年被後見人は，原則として，手続行為能力を有しておらず，法定代理人によらなければ，家事調停事件の手続における手続上の行為をすることができない（法17条1項，民訴法31条）。被保佐人及び被補助人（手続行為をすることにつきその補助人の同意を得ることを要するものに限る。以下，本項において同じ。）は，原則として，保佐人又は補助人の同意を得ない限り，自ら手続行為をする

---

[17] ただし，未成年者が独立して法律行為をすることができる場合（婚姻による成年擬制（民法753条）等）は，未成年者自身が手続行為をすることができる（法17条1項，民訴法31条）。

ことができないが（法17条1項，民訴法28条，民法13条1項4号，17条1項），他の者がした家事調停の申立てについては，保佐人又は補助人の同意その他の授権がなくても手続行為をすることができる（法17条2項）。また，被保佐人及び被補助人は，法17条3項に規定されている家事調停手続を終了させることになるような重要な手続行為をする場合には，特別の授権が必要となる。ただし，家事調停の申立てその他家事調停の手続の追行について同意その他の授権を得ている場合において，法17条3項2号に掲げる調停を成立させる合意（法268条1項の合意）等の手続行為をするときは，特別の授権は必要ない（法17条3項ただし書）。

　さらに，家事調停事件については，法252条1項において手続行為能力についての特則が定められている。これは，一定の家事調停事件の中には，身分関係の当事者等の意思を尊重すべく，行為能力の制限を受けている未成年者等であっても，意思能力があれば，自ら手続行為をすることができるものとすべきものがあるからである（逐条755頁参照）。

　行為能力が制限される者であっても家事調停手続において手続行為能力が認められる者は，家事事件手続法概説106頁に一覧表形式で整理されて掲載されているため参照されたい。また，特に，子（未成年者）の手続行為能力等については，本章の第2節の第1の3の(3)のウの(ア)の一覧表（29頁）を参照されたい。

第2節　代理人及び補佐人
第1　代理人
1　法定代理人
(1)　代理権の範囲

　　家事調停事件における手続行為能力を欠く者の法定代理及び手続行為をするのに必要な授権は，法17条1項により民訴法28条の規定が準用されるため，原則として，民訴法上の訴訟無能力者の法定代理及び訴訟行為をするのに必要な授権と同様，民法その他の法令に従うことになる。

　　なお，後見人その他の法定代理人は，他の者がした家事調停の申立てについて手続行為をするには，後見監督人等の同意その他の授権は不要である（法17条2項）が，法17条3項に掲げられている家事調停手続を終了させることになるような重要な手続行為をする場合には，特別の授権が必要となる。ただし，家事調停の申立てその他家事調停の手続の追行について同意その他の授権を得ている場合において，法17条3項2号に掲げる調停を成立させる合意（法268条1項の合意）等の手続行為をするときは，特別の授権は必要ない（法17条3項ただし書）。

　　その他，法252条1項の規定により未成年者や成年被後見人が法定代理人によらずに自ら家事調停事件における手続行為をすることができる場合であっても，親権を行う者又は後見人は，未成年者又は成年被後見人を代理して手続行為をすることができる。ただし，家事調停の申立ては，民法その他の法令の規定により親権を行う者又は後見人が申立てをすることができる場合（人訴法2条に規定する人事に関する訴え（離婚及び離縁の訴えを除く。）を提起することができる事項についての家事調停の申立てにあっては，同法その他の法令の規定によりその訴えを提起する

第4章　当事者・代理・補佐・参加・排除に関する書記官事務

ことができる場合を含む。）に限る（法18条）。さらに，親権を行う者又は後見人は，この法18条の規定にかかわらず，①「夫婦間の協力扶助に関する処分の調停事件（法別表第二の一の項の事項についての調停事件。財産上の給付を求めるものを除く。）」における夫及び妻，②「養子の離縁後に親権者となるべき者の指定の調停事件（法別表第二の七の項の事項についての調停事件）」における養子，その父母及び養親，③「親権者の指定又は変更の調停事件（法別表第二の八の項の事項についての調停事件）」における子及びその父母については，これらの者を代理して，調停を成立させる合意（法268条1項の合意），調停条項案の書面による受諾（法270条1項）及び調停に代わる審判に服する旨の共同の申出（法286条8項）をすることはできず，また，④「離婚についての調停事件」における夫及び妻の後見人並びに⑤「離縁についての調停事件」における養親の後見人，15歳以上の養子に対し親権を行う者及び養子の後見人についても同様である（法252条2項）。

(2) **代理権の消滅**

　家事調停事件において，本人や法定代理人が死亡（法17条1項，民訴法28条，民法111条1項）したときや親権者が親権喪失の審判を受けたとき（民法834条）など法定代理権が消滅した場合には，本人又は法定代理人（法定代理人が交代した場合には新旧いずれかの法定代理人）から他方の当事者にその旨を相当な方法で通知しなければ，法定代理権消滅の効力は生じず（法20条），その通知をした者は，通知した旨を裁判所に書面で届け出なければならない[18]（規16条1項）（逐条67頁及び68頁参照）。

(3) **法定代理権の確認等の事務**

　代理人が法定代理権又は手続行為をするのに必要な授権（本章の第1節の第4（22頁）の保佐人及び補助人の同意のほか，例えば，後見監督人がある場合において後見人が手続行為をするときの後見監督人の同意（民法864条参照）等（逐条54頁参照））を欠くときは，裁判所は，期間を定めて，その補正を命じなければならない（法17条1項，民訴法34条1項）。そのため，書記官は，家事調停の申立てから事件終了までの手続の各段階において，代理人が法定代理権又は手続行為をするのに必要な授権を欠くことが判明した場合には，速やかにその旨を裁判官に報告し，必要な指示を受け任意の補正の促しや補正命令の準備等の事務を行う。

　なお，法定代理権又は手続行為をするのに必要な授権は，書面で証明しなければならない（規15条，民訴規15条前段）ことから，書記官は，当事者や代理人から提出される書面により，法定代理権又は手続行為をするのに必要な授権の有無等を確認することになる（本編の第7章の第1節の第2の1の(3)の③（61頁）参照）。

2　特別代理人

　法における特別代理人とは，未成年者又は成年被後見人について法定代理人がない場合又は法定代理人が代理権を行うことができない場合において，家事調停事件の手

---

[18] 手続の安定性及び明確性の確保という法20条の趣旨からすると，法定代理権消滅の事実は，裁判所としても当然把握しておく必要があることから，法定代理権の消滅の通知をした旨の書面の届出を求めるものである（条解規則40頁参照）。

続が遅滞することにより損害が生ずるおそれがあるときは，利害関係人の申立てにより又は職権で，裁判長が選任する特定の家事調停事件における手続上の特別代理人である（法19条）。

この特別代理人の選任等に関する具体的な書記官事務については，平成27年度書記官実務研究の第1編の第4章の第2（30頁）と同様であるため参照されたい。

3 手続代理人

家事調停事件については，法令により裁判上の行為をすることができる代理人のほか，弁護士でなければ手続代理人となることができない。ただし，家庭裁判所においては，その許可を得て，弁護士でない者を手続代理人とすることができる（法22条1項）。また，未成年者や成年被後見人など手続行為能力の制限を受けた者が法252条1項の規定により自ら手続行為をしようとする場合において，必要があると認めるときは，裁判長は，申立てにより，弁護士を手続代理人に選任することができ（法23条1項），申立てがない場合でも，弁護士を手続代理人に選任すべき旨を命じ，又は職権で弁護士を手続代理人に選任することができる（同条2項）。

したがって，家事調停事件における手続代理人には，①法令により裁判上の行為をすることができる代理人，②当事者等の委任を受けた弁護士代理人，③家庭裁判所が代理人として許可した弁護士以外の者（以下「許可代理人」という。），④裁判長が選任した弁護士代理人がいる。

以下，書記官が，手続の適正確保及び円滑な進行確保並びに裁判官の判断補助等を目的として行う，①手続代理人の代理権等の確認に関する事務，②許可代理人の許可の手続に関する事務，③裁判長による手続代理人の選任に関する事務について記載する。

(1) 手続代理人の代理権等の確認に関する事務

　ア　手続代理人の代理権の範囲

手続代理人は，委任を受けた事件について，原則として，手続の追行に必要な一切の行為をすることができ，その代理権は制限することができない（法24条1項・3項本文）。一方，許可代理人の代理権については，手続代理の必要性や代理する手続の性質，代理人の属性等に応じて柔軟に対応することができるようにするため，本人が有効に制限することができる（同条3項ただし書）（逐条81頁参照）。

例外として，家事調停の申立ての取下げや調停を成立させる合意（法268条1項の合意）など法24条2項各号に規定されている事項については，本人にとって重大な効果を生じる事項であるから，特別の委任を受ける必要がある。ただし，家事調停の申立てその他家事調停の手続の追行について委任を受けている場合には，①調停を成立させる合意（法268条1項の合意），②合意に相当する審判における合意（法277条1項1号の合意），③調停条項案の書面による受諾（法270条1項），④調停に代わる審判に服する旨の共同の申出（法286条8項）をするにつき，特別の委任を受ける必要はない（法24条2項ただし書）。

また，手続代理人の権限は，書面で証明しなければならない（規18条1項）。当事者等の委任を受けた弁護士である手続代理人からは，一般的に委任状が提出

第4章　当事者・代理・補佐・参加・排除に関する書記官事務

されることから（詳細については，本編の第7章の第1節の第2の1の(3)の③（61頁）参照），書記官は，前述の代理権の範囲に留意し，特別委任事項の記載の有無など委任状の内容を確認する必要がある。

イ　手続代理人の代理権の消滅

手続代理人の代理権は，原則として，民法その他の法令が定める消滅事由[19]の発生により消滅するが，家事調停事件においては，本人又は手続代理人（手続代理人が交代した場合には，新旧いずれかの手続代理人）から他方の当事者に相当な方法で通知しなければ，その効力は生じず（法25条），その通知をした者は，通知をした旨を裁判所に書面で届け出なければならない（規18条3項）（逐条83頁参照）。

実務上，委任を受けた手続代理人の代理権が消滅する場合として最も多いと考えられるのが，当該手続代理人が辞任した場合であり，当該手続代理人から裁判所に対し，規18条3項の規定に基づき，法25条の規定により他方の当事者に通知をした旨を裁判所に届け出る趣旨で，辞任届が提出されることも多い。この場合，辞任届の記載内容（例えば，単に「辞任します。」とだけ記載されている等）によっては，法25条の規定による他方の当事者への通知がされているか判然としない（手続代理人の代理権の消滅の効力が生じているか判然としない）ときがあるので，書記官は，裁判官の指示に従って，法25条の規定による他方の当事者への通知の有無を当該手続代理人や当事者等に確認し，当該通知をしている場合は，改めてその旨を明記した書面の提出を促す等の対応をする必要がある。

なお，規18条3項の規定に基づいて，法25条の規定により他方の当事者への通知をした旨の書面が提出された場合は，法定代理権の消滅の場合とは異なり，手続を進めることができなくなるわけではないが，以後当事者等本人宛に送達や送付事務等を行う必要があることから，書記官は，記録中の当該書面に付せん等で注意喚起の表示をしたり，記録表紙の代理人欄及び民事裁判事務支援システム（MINTAS）に登録した当該調停事件のデータの修正等を確実に行う等して，送達や送付事務等において過誤が生じないように厳に注意する必要がある。

(2) **許可代理人の許可の手続に関する事務**

許可代理人の許可の手続に関する事務については，平成27年度書記官実務研究の第1編の第5章の第1の2（36頁）と同様であるため参照されたい。

なお，家事調停手続において，許可代理人の許可及びその取消しは，調停委員会の権限である（法260条1項1号）。したがって，許可代理人の申請があったときは，調停委員会が家事調停を行う場合は，当該調停委員会において許否を判断することとなる。

19　例えば，手続代理人の死亡，手続代理人が破産手続開始の決定又は後見開始の審判を受けたこと（民法111条1項2号），手続代理人の辞任又は解任（同条2項，民法651条1項），本人が破産手続開始の決定を受けたこと（民法111条2項，653条2号）などである（逐条86頁参照）。なお，手続代理権の不消滅事由については，法26条で準用する民訴法58条1項及び2項に規定されている。

第1　代理人

(3) **裁判長による手続代理人の選任に関する事務**

　ア　手続の概要

　　手続行為につき行為能力の制限を受けた者（未成年者，成年被後見人，被保佐人及び被補助人（手続行為をすることについてその補助人の同意を得ることを要するものに限る。））が，意思能力を有し，法252条1項の規定により，家事調停事件において自ら手続行為をすることができる場合でも，現実には手続追行をするには困難を生ずる場合が少なくない。

　　そのため，これらの者が弁護士を手続代理人として選任し，手続行為を代理してもらうことが考えられるが，選任に関し法定代理人等と意向が食い違い，報酬の支払を伴う委任契約締結についての同意が得られず，結局手続代理人を選任することができないということが生じ得る。そこで，このような場合等に，裁判長[20]は，手続行為につき行為能力の制限を受けた者の申立てにより，弁護士を手続代理人に選任することができ（法23条1項），また，申立てがない場合でも，弁護士を手続代理人に選任すべき旨を命じ，又は職権で弁護士を手続代理人に選任することができる（同条2項）（逐条74頁参照）。

　イ　裁判長による手続代理人の選任に関する具体的な事務

　　裁判長による手続代理人の選任に関する具体的な事務については，平成27年度書記官実務研究の第1編の第5章の第1の3（37頁）を参照されたい。

　　なお，裁判長が手続代理人を選任する裁判の参考例は次のとおりである。

---

[20] 調停委員会が家事調停を行う場合には，この裁判長の手続代理人の選任に関する権限は，当該調停委員会を組織する裁判官が行う（法260条2項）。

第4章　当事者・代理・補佐・参加・排除に関する書記官事務

【裁判長が手続代理人を選任する裁判の参考例】

> 平成○○年（家ロ）第○○号　制限行為能力者の手続代理人選任事件※1
> 　　　　　　　　　　手続代理人選任命令
> 　　住　　所　　○○県○○市○○町○丁目○番○号※2
> 　　申立人　　○　○　○　○※2※3
> 　頭書事件について，申立人の申立てを相当と認め，次のとおり命令する。
> ※4
> 　　　　　　　　　　　　主　　　　　文
> 　下記の者を，申立人○○○○，相手方○○○○間の当庁平成○○年（家イ）第○○号○○申立事件の利害関係参加人○○○○の手続代理人に選任する。
> 　　　　　　　　　　　　　記
> 　　事務所所在地　　○○県○○市○○町○丁目○番○号
> 　　弁　護　士　　○　○　○　○
> 　　　　　　　平成○○年○月○日
> 　　　　　　　　○○家庭裁判所
> 　　　　　　　　　　裁　判　官　○　○　○　○　㊞
> ※1　職権の場合には立件しないことから，家事雑事件の表示はせずに本案事件（事件番号，申立人及び相手方）を表示する。
> ※2　職権の場合には記載しない。
> ※3　実務上，申立人が未成年者である場合は生年月日も記載する。
> ※4　職権による場合には，「頭書事件について，家事事件手続法23条2項により，職権で，次のとおり命令する。」等となる。なお，調停委員会が家事調停を行う場合は，「頭書事件について，家事事件手続法260条2項及び23条2項により，職権で，次のとおり命令する。」等となる。

　おって，いわゆる子（未成年者）（以下，本節において「子」という。）の手続代理人については，家事調停手続における書記官事務においても留意すべき事項があることから，次のウにおいて特に記載する。

ウ　子の手続代理人

(ア)　子の手続行為能力について

　前記ア（27頁）のとおり，家事調停事件について，子であっても，意思能力がある限り，法252条1項の規定により，法定代理人によらずに，自ら手続行為をすることができる場合がある。

　具体的には，①子の監護に関する処分の調停事件（財産上の給付を求めるものを除く。）（法252条1項2号），②養子の離縁後に親権者となるべき者の指定の調停事件（同項3号），③親権者の指定又は変更の調停事件（同項4号），④人訴法2条に規定する人事に関する訴えを提起することができる事項についての調停事件（同項5号。夫婦関係調整（離婚）調停申立事件，認知調停申立

第1 代理人

事件等）について，子（養子を含む。）に意思能力が備わっていれば[21]，自ら手続行為をすることができる。

なお，手続行為能力が認められても，当該事件の申立権の有無については，飽くまでも民法等の実体法によることに注意する必要がある（例えば，前記①から③までの事件について，子は手続に利害関係参加をすることはできるが，申立て及び当事者参加をすることはできない。）。

おって，このような子の手続行為能力や申立権の有無等について簡潔にまとめると，次の一覧表のとおりとなる。

【子の手続行為能力等一覧表】

法別表第二の項	調停事件	法252条1項	手続行為能力が認められている者のうち，子に関する部分	根拠となる法律の規定	子の申立権の有無	子の当事者参加の可否	子の利害関係参加の可否
三	子の監護に関する処分の調停事件（財産上の給付を求めるものを除く。）	2号	子	民法766条2項・3項，749条，771条，788条	無	否	可
七	養子の離縁後に親権者となるべき者の指定の調停事件	3号	養子	民法811条4項	無	否	可
八	親権者の指定又は変更の調停事件	4号	子	民法819条5項・6項，749条	無	否	可
	人訴法2条に規定する人事に関する訴えを提起することができる事項についての調停事件	5号	人訴法13条1項の規定が適用されることにより訴訟行為をすることができることとなる者	民法773条，787条等	一部有※	一部可※	可

※ 例えば，認知の調停事件，父を定めることを目的とする調停事件がある（逐条757頁及び758頁参照）。

これらの調停事件について，子は，調停の合意の内容により直接の影響を受ける者といえることから，申立てにより裁判所の許可を得て，又は職権により，利害関係参加することができる（法258条1項，42条）（この利害関係参加の手続については，本章の第3節の第3（31頁）を参照されたい。）。

(イ) 子の手続代理人の選任について

子の手続代理人の選任に当たっては，例えば，子が手続に参加等した場合に，子が手続代理人選任の申立てをしたとき又は申立てをしないときであっても，

---

21 なお，子の意思能力の有無を確認するために，調査官による調査を行うこともある。

第4章　当事者・代理・補佐・参加・排除に関する書記官事務

　　　　　裁判長は，子の年齢や発達の状況等に応じて，子に手続代理人を選任する必要があるか否かを見極めることになるが，このような場合に，子が手続に参加等する際に調査官による子の意思能力等についての調査が実施されていれば（本章の第3節の第2及び第3（31頁）参照），その調査結果等を基に子のために手続代理人を選任するかどうかを判断することもある。
　　(ｳ)　裁判長が選任した子の手続代理人の報酬について
　　　　　裁判長が選任した子の手続代理人の報酬等についての書記官事務については，平成27年度書記官実務研究の第1編の第5章の第1の3の(6)（38頁）と同様であるため参照されたい。
　　　　　子の手続代理人の報酬は，その要した費用を含めて裁判所が相当と認める額の範囲で手続費用となり（民訴費用法2条10号），裁判外費用（当事者費用）であるから，裁判所は，子の手続代理人の報酬及び費用の予定額について，当事者から予納を受けることはできず，また，同様に，国庫立替（法30条）をすることも認められない（逐条75頁及び76頁参照）。
　　　　　したがって，報酬及び費用は，子がいったん手続代理人に支払った上で費用負担の裁判及びそれに引き続く費用額を確定する処分（法31条，民訴法71条）を得て，費用負担者に対し，必要な求償をするということになる。しかし，実際には，裁判長が子に手続代理人を選任するような事案等において，子が手続代理人に報酬及び費用を支払うことが困難である事例がある。そこで，子が手続上の救助を受けて，手続代理人の報酬及び費用について支払を猶予されることもある（法32条2項，民訴法83条1項2号）。このような場合には，手続代理人は，差し当たり無報酬で費用を立て替えて職務を行った上で，費用負担の裁判及びそれに引き続く費用額を確定する処分を得て，費用負担者に対し，直接請求することになる（法32条2項，民訴法85条）（逐条76頁参照）。
　　　　　なお，手続上の救助に関する書記官事務については，本編の第5章の第2節（38頁）を参照されたい。

第2　補佐人
　　補佐人（法27条，民訴法60条）の意義や許可及びその取消しの手続等についての書記官事務については，平成27年度書記官実務研究の第1編の第5章の第2（39頁）と同様であるため参照されたい。

第3節　参加
　第1　概説
　　　法は，当事者となる資格を有する者が当事者として家事審判の手続に参加することができる「当事者参加」（法41条）と，審判の結果により直接の影響を受ける者等が家事審判の手続に参加することができる「利害関係参加」（法42条）を区別して規定しており，参加した場合の法的地位や手続上の権能を明確にしている。また，当事者参加と利害関係参加には，それぞれ参加できる者が自ら参加する手続と，家庭裁判所が強制的に参加させる手続（いわゆる引き込み）があり，家事調停の手続について

も，これらの規律が準用されている（法258条1項）。

第2　当事者参加

　　家事調停の手続を進め，調停による解決を図るためには，家事調停の手続において当然に当事者とならなければならない者が当事者となっているのが通常であるが，そのような者が家事調停における当事者となっていない場合には，この者を追加的に当事者とする必要がある。

　　そこで，当事者となる資格を有する者は，当事者として家事調停の手続に参加する[22]ことができ，また，そのような者が自ら参加しようとしない場合には，既に係属している家事調停事件における当事者からの申立てにより又は職権で，そのような者を当事者として参加させる（引き込む）ことができるようにしている（逐条775頁参照）。

　　調停委員会が家事調停を行う場合には，この当事者参加（法258条1項，41条1項・2項）に関する裁判所の権限は，当該調停委員会が行う（法260条1項6号）。

　　子については，本章の第2節の第1の3の(3)のウの(ｱ)の一覧表（29頁）のとおり，例えば，認知の調停事件や父を定めることを目的とする調停事件において，当事者参加の申出をすることができ，また，職権でも子を当事者として手続に参加させることができる。その際，子の意思能力に疑義を生ずる場合等には，調査官による子の意思能力等についての調査を行うことがある。

　　以上を踏まえ，事件担当書記官は，手続の円滑な進行確保及び進行促進並びに裁判官の判断補助のため，前述の当事者参加の申出があった場合等には，速やかに裁判官に報告して調査命令の発令の要否等を確認し，調査命令発令の前段階において，裁判官及び調査官と連携・協働して，調査官による調査事項，調査の段取り，調査期間，調査報告書の提出時期等を把握した上で，調査命令発令に伴う事務（調査命令発令のための裁判官への記録の提出及び調査命令発令後の調査官への記録の引継ぎ等の事務）を行う必要がある。

　　したがって，裁判官，家事調停委員，調査官及び書記官との間では，このような場合において，調査官の関与が必要な事案，関与の時期や形態，関与の効果等について，日頃から事件処理に関する打合せや定例ミーティング等の機会を通じて共通認識を形成し，更には形成した共通認識を申合せや取決め等として共有する等して，適時適切に連携することができるようにしておく必要がある。

　　なお，当事者参加に関する書記官事務については，平成27年度書記官実務研究の第2編の第1章の第3の4の(1)のア（78頁）と同様であるため参照されたい。

第3　利害関係参加

　　法は，調停の合意の内容に一定の利害関係を有する者（例えば，子の監護に関する

---

[22] 家事調停事件において，当事者参加が想定される具体例としては，①相続人全員が当事者となるべき遺産の分割の調停事件において，一部の相続人が脱漏していた場合の当該脱漏していた相続人や，②遺産の分割の調停事件において，申立人又は相手方である相続人が，その相続分を第三者に譲渡した場合における当該第三者などが考えられる（逐条776頁参照）。

第4章　当事者・代理・補佐・参加・排除に関する書記官事務

処分の調停事件（法別表第二の三の項の事項についての調停事件）や親権者の指定又は変更の調停事件（法別表第二の八の項の事項についての調停事件）における意思能力を有する子，夫婦関係調整（離婚）調停事件において親権者の指定を受ける意思能力を有する子等）等が，家事調停の手続に関与して自ら主張し，資料を提出する機会を保障する必要がある場合があり，そのような者は一定の要件の下で利害関係参加をすることができるものとしている。また，家庭裁判所は，紛争の解決のために，又は調停の合意の内容により影響が及ぶ者の手続保障上必要であると認めれば，職権で利害関係参加をさせる（引き込む）ことができるものとしている（逐条777頁参照）。

調停委員会が家事調停を行う場合には，この利害関係参加（法258条1項，42条1項～3項・5項）に関する裁判所の権限は，当該調停委員会が行う（法260条1項6号）。

子については，本章の第2節の第1の3の(3)のウの(ｱ)の一覧表（29頁）のとおり，例えば，子の監護に関する処分の調停事件（財産上の給付を求めるものを除く。）等において，利害関係参加の許可の申立てをすることができ，また，職権でも子を当該一覧表記載の各事件の家事調停手続に参加させることができる。その際，①子の意思能力に疑義を生ずる場合や，②法258条1項が準用する法42条5項の規定の「その者の年齢及び発達の程度その他一切の事情を考慮してその者が当該家事調停の手続に参加することがその者の利益を害すると認めるとき」の要件に該当するか否かを見極める必要がある場合等には，調査官による子の意思能力等についての調査を行うことがある。

以上を踏まえた事件担当書記官の事務等については，前記第2（31頁）の場合と同様である。

なお，利害関係参加に関する書記官事務については，平成27年度書記官実務研究の第2編の第1章の第3の4の(1)のイ（81頁）と同様であるため参照されたい。

第4節　排除
第1　概説

家事調停の手続において，当事者として手続に関与していた者が当事者となる資格を有していなかった場合や，当事者である資格を喪失した場合には，家庭裁判所は職権でその者を家事調停の手続から排除することができる（法258条1項，43条1項）。調停委員会が家事調停を行う場合には，この排除（法258条1項，43条1項）に関する裁判所の権限は，当該調停委員会が行う（法260条1項6号）。

第2　排除に関する書記官事務
1　排除の手続

当事者には，家事調停の手続からの排除の申立権はなく，家庭裁判所又は調停委員会は必要に応じて，排除の裁判をする。したがって，当事者から，自身を手続から排除してもらいたい旨の記載や，他の当事者を手続から排除してもらいたい旨の記載のある書面[23]が提出された場合には，その書面を排除の裁判の職権発動を促すものと

23　脱退届など書面の表題は問わない。

して取り扱う（逐条147頁参照）。

実務上，家事調停の手続においては，遺産の分割の調停事件で，当事者が，他の当事者や第三者に相続分の譲渡をしたり，相続分の放棄をしたときには，家庭裁判所に相続分の譲渡又は放棄の届出書等を提出させた上，排除の裁判を検討することが多い（詳細については，第3編の第2章の第3節の第9の3（262頁）参照）。

2 排除の裁判
(1) 裁判

排除の裁判は，審判以外の裁判であり，裁判書（決定書）の作成は必要的ではない（法258条1項で準用する法81条1項の規定における法76条1項の規定の準用除外）が，手続の適正を期するために，前記1の相続分の譲渡又は放棄の届出書等の余白部分に「排除する旨」及び「年月日」を記載した上，裁判官の押印を受ける等して裁判の内容や時期を記録上明らかにする。

なお，前記1の相続分の譲渡又は放棄の届出書等の書面が提出されていない場合等，期日外に裁判書を作成する場合には，法76条2項に掲げる事項を記載し，裁判官及び（調停委員会が家事調停を行っている場合は当該調停委員会を組織する）家事調停委員が記名押印する必要がある（規128条1項，50条4項・1項）（逐条264頁参照）。この場合における裁判書の参考例（遺産の分割調停申立事件において相手方の一人が自己の相続分を他の相手方に譲渡した場合の例）は次のとおりである。

【排除の裁判書の参考例】

```
平成○○年（家イ）第○○号　遺産の分割調停申立事件
                    申 立 人　○　○　○　○
                    相 手 方　○　○　○　○　外○名
                    被相続人　○　○　○　○
              決　　　定
  頭書事件について，当調停委員会は，家事事件手続法260条1項6号，258条1項，43条1項により，次のとおり決定する。
              主　　　文
  本件手続から相手方△△△△を排除する。
              理　　　由
  一件記録によれば，相手方△△△△は，相手方○○○○に対し，平成○○年○月○日に自己の相続分を譲渡したことが認められ，これによれば，相手方△△△△が当事者である資格を喪失した者であると認められる。
  よって，主文のとおり決定する。
              平成○○年○月○日
              ○○家庭裁判所
                    裁　判　官　○　○　○　○　㊞
                    家事調停委員　○　○　○　○　㊞
                    家事調停委員　○　○　○　○　㊞
```

第4章　当事者・代理・補佐・参加・排除に関する書記官事務

おって，期日において排除の裁判をした場合には，その旨を期日調書に記載する（法253条，規126条1項，32条1項6号）（条解規則81頁参照）。

(2) **告知**

期日外で排除の裁判がされた場合には，即時抗告期間の起算点を明らかにするために，排除を命じられる者に対し，裁判書の謄本を送達する方法によって告知する運用が考えられる。ただし，排除を命じられる者が裁判所による排除の裁判を求めていたような事情があれば，その他の方法で告知することも考えられる。期日で排除の裁判がされたが，排除を命じられる者が当該期日に出頭していない場合には，排除を命じられる者に対し，調書の謄本を送達等することによって告知する運用も考えられる（条解規則68頁参照）。

なお，前記(1)の排除の裁判がされたときは，排除された当事者[24]以外の当事者及び利害関係参加人に相当と認める方法で通知し（規128条1項，28条，5条，民訴規4条1項），その旨及び通知の方法を記録上明らかにしておく（規5条，民訴規4条2項）。

(3) **即時抗告**

排除の裁判に対しては，即時抗告をすることができ（法258条1項，43条2項），即時抗告期間は1週間である（法288条，101条1項）。即時抗告をすることができる者については明示されていないが，排除の裁判により手続に関与する機会を失うことになる排除される当事者である。これは，当事者資格を有しているにもかかわらず誤ってされた排除の裁判について争う機会を保障するものである（逐条148頁参照）。しかし，例えば，遺産の分割の調停事件においては，相続分の譲渡人又は相続分の放棄者は，自ら相続分の譲渡・放棄を希望して当事者資格を喪失させようとしているのであり，その希望どおりに排除の裁判がされたのにこれに対して即時抗告をするということは通常考えられず，排除の裁判後に相続分の譲渡人又は相続分の放棄者が，排除の裁判につき即時抗告権を放棄する旨の書面を提出し，不服申立てをしない旨の意思表示をすることが多いと考えられる。即時抗告権放棄書が提出された場合には，当該排除の裁判は，即時に確定することになる（東京家事事件研究会編「家事事件・人事訴訟事件の実務～家事事件手続法の趣旨を踏まえて～」（法曹会）164頁参照）。

なお，排除の裁判の告知前に即時抗告権を放棄することは認められない（逐条302頁参照）ので留意する必要がある。

おって，即時抗告があった場合の手続については，本編の第7章の第11節（159頁）を参照されたい。

3　排除の効果

排除の裁判により手続から排除された者は，当事者としての地位を喪失し，当事者として行うことができたこと（例えば，「当事者」として記録の閲覧・謄写等を行うこと（逐条147頁参照））ができなくなる。

---

[24] 排除された当事者に対しては，排除の裁判が告知されるので（法258条1項，81条1項，74条1項），規128条1項において準用する規28条の規定による通知は不要である（条解規則68頁参照）。

なお，排除の裁判があった場合に，排除された当事者がいることを記録上一見して分かるようにするため，記録表紙の当該当事者欄に「排除決定あり」と朱書する等の注意喚起の表示をする等の取扱いをしている家庭裁判所もある。

第5章　手続費用に関する書記官事務

　手続費用及び訴訟費用全般については，平成27年度書記官実務研究の第1編の第6章（40頁）及び平成25年11月研修教材第6号「民事実務講義案Ⅱ（四訂再訂版）」（裁判所職員総合研修所）の第3章（92頁～150頁）に詳細に記載されていることから，本章では，家事調停の手続費用に関する書記官事務を中心に簡潔に記載する。

第1節　手続費用の負担
第1　手続費用とは

　　　家事審判に関する手続の費用（以下，この章において「審判費用」という。）及び家事調停に関する手続の費用（以下，この章において「調停費用」という。）を併せて手続費用という。この手続費用は各自負担が原則である（法28条1項）。
　　　手続費用は，原則として，民訴費用法に定められており（民訴費用法1条），当事者等が負担すべき費用の範囲及び額は，当事者等が家事事件の手続を遂行する過程で必要であった費用のうち，民訴費用法2条所定のものとされている。したがって，同条所定の範囲以外の費用は，手続費用とはならない。また，手続費用の額は，現実に要した費用ではなく，民訴費用法所定の額となる（詳細については，平成25年11月研修教材第6号「民事実務講義案Ⅱ（四訂再訂版）」（裁判所職員総合研修所）92頁以下参照）。
　　　手続費用のうち，主な調停費用としては，申立手数料，事件の記録の閲覧等，事件の記録の正本等の交付や証明書の交付等の手数料のほか，証拠調べの費用や郵便による送達や各種の書類を送付したときの郵便料，当事者等が調停期日等に出頭するための旅費，日当及び宿泊料，申立書等の作成及び提出の費用，戸籍全部事項証明書（戸籍謄本）等の交付を受けるために要する費用などがある。

第2　家事調停手続における手続費用負担の規律

　　　調停が成立した場合において，調停費用（審判手続を経ている場合にあっては，審判費用を含む。）の負担について特別の定めをしなかったときは，その費用は，各自が負担することとなる（法29条3項）[25]。この「各自が負担する」とは，申立人が支出した調停費用は申立人が負担し，相手方が支出した調停費用は相手方が負担することとし，互いに調停費用の償還請求権は有しないことを意味する。
　　　また，裁判所は，事件を完結する裁判において，職権で，その審級における審判費用（調停手続を経ている場合にあっては，調停費用を含む。）の全部について，その負担の裁判をしなければならない（法29条1項本文）ことから，例えば，家事調停事件において，裁判所が合意に相当する審判（法277条1項）又は調停に代わる審判

---

[25] このほか，訴訟費用の負担についての規律になるが，法29条4項は，法257条2項又は法274条1項の規定により訴訟から調停に付された事件について調停が成立した場合に，その訴訟についての訴訟費用の負担について特別の定めをしなかったときは，紛争の一回的解決の観点から，その訴訟費用についても各自が負担する旨を定めている（逐条95頁参照）。

（法284条1項）をするときには，その審判において調停費用について費用負担の裁判をする。家事審判事件を裁判所が家事調停に付した場合において，当該家事調停の手続で裁判所が調停に代わる審判をするときは，裁判所は，その審判において審判費用と調停費用について費用負担の裁判をする[26]（逐条93頁参照）。この場合も手続費用は各自負担が原則である（法28条1項）。

なお，家事調停手続と家事審判手続を経た別表第二審判事件において事件を完結する裁判（審判）においてすべき費用負担の裁判の規律については，第4編の第4章の第1節の第2（336頁）を参照されたい。

おって，家事調停事件が調停成立又は事件を完結する裁判以外の事由で終局した場合[27]には，当事者の申立て（家事雑事件。立件基準は申立書（受付分配通達別表第5の12の(11)）。記録符号は「家ロ」。）により[28]，基本となる家事調停事件が係属していた家庭裁判所が決定で手続費用の負担を命じることになる（法31条1項，民訴法73条1項）。

この申立ての手数料は不要であるが，決定の告知に要する費用として，各家庭裁判所において定める券種及び枚数の郵便切手を予納してもらう必要がある。

この申立てに対する決定については，即時抗告をすることができる（法31条1項，民訴法73条2項，71条7項）ことから，即時抗告期間の始期を明らかにするため，各当事者に決定書謄本を送達する方法により告知することが相当である。

第3 手続費用額の確定手続

手続費用を各自負担とする旨の調停成立又は裁判がされた場合には，当事者等の間に償還関係は生じないが，それ以外の裁判によって手続費用の負担者及び負担割合が定められた場合には，当事者等の間に償還関係が生じることになるので，更に具体的な手続費用額の確定が必要となる。

そして，この手続費用額の確定処分の手続については，民訴法及び民訴規の規定が，必要な読み替えがされた上で準用されており（法31条，民訴法71条～74条，規20条，民訴規24条～28条），書記官が手続費用額の確定処分を行うこととされている。

この手続費用額の確定処分の申立ては，家事雑事件として立件する（立件基準は申立書（受付分配通達別表第5の12の(10)）。記録符号は「家ロ」。）。申立手数料は不要であるが，催告書及び処分正本等の送達又は送付に要する費用として，各家庭裁判所

---

[26] 他方で，訴訟が行われている事件を裁判所が家事調停に付した場合において，当該家事調停の手続で裁判所が合意に相当する審判（法277条1項）又は調停に代わる審判（法284条1項）をするときには，裁判所は，その審判において調停費用についてのみ費用負担の裁判をし，訴訟費用については費用負担の裁判をしない（逐条93頁参照）。

[27] 例えば，調停をしない場合の事件の終了（法271条），調停の不成立の場合の事件の終了（ただし，調停の不成立により審判移行する別表第二調停事件は除く。）（法272条1項本文），調停の申立ての取下げ（法273条）等がある。

[28] 法31条1項で準用する民訴法73条1項の規定によると，まず，手続費用負担の裁判のみの申立てをし，手続費用負担の裁判が執行力を生じてから，後述する手続費用額確定処分をすることを予定しているようであるが，これは同時申立てを否定する趣旨ではなく，実務上は，1通の書面で同時にされるのが通例である（平成25年11月研修教材第6号「民事実務講義案Ⅱ（四訂再訂版）」（裁判所職員総合研修所）132頁（注2）参照）。

第5章　手続費用に関する書記官事務

において定める券種及び枚数の郵便切手を予納してもらう必要がある。

手続費用額の確定処分の具体的な手続（申立てから，審理，処分，不服申立て及び更正処分までの一連の手続）及び当該手続に関する書記官事務については，平成27年度書記官実務研究の第1編の第6章の第3の3（45頁）のほか，平成25年11月研修教材第6号「民事実務講義案Ⅱ（四訂再訂版）」（裁判所職員総合研修所）133頁から150頁[29]までに記載されている訴訟費用額確定処分の手続等と同様であるため，適宜，家事事件における手続費用額の確定処分の場合に読み替えた上で参照されたい。

第2節　手続上の救助

第1　概要

法32条1項は，「家事事件の手続の準備及び追行に必要な費用を支払う資力がない者又はその支払により生活に著しい支障を生ずる者に対しては，裁判所は，申立てにより，手続上の救助の裁判をすることができる。ただし，救助を求める者が不当な目的で家事審判又は家事調停の申立てその他の手続行為をしていることが明らかなときは，この限りでない。」と手続上の救助について定めている。

この手続上の救助の概要については，平成27年度書記官実務研究の第1編の第6章の第4の1（45頁）も参照されたい。

なお，家事調停事件においては，例えば，裁判長が職権により子の手続代理人を選任した場合（法23条参照）において，当該子に当該手続代理人の報酬及び費用を支払う資力がないとして，当該子が手続上の救助を受けることもある（本編の第4章の第2節の第1の3の(3)のウの(ウ)（30頁）参照）。

第2　手続上の救助に関する書記官事務

手続上の救助の申立ては，書面でしなければならず（規21条1項），手続上の救助の事由を疎明しなければならない（同条2項）。

規21条2項が規定する疎明が必要な「手続上の救助の事由」とは，前述の法32条1項に規定された事項であり，①救助を求める者が「家事事件の手続の準備及び追行に必要な費用を支払う資力がない者又はその支払により生活に著しい支障を生ずる者」であること及び②「救助を求める者が不当な目的で家事審判又は家事調停の申立てその他の手続行為をしていることが明らか」とはいえないことである。①の疎明方法としては，生活保護の受給証明書，日本司法支援センター（法テラス）の援助開始決定書の写し等が考えられる。②の疎明方法としては，家事調停等の申立書，参加申出書，救助を求めている手続に関する資料等が考えられる（条解規則51頁及び52頁参照）。

申立書を受理したら家事雑事件として立件する（立件基準は申立書（受付分配通達

---

[29] なお，民事訴訟において，当事者が準備書面の直送をするために支出した郵便料金が訴訟費用に含まれるかにつき，最決平26.11.27（民集68巻9号1486頁）は，当事者が準備書面の直送をするためにした支出については，民訴費用法2条2号の規定は類推適用されないと解するのが相当であり，当事者が準備書面の直送をするために支出した郵便料金は，訴訟費用に含まれないと判示した。これは，平成25年11月研修教材第6号「民事実務講義案Ⅱ（四訂再訂版）」138頁（注3）の記載とは異なるため注意する必要がある。

第2　手続上の救助に関する書記官事務

別表第5の12の⒀。記録符号は「家ロ」。)。申立手数料は不要である。

　手続上の救助に関する具体的な手続については，法32条2項により，民訴法82条2項及び83条から86条まで（83条1項3号を除く。）の規定が必要な読み替えがされた上で準用されている。これらの具体的な手続については，平成27年度書記官実務研究の第1編の第6章の第4の2（45頁）のほか，平成25年11月研修教材第6号「民事実務講義案Ⅱ（四訂再訂版）」（裁判所職員総合研修所）120頁から127頁までに記載されている訴訟上の救助の手続と同様であるため，適宜，家事事件における手続上の救助の場合に読み替えた上で参照されたい。

第6章 管轄・移送等に関する書記官事務

第1節 管轄[30]

家事調停事件の管轄は，原則として，専属管轄であり，民訴法12条のような応訴管轄は認められない。

家事調停事件の職分管轄及び土地管轄の内容は，次の第1及び第2のとおりである。

管轄については，書記官は，手続案内等において，家事調停の申立てをどの裁判所に行えばよいかについて当事者等に教示する機会等も多く，また，後述するとおり，書記官による申立書の審査事項の一つでもあり，更には，管轄に属しない家事調停事件が申し立てられたときは，移送又は自庁処理に関する事務等を行うことから，正確に理解しておく必要がある。

第1 職分管轄

職分管轄とは，裁判所の機能に着目する管轄であり，どの種類の手続をどの種類の裁判所に担当させるかといったように，手続の性質に応じた管轄である。審級管轄[31]も職分管轄の一種である。

法で定める家庭に関する事件の審判及び調停については，家庭裁判所に職分管轄がある（裁判所法31条の3第1項1号）。

第2 土地管轄

土地管轄とは，一定区域に関係する家事調停事件について，全国のどこの家庭裁判所が管轄を有するかを定めるものである。各家庭裁判所の管轄区域は，下級裁判所の設立及び管轄区域に関する法律に規定されている。土地管轄は，法の規定に従い，当該家事調停事件と一定の関係を有する地点を定め，当該地点を管轄区域内にもつ家庭裁判所に当該家事調停事件についての管轄権を認めるという方法で決定される。

家事調停事件の土地管轄は，法245条に規定されており，その内容は次の1から4までのとおりである。

1 原則的な規律

家事調停事件は，原則として，①「相手方の住所地[32]を管轄する家庭裁判所」又

---

30 この「管轄」とは別に，当事者に外国人が含まれる場合（いわゆる渉外事件の場合）には，どこの国の裁判所が当該事件を取り扱うべきかという「国際裁判管轄」（裁判権）の問題があるため，日本の裁判所で当該事件を取り扱うことができるかを確認する必要がある。

31 審級管轄とは，上訴の系列における下級の裁判所と上級の裁判所との関係をいう。

32 この住所の意味する内容は，民法におけるそれと同じである。各人の生活の本拠が住所とされる（民法22条）。住所は，戸籍法上の本籍地とは無関係であり，住民登録されている土地と必ずしも一致するわけではない。定住しているという客観的事実が必要であるが，そこを生活の本拠とする意思までは不要と解される。また，生活関係が複雑化している現在においては，一人の者に複数の住所が認められることもあろう。仮住所（民法24条）は，生活の本拠でないため住所ではない。なお，基準となる住所は，家事調停の申立時のものであり，その後の変更によっては影響を受けない（「別冊法学セミナーno.225 新基本法コンメンタール人事訴訟法・家事事件手続法」（日本評論社）131頁参照）。

は②「当事者が合意で定める家庭裁判所」の管轄に属する（法245条1項）。

①については，家事調停手続は，申立人が相手方のもとに出向いてするものとするのが申立人と当該手続に関与させられる相手方の公平の理念に合致するという考え方に基づいている。また，家事調停は，話合いによる解決を目指すものであるから，第一次的には話合いを望む者の負担が相手方に比して大きくても，逆になるよりは話合いがまとまりやすいということを根拠として挙げることができる。

②については，家事調停事件は，当事者間の協議により円満な紛争解決を目指す手続であるから，家事調停手続を行う家庭裁判所を当事者が合意によって選択することができるものとするのが合理的である。そこで，当事者間の合意により管轄を定めることを認めたものである（逐条738頁参照）。

2　管轄の合意の方式

当事者が管轄の合意をする場合は，一定の家事調停事件に関して，書面であるか，あるいは書面に代えて，電磁的記録（電子的方式，磁気的方式その他人の知覚によっては認識することができない方式で作られる記録であって，電子計算機による情報処理の用に供されるものをいう。）でする必要がある（法245条2項，民訴法11条2項・3項）（逐条738頁及び739頁参照）。

この管轄の合意は，家事調停事件を特定してする必要がある。これは，当事者間の予測可能性を担保するのがその趣旨であるから，例えば，「甲乙という養親子間の離縁に関する調停」というような特定であれば法の要件を満たすものの，「甲乙という養親子間に生じる紛争に関する全ての調停」というように，合意の内容から事件が特定できないようなものは法の要件を満たさない。また，前述のとおり，法が管轄の合意を「書面」ですることを要求するのは，当事者の意思を明確にするためであるから，合意は必ずしも1通の書面でされることを要しない（「別冊法学セミナーno.225新基本法コンメンタール人事訴訟法・家事事件手続法」（日本評論社）513頁参照）。実務上は，当事者双方が特定の家事調停事件に関して管轄家庭裁判所を合意する旨及び住所・氏名等を記載して押印した「管轄合意書」と題する書面が家庭裁判所に提出されることが多い。

この管轄の合意の時期については，法に規定はないが，管轄の標準時は家事調停の申立時であることから（法8条），当事者の管轄の合意は，遅くとも当該申立てと同時にはされている必要がある。したがって，当該申立後に管轄の合意がされた場合であっても，それによって管轄のなかった家庭裁判所に管轄が生じたり，管轄家庭裁判所の管轄がなくなったりするものではない。ただし，後述する移送をするか自庁処理をするかの判断を行う場合の資料とはなる（「別冊法学セミナーno.225 新基本法コンメンタール人事訴訟法・家事事件手続法」（日本評論社）513頁及び斎藤秀夫，菊池信男編「注解家事審判規則【改訂】」（青林書院）388頁参照）。

3　遺産の分割の調停事件及び寄与分を定める処分の調停事件の特則

寄与分を定める処分の調停事件の管轄は，原則として，前記1（40頁）の原則的

な規律と同様であるが[33]，既に遺産の分割の調停事件が係属している場合は，寄与分を定める処分の調停事件は，当該遺産の分割の調停事件が係属している裁判所の管轄に属する[34]（法245条3項，191条2項）。

寄与分を定める処分の調停事件における調停の合意は，遺産の分割の調停事件の前提となることから，両事件を一括して処理する必要性がある[35]。そこで，それを可能にするために（両事件の管轄を集中させるために），このような管轄の特則が規定されている（逐条739頁参照）。

4　土地管轄等についての総則的規定

法第1編第2章（法4条から9条まで）の規定は，家事調停事件を含む家事事件の土地管轄等についての総則的な規定である。例えば，法4条では，家事調停事件（法245条）のように，管轄が人の住所地により定まる家事事件の管轄について，その管轄家庭裁判所の定めを，法5条では，二以上の家庭裁判所が管轄権を有するときの優先管轄の定めを，法8条では，管轄の標準時を家事調停の申立時[36]とする定めを，それぞれ規定している。これらの規定にも従って，具体的な管轄裁判所が定まることになる。具体的な管轄裁判所がどのように定まるかについては，平成27年度書記官実務研究の第1編の第2章の第1（11頁）のフローチャート等も参照されたい。

なお，法9条等が規定する移送の手続に関する書記官事務については，後記第2節を参照されたい。

第2節　移送

管轄裁判所は本章の第1節（40頁）のとおり定まるところ，管轄権を有しない裁判所に申立てがされたことにより，これを移送する場合や，管轄権を有する裁判所に申立てがされたが，当該裁判所の判断により職権で移送される場合がある。家事調停事件の移送の規律を簡潔にまとめると，次の表のとおりであり，法9条及び246条の各規定による移送の手続を行う際の書記官事務は，次の第1及び第2のとおりである。

33　実務上，寄与分を定める処分の調停の申立てのみがされた場合，遺産の分割との合一処理を図るために，遺産の分割の調停の申立てを一応促す運用が望ましいとされている（片岡武，菅野眞一編著「新版家庭裁判所における遺産分割・遺留分の実務」（日本加除出版）289頁参照）。

34　これは，寄与分を定める処分の調停事件については，遺産の分割の調停事件の前提問題たる実質を有するところから，遺産の分割の調停事件と寄与分を定める処分の調停事件を一括して矛盾なく処理するためである（「別冊法学セミナーno.225 新基本法コンメンタール人事訴訟法・家事事件手続法」（日本評論社）513頁参照）。

35　なお，この一括処理の要請から，遺産の分割の調停事件及び寄与分を定める処分の調停事件が係属するときは，これらの調停の手続及び調停は，併合してしなければならないものとされている。数人からの寄与分を定める処分の調停事件が係属するときも同様である（法245条3項，192条）。詳細については，本編の第7章の第4節の第6（142頁）を参照されたい。

36　訴訟又は家事審判の手続から調停に付した場合（法274条1項）の家事調停事件の管轄の標準時は調停に付した時である（逐条16頁参照）。

【家事調停事件の移送の規律（概要）】

法9条の規定による移送	同条1項の規定による移送	管轄権を有しない（家庭）裁判所がする次の①及び②の移送 ①裁判所が，管轄違いを理由として，申立てにより又は職権で行う管轄裁判所への移送（同項本文） ②家庭裁判所が，事件を処理するために特に必要があると認めるときに，職権で行う管轄権のない他の家庭裁判所への移送（同項ただし書）
	同条2項の規定による移送	管轄権を有する家庭裁判所がする移送
法246条の規定による移送	家事調停を行うことができる事件以外の事件の移送	管轄権を有する地方裁判所又は簡易裁判所への移送（同条1項）
		管轄権を有しない地方裁判所又は簡易裁判所への移送（同条3項）
	家事調停を行うことができる事件の移送	管轄権を有する地方裁判所又は簡易裁判所への移送（同条2項）
		管轄権を有しない地方裁判所又は簡易裁判所への移送（同条3項）
（参考）民調法4条の規定による移送	家事調停を行うことができる事件について，地方裁判所又は簡易裁判所に民事調停の申立てがされた場合の移送（同条2項・3項）	

第1 法9条の規定による移送

1 管轄権を有しない（家庭）裁判所がする移送（法9条1項）

　法9条1項の規定による移送としては，①「裁判所が，管轄違いを理由として，申立てにより又は職権で行う管轄裁判所への移送」（同項本文）及び②「家庭裁判所が，事件を処理するために特に必要があると認めるときに，職権で行う管轄権のない他の家庭裁判所への移送」（同項ただし書）の二つがある。

　これらの①及び②の移送の手続に関する書記官事務は，次の(1)から(3)までの留意事項のほかは，平成27年度書記官実務研究の第1編の第2章の第2の1の(1)（12頁）及び(2)（14頁）と同様であるため参照されたい。

(1) ①の移送に関する留意事項

　ア　①の移送についてのみ，当事者及び利害関係参加人による移送の申立てが可能である（逐条17頁参照）[37]。移送の申立書（規7条1項参照）は，当該申立ての手数料が不要であることから，収入印紙の貼付は要しないが，その提出により家事事件の手続の開始をさせる書面に該当することから，ファクシミリを利用して送信することにより提出することができない（規2条1項2号及び条解規則6頁参照）。

　イ　①の移送における「管轄違い」には，職分管轄，事物管轄及び土地管轄の規定に反する場合のいずれをも含む。したがって，例えば，家事事件が誤って土地管

---

[37] この法9条1項本文の規定による移送以外の移送（法9条1項ただし書，9条2項及び246条の各規定による移送）については，当事者等に申立権はなく，家庭裁判所の職権による移送のみが認められている。

第6章 管轄・移送等に関する書記官事務

轄権を有しない家庭裁判所に申し立てられた場合はもちろん，誤って職分管轄権を有しない簡易裁判所又は地方裁判所に申し立てられた場合も，申立てを受けた裁判所は，当該申立てに係る家事事件を，管轄権を有する家庭裁判所に移送することとなる（逐条17頁参照）。

(2) ②の移送に関する留意事項

規8条2項の規定に基づき，任意的に当事者及び利害関係参加人の意見聴取を行う場合は，聴取した意見を記録化することは義務付けられていないが，移送の判断をするに当たっての資料にもなることから，書記官は，手続の適正確保並びに円滑な進行確保及び進行促進のため，電話や書面照会等により意見聴取をしたこと及びその内容については，電話聴取書を作成したり，照会書（控え）や回答書を記録に編てつする等の方法で記録上明らかにしておく必要があると解される[38]。

(3) ①及び②の移送の裁判の告知に関する留意事項

①及び②の移送の裁判は，当事者及び利害関係参加人に相当と認める方法で告知する（法258条1項，81条1項，74条1項）。

この移送の裁判に対しては，当事者及び利害関係参加人から即時抗告をすることができるため（法9条3項及び逐条24頁参照），これらの者に対し，当該裁判書の謄本を送達する方法により告知するのが相当である[39]。

したがって，家事調停事件の係属が相手方に通知される前であっても，この移送の裁判がされた場合は，相手方へも告知する必要がある。この場合は，家事調停の申立書の写し又は家事調停の申立てがあったことの通知書（家事調停事件の係属の通知書）（法256条1項）を当該移送の裁判書の謄本を送達する際に同封するなどして，家事調停事件の係属も通知することとなる。

2 管轄権を有する家庭裁判所がする移送（法9条2項）

法9条2項の規定による，管轄権を有する家庭裁判所が職権で行う移送の手続に関する書記官事務は，平成27年度書記官実務研究の第1編の第2章の第2の2（17頁）及び前記1の(3)と同様であるため参照されたい。

第2 法246条の規定による移送

法246条は，家事調停事件に特有の移送の規律を定めている。

この移送には，大きく分けて，①「家事調停を行うことができる事件以外の事件の移送」と②「家事調停を行うことができる事件の移送」がある。

これらの①及び②の移送の手続に関する書記官事務は，次の1及び2のとおりである。

1 家事調停を行うことができる事件以外の事件の移送

(1) 管轄権を有する地方裁判所又は簡易裁判所への移送（法246条1項）

ア 移送できる場合

---

[38] 規8条1項に基づく自庁処理の裁判をする場合の当事者及び利害関係参加人からの意見聴取の記録化に関する資料ではあるが，条解規則24頁も参照されたい。

[39] ただし，実務上は，法9条1項本文に基づく申立てによる移送の裁判の場合における当該移送の申立人には，即時抗告権はないとして，当該裁判書の謄本を普通郵便で送付する方法により告知するのが一般的である。

第2　法246条の規定による移送

　　家庭裁判所は，法244条の規定により家事調停を行うことができる事件以外の事件について調停の申立てを受けた場合には，職権で，これを管轄権（事物管轄権及び土地管轄権）を有する地方裁判所又は簡易裁判所に移送する。
　　これは，家事調停によるべき事項ではなく，民事調停によるべき事項について，誤って家庭裁判所に家事調停の申立てをした場合には，家事調停の手続で処理することができないことから，民事調停事件の管轄権を有する地方裁判所又は簡易裁判所に移送し，その申立てに係る事件を民事調停の手続で処理することとしたものである（逐条741頁参照）。したがって，例えば，親族関係（又はこれに準ずる身分関係）にない者の間の金銭消費貸借に関する紛争の調停については，家事調停を行うことができないので，この規定により移送することになる。

　イ　申立ての可否
　　　職権による移送のみであり，当事者等に申立権はない。
　ウ　意見聴取の要否等
　　　この法246条1項の規定による移送（職分管轄違いの場合における移送）の裁判については，法9条1項本文の規定による管轄違いを理由とする移送と同じく，規8条2項の規定のような当事者等の意見聴取の規定は置かないこととされているため，当事者等の意見聴取をする必要はない（条解規則306頁（注2）参照）。
　エ　移送の裁判[40]
　　　移送の裁判の例は，平成27年度書記官実務研究の第1編の第2章の第2の1の(1)のイ（13頁）に記載されている例と同様である。ただし，法246条1項の規定による移送の裁判は職権のみであり，また，当該移送の裁判の例については，「家事事件手続法9条1項本文により」とあるのを「家事事件手続法246条1項により」とし，主文には，移送先の地方裁判所又は簡易裁判所を記載することとなる。
　オ　裁判の告知，記録の送付，移送決定の拘束力，不服申立て（法246条4項において法9条3項から5項までの各規定が，法288条において法第2編第1章第2節の各規定が，規124条において規9条の規定が，それぞれ準用されている。）等については，平成27年度書記官実務研究の第1編の第2章の第2の1の(1)のウ（13頁）からカ（14頁）まで（ただし，同ウの(イ)は除き，同オ記載の立件基準については，移送先が地方裁判所又は簡易裁判所であるため，受付分配通達別表第1の各事件についての定めのとおりとなる。）及び前記第1の1の(3)（44頁）と同様であるため参照されたい[41]。

(2)　**管轄権を有しない地方裁判所又は簡易裁判所への移送（法246条3項）**
　ア　移送できる場合

40　移送の裁判は，審判以外の裁判（法258条1項，81条）であり，「決定」で裁判をする。
41　この場合において，申立手数料の追加納付を要するかについては，飽くまで家事審判法（旧法）時の資料ではあるが，昭和35年5月訟廷執務資料第28号「家庭裁判所上席主任書記官会同協議要録」（最高裁判所事務総局）21頁60を参照されたい。なお，家事事件手続法下においても当該執務資料の取扱いが妥当するかについては更に検討を要する。

第6章　管轄・移送等に関する書記官事務

家庭裁判所は，法244条の規定により家事調停を行うことができる事件以外の事件について調停の申立てを受けた場合において，事件を処理するために特に必要があると認めるとき[42]は，職権で，当該事件を（土地）管轄権を有しない地方裁判所又は簡易裁判所（事物管轄権を有するものに限る。）に移送することができる。

　イ　申立ての可否
　　　職権による移送のみであり，当事者等に申立権はない。
　ウ　意見聴取の要否等
　　　この法246条3項の規定による移送の裁判については，規124条において規8条2項の規定が準用されていることから，家庭裁判所は，当該移送の裁判をするときは，当事者及び利害関係参加人の意見を聴取することができる。
　　　規8条2項の規定に基づき，当事者及び利害関係参加人の意見聴取を行う場合における聴取した意見の記録化については，前記第1の1の(2)（44頁）と同様であるため参照されたい。
　エ　移送の裁判
　　　移送の裁判の例は，平成27年度書記官実務研究の第1編の第2章の第2の1の(1)のイ（13頁）に記載されている例と同様である。ただし，法246条3項の規定による移送の裁判は職権のみであり，また，当該移送の裁判の例については，「家事事件手続法9条1項本文により」とあるのを「家事事件手続法246条3項により」とし，主文には，移送先の地方裁判所又は簡易裁判所を記載することとなる。このほか，必要に応じて，詳細な理由が記載されることも考えられる。
　オ　裁判の告知，記録の送付，移送決定の拘束力，不服申立て（法246条4項において法9条3項から5項までの各規定が，法288条において法第2編第1章第2節の各規定が，規124条において規9条の規定が，それぞれ準用されている。）等については，前記(1)のオ（45頁）と同様であるため参照されたい。

2　家事調停を行うことができる事件の移送
(1)　管轄権を有する地方裁判所又は簡易裁判所への移送（法246条2項）
　ア　移送できる場合
　　　家庭裁判所は，法244条の規定により家事調停を行うことができる事件について調停の申立てを受けた場合において，事件を処理するために必要があると認めるときは，職権で，事件の全部又は一部を管轄権（事物管轄権及び土地管轄権）を有する地方裁判所又は簡易裁判所に移送することができる。
　　　これは，家事調停の手続によっても，民事調停の手続によっても処理することができる事件（例えば，親族間において貸金の返還を求める事件等）について，家事調停の申立てがされたが，民事調停の手続で処理する方が適切な場合には，

---
[42] この「事件を処理するために特に必要があると認めるとき」とは，一般的にいえば，本来の土地管轄に従えば，申立人あるいは当事者双方にとって不便であるとか，当事者の経済力等と比較してその一方に著しい負担を強要することになる等，土地管轄の原則をゆるめても事件の適正迅速な処理のために必要である場合をいうということができる（「別冊法学セミナーno.225 新基本法コンメンタール人事訴訟法・家事事件手続法」（日本評論社）515頁並びに斎藤秀夫，菊池信男編「注解家事審判規則【改訂】」（青林書院）390頁及び27頁参照）。

民事調停事件の管轄権を有する地方裁判所又は簡易裁判所に移送し，その申立てに係る事件を民事調停の手続で処理することができることとしたものである（逐条742頁参照）。

イ 申立ての可否
　職権による移送のみであり，当事者等に申立権はない。

ウ 意見聴取の要否等
　この法246条2項の規定による移送の裁判については，規124条において規8条2項の規定が準用されていることから，家庭裁判所は，当該移送の裁判をするときは，当事者及び利害関係参加人の意見を聴取することができる。
　規8条2項の規定に基づき，当事者及び利害関係参加人の意見聴取を行う場合における聴取した意見の記録化については，前記第1の1の(2)(44頁)と同様であるため参照されたい。

エ 移送の裁判
　移送の裁判の例は，平成27年度書記官実務研究の第1編の第2章の第2の1の(1)のイ（13頁）に記載されている例と同様である。ただし，法246条2項の規定による移送の裁判は職権のみであり，また，当該移送の裁判の例については，「家事事件手続法9条1項本文により」とあるのを「家事事件手続法246条2項により」とし，主文には，移送先の地方裁判所又は簡易裁判所を記載することとなる。このほか，必要に応じて，詳細な理由が記載されることも考えられる。

オ 裁判の告知，記録の送付，移送決定の拘束力，不服申立て（法246条4項において法9条3項から5項までの各規定が，法288条において法第2編第1章第2節の各規定が，規124条において規9条の規定が，それぞれ準用されている。）等については，前記1の(1)のオ（45頁）と同様であるため参照されたい。

(2) 管轄権を有しない地方裁判所又は簡易裁判所への移送（法246条3項）

ア 移送できる場合
　家庭裁判所は，法244条の規定により家事調停を行うことができる事件について調停の申立てを受けた場合において，事件を処理するために特に必要があると認めるとき[43]は，職権で，当該事件を（土地）管轄権を有しない地方裁判所又は簡易裁判所（事物管轄権を有するものに限る。）に移送することができる。

イ 申立ての可否
　職権による移送のみであり，当事者等に申立権はない。

ウ 意見聴取の要否等
　前記1の(2)のウ（46頁）と同様であるため参照されたい。

エ 移送の裁判
　前記1の(2)のエ（46頁）と同様であるため参照されたい。

オ 裁判の告知，記録の送付，移送決定の拘束力，不服申立て（法246条4項において法9条3項から5項までの各規定が，法288条において法第2編第1章第2

---

[43] この「事件を処理するために特に必要があると認めるとき」については，前記1の(2)のアの脚注（46頁）を参照されたい。

第6章 管轄・移送等に関する書記官事務

節の各規定が，規124条において規9条の規定が，それぞれ準用されている。）等については，前記1の(1)のオ（45頁）と同様であるため参照されたい。

第3節 自庁処理
第1 要件
家庭裁判所は，事件を処理するために<u>特</u>に必要があると認めるとき[44]は，<u>職権</u>で，管轄に属しない家事事件の全部又は一部を自ら処理（自庁処理）することができる（法9条1項ただし書）。

第2 手続
自庁処理に関する書記官事務は，次の1から3までのとおりである。

1 申立ての可否
職権のみであり，当事者に申立権はない[45]。

当事者から自庁処理を求める旨の書面（上申書や要望書等）が提出された場合には，職権発動を促すものとして扱い，裁判官の指示を受ける。

2 意見聴取
家庭裁判所は，自庁処理の裁判をするときは，当事者及び利害関係参加人の意見を聴かなければならない（規8条1項）。これは，移送の裁判に不服のある場合には即時抗告をすることができるのに対し（法9条3項），自庁処理の裁判に対しては即時抗告をすることができず，いったん自庁処理の裁判がされると，もはや，管轄違いを理由とする移送の申立てができなくなることから，自庁処理に不服がある者に移送の申立ての機会を保障するために，自庁処理の裁判をする場合の意見聴取を必要的としたものである（条解規則23頁及び24頁参照）。

この意見聴取に関する書記官事務は，次の(1)から(3)までのとおりである。

(1) 意見聴取の時期
管轄がない以上，自庁処理の裁判をする前提となる当事者及び利害関係参加人の意見聴取は，第1回調停期日を指定する前に行うことが相当である。

(2) 意見聴取の方法
意見聴取の方法としては，主に，口頭（電話等）による方法のほか，書面照会の方法があるが，前記意見聴取を行う趣旨からすると，管轄裁判所において調停をする権利を保障するため，意見聴取の際には，自庁処理に関する意見聴取をするだけでなく，当事者及び利害関係参加人に管轄違いを理由とする移送の申立てをするこ

---

44 この「事件を処理するために特に必要があると認めるとき」とは，本来の管轄に従えば，申立人あるいは当事者双方にとって不便であったり，当事者の経済力等を比較してその一方に著しい負担を強要することになる等，管轄の原則をゆるめても自庁処理することが事件の適正迅速な処理のために必要である場合をいうということができる（「別冊法学セミナーno.225 新基本法コンメンタール人事訴訟法・家事事件手続法」（日本評論社）137頁及び斎藤秀夫，菊池信男編「注解家事審判規則【改訂】」（青林書院）27頁参照）。

45 法が当事者に申立権を認めていないのは，管轄権を有しない家庭裁判所における審理等は飽くまで例外的な措置であり，当事者に申立権まで付与するのは相当でないからである（逐条19頁参照）。

とも可能である旨を教示する[46]等，当該移送の申立てをする機会を与えることが重要になる（逐条19頁参照）。

なお，申立人が家事調停の申立時に既に自庁処理を求める旨の書面（上申書や要望書等）を提出している等，家庭裁判所が既に意見聴取を行うことができており，追加の意見聴取は不要と判断した当事者がいる場合は，当該当事者以外の当事者及び利害関係参加人に対して口頭（電話等）や書面照会等の方法による意見聴取を行うことになる。

(3) 意見聴取の記録化

家事事件手続規則上は，当事者及び利害関係参加人から聴取した意見を記録化することは義務付けられていないが，自庁処理の判断の前提になることから，書記官は，手続の適正確保並びに円滑な進行確保及び進行促進のため，意見聴取をしたこと及びその内容については，次のア及びイのような方法により記録上明らかにしておく必要があると解される（条解規則24頁参照）。

ア 当事者及び利害関係参加人に書面照会する際に用いた照会書及び回答書の控え並びに当事者及び利害関係参加人から提出された回答書は，記録編成通達に従って，記録中の適切な位置（3分方式であれば第3分類，2分方式であれば第2分類）に編てつする。

イ 当事者及び利害関係参加人から口頭（電話等）で意見聴取を行った場合は，聴取書を作成し，前記アと同様に記録編成通達に従って，記録中の適切な位置に編てつする。

3 自庁処理の裁判

前記2の意見聴取の結果等を踏まえて，家庭裁判所（裁判官）が自庁処理の裁判をすると判断した場合は，次の(1)から(3)までの手続を行う。

なお，前記2の意見聴取の手続において，当事者及び利害関係参加人から，管轄違いを理由とする移送の申立て（法9条1項本文）がされた場合は，本章の第2節の第1の1（43頁）の手続（ただし，②の移送の手続に関する部分は除く。）を行うこととなる。

(1) 自庁処理の裁判

自庁処理の裁判は，審判以外の裁判（法258条1項，81条）であるから裁判書を作成する必要はないが（法81条1項では法76条1項の規定の準用が除外されている。），自庁処理の裁判には不服申立て（即時抗告）をすることができず，いったん自庁処理の裁判がされてしまうと管轄権を有しなかった家庭裁判所に管轄権が生じ，管轄違いを理由とする移送の申立て（法9条1項本文）が許されなくなることから，自庁処理の裁判をした場合には，その旨を記録化する必要がある（逐条19頁及び条解規則25頁（注4）参照）。

実務上は，記録表紙の裏面や，自庁処理を求める旨の書面（上申書や要望書等）の余白を利用して，次の参考例のように日付と裁判の内容を記載して，裁判官の押

---

[46] 書面照会の方法により意見聴取を行う場合は，照会書及び回答書に管轄違いを理由とする移送の申立てをすることも可能である旨も記載することが望ましい。

印を受ける等して記録化する。

【参考例】

| 本件を自ら処理する。　　平成○○年○月○日　　裁判官　㊞ |

　なお，当事者から管轄違いを理由とする移送の申立て（法9条1項本文）がされている場合において，家庭裁判所が，事件を処理するために特に必要があると認め，管轄に属しない事件について，自庁処理の裁判をする場合には，当該移送の申立てを却下する裁判が確定した後にする必要がある。これは，仮に当該移送の申立てを却下する裁判が確定する前に自庁処理の裁判がされると，当該自庁処理の裁判は告知により直ちに効力を生じ（前記のとおり，自庁処理の裁判に対しては，不服申立て（即時抗告）をすることができない。），当該自庁処理の裁判によって管轄権を設定する効力が生ずるので，管轄違いを理由とする移送の申立てを却下する裁判に対してされた即時抗告は当然に却下されることになってしまうからである（逐条20頁参照）。

(2) **自庁処理の裁判の告知**

　自庁処理の裁判は，当事者及び利害関係参加人に相当と認める方法で告知する（法258条1項，81条1項，74条1項）。前記(1)のとおり，この自庁処理の裁判に対しては，不服申立て（即時抗告）をすることができないことから，当該裁判の内容を記載した連絡文書を普通郵便で送付する方法や，電話等の相当と認める方法で告知する。

　書記官は，告知した旨及び告知の方法を，前記(1)で記録化した自庁処理の裁判に付記する等して記録化する（規128条1項，50条4項・3項）（記録化の参考例：「平成○○年○月○日当事者（及び利害関係参加人）に○○（※具体的な告知の方法を記載する。）で告知済み　裁判所書記官　㊞」）。

(3) **自庁処理の裁判の拘束力**

　自庁処理の裁判をした家庭裁判所が，自庁処理をすべきか否かを判断したのと同じ事情を理由として，法9条2項2号による裁量移送（事件を処理するために特に必要があると認めるときの移送（本章の第2節の第1の2（44頁）参照））をすることはできないと解されている（逐条23頁（注）参照）。

第4節　回付

　同一裁判所内の分掌である事務分配は，司法行政上の問題であって，管轄のように手続法上の効果をもつものではない。家庭裁判所には，地方裁判所及び家庭裁判所支部設置規則により支部が設置されているが，この本庁と支部という関係も司法行政上の区分であって，その間には事務分配が行われるが，管轄を異にするものではない（支部は，本庁と独立した管轄権を有するものではなく，本庁は，同規則記載の支部の管轄区域内に属する家事事件について管轄権を有するとともに，支部もまた，同規則記載の本庁の管轄区域内の家事事件について管轄権を失うものではない。この関係は，同一家庭裁判所の管轄区域内にある支部相互間においても同様である。）。したがって，本庁と支部及び支部相互間では，本章の第2節（42頁）の移送の問題は生

じない。司法行政上これらの間で家事事件を移転させることを，実務上「回付」という。この「回付」の措置に関する書記官事務は，平成27年度書記官実務研究の第1編の第2章の第2の3（18頁）と同様であるため参照されたい[47]。

---

47 なお，家事事件を支部又は本庁へ回付した場合の記録の送付費用及び当事者に対する通知費用は，いずれも国庫負担である（昭和35年5月訟廷執務資料第28号「家庭裁判所上席主任書記官会同協議要録」（最高裁判所事務総局）61頁167及び昭和47年11月13日付け最高裁総三第70号総務局長回答「事件記録の送付費用等について」参照）。

第7章　家事調停手続に関する書記官事務

　本章では，次のような家事調停手続の一般的な流れに沿って，各節において，それぞれに関連する書記官事務について記載する。

【家事調停手続の一般的な流れ】

（家事手続案内等）

◇　手続の開始（第1節）（52頁）
　※　第1節では，①「概説」，②「当事者の申立て」，③「別表第二審判事件の付調停」，④「訴訟事件の付調停」及び⑤「移送・回付」について記載する。

◇　家事調停事件係属に関する書記官事務（第2節）（67頁）
　※　第2節では，①「受付及び審査」，②「記録の編成」，③「非開示希望情報等の適切な管理」，④「個人番号（マイナンバー）の適切な管理」，⑤「事件の分配」，⑥「調停期日及び家事調停委員の指定」，⑦「申立書の写しの送付等」及び⑧「参考事項の聴取」について記載する。

◇　調停前の処分（第3節）（112頁）
◇　家事調停の実施（第4節）（117頁）
　※　第4節では，①「家事調停手続の原則」，②「調停期日外における書記官事務」，③「調停期日における書記官事務」，④「評議」，⑤「テレビ会議システム又は電話会議システムの方法による調停期日における手続の実施」，⑥「手続の併合・分離」及び⑦「家事調停手続における関係職種との連携」について記載する。
◇　事実の調査（第5節）（145頁）
◇　証拠調べ（第6節）（147頁）
◇　子の意思の把握・考慮（第7節）（148頁）
◇　記録の閲覧・謄写等（第8節）（150頁）
◇　受継（第9節）（157頁）
◇　中止（第10節）（158頁）
◇　家事調停手続における不服申立て（第11節）（159頁）

◇　家事調停手続の終了（第12節）（160頁）
　※　第12節では，①「調停成立」，②「調停条項案の書面による受諾」，③「合意に相当する審判」，④「調停をしない措置」，⑤「調停不成立」，⑥「調停に代わる審判」，⑦「取下げ」及び⑧「当然終了」について記載する。

◇　戸籍事務管掌者への通知（第13節）（188頁）
　※　事件類型や家事調停手続の終了類型（第12節（160頁）参照）によっては，戸籍事務管掌者への通知を行わない場合もある。
◇　家事調停手続終了後の書記官事務（第14節）（190頁）
　※　第14節では，①「記録表紙への記載及び民事裁判事務支援システム（MINTAS）への入力」，②「裁判統計報告書（事件票，月報・年表）の作成」，③「予納郵便切手の返還」，④「家事予納金の返還」，⑤「民事保管物の返還」，⑥「記録の整理及び引継ぎ」，⑦「記録等の保存・廃棄」及び⑧「調停調書の更正」について記載する。

第1節　手続の開始
第1　概説

　　　　家事調停手続は，①当事者の申立て（法255条），②裁判所が係属中の別表第二審判事件を職権で家事調停に付すること（別表第二審判事件の付調停）（法274条1項），③受訴裁判所が係属中の訴訟事件を職権で家事調停に付すること（訴訟事件の

付調停)(法257条2項本文,274条1項)及び④移送・回付(本編の第6章の第2節(42頁)(第2は除く。)及び第4節(50頁)参照)によって開始する[48]。

これら①から④までの手続の開始についての詳細は,次の第2から第5までのとおりである。

第2 当事者の申立て
1 申立ての方式
(1) **申立費用**
ア 申立手数料

(一件につき)1,200円(民訴費用法3条1項別表第一の一五の二の項)。

後述する申立書に収入印紙を貼って納付しなければならない(民訴費用法8条本文)。

イ 郵便切手

この郵便切手は,申立書の写しの送付,当事者等の呼出しや告知等のために要する費用であり(民訴費用法11条1項1号),郵便切手で予納する(民訴費用法13条)。申立時に必要な郵便切手の券種及び枚数は,申立先の各家庭裁判所の実務上の運用によって異なる。

(2) **申立書**[49]
ア 書面による申立て

家事調停の申立ては,申立書を家庭裁判所に提出してしなければならず(法255条1項),また,法256条1項本文の規定により,家庭裁判所は,原則として,相手方に申立書の写しを送付しなければならないため,申立書を家庭裁判所に提出する際は,相手方の数と同数の申立書の写し(相手方送付用)を提出する必要がある(規127条,47条)。

法255条1項の規定は,申立ての段階から,申立てによって調停を求める内容を明確にした円滑な調停を可能にし,簡易迅速処理の要請に応えるため,申立てを書面によることとしたものである。また,法256条において家事調停の申立てがされたことを相手方に知らせる原則的方法として,申立書の写しを相手方に送付することとしているが,これを可能にするためにも申立ては書面によってされることが必要になる(逐条766頁参照)。

なお,家事調停の申立書は,その提出により家事調停事件の手続の開始をさせる書面であるが,前記(1)のアのとおり,民訴費用法3条1項所定の申立手数料納付のための収入印紙が貼付される書面でもあることから,規2条1項1号の規定により,ファクシミリを利用して送信することにより家庭裁判所に提出すること

---

48 このほか,法の規定による付調停ではないが,国際的な子の奪取の民事上の側面に関する条約の実施に関する法律144条の規定により,家庭裁判所及び高等裁判所が,当事者の同意を得て,職権で,子の返還申立事件を家事調停に付する(付調停する)ことによっても家事調停手続が開始する。

49 申立書の書式(裁判所提出用,相手方送付用及び申立人控え用の3枚複写の書式)は,主な事件類型ごとに各家庭裁判所に備え付けられているほか,裁判所ウェブサイトの「裁判手続の案内」の「家事事件」中にも掲載されている。

第7章　家事調停手続に関する書記官事務

はできない（条解規則6頁及び7頁参照）。
　　おって，身体上の障害等により，書面を作成することが困難な申立人については，書記官等の裁判所職員が申立人から聴取した事情をもとに，申立書の必要的記載事項（後記イの(イ)のa参照）を記載し，申立人本人が署名押印したものを受理することによって申立てをすること（いわゆる準口頭申立て）が可能であると解されている（逐条766頁参照）。
　イ　申立書の記載事項
　　家事調停の申立書の記載事項は，形式的記載事項と実質的記載事項に分けられ，さらに，実質的記載事項は，必要的記載事項と任意的記載事項に分けられる。これらの記載事項の内容等は，次のとおりである。
　　(ア)　形式的記載事項
　　　申立書その他の当事者，利害関係参加人又は代理人が裁判所に提出すべき書面には，次のaからeまでの各事項（形式的記載事項）を記載し，当事者，利害関係参加人又は代理人が記名押印[50]する（規1条1項）[51]。
　　　a　当事者及び利害関係参加人の氏名又は名称及び住所並びに代理人の氏名及び住所[52]
　　　b　事件の表示
　　　c　附属書類[53]の表示
　　　d　年月日
　　　e　裁判所の表示
　　(イ)　実質的記載事項
　　　実質的記載事項のうち，次のaの必要的記載事項の記載に不備があると，申立書の補正命令及び却下命令の事由になり得る（法255条4項，49条4項・5項）。
　　　a　必要的記載事項
　　　　(a)　当事者及び法定代理人（法255条2項1号）

50　申立人が押印できないときは指印でもよいと解されている（刑事訴訟規則61条参照）。なお，申立人が外国人である場合は，署名のみでも足りるため（外国人ノ署名捺印及無資力証明ニ関スル法律1条），外国語で署名をさせる場合が想定されるが，その場合は日本語の振り仮名を付けるのが相当である（民訴規138条1項参照）。斎藤秀夫，菊池信男編「注解家事審判規則【改訂】」（青林書院）10頁及び平成21年3月研修教材第15号「家事審判法実務講義案（六訂再訂版）」（裁判所職員総合研修所）51頁及び52頁参照）。
51　規1条1項では，電話番号及びファクシミリ番号を他方当事者に送付されることのある申立書その他の書類の記載事項としていない。これは，家事調停事件を含む家事事件では，ドメスティック・バイオレンス（DV）が問題となる事案等，これらの情報が一方当事者が提出した書面に記載されることにより，他方当事者に知れることを避ける必要がある事例が少なくないためである（条解規則4頁参照）。この点，当事者の電話番号等の連絡先については，後述する「連絡先届出書」に記載して提出してもらうことになる。
52　手続代理人による定型書式の利用を促進するために，申立書の添付書式として「手続代理人等目録」を作成している家庭裁判所もある（東京家事事件研究会編「家事事件・人事訴訟事件の実務～家事事件手続法の趣旨を踏まえて～」（法曹会）34頁参照）。
53　「附属書類」とは，申立書等のそれぞれの書面に添付されている書類（添付書類）をいう。具体的には，証拠書類の写し（規127条，37条2項），戸籍全部事項証明書（戸籍謄本）や，遺産の分割の調停の申立書に添付される遺産の目録（規127条，102条1項）等が挙げられる（条解規則2頁及び後記(3)（57頁）参照）。

第2　当事者の申立て

① 「当事者」について

　家事調停の申立書に記載すべき「当事者」とは，申立人及び相手方である（一問一答231頁及び逐条766頁参照）。

　当事者が自然人のときは，当事者の氏名及び住所[54]を記載し（規1条1項1号），実務上，併せて，生年月日を記載したり，身分関係の変動に関する事件（離婚，離縁，親権者変更等）や特殊調停事件（合意に相当する審判事件）等については，更に本籍[55]（外国人の場合は，本籍の記載に代えて国籍）を記載して特定している。

　当事者が都道府県市町村等の地方公共団体（の長）のとき[56]は，特に所在地を記載する必要はないが，便宜上，県庁や市役所等の所在地（行政主体の本拠地）を記載するのが通例である（斎藤秀夫，菊池信男編「注解家事審判規則【改訂】」（青林書院）9頁参照）。

② 「法定代理人」について

　未成年者[57]又は被後見人は，原則として，家事調停手続における手続行為能力を有しておらず，自ら手続行為をすることはできないため[58]，これらの者の法定代理人が手続を追行する場合には，法定代理人である親権者又は後見人の住所，資格（記載例：「申立人法定代理人親権者父（母）」[59]，「申立人法定代理人成年後見人（未成年後見人）」等）及び氏名を記載して特定する。また，家事調停の手続行為を行う代理権付与の審判を受けた保佐人（民法876条の4第1項）や補助人（同法876条の9第1項）についても，同様である。

(b) 申立ての趣旨及び理由（法255条2項2号）

　ここでいう「申立ての趣旨」は申立人が求める調停の内容を，「申立て

---

[54] 当事者の住所については，例えば，ドメスティック・バイオレンス（DV）等の行為が背景にある事案等，申立人を保護するために住所を秘した形式で申立てを行うことも認められる（「別冊法学セミナーno.225 新基本法コンメンタール人事訴訟法・家事事件手続法」（日本評論社）213頁参照）。この場合，申立書には，申立人の従前の住民票上の住所や相手方との同居時の住所等の相手方に知られてもよい住所が記載される例が多い。

[55] 家事調停事件を含む家事事件では，身分関係が重要となることから，本籍が必要とされる場合が多いが，不貞行為による慰謝料に関する事件等，必ずしも本籍が必要でない場合もあるため，前記(ｱ)の申立書の形式的記載事項とはされていない（条解規則4頁参照）。

[56] 例えば，扶養義務者の負担すべき費用額の確定の調停事件（法別表第二の十六の項の事項についての調停事件）における保護の実施機関（生活保護法77条2項及び19条参照）がある。

[57] 未成年者が婚姻をしたときは，成年に達したものとみなされる（婚姻による成年擬制）（民法753条）。したがって，未成年者も婚姻をすれば，成年者として完全な私法上の地位を取得し，親権又は未成年後見は終了し，行為能力の制限を受けないため，法定代理人によらずに，自ら手続行為をすることができる。なお，実際に成年になる前に婚姻が解消されても，成年擬制の効果は消滅しないというのが通説である（平成26年10月研修教材第4号「親族法相続法講義案（七訂補訂版）」（裁判所職員総合研修所）60頁並びに「別冊法学セミナーno.240 新基本法コンメンタール親族」（日本評論社）58頁及び59頁参照）。

[58] 法252条に規定されている一定の家事調停事件については，行為能力の制限を受けている未成年者や被後見人であっても，意思能力があれば，法定代理人によらずに，自ら手続行為をすることができる（逐条755頁～759頁参照）。

[59] 親権は，父母の婚姻中は，原則として，父母が共同して行うこととされていることから（民法818条3項），父母を表示する必要があるが，離婚等で父母の一方のみが親権を行う場合は，その者のみを表示する。

第7章　家事調停手続に関する書記官事務

の理由」は「申立ての趣旨」と相まって調停を求める事項を特定するのに必要な事実を，それぞれ指す。ただし，「申立ての趣旨」と「申立ての理由」とは，必ずしも明確に区別することができないこともあると考えられるので，両者が整然と区別されていなくても，両者が相まって調停を求める事項が特定されれば，申立書の不備（法255条4項において準用する法49条4項）にはならない（逐条767頁参照）。

　一般的には，家事調停の申立書における「申立ての趣旨及び理由」の記載による特定の程度は，家事審判の申立書におけるこれらの記載による特定に比して緩やかに解し得るとしても，家事調停の対象によっては，手続行為能力を認めるために意思能力があれば足りるか否か（法252条）や審判前の保全処分の要件を満たす家事調停の申立てといえるか否か（法105条1項等参照）は家事調停の申立ての段階から問題となり得るし，また，調停が不成立となった場合に家事審判手続に移行するのか（法272条4項），あるいは訴訟によることとなるのか（法272条3項）等が違ってくることから，これらが判別できなければならない。したがって，およそ法別表第二に掲げる事項についての家事調停を求めているのか，そうであるとすれば，法別表第二のどの項の事項についての家事調停を求めているのかという程度までは特定しなければ，家事調停の申立書の記載として不備であると解することになろう（逐条767頁参照）。

　b　任意的記載事項
　(a)　事件の実情（規127条，37条1項）
　　　申立書に記載する「事件の実情」とは，申立ての基礎となる事実をいい，申立ての動機や紛争の経過を含み得る。「事件の実情」は，法255条2項が求めるような家事調停の申立書の必要的記載事項（前記a参照）ではないものの，早期に紛争の要点を把握し，審理の充実を図る観点からは，当該申立てに関して必要と考えられる事実については，簡潔に申立書に記載されることが望ましい（条解規則94頁参照）。
　(b)　その他
　　①　事件類型によっては，特に要求される事項がある。具体的には，遺産の分割の調停の申立書への共同相続人等の記載と遺産の目録の添付（規127条，102条1項），寄与分を定める処分の調停の申立書への寄与の時期や方法等の記載（規127条，102条2項），請求すべき按分割合に関する処分の調停の申立書への年金分割のための情報通知書の添付（規127条，120条）である。
　　②　このほか，当事者ではないものの，申立ての趣旨及び理由の内容の一部となっていたり，家事調停手続を進める上で必要な資料である等の理由で申立書への記載を要求される事項として，遺産の分割の調停の申立書への被相続人（本籍（国籍），最後の住所，氏名及び死亡年月日）の記載，夫婦関係調整調停や婚姻費用の分担に関する処分の調停の申立書への未成年の子（住所，氏名及び生年月日）の記載等がある。

第2　当事者の申立て

(3) 附属書類（添付書類）[60]

ア　申立ての理由及び事件の実情についての証拠書類があるときは，その写しを家事調停の申立書に添付して提出しなければならない（規127条，37条2項）。

イ　また，家庭裁判所は，家事調停の申立てをした者又はしようとする者に対し，家事調停の申立書及び前記アの証拠書類の写しのほか，当該申立てに係る身分関係についての資料その他家事調停の手続の円滑な進行を図るために必要な資料の提出を求めることができる（規127条，37条3項）。

ウ　さらに，手続代理人の権限，法定代理権及び手続行為をするのに必要な授権は，書面で証明しなければならない（規18条1項，15条，民訴規15条前段）。

以上を踏まえ，実務上，家事調停の申立時に提出される，又は提出を求めることが多い前記アからウまでの各附属書類（添付書類）の類型は，主に次の①から③までのとおりである。

なお，本項では飽くまで主な附属書類（添付書類）の類型を示すにとどまるため，当然ながら，各家庭裁判所においては，裁判官や調停委員会の手続運営の方針，事案ごとの個別の事情等の実情に応じて，家事調停の手続の円滑な進行を図るために，規127条で家事調停の申立てについて準用されている規37条3項の規定に基づき，本項で示す類型以外の書類の提出を求める場合がある。

おって，個別の事件類型において特に提出を求める附属書類（添付書類）の類型については，第3編（200頁）の各章の各節を参照されたい。

①　アの附属書類（添付書類）（規127条，37条2項）
　　◇　申立ての理由及び事件の実情についての証拠書類写し
　　　※　本証拠書類の例としては，夫婦関係調整調停における離婚原因に関する書類として，不貞の事実に関する書類，他方当事者のドメスティック・バイオレンス（DV）等に関する書類（保護命令の決定書，診断書，陳述書等）等が，婚姻費用の分担や養育費請求の調停における当事者の収入に関する書類（これらの費用の算定に関する書類）として，源泉徴収票，給与明細，確定申告書，課税証明書等が，財産の分与の調停における当該分与の対象財産に関する書類として，不動産登記事項証明書，固定資産評価証明書，預貯金通帳・残高証明書，保険証券等が挙げられる。

　　　　証拠書類の適切な管理，証拠書類の検索の便宜，閲覧・謄写等の事務の効率化等の目的から，証拠書類ごとに符号及び番号（例えば，申立人提出の証拠書類には「甲」等，相手方提出の証拠書類には「乙」等の符号に，アラビア数字で通し番号を付ける等）を付けること並びに各証拠書類の標目や内容等について記載した証拠書類の説明書の提出を求めている家庭裁判所もある。

　　　　さらに，法の趣旨（第1編の第1章（4頁）及び第2章（5頁）参照）

---

[60] 家事審判法（旧法）時の資料ではあるが，平成23年3月家庭裁判資料第194号「家事事件申立添付書類一覧表」（最高裁判所事務総局）には，主な家事事件について，標準的な附属書類（添付書類）が一覧表形式でまとめられている。また，裁判所ウェブサイトの「裁判手続の案内」の「家事事件」中にも主な事件類型ごとに申立時に必要な附属書類（添付書類）が掲載されている。

第7章　家事調停手続に関する書記官事務

等を踏まえ，当事者の手続保障や手続の透明性の確保等の観点から，当事者間で共有した方がよい情報（例えば，養育費や婚姻費用の算定に係る当事者の収入に関する証拠書類，財産の分与の対象財産に関する証拠書類等）については，家庭裁判所が，事案ごとの個別の事情等に応じて，家庭裁判所提出用の写し1通のほかに，他方当事者交付（送付）用の写し（他方当事者の人数分）の提出を求めることがある（規3条2項）。

なお，これらの書類の写しが提出される場合は，提出し，又は提出しようとする当事者に対し，当該書類上に他方当事者に知られたくない住所や勤務先等の非開示希望情報や個人番号（マイナンバー）[61]が表れていないか確認してもらい，確認の結果，非開示希望情報や個人番号（マイナンバー）が表れていた場合は，当該部分を黒塗り（マスキング）して提出してもらう等の対応をする必要がある。

おって，非開示希望情報等の適切な管理（全般）については本章の第2節の第3（76頁）を，個人番号（マイナンバー）の適切な管理（全般）については同節の第4（95頁）を，それぞれ参照されたい。

② イの附属書類（添付書類）（規127条，37条3項）

◇ 戸籍全部事項証明書（戸籍謄本）（外国人当事者については住民票等）

※ 身分関係の変動に関する調停事件（離婚，離縁，親権者変更等），婚姻費用の分担や養育費請求に関する調停事件，扶養に関する調停事件，相続・遺言に関する調停事件（遺産の分割，遺留分減殺請求等），特殊調停事件（合意に相当する審判事件）等の身分関係が当事者適格等を基礎付ける事件の場合，身分関係が重要な事実となることから，当事者等の戸籍全部事項証明書（戸籍謄本）の提出を求める必要がある（条解規則95頁参照）。

なお，外国人当事者については，戸籍がないため，原則として，住民票[62]を提出してもらうこととなる。この住民票については，個人番号（マイナンバー）が記載されていないものを提出してもらう必要がある（本章の第2節の第4（95頁）参照）。このほか，外国人当事者については，個別の事件類型において，例えば，婚姻関係事件や親子関係事件等における本国の婚姻証明書や子の出生証明書等の身分関係の証明書類（いずれも日本語の訳文を添付したもの）等，特に提出を求める身分関係の附属書類（添付書類）がある。

---

[61] 個人番号（マイナンバー）は，行政手続における特定の個人を識別するための番号の利用等に関する法律（平成25年法律第27号）に基づいて，住民票を有する全住民（外国人を含む。）に一人一つ付けられる12桁の番号であり，同法律の趣旨等に照らして，裁判所においても適切に取り扱う必要がある。

[62] 住民基本台帳法の一部を改正する法律により，平成24年7月9日以降外国人登録法（外国人登録制度）が廃止され，日本に居住する外国人については，住民票に登録される新制度が開始された。これに伴い，それまで市区町村で保管されていた外国人登録原票は法務省に送付されて保管されることとなり，市区町村において外国人登録原票記載事項証明書は交付されないこととなった（もっとも，本人や法定代理人から法務省に対して外国人登録原票の開示請求をすることはできる。）。

第2　当事者の申立て

　　　おって，実務上，当事者の身分関係等の最新の戸籍等の状況を確認するため，本書類については，発行日から3か月以内のものの提出を求めることが多い。

◇　事情説明書
　※　本書類は，主要な事件類型ごとに申立ての内容に関する事情（当事者の意見が対立する事項に関連する事情だけでなく，家事調停手続を円滑に進めるために把握しておくべき基礎的な事情等を含む。）を記載する書類である。
　　　また，当事者間に未成年者である子がいる事案については，家事調停手続においても，子の意思の把握・考慮についての規定が準用（法258条1項，65条）されていることから，子の監護等の状況や子の意思等の子に関する情報を早期に収集することを目的として，当該情報を記載するためのいわゆる「子についての事情説明書」を備え付けている家庭裁判所もある。

◇　連絡先届出書
　※　家事調停の申立書の写しの相手方への原則送付（法256条1項）に伴い，申立書には，後記「◇　非開示希望申出書」の※の説明部分のとおり，申立人の現住所が記載されない場合があり，また，申立人の電話番号等の連絡先の記載欄等もない。そこで，本書類は，家庭裁判所において，申立人の連絡先を把握し，適正かつ確実に当該連絡先を管理するため，申立人に家庭裁判所からの連絡を受けることができる場所（住所等）や電話番号等を記載してもらうための書類である。
　　　なお，この連絡先届出書は，送達場所等の届出書（法36条，民訴法104条1項，規25条，民訴規41条1項・3項）を兼ねるものではない。

◇　非開示希望申出書（非開示希望の申出をする場合にのみ使用する書類）
　※　本申出書は，家庭裁判所において，一方当事者が他方当事者等への非開示を希望する書類（情報）が提出された場合において，当該書類（情報）を確実に把握し，他方当事者等から当該書類（情報）の閲覧・謄写等の申請があった場合の事務において，開示，非開示の判断を慎重にすべき書類（情報）の管理を適正かつ確実に行うとともに，当該書類（情報）が記録中に散在しないよう，あらかじめ他の書類（情報）と区別できるようにして，閲覧・謄写等の事務に関わる職員全体で，当該書類についての情報を共有し，適正かつ迅速な閲覧・謄写等の事務を確保するための書類[63]である。
　　　本申出書は，非開示希望書類（情報）及び非開示を希望する具体的な理由を明確にした上で，提出する書類ごとに，当該書類とステープラーで留めて一体として提出する（例えば，一方当事者が現住所の非開示を希望す

---

[63] 本書類を色付けした用紙で印刷し，他の書類と一見して区別することができるように工夫している家庭裁判所もある。

第7章　家事調停手続に関する書記官事務

る場合は，原則として，他方当事者に写しが送付される申立書の住所欄には当該現住所を記載せず[64]，当該現住所を記載した連絡先届出書を提出する際に，併せて，本申出書に当該現住所が非開示希望である旨と非開示希望の具体的な理由を記載し，署名・押印等をした上で，ステープラーで留めて一体として提出する。）。

なお，当事者が提出書類に記載されている一部の情報について非開示を希望する場合は，前記の取扱いのほか，非開示希望情報部分にマーカー等で色付けする等して当該部分を特定してもらう。

また，本申出書と一体として非開示希望書類（情報）を提出する当事者に対しては，後に誤解等を生じないようにするため，本申出書により非開示希望の申出がされたとしても，他方当事者から当該書類の閲覧・謄写等の申請がされたときは，法の規定に基づき，家庭裁判所の判断により相当と認めるときは当該申請が許可され，他方当事者に当該書類の閲覧・謄写等をされる可能性がある旨も説明する。

おって，本申出書と一体として提出された非開示希望書類（情報）については，受付分配通達に基づく受付処理をした上で，裁判官に確認した非開示の方針[65]に従い，記録上に当該書類（情報）が不必要に表れないようにするとともに，当該書類（情報）が家庭裁判所の意図に反して流出しないよう，記録中のいわゆる非開示申出書群（記録編成通達記第2の3の(2)及び第3の2の(2)等参照）につづり込み，関係職種（裁判官，家事調停委員，調査官，書記官及び事務官）において適正かつ確実に当該書類（情報）についての情報共有を図るために，記録上に当該書類（情報）がある旨の注意喚起の表示をしたり，民事裁判事務支援システム（MINTAS）の当該事件の事件カードのステータスを「要注意情報あり」と入力し，当該事件カードの備考欄に「申立人（相手方）から○○（例：現住所，電話番号等）の非開示希望申出あり」等と入力して注意喚起する表示に変える等の必要な措置を執る（詳細については，本章の第2節の第3の3の(3)のア（87頁）を参照されたい。）。

◇　進行に関する照会回答書[66]
　※　本照会回答書は，調停申立前の相手方の対応，相手方の調停期日出席の見込み，調停期日についての希望，調停期日における警備等の対応の要否を判断するために必要な情報（相手方の暴力や暴言等の事実や内容）等を記載するための書類である。

64　この場合，申立書には，従前の住民票上の住所や他方当事者との同居時の住所等の他方当事者に開示しても構わない住所が記載される例が多い。
65　この非開示の方針とは，各家庭裁判所において，あらかじめ，関係職種（裁判官，家事調停委員，調査官，書記官及び事務官）で認識を共有している非開示希望書類（情報）等の取扱いに関する申合せや取決め等を指す。
66　本照会回答書については，その趣旨や記録外書面の取扱いをすることなどから，例えば，「進行に関する連絡メモ」等，「メモ」という名称で書式を整備している家庭裁判所もある。

第2　当事者の申立て

　　　　本照会回答書は，手続進行に関する所定の記載がされている限り，事前かつ包括的な裁判長の命により，書記官が当事者から調停の進行について検討するための情報を聴取する（規127条，40条）方法として，便宜的に当事者に記入してもらい，提出させているものにすぎず，法令上の記録に該当せず（記録外書面であり），閲覧・謄写等の対象にはしない取扱いである[67]（条解規則100頁及び東京家事事件研究会編「家事事件・人事訴訟事件の実務〜家事事件手続法の趣旨を踏まえて〜」（法曹会）36頁参照）。
　　③　ウの附属書類（添付書類）（規18条1項，15条，民訴規15条前段）
　　　◇　手続代理人の権限（代理権）を証明する書面（委任状）
　　　　※　当事者本人が手続代理人（弁護士）に委任している場合は，手続代理人の権限（代理権）は，書面で証明しなければならないため（規18条1項），委任状の原本を提出してもらう必要がある（規2条1項3号）（条解規則7頁参照）。申立書とともに提出する場合は，住所の記載を省略する運用もあるが（規1条1項1号・2項），証明力を担保するために，自署を要する（片岡武，管野眞一編著「新版家庭裁判所における遺産分割・遺留分の実務」（日本加除出版）21頁及び22頁参照）。
　　　　　この委任状の書式については，法が，訴訟代理とは異なり，「手続代理」又は「手続代理人」という概念を定め，特別委任事項（法24条2項）を規定した趣旨を踏まえると，手続代理人への委任状は，民事訴訟における「訴訟委任状」の書式を流用したものではなく，法の規定に従って作成されたものが望ましい（条解規則44頁（注2）及び東京家事事件研究会編「家事事件・人事訴訟事件の実務〜家事事件手続法の趣旨を踏まえて〜」（法曹会）27頁参照）。
　　　　　なお，家事審判法（旧法）下においては，家事事件における任意代理の委任状が，民事訴訟における「訴訟委任状」の書式を流用する例が散見されたところ，規18条1項が求める書面としては，当事者本人が手続代理人に対して家事事件について代理権を与えた意思及び代理権の範囲が明確であれば足りるから，「訴訟委任状」の書式を用いることが否定されるものではないと考えられる。もっとも，「訴訟委任状」の書式を流用した場合には，当事者本人が訴訟手続の委任を意図したものか，家事事件の手続の委任を意図したものかにつき疑義が生ずる余地もある点に留意する必要がある（条解規則44頁（注2）参照）。
　　　◇　法定代理権及び手続行為をするのに必要な授権を証明する書面
　　　　※　法定代理権及び手続行為をするのに必要な授権は，書面で証明しなければならない（規15条，民訴規15条前段）。
　　　　　法定代理権を証明する書面としては，未成年者の法定代理人である親権

---

[67] なお，本照会回答書に記入する当事者に対する注意喚起的な意味で，本照会回答書が閲覧・謄写等の対象にはならない旨を本照会回答書の上部余白等に記載している家庭裁判所もある。

者又は未成年後見人の戸籍全部事項証明書（戸籍謄本），不在者財産管理人（民法25条1項）の選任審判書謄本[68]，成年被後見人の法定代理人である成年後見人の後見登記事項証明書[69]等がある。また，手続行為をするのに必要な授権を証明する書面としては，代理権付与の審判を受けた保佐人（民法876条の4第1項）や補助人（民法876条の9第1項）の場合の後見登記事項証明書等がある（条解規則38頁参照）。これらの書面は，その原本が裁判所に提出されることが求められる（規2条1項3号）（条解規則7頁参照）。

2 申立ての併合

家事調停を求める事項が数個ある場合において，①これらの事項についての家事調停の手続が同種であり，②これらの事項が同一の事実上及び法律上の原因に基づくときは，一の申立てにより求めることができる（法255条4項，49条3項）。

具体例としては，夫婦関係調整調停（離婚調停）と婚姻費用の分担請求の調停のように，訴訟事項に関する調停と審判事項に関する調停とを併合することも可能と解される。これらの家事調停を一つの申立て（1通の申立書）で行うことができるが，事件としては複数として取り扱われるため，事件番号[70]や手数料の納付は事件ごとに必要となる（「別冊法学セミナーno.225新基本法コンメンタール人事訴訟法・家事事件手続法」（日本評論社）530頁参照）。

3 申立ての変更

(1) 概説

家事調停の申立ての基礎に変更がない[71]限り，申立ての趣旨又は理由を変更することができる（法255条4項，50条1項本文）。

なお，実務上，家事調停における申立ての特定については，家事審判の申立てよりも内容のあいまいなものも多いことから，緩やかに運用されている。

おって，家事調停の申立てにない事項について，家事調停を成立させるために申立ての変更が必要かどうかという問題があるが，民訴法上の和解について訴えの変更がなければ，訴訟物以外について和解をすることができないわけではないことと同様，家事調停の申立てにない事項について当事者間に合意が成立した場合に，当

---

[68] 不在者財産管理人（民法25条1項）の地位は，性質上，法定代理人とされている（財産管理実務研究会編集「不在者・相続人不存在 財産管理の実務」（新日本法規）41頁参照）。この不在者財産管理人の権限は，権限の定めのない代理人と同様，民法103条所定の権限を有するにすぎない。したがって，当該権限を超える行為（例えば，遺産分割協議を調停によって成立させる場合等）をする場合は，あらかじめ家庭裁判所の許可（権限外行為の許可）を得ておく必要がある（民法28条）（片岡武，金井繁昌，草部康司，川畑晃一著「第2版家庭裁判所における成年後見・財産管理の実務」（日本加除出版）193頁参照）。

[69] ここにいう後見登記事項証明書とは，後見登記等に関する法律10条に規定された証明書であり，後見登記等ファイルに記録されていることを証明するもので，成年被後見人，成年後見人等の住所・氏名，成年後見人等の権限の範囲等を証明するものである。

[70] 家事調停事件の事件番号は，受付分配通達別表第5の2記載の事件番号の付け方の基準に従って付ける。

[71] この「申立ての基礎に変更がない」とは，家事調停を求める事項に係る権利関係の基礎となる事実が共通し，変更後もそれまでの資料の主要部分を家事調停手続に利用することができる場合をいう（逐条768頁及び182頁参照）。

該事項について調停を成立させるために申立ての変更をするまでの必要はないものと解されている（一問一答232頁参照）。

(2) 申立ての変更の手続
　ア　申立ての変更の方式
　　　家事調停の申立ての趣旨又は理由の変更は，家事調停の手続の期日においてする場合を除き，書面でしなければならない（法255条4項，50条2項）。
　　　書記官は，申立ての趣旨又は理由の変更の書面が提出されたときは，当該変更を認めるか否か等について，調停委員会が当該変更に係る家事調停を行う場合には当該調停委員会に，裁判官のみで当該変更に係る家事調停を行う場合には当該裁判官に判断を仰ぐ。
　　　なお，家事調停の手続の期日においては，申立人は，口頭で，申立ての趣旨又は理由の変更をすることができる。申立人が，口頭で，申立ての趣旨又は理由の変更をした場合は，その旨を当該期日の調書に記載することを要し（法253条，規126条1項，32条1項1号），当該期日の調書を省略することは許されないものと解される（逐条768頁及び183頁参照。なお，家事調停の手続の期日における調書の作成等に関する書記官事務（全般）については，本章の第4節の第3の9（135頁）を参照されたい。）。
　イ　申立ての変更を認める場合
　　　申立ての趣旨又は理由の変更が適法であり，そのままその変更を認めるべきときは，その旨の裁判をする必要はなく，申立ての趣旨又は理由の変更があったものとして，調停を進めれば足りる（逐条768頁及び183頁参照）。
　ウ　申立ての変更を許さない旨の裁判
　　(ｱ)　家庭裁判所は，①申立ての趣旨又は理由の変更が不適法であるとき（申立ての基礎に変更があるとき等）は，その変更を許さない旨の裁判をしなければならない（法255条4項，50条3項）。また，②申立ての趣旨又は理由の変更により家事調停の手続が著しく遅滞することとなるときは，その変更を許さない旨の裁判をすることができる（法255条4項，50条4項）。
　　　　なお，調停委員会が家事調停を行う場合には，①及び②の申立ての変更を許さない旨の裁判をする権限は調停委員会が行う（法260条1項5号）。
　　(ｲ)　前記(ｱ)の①及び②の申立ての変更を許さない旨の裁判は，審判以外の裁判（法258条1項，81条）であり，当該裁判に対しては，即時抗告をすることはできない（逐条768頁及び183頁参照）。
　　(ｳ)　前記(ｱ)の①及び②の申立ての変更を許さない旨の裁判は，裁判書を作成することを要しないが（法258条1項で準用されている法81条1項の規定では法76条1項の規定の準用が除外されている。），当該変更を許さない旨の裁判がされない限りは，前記イのとおり当該変更を認めるものと解されることなどから，当該変更を許さない旨の裁判をした場合は，その旨を記録上明らかにしておく必要がある。この記録上明らかにする方法としては，申立ての趣旨又は理由の変更の書面の余白等を利用して，次の参考例のように日付と裁判の内容を記載して，裁判官の押印を受けることが考えられる。

第7章　家事調停手続に関する書記官事務

【参考例】
> 本申立書に基づく申立ての変更は，（不適法であるから／家事調停の手続が著しく遅滞することとなるから※），許さない。
> 　　　平成○○年○月○日　裁判官　㊞
> ※　事案ごとの個別の事情等に応じて，申立ての変更を許さない理由を記載することも考えられる。

　(エ)　前記(ア)の①及び②の申立ての変更を許さない旨の裁判は，申立人に相当と認める方法（普通郵便，電話等）で告知する（法258条1項，81条1項，74条1項）[72]。書記官は，その旨及び告知の方法[73]を，例えば，前記(ウ)で記録上明らかにした裁判に付記する等して，記録上明らかにする（規128条1項，50条4項・3項）

エ　申立ての変更の通知

　(ア)　申立人が法255条4項で準用されている法50条1項本文の規定により家事調停の申立ての趣旨又は理由を変更した場合には，前記ウの申立ての変更を許さない旨の裁判があったときを除き，書記官は，その旨を当事者及び利害関係参加人に通知しなければならない（規127条，41条）[74]。

　　この通知は，申立ての趣旨又は理由が変更された場合には，他の当事者及び利害関係参加人の手続行為に影響を及ぼし得るため，他の当事者及び利害関係参加人に対して申立ての趣旨又は理由の変更について知らせることとしたものである（条解規則101頁参照）。

　(イ)　通知の対象は，申立ての趣旨又は理由を変更した事実である（条解規則102頁参照）。

　(ウ)　通知の方法は，相当と認める方法（普通郵便，電話等）により行う（規5条，民訴規4条1項）。

　　法256条1項本文の規定により家事調停の申立書の写しを相手方に送付することが原則とされている家事調停事件においては，申立ての趣旨又は理由の変更が書面でされた場合は，当該書面を相手方に送付する方法により通知を行うのが相当な場合もある（条解規則102頁参照）[75]。

　(エ)　通知の費用は，手数料以外の費用（民訴費用法2条2号）に該当し，当事者等に納付義務がある（民訴費用法11条1項1号）。当事者等は，当該費用の概算額を予納しなければならない（民訴費用法12条1項）（条解規則20頁（注2）参照）。

---

[72] なお，申立人以外の当事者等に対しては，申立ての変更を許さない旨の裁判があったことを知らせる必要性に乏しいことから，当該通知自体も不要とされている（条解規則102頁参照）。

[73] 告知の年月日は，告知がされた旨及び告知の方法を明らかにするために記載されることになるし，告知の場所についても必要に応じて記載されることになると考えられる（条解規則126頁（注5）参照）。

[74] 申立人自身に対する通知が不要であることは，当然である（条解規則102頁（注2）参照）。

[75] 当事者が相手方等に申立ての変更の書面を送付していたとしても，原則として，裁判所から相手方等への通知は別途必要となると考えられる（条解規則102頁（注4）参照）。

(オ) 書記官は，通知をしたときは，その旨及び通知の方法を記録上明らかにしなければならない（規5条，民訴規4条2項）（記録化の参考例：「平成○○年○月○日相手方（及び利害関係参加人）に○○（※具体的な通知の方法を記載する。）で通知済み　裁判所書記官　㊞」）[76]。

第3　別表第二審判事件の付調停

　　法244条の規定により調停を行うことができる家事審判事件，すなわち，別表第二審判事件については，当事者間の話合いを通じた合意による自主的かつ円満な解決が望ましいことから，当該別表第二審判事件が係属している場合には，家庭裁判所は，当事者（本案について相手方の陳述がされる前にあっては，申立人に限る。）の意見を聴いて，いつでも，職権で，当該別表第二審判事件を家事調停に付することができる（法274条1項）（逐条824頁参照）。

　　この別表第二審判事件の付調停によって，家事調停手続は開始することになる。当該手続の開始時における主な留意事項は，次の1から3までのとおりである。

　　なお，別表第二審判事件の付調停に関する書記官事務（全般）については第4編の第6章の第3節（365頁）を，付調停された事件の家事調停手続の終了に伴う別表第二審判手続への影響については本章の第12節（160頁）（第1の3の(2)のア，第4の3の(3)，第5の3の(4)，第6の7の(1)，第7の3の(2)及び第8の1）を，それぞれ参照されたい。

1　立件及び申立費用について

　　付調停された事件は，前記第2（53頁）の当事者の申立てによって開始された家事調停事件と同様に取り扱われ，新たに家事調停事件として立件されるが（受付分配通達記第2の4の(1)及び同別表第5の2参照），申立手数料（民訴費用法3条1項別表第一の一五の二の項参照）を納付する必要はない。

　　また，郵便切手については，別表第二審判事件で予納されたものが，付調停に伴って，当該別表第二審判事件が係属する家庭裁判所から付調停を受ける家庭裁判所に引き継がれることになる（昭和46年6月14日付け最高裁判所規程第4号「予納郵便切手の取扱いに関する規程」6条，平成7年3月24日付け最高裁総三第18号事務総長通達「予納郵便切手の取扱いに関する規程の運用について」記第4，昭和48年3月訟廷執務資料第44号民事裁判資料第105号「民訴費用法に関する執務資料」（最高裁判所事務総局）189頁291及び昭和48年度書記官実務研究「民事訴訟における訴訟費用等の研究」（裁判所書記官研修所）494頁参照）。

2　付調停された事件における手続代理人の権限について

　　別表第二審判事件が係属している場合において当該別表第二審判事件が調停に付されたとき，手続代理人は，当該別表第二審判手続の追行について委任を受けていても，それをもって，法24条2項2号に掲げる事項，すなわち当事者間の合意による解決をすることについての委任を受けていると認めることは合理的ではなく，調停の合意

---

[76]　この記録上明らかにすべき事項は，通知をした者，通知の相手方，通知をした年月日及びその方法である（平成9年2月民事裁判資料第213号「条解民事訴訟規則」（最高裁判所事務総局）15頁参照）。

等をするには別途個別の委任が必要である。もっとも，この個別（特別）の委任は，家事調停手続における話合いを開始するときに必要になるのではなく，法24条2項2号所定の合意等をするときまでにあればよいと解されている（逐条80頁及び81頁参照）。

　書記官は，この点を踏まえた上で，付調停された事件における手続代理人の権限（代理権）について，当該権限を証明する書面（委任状）（規18条1項）記載の委任事項を確認する必要がある（前記第2の1の(3)の③（61頁）参照）。

3　付調停された事件における手続行為能力について

　別表第二審判の手続行為一般について授権を得た被保佐人，被補助人（手続行為をすることにつきその補助人の同意を得ることを要するものに限る。）又は後見人その他の法定代理人であっても，調停の合意等をするには別途特別の授権が必要である（法17条3項2号）。これは，家庭裁判所の判断を求める別表第二審判の手続の追行について授権があったとしても，合意による解決という別の解決方法をとることまでそこに含ませていることは通常は想定されないからである。もっとも，この特別の授権は，家事調停手続における話合いを開始するときに必要になるのではなく，法17条3項2号所定の合意等をするときまでにあればよいと解されている（逐条55頁及び56頁参照）。

　書記官は，この点を踏まえた上で，付調停された事件における手続行為能力について，法定代理権及び手続行為をするのに必要な授権を証明する書面（規15条，民訴規15条前段）記載の授権事項を確認する必要がある（前記第2の1の(3)の③（61頁）参照）。

第4　訴訟事件の付調停

　法244条の規定により調停を行うことができる事件[77]について訴えを提起しようとする者は，まず家庭裁判所に家事調停の申立てをしなければならないが（法257条1項（調停前置主義）），家事調停の申立てをすることなく訴えを提起した場合には，裁判所は，職権で，事件を家事調停に付さなければならない（同条2項本文）（必要的付調停）[78]。

　法244条の規定により家事調停を行うことができる事件についての訴訟が係属している場合には，裁判所は，当事者（本案について被告の陳述がされる前にあっては，原告に限る。）の意見を聴いて，いつでも，職権で，事件を家事調停に付することができる（法274条1項）（任意的付調停）。

---

[77] この事件は，必要的付調停（法257条2項本文）及び任意的付調停（法274条1項）のいずれについても，人事訴訟事件（人訴法2条）に限らず，家事調停事項について提起された民事訴訟事件一般（例えば，不貞の相手方に対する慰謝料請求事件や遺留分減殺請求事件等）が対象となる（逐条771頁，772頁及び824頁参照）。

[78] ただし，例えば，合意に相当する審判の対象となる事件において身分関係の当事者の一方が死亡した場合（法277条1項ただし書参照）や相手方が行方不明の場合，渉外事件で調停手続による解決ができない場合等，事件を調停に付したとしても，調停を成立させる合意又は合意に相当する審判における合意が成立する余地のない（又は見込みのない）ときは（事件を調停に付することが相当でないと認めるときは），事件を家事調停に付することを要しないとされている（法257条2項ただし書）（逐条772頁及び「別冊法学セミナーno.225新基本法コンメンタール人事訴訟法・家事事件手続法」（日本評論社）533頁参照）。

これらの訴訟事件の付調停によって，家事調停手続は開始することになる。当該手続の開始時における主な留意事項は，次の1から3までのとおりである。

なお，訴訟事件の付調停の手続（全般）については家事事件手続法概説の116頁及び117頁並びに平成25年11月研修教材第6号「民事実務講義案Ⅱ（四訂再訂版）」（裁判所職員総合研修所）179頁及び180頁を，付調停された事件の家事調停手続の終了に伴う訴訟手続への影響については本章の第12節（160頁）（第1の3の(2)のイ，第4の3の(3)，第5の3の(4)，第6の7の(2)，第7の3の(2)及び第8の1）を，それぞれ参照されたい。

1 立件及び申立費用について

付調停された事件は，前記第3の1（65頁）と同様に，新たに家事調停事件として立件されるが（受付分配通達記第2の4の(1)及び同別表第5の2参照），申立手数料（民訴費用法3条1項別表第一の一五の二の項参照）を納付する必要はない。

また，郵便切手については，訴訟事件で予納されたものが，付調停に伴って，当該訴訟事件が係属する裁判所から付調停を受ける家庭裁判所に引き継がれることになる（昭和46年6月14日付け最高裁判所規程第4号「予納郵便切手の取扱いに関する規程」6条，平成7年3月24日付け最高裁総三第18号事務総長通達「予納郵便切手の取扱いに関する規程の運用について」記第4，昭和48年3月訟廷執務資料第44号民事裁判資料第105号「民訴費用法に関する執務資料」（最高裁判所事務総局）189頁291及び昭和48年度書記官実務研究「民事訴訟における訴訟費用等の研究」（裁判所書記官研修所）494頁参照）。

2 付調停された事件における手続代理人の権限について

前記第3の2（65頁）と同様であるため，適宜，訴訟事件の付調停の場合に読み替えた上で参照されたい。

3 付調停された事件における手続行為能力について

前記第3の3（66頁）と同様であるため，適宜，訴訟事件の付調停の場合に読み替えた上で参照されたい。

第5 移送・回付

移送の裁判の確定又は回付（本編の第6章の第2節（42頁）（第2は除く。）及び第4節（50頁）参照）により，家事調停事件の送付を受けた家庭裁判所においても，家事調停手続が開始する。

第2節 家事調停事件係属に関する書記官事務
第1 受付及び審査
1 受付
(1) 意義

受付とは，裁判所が各種申立てや事件関係書類を接受することである（平成28年3月研修教材第5号「民事実務講義案Ⅰ」（五訂版）（裁判所職員総合研修所）11頁参照）。

家事調停事件を含む家事事件の受付に関する事務（以下「受付事務」という。）

は，家庭裁判所の（家事の）首席書記官のつかさどる訟廷事務の一分野であり[79]，訟廷管理官の下に置かれる事件係（以下「事件係」という。）の分掌事務とされ[80]，その事務内容については，受付分配通達において明らかにされている。

(2) **受付事務の取扱者**

受付事務は，原則として，事件係（事件係の置かれていない家庭裁判所の支部及び出張所においては，事件係の事務を取り扱う者を含む。）において取り扱う（詳細については，受付分配通達記第1の1を参照されたい。）。

(3) **受付事務の内容**

受付事務の取扱者である書記官（以下「受付担当書記官」という。）は，当事者等から提出された申立書等の閲読，受付日付印を用いた受付日付の表示[81]，事件簿への登載（民事裁判事務支援システム（MINTAS）のサーバー[82]の記憶装置への所要事項の記録）[83]，事件の符号及び番号の記載，収入印紙の消印等，受付分配通達記第2及び平成27年6月19日付け最高裁総三第133号総務局長通達「民事裁判事務支援システムを利用した家事事件等の事務処理の運用について」記第1の1に従って受付事務を行う。

2 審査

(1) **概説**

受付担当書記官は，家事調停の申立書が提出されたときは，受付事務を行うとともに，手続の適正確保及び進行促進を図る目的から，速やかにこれを審査し，明らかな誤記や脱漏等の不備があり，それらが即時補正できるものであれば，申立人（提出者）に任意の補正を促した上で受領する。

この任意の補正の促しは，申立人に対して強制力はないが，受付段階において前記のような不備を補正させ，可能な限り事件の内容等を明確にしておくことは，後の家事調停手続の適正確保及び進行促進にも資することになる。

なお，事件の分配後に事件担当書記官が行う家事調停の申立書の審査等の事務に

---

[79] 大法廷首席書記官等に関する規則3条5項及び平成6年7月18日付け最高裁総一第183号事務総長依命通達「大法廷首席書記官等に関する規則の運用について」記第1の2の(1)参照。

[80] 平成6年7月18日付け最高裁総一第184号総務局長依命通達「訟廷管理官の下に置く係について」記第1の2の(1)参照。

[81] 当直に代わる措置として夜間郵便受け等を設置している家庭裁判所においては，閉庁時間中に夜間郵便受け等に投かんされた事件関係書類の受付事務として，翌開庁日の受付日付印を押捺するとともに，その傍らに，前の開庁日の閉庁時刻から翌開庁日の開庁時刻までの間に投かんされたものであることを付記するなどして，閉庁時間中に提出されたものであることを明らかにする取扱いが行われている（昭和52年3月訟廷執務資料第46号「事件の受付および分配に関する事務の取扱要領の解説―改訂―」（最高裁判所事務総局）6頁参照）。この取扱いは，事件受付の効果等について，裁判官の適切な判断に資することを目的として行われているものである（平成27年9月1日付け最高裁務局第一課長，民事局第一課長，刑事局第一課長，行政局第一課長及び家庭局第一課長事務連絡「閉庁時間中に裁判所の夜間郵便受け等に投かんされた書類の取扱いについて」参照）。

[82] このサーバーとは，民事裁判事務支援システム（MINTAS）を構成する機器のうち，磁気情報を集中的に管理して処理するコンピュータをいう（平成27年6月19日付け最高裁総三第133号総務局長通達「民事裁判事務支援システムを利用した家事事件等の事務処理の運用について」記第1の1参照）。

[83] 事件簿へ登載すること（民事裁判事務支援システム（MINTAS）のサーバーの記憶装置へ所要事項の記録をすること）を「立件」という。家事調停事件の立件基準（事件番号の付け方の基準）は，受付分配通達記第2の4の(1)及び同別表第5の2に記載されている。

ついては，後記第5（98頁）を参照されたい。
(2) 家事調停の申立書の主な審査事項
　実務上，家事調停の申立書の受付事務において受付担当書記官が審査する主な事項[84]は，次のアからクまでのとおりである。これらの審査事項は，家事調停の申立書の形式と記載自体から判断される事項であり，事件の実質的な内容や理由の有無を含むものではない。ただし，直接当事者の権利関係や法律関係に影響を及ぼす事項もあるため，前記(1)のとおり，明らかな誤記や脱漏等の不備でない限りは，適宜裁判官に相談して指示を仰いだり，あるいは事件担当部署へ処理を委ねる等，慎重に処理しなければならないことはもちろんである。

　なお，この審査の結果，申立書に不備があることを発見したときといえども，それを理由に申立書の受領を拒むことはできない。このような場合は，前記(1)のとおり，即時補正できるものについては，申立人に任意の補正をさせた上で受付事務を行うこととなるが，郵送で提出された申立書に不備があるときなどのように，即時補正できない，あるいは即時補正しないときは，受付事務を行い，後記(3)（72頁）のとおり，補正を要する事項について，事件担当部署（事件担当書記官）に適正かつ確実に引き継ぎ，その処理を委ねることとなる。

　おって，個別の事件類型において特に留意すべき申立書の審査事項については，第3編（200頁）の各章の各節を参照されたい。

ア　管轄の有無
　職分管轄（家事調停事項であるのか民事調停事項であるのか等）や土地管轄（相手方の住所地や管轄合意の有無等）の有無について確認する（本編の第6章の第1節（40頁）参照）。

　審査の結果，申立人が明らかに管轄（土地管轄）の異なる家庭裁判所に家事調停の申立書を提出しようとしている場合には，受付担当書記官は，自庁処理を求める旨の書面（家庭裁判所の職権発動を促す上申書や要望書等）の有無を確認し，当該書面がない場合は申立人から自庁処理を求める具体的な理由を聴取する。その結果，単に申立人が申立先の家庭裁判所を誤解していたときは，管轄権を有する家庭裁判所を調査した上で，当該家庭裁判所に申立書を提出するよう教示したり，あるいは具体的な理由があって管轄の異なる家庭裁判所に自庁処理を求めているときは，申立人に前記自庁処理を求める旨の書面を作成して提出してもらう等の必要な措置を執る（自庁処理については，本編の第6章の第3節（48頁）参照）。

---

[84] 本項では飽くまで主な審査事項を示すにとどまるため，当然ながら，各家庭裁判所においては，裁判官や調停委員会の手続運営の方針，事案ごとの個別の事情等の実情に応じて，家事調停の手続の適正確保並びに円滑な進行確保及び進行促進等を目的として，本項で示す審査事項以外の事項についても審査をしている場合もある。また，アンケート調査の結果によると，申立書の審査に当たって，審査漏れの防止や受付担当者によって審査事項に差が生じないようにする（審査事項の標準化や合理化）等の目的から，あらかじめ裁判官や書記官等の関係職種間で申合せや取決めをした審査事項について，点検票（裁判所内部でのみ使用するメモ扱いの書面であり，記録外書面である。受付担当部署から事件担当部署等への引継事項を記載する連絡票も兼ねている場合がある。）を作成し，申立書の審査時に利用している家庭裁判所もある。

第7章　家事調停手続に関する書記官事務

　　なお，管轄の審査に関しては，裁判官の判断事項に及ぶ場合[85]があるため，疑義を生ずる場合には，裁判官にも相談して判断を仰ぐ。
　　また，厳密には，管轄の問題ではなく，家庭裁判所内部における司法行政上の事務分配の問題ではあるが，家庭裁判所の本庁と支部のいずれの管轄区域（地方裁判所及び家庭裁判所支部設置規則に規定されている管轄区域）の事件であるかについても確認する必要がある（本編の第6章の第4節（50頁）参照）。
　　おって，この「管轄」とは別に，当事者に外国人が含まれる場合（いわゆる渉外事件の場合）には，どこの国の裁判所が当該事件を取り扱うべきかという「国際裁判管轄」（裁判権）の問題があるため，日本の裁判所で当該事件を取り扱うことができるかについて確認する必要がある。
　イ　当事者能力の有無
　　当事者能力の内容については，本編の第4章の第1節の第2（22頁）を参照されたい。
　ウ　当事者適格の有無
　　当事者適格の内容については，本編の第4章の第1節の第3（22頁）を参照されたい。
　エ　手続行為能力の有無
　　手続行為能力の内容については，本編の第4章の第1節の第4（22頁）を参照されたい。
　オ　期間内の申立てか否か
　　例えば，財産の分与に関する処分（法別表第二の四の項の事項）についての調停事件に関係する請求期間（民法768条2項ただし書参照），請求すべき按分割合に関する処分（法別表第二の十五の項の事項）についての調停事件に関係する請求期間（厚生年金保険法78条の2第1項ただし書，厚生年金保険法施行規則78条の3第1項参照），嫡出否認の調停事件に関係する出訴期間（民法777条及び778条参照）等があり，これらの期間内の申立てか否かを確認する。
　　このほか，離婚原因に基づく慰謝料請求等の不法行為による損害賠償請求権の消滅時効（民法724条），相続回復請求権の消滅時効（民法884条），遺留分減殺請求権の消滅時効（民法1042条）等，これらの権利に基づく家事調停の申立てにこれらの消滅時効が影響することもあるため，これらの消滅時効の期間についても留意し，例えば，明らかにこれらの期間を徒過している事案等，疑義が生ずる事案については，裁判官に手続の進行方針等について相談して判断を仰ぐ等して，申立人に対し，その理解の程度等に応じて，申立後の家事調停手続の進行の

---

[85] 例えば，職分管轄にも関係する事案として，夫婦の一方が，他方の不貞行為を理由として離婚等を求める夫婦関係調整調停を申し立てる際に付随して申し立てる不貞行為の相手に対する慰謝料請求調停は家事調停事項とされているが，当該夫婦関係調整調停申立事件とは独立して当該慰謝料請求調停を申し立てた場合は，これを民事調停事項とする実務上の取扱いもあるため，裁判官に家事調停の手続で進めるかについて判断を仰ぐ必要がある（平成19年1月家庭裁判資料第183号訟廷執務資料第74号「家事書記官事務の手引（改訂版）」（最高裁判所事務総局）117頁及び長山義彦ほか共著「〔新版〕家事事件の申立書式と手続」（新日本法規）482頁参照）。

見込み等について適宜説明[86]をするか否か等を検討する。
　カ　申立費用の納付等の確認
　　㋐　申立手数料の納付の確認
　　　　民訴費用法3条1項所定の申立手数料の納付は、申立ての形式的適法要件であり（民訴費用法6条）、不納付の場合は補正命令や申立書却下命令の事由ともなり得る（法255条4項、49条4項・5項）[87]。したがって、申立手数料相当の収入印紙が申立書に貼ってあるか（民訴費用法8条本文参照）確認し、不足する場合は、申立人に不足分の収入印紙の追加納付を求める[88]。
　　㋑　郵便切手の予納の確認
　　　　この郵便切手は、申立書の写しの送付、当事者等の呼出しや告知等のために要する費用であり（民訴費用法11条1項1号）、郵便切手で予納する（民訴費用法13条）。申立時に必要な郵便切手の券種及び枚数は、申立先の各家庭裁判所の実務上の運用によって異なるが、不足する場合は、申立人に不足分の郵便切手の追加予納を求める。
　　　　なお、追加予納がされず、後述する申立書の写しの送付又はこれに代わる通知をすることができない場合は、家庭裁判所が国庫立替え（法30条）をしない限りは、予納命令や申立書却下命令の事由になり得る（法256条2項、67条3項）（逐条771頁参照）。
　キ　申立書の記載事項の確認
　　家事調停の申立書の記載事項（本章の第1節の第2の1の(2)のイ（54頁）参照）のうち必要的記載事項（法255条2項）については、その記載に不備があると、申立書の補正命令や却下命令の事由になり得る（法255条4項、49条4項・5項）ことから、当該記載事項に明らかな誤記や脱漏等がないか確認する。
　　また、申立書の形式的記載事項（規1条1項）の審査に当たっては、特に、申立人が現住所の非開示希望の申出をしている場合には、申立書（当該写しを含む。）に記載されている申立人の住所が、当該非開示希望の申出をしている現住所ではないかについても確認する（非開示希望情報等の適切な管理（全般）については、後記第3（76頁）を参照されたい。）。
　ク　附属書類（添付書類）の有無等
　　申立書の附属書類（添付書類）については、一般的な附属書類（添付書類）の類型を本章の第1節の第2の1の(3)（57頁）で、個別の事件類型において特に提出を求める附属書類（添付書類）の類型を第3編（200頁）の各章の各節でそれぞれ示しているが、これらの書類には、例えば、戸籍全部事項証明書（戸籍謄

86　当然ながら、飽くまで家事手続案内の範囲内での説明である。
87　なお、申立手数料について手続上の救助（法32条1項）を受けた者の申立てについては、申立手数料の納付も猶予されるため（同条2項、民訴法83条1項1号）、不納付であっても補正命令や申立書却下命令をすることはできない（手続上の救助については、本編の第5章の第2節（38頁）を参照されたい。）。
88　数人の共同申立てに係る手数料にあっては、共同申立人は、各々申立手数料全額の納付義務がある。これは、不真正連帯債務と解されている（平成25年11月研修教材第6号「民事実務講義案Ⅱ（四訂再訂版）」（裁判所職員総合研修所）97頁参照）。

第7章 家事調停手続に関する書記官事務

本）のように身分関係の変動に関する調停事件（離婚，離縁，親権者変更等）等において当事者適格等を基礎付けるものや，委任状のように弁護士である手続代理人の権限（代理権）を証明するもの，事情説明書等のように家事調停手続を円滑に進めるために把握しておくべき基礎的な事情等を記載するもの等があり，いずれの書類も家事調停手続の適正確保並びに円滑な進行確保及び進行促進のために必要なものである。したがって，受付担当書記官は，これらの書類の有無や内容を確認し（例えば，前述の委任状については，裁判所名，事件名，当事者名，委任事項等が正確に記載されているかどうかを確認する等），不足や不備がある場合は，申立人に速やかな提出や補正を促す必要がある。

(3) **受付担当書記官から事件担当書記官への引継ぎ**

受付担当書記官と事件の分配（後記第5（98頁）参照）を受ける担当部署の書記官（部等の事件担当書記官）が分かれている家庭裁判所においては，受付担当書記官は，手続の適正確保並びに円滑な進行確保及び進行促進の目的から，申立書の不備及びその内容，申立書の補正の内容（任意の補正の促しの内容を含む。），附属書類（添付書類）等の追加提出予定，申立時に申立人等から聴取した家事調停手続の進行に影響を及ぼし得る情報の内容（当事者の暴力や暴言，精神的不安定に関する情報，外国人当事者の日本語の能力に関する情報等）等について，書面化[89]したり，併せて，特に重要な事項については口頭でも伝達する等して，事件担当書記官に適正かつ確実に引き継ぐ必要がある。

なお，非開示希望情報等の適正かつ確実な引継ぎについては，後記第3（76頁）を参照されたい。

第2 記録の編成

1 概説

前記第1（67頁）の受付及び審査を終えた家事調停の申立書等については，記録編成通達に従って，民事裁判事務支援システム（MINTAS）等から印刷した記録表紙を付けて記録が編成され，各家庭裁判所における裁判事務の分配の定めに従い，担当部署に配布される[90]。

この記録の編成に関する書記官事務は，記録作成保管事務（裁判所法60条2項）の一部であり，その主な目的は，家事調停手続の適正確保にある。

なお，この記録の編成に伴う非開示希望情報等の適切な管理及び個人番号（マイナンバー）の適切な管理については，それぞれ後記第3（76頁）及び第4（95頁）を参照されたい。

2 編成方法

記録編成通達では，「3分方式」，「2分方式」，「非分割方式」の三つの記録の編成

---

[89] 書面化して引き継ぐ際には，各家庭裁判所において実務上使用している申立書の点検票（裁判所内部でのみ使用するメモ扱いの書面であり，記録外書面である。受付担当部署から事件担当部署等への引継事項を記載する連絡票も兼ねている場合がある。）等を用いる取扱いもある（前記(2)（69頁）の脚注参照）。

[90] 記録の編成後，調査官による手続選別（インテーク）（後記第5の5（104頁）参照）を経た上で，担当部署に配布する家庭裁判所もある。

方法が規定されている。

　遺産の分割の審判事件又は調停事件（法別表第二の十二の項の事項についての審判事件又は調停事件）及び寄与分を定める処分の審判事件又は調停事件（法別表第二の十四の項の事項についての審判事件又は調停事件）の記録の編成は「3分方式」によることとされ，これらの審判事件以外の別表第二審判事件及びこれらの調停事件以外の家事調停事件の記録の編成は，事案に応じて，「3分方式」又は「2分方式」による[91]（記録編成通達記第1の1及び2参照）。

　「2分方式」は，「3分方式」の第1分類と第2分類を合わせたものが「2分方式」の第1分類，「3分方式」の第3分類が「2分方式」の第2分類に相当する（平成25年3月家庭裁判資料第197号「家事事件手続法執務資料」（最高裁判所事務総局）45頁参照）。

　記録編成通達に基づく主に家事調停事件における「3分方式」の記録の編成イメージは次のとおりである。

　なお，併合された事件の記録は，併合した事件の記録に添付する（いわゆる「ひき舟」にする。）。ただし，寄与分を定める処分の審判事件又は調停事件の記録は，これを併合した遺産の分割の審判事件又は調停事件の記録と一括し，記録編成通達に定める分類及び区分ごとに整理してつづる（記録編成通達記第5の2の(1)参照）。

---

[91] 主張と立証を明確に区別することが困難であり，かつ，そのように区別する実益に乏しいような事件は，「2分方式」による記録の編成に適しているといえる（平成25年3月家庭裁判資料第197号「家事事件手続法執務資料」（最高裁判所事務総局）45頁参照）。

第7章　家事調停手続に関する書記官事務

【記録の編成イメージ（主に家事調停事件：3分方式）】

分類	群	書類（主な類型）
	\multicolumn{2}{l}{記録表紙※1※2（記録表紙裏面の期日指定等の裁判（決定）の記録化のための用紙を含む。）}	
	予納郵便切手管理袋	
	国庫立替費用計算書※3，保管金受払票（甲）（各家庭裁判所において便宜上つづるもの）※4等	
第1 (手続関係書類)	「調書群」，「審判書群」及び「申立書群」の3群に分け，その順につづる。	
	調書群	この群には，手続の経過を明らかにする次のような書類を編年体でつづり込む。
		◇事件経過表，期日調書，期日指定書，期日変更決定書，調停に付する旨の決定書，手続の併合又は分離の決定書，手続の中止及び同中止の取消決定書，審理終結日及び審判日を定める旨の決定書，法270条1項の調停条項案及びその諾否に関する書類（当該案に関するものを当該案の直後に一括してつづり込む。），別表第二調停事件の調停不成立調書，調停前の処分（法266条）の決定書等
	審判書群	この群には，審判若しくは調停の終了を明らかにし，又はこれらに付随する次のような書類をつづり込む。
		◇審判書，調停調書（成立・不成立）（調書群につづるものを除く。），審判書又は調停調書（成立）の更正決定書，審判又は調停の申立ての取下書（取り下げる旨を記載した期日調書を含む。），同取下げに対する同意書，調停をしない旨の処分を記載した書面，申立書却下命令書，合意に相当する審判又は調停に代わる審判に対する異議申立権放棄書，調停に代わる審判に服する旨の共同の申出書，規133条2項に規定する家事審判事件が終了した旨の通知書，この群につづる裁判書等の正本又は謄本の送達報告書※5及び取下書副本送達報告書※5等
	申立書群	この群には，当事者及びその主張を明らかにする次のような書類を，関連するものごとに一括し，編年体でつづり込む。
		◇申立書，事情説明書，答弁書，主張を記載した書面，受継の申立書，参加の申出書，排除の決定書，脱退届，申立ての変更の申立書，合意に相当する審判又は調停に代わる審判に対する異議申立書，この群につづる申立書記載の申立てに対する裁判書（審判書群につづるものを除く。），同申立ての取下書（審判書群につづるものを除く。），同申立ての疎明書類等
	\multicolumn{2}{l}{分界紙}	
第2 (証拠関係書類)	「事実の調査関係書類群」及び「証拠調べ関係書類群」の2群に分け，その順につづる。	
	事実の調査関係書類群	この群には，次のような証拠関係書類（証拠調べ関係書類群につづるものを除く。）を，関連するものごとに一括し，編年体でつづり込む。この場合においては，必要に応じて提出者ごとにまとめてつづり込むこともできる。
		◇証拠関係書類の説明書 ◇戸籍全部事項証明書（戸籍謄本），住民票の写し※5等の身分関係書類 ◇登記事項証明書，固定資産評価証明書等の収入，財産等に関する資料 ◇陳述書，事実の調査をした関連事件記録の写し等のその他の証拠関係書類 ◇審問調書，調査報告書，調査嘱託書又は書面による照会に対する回答書（調査嘱託書又は照会書の控えは第3分類につづる。），送付を受けた共助事件記録のうち受託裁判官がした事実の調査の結果を記載した調書及び鑑定関係書類等

- 74 -

	分界紙	
	証拠調べ関係書類群	この群には，法258条１項で準用する法64条の規定で準用する民訴法の規定及び規128条１項で準用する規46条の規定で準用する民訴規の規定により申出のあった証拠調べに関する書類及び裁判所が職権でした証拠調べに関する書類を，平成９年７月16日付け最高裁総三第77号事務総長通達「民事訴訟記録の編成について」記１の(2)の例によりつづり込む。
		次の６群に分け，その順につづる（詳細については，前記事務総長通達「民事訴訟記録の編成について」記１の(2)を参照されたい。）。 ①目録群（書証目録及び証人等目録） ②証拠説明書群（証拠説明書及び証拠に対する意見書） ③書証群（書証の写し） ④証拠調べ調書群（証拠調べ調書，鑑定書等） ⑤嘱託回答書群（調査嘱託又は鑑定嘱託の結果を記載した書面等） ⑥証拠申出書群（証拠申出書及び証拠に関する裁判書）
	分界紙	
第３ （その他の書類）	第１分類及び第２分類につづる書類以外の次のような書類を，次のとおりに分け，その順に，かつ，関係書類ごとに編年体によりつづり込む※６。	
		◇差戻し，移送及び回付に伴い送付を受けた記録送付書 ◇代理及び資格証明関係書類 委任状，法25条の規定により手続代理人の代理権の消滅の通知をした旨の書面（規18条３項の書面），法22条１項ただし書の規定による手続代理人許可申請書及び同許可書等の手続代理関係書類，親権者又は未成年後見人の戸籍全部事項証明書（戸籍謄本），成年後見人の後見登記事項証明書，法20条の規定により法定代理権の消滅の通知をした旨の書面（規16条１項の書面）等の法定代理関係書類，法人等の代表者の資格を証する書面等 ◇その他の書類 送達場所等の届出書，連絡先届出書，管轄に関する書類（管轄合意書や自庁処理を求める旨の書面等），移送申立書，移送決定正本，送付を受けた共助事件記録に関する書類（第２分類につづるものを除く。），手続上の救助関係書類，手続費用関係書類，手続の併合又は分離の申請書，期日の指定又は変更の申請書，嘱託書又は照会書の控え，規33条で準用する民訴規68条２項の規定による証人等の陳述を記載した書面，送達報告書※５（第１分類の審理書類群につづるものを除く。），事実の調査の通知書の控え，期日請書，各種書類の受領書，補正命令書，記録の正本又は謄本の送達又は交付の申請書※７，事件に関する事項の証明の申請書※７，審判書又は調停調書（成立）の更正決定の申立書，記録閲覧謄写関係書類等 ◇審判以外の裁判に対する抗告事件関係書類
		分界紙※８
		◇非開示希望の申出がされた書類（いわゆる非開示申出書群）※９
	分界紙	
	閲覧・謄写等の対象にはならない記録外の書類を便宜上つづり込むことがある。	
	裏表紙	

※１　アンケート調査の結果によると，多くの家庭裁判所において，ドメスティック・バイオレンス（DV）等の行為が背景にある事案で当事者の接触に注意を要する事案，当事者が精神的に不安定な事案，警備を要する事案等の要注意事案について，関係職種で当該事案であることの情報を共有するため，記録表紙の余白等に各家庭裁判所で定

第7章　家事調停手続に関する書記官事務

めた注意喚起等の表示をしていた。また，誤送達防止の目的から，送達場所の届出をしている当事者については，記録表紙の当該当事者名欄に「送達場所届出」等とゴム印等を用いて朱書したり，子の意思の把握・考慮を要する事案（例えば，未成年の子のいる夫婦関係調整調停申立事件等）については，当該事案であることが分かるように各家庭裁判所で定めた注意喚起等の表示をしていた。

※2　家事審判事件（別表第二審判事件）が調停に付された場合（法274条1項）の記録の編成に当たって，調停事件記録と審判事件記録を一括してつづる（合てつする）ときは（平成25年3月家庭裁判資料第197号「家事事件手続法執務資料」（最高裁判所事務総局）49頁参照），それぞれの事件の記録表紙を，①新しい事件である調停事件記録表紙，②古い事件である審判事件記録表紙の順に編てつする。なお，記録表紙については，このように調停事件記録表紙と審判事件記録表紙のそれぞれを作成する取扱いのほかに，事件を受理したときの審判事件記録表紙をそのまま使用する取扱いで，当初の審判事件の事件番号の下欄に調停事件の事件番号を記載する取扱いもあるが，記録の保存事務の適正確保の観点からは，調停事件記録表紙と審判事件記録表紙をそれぞれ作成する取扱いが相当である（平成8年度書記官実務研究（別冊）「遺産分割事件における進行管理事務の研究」（裁判所書記官研修所）502頁参照）。

※3　国庫による立替支出が行われた場合に書記官が作成する国庫立替費用計算書は，記録の見やすい箇所に編てつし，記録上明らかにしておく（平成25年11月研修教材第6号「民事実務講義案Ⅱ（四訂再訂版）」（裁判所職員総合研修所）120頁参照）。実務上，記録の冒頭につづり込む運用をしている家庭裁判所がある。

※4　保管金がある場合に使用する保管金受払票（甲）については，平成17年3月31日付け最高裁総三第000101号総務局長通達「保管金事務処理システムを利用した裁判所の事件に関する保管金の取扱いについて」記第1の2に基づき，当該システムを利用する場合は作成することを要しないが，保管金の払出事務や返還事務等について失念しないよう記録上も注意喚起の表示をするために，当該システムから印刷した当該受払票を，平成4年9月2日付け最高裁総三第31号事務総長通達「裁判所の事件に関する保管金等の取扱いに関する規程の運用について」記第2の1の(3)のア及び(5)のイの取扱いに準じて記録の冒頭につづり込んだり，記録表紙に「保管金予納あり」等とゴム印等を用いて朱書する等の運用をしている家庭裁判所もある。

※5　あらかじめ確認した裁判官の非開示の方針に基づき，非開示希望の申出をしている当事者の住所等が記載された送達報告書や住民票の写しについては，第3分類末尾（いわゆる非開示申出書群）に非開示希望の申出がされた書類と同様につづり込む。

※6　この第3分類の編成については，アンケート調査の結果，誤送達・誤送付防止の目的から，代理及び資格証明関係書類の次に当事者ごとに区別して送達場所等の届出書や連絡先届出書をまとめて編年体でつづり込んだり，適正・迅速な閲覧謄写事務の確保の目的から，記録閲覧謄写関係書類を申請者ごとに区別して第3分類末尾（いわゆる非開示申出書群の直前）等の一定の箇所にまとめて編年体でつづり込む等の工夫例があった。

※7　事件完結後に提出された記録の正本又は謄本の送達又は交付の申請書，事件に関する事項の証明の申請書，執行文付与申請書等は，昭和39年12月12日付け最高裁判所規程第8号「事件記録等保存規程」2条2項に規定された事件に関する書類で「記録につづり込むことを要しないもの」（記録を構成すべき書面には当たらないもの）であるが，記録が保存されている限りそれにつづり込むのが相当とされている（平成7年3月訟廷執務資料第64号「事件記録等保存規程の解説（改訂版）」（最高裁判所事務総局）12頁及び13頁参照）。

※8　実務上，この非開示申出書群の分界紙は青色のものが使用されている。なお，アンケート調査の結果，この非開示申出書群以外の分界紙についても，検索の便宜等の観点から，分類や群ごとに色分けしたり，当該分類や群の名称及び当該分類や群につづるべき書類（記録外の書類は除く。）を当該分界紙に印字する等の工夫をしている家庭裁判所があった。

※9　後記第3の3の(3)のアの(ｳ)（88頁）も参照されたい。

第3　非開示希望情報等の適切な管理[92]

1　概説

　　家庭裁判所は，記録上に表れている情報のうち，当事者[93]から，当事者の名誉や社会生活の平穏が著しく害されたり，身体や財産への危害が加えられたりするおそれがある等の理由で，非開示を希望する旨の申出があった情報（後記3の(1)のアの(ｱ)の「非開示希望情報」）について，当該申出等を踏まえ，当事者等に開示しない（非開示にする）と判断した情報（後記3の(1)のアの(ｲ)の「非開示情報」）については，家庭裁判所の意図に反して流出させることのないように適切に管理しなければならない。

92　本項では，平成27年2月19日付け最高裁総務局第一課長，民事局第一課長，刑事局第二課長及び家庭局第一課長事務連絡「秘匿情報の適切な管理について」，平成28年4月26日付け最高裁家庭局第二課長及び総務局第三課長事務連絡「家事事件手続における非開示希望情報等の適切な管理について」等に基づいて非開示希望情報等の適切な管理について記載しているため，併せて参照されたい。

93　家事事件においては，利害関係参加人等の当事者以外の者から非開示を希望する旨の申出がされる場合もある。そのような場合は，この第3で示す非開示希望情報等の適切な管理と同様の管理を行う必要がある。

第3　非開示希望情報等の適切な管理

仮に，家庭裁判所として行うべき管理を怠ってこれらの情報を流出させるといった事態を発生させた場合には，非開示を希望した当事者の名誉や社会生活の平穏が著しく害されたり，身体や財産への危害が加えられたりするおそれ等を生じさせることになり，ひいては，家庭裁判所に対する信頼を大きく揺るがすことになりかねない。したがって，これらの情報の適切な管理の重要性についての意識を，これらの情報を取り扱う全ての関係職種（裁判官，家事調停委員，調査官，書記官，事務官等）で共有し，共通の視点を持って緊密に連携して日々の事務処理を行っていく必要がある。

　以下に記載する非開示希望情報等の適切な管理に関する書記官事務は，本節に記載するものの，本節に記載する家事調停事件係属に関する書記官事務の一部にとどまるものではなく，事件受付前の手続案内の段階から，事件受付時の手続教示，事件係属中の家事調停の実施や閲覧・謄写等に関する事務，事件終局に伴う調停調書（成立）作成・当該調停調書謄本等の送付等の事務，事件終局後の各種手続，終局した事件の記録の引継ぎ・保存，上訴や移送等による他の裁判所への事件の記録の送付等に至るまでの家庭裁判所が関わる全ての手続において共通する事務である。

2　根拠・目的

　前記1の当事者から非開示を希望する旨の申出があった情報等を適切に管理する事務は，書記官が行う記録作成保管事務（裁判所法60条2項）の一部であり，手続の適正確保を目的とする事務であるとともに，後述する申立書の写しの送付や閲覧・謄写等の家事調停手続を含む各種手続において，円滑な進行を確保し，かつ，手続の進行を促進する目的を併有する事務でもある。

3　事務処理態勢の構築

　非開示希望情報（後記(1)のアの(ア)参照）や非開示情報（後記(1)のアの(イ)参照）の適切な管理は，前記1のとおり，事件受付前の手続案内の段階から，事件受付時の手続教示，事件係属中の家事調停の実施や閲覧・謄写等に関する事務，事件終局に伴う調停調書（成立）作成・当該調停調書謄本等の送付等の事務，事件終局後の各種手続，終局した事件の記録の引継ぎ・保存，上訴や移送等による他の裁判所への事件の記録の送付等に至るまでの家庭裁判所が関わる手続の流れを意識しながら，当該手続に関係する全ての職種（裁判官，家事調停委員，調査官，書記官，事務官等）が互いに有機的な連携を図りつつ，実現されなければならない。これに向けて，個々の職員が非開示希望情報や非開示情報の適切な管理について高い問題意識を有することも重要ではあるが，それのみに依存するのではなく，これらの情報を適切に管理するためには，各家庭裁判所において，これらの情報の管理が必要となる事件が常に係属し得ることを前提に，あらかじめ万全な事務処理態勢を検討し，これを構築した上で，これらの情報の適切な管理に携わる全ての関係職種間において認識を共有し，人事異動や担当者の交替等があっても，認識を共有できる事務処理態勢を構築しておく必要がある。

　この事務処理態勢の構築に当たっては，前記2の根拠・目的を踏まえた上で，合理的な事務の在り方を検討する必要がある。以下においては，考えられる合理的な事務の在り方について，まずは，(1)において，前提を整理し，次に，(2)から(5)までにおいて，各家庭裁判所における事務処理態勢の調査の結果等に基づき，各家庭裁判所における実務上の運用における工夫例等も紹介しながら，順を追って，一定の方向性を示

第7章　家事調停手続に関する書記官事務

していくこととしたい。
　なお，当然ながら，以下に示す方向性は，飽くまで一般的な事務処理の在り方の方向性を示すにとどまるものであることから，各家庭裁判所においては，裁判官や調停委員会の手続運営の方針，事案ごとの個別の事情等の実情に応じて，事務処理態勢を検討して構築する必要があることはもちろん，構築した事務処理態勢については，実効性があり，かつ，無理のないものになっているかを実際の事務処理を通じて不断に検証し，併せて，社会情勢，事件動向，家庭裁判所の組織構成等の家庭裁判所を取り巻く諸情勢の変化等も踏まえた上で，随時見直しや改善等を行い，より良い事務処理態勢の構築に努めていく必要がある。

(1) **前提の整理**
　ア　用語の定義
　　(ア)　非開示希望情報
　　　「非開示希望情報」とは，記録に含まれている情報のうち，当事者が他方当事者等に対して開示しないこと（非開示）を家庭裁判所に対して希望している情報のことをいう。
　　(イ)　非開示情報
　　　「非開示情報」とは，当事者からの非開示希望の申出その他の事情を踏まえて，家庭裁判所が他方当事者等に開示しない（非開示にする）と判断した情報のことをいう。以下，この「非開示情報」と前記(ア)の「非開示希望情報」を併せて「非開示希望情報等」という。
　　　この家庭裁判所の「非開示にする」旨の判断の時期（場面）については，非開示希望情報が記載された書面が提出される都度判断する場合，審判書や調停調書（成立・不成立）等を作成する段階で判断する場合[94]，他方当事者等から閲覧・謄写等の申請がされた際に当該申請の許否を決定する段階で判断する場合が考えられる。
　イ　非開示希望情報等として取り扱う可能性が類型的に高い情報の整理
　　　非開示希望情報等として取り扱う可能性が類型的に高い情報の例としては，当事者の，住所，居所，就業場所（勤務先），電話番号，通院中の病院名，子（未成年者）が通う，学校名，幼稚園名及び保育所名等がある。
　ウ　非開示希望情報等を推知させる情報（以下「推知情報」ともいう。）として取り扱う可能性が類型的に高い情報の整理
　　　例えば，非開示希望の住所を推知させる情報としては，当該住所に係る郵便番号及び配達担当の郵便局名並びに電話番号の市外局番，当事者の，通院中の病院名，預貯金口座を開設している金融機関名（本支店名）及び普段利用している薬局名や店舗名等の施設名，子（未成年者）が通う，学校名，幼稚園名及び保育所名，当該住所がある地域特有の行事名等が考えられ，また，就業場所（勤務先）

---

[94] 審判書や調停調書（成立・不成立）等を作成する場面においては，ある情報を非開示とする旨を明示的に判断するものではないが，当該審判書や調停調書等に記載する具体的な内容は，当該情報を開示すべきか否かといった観点も踏まえて，裁判官が判断するものであることから，閲覧・謄写等の場面と同様に，非開示希望情報の管理に留意する必要がある。

第3 非開示希望情報等の適切な管理

を推知させる情報としては、職業、通勤手段、通勤時間等が考えられる。
　このような推知情報については、例えば、当事者が住所の非開示を希望している場合において、家庭裁判所が当該住所そのものを非開示としても、前述の住所を推知させる情報が記録に表れることによって、他方当事者に当該住所を知られてしまう可能性も考えられる。何が推知情報となるかについて、最も把握できるのは当事者であるところ、当事者自身もこのような推知情報を意識していない可能性があることから、手続教示（後記(2)のア（83頁）参照）の際には、このような推知情報についても留意するよう、当事者に十分注意喚起しておくことが考えられる。

エ　非開示希望情報等が記載されている可能性が類型的に高い書面等の整理
　(ｱ)　当事者が作成・提出する書面の例[95]

非開示希望情報等として取り扱う可能性が類型的に高い情報の例	非開示希望情報等が記載されている可能性が類型的に高い書面の例
住所、居所	申立書、連絡先届出書、送達場所届出書、住民票、戸籍の附票、委任状、年金分割のための情報通知書、源泉徴収票、確定申告書、課税証明書、登記事項証明書、預貯金通帳、診断書、母子健康手帳、後見登記事項証明書、家事事件記録等閲覧・謄写票、テレビ会議システム又は電話会議システムの方法により期日における手続を行う場合の出頭裁判所において記載する出頭カード等
就業場所（勤務先）	連絡先届出書、送達場所届出書、源泉徴収票、給与明細、確定申告書、陳述書、主張書面等
電話番号[96]	連絡先届出書、母子健康手帳等
通院中の病院名[97]	診断書、母子健康手帳、陳述書、主張書面等
子（未成年者）が通う、学校名、幼稚園名及び保育所名[98]	学校等からの連絡書面（通知表、連絡帳等）、陳述書、主張書面等
推知情報として取り扱う可能性が類型的に高い情報の例	推知情報が記載されている可能性が類型的に高い書面の例
郵便番号	申立書、連絡先届出書、送達場所届出書等
預貯金口座を開設している金融機関名（本支店名）	預貯金通帳、利用明細、陳述書、主張書面等
普段利用している薬局名や店舗名等	領収書、陳述書、主張書面等
地域特有の行事名	陳述書、主張書面等
職業、通勤手段、通勤時間等	母子健康手帳、陳述書、主張書面等

---

[95]　ここに記載している書面の例は、飽くまで例示に過ぎず、その他の書面にも留意する必要があることは当然である。
[96]　前記ウ（78頁）のとおり、電話番号の市外局番は推知情報にもなり得る。
[97]　前記ウ（78頁）のとおり、通院中の病院名は推知情報にもなり得る。
[98]　前記ウ（78頁）のとおり、子（未成年者）が通う、学校名、幼稚園名及び保育所名は推知情報にもなり得る。

第7章　家事調停手続に関する書記官事務

(イ)　家庭裁判所が作成する書面の例 [99]

非開示希望情報等として取り扱う可能性が類型的に高い情報の例	非開示希望情報等が記載されている可能性が類型的に高い書面の例
住所，居所	審判書，調停調書（成立・不成立），審判以外の裁判の決定書（移送決定[100]等），審問調書，本人調書，証人調書，調査報告書，調査嘱託書，テレビ会議システム又は電話会議システムの方法により期日における手続を行う場合の出頭裁判所へ送付する嘱託書，電話会議システムの方法により手続を行った期日の調書（通話先の場所），電話聴取書[101]等
就業場所（勤務先）	審判書，審問調書，本人調書，証人調書，調査嘱託書，調査報告書等
電話番号[102]	電話会議システムの方法により手続を行った期日の調書，電話聴取書等
通院中の病院名[103]	審判書，審問調書，本人調書，証人調書，調査報告書等
子（未成年者）が通う，学校名，幼稚園名及び保育所名[104]	審判書，審問調書，本人調書，証人調書，調査報告書等

推知情報として取り扱う可能性が類型的に高い情報の例	推知情報が記載されている可能性が類型的に高い書面の例
預貯金口座を開設している金融機関名（本支店名）	調停調書（成立），電話聴取書等
普段利用している薬局名や店舗名等	審問調書，本人調書，証人調書，調査報告書等
地域特有の行事名	審問調書，本人調書，証人調書，調査報告書等
職業，通勤手段，通勤時間等	審判書，審問調書，本人調書，証人調書，調査嘱託書，調査報告書等

99　ここに記載している書面の例は，飽くまで例示に過ぎず，その他の書面にも留意する必要があることは当然である。
100　なお，移送決定については，移送先によっては，当事者の住所のある地域が，ある程度特定されてしまう場合があることにも留意する必要がある。
101　書記官が記録化のために作成する電話聴取書には，家事調停事件を含む家事事件の手続の進行にとって真に必要不可欠な情報のみを選別した上で記載し，原則として，非開示希望情報等を記載しないことが望ましい。
102　前記ウ（78頁）のとおり，電話番号の市外局番は推知情報にもなり得る。
103　前記ウ（78頁）のとおり，通院中の病院名は推知情報にもなり得る。
104　前記ウ（78頁）のとおり，子（未成年者）が通う，学校名，幼稚園名及び保育所名は推知情報にもなり得る。

第3　非開示希望情報等の適切な管理

(ウ)　当事者以外の者（第三者）が作成・提出する書面の例[105]

非開示希望情報等として取り扱う可能性が類型的に高い情報の例	非開示希望情報等が記載されている可能性が類型的に高い書面の例
住所，居所	調査嘱託回答書，郵便送達報告書，証人等旅費日当請求書等
就業場所（勤務先）	調査嘱託回答書，郵便送達報告書等

推知情報として取り扱う可能性が類型的に高い情報の例	推知情報が記載されている可能性が類型的に高い書面の例
郵便番号	郵便送達報告書等
配達担当の郵便局名	郵便送達報告書等
預貯金口座を開設している金融機関名（本支店名）	調査嘱託回答書等

オ　法の趣旨及び閲覧・謄写等に関する規律

　法においては，記録の閲覧・謄写等が当事者等への手続保障の根幹をなすという理解の下，当事者については家事審判事件の記録の閲覧・謄写等を原則として認めるとともに記録の閲覧・謄写等ができない場合を明確にし（法47条参照），当事者が記録の閲覧・謄写等をすることを容易にしている（一問一答26頁参照）。家事調停事件については，家事審判事件の記録の閲覧・謄写等の規律とは異なり，原則として，当事者についても，家庭裁判所が「相当と認めるとき」に記録の閲覧・謄写等を許可することができるものとし（法254条参照），裁判所にある程度広い裁量を認め，事案に応じて他方当事者の手続保障や家事調停の手続の公正の確保を図ることができるようにしている（家事事件記録の閲覧・謄写等の規律については，本章の第8節（150頁）及び第4編の第6章の第6節（428頁）を参照されたい。）。

　このような法の枠組みを踏まえ，実務においては，家事調停事件についても，当事者が書面を提出する際に，家庭裁判所提出分とは別に当該書面の写しの提出を求め，その写しを他方当事者に交付するといった運用[106]が広く行われている。

　また，別表第二審判事件及び家事調停事件については，相手方に申立ての内容を了知させた上で手続を進めることが相手方の適切な手続活動や充実した調停進行の実現，更には早期の紛争解決といった観点から合理的であるため，家庭裁判所は，申立てが不適法であるときや申立てに理由がないことが明らかなとき等を

105　ここに記載している書面の例は，飽くまで例示に過ぎず，その他の書面にも留意する必要があることは当然である。

106　いわゆる経済事件（婚姻費用分担，養育費，財産分与，年金分割，扶養，遺産分割，寄与分等の金銭等の給付を目的とした事件）は，収入や財産に関する客観的な事情を相互に把握しておくのが，家事調停の話合いを円滑に進めるために望ましいことから，提出書面等については，家庭裁判所提出用に1通，他の当事者交付（送付）用に他の当事者人数分の写しを提出してもらう（規3条2項参照）こととしている家庭裁判所もある（東京家事事件研究会編「家事事件・人事訴訟事件の実務～家事事件手続法の趣旨を踏まえて～」（法曹会）38頁参照）。このように，当事者から提出された書面の写しの交付（送付）は，手続の透明性の確保や円滑な進行確保等の観点から当事者双方で資料を共有することを目的とするものであるが，別表第二審判事件においては，事実の調査の通知（法70条）の方法の一つにもなり得る。

第7章　家事調停手続に関する書記官事務

除き,原則として,相手方に申立書の写しを送付しなければならない（法67条1項,256条1項）。

カ　記録上に表れた非開示希望情報等が流出する可能性がある場面の想定

　非開示希望情報等を適切に管理するために構築する事務処理態勢を実効性のあるものとするためには,前記アからオまでを踏まえ,あらかじめ非開示希望情報等が流出する可能性がある場面を具体的に想定した上で,非開示希望情報等の流出を防ぐための合理的な事務の在り方を検討する必要がある。

　そこで,次の(ｱ)から(ｳ)までのとおり,非開示希望情報等が流出する可能性がある主な場面の想定を示すこととする。

　なお,次の(ｱ)から(ｳ)までに示す各場面は,飽くまで実務上の運用を踏まえた上で想定される主な場面にすぎないため,各家庭裁判所においては,裁判官や調停委員会の手続運営の方針,事案ごとの個別の事情等の実情に応じて,更に検討が進められなければならない。

(ｱ)　当事者が提出した書面から流出する可能性がある場面の想定

◇　当事者が調停期日において,非開示を希望している住所が記載された源泉徴収票を,当該住所部分の黒塗り（マスキング）をしない状態で提出し,家事調停委員が当該源泉徴収票の写しをそのまま他方当事者に交付する。

◇　当事者が先に申し立てた夫婦関係調整調停申立事件において住所の非開示希望の申出をしていたが,後日申し立てた婚姻費用の分担請求調停申立事件においては住所の非開示希望の申出をすることを失念し,非開示を希望する住所を記載した申立書を提出したため,非開示を希望する住所が記載された申立書の写しが他方当事者に送付される。

◇　弁護士の手続代理人による家事調停の申立てにおいて,当事者が住所の非開示を希望しており,申立書（当該写しを含む。）には非開示を希望している住所が記載されていなかったが,委任状や証拠書類の写し等の附属書類（添付書類）には非開示を希望している住所が記載されており,当該附属書類（添付書類）を他方当事者が閲覧・謄写する。

(ｲ)　家庭裁判所等が作成した書面から流出する可能性がある場面の想定

◇　調停調書（成立）に当事者が非開示を希望している住所が記載され,その謄本又は正本を他方当事者に交付（送付）又は送達する。

◇　当事者が非開示を希望している住所等が記載されている調査報告書を,他方当事者が閲覧・謄写する。

◇　当事者が非開示を希望している住所等が記載されている調査嘱託回答書を,他方当事者が閲覧・謄写する。

(ｳ)　家事調停委員を含む関係職員の言動から流出する可能性がある場面の想定

◇　当事者が非開示を希望している住所等を家事調停委員が自身の手控えに記載し,それを手元に置いた状態で調停を進めていた際に,当該手控えが他方当事者の目に触れる位置に置かれていたため,他方当事者にその住所等を知られる。

◇　調停期日において,当事者から非開示を希望する住所等について聴取した

第3　非開示希望情報等の適切な管理

家事調停委員が，他方当事者からの事情等を聴取する際に，当該非開示を希望する住所等に関する情報（推知情報を含む。）を話してしまう。
◇　調停期日外の当事者対応（窓口での対応や電話での対応等）時に，対応した調査官，書記官，事務官等が，当事者が非開示を希望している住所等に関する情報（推知情報を含む。）を話してしまう。

(2) **記録上に不必要な非開示希望情報等が表れないようにするための措置**
　ア　手続教示
　　(ｱ)　当事者に対して教示すべき内容の例
　　　当事者に対して，適切な手続教示を行うためには，手続教示の内容が終始一貫し，分かりやすいものであること，説明すべき事項を漏れなく伝えられる態勢を構築しておくことが重要である。そのためには，各家庭裁判所において手続教示の具体的な内容や説明書面を統一的なものとしておくとともに，関係職種間においても役割分担も意識して手続教示の内容について共通認識を形成しておくことが重要である[107]。

　　　当事者に対する手続教示の際の説明内容の例は次のとおりである。
　　◇　申立書の写しは，相手方にそのまま送付されることから，申立書には相手方に知られたくない情報は記載しないこと。
　　　※　特に，住所の非開示を希望している場合には，申立書の住所欄の記載に留意する必要がある。このような場合は，申立書には，例えば，申立人の従前の住民票上の住所や相手方との同居時の住所等の相手方に知られてもよい住所が記載される例が多い。
　　◇　家庭裁判所に提出された書面は，非開示希望申出書（本章の第1節の第2の1の(3)の②の「◇　非開示希望申出書」（59頁）参照）を添付してステープラーで留めて一体とした上で提出されたものであっても，他方当事者から閲覧・謄写等の申請がされた場合には，法の規定に従い，家庭裁判所の判断により，当該申請が許可され，他方当事者に当該書面の閲覧・謄写等をされる可能性があることから，不必要に非開示希望情報が記載されている書面を家庭裁判所に提出しないこと。
　　◇　家庭裁判所からの郵便物を申立書に記載した住所以外の場所に送付してもらいたい場合には，別途，その住所を届け出る必要があるため，連絡先届出書（本章の第1節の第2の1の(3)の②の「◇　連絡先届出書」（59頁）参

---

[107] 家事調停事件においては，当然ながら，家事調停委員にも非開示希望情報等が記録に含まれていることを認識してもらう必要がある。記録に非開示希望情報等が含まれている場合の各家庭裁判所における原則的な取扱い（書面を受領する際の注意事項，記録表紙の注意喚起の表示，非開示希望申出書が添付されている書面の編てつ箇所等）について，研修等の機会を利用して説明する等して，認識を共有しておく必要がある。また，家事調停委員は，調停期日において当事者から提出される書面を直接受領する機会が多いことから，原則的な取扱いを研修等で説明するだけでなく，個別の事件ごとに，非開示希望情報等が含まれた記録の授受をする際に，非開示希望情報等の内容（誰が，どのような内容について非開示を希望しているか等）を説明したり，調停期日に当事者から書面を受領する際の留意点について説明することも必要になる。さらに，当事者から書面を受領する際の留意点を説明する前提として，当事者に対する具体的な手続教示の内容についても，家事調停委員との間で共通認識を形成しておく必要がある。

照）等を利用してもらうこと。
- ※ 連絡先届出書に記載する住所等は，家庭裁判所からの連絡が確実に取れる住所等であればよいことから，必ずしも非開示を希望する住所である必要はない。非開示を希望する住所を連絡先として届け出た場合には，連絡先届出書に非開示希望申出書を添付してステープラーで留めて一体とした上で提出してもらう必要がある。
- ※ 非開示希望住所を送達場所として届出させることはしない（郵便送達報告書に非開示希望住所が記載されてしまう可能性が生じる。）。非開示希望住所を連絡先として届け出ている当事者に対して送達を行う必要が生じた場合には，家庭裁判所における交付送達（法36条，民訴法100条参照）の実施，送達場所の届出（非開示希望住所以外の場所を送達場所として届け出てもらう。），送達受取人の届出（法36条，民訴法104条1項，規25条，民訴規41条1項・3項参照）等の手続について説明することが考えられる。

◇ 家庭裁判所に提出する書面に非開示希望情報が記載されているかどうかを最も的確に判断できるのは書面を提出する当事者自身であるから，書面を家庭裁判所に提出する場合には，当該書面に非開示希望情報が記載されていないかどうかを，提出する都度，当事者自身に責任をもって確認してもらう必要があること。

◇ 家庭裁判所に提出する書面に非開示希望情報が記載されている場合には，次のような措置を講じた上で，書面を提出すること。
- ※ 非開示希望情報部分を黒塗り（マスキング）した上で提出する。ただし，家庭裁判所へ提出する書面が写しである場合は（規3条2項，127条，37条2項参照），提出する当事者の手元に持っておく当該書面の原本自体には黒塗り（マスキング）をする必要はなく，提出する書面（写し）にのみ黒塗り（マスキング）をしてもらえば足りるため，代替性のないような原本については，この点にも留意して，黒塗り（マスキング）についての教示をする必要がある。
- ※ 非開示希望情報そのものを家庭裁判所に提供する必要がある場合や，提出する書面の様式等により非開示希望情報のみを黒塗り（マスキング）することが困難な場合には，非開示希望申出書を添付してステープラーで留めて一体とした上で提出する必要がある。

◇ 非開示希望情報部分が黒塗り（マスキング）されておらず，非開示希望申出書を添付してステープラーで留めて一体とした上で提出されていない書面については，非開示希望情報が記載されていない書面として取り扱われることになり，他方当事者から閲覧・謄写等の申請がされた場合には，法の規定に従い，家庭裁判所の判断により，当該申請が許可され，他方当事者に当該書面の閲覧・謄写等をされる可能性があること。

◇ 書面を家庭裁判所に提出する際には，非開示希望情報についてだけでなく，推知情報についても留意し，当該書面に推知情報が記載されていないか

第3 非開示希望情報等の適切な管理

どうかを，提出する都度，当事者自身が責任をもって確認する必要があること。また，推知情報について非開示を希望する場合は，前述の非開示希望情報の取扱いと同様の取扱いをすること。
(イ) 当事者に対する手続教示の時期等
　　前記(ア)のとおり，非開示希望情報については，非開示を希望する当事者自身に責任を持って確認等をしてもらう必要があるが，その前提として，家庭裁判所としては，適時，適切な場面において，当事者に対してその旨の手続教示を行い，注意喚起をしておくことが必要である。
　　例えば，次のような場面等において，家庭裁判所が手続教示を行うことが考えられる。

◇ 申立人に対しては，手続案内時や申立書提出時に，相手方に対しては，事件係属後早い段階で，非開示希望情報がある場合における取扱いを教示する（申立書の写しの送付時に非開示希望情報がある場合における取扱いに関する説明書面を同封して送付する，調停期日に出頭した際に家事調停委員等から説明をする等）。

◇ 郵送等で申立書を提出した申立人や，相手方に対しては，必ずしも十分な手続説明が行われていない可能性もあることから，前記非開示希望情報がある場合における取扱いに関する説明書面の送付に加えて，当事者の理解の程度等に応じて，調停期日の調整等のために電話連絡する際や，調停期日等に出席した際等の機会を捉えて，非開示希望情報がある場合における取扱いについて口頭でも説明をしておく。

◇ 当事者から書面を受領する都度，非開示希望情報が記載されていないかどうかについて注意喚起をし，当事者自身に一度非開示希望申出書を提出すれば足りるものではないことを確認してもらう。

◇ 年金分割のための情報通知書[108]，源泉徴収票，給与明細，確定申告書，課税証明書等，特定の事件類型において証拠書類等として写し等を提出することが予定されている書面については，特段の支障のない限り，あらかじめ当該写し等の住所部分[109]を黒塗り（マスキング）した上で提出してもらうという取扱いに統一しておくことも考えられる。

◇ 誰がどの段階で，どのような手続教示を行うかについては，あらかじめ事務フローとして定めておく等して，訟廷，担当部等で適切な役割分担やその引継ぎができるようにしておくことが重要である。また，併せて，誰がいつどのように手続教示を行ったかを簡単な連絡メモにして残しておくことも考えられる。

イ 当事者が提出した書面を受領する際の留意事項

---

[108] 日本年金機構は，配偶者等からの暴力の被害を受けている国民年金等の被保険者又は受給権者からの申出により，当該被保険者又は受給権者の住所等の情報を配偶者や第三者に知られないようにするための対応を行っている。
[109] 源泉徴収票や給与明細については，就業場所（勤務先）部分についても非開示希望の申出がされる場合があるため留意する必要がある。

第7章　家事調停手続に関する書記官事務

　　当事者に対して手続教示を行ったとしても，当事者が必要な措置を講じることを失念してしまうこともあり得る。非開示希望情報が極力記録に表れないようにするためには，当事者が書面を提出する都度，非開示希望情報の有無について注意を促すことが効果的であることから，当事者から書面を受領する際には，次のような事項について留意する[110]。

◇　当事者から書面を受領する際には，「非開示希望情報は含まれていないか。」等と具体的に確認し，当事者に注意を促す。これにより，非開示希望情報が不用意に書面に記載されることを予防するとともに，当事者が提出する書面については，当事者自身で非開示希望情報を確認する必要があることを意識してもらう。

　　当事者に注意を促すに当たっては，当事者が，非開示希望情報の有無について確認を求められていると理解しているかどうかを意識することが重要である。例えば，申立人に対し，「このまま相手方に渡してよいか。」と漠然と確認した場合には，「提出された状態のままで相手方に渡す」ことについて確認を求められたのだと認識し，「非開示希望情報が含まれていないかどうか」について確認を求められたとは認識していない可能性もあり得るからである。

◇　資料として当事者に提出を指示することが多い書面のうち，非開示希望情報等や推知情報が記載されている可能性が類型的に高い書面（前記(1)のイ及びウ（78頁）並びにエの(ｱ)（79頁）参照）については，当事者に提出を指示する際に個別に注意を促す。

◇　当事者から非開示希望の申出がされているものの，非開示希望情報が具体的に特定されていない場合には，他方当事者からの閲覧・謄写等の申請に対する家庭裁判所の判断や非開示希望情報の管理に支障を来すと考えられることから，当事者に対して非開示希望情報を具体的に特定するよう促す（例えば，当事者が提出書面の一部について非開示を希望する場合は，当該書面に非開示希望申出書を添付してステープラーで留めて一体として提出する際に，非開示希望情報部分にマーカー等で色付けする等して当該部分を特定してもらう。）。

◇　当事者から書面が提出された後に，当該書面に非開示希望情報が記載されているが，非開示希望情報部分に黒塗り（マスキング）がされていない状態であった場合[111]は，閲覧・謄写等の場面であれば，家庭裁判所の判断により非開示とすることも可能であるが，他方当事者に当該書面の写しを交付又は送付する場合には，家庭裁判所が黒塗り（マスキング）等をすることを認める規定はないことに注意を要する。

　　したがって，このような場合には，当該書面を提出した当事者に対し，非開示希望情報部分を黒塗り（マスキング）するよう即時に任意の補正を促すこと

110　当然ながら，当事者が提出した書面を受領する可能性がある全ての関係職種において共通の認識をもって留意すべき事項である。
111　家庭裁判所としては，非開示希望情報の有無について，当事者に対して適切に注意を促すことが重要であり，当事者が提出した書面に非開示希望情報が含まれているか否かをくまなく精査することまでは求められていない。

第3　非開示希望情報等の適切な管理

が考えられる。また，郵送による提出の場合等で即時に補正できない場合や，提出された書面が，性質上，非開示希望情報部分を黒塗り（マスキング）することができない書面の場合には，家庭裁判所から当該書面の写しを他方当事者に交付又は送付することはできないとしても，家庭裁判所が閲覧・謄写等の判断を適切に行うことを担保するために，当該書面を提出した当事者に連絡して，当該書面に含まれる非開示希望情報部分を特定して記載し，具体的な非開示希望理由を記載した非開示希望申出書を提出してもらうことが望ましい[112]。

◇　当事者が非開示希望申出書を誤って提出したことが当該提出後に判明した場合には，後述する非開示希望申出の撤回の処理（後記(4)のイの(イ)（90頁）参照）をするかどうか等について，裁判官に相談して判断を仰ぐ。

(3)　記録上に表れた非開示希望情報等の共有等

ア　非開示希望情報等が記録に表れた場合の措置

次の(ア)から(エ)までのような措置を講じることによって，非開示希望情報等が記録上に表れていることを明らかにし，全ての関係職種において情報共有を図るとともに，その流出を防止する必要がある。

(ア)　記録表紙に注意喚起のための表示を行う。

※　アンケート調査の結果によると，各家庭裁判所における注意喚起の表示の例は次のとおりである。これらの例は飽くまで多数ある例のうちの一部であり，各家庭裁判所においては，裁判官や調停委員会の手続運営の方針，事案ごとの個別の事情等の実情に応じて，画一的で分かりやすい注意喚起の表示の在り方が検討され，実践されている。

> 【例1】　非開示希望情報等の内容に応じて，記録表紙の事件種別欄の「一般調停」等の文字を赤色ペンを用いて丸で囲んだり，記録表紙の上部余白に赤色や青色等の斜線を引いたり，「S」等の各家庭裁判所で定めた記号を表示する。
> 【例2】　記録表紙余白に各家庭裁判所で定めた色の丸型のシールを貼付する。例えば，非開示希望の申出をしている当事者の区別をするために，申立人が当該申出をしているときは左（又は右）上部余白，相手方及び利害関係参加人が当該申出をしているときは左（又は右）下部余白等とルールを決めて，当該シールを貼付する。当事者が複数の場合は，記録表紙の当事者名に番号を付ける等して，当該申出をしている当事者を特定する。
> 【例3】　当事者の氏名欄の横に，住所，居所，就業場所及び電話番号の

---

[112] なお，郵便による提出の場合等，速やかに非開示希望申出書を提出してもらうことができない場合は，当面の対応として，書記官において，当該書面を提出した当事者に連絡し，非開示希望申出書の速やかな提出を求めるとともに，非開示希望情報部分及び具体的な非開示希望理由を聴取した結果を記載した電話聴取書等を作成して記録化し，裁判官に確認した方針に従って，当該書面とともに記録中のいわゆる非開示申出書群に編てつする取扱いが考えられる（前記第2の2の【記録の編成イメージ（主に家事調停事件：3分方式）】の第3分類末尾（75頁）参照）。

第7章　家事調停手続に関する書記官事務

> 非開示希望の申出がある場合のチェック欄（「住」等と簡略化して表示したチェック欄）を設け，当該申出をした当事者については，当該申出に係る情報に応じて該当するチェック欄に朱書でチェックを記入する。
> 【例４】　記録表紙の非開示希望の申出をした当事者の氏名の横に「秘匿希望あり」等とゴム印等を用いて朱書する。記録に記録用ビニールカバーを付け，当該ビニールカバーの表側袋部分に，白地に赤い文字で「秘匿希望あり」等と表示したテープを貼ったＢ５版の薄い黄色の透明度の高いクリアファイルを入れる。また，当該ビニールカバーの背表紙には，白地に赤い文字で作成した「㊙」のテープを貼る[113]。

(ｲ)　提出書面中の非開示希望情報部分をロールタイプの着脱可能な黒色テープ（カバーアップテープ）等で仮のマスキング処理を行う。

(ｳ)　記録編成通達に基づいて非開示希望の申出がされた書面を記録中のいわゆる非開示申出書群に編てつする[114]（前記第２の２の【記録の編成イメージ（主に家事調停事件：３分方式）】の第３分類末尾（75頁）参照）。

　なお，アンケート調査の結果によると，この非開示申出書群に編てつするに当たって，次の例のような工夫をしている家庭裁判所もある。これらは飽くまで工夫例の一部であり，各家庭裁判所においては，記録編成通達に従い，裁判官や調停委員会の手続運営の方針，事案ごとの個別の事情等の実情に応じて，画一的で分かりやすい編てつの在り方が検討され，実践されている。

> 【例１】　非開示希望情報が記載された書面を類型ごとに整理して管理しやすくするために，①住所や電話番号等の非開示希望情報が記載された送達場所等の届出書や連絡先届出書については，非開示申出書群の冒頭に提出した当事者ごとに区別して一括してつづり込み，②①以外の非開示希望情報が記載された書面については，①でつづり込んだ各届出書の後に提出した当事者ごとに区別して編年体でつづり込む等といった編てつ順のルールについて取決め等をしている。
> 【例２】　非開示希望の申出がされた書面（情報）の存在について，より注意喚起するために，当該書面を編てつする際は，分界紙（青色）

---

[113]　この【例４】は，非開示希望情報等を家庭裁判所の意図に反して流出させることのないよう適正確実に管理するため，全ての関係職種において記録上に表れた非開示希望情報等を確実に共有するために考えられた注意喚起の表示の例である。一方で，このような注意喚起の表示が当事者の目に触れることによって無用のトラブルを生じないようにするなどの考えから，「秘匿希望あり」等の直接的な注意喚起の表示をしない【例１】から【例３】までのような形式の注意喚起の表示をする家庭裁判所もある。

[114]　当事者が非開示希望情報を黒塗り（マスキング）して書面を提出した場合には，当該書面には非開示希望情報が含まれていないことになるため，この非開示申出書群に編てつする必要はない。

第3　非開示希望情報等の適切な管理

　　　　　　で前後を挟んだ上で編てつしている。
　　　【例3】　非開示希望情報等の一元的な管理に資するように，非開示希望情報等の管理表（記録外書面）を作成し，非開示希望の申出がある都度，申出日，申出者，申出した情報（住所，居所，電話番号，就業場所等），申出の撤回の有無等を担当者が記入し，非開示希望情報等を一覧表形式にまとめて整理している。

　　(エ)　民事裁判事務支援システム（MINTAS）の当該事件の事件カードのステータスを「要注意情報あり」と入力し，当該事件カードの備考欄に「申立人（相手方）から○○（例：現住所，電話番号等）の非開示希望申出あり」等と入力して注意喚起する表示に変える。
　イ　当事者が作成・提出する書面以外の書面に非開示希望情報等が記載されている場合の措置
　　　当事者が作成・提出する書面以外の書面で非開示希望情報等が記載されている可能性が類型的に高い書面の例については，前記(1)のエの(イ)（80頁）及び(ウ)（81頁）を参照されたい。
　　　これらの書面の取扱いについても，非開示希望情報等を適切に管理するという目的においては，前記アの非開示希望情報等が記録に表れた場合の措置と異なるものではないため，裁判官の方針を確認した上で，当事者等からの閲覧・謄写等の申請に備えて，前記アの措置と同様の措置を講じることが考えられる（平成25年3月家庭裁判資料第197号「家事事件手続法執務資料」（最高裁判所事務総局）43頁参照）。

(4)　記録上に表れた非開示希望情報等の流出の防止の方策
　　前記(1)のカ（82頁）の記録上に表れた非開示希望情報等が流出する可能性がある場面の想定を踏まえた上で，記録上に表れた非開示希望情報等の流出を防止するための方策については，前記(3)のア及びイの各措置のほかにも，次のアからウまでのような方策が考えられる。これらの方策は，飽くまで考えられる方策の一部にすぎないため，各家庭裁判所においては，裁判官や調停委員会の手続運営の方針，事案ごとの個別の事情等の実情に応じて，更に検討が進められなければならない。
　ア　当事者が提出した書面からの流出の防止の方策
　　(ア)　当事者に対する手続教示，注意喚起等について
　　　　当事者が提出する書面については，前記(2)のア（83頁）の手続教示を適切に行い，同イ（85頁）の当該書面を受領する際の留意事項のとおり，受領時に当事者に注意を促すことが重要である。
　　　　このほか，記録中の他の書面や関連事件記録中の書面等の状況から，非開示希望の申出がされていないが，非開示希望情報が記載されている書面があるような場合は，前記(2)のイ（85頁）の対応をとる必要がある。
　　(イ)　閲覧・謄写等の申請時の対応について
　　　　非開示希望情報等が含まれている記録について，他方当事者等から閲覧・謄写等の申請がされたときは，不用意に非開示希望情報等の閲覧・謄写等がされ

ないように留意する必要がある[115]。
　この閲覧・謄写等の申請時の対応としては，次のような対応が考えられる。
① 閲覧・謄写等の申請時に，申請者に当該申請の趣旨等を確認し，非開示希望情報等を除く部分の閲覧・謄写等で足りる場合は，閲覧・謄写等の手続の円滑な進行を図るため，閲覧・謄写等の範囲を非開示希望情報等を除く部分（必要な部分）に特定してもらうことが考えられる。
② 閲覧・謄写等の範囲に非開示希望情報等が含まれる場合は，法が定める家事事件記録の閲覧・謄写等の規律（前記(1)のオ（81頁）並びに本章の第8節（150頁）及び第4編の第6章の第6節（428頁）参照）に従って，家庭裁判所が当該申請の許否を判断することになる。
　なお，家庭裁判所が非開示希望情報等の閲覧・謄写等の申請を認めない判断（裁判）をしたときは，書記官は，当該判断に従って，当該申請が認められなかった部分（非開示情報部分）を漏れなく確実にマスキングの処理をする等の閲覧・謄写等に伴う事務を行う（条解規則90頁参照）。

イ　家庭裁判所等が作成した書面からの流出の防止の方策
(ア)　調停調書，審判書，審問調書等を作成する際の住所確認について
　調停調書（成立・不成立），審判書，審問調書等を作成する際には，当事者に，これらの書面が，謄本等の交付申請により他方当事者に交付されたり，告知のために審判書の謄本又は正本が送達又は交付（送付）されたり，閲覧・謄写等の申請が許可されれば他方当事者に開示される可能性があること等を説明し，必要に応じて，当事者の手続保障（後記(5)のア（93頁）参照）についても説明し，これらの書面に記載する住所を確認した上で，家庭裁判所が開示しないと判断した住所（非開示住所）については，これらの書面に記載することがないよう留意する。
　このほか，審判書を点検する際には，理由中に推知情報が含まれていないかについても確認する必要がある。

(イ)　非開示希望申出の撤回について
　前記(ア)の確認等の結果，住所について非開示希望の申出をしていた当事者が，当該申出を撤回する意向を示したときは，書記官は，裁判官の方針を確認した上で，手続の適正確保並びに円滑な進行確保及び進行促進のため，例えば，次の①及び②のような措置を執ることが考えられる。
① 当該当事者に，当該非開示希望の申出の撤回書（例えば，全て撤回する場合は，「平成〇〇年〇月〇日付け非開示希望の申出を全て撤回します。」等と，一部撤回の場合は，「平成〇〇年〇月〇日付け非開示希望の申出のうち

---

[115] 書記官には，記録作成保管事務の遂行として非開示希望情報等を適切に管理するだけでなく，裁判官を補助する役割として，特定の情報を非開示とする旨の裁判官の確定的な判断が速やかに行われるよう，閲覧・謄写等の対象書面の確認等を行う必要があると考えられるが，書記官がそのような役割を的確に果たすためには，最終的な閲覧・謄写等の許否（非開示部分の特定を含む。）の判断を行う裁判官において，書記官に対し，どのような書類について，どの程度確認しなければならないかといった方針を明確に伝え，両者の間で認識を共有しておく必要がある。

第3　非開示希望情報等の適切な管理

住所についての当該申出を撤回します。」等と記載して，規1条に規定されている事項を記載したもの）を提出させるか，若しくは当該非開示希望申出書の余白部分に同様の記載をさせたり，又は当該非開示希望の申出の撤回を聴取した書記官が当該非開示希望申出書の余白部分にその旨を付記して認印する等して，当該非開示希望の申出が撤回されたことを記録上明らかにする。

② 前記①により，非開示希望の申出が全て撤回された結果，非開示希望情報等が記録上に表れなくなった場合は，当該撤回がされた書面を非開示希望申出書が添付されてステープラーで留めて一体とされたままの状態で，記録編成通達上本来つづり込むべき位置につづり変え，当該撤回がされたことやその経緯が分かるように，その直後に前記①の撤回書をつづり込み，前記(3)のア（87頁）の非開示希望情報等が記録に表れた場合の措置を解除する。

(ウ) 送達場所について

原則として，非開示情報とされた住所への送達は行わない[116]。

したがって，書記官は，手続の適正確保並びに円滑な進行確保及び進行促進の目的から，住所を非開示情報とした当事者に対して，家庭裁判所における交付送達（法36条，民訴法100条参照）の実施，当該非開示情報とされた住所以外の送達場所の届出，送達受取人の届出（法36条，民訴法104条1項，規25条，民訴規41条1項・3項参照）等の手続について説明する必要がある。

(エ) 調査報告書等について

a 前提

調査報告書は，添付資料や引用している資料も含めて，原則として，当事者双方に開示されることを前提として作成する必要がある。この点については，調査官が，調査に着手するに当たり，調査対象者となる当事者等にも十分に説明して理解を得た上で，調査を行う必要がある。また，当事者等から住所や学校名等について既に非開示希望の申出がされている事案において調査を行う場合は，調査命令時に，裁判官と調査官との間で，非開示希望情報等だけでなく，調査場所等の推知情報も含めて調査報告書への記載を不要とする旨をあらかじめ打ち合わせておくといった運用も考えられるとされている（平成27年2月家庭裁判資料第199号「子の福祉が問題となる家事事件等における調査報告書の記載例」（最高裁判所事務総局）116頁～119頁参照）。

b 調査官が調査時に当事者等から非開示希望の申出がされた書面を受領した場合の取扱いについて

前記aの前提ではあるものの，調査官が調査時に当事者等から非開示希望申出書により非開示希望の申出がされた書面を受領する場合（例えば，郵送により提出された場合等）も想定される。そのような場合は，当該調査官は，

---

[116] このようにする理由は，仮に非開示情報とされた住所に送達を行うと，記録の一部となる郵便送達報告書に当該非開示情報とされた住所が記載されたり，当該非開示情報とされた住所への配達を担当する郵便局等（推知情報）が記載され，非開示情報や推知情報が不必要に記録上に表れることとなるためである。

第7章 家事調停手続に関する書記官事務

記録の適正な管理の観点から，原則として，受領したその日のうちに速やかに当該書面を記録とともに書記官に引き継ぎ，書記官において，受付分配通達に基づく受付手続を行った上で，前記(3)のア（87頁）の非開示希望情報等が記録に表れた場合の措置を講じ，必要に応じて，裁判官の閲読を経た上で，調査官に記録を引き継ぐことが考えられる[117]。

c 調査報告書に非開示希望情報等が含まれる場合の取扱いについて

前記 a の前提ではあるものの，調査の結果，家事調停手続の進行や家事審判手続の審理にとって真に必要な情報である等，非開示希望情報等であっても調査報告書に記載しなければならない場合があることも想定される。そのような場合は，例えば，次の①及び②のような取扱いをすることが考えられる。

① 調査官が調査活動として行う書面照会の回答書の取扱いについて

調査官が調査活動として書面照会をする際には，被照会者に対し，照会書の回答が閲覧・謄写等の対象となることを伝えるため，閲覧・謄写等に関する規定の説明書等を付した上で照会を行うことが必要となる。

照会回答書は，調査官が事実の調査（法258条1項，58条）のために職権で回答を求めたものであるので，調査報告書の末尾に添付して差し支えない。

なお，照会回答書を調査報告書の末尾に添付する際には，調査官において，非開示希望情報等が記載されていないか確認し，記載されている場合には，調査官が裁判官に報告して書記官とともに打合せを行い，その取扱いを決めることとなる（平成27年2月家庭裁判資料第199号「子の福祉が問題となる家事事件等における調査報告書の記載例」（最高裁判所事務総局）124頁参照）。

② 調査報告書に非開示希望情報を記載する場合の取扱いについて

調査報告書に非開示希望情報を記載する場合は，調査報告書の末尾に別頁[118]を設け，当該別頁に，①非開示希望情報，②当事者等が述べる非開示事由（家事審判事件の調査報告書の場合は，法47条4項所定のどの事由に該当するか）及び③非開示を希望する具体的な理由を簡潔に記載するとされている[119]（平成27年2月家庭裁判資料第199号「子の福祉が問題となる家事事件等における調査報告書の記載例」（最高裁判所事務総局）121頁参照）。

このほか，実務上の取扱いとして，例えば，調査報告書の表紙の余白部分に赤丸等の注意喚起の表示をしたり，記録表紙からも調査報告書中に非開示希望情報が記載されていることを明らかにするため，記録表紙の調査官の氏

---

117 調査時に当事者等から提出された資料の取扱いについては，平成27年2月家庭裁判資料第199号「子の福祉が問題となる家事事件等における調査報告書の記載例」（最高裁判所事務総局）122頁～124頁を参照されたい。

118 この別頁は，調査報告書と一体となるものであるため，この別頁だけを別途記録編成通達における非開示希望の申出がされた書類をつづる箇所（いわゆる非開示申出書群。前記第2の2の【記録の編成イメージ（主に家事調停事件：3分方式）】の第3分類末尾（75頁）参照）につづり変える必要はない（平成25年3月家庭裁判資料第197号「家事事件手続法執務資料」（最高裁判所事務総局）43頁及び44頁参照）。

第3　非開示希望情報等の適切な管理

名の横等に同様に注意喚起の表示をする取扱いをしている家庭裁判所もある。
　　　(オ)　調査嘱託の回答書について
　　　　　法規の規定に基づいて調査嘱託を行う際には，当該嘱託書の内容や回答書の書式等を工夫して[120]，不必要に回答書に非開示希望情報等が記載されないようにしておく。
　　ウ　家事調停委員を含む関係職員の言動からの流出の防止の方策
　　　これについては，まず前提として，前記(3)のア（87頁）の非開示希望情報等が記録に表れた場合の措置を徹底した上で，関係職種間で非開示希望情報等の存在と内容を確実に共有し，把握しておく必要がある。その上で，例えば，次の①及び②のような措置を講じることが考えられる。
　　①　家事調停委員に対しては，当事者に不用意に記録を見られることのないように調停期日中の記録の取扱いには十分留意し，加えて，家事調停委員が自身の備忘として作成する手控えに当事者の非開示希望情報等を含む個人情報を不用意に記載しない等，日頃からその情報管理について，十分に注意喚起し，かつ，徹底させる。
　　②　調停期日外の当事者対応（窓口での対応や電話での対応等）時は，担当者が対応する場合及び担当者以外の者が対応する場合のいずれの場合であっても，実際に記録で非開示希望情報等の有無及び内容を確認した上で対応する。
　　　なお，記録で非開示希望情報等の有無を確認する際は，当事者に不用意に記録を見られることのないよう，当然ながら，当事者の面前等で確認するのではなく，当事者の目に触れることのない場所（例えば，担当者等の机上等）で確認することに留意する。
(5)　その他の留意事項
　　ア　当事者の手続保障
　　　当事者が住所について非開示を希望している場合には，手続において一切住所を開示しないことによって，非開示を希望する当事者自身が不利益を被るおそれもある[121]。住所を非開示とする際には，そのような不利益についても必要に応

119　このように，別頁を設ける場合，調査報告書のうち，当該非開示希望情報を本来記載すべき箇所の末尾に，「○○（注：当事者等）が非開示を希望している情報がある。その内容については○頁（注：意見欄の後の頁）に記載した。」等と記載し，手続の透明性の確保の観点から，非開示希望情報の存在を当事者等に対して明らかにしておくことが考えられる。また，当事者の状況等から，他方当事者が当該非開示希望情報について非開示を希望していることを認識すると嫌がらせ等の行動に出ることが予想される場合等には，「○○が非開示を希望している。」とは明記せず，「子の学校名については○頁に記載した。」，「未成年者の○○に関する陳述については○頁に記載した。」等と記載することも考えられるので，どのような形で記載するかについては裁判官と調査官が協議することとされている（平成27年2月家庭裁判資料第199号「子の福祉が問題となる家事事件等における調査報告書の記載例」（最高裁判所事務総局）121頁及び122頁参照）。

120　例えば，非開示希望情報等が住所である場合は，当該嘱託書や回答書の書式に「本回答書には○○（当事者等の氏名）の住所を記載する必要はありません。」等と記載することが考えられる。

121　夫婦関係調整調停申立事件で住所を非開示としていたために，人事訴訟で住所不明として公示送達が行われて訴状等を受領できないまま敗訴するおそれや，強制執行において，債務名義上の住所と住民票上の住所が異なるとして同一性が問題となって強制執行に支障が生じるおそれ等が考えられる。なお，調停調書（成立）に記載する当事者の住所については，本章の第12節の第1の4の(2)のイの(イ)（164頁）も参照されたい。

第7章　家事調停手続に関する書記官事務

じて当事者に説明するとともに，審判書や調停調書（成立）等に記載する住所についても，十分に留意する必要がある。
　イ　家事調停手続と家事審判手続の関係
　　　別表第二調停事件が調停不成立により審判移行した場合には（法272条１項・４項），当該調停事件の資料を審判事件の資料とするためには，家事審判の手続の規律に従い，事実の調査又は証拠調べをしなければならず（逐条818頁参照），当該審判事件において事実の調査等の対象とするか否かによって，適用される閲覧・謄写等の規律は異なるため，留意する必要がある（本章の第８節（150頁）及び第４編の第６章の第６節（428頁）参照）。
　　　なお，当該調停事件の記録中の資料のうち，当該審判事件において事実の調査をした資料については，事実の調査の要旨の記録化（規44条２項）として，記録編成通達に定める分類及び区分ごとに整理して当該審判事件の記録につづり込まれ（記録編成通達記第５の２の(2)参照），閲覧・謄写等についても，審判事件の規律（法47条）に従うことになる。事実の調査をした資料以外の資料については，当該審判事件記録の末尾に区別してつづり込まれ（記録編成通達記第５の２の(2)参照），調停事件の閲覧・謄写等の規律（法254条）に従うことになる。
　ウ　他の裁判所との関係
　　　家事事件の記録は，抗告，移送等の事由によって他の裁判所に送付される可能性があることから（規56条２項，65条２項，９条，民訴規９条等参照），非開示希望情報等を適切に管理するための具体的な方策や裁判所が行うべき事務を検討するに当たっては，他の裁判所に記録が送付された場合でも，引き続き非開示希望情報等の適切な管理ができるよう，非開示希望情報等の有無，内容が明らかになっているか，記録を送付する裁判所との間でどのようにして情報を共有するのかといった点等についても留意する必要がある。
　　　この点についての実務上の主な工夫例は次の①及び②のとおりである。
　　①　前記(3)のア（87頁）の非開示希望情報等が記録に表れた場合の措置を執った状態のままで他の裁判所に記録を送付する。
　　②　他の裁判所に記録を送付する際には，記録送付前の決裁の段階で関係職種において記録全体を精査して非開示希望情報等の有無や内容を確認し，前記(3)のア（87頁）の非開示希望情報等が記録に表れた場合の措置に遺漏がないかを確認し，併せて，留意すべき事項等については，事件担当書記官において，送付先の裁判所宛ての事務連絡を作成する。
　エ　効果的な事務処理態勢の構築
　　　非開示希望情報等の適切な管理を行うために家庭裁判所が果たすべき役割を考えなければならないことは当然であるが，法の趣旨（第１編の第１章（４頁）及び第２章（５頁）参照）や，当事者の責務（法２条）及び当事者の協力（法56条２項，258条１項）に関する法の規定等を踏まえると，非開示を希望する当事者自身にも，一定の役割を担ってもらう必要があることを認識してもらうことが重要である。記録上に非開示希望情報等が表れないようにするためには，非開示を希望する当事者に対し，家庭裁判所に非開示希望申出書を提出するだけではな

く，当事者自身も非開示希望情報等の取扱いに十分留意しなければならないことを説明し，当事者が提出する書面の管理は当事者自身の責任において行ってもらう必要があること，手続保障の観点からは家庭裁判所に提出された資料は原則として他方当事者との間でも共有しておく必要があること等を当事者に理解してもらう必要がある。家庭裁判所としては，当事者に対する手続教示が十分に行われていることを前提として，記録に表れた非開示希望情報等を家庭裁判所の責任において適切に管理するべきであり，そのためにどのような事務を行うべきかを家庭裁判所全体で考えていくことが重要である。

第4 個人番号（マイナンバー）の適切な管理[122]

行政手続における特定の個人を識別するための番号の利用等に関する法律（平成25年法律第27号。以下「番号法」という。）の施行（平成27年10月5日施行）により，平成28年1月から，住民票を有する全住民（外国人を含む。）に一人一つ付される12桁の個人番号（以下「マイナンバー」という。）の利用等が開始された。家事調停事件を含む家事事件の手続においてマイナンバーを取り扱う場面[123]は基本的には想定されないが，仮に取り扱うこととなった場合は，番号法その他の個人情報保護法制の趣旨に照らして家庭裁判所においても適切に取り扱う必要がある。

このマイナンバーの適切な管理に関する書記官事務における留意事項は，主に次の1から4までのとおりである。

なお，当然ながら，次の1から4までに示す留意事項は，飽くまで主な留意事項を示すにとどまるものであることから，各家庭裁判所においては，裁判官や調停委員会の手続運営の方針，事案ごとの個別の事情等の実情に応じて，マイナンバーを適切に管理するための事務処理態勢を検討して構築する必要があることはもちろん，構築した事務処理態勢については，実効性があり，かつ，無理のないものになっているかを実際の事務処理を通じて不断に検証し，併せて，社会情勢，事件動向，家庭裁判所の組織構成等の家庭裁判所を取り巻く諸情勢の変化等も踏まえた上で，随時見直しや改善等を行い，より良い事務処理態勢の構築に努めていく必要がある。

1 当事者から書類を受領する場合の留意事項

訴訟手続等のためにマイナンバーを提供することが認められている（番号法19条12号参照）とはいえ，前述のとおり，家事事件の手続においてマイナンバーが必要となる場面は基本的には想定されない。加えて，マイナンバーが重要な個人情報であ

---

[122] 本項は，平成27年12月3日付け最高裁総務局長，民事局長，刑事局長，行政局長及び家庭局長書簡並びに同書簡添付の「訴訟手続等における個人番号（マイナンバー）の適切な管理等について（Q&A）」等に基づいて個人番号（マイナンバー）の適切な管理について記載している。また，平成28年2月最高裁判所事務総局作成の「裁判所におけるマイナンバーの適正な取扱いについて」には，個人番号（マイナンバー）の取扱いに関し，裁判所職員全体に理解してもらいたい点が記載されているため，併せて参照されたい。
[123] 番号法上，「訴訟手続その他の裁判所における手続，裁判の執行（中略）が行われるとき，その他政令で定める公益上の必要があるとき」は，特定個人情報（マイナンバーをその内容に含む個人情報）を提供することができる旨が規定されており（番号法19条12号），訴訟手続等においてマイナンバーを提供することが認められている。このようにしてマイナンバーの提供を受けた裁判所は，その提供を受けた目的を達成するために必要な限度でマイナンバーを利用することができることとされている（番号法9条5項）。

第7章　家事調停手続に関する書記官事務

ることからすれば，その提供の必要性について慎重に検討し，真に必要でないときはこれを取得しないように配慮する必要がある。

　例えば，当事者等から証拠書類として源泉徴収票や支払調書の写しや，身分関係についての資料として住民票の写しの提出を受ける場合（規3条2項，規127条，37条2項・3項）等，これらの書類には，原則として，マイナンバーは記載されないが，当事者等の求めに応じてマイナンバーが表示されたものが発行される場合がある。また，社会保障や税に関する各種申告書等にはマイナンバーを記載する必要があるところ，これらの申告書等の控えの写しが証拠書類として家庭裁判所に提出されることも考えられる。

　したがって，このようなマイナンバーが記載された書類が提出される可能性があることを念頭に，当事者に提出書類の教示等を行う書記官は，①家事事件の手続においてマイナンバーが基本的に必要になることはないこと，②不必要にマイナンバーが記載された書類を家庭裁判所に提出することがないように注意すること，③家事事件の証拠書類等として，マイナンバーが記載された書類を家庭裁判所に提出する必要がある場合には，マイナンバー部分の黒塗り（マスキング）を行った上で提出することなどを注意喚起する必要がある。この注意喚起については，個別の当事者等に対して書記官が注意喚起等を行うだけでなく，注意喚起文書等を受付窓口や書記官室のカウンターに掲示したり，審判廷や調停室等に備え置く等して，一般的な注意喚起等も行っておく必要がある。

　なお，これらの留意事項については，書記官だけでなく，当事者から書類を受領することが多い家事調停委員等においても留意しておく必要があることはもちろんである。

2　調査嘱託を行う場合の留意事項

　法規の規定に基づいて調査嘱託を行う場合には，回答書類に不必要にマイナンバーが記載されないよう，あらかじめ当該嘱託書において，マイナンバーを記載しない，又はマイナンバーが記載されている書面をもって回答するときは，マイナンバー部分の黒塗り（マスキング）を行った上で提出するよう嘱託先に依頼しておく必要がある。

3　マイナンバーが記載された書面が提出された場合の留意事項

　番号法上，マイナンバーを取り扱う個人番号利用事務[124]実施者（番号法2条12項・10項，9条1項・2項）及び個人番号関係事務[125]実施者（番号法2条13項・11項，9条3項）においては，マイナンバーの漏えい，滅失又は毀損の防止その他のマイナンバーの適切な管理のために必要な措置（安全管理措置）を講じなければならない旨が定められている。ただし，番号法19条12号に基づき，訴訟手続等においてマイナンバーの提供を受けた家庭裁判所は，個人番号利用事務実施者又は個人番号

---

[124]　個人番号利用事務は，税務署，市区町村等が社会保障，税及び災害対策に関する特定の事務において保有している個人情報の検索，管理のために必要な限度でマイナンバーを利用する事務である（番号法2条10項，9条1項・2項）。

[125]　個人番号関係事務は，従業員や職員，その扶養家族，外部有識者その他の個人からマイナンバーの提供を受け，法定調書（源泉徴収票，支払調書等）を作成して行政機関等に提出する事務である（番号法2条11項，9条3項）。

第4　個人番号（マイナンバー）の適切な管理

関係事務実施者には該当せず，その提供を受けた目的を達成するために必要な限度でマイナンバーを利用することができることとされていることから（番号法9条5項），番号法12条に基づく安全管理措置を講じる義務は負わないものと考えられる。

　もっとも，家庭裁判所においても，仮に特定個人情報であるマイナンバーを取得した場合には，番号法その他の個人情報保護法制の趣旨を踏まえ，適切に取り扱わなければならないことは言うまでもない。したがって，本節の第3の非開示希望情報等の適切な管理（76頁）等を参考に，次の(1)及び(2)のような対応をとる等して，あらかじめ各家庭裁判所において万全な事務処理態勢を検討，構築した上，関係職種間で適切に認識を共有しておく必要がある。

(1) マイナンバーが記録上に表れたことの共有

　　記録上に表れることとなったマイナンバーについては，裁判官を含めた関係職種間で相互に共有するため，記録への画一的で分かりやすい明示方法等を検討し，実践する必要がある。

　　具体的には，マイナンバーが記載されていることの注意喚起のため，当該書面に付せんを貼付する，記録表紙等の目立つ場所に注意喚起の表示をしたり，民事裁判事務支援システム（MINTAS）の当該事件の事件カードのステータスを「要注意情報あり」と入力し，当該事件カードの備考欄に「マイナンバーあり」等と入力して注意喚起する表示に変える。さらに，裁判官の指示に基づき，マイナンバーが記載された書面の原本については，記録としての一体性を確保するために記録本体とは別にその原本をつづることを記録本体に明示した（又はその書面が本来つづられるべき箇所にその旨の記載をした書面をつづった）上で，その原本つづりを記録本体に添付（いわゆる「ひき舟」）にしておくといった運用が考えられる。

(2) マイナンバーの流出の防止

　ア　記録の保管方法

　　　記録上に表れることとなったマイナンバーが家庭裁判所の意図に反して流出しないように，記録の保管方法に留意する必要がある。

　　　番号法下においては，個人番号利用事務等を実施する物理的な区域（取扱区域）を明確にして盗難，紛失等を防止することとされており，特に厳重な管理が求められていることを踏まえると，マイナンバーが記録上に表れることとなった場合には，他の記録と混在しないように区分して配列したり（平成7年3月24日付け最高裁総三第14号総務局長通達「事件記録の保管及び送付に関する事務の取扱いについて」記第1の2の(2)参照），主任書記官の施錠のできる保管庫内で保管する方法等も考えられる。

　イ　閲覧・謄写等の申請がされた場合の対応

　　　マイナンバーが記載された書面について閲覧・謄写等の申請がされた場合には，マイナンバー部分を閲覧・謄写等をする必要性は一般に考えられないことから，申請者に当該申請の趣旨を確認し，必要な部分のみを申請するよう促すことが考えられる。また，法が定める家事事件の記録の閲覧・謄写等の規律や，番号法においてマイナンバーを利用，提供する場合が厳格に限定されていること等も踏まえ，マイナンバー部分の閲覧・謄写等の申請があった場合の対応について，

第7章　家事調停手続に関する書記官事務

あらかじめ裁判官を含む関係職種間で検討しておくことも考えられる。

なお，閲覧・謄写等の申請時等における本人確認資料として個人番号カードが提示された場合，個人番号カードは，公的な身分証明書としての機能を有することから，本人確認資料として扱うことが可能である。したがって，個人番号カードによって申請人本人であることを確認したときは，個人番号カードの裏面にはマイナンバーが記載されているため，たとえ本人の了解があったとしても，本人確認資料として個人番号カードの裏面をコピーして記録につづることはせず，個人番号カードを直ちに本人に返還した上で，例えば，申請書（家事事件記録等閲覧・謄写票）の余白部分等に「個人番号カードで本人であることを確認した。」等と付記し，本人確認を行った書記官が認印する等の取扱いをすることが相当である。

4　鑑定人や通訳人等に対して報酬を支払う場合の留意事項

家庭裁判所が鑑定人や通訳人等へ報酬を支払う場合には，支払調書を作成して税務署に提出する義務があり，当該支払調書にはマイナンバーが記載されることになる。支払調書の作成やマイナンバー取得（受領）時の本人確認は会計担当部門の事務取扱担当者（関係通達に基づき，あらかじめ指定される，個人番号関係事務において特定個人情報等を取り扱う事務に従事する職員）が行う。

したがって，事件担当書記官が鑑定人や通訳人等からマイナンバーの提供を受けたり，本人確認を行う（マイナンバーを取得する事務を行う）ことはできない。

事件担当書記官は，このようなマイナンバーの取扱いを十分理解し，前記会計担当部門の事務取扱担当者とも緊密に連携して，これを遵守する必要がある。

第5　事件の分配

前記第2（72頁）において編成を終えた記録は，各家庭裁判所における裁判事務の分配の定めに従って，担当部署に配布される（受付分配通達記第4の1及び平成27年6月19日付け最高裁総三第133号総務局長通達「民事裁判事務支援システムを利用した家事事件等の事務処理の運用について」記第1の2参照）。

分配を受けた部署の書記官（事件担当書記官）は，適宜，次の1から6までに関する事務を行う。

1　家事調停の申立書の審査

事件担当書記官は，家事調停手続の進行見込み（移送の可能性や補正の要否）に応じた申立書の振り分けを行うことによって当該手続の進行促進を図り，申立書の振り分け後の裁判官（長）による移送の判断や申立書の審査権（法255条4項，49条4項等）の行使が適正に行われるようにするための判断補助を目的として，前記第1の2の(2)（69頁）の受付担当書記官による申立書の審査事項（①管轄の有無，②当事者能力の有無，③当事者適格の有無，④手続行為能力の有無，⑤期間内の申立てか否か，⑥申立費用（申立手数料及び郵便切手）の納付等の確認，⑦申立書の記載事項の確認，⑧附属書類（添付書類）の有無等）と同様の審査事項について，受付担当部署から引き継がれた点検票（裁判所内部でのみ使用するメモ扱いの書面であり，記録外書面である。受付担当部署から事件担当部署等への引継事項を記載する連絡票も兼ね

第5　事件の分配

ている場合がある。）等も利用して，申立書の審査を行う。

　この申立書の審査時には，事件担当書記官は，事務の適正を期するため，記録表紙の事件の表示や当事者等の氏名等の記載の正確性，民事裁判事務支援システム（MINTAS）への入力情報の正確性等についても，記録と対照して確認する。

　なお，個別の事件類型において特に留意すべき申立書の審査事項等については，第3編（200頁）の各章の各節を参照されたい。

2　任意の補正の促し

(1)　概説

　申立書に必要的記載事項（法255条2項）が欠けている場合又は民訴費用法3条1項所定の申立手数料を納付しない場合は，後述するとおり，裁判長は，申立人に対し，相当の期間を定め，その期間内に不備を補正すべきことを命じなければならない（補正命令）（法255条4項，49条4項）。また，家事調停の申立書の写しの送付又はこれに代わる通知をすることができない場合（例えば，申立書記載の相手方の住所の記載に不備がある場合）にも，裁判長は，申立人に対し，補正命令を発しなければならない（法256条2項，49条4項）。

　裁判長がいきなりこれらの補正命令を発するよりも，申立人に対し，任意の補正を促す（規127条，38条）ことによって，申立書の補正という目的を達し得ることが少なくないことから，実務上は，これらの補正命令を発する前に，事件担当書記官が，裁判長の命を受けて，申立人に対し，家事調停の申立書の記載について必要な任意の補正を促すことが多い。

　この任意の補正の促しについては，裁判長の補正権限（法255条4項，49条4項等）を背景とするものであって，書記官に固有の権限が与えられたものではないが，書記官は，この任意の補正の促しとともに，参考事項の聴取（規127条，40条。後記第8（112頁）参照。）も適切に活用して，手続の円滑な進行を図っていくことが期待されている（条解規則97頁参照）。

　なお，この任意の補正の促しは，後述する補正命令・予納命令とは異なり，飽くまで申立人に任意の補正を促すものであるから，当該促しに応じないことのみをもって，申立書を却下することはできない。

(2)　対象

　この任意の補正の促しの対象は，前記(1)のとおり，裁判長の補正権限を背景とするものであることから，申立書の必要的記載事項（法255条2項）の補正が対象になるのは当然であるが，任意の補正の促しを行う趣旨から，規127条において準用する規37条1項が規定する申立書に記載する事件の実情の補正，規127条において準用する規37条2項及び3項が規定する証拠書類の写し等の添付，民訴費用法3条1項所定の申立手数料の納付（法255条4項，49条4項後段），家事調停の申立書の写しの送付又はこれに代わる通知の費用の予納（法256条2項，67条3項）の各促しについても，書記官が裁判長の指示を受けてすることができると解される（条解規則97頁及び98頁参照）。

(3)　方法

　この任意の補正の促しは，電話，口頭，事務連絡等の書面の送付等の相当と認め

る方法で行う。任意の補正を促す事項が多数に及ぶ場合又は複雑な事項にわたる場合は，書記官が事務連絡等の書面を作成し，普通郵便等で送付するのが相当である。

なお，任意の補正の促しをした事実及びその事項については，必ずしも記録上明らかにしておくことは求められていないが，当該促しに応じないときは，補正命令等が発せられることにもなることから，書記官は，手続の円滑な進行確保及び進行促進のため，その日付や内容等を，電話聴取書に記載したり，事務連絡の写し（控え）を記録につづる等して，記録上明らかにしておくことが望ましい。

3 補正命令・予納命令

(1) 対象

ア 補正命令の対象

補正命令の対象は，①家事調停の申立書の必要的記載事項の不備（法255条4項，49条4項前段），②民訴費用法3条1項所定の申立手数料の不納付（法255条4項，49条4項後段）及び③家事調停の申立書の写しの送付又はこれに代わる通知をすることができない場合（法256条2項，49条4項前段）である。

申立人が任意の補正の促しに応じないとき又は申立人に対する任意の補正の促しができないときは，裁判長は，申立人に対し，相当の期間を定め，その期間内に不備を補正すべきことを命じなければならない（法255条4項，256条2項，49条4項）。

イ 予納命令の対象

予納命令の対象は，家事調停の申立書の写しの送付又はこれに代わる通知の費用の予納がない場合（法256条2項，67条3項）である。

申立人が任意の予納の促しに応じないとき又は申立人に対する任意の予納の促しができないときは，裁判長は，申立人に対し，相当の期間を定め，その期間内に家事調停の申立書の写しの送付又はこれに代わる通知の費用の予納をすべきことを命じることになる（法256条2項，67条3項）。

(2) 補正命令・予納命令の発令に関する書記官事務

ア 補正命令及び予納命令は，審判以外の裁判（法258条1項，81条）である。

実務上，書記官は，裁判長の指示に基づき，前記(1)のア及びイの対象ごとに，補正命令又は予納命令を起案し，裁判長の押印を受ける（規128条1項，50条4項・1項）。

補正命令及び予納命令の参考例は次のとおりである。

第5 事件の分配

【補正命令（法255条4項，256条2項，49条4項）の参考例】

> 平成○○年（家イ）第○○号　○○調停申立事件
> 　　　　　　　　補　正　命　令
> 　　　　　　　　　　　　　　　　　申立人　○　○　○　○
> 　　　　　　　　　　　　　　　　　相手方　○　○　○　○
> 　頭書の事件について，申立人は，本命令送達の日から○○日以内※に下記の事項を補正することを命ずる。
> 　　　　　　　　　　　　　記
> 1　本件申立書中の相手方の住所
> 2　申立手数料として，収入印紙1,200円の納付
> 　　　　　　　　平成○○年○月○日
> 　　　　　　　　　　○○家庭裁判所
> 　　　　　　　　　　　裁判官　○　○　○　○　㊞
> 　※　実務上は，本命令送達の日から「14日以内」とされる例が多い。

【予納命令（法256条2項，67条3項）の参考例】

> 平成○○年（家イ）第○○号　○○調停申立事件
> 　　　　　　　　予　納　命　令
> 　　　　　　　　　　　　　　　　　申立人　○　○　○　○
> 　　　　　　　　　　　　　　　　　相手方　○　○　○　○
> 　頭書の事件について，申立人は，本命令送達の日から○○日以内※に下記の費用を予納することを命ずる。
> 　　　　　　　　　　　　　記
> 　本件申立書の写しの送付又はこれに代わる通知の費用として，郵便切手82円
> 　　　　　　　　平成○○年○月○日
> 　　　　　　　　　　○○家庭裁判所
> 　　　　　　　　　　　裁判官　○　○　○　○　㊞
> 　※　実務上は，本命令送達の日から「14日以内」とされる例が多い。

　イ　補正期間又は予納期間の起算日を明らかにするために，申立人に対し，補正命令又は予納命令の謄本を送達する方法により告知するのが相当である（法258条1項，81条1項，74条1項）。

　ウ　補正命令又は予納命令の告知がされたときは，書記官は，その旨及び告知の方法[126]を，送達報告書を記録に編てつする等して記録上明らかにする（規128条1項，50条4項・3項）。

　　また，補正命令又は予納命令の謄本の送達の成否や送達年月日等を送達報告書

126　告知の年月日は，告知がされた旨及び告知の方法を明らかにするために記載されることになるし，告知の場所についても必要に応じて記載されることになると考えられる（条解規則126頁（注5）参照）。

で確認し，補正期間又は予納期間を把握する。把握した補正期間又は予納期間は，記録表紙等に適宜の方法で明示する等して適切に管理する。

エ　補正期間又は予納期間内に補正や予納がされた場合は，補正命令又は予納命令に従った補正や予納がされたかを確認し，裁判長に報告する[127]。

4　申立書却下命令
(1)　**概説**

申立人が補正命令及び予納命令に応じないときは，裁判長は，命令で，家事調停の申立書を却下しなければならない（補正命令に応じないときの申立書却下命令は，法255条4項，256条2項，49条5項参照。予納命令に応じないときの申立書却下命令は，法256条2項，67条3項参照）。

この申立書却下命令は，審判以外の裁判（法258条1項，81条）であり，申立人に告知することによってその効力を生ずるが（法258条1項，81条1項，74条1項・2項本文），当該申立書却下命令に対しては，申立人が当該申立書却下命令の告知を受けた日から1週間の不変期間内に即時抗告をすることができることから（法255条4項，256条2項，49条6項，67条4項，288条，101条1項），即時抗告期間を明確にするために，当該申立書却下命令の謄本を送達する方法により告知するのが相当である。

(2)　**申立書却下命令の発令に関する書記官事務**

ア　実務上，書記官は，裁判長の指示に基づき，申立書却下命令を起案し，裁判長の押印を受ける（規128条1項，50条4項・1項）。

申立書却下命令の参考例は次のとおりである。

---

[127] なお，仮に補正期間や予納期間を徒過しても，裁判長が申立書を却下するまでに申立人が申立書の補正や予納をすれば，申立書を却下することはできないと解されている（逐条180頁参照）。

第5 事件の分配

【申立書却下命令の参考例】

> 平成○○年（家イ）第○○号　○○調停申立事件
> 　　　　　　　　　申立書却下命令
> 　　　　　　　　　　　　　　　　　　申立人　○　○　○　○
> 　　　　　　　　　　　　　　　　　　相手方　○　○　○　○
> 　　　　　　　　　主　　文
> 1　本件申立書を却下する。
> 2　手続費用は，申立人の負担とする。※1
> 　　　　　　　　　理　　由
> 　申立人に対し，平成○○年○月○日に送達された（補正命令／予納命令※2）により，（申立手数料として，収入印紙1,200円を，同命令送達の日から○○日以内に納付することを命じたが，申立人は同期間内に納付しなかった。／同命令送達の日から○○日以内に本件申立書中の相手方の住所を補正することを命じたが，申立人は同期間内に補正しなかった。／本件申立書の写しの送付又はこれに代わる通知の費用として，郵便切手82円を，同命令送達の日から○○日以内に予納することを命じたが，申立人は同期間内に予納しなかった。※3）
> 　よって，（家事事件手続法255条4項，49条5項／家事事件手続法256条2項，49条5項／家事事件手続法256条2項，67条3項※4）により，主文のとおり命令する。
> 　　　　　　　　平成○○年○月○日
> 　　　　　　　　　○○家庭裁判所
> 　　　　　　　　　　裁判官　○　○　○　○　㊞
> ※1　家事調停の申立書却下命令は，事件を完結する裁判であるため，手続費用の負担の裁判（法29条1項）をしなければならない（逐条92頁参照）。
> ※2　補正命令又は予納命令のいずれかを記載する。
> ※3　補正命令又は予納命令の内容や法の規定に従って，具体的な理由を記載する。
> ※4　申立書却下命令の根拠条文を記載する。

イ　前記(1)（102頁）のとおり，申立書却下命令に対しては，申立人が当該申立書却下命令の告知を受けた日から1週間の不変期間内に即時抗告をすることができることから（法255条4項，256条2項，49条6項，67条4項，288条，101条1項），即時抗告期間を明確にするために，当該申立書却下命令の謄本を申立人に送達する方法により告知するのが相当である。

　なお，当該申立書却下命令の謄本を申立人に送達する際には，却下された申立書の原本も同封して返還する。これは，当該申立書却下命令に対して即時抗告をするときは，抗告状には，却下された申立書の原本を添付しなければならないからである（規127条，39条）。

　おって，申立書却下命令の告知がされたときは，書記官は，その旨及び告知の

第7章　家事調停手続に関する書記官事務

　　　　方法を，送達報告書を記録に編てつする等して記録上明らかにする（規128条1項，50条4項・3項）。
　　　ウ　実務上，書記官が，前記イで却下された申立書の原本を申立人に返還する前に，当該申立書の謄本を作成して記録に編てつする。これは，当該申立書の原本を返還しても，後日当該申立書の内容等についての問合せや関連事件の申立てがあった場合等に対応できるようにするためである。
5　調査官による手続選別（インテーク）
　　担当部署に配布された家事調停事件（いわゆる新件）については，実務上，調査官による手続選別（インテーク）を経る場合が多い。
　　この手続選別では，主に調査官が，行動科学の知見に基づき，記録を精査し，調査官関与（調査や調停期日への立会い等）の要否等に関する意見や手続進行上の配慮といった調停手続の外形的な進行方針を手続選別メモ（記録外書面）に記載する。
　　家庭裁判所によっては，この手続選別の基準を設け，いわゆる経済事件（婚姻費用分担，養育費，財産分与，年金分割，扶養，遺産分割，寄与分等の金銭等の給付を目的とした事件）については，原則として，調査官による手続選別を行わないとしている家庭裁判所もある。
6　家事調停手続の初期段階における調査官の関与
　　前記5の調査官による手続選別においては，次の(1)及び(2)に例示するような場合に，第1回調停期日前の調査官による調査や，第1回調停期日への調査官の立会いが必要であるといった調査官の意見が示されることがある。この手続選別の結果等も踏まえ，家庭裁判所（裁判官）が，調査官による調査や調停期日への調査官の立会いを命ずることになる。事件担当書記官は，手続の円滑な進行確保及び進行促進並びに裁判官の判断補助のため，適時適切に裁判官が調査命令[128]を発令できるよう，調査命令の発令に関する事務（調査命令の発令のための裁判官への記録の提出や当該調査命令の発令後の調査官への記録の引継ぎ等の事務）を行う。そのためにも，日頃から裁判官及び調査官との間において，調査官の関与が必要な事案，関与の時期や形態，関与の効果等について，共通認識を形成しておく必要がある。
(1)　第1回調停期日前の調査官による調査
　　　例えば，未成年者である子がいる事案について，家事調停手続において当該子の福祉を守りつつ，適切な解決を図るために，親に対して家事調停についての導入調整やガイダンス等を行うことや，家事調停手続の円滑な進行を阻害する要因のある場合（当事者の精神状態が著しく不安定であることがうかがわれる場合等）において，当事者の意向調査や心理的調整等を行うことがある（法258条1項，58条1項，59条3項）。
(2)　第1回調停期日への調査官の立会い
　　　例えば，未成年者である子の状況が不安定である事案や未成年者である子をめぐ

---

[128] この調査命令（法258条1項，58条1項）は，家庭裁判所が調査官に事実の調査を命ずる裁判であり，性質上は，審判以外の裁判（法258条1項，81条）である（逐条202頁参照）。また，調査官の調停期日への立会命令（法258条1項，59条1項）も，審判以外の裁判である（逐条204頁参照）。

る紛争がうかがわれる事案について，①行動科学の知見に照らして，子の福祉上の問題が生じていないか，当事者双方から事情を聴取したり，②調査や調整が見込まれる場合は，調査や調整の要否を確認し，当事者への導入（調査や調整の準備）等を行ったり，③前記(1)の調査実施後の第1回調停期日において，当事者へ調査結果をフィードバックするために，当該調停期日に立ち会うことが考えられる。

また，当事者の精神状態が不安定である事案等において，第1回調停期日に立ち会い，当該調停期日に出頭した当事者を観察し，心情面や情緒面の問題点を把握し，心理的な整理や調整を行って調停の進行を援助する場合もあり得る（法258条1項，59条）。

第6 調停期日及び家事調停委員の指定

申立書の審査及び補正並びに調査官による手続選別等を終えた家事調停事件については，裁判長（調停委員会が家事調停を行う場合には，当該調停委員会を組織する裁判官。以下，本項において同じ。）が，職権で，家事調停事件の手続の期日（調停期日）の指定（法34条1項，260条2項）をすることとなる。

この調停期日とは，裁判官又は家事調停委員と当事者その他の者が会して家事調停事件の手続に関する行為（調停委員会が当事者から事情を聴取する等）をするために定められた一定の時間をいう（逐条779頁参照）。

調停委員会で家事調停を行う場合は，この調停期日の指定と併せて家事調停委員の指定（法248条2項）もすることとなる。これらの指定に関する書記官事務は，次の1及び2のとおりである。

1 調停期日の候補日の調整及び家事調停委員との連絡調整
(1) 調停期日の候補日の調整

第1回調停期日については，実務上，おおむね家事調停の申立日から1か月程度先に指定する家庭裁判所が多い。事件担当書記官は，事案の内容，調査官による手続選別の結果，進行に関する照会回答書（本章の第1節の第2の1の(3)の②（60頁）参照）に記載された申立人の調停期日についての希望，弁護士の手続代理人が付いている場合は当該代理人から電話等で聴取した調停期日についての希望，調停室の空き状況，担当裁判官の予定等を勘案して，第1回調停期日の候補日の調整を行う。

特に，ドメスティック・バイオレンス（DV）等の行為が背景にある事案等では，一方当事者が他方当事者に対する不安や恐怖心等を抱いていることがあるため，当事者双方が裁判所庁舎内で不用意に接触することがないように，また，当該当事者等の安全の確保のため，申立人が使用する待合室や調停室と相手方が使用する待合室や調停室の階を分けたり，呼出しの時刻や調停終了後に帰る時刻をずらしたり，申立人から事情等を聴取する調停期日と相手方から事情等を聴取する調停期日とを別々の日に指定する等の対応をする場合がある。このような事案については，調停期日の候補日の調整に当たって，これらの点にも留意する必要がある。

なお，テレビ会議システム又は電話会議システムの方法により調停期日における手続を実施する場合（法258条1項，54条）における当事者の出頭先の家庭裁判

第7章　家事調停手続に関する書記官事務

所との日程等の調整については，本章の第4節の第5（140頁）を参照されたい。
(2) 家事調停委員との連絡調整
　家事調停は，原則として，裁判官一人と家事調停委員二人以上で組織される調停委員会によって行われる（法248条1項）。そして，調停委員会を組織する家事調停委員は，事件ごとに家庭裁判所が指定する（同条2項）（本編の第3章の第2節の第1（13頁）参照）。
　前記(1)で調停期日の候補日の調整が済んだら，事件担当書記官は，裁判官とあらかじめ又は個別に確認した方針に従い，事案の内容，家事調停委員の専門分野，経験事件数，手持ち事件数，（いわゆる渉外事件の場合の）語学力等を考慮し，家事調停委員を選定し，選定した家事調停委員[129]に電話等で連絡をとって，当該調停期日の候補日等を伝え，指定を受けてもらえるかを確認する。
　なお，指定する事件数については，家事調停委員間で公平となるよう配慮すべきである。

2　調停期日の指定及び家事調停委員の指定等
(1) 調停期日の指定及び家事調停委員の指定
　前記1で第1回調停期日の候補日の調整と家事調停委員との連絡調整が済んだら，裁判長が，職権で，調停期日の指定（法34条1項，260条2項）をし，家庭裁判所（調停裁判所）が家事調停委員の指定（法248条2項）をする。これらの指定については，特に定められた方式はないが，実務上，記録表紙の裏面等を利用して，次の参考例のようにされることが多い。

【参考例】

> 1　本件の第1回調停期日を平成〇〇年〇月〇日午前（又は午後）〇時〇分と指定する。
> 2　本件について，家事調停委員〇〇（氏名を記載する。）※及び家事調停委員〇〇（氏名を記載する。）※を指定する。
> 　　　　　　　　　　　　　　　平成〇〇年〇月〇日　裁判官　㊞
> ※　ここに家事調停委員の氏名を記載せず，記録表紙に記載されている家事調停委員の氏名を引用する形の指定書を作成している家庭裁判所もある。

　なお，家事調停事件については，調停期日を開くか否かも事案ごとの家庭裁判所の判断に委ねられているから，調停期日は，職権で，裁判長が指定するものとし，当事者に調停期日の指定の申立権を認めないものとしている（逐条107頁及び108頁参照）。
　おって，調停期日の指定の裁判は，審判以外の裁判（法258条1項，81条）であるが，その性質上，裁判を受ける者は想定されず，当事者への告知を要せず，直ちに効力が発生し，また，手続の指揮に関する裁判であるから，いつでも取り消す

---

[129] 実務上，夫婦関係調整調停申立事件を始めとした多くの家事調停事件では，男性の家事調停委員一人，女性の家事調停委員一人が選定される事案が多い。ただし，相続人や遺産が多数であり，複雑な法律問題等がある遺産の分割調停申立事件等のように，事案の内容等によっては，専門的な知識や経験を有する家事調停委員を参加させて家事調停委員を三人以上とする場合もある。

第6　調停期日及び家事調停委員の指定

ことができる（法258条1項，81条2項）（逐条108頁参照）。

(2) **調停の場所**

家事調停は，特段の事情がなければ，家庭裁判所において行われる（通常は，法廷ではなく，家事調停をするのに適当な設備を備えた調停室で行われる。）（逐条797頁及び「別冊法学セミナーno.225新基本法コンメンタール人事訴訟法・家事事件手続法」（日本評論社）543頁参照）。ただし，調停委員会（裁判官のみで家事調停の手続を行う場合には，当該裁判官）は，事件の実情を考慮して，裁判所外の適当な場所で家事調停を行うことができる[130]（法265条，267条2項）。

(3) **調停期日の呼出し**

ア　概説

調停期日の指定の裁判自体には，当事者等に対して出頭を要求するという観念は含まれていないため，家庭裁判所が調停期日を開くためには，更に当事者等に対して調停期日への出頭を要求しなければならない。この調停期日への出頭の要求を調停期日の呼出しという（書記官実務研究報告書第3号「平成17年度実務研究民事訴訟関係書類の送達実務の研究―新訂―」（裁判所職員総合研修所）203頁及び204頁参照）[131]。

イ　呼出しの時刻

第1回調停期日の呼出しの時刻については，実務上，申立人からの事情等の聴取の時間を考慮して，申立人の呼出しの時刻から30分程度後に相手方の呼出しの時刻を設定したり，あるいは第1回調停期日の冒頭に当事者双方立会いの下での手続説明（本章の第4節の第3の3（132頁）参照）を行う家庭裁判所では，ドメスティック・バイオレンス（DV）等の行為が背景にある事案等で当事者の呼出しの時刻をずらす等の配慮をする必要がある事案（前記1の(1)（105頁）参照）を除き，原則として，当事者の呼出しの時刻を同時刻に設定する等している。

ウ　呼出しの方法

調停期日の呼出しは，呼出状の送達，当該事件について出頭した者に対する調停期日の告知その他相当と認める方法によってする（法34条4項，民訴法94条）。実務上，第1回調停期日の呼出しは，訴訟手続とは異なる家事調停制度の特性（本編の第1章（8頁）参照）から，呼出状の送達及び当該事件について出頭した者に対する調停期日の告知以外の方法（当事者に第1回調停期日の通知書

---

[130] このように裁判所外で家事調停を行う例としては，当事者が長期の疾病等のため裁判所に出頭することができない場合や，紛争の目的物を実地に見分しながら家事調停をする必要がある場合等であり，実務上「現地調停」と呼んでいる。この「現地調停」を行うかどうかを判断するに当たっては，原則は管轄裁判所において家事調停を行うべきであることに留意し，当事者の衡平を害しないか，当事者に無用な負担を強いることにならないか等を配慮する必要があろうとされている（逐条797頁参照）。

[131] なお，一問一答125頁（注2）では，調停期日に出頭を要する者に対しては，別途呼出しの裁判（法258条1項，51条1項）をする旨記載されているが，この裁判は審判以外の裁判（法258条1項，81条。一問一答130頁参照。）であることから裁判書の作成を要せず（法258条1項で準用する法81条1項の規定における法76条1項の規定の準用除外），また，調停期日の呼出しを行ったことは記録上明らかにされるため（後記エ参照），実務上は，前記(1)の調停期日の指定の裁判のほかに，明示的にこの呼出しの裁判（法258条1項，51条1項）の記録化が行われる例は少ないものと考えられる。

第7章　家事調停手続に関する書記官事務

を普通郵便で送付したり，当事者の手続代理人弁護士に電話で当該調停期日を通知する[132]等の，いわゆる簡易呼出し[133]）によって行われることが多い。

　この簡易呼出しをした当事者等が調停期日に出頭しない場合でも，法律上の制裁（例：調停期日に呼出しを受けた事件の関係人が正当な理由なく出頭しないときの過料の制裁（法258条1項，51条3項））その他調停期日の不遵守による不利益を帰することができない（法34条4項，民訴法94条2項本文）。もっとも，当該当事者等が調停期日の呼出しを受けた旨を記載した書面（いわゆる期日請書）を提出したときは，このような不利益を帰することができる（法34条4項，民訴法94条2項ただし書）（逐条109頁及び187頁参照）。

エ　簡易呼出しによって調停期日の呼出しを行った場合の記録化

　事件担当書記官は，簡易呼出し（前記ウ参照）によって第1回調停期日の呼出しを行った場合は，当該調停期日，被呼出者，呼出しの方法，宛先及び当該手続をした年月日を記録上明らかにする必要がある（平成25年11月研修教材第6号「民事実務講義案Ⅱ（四訂再訂版）」（裁判所職員総合研修所）54頁参照）。例えば，前記(1)（106頁）と同様に，事件担当書記官が記録表紙の裏面等を利用して，これらの事項を付記して認印をしたり，当事者に送付した第1回調停期日の通知書の控えに「平成○○年○月○日申立人（又は相手方）に普通郵便で送付済み㊞（書記官の認印）」等と付記して記録につづり込む等して記録上明らかにすることが考えられる。

(4)　調査命令等

　前記第5の6（104頁）のように調査官が手続に関与することとなった家事調停事件については，事件担当書記官は，調査官が関与する形態（第1回調停期日前の調査や第1回調停期日への立会い等）に合わせて，記録表紙の裏面等を利用して，裁判官から調査命令（法258条1項，58条1項）や調査官の調停期日への立会命令（法258条1項，59条1項）等の発令の押印を受ける。

　なお，実務上，調査官の第1回調停期日への立会命令については，前記(1)（106頁）の第1回調停期日の指定及び家事調停委員の指定の際に併せて発令してもらう（発令の押印を受ける）ことが多い。

　おって，裁判官から調査命令や調査官の調停期日への立会命令が発令された家事調停事件の記録は，事件担当書記官が所要の事務を行った上で（例えば，調査官の第1回調停期日への立会命令が発令された家事調停事件の記録であれば，前記(3)の調停期日の呼出しや後記第7の申立書の写しの送付等の事務を行った上で），必要に応じて，民事裁判事務支援システム（MINTAS）の記録の引継機能等を利用して調査官に貸し出すことになる（平成27年6月19日付け最高裁総三第133号総務局長通達「民事裁判事務支援システムを利用した家事事件等の事務処理の運用につ

132　この場合は，実務上，手続の適正を期するために，当該手続代理人弁護士から当該調停期日の呼出しを受けた旨を記載した書面（いわゆる期日請書）を提出してもらうことが多い。

133　簡易呼出しの方法等の詳細については，平成25年11月研修教材第6号「民事実務講義案Ⅱ（四訂再訂版）」（裁判所職員総合研修所）54頁並びに書記官実務研究報告書第3号「平成17年度実務研究民事訴訟関係書類の送達実務の研究―新訂―」（裁判所職員総合研修所）220頁及び221頁を参照されたい。

第7 申立書の写しの送付等

いて」記第6の1の(2)のア及び(3)参照)。

第7 申立書の写しの送付等
1 【原則】申立書の写しの送付
(1) 概説

家事調停の申立てがあった場合には，相手方においても早期にその申立書の内容を了知した上で，調停手続に臨むこととするのが，充実した調停進行及び早期の紛争解決の観点から合理的であることから，家庭裁判所は，申立てが不適法であるとき[134]又は家事調停の手続の期日を経ないで法271条の規定により調停をしないものとして家事調停事件を終了させるときを除き，原則として，家事調停の申立書の写しを相手方に送付しなければならない（法256条1項）（逐条769頁参照）。

この法256条1項の規定に基づく家事調停の申立書の写しの相手方への送付事務は，相手方に対して，適時に適切な方法により申立ての係属の事実等を伝えることを通じて手続の円滑な進行を確保し，もって手続の進行を促進することを目的とする事務である。

(2) 申立書の写しの送付の事務
ア 送付の時期

申立書の写しを相手方に送付する時期については明示的な規定はないが，前記(1)の申立書の写しを相手方に送付する意義に照らして，特段理由のない限り，できる限り早期に送付すべきである（逐条769頁参照）。

イ 送付事務の内容

① 相手方に送付する家事調停の申立書の写しには，申立時に提出された当該申立書の写し（相手方送付用）を使用する（規127条，47条）（本章の第1節の第2の1の(2)のア（53頁）参照）。事件担当書記官は，当該申立書の写しを相手方に送付するに当たっては，当該申立書の原本と当該申立書の写しを照合して同一性を確認するほか，申立人の非開示希望情報（住所等）が記載されていないか等の主に形式面について確認する。

なお，申立人が当該申立書の写しを提出しない場合には，そのことをもって補正命令の対象としたり，当該申立書を却下したりすることはできず，最終的には，事件担当書記官が当該申立書の写し（コピーで足りる。）を作成して，相手方に送付することになる（条解規則118頁参照）。

② 当該申立書の写しは，実務上，第1回調停期日の通知書（前記第6の2の(3)のウ（107頁）参照）とともに相手方に送付することになる。

③ 事件担当書記官は，当該申立書の写しを相手方に送付した場合は，手続の適正確保及び円滑な進行確保のため，例えば，当該申立書の余白に「平成○○年○月○日申立書の写し送付済み ㊞（書記官の認印）」等と付記したり，記録表

---

[134]「申立てが不適法であるとき」とは，相手方となるべき適格のない者に対する申立て（例えば，配偶者でない者に対する夫婦関係調整調停（離婚調停）の申立て），家事調停の対象とならない事項についての申立て（例えば，法別表第一に掲げる事項について家事調停を求めるもの（法244条参照））等がある（逐条768頁及び769頁参照）。

第7章　家事調停手続に関する書記官事務

紙等を利用して，申立書の写し送付済みのチェック欄を設けてチェックする等，適宜の方法によりその旨を記録上明らかにすることが考えられる。
　　ウ　外国にいる当事者への送付に当たっての留意事項
　　　法256条1項の規定による家事調停の申立書の写しや当該申立書の写しの送付に代わる家事調停事件の係属の通知書（後記2参照）等（紛争の解決を目的として裁判上用いられる文書）を郵送で当事者に送付する場合において，その送付を受ける当事者が外国にいるときは，例外的に，①我が国と当該国との間の条約等によって認められるとき，又は②当該国が「民事訴訟手続に関する条約」（以下，本項において「民訴条約」という。）若しくは「民事又は商事に関する裁判上及び裁判外の文書の外国における送達及び告知に関する条約」（以下，本項において「送達条約」という。）を締結し，かつ，民訴条約6条1項1号若しくは送達条約10条(a)について拒否の宣言をしていないときは（民訴条約6条2項前段，送達条約10条柱書き），直接にこれを郵送することができるとされている。しかし，①及び②に該当しないときは，当該国の主権を侵害することになりかねないため，原則として，国際司法共助（外国送達）の手続を利用することになる（平成27年3月27日付け最高裁家庭局第二課長事務連絡「人事訴訟事件や家事事件等における外国にいる者に対する裁判上の文書の送付について」参照）。
2 **【例外】申立書の写しの送付に代わる家事調停事件の係属の通知**
　(1)　概説
　　　家事調停の手続の円滑な進行を妨げるおそれがあると認められるときは，家事調停の申立てがあったことを通知する（家事調停事件の係属を通知する）ことをもって，家事調停の申立書の写しの送付に代えることができる（法256条1項ただし書）。
　　　これは，申立書の記載内容いかんによっては，申立書の写しの送付がかえって当事者間に無用の混乱を招いたり，紛争を激化させたりする等，当事者間の話合いを通じた自主的な紛争の解決という家事調停制度の趣旨目的を阻害する結果になるおそれがあることを考慮したものである。しかし，このような場合であっても，少なくとも家事調停の申立てがされたことは相手方に知らせるのが相当である。そこで，適宜の方法により家事調停の申立てがあったことを通知することをもって，申立書の写しの送付に代えることができるものとしている（逐条770頁参照）。
　(2)　**家事調停事件の係属の通知の方法**
　　ア　家庭裁判所（裁判官）が，家事調停の申立書の写しを送付することにより家事調停の手続の円滑な進行を妨げるおそれがあると認められると判断し，当該申立書の写しの送付に代えて家事調停の申立てがあったことを通知する（家事調停事件の係属を通知する）こととした場合は，事件担当書記官は，当該通知を行う。当該通知は，実務上，第1回調停期日の通知書を送付することによって行う例が多いようである。
　　イ　当該通知を行ったときは，その旨及び通知の方法を，例えば，相手方に送付した当該通知書又は第1回調停期日の通知書の控えに「平成〇〇年〇月〇日相手方に普通郵便で通知済み　㊞（書記官の認印）」等と付記して記録につづる等して，

3　申立書の写し及び家事調停事件の係属の通知以外の書類の送付

　　前記1の申立書の写しの送付のように，法規には規定されていないが，法の趣旨（第1編の第1章（4頁）及び第2章（5頁）参照）等を踏まえ，家事調停手続の適正かつ円滑な進行を図り，第1回調停期日の充実を図る目的から，実務上，相手方に第1回調停期日の通知書や申立書の写しを送付する際に，併せて（同封して），次の各書類を送付する取扱いがある。さらに，第1回調停期日前に争点の有無や争いの程度等を把握して進行方針を検討したり，事前準備をして当該期日の充実を図る目的から，次の各書類（手続説明書面は除く。また，非開示希望申出書は当該申出をする場合にのみ使用する。）については，実務上，相手方に対して，当該期日の1週間程度前までには家庭裁判所に提出するよう促す取扱いもある。

　　なお，本項では飽くまで実務上相手方に送付することがある主な書類の類型を示すにとどまるため，当然ながら，各家庭裁判所においては，裁判官や調停委員会の手続運営の方針，事案ごとの個別の事情等の実情に応じて，前述の目的等から，本項で示す類型の書類の一部を相手方に送付しなかったり，本項で示す類型以外の書類を相手方に送付する場合等もある。

　　おって，個別の事件類型において，特に相手方に送付する，あるいは提出を求める書類の類型については，第3編（200頁）の各章の各節を参照されたい。

◇　手続説明書面
　　※　相手方に手続の内容や書類の作成・提出方法等を理解してもらい，相手方が適切に手続行為を行うことができるように，主要な事件類型ごとに手続の内容や流れ，書類の作成・提出方法，よくある質問に対する回答（例えば，調停期日当日に持参するもの，調停の回数，1回の調停時間の長さ，調停期日の変更等についてFAQ形式で記載したもの）等を簡潔に記載した書面である。

◇　申立書の「申立ての趣旨」及び「申立ての理由」についての相手方の意見等を記載する書面
　　※　本書面の名称は，答弁書[135]，事情説明書，照会書，意見書等，各家庭裁判所の実務上の運用によって異なるが，その内容は，事件類型ごとに申立書の「申立ての趣旨」及び「申立ての理由」についての相手方の意見や進行に関する意見等を記載するものとなっており，各家庭裁判所において，当事者の記載の負担の軽減等を図るため，できる限り簡潔な記載とし，チェック方式を取り入れる等の工夫がされている。

◇　連絡先届出書
　　※　家庭裁判所において，相手方の現在の連絡先を把握し，適正かつ確実に当該連絡先の管理を行うため，相手方に家庭裁判所からの連絡を受けることができる場

---

[135] 例えば，東京家裁では「答弁書」という名称を使用しているが，これは，最初に相手方の意見を記載して提出する書面であることや「進行に関する照会回答書」との混乱を避けるため，従前の「回答書」の名称を変更したにすぎず，民事訴訟に沿った手続運営を志向したり，紛争の対立構造を明確化する趣旨ではないとされている（東京家事事件研究会編「家事事件・人事訴訟事件の実務～家事事件手続法の趣旨を踏まえて～」（法曹会）35頁参照）。

所(現住所等)や電話番号等を記載してもらうための書類である。
　　なお,この連絡先届出書は,送達場所等の届出書(法36条,民訴法104条1項,規25条,民訴規41条1項・3項)を兼ねるものではない。
　◇　非開示希望申出書(非開示希望の申出をする場合にのみ使用する書類)
　　※　本書類の趣旨については,本章の第1節の第2の1の(3)の②の「◇　非開示希望申出書(非開示希望の申出をする場合にのみ使用する書類)」の※の説明部分(59頁)と同様であるため参照されたい。
　◇　進行に関する照会回答書
　　※　本書類は,本章の第1節の第2の1の(3)の②の「◇　進行に関する照会回答書」(60頁)と同様の趣旨で送付する相手方用の書類である。

第8　参考事項の聴取
1　概説
　家事調停の申立てがあった場合,家庭裁判所は,当該家事調停事件の背景や,当事者の置かれている状況,手続の進行についての当事者の希望等をあらかじめ知っていれば,申立書の写しの送付に代わる家事調停事件の係属の通知をするか否か,調停期日を開く日時や調停室の準備,調査官の関与の必要性等,手続の進行方法を適切に選択することができ,調停期日の充実を図ることができる。
　そこで,事件担当書記官は,裁判長の命を受けて,当事者から,家事調停の手続の進行に関する意見その他手続の進行について参考とすべき事項の聴取をすることができるものとした(規127条,40条)。

2　聴取の方法・時期等
　本章の第1節の第2の1の(3)の②(58頁)や前記第7の3の「◇　進行に関する照会回答書」のように,事前かつ包括的な裁判長の命により,事件担当書記官が当事者から調停の進行について検討するための情報を聴取する場合がある。このほか,事件担当書記官が,裁判長の命を受けて,個別に電話や照会書を送付する方法等によって参考事項を聴取することが必要となる場合もある(条解規則100頁参照)。

第3節　調停前の処分
第1　概説
　家事調停は,当事者間において話合いや互譲を通じて合意が成立し,これを調書に記載したときに調停が成立し(法268条1項),紛争解決手段としてその機能を果たすことができるが,家事調停事件の係属中,当事者間の話合いや互譲の基盤を揺るがし,調停の成立が困難になるような事態が生じ得る(例えば,財産の分与に関する処分の調停事件(法別表第二の四の項の事項についての調停事件)の係属中,財産の分与の対象財産である不動産につき登記名義人である相手方がこれを他に処分しようとしていることが判明した場合等)ことがある。
　そこで,法266条は,調停機関である調停委員会又は裁判官が,そのような事態を防止するため,家事調停事件の係属中,調停のために必要であると認める処分を命ずることができることを規定した。この処分を「調停前の処分」という[136]。これは,

家事審判法（旧法）下において，「調停前の仮の措置」と呼ばれていた家事審判規則（旧規則）133条の規律を基本的に維持するものである（逐条798頁及び「別冊法学セミナーno.225 新基本法コンメンタール人事訴訟法・家事事件手続法」（日本評論社）544頁参照）。

本節では，以下において，この調停前の処分に関する書記官事務について記載する。

第2 要件
法266条が規定する調停前の処分の要件は，次の1及び2のとおりである。
1 家事調停事件が係属していること
調停前の処分をすることができる時期について，法266条1項は，「家事調停事件が係属している間」と規定している。

なお，後記第3の7の(2)（116頁）も参照されたい。
2 調停のために必要であること
調停前の処分は，「調停のために必要である」ものでなければならない。調停を進めるに当たって暫定的に命ずるものであることから当然の要件であり，正当な理由のない不遵守に過料の制裁（法266条4項）が控えていることを考えれば，調停における必要性なくして命ずることができないことはいうまでもない（逐条799頁参照）。

第3 手続
1 調停前の処分の主体
調停前の処分を命ずる主体は，当該家事調停事件の調停機関（法247条）である調停委員会又は裁判官である（法266条1項，267条2項）。

もっとも，いわゆる委員会調停において，急迫の事情があって，調停委員会における判断を待つ時間的余裕がない場合は，当該調停委員会を組織する裁判官が調停前の処分を命ずることができる（法266条2項）。
2 調停前の処分の対象者
調停前の処分の対象者については，特に明文上の限定はなく，調停のために必要であると認められる範囲で調停前の処分を命ずる必要があれば，当事者及び利害関係参加人以外の，調停の結果について法律上又は事実上の利害関係を有するにすぎない者についても対象となる（例えば，夫婦関係調整（離婚）調停申立事件において，他方当事者の親に対して，夫婦共有財産の毀損を禁じる等）。もっとも，過料の制裁を科すことができるのは，当事者及び利害関係参加人に限られる（法266条4項）（逐条799頁及び「別冊法学セミナーno.225 新基本法コンメンタール人事訴訟法・家事事件手続法」（日本評論社）545頁参照）。

---

136 一定の別表第二調停事件については，家庭裁判所は，「審判前の保全処分」を調停手続段階でもすることができるが（法105条1項等参照），この「審判前の保全処分」は，「調停前の処分」とは異なることに注意を要する。すなわち，「審判前の保全処分」は，調停手続段階で行われる暫定的な手続という意味では，「調停前の処分」と共通するが，「審判前の保全処分」は，家庭裁判所がする終局的な判断の裁判である「審判」であり（逐条344頁参照），家事事件の手続における派生的又は付随的な事項に関する「審判以外の裁判（決定）」である「調停前の処分」（逐条800頁参照）とは性質及び効果等は異なる。

第7章　家事調停手続に関する書記官事務

3　審理
(1)　申立ての可否
調停前の処分は，調停機関である調停委員会又は裁判官の職権によりされる（逐条799頁参照）。

したがって，当事者等が調停前の処分を求める旨の申出書等の書面を提出した場合には，当該書面は調停機関である調停委員会又は裁判官の職権発動を促す書面として取り扱うこととなる。書記官は，当事者等から当該書面が提出されたときは，受付手続を行った上で，一件記録とともに当該調停機関である調停委員会又は裁判官に提出し，手続の進行方針等についての指示を仰ぐ。

(2)　審理の内容
調停前の処分について，前記(1)のとおり，職権発動を促す申出がされたとしても，申出をした者が，その理由について疎明又は証明をしたり，あるいは調停機関である調停委員会又は裁判官が調停前の処分をするに当たって関係者を審問するようなことは法文上要請されていない。

調停機関である調停委員会又は裁判官は，裁量によって，必要に応じ，事実の調査や証拠調べを行って，調停前の処分をするかどうかを決することになる。

4　調停前の処分の内容
調停前の処分の内容は，当該家事調停事件の内容，家事調停の手続の進行の円滑性の程度等を考慮し，「調停のために必要」なものかどうかによって決することになる。

例えば，婚姻費用の分担に関する処分の調停事件（法別表第二の二の項の事項についての調停事件）において婚姻費用の仮払を命じたり，子の監護に関する処分の調停事件（法別表第二の三の項の事項についての調停事件）において子の連れ去り等を禁止したり，財産の分与に関する処分の調停事件（法別表第二の四の項の事項についての調停事件）において財産の分与の対象財産の譲渡その他一切の処分を禁止すること等が考えられる（逐条799頁及び800頁並びに「別冊法学セミナーno.225新基本法コンメンタール人事訴訟法・家事事件手続法」（日本評論社）545頁参照）。

5　調停前の処分の形式
(1)　裁判の形式
調停前の処分は，審判以外の裁判（法258条1項，81条）である。したがって，必ずしも裁判書を作成する必要はない（法258条1項で準用されている法81条1項の規定における法76条1項の規定の準用除外）。

実務上は，裁判書（決定書）を作成する場合と，家事調停の手続の期日において当該裁判をして期日調書に記載する場合（法253条，規126条1項，32条1項6号）がある。

なお，裁判書を作成する場合には，法258条1項で準用されている法81条1項の規定で準用されている法76条2項の規定により，同項各号に掲げる事項を記載すべきことになる（逐条264頁参照）。

おって，調停委員会が家事調停を行う場合における調停前の処分の裁判書（法258条1項，81条1項，76条2項，規128条1項，50条4項・1項）の参考例は次のとおりである。

【調停委員会が家事調停を行う場合における調停前の処分の裁判書の参考例】

```
平成○○年（家イ）第○○号　○○調停申立事件
                決        定
                   ○○県○○市○○町○丁目○番○号
                        申立人　　○　○　○　○
                   ○○県○○市○○町○丁目○番○号
                        相手方　　○　○　○　○
　頭書事件について，当調停委員会は，調停のために必要であると認めるの
で，次のとおり決定する。
　なお，正当な理由なくこの決定に従わないときは，10万円以下の過料に
処する。※
                主        文
　相手方は，申立人に対し，婚姻費用の分担金として，平成○○年○月から
頭書事件の調停手続が終了するまでの間，毎月末日限り，○万円を仮に支払
え。
                   平成○○年○月○日
                        ○○家庭裁判所
                             裁　判　官　　○　○　○　○　㊞
                             家事調停委員　　○　○　○　○　㊞
                             家事調停委員　　○　○　○　○　㊞
　※　このなお書きは，後記(2)の調停前の処分に違反した場合の制裁の告知（規
　　 129条1項）の記載である。
```

(2) 調停前の処分に違反した場合の制裁の告知

　調停機関である調停委員会又は裁判官は，調停前の処分を命ずる場合には，同時に，その違反に対する法律上の制裁を告知しなければならない（規129条1項）。
　また，いわゆる委員会調停において，急迫の事情があるときに，調停委員会を組織する裁判官が法266条2項の規定により調停前の処分を命ずる場合には，当該裁判官は，同時に，その違反に対する法律上の制裁を告知しなければならない（規129条2項）。
　この法律上の制裁は，法266条4項が規定する，当事者又は利害関係参加人が調停前の処分に正当な理由なく従わないときの過料の制裁である。
　なお，この制裁の告知を欠いても，過料の制裁を科することの妨げになるものではない（条解規則319頁（注1）参照）。

6　調停前の処分の告知

　前記5の(1)（114頁）のとおり，調停前の処分は，審判以外の裁判であるため，当該処分を命じられる者に対して相当と認める方法で告知することによって効力を生ずる（法258条1項，81条1項，74条1項・2項本文）（逐条800頁参照）。
　調停前の処分は，後記7の(1)のとおり，執行力は有しないが，前記5の(2)のとおり，過料の制裁を科する前提ともなるため，確実な告知方法をとるべきである。告知がさ

れたときは，書記官は，その旨及び告知の方法[137]を家事調停事件の記録上明らかにしなければならない（規128条1項，50条4項・3項）。

なお，調停前の処分を告知する方法として当該裁判書の謄本を送付する場合には，当該裁判書に過料の制裁がある旨を記載することによって（前記5の(1)の裁判書の参考例参照），規129条の規定による調停前の処分に違反した場合の制裁の告知（前記5の(2)参照）を行うことが考えられる。また，裁判書を作成せず，口頭で調停前の処分の告知をする場合は，同時に口頭で当該処分に違反した場合の制裁の告知をすることが考えられる。家事調停の手続の期日において口頭で告知する場合，調停前の処分については，前記5の(1)のとおり，期日調書に記載されることになるため（法253条，規126条1項，32条1項6号），当該処分に違反した場合の制裁の告知をした旨についても併せて当該期日調書に記載するのが相当である（条解規則319頁参照）。

7 調停前の処分の効力

(1) 効力

調停前の処分は，執行力を有しない（法266条3項）。すなわち，調停前の処分は，当事者及びその他の事件の関係人を拘束するが，審判前の保全処分のように債務名義となるものではないから執行力を有しない[138]。ただし，前述のとおり，調停前の処分として必要な事項を命じられた当事者又は利害関係参加人が正当な理由なくこれに従わないときは，家庭裁判所は，10万円以下の過料に処する（法266条4項）。この過料の制裁の手続に関する書記官事務については，第6編の第2章の第2節（588頁）と同様であるため，適宜，この過料の制裁の手続の場合に読み替えた上で参照されたい。

なお，調停前の処分として命じられた事項の履行については，義務の履行状況の調査及び履行の勧告の対象になる（法289条7項）。

(2) 効力の消滅

調停前の処分は，家事調停事件が係属している間に限りすることができるため，調停の成立（法268条）若しくは不成立（法272条），調停をしない措置（法271条），家事調停の申立ての取下げ（法273条），合意に相当する審判（法277条）又は調停に代わる審判（法284条）の確定等の事由で家事調停事件が終了した場合には，調停前の処分は当然にその効力を失う（逐条801頁参照）。仮に，調停前の処分において，それを超える終期（例えば，「本件について審判確定に至るまで」）を定めても，家事調停事件の終了後については，その効力は及ばない。

第4 不服申立て（即時抗告）の可否

調停前の処分に対しては，不服申立て（即時抗告）をすることができない（逐条

---

[137] 告知の年月日は，告知がされた旨及び告知の方法を明らかにするために記載されることになるし，告知の場所についても必要に応じて記載されることになると考えられる（条解規則126頁（注5）参照）。

[138] これは，家事調停の手続は，当事者間の話合いを通じた合意による自主的な紛争解決のための手続であるから，なごやかな雰囲気のうちに円滑に進めることが望ましく，調停前の処分に執行力を付与し，直接的・強制的にその処分の内容を実現するのは必ずしも相当でなく，せいぜい，過料の制裁による間接的な履行の強制にとどめるのが相当であるからである（逐条801頁参照）。

800頁参照）[139]。

第5 調停前の処分の取消し及び変更

　　家事調停事件の推移，進展に応じて，調停前の処分の必要性がなくなったり，調停前の処分自体が不当と認められるに至った場合等，調停前の処分を取り消し，又は変更する必要が生じた場合には，この処分は，前述のとおり，審判以外の裁判であることから，調停機関である調停委員会又は裁判官は自ら従前の調停前の処分を取り消し，又は変更することができる（法258条1項，81条1項，78条（同条3項を除く。））（逐条800頁参照）。

第4節　家事調停の実施
第1　家事調停手続の原則

　　家事調停手続においては，次の1から4までの原則が妥当する。書記官は，家事調停手続の各場面において事務を行うに当たっては，手続の適正確保及び円滑な進行確保等の観点からも，前提として，これらの原則を理解しておく必要がある。

1　職権探知主義

　　家事調停事件を含む家事事件の手続においては，家庭裁判所の判断の基礎となる資料の収集を家庭裁判所が自ら職権でしなければならないものとする職権探知主義を採用している（法258条1項，56条1項）。

　　これは，家事事件の手続においては，家庭裁判所は，私的な権利又は利益を超えた公益性（又は広く第三者にも判断の効果が及ぶこと）があることを考慮し，実体的真実に合致した判断をすることができるようにするため，後見的な立場から裁量権を行使して，必要と考える事実の調査や証拠調べをすることが求められているからである（一問一答114頁，逐条196頁，197頁及び780頁参照）。

2　非公開主義
(1)　概説

　　法33条本文は「家事事件の手続は，公開しない。」と規定し，家事事件の手続の非公開主義を規定している。

　　家事事件は，前記1のとおり，その結果により，身分関係の変動を生じ得るという意味で基本的に当事者の権利又は利益を超えた公益性が認められ，実体的真実に合致していることが要請されるものが多く，そのため，個人や家庭のプライバシーにわたる資料等一般的に秘匿性の高い資料であっても収集することが求められる。その手続を公開するものとすると，秘密が公になり，回復困難な不利益を与えることが生じ得るため，それをおそれる者が資料の提出を控えるようになりかねない。そうなると，家事審判又は家事調停をするのに必要な資料の収集が困難となり，真実の発見が阻害されて実体的真実に合致した適正な家事審判又は家事調停の実現ができなくなるおそれもある。また，家事調停の手続は，当事者間の話合いを通じた

---

[139] もっとも，過料に処される裁判に対しては，即時抗告をすることができる（法291条2項，非訟事件手続法120条3項）。

合意による自主的な紛争解決のための手続であることから，訴訟手続のように公開により公正を担保する必要性が乏しいという側面も否定できない。さらに，一般的に簡易迅速処理の要請（後記4（119頁）参照）の強い家事事件の手続において，手続を公開しなければならないとすると，時間的場所的な制約から費用と労力がかかり，この要請に反するおそれがある（逐条105頁及び106頁参照）。

このようなことから，家事事件の手続は，非公開とされているものである。

(2) **傍聴の許可**

前記(1)の非公開主義の例外として，裁判所は，相当と認める者の傍聴を許可することができる（法33条ただし書）。傍聴許可の対象となる手続は，期日における手続である。傍聴を許可するか否かの判断に当たっては，期日の性質や期日において行われる手続の内容，傍聴の必要性や目的，傍聴を希望する者と当該手続との利害関係の程度，傍聴の当該手続に与える影響等が総合的に考慮されることになる（逐条106頁参照）。

なお，この傍聴を許可する裁判は，審判以外の裁判（法258条1項，81条）であり，裁判書の作成は要しない。また，調停委員会が家事調停を行う場合には，この傍聴の許可の裁判所の権限は，調停委員会が行う（法260条1項3号）。

(3) **非公開主義の担保**

この非公開主義を担保するものとしては，家事審判事件及び家事調停事件における閲覧・謄写等に関する規律（法47条，254条），参与員，家事調停委員又はこれらの職にあった者が正当な理由なくその職務上取り扱ったことについて知り得た人の秘密を漏らしたときの罰則（法292条），家事調停委員又は家事調停委員であった者が正当な理由なく評議の経過又は裁判官，家事調停官若しくは家事調停委員の意見若しくはその多少の数を漏らしたときの罰則（参与員又は参与員であった者が正当な理由なく裁判官又は参与員の意見を漏らしたときも同様）（法293条）等が挙げられる。

3 本人出頭主義

家庭裁判所から呼出しを受けた事件の関係人[140]は，家事事件の手続の期日に出頭しなければならない。ただし，やむを得ない事由があるときは，代理人を出頭させることができる（本人出頭主義（法258条1項，51条2項））[141]。

その理由は，家事事件では，通常の民事事件と比較して，親族やそれに準じる者の間の複雑かつ非合理的な人間感情の問題が事件の背景に潜んでいることが多いので，本人から直接事情を聴かなければ，事件の実相を的確かつ正確に把握し，妥当な判断をすることができないことなどが考えられるからである（「別冊法学セミナーno.225

---

[140] この「事件の関係人」とは，当事者（法定代理人により手続行為をする必要がある事件における法定代理人を含む。），利害関係参加人，審判の結果について法律上又は事実上の利害関係を有する者を含む（逐条186頁参照）。

[141] 呼出しを受けた事件の関係人が正当な理由なく出頭しないときは，家庭裁判所は，5万円以下の過料に処する（法258条1項，51条3項）。この制裁の前提となる出頭を命ずる呼出しは，いわゆる簡易呼出しではなく，原則として，呼出状の送達及び当該事件について出頭した者に対する期日の告知でなければならない（法34条4項，民訴法94条）（逐条187頁参照）。

新基本法コンメンタール人事訴訟法・家事事件手続法」（日本評論社）224頁参照）。

また，一般に家事調停の手続の期日（以下，本節において「調停期日」ともいう。）においても実体的真実の探知が必要になることがあることに加え，家事調停に特有の問題として調停機関が調停を進める上で当事者本人から事情を聴取することが不可欠である場合が多いため本人自身の出頭が前提となるほか，調停を成立させる場面（例えば，離婚や離縁の調停の成立等，調停の成立によって身分関係が変動するという重大な効果が生ずる場面等）でも，調停機関が合意する本人自身の真意を確認する必要がある場合が多いからである（逐条779頁参照）。

4　簡易迅速処理の要請

　　家事事件の手続は，国民に身近な手続であるために，また，実体法上の権利義務の存否を最終的に確定するものではなく（権利義務関係の存否の確定は別途争えるものとして，又は判決手続等により確定しているものとして），一定の権利義務関係の存在を前提に具体的な法律関係を設定・形成するものであるので，家事事件の手続は，一般的には，簡易な方式により，迅速に処理すべき要請が高いということがいえる。この要請を反映した法の規定としては，受命裁判官による家事調停の手続（法258条1項，53条，61条3項），テレビ会議システム又は電話会議システムの方法による調停期日における手続の実施（法258条1項，54条，64条1項）等がある（一問一答54頁及び55頁参照）。

第2　調停期日外における書記官事務

　　本項に記載する調停期日外における書記官事務は，調停期日の充実及び円滑な進行の実現を図るものであり，家事調停手続の適正確保並びに円滑な進行確保及び進行促進に資する事務である。当然ながら，各家庭裁判所においては，裁判官や調停委員会の手続運営の方針，事案ごとの個別の事情等の実情に応じて，この調停期日外における書記官事務の内容に多少の差異は生じ得る。そこで，本項では，そのような差異が生じ得ることにも留意して，各家庭裁判所における事務処理状況等の調査結果等も踏まえ，調停期日外における書記官事務のうち基本となる主な事務について記載した。

　　なお，個別の事件類型において特に留意すべき調停期日外における書記官事務等については，第3編（200頁）の各章の各節を参照されたい。

1　期日間準備事務

(1)　第1回調停期日までの準備事務

　ア　相手方提出書面の取扱い

　　本章の第2節の第7の3（111頁）記載のとおり，相手方には，第1回調停期日の通知書や申立書の写しを送付する際に，①申立書の「申立ての趣旨」及び「申立ての理由」についての相手方の意見等を記載する書面及び②進行に関する照会回答書等が送付されている場合がある。そのような場合において，相手方から①及び②の書面等が提出されたら，事件担当書記官は，受付事務を行い，あらかじめ裁判官との間で認識を共有している提出書面の確認事項（提出書面の体裁や連続性等の形式面のほか，非開示希望情報等の有無や当事者の暴力等の家事調停手続の進行に影響を与え得る事項の記載の有無や内容等）について確認する。

当該確認の結果については，家事調停手続の進行に影響を与え得る事項が記載されている場合等，書面の緊急度や重要度，手続への影響度等に応じて，適時適切に調停委員会や裁判官に報告し，手続の進行方針等について指示を仰ぐ。

なお，相手方から前記①及び②の書面等が提出された際に，家庭裁判所提出用の証拠書類の写しのほかに申立人交付（送付）用の当該写しも併せて提出された場合は，事件担当書記官は，前述のとおり確認等をした上で，調停委員会や裁判官に報告し，第1回調停期日の充実等を図るために当該調停期日前に申立人に当該写しを交付又は送付するか否か等の手続の進行方針について指示を仰ぐ（規3条2項参照）。

おって，調査官による手続選別（インテーク）（本章の第2節の第5の5（104頁）参照）は，例えば，当事者の申立て（本章の第1節の第2（53頁）参照）によって開始された家事調停事件の場合，主に申立人提出書面のみによって行われるものであるため，更に手続選別の適正を期するために，相手方から前記①及び②の書面等が提出された後に，再度，調査官による手続選別を行うこととしている家庭裁判所もある。

イ　調査報告書の取扱い

調査官により第1回調停期日前に事実の調査（法258条1項，58条1項。本章の第2節の第5の6の(1)（104頁）参照）が行われた家事調停事件について，当該調査の結果等が記載された調査報告書（法258条1項，58条3項・4項）が提出された場合は，事件担当書記官は，裁判官の判断補助及び家事調停手続の進行促進等を目的として，当該調査報告書の誤字脱字等の形式面の点検に加え，あらかじめ裁判官及び調査官と共有した方針に従い，非開示希望情報等や推知情報の有無等の家事調停手続の進行に影響を与え得る事項の記載の有無等にも留意して当該調査報告書を閲読し[142]，裁判官に提出して押印をしてもらった後，裁判官の指示に基づいて，当事者に当該調査報告書が提出された旨を電話等で連絡し，当該調査報告書の閲覧・謄写を促す。また，家事調停委員にも当該調査報告書が提出された旨を適宜の方法で連絡し，裁判官の指示に基づいて，当該調査報告書の内容を踏まえた調停運営となるよう，適宜，裁判官との評議（後記第4（138頁）参照）の場や調査官との打合せの場を設ける等の所要の調整を行う。

ウ　当事者等からの問合せ対応

第1回調停期日の通知書や申立書の写しの送付の際に，手続説明書面を同封して送付していたとしても，当事者等から，家事調停制度に関する事項，各種書面の書き方や証拠書類の写しの提出方法，調停期日当日の手続の流れ等について電話等で問合せをされることがある。このような問合せがあったときは，事件担当書記官は，当該当事者等の理解の程度等に応じて，簡にして要を得た説明をする必要がある。また，このような問合せの際には，併せて，他方当事者等に対する

---

[142] アンケート調査の結果においても，多くの家庭裁判所において，事件担当書記官が調査報告書を閲読する目的や留意事項はこのような内容であり，当該目的や留意事項については，裁判官と事件担当書記官との間で事案に応じて個別に認識の共有を図っているとのことであった。

強い不満等が述べられたり，精神的に不安定な状況が見受けられたり，粗暴な態度が示されたりすること等もあるため，当該問合せをしてきたときの当事者等の状況や対応結果については，必要に応じて，調停委員会や裁判官にも報告し，手続の進行方針等について指示を仰ぐ。
  エ　家事調停委員による第1回調停期日前の記録の閲読等
　　家事調停委員は，第1回調停期日前に，自身が指定を受けた担当調停事件の記録を閲読し，当事者と利害関係等がないかを確認したり，当事者の主張や事実関係を確認する等の当該調停期日に向けての準備を行う。事件担当書記官は，家事調停委員との間で当該調停事件の記録の貸出し（授受）の事務（平成27年6月19日付け最高裁総三第133号総務局長通達「民事裁判事務支援システムを利用した家事事件等の事務処理の運用について」記第6の1の(2)のイ参照）を行うほか，当該調停事件の記録を閲読した家事調停委員から当事者と利害関係等があるとの理由で当該調停事件の担当を外してもらいたい旨の申出を受けたときは，当該家事調停委員の指定の取消し及び新たな家事調停委員との連絡調整や指定に関する事務（本章の第2節の第6の1の(2)及び2の(1)（106頁）参照）を行う。
  オ　第1回調停期日実施前の準備事務
　　事件担当書記官は，第1回調停期日における手続の円滑な進行確保及び進行促進のため，当該調停期日の1週間程度前までには，主に次の(ｱ)から(ｶ)までの事務を行うことが望ましい。
　(ｱ)　第1回調停期日の呼出しの成否（当事者等の出頭確保）の確認
　　　第1回調停期日の呼出しの未了等により当該調停期日を空転させないために，記録中の当該調停期日の通知書（当事者等に送付済みのもの）の控え（写し）や弁護士の手続代理人等から提出された期日請書等により，指定した当該調停期日（日時）の呼出しが適正かつ確実に完了しているかを確認する。
　(ｲ)　記録の所在等の確認
　　　第1回調停期日前に調査官による事実の調査（法258条1項，58条1項）が行われ，調査官に記録を貸し出している場合（本章の第2節の第6の2の(4)（108頁）参照）は，記録の返還の有無を確認し，記録の返還が未了であれば記録の返還予定日（調査報告書の提出日）等を確認し，当該記録の閲読等を予定している裁判官や家事調停委員に報告する。
　(ｳ)　家事調停委員への連絡事項の準備
　　　第1回調停期日において，調停委員会を組織する裁判官から家事調停委員への連絡事項がある場合，家事調停委員を通じて当事者に指示する事項がある場合，事故防止対策等（後記5（130頁）参照）の留意すべき事項がある場合等は，適宜，当該事項を記載した家事調停委員への連絡メモを作成する等の準備をする。
　　　なお，事件担当書記官と家事調停委員との間では，調停期日の当日やその前後において記録の貸出し（授受）をするとき等，日頃からコミュニケーションを取る機会が多いため，そのような機会を利用して家事調停委員への連絡事項を伝達する場合もある（後記第7の3（144頁）参照）。

第7章　家事調停手続に関する書記官事務

　　㋓　業務系システムの入力内容の正確性の確認
　　　調停期日の期日簿情報を入力し，調停期日当日使用する期日簿（後記第3の2の(1)（131頁）参照）等を印刷することができる民事裁判事務支援システム（MINTAS）や，調停期日における家事調停委員の出勤管理（後記第3の7の(2)（135頁）の家事調停委員出勤簿の印刷や当該データの管理等）を行う調停委員出勤管理プログラム等の業務系システムに，裁判官が指定した第1回調停期日の日時や家事調停委員等の情報が正確に入力されているかを確認する（後述する続行期日分の入力情報の確認も同様に行う。）。
　　㋔　調停条項案の準備
　　　第1回調停期日において調停が成立することが見込まれる事件（例えば，当事者間で合意ができている親権者の変更の調停事件（法別表第二の八の項の事項についての調停事件）等）については，調停条項案を準備する（後記(2)のカ（125頁）も参照されたい。）。
　　㋕　調停委員会を組織する裁判官による記録の閲読
　　　続行期日分の家事調停事件の記録を含め，第1回調停期日の家事調停事件の記録を，担当裁判官との申合せや取決め等（例えば，調停委員会を組織する裁判官が担当する調停期日の準備をするために，当該調停期日の1週間程度前に，当該調停期日の家事調停事件の記録を閲読する等）に従って，調停委員会を組織する裁判官の閲読のために提出する。
　　　裁判官の閲読のために記録を提出する際の記録の授受（貸出し及び返還）については，民事裁判事務支援システム（MINTAS）の貸出しの機能を利用するか，あるいは裁判官から即日記録が返還される場合は，適宜の方法により，記録の出納（授受）を把握する（平成27年6月19日付け最高裁総三第133号総務局長通達「民事裁判事務支援システムを利用した家事事件等の事務処理の運用について」記第6の1の(2)のア参照）。
　　　この記録の閲読後，事案（例えば，調査官により第1回調停期日前に事実の調査（前記イ（120頁）参照）が行われた事案等）によっては，裁判官の指示により，裁判官，家事調停委員，調査官及び書記官において，調停期日における手続の進行方針等についてあらかじめ打合せを行うこともある。
(2) **第1回調停期日以後（期日間）の準備事務**
　　ア　提出予定書面の提出期限の管理
　　　事件担当書記官は，期日間に，裁判官による個別の指示のほか，家事調停委員が調停期日後に作成した手控えや経過メモ[143]等の内容を確認し，提出期限が定

143　この手控えや経過メモ等は，実務上，調停期日に立ち会わない裁判官及び書記官が調停の経過等を把握するための連絡文書として機能しており，家庭裁判所と当事者との共通の資料としてではなく，家庭裁判所内部の連絡のために用いられるものであるから，当事者等の閲覧・謄写等の申請の対象となる法令上の記録には当たらないが，その連絡文書としての機能を確保するために，記録と一体として管理されるのが一般的である。なお，この手控えや経過メモ等は，各家庭裁判所において適宜の書式が整えられており，裁判官が家事調停委員に対して，法的な考え方，進行方針，当事者から聴取を要する事項等を記載する等して，いわゆる「対面評議」に代わる「書面評議」を行う場合にも利用されている。

第2　調停期日外における書記官事務

められている書面がある場合は，当該提出期限までに当該書面が提出されているか否かの確認や当該提出期限までに当該書面が提出されるように適宜の時期に電話等の適宜の方法で督促する等の，提出予定書面の提出期限の管理を行う[144]。

　実務上，特に家事調停事件の取扱件数の多い家庭裁判所等においては，事件担当書記官が限られた時間の中で担当する全ての家事調停事件について精緻に提出予定書面の提出期限の管理を行うことが困難な場合もある。したがって，提出予定書面の緊急度や重要度，手続への影響度，事件類型，手続の進行段階，次回調停期日までの期間，当事者の理解の程度，弁護士の手続代理人の選任の有無等を総合的に考慮した上で，優先順位を付けて，合理的かつ効果的な提出予定書面の提出期限の管理を行うことができるよう，提出予定書面が提出されない場合の督促の時期（提出期限の何日前に督促するか，提出期限当日に督促するか，提出期限後に督促するか等）や督促の方法（督促の事務連絡文書を郵送又はファクシミリ送信するか，電話で督促するか等）等の提出期限の管理の具体的な方法等も含め，裁判官と書記官との間で検討して認識を共有している家庭裁判所がある。

イ　当事者等からの提出書面の取扱い

　当事者等から書面が提出されたら，事件担当書記官は，受付事務を行い，あらかじめ裁判官との間で認識を共有している提出書面の確認事項（提出書面の体裁や連続性等の形式面のほか，裁判官や調停委員会が提出を指示した書面であれば当該指示に基づいた書面が提出されているかどうか，非開示希望情報等の有無や当事者の暴力等の家事調停手続の進行に影響を与え得る事項の記載の有無や内容，法が規定する申立てや申出の有無等[145]）について確認する。当該確認の結果については，前記アの提出期限が定められている書面が提出された場合や家事調停手続の進行に影響を与え得る事項が記載されている場合等，書面の緊急度や重要度，手続への影響度等に応じて，適時適切に調停委員会や裁判官に報告し，手続の進行方針等について指示を仰ぐ。

　なお，当事者等から家庭裁判所提出用の書面の写しのほかに他方当事者等交付（送付）用の当該写しも併せて提出された場合は，事件担当書記官は，前述のとおり提出書面の確認等をした上で，調停委員会や裁判官に報告し，次回調停期日の充実等を図るために当該調停期日前に他方当事者等に当該写しを交付又は送付するか否か等の手続の進行方針について指示を仰ぐ（規3条2項参照）[146]。

ウ　調査報告書等の取扱い

　(ｱ)　期日間に行われた調査官による調査の結果等が記載された調査報告書が提出

---

[144] なお，アンケート調査の結果によると，提出予定書面の提出期限の管理の方法として，事案に応じて，民事裁判事務支援システム（MINTAS）の書面の提出期限管理の機能を利用している家庭裁判所もある。

[145] なお，アンケート調査の結果によると，多くの家庭裁判所において，事件担当書記官は当事者等からの提出書面について主にこのような事項に留意して確認をしており，当該確認事項については裁判官と事件担当書記官との間で事案に応じて個別に認識の共有を図っているとのことであった。このほか，アンケート調査の結果からは，各家庭裁判所において，裁判所における障害を理由とする差別の解消の推進に関する対応要領（平成28年4月1日実施。詳細については，後記第3の2（131頁）の脚注参照。）に基づき，障害がある当事者等からの現に社会的障壁の除去を必要としている旨の意思表明の有無についても確認していることが確認できた。

第7章　家事調停手続に関する書記官事務

された場合における当該調査報告書の取扱いについては，前記(1)のイ（120頁）と同様である。

(イ)　調停期日外に事実の調査として調査嘱託（法258条1項，62条）が行われた家事調停事件について，当該嘱託先から回答書（又は報告書）が提出された場合は，事件担当書記官は，嘱託した調査事項についての回答の記載の有無や内容，マイナンバーや非開示希望情報等の記載の有無等に留意して当該回答書を閲読し，裁判官に提出した後，裁判官の指示に基づいて，必要に応じて，当事者に当該回答書が提出された旨を電話等で連絡し，当該回答書の閲覧・謄写を促す。また，家事調停委員にも当該回答書が提出された旨を適宜の方法で連絡し，裁判官の指示に基づいて，当該回答書の内容を踏まえた調停運営となるよう，適宜，裁判官との評議（後記第4（138頁）参照）の場を設ける等の所要の調整を行う。

なお，嘱託を受けた団体等が回答（又は報告）をした場合には，家庭裁判所に対し，その報酬及び必要な費用を請求することができるため（民訴費用法20条1項及び昭和48年度書記官実務研究「民事訴訟における訴訟費用等の研究」（裁判所書記官研修所）468頁参照），当該回答とともに当該報酬及び必要な費用の請求がされれば，関連通達等（本章の第14節の第4（191頁）参照）に従って，当事者等に予納させた保管金（民訴費用法12条1項参照）の払渡し等の手続を行う必要がある。

エ　当事者等からの問合せ対応

当事者等から調停期日における家事調停委員の発言の内容やその趣旨の確認を求める問合せ，今後の手続の流れや調停期日の所要時間についての問合せ等を受けた場合は，これらの情報は，当事者等の手続や調停の内容についての理解の程度を明らかにしたり，調停委員会に対する要望等を把握できる等，今後の手続の円滑な進行確保及び進行促進の観点からも重要な情報となり得るものであることから，その内容や対応結果については，緊急度や重要度，手続への影響度等に応じて，適宜電話聴取書を作成する等して記録化し，調停委員会や裁判官に報告する（後記第7の3の(2)（144頁）も参照されたい。）。

オ　当事者の連絡先の変更

当事者から従前家庭裁判所に連絡先届出書（本章の第1節の第2の1の(3)の②（59頁）参照）により届け出ていた連絡先を変更したい旨の連絡があったときは，事件担当書記官は，当該当事者の連絡先を適正かつ確実に把握して管理するため，改めて新たな連絡先を記載した連絡先届出書（兼変更届出書）を提出するよう指示する。

146　例えば，当事者双方に弁護士の手続代理人がいる事案では，提出書面について，当該手続代理人間で事実上の直送が行われる場合もある。なお，書面の直送その他の送付に関しては，裁判所がその責任で送付しなければならないもの（家事調停の申立書の写し（法256条1項）等）と，当事者等がその責任で直送しなければならないもの（証拠の申出を記載した書面（規128条1項，46条3項。文書提出命令の申立書も含まれる。）等）があるため，これらについては，規26条の規定に従って，当該送付に関する事務を行う必要がある（詳細については，条解規則57頁～61頁を参照されたい。）。

なお，当事者から電話で連絡先の変更の連絡があった場合は，書記官が新たな連絡先を聴取し，電話聴取書を作成して記録化することも考えられるが，事務の適正を期する目的から，また，仮に当該連絡先が非開示希望情報である場合は当該連絡先を適切に管理する目的から，連絡先届出書や非開示希望申出書等の家庭裁判所が整備する書式を利用して提出してもらうことが望ましい。

おって，新たな連絡先を記載した連絡先届出書（兼変更届出書）が提出された場合は，事務の適正を期するため（誤って変更前の連絡先に書類等を送付してしまうこと等を防止するため），記録上連絡先の変更があったことを注意喚起する表示をし，民事裁判事務支援システム（MINTAS）に入力した当事者の住所情報等の連絡先に関する情報を修正する等の所要の措置を執る。この場合において，新たな連絡先が非開示希望情報である場合には，本章の第2節の第3（76頁）記載の非開示希望情報等の適切な管理を行うことはもちろんである。

カ 次回調停期日において調停成立が予想される場合の準備事務

前回調停期日終了後の家事調停委員からの報告，家事調停委員作成の手控えや経過メモの内容，当事者等から提出された書面（調停条項案）の内容等から，次回調停期日において調停が成立する可能性が高い事案については，事件担当書記官は，次回調停期日における手続の円滑な進行確保及び進行促進を図るため，裁判官とも認識を共有した上で，主に次の(ｱ)から(ｳ)までの事務を行う。

(ｱ) 当事者（本人）の出頭確保

前記第1の3（118頁）のとおり，調停期日には，やむを得ない事由があるときに代理人を出頭させる場合を除き，当事者（本人）の出頭が必要である（本人出頭主義（法258条1項，51条2項））。特に，調停成立によって身分関係が変動するという重大な効果が生じる離婚や離縁等の調停が成立する期日については，当事者（本人）が出頭し，その真意（離婚意思や離縁意思等）を慎重に確認する必要があるため，代理人のみが出頭して調停を成立させることはできないと解されている（逐条779頁，斎藤秀夫，菊池信男編「注解家事審判規則【改訂】」（青林書院）35頁，東京家事事件研究会編「家事事件・人事訴訟事件の実務～家事事件手続法の趣旨を踏まえて～」（法曹会）50頁参照）。

このようなことから，次回調停期日において離婚や離縁等の身分関係の変動に関する調停事件の調停成立が予想される場合は，事件担当書記官は，手続の適正確保並びに円滑な進行確保及び進行促進のため，家事調停委員を通じて，あるいは直接連絡をとる等して，当事者（本人）や代理人に対して，当該調停期日への当事者（本人）の出頭を求めておく必要がある。

(ｲ) 調停成立に当たって必要な資料の提出指示

一方当事者が，婚姻費用，養育費，財産分与，慰謝料，解決金等の金銭を，他方当事者の預貯金口座へ振り込む方法により支払う旨の調停条項を作成することが予想される場合は，当該預貯金口座の特定のため，当該預貯金通帳又は当該預貯金通帳の見開き部分（金融機関名（本支店名），口座名義，口座番号等が記載された部分）等の写しを調停期日に持参するよう指示する（規127条，37条3項）。

なお，持参してもらった当該預貯金通帳の見開き部分の写しを家庭裁判所に提出してもらう場合には，当該預貯金通帳の見開き部分には当事者の住所が記載されていることがあるため，住所の非開示を希望する当事者については，非開示希望住所の記載の有無を確認してもらい，当該非開示希望住所が記載されている場合には，当該非開示希望住所部分を黒塗り（マスキング）してもらったものを提出してもらう等の措置を執る[147]。

また，住所の非開示を希望する当事者については，そもそも当該非開示希望住所近辺の金融機関（本支店）で開設した預貯金口座（特に金融機関名（本支店名））についても当該住所を推知させる情報として他方当事者に知られたくないという場合もあり得る（本章の第2節の第3の3の(1)のウ（78頁）参照）。したがって，調停調書に当該預貯金口座（特に金融機関名（本支店名））を記載することが予想される場合は，当事者に当該預貯金口座を記載することについての支障の有無を確認し，支障があるときは，支障がない（調停調書に記載してもよい）預貯金口座（金融機関名（本支店名））を確認する必要がある。

(ｳ) 調停条項案の作成

事件担当書記官は，記録中の主張書面や証拠書類の写し，前回調停期日の家事調停委員作成の手控えや経過メモの内容等から予想される調停条項案を作成しておく。

2　調停期日の変更

実務上，調停期日外に当事者から問合せがあったときや，当事者が弁護士である手続代理人を選任したとき等に，例えば，当事者本人が調停期日当日に重要な仕事の予定が入っていて休暇を取ることができないとか，手続代理人に選任された弁護士が調停期日当日に既に別件の裁判の期日の予定が入っている等の理由で，当該調停期日の変更の申請がされることがある。事件担当書記官は，調停期日の充実のため，また，当事者の不出頭等により調停期日を空転させないためにも，次の(1)の調停期日の変更の事由等を踏まえた上で，同(2)の調停期日の変更の手続に関する事務を適時適切に行う必要がある。

(1) 調停期日の変更の事由等

ア　調停期日の変更の事由及び申立ての可否

家事調停の手続において，調停期日を指定した場合には，安易にこれを変更することは相当でないことから，法34条3項は，調停期日を含む家事事件の手続の期日の変更は，「顕著な事由」がある場合に限り，することができる旨を規定している。

この調停期日の変更も，調停期日の指定と同様に職権で行われる（法34条1項参照）。したがって，当事者に調停期日の変更の申立権はなく，また，当事者

---

[147] このほか，そもそも非開示希望住所を不必要に提出させないという観点から，当該預貯金通帳の見開き部分の写しを提出してもらわずに，調停条項作成のために必要な部分（金融機関名（本支店名），口座名義，口座番号等が記載された部分）のみを当事者から申告してもらい，書記官において確認した上で，適正かつ確実に調停調書に記載するという方法もある。

の合意による調停期日の変更の制度もない。もっとも，調停期日の変更に当事者全員が了承していること又は異を唱えていないことは，前記「顕著な事由」の存否を判断する際の一要素となり得る（逐条108頁及び「別冊法学セミナーno.225 新基本法コンメンタール人事訴訟法・家事事件手続法」（日本評論社）179頁参照）。

イ 調停期日の変更の制限
　規23条[148]は，調停期日を含む家事事件の手続の期日の変更は，やむを得ない事由があるときを除き，次の(ア)及び(イ)に掲げる事由に基づいてしてはならない旨規定している。
(ア) 当事者又は利害関係参加人の一人につき手続代理人が数人ある場合において，その一部の代理人について変更の事由が生じたこと。
(イ) 期日指定後にその期日と同じ日時が他の事件の期日に指定されたこと。

(2) **調停期日の変更の手続**
ア 当事者や弁護士である手続代理人から書面や電話等で調停期日の変更の申請がされたときは，事件担当書記官は，前記(1)の調停期日の変更の事由等を踏まえ，裁判官の判断補助並びに手続の円滑な進行確保及び進行促進のため，調停期日の変更を求める具体的な事由を確認し，電話による申請であれば当該事由を電話聴取書に記載して記録化する。また，実務上，弁護士の手続代理人からは，書面で調停期日の変更の申請がされる場合[149]が多いため，当該書面に記載されている調停期日の変更を求める事由を確認し，前記(1)のイの調停期日の変更の制限事由に該当しないか等を確認する。
イ これらの確認後，速やかに[150]裁判長に報告し，調停期日の変更の可否等についての指示を仰ぐ。
　裁判長から，調停期日の変更の可否を判断するに当たって，調停期日を変更することについての他方当事者の意向を確認するよう指示された場合は，事件担当書記官は，他方当事者に電話等で連絡をとって当該意向を確認し，手続の適正を期するために電話聴取書を作成する等して記録化した上で，裁判長に報告する。
ウ 裁判長が調停期日を変更すると判断した場合は，事件担当書記官は，裁判長の予定や調停室の空き状況等を確認し，当事者，手続代理人，家事調停委員，調停期日に立ち会う予定の調査官等と日程調整して，変更後の調停期日の候補日を決めた後，裁判長が，職権で，調停期日の変更の裁判[151]をする。
　なお，実務上，調停期日の変更の裁判は，記録表紙の裏面等を利用して，次の参考例のように記録化されることが一般的である。

---

148 規23条は，法34条3項が規定する「顕著な事由」がある場合に当たらない場合（期日の変更をすることができない場合）を例示する解釈規定である（条解規則53頁及び54頁参照）。
149 手続の適正を期するため，家庭裁判所から調停期日の変更の申請を書面でするよう求める場合もある。
150 調停期日が間近に迫っている場合は，特に迅速に報告する必要があることはもちろんである。
151 調停期日の変更の裁判は，審判以外の裁判（法258条1項，81条）である。

第7章　家事調停手続に関する書記官事務

【参考例】

> 本件の第○回調停期日を平成○○年○月○日午前（又は午後）○時○分に変更する。
> 　　　　　　　　　　　　　　　　　　　　平成○○年○月○日　裁判官　㊞

　エ　裁判長が調停期日の変更の裁判をしたら，事件担当書記官は，変更後の調停期日の呼出し（詳細については，本章の第2節の第6の2の(3)（107頁）と同様であるため参照されたい。）や，家事調停委員等の関係職種への変更後の調停期日の連絡等の事務を行う。

3　医師である裁判所技官の関与

(1)　関与の形態

　ア　家庭裁判所は，必要があると認めるときは，医師である裁判所技官（裁判所法61条参照。実務上，「医務室技官」と呼ばれることが多い。）に事件の関係人[152]の心身の状況について診断を命ずることができる[153]（法258条1項，60条1項）。ただし，急迫の事情があるときは，裁判長が診断を命ずることができる（法258条1項，60条2項，58条2項）。この診断の結果については，書面又は口頭で家庭裁判所に報告するものとされ，この報告には意見を付することができる（法258条1項，60条2項，58条3項・4項）。

　イ　家庭裁判所は，必要があると認めるときは，調停期日に医師である裁判所技官を立ち会わせることができ，さらに，立ち会わせた医師である裁判所技官に意見を述べさせることができる（法258条1項，60条2項，59条1項・2項）。調停委員会が家事調停を行う場合には，この家庭裁判所の権限は，当該調停委員会が行う（法260条1項6号）。

　　医師である裁判所技官を調停期日に立ち会わせる場合としては，調停期日に出席する当事者等が情緒不安定になり，その場で対応が必要となることが予想される場合や調停期日における当事者等の様子を観察してもらい，今後の進行上注意すべきことに関して医学的見地からの助言を受けることが有用である場合等が考えられる（逐条207頁参照）。

　ウ　調停委員会が家事調停を行う場合において，当該調停委員会を組織する裁判官が当該調停委員会の決議により事実の調査をするときは，医師である裁判所技官に事件の関係人の心身の状況について診断をさせることができる（法261条1項・2項）。この診断の結果は，書面又は口頭で当該裁判官に報告し，当該報告には意見を付することができる（法261条3項，58条3項・4項）。この報告及び意見を受けた当該裁判官が調停委員会にその結果を提出することになる。

　　なお，以上は，調停委員会が家事調停を行う場合において，当該調停委員会が

---

[152] この「事件の関係人」は，家事事件の当事者，利害関係参加人，審判を受ける者となるべき者，審判の結果により直接の影響を受ける者が想定されている（逐条206頁参照）。

[153] この診断を命ずる家庭裁判所の裁判は，審判以外の裁判（法258条1項，81条）であり，実務上「診断命令」と呼ばれることがある（「別冊法学セミナーno.225 新基本法コンメンタール人事訴訟法・家事事件手続法」（日本評論社）241頁参照）。

第2　調停期日外における書記官事務

医師である裁判所技官に命じて直接事件の関係人の心身の状況について診断をさせることは根拠となる規定がなく（法60条1項の規定は，法260条1項各号に掲げる調停委員会の権限として準用されていない。），許容されないことを前提としている（逐条792頁参照）。

(2) **関与の手続**

ア　診断を命ずる裁判等の準備

当事者の状況，調査官による手続選別（インテーク）（本章の第2節の第5の5（104頁）参照）や調査の結果，家事調停委員の意見等から，裁判官が家事調停事件に医師である裁判所技官を関与させる旨判断した場合は，事件担当書記官は，前記(1)の関与の形態に従って，診断を命ずる裁判や調停期日への立会命令等の準備（医師である裁判所技官等とあらかじめ日程等の調整等）[154]を行い，記録表紙の裏面等を利用して裁判官に当該命令等の発令の押印を受ける。

イ　診断を命ずる裁判等の発令後の事務

裁判官が診断を命ずる裁判や調停期日への立会命令等を発令したら，事件担当書記官は，医師である裁判所技官，関与している調査官，家事調停委員等の関係職種に当該発令の旨を適宜の方法で連絡する。また，医師である裁判所技官が記録を閲読する場合は，記録の貸出し等の調整も行う。

ウ　調査官との連携

医師である裁判所技官は，診断をする際に調査官の調査結果を参照することができ，調査官は，事実の調査を行う際に医師である裁判所技官の診断結果を参照することができるところ，事件処理の適正を期するためには，このような相互参照が有効と考えられるとされている。また，実務上，調査官が，事実の調査を行う過程で当事者の精神疾患が疑われる場合等に，医師である裁判所技官に対し，事案の理解，今後の調査方法等について医学的な専門知識に基づく（事実上の）助言を求めることがある（「別冊法学セミナーno.225 新基本法コンメンタール人事訴訟法・家事事件手続法」（日本評論社）242頁参照）。このように，調査官と医師である裁判所技官は連携して事実の調査等を行っていることから，事件担当書記官は，前記ア及びイの診断を命ずる裁判等の発令前後の事務を行う際には，このような職種間連携も考慮して，関係職種との連絡調整を行う必要がある。

4　通訳人の立会い等

家事調停手続に関与する，当事者，利害関係参加人，それらの代理人等が，日本語に通じないとき，又は耳が聞こえない者若しくは口がきけない者であるときは，調停期日に通訳人を立ち会わせることができる。ただし，耳が聞こえない者又は口がきけない者には，文字で問い，又は陳述をさせることができる（法258条1項，55条，民訴法154条1項）（逐条194頁参照）。

この法の規定に基づき，家庭裁判所が調停期日に通訳人を立ち会わせることとした

---

[154] 医師である裁判所技官が勤務していない家庭裁判所の支部等（裁判所法65条参照）においては，事件担当書記官において，各家庭裁判所の取決め等に従って，医師である裁判所技官が勤務している本庁等から派遣してもらうための手続を行う必要がある。

第7章　家事調停手続に関する書記官事務

事件については，事件担当書記官において，通訳人候補者の選定や通訳人の指定に伴う事務，通訳人の旅費，日当，通訳料等の予納及び請求[155]の手続に関する事務[156]等を行うこととなる。

なお，通訳人には鑑定人に関する規定が準用されているため（法258条1項，55条，民訴法154条2項，212条～218条），通訳人の指定等の事務については，平成28年3月研修教材第5号「民事実務講義案Ⅰ（五訂版）」（裁判所職員総合研修所）178頁等を，適宜，家事調停手続における通訳人の指定等の場合に読み替えた上で参照されたい。

5　事故防止対策等

事件担当書記官は，当事者から提出された書面，当事者からの連絡，調停期日後の家事調停委員の報告等から，当事者の暴力等の懸念等，円滑な家事調停手続の進行に影響を及ぼすような情報を得た場合は，各家庭裁判所策定の事故防止対策要領等に従って，速やかに，裁判官，家事調停委員，当該調停事件に関与している調査官，上司（主任書記官等），警備担当部署等に報告や相談等をした上で，警備対応の要否やその内容等の事故防止対策等について検討し，必要な措置を執る[157]。

なお，事案によっては当事者間の感情的な対立が激しい場合がある等の家事調停事件の特性は人事訴訟事件の特性と同様の部分もあるため，家事調停事件における事故防止対策等を検討するに当たっては，人事訴訟事件において危害防止のために書記官が特に注意すべき事項が記載された平成25年11月研修教材第6号「民事実務講義案Ⅱ（四訂再訂版）」（裁判所職員総合研修所）181頁及び182頁についても併せて参照されたい。

第3　調停期日における書記官事務

本項に記載する調停期日における書記官事務は，前記第2（119頁）と同様に，調停期日の充実及び円滑な進行の実現を図るものであり，家事調停手続の適正確保並びに円滑な進行確保及び進行促進に資する事務である。また，このうち調停成立時の調停条項案の作成等に関する事務は，家庭裁判所における家事調停の紛争解決機能が有効かつ適切に行使される一場面でもあるといえる。

当然ながら，各家庭裁判所においては，裁判官や調停委員会の手続運営の方針，事案ごとの個別の事情等の実情に応じて，調停期日における書記官事務の内容に多少の差異は生じ得る。そこで，本項では，そのような差異が生じ得ることにも留意して，各家庭裁判所における事務処理状況等の調査結果等も踏まえ，調停期日における書記

155　通訳人は，出頭のための旅費，日当及び宿泊料を請求することができる（民訴費用法18条1項）。また，通訳料を請求し，これと併せて通訳に必要な費用の支払又は償還を受けることができる（同条2項）。これらの費用については，当事者等に予納義務がある（民訴費用法11条1項1号・2項，12条1項）。
156　本章の第2節の第4の4（98頁）記載のマイナンバーの取扱いに留意する。
157　なお，参考までに，ドメスティック・バイオレンス（DV）等の行為が背景にある事案に関しては，例えば，配偶者からの暴力の防止及び被害者の保護等に関する法律23条1項において，配偶者からの暴力に係る被害者の保護，捜査，裁判等に職務上関係のある者は，その職務を行うに当たり，被害者の心身の状況，その置かれている環境等を踏まえ，被害者の国籍，障害の有無等を問わずその人権を尊重するとともに，その安全の確保及び秘密の保持に十分な配慮をしなければならない旨規定されている。

第3　調停期日における書記官事務

官事務のうち基本となる主な事務について記載した。

なお，個別の事件類型において特に留意すべき調停期日における書記官事務等については，第3編（200頁）の各章の各節を参照されたい。

1　家事調停委員の登庁及び記録の貸出し

家事調停委員が担当する家事調停事件の調停期日のために登庁したら，事件担当書記官は，当該家事調停委員が担当する家事調停事件の記録を貸し出す。この家事調停委員との間での記録の貸出しや調停期日終了後の記録の返還（後記7の(1)（134頁）参照）については，実務上，当該調停期日の終了後に即日記録が返還されることから，各家庭裁判所においては，民事裁判事務支援システム（MINTAS）の貸出しの機能を利用するか，あるいは適宜の方法により，記録の出納（授受）を把握している（平成27年6月19日付け最高裁総三第133号総務局長通達「民事裁判事務支援システムを利用した家事事件等の事務処理の運用について」記第6の1の(2)のイ参照）。

このとき，事件担当書記官は，前記第2の1の(1)のオの(ウ)（121頁）のとおり，家事調停委員への連絡事項がある場合は，作成した連絡メモ等を交付し，必要に応じて，口頭でも補足説明をする等して，当該連絡事項を遺漏なく正確に伝達する。

2　出頭当事者等への対応等

調停期日に出頭した当事者等に対応する書記官は，手続の円滑な進行確保及び事故防止対策等（前記第2の5（130頁）参照）の観点等から，主に次の(1)から(4)までに留意して対応する必要がある[158]。

(1) 書記官室等の受付窓口において，当事者等本人の出頭であることを確認する。実務上，受付窓口では，当事者等が持参した調停期日通知書や連絡カード等により，受付窓口等に備え付けられている期日簿等と対照する等して出頭確認をすることが多い[159]。

この当事者等の出頭時には，他方当事者等に対する感情の高ぶり等から粗暴な態度を示す当事者等もいるため，調停期日の運営に影響を与え得るような当事者等の出頭時の様子等については，事故防止対策等の観点からも，調停委員会や裁判官，当該調停期日に立ち会う調査官，上司（主任書記官等）等に速やかに報告及び相談をし，対応を検討する必要がある。

(2) 前記(1)の出頭確認後，受付窓口等に備え付けられている期日簿等で当該調停期日で使用する調停室を確認し，当該当事者等を待合室へ案内する。このとき，例えば，ドメスティック・バイオレンス（DV）等の行為が背景にある事案等で，申立人が使用する待合室や調停室と相手方が使用する待合室や調停室の階を分けている事

---

[158] このほか，書記官だけでなく，裁判官を含む裁判所の全職員が事務を行うに当たって留意すべき事項として，平成28年3月24日付け最高裁総一第346号事務総長通達「裁判所における障害を理由とする差別の解消の推進に関する対応要領について」がある。この通達の別紙の対応要領は，障害を理由とする差別の解消の推進に関する法律（平成25年法律第65号）の趣旨を踏まえ，障害を理由とする不当な差別的取扱いをすることなく，また，障害者から現に社会的障壁の除去を必要としている旨の意思表明があった場合に合理的な配慮を行うことができるように定められたものであり，関係部署とも連携・協力して，この対応要領の趣旨に沿った手続を実現する必要がある（同日付け最高裁総一第347号総務局長通知「裁判所における障害を理由とする差別の解消の推進に関する対応要領について」参照）。

[159] なお，調停期日の開始時には，家事調停委員においても当事者等本人であることを確認している。

件，警備対応がとられている事件[160]等では，当事者双方が家庭裁判所庁舎内において不用意に接触することがないように，事前に双方の動線を確認した上で正確に待合室へ案内する必要がある。

なお，待合室に案内した後に出頭当事者等を呼びに行くとき等，他の事件の関係者がいるときには，プライバシーへの配慮等の観点から，当該出頭当事者等本人の名前を呼ばないような配慮も必要である（「家事調停の手引」（最高裁判所事務総局家庭局）41頁及び秋武憲一著「新版離婚調停」（日本加除出版）47頁参照）。

(3) 当事者等の出頭時の様子から，前記第1の2（117頁）の家事調停の非公開主義（法33条）や調停期日における録音や録画等の制限（規126条2項，民訴規77条）等についての理解が十分ではないと見受けられる場合は，これらの留意事項についても説明する[161]。

(4) 調停期日の呼出しを受けた一部の当事者等が不出頭である場合は，書記官あるいは家事調停委員において，当該当事者等が受付窓口に向かわずに直接待合室や休憩場所等に行っていないか（他の場所で待っていないか）等を確認した上で，調停委員会や裁判官に当該当事者等が不出頭である旨を報告し，当該調停期日を延期するか，あるいは出頭している当事者等のみから事情等を聴取するか等の当該調停期日の進行方針についての指示を受ける[162]。

3　当事者双方立会いの下での手続説明

法の趣旨（第1編の第1章（4頁）及び第2章（5頁）参照）の一つである家事調停手続の透明性や公平性の確保等の観点から，ドメスティック・バイオレンス（DV）等の行為が背景にある事案や当事者が精神的に不安定あるいは頑なに拒否している等の事案を除き，調停期日の冒頭や終了時等に，家事調停委員等から当事者に対して，主体的な合意形成の前提となる，手続の進行状況や対立点，他の当事者が提出した資料の内容等について，当事者双方と調停機関が共通の認識を持つための取組として，当事者双方立会いの下での手続説明（実務上，「同席説明」と呼んでいる場合もある[163]。）を行っている家庭裁判所がある。

事件担当書記官は，前述の当事者からの問合せに対する手続教示や提出予定書面の提出期限の管理等の事務を行う際に，この当事者双方立会いの下での手続説明の趣旨や内容等について説明する機会もあることから，当該趣旨や内容等について正確に理解しておく必要がある[164]。

160　このようないわゆる要注意事件については，実務上，各家庭裁判所において，関係職種間で情報を共有するために，記録表紙に注意喚起の表示をする等の取扱いを定めている例が多い（本章の第2節の第2の2の※1（75頁）参照）。

161　実務上，一般的に，調停期日の開始時には，家事調停委員からも当事者への導入説明の一内容として，これらの留意事項が説明されている。

162　調停委員会が家事調停を行う場合は，当該調停委員会において評議を行って当該調停期日の進行方針を決めることもある。

163　当事者双方が調停室に在席して意見交換等を行ういわゆる「同席調停」とは異なる。

164　一例として，東京家裁における当事者双方立会いの下での手続説明の詳細については，東京家事事件研究会編「家事事件・人事訴訟事件の実務〜家事事件手続法の趣旨を踏まえて〜」（法曹会）41頁〜44頁を参照されたい。

4　調停期日における当事者等からの提出書面の取扱い

　法の趣旨（第1編の第1章（4頁）及び第2章（5頁）参照）等を踏まえ，家事調停手続の透明性や公平性の確保及び家事調停の充実を図る等の目的から，例えば，収入や資産等に関する客観的な事情等を当事者双方が把握しておく必要がある，いわゆる経済事件（婚姻費用分担，養育費，財産分与，年金分割，扶養，遺産分割，寄与分等の金銭等の給付を目的とした事件）については，実務上，原則として，当事者等が提出する主張書面や証拠書類の写しについては，規3条2項に基づき，家庭裁判所提出用1通のほか，他方当事者交付（送付）用に他方当事者の人数分も提出してもらう取扱いが多い[165]。

　アンケート調査の結果によると，このように調停期日において当事者等から家庭裁判所提出用及び他方当事者交付用の主張書面や証拠書類の写しが提出された場合は，いわゆる委員会調停では，家事調停委員が当該書面を受領して家庭裁判所提出用の書面の余白に提出日及び提出者を付記[166]した上で，当該調停期日に出頭している他方当事者には他方当事者交付用の写しを交付し，家庭裁判所提出用の書面の余白（提出日及び提出者の付記の近辺等）に，家事調停委員が当該他方当事者に交付済みである旨（交付済みか否か）を付記したり，あるいは当該写しの授受の明確を期すために当該他方当事者から受領を示す署名（サイン）又は押印をしてもらう取扱いをしている家庭裁判所が多かった。

　なお，家事調停委員がこのような取扱いをするに当たっては，当事者等が提出する当該書面中に非開示希望情報等が含まれていないか等について当事者等に注意喚起をしたり，実際に非開示希望情報等が含まれている場合には適切な管理を行う等，本章の第2節の第3（76頁）記載の非開示希望情報等の適切な管理に十分留意する必要があることはもちろんである。

5　事故防止対策等

　事件担当書記官は，当事者等の出頭時の様子（前記2の(1)（131頁）参照）や家事調停委員の報告等から，調停期日における当事者の暴力等，円滑な家事調停手続の進行に影響を及ぼすような情報を得た場合は，各家庭裁判所策定の事故防止対策要領等に従って，速やかに，調停委員会や裁判官，当該調停期日に立ち会う調査官，上司（主任書記官等），警備担当部署等に報告や相談等をした上で，警備対応の要否やその内容等の事故防止対策等について検討し，必要な措置を執る。

6　調停条項案の作成等

　家事調停委員から当事者間に合意が成立した旨の連絡があったときは，原則として，事件担当書記官は，当該合意内容を記載した調停条項案を作成することとなる（昭和39年度書記官実務研究「家事調停事件の調書に関する研究」（裁判所書記官研

---

[165] このような提出書面の取扱いについては，実務上，受付窓口や電話等における手続案内のほか，手続説明書面を作成して，申立書の写しや第1回調停期日の通知書を送付する際に同封する等して当事者等に説明していることが多い。

[166] アンケート調査の結果によると，この付記は，実務上，提出日及び提出者等を記入する欄が設けられた受領用のスタンプを利用して行っている家庭裁判所が多く，提出日及び提出者の記入欄のほかに，他方当事者への開示の可否や他方当事者へ交付済みか否かを記入する欄を設けている家庭裁判所もある。

第7章　家事調停手続に関する書記官事務

修所）95頁及び平成19年1月家庭裁判資料第183号訟廷執務資料第74号「家事書記官事務の手引（改訂版）」（最高裁判所事務総局）106頁参照）。この調停条項案の作成作業は，事件担当書記官にとって，調停調書（成立）の作成（本章の第12節の第1の4の(1)（163頁）参照）にもつながる，当事者間の紛争解決に直結する最重要の事務である。したがって，事件担当書記官は，手続の適正確保の目的から，当該合意内容を的確に把握し，正確な文言を用いて調停条項案を作成する必要がある。

　各家庭裁判所においては，限られた時間の中で適正かつ迅速に調停条項案を作成するために，実務上，事件類型ごとに，よく使用する調停条項案のひな型を準備し，家事調停委員控室や調停室等に備え付けていることが多い。この調停条項案のひな型は，家事調停委員が当事者に合意内容（調停案）を確認する際に当該合意内容に遺漏がないか等を点検する機能[167]も果たすものであるから，家事調停委員が事件担当書記官に当事者間に合意が成立した旨の連絡をしてくる際には，当該ひな型等を利用して調停条項案の骨子を作成している場合が多い。事件担当書記官は，家事調停委員が作成した調停条項案の骨子の内容を記録中の資料とも対照して確認し，当該内容に不足や不備がある場合は，家事調停委員を通じて当事者に合意の内容を確認する等して，正確な文言を用いて調停条項案を作成するよう留意する。

　事件担当書記官は，作成した調停条項案を（当該調停委員会を組織する）裁判官に確認してもらう。その際，事件担当書記官の立場から，裁判官の判断補助等のため，問題点（給付条項に記載する給付すべき金額や物の特定，支払方法，支払期間等の給付内容，形成条項，確認条項，道義条項，清算条項等の各種条項の内容等）があれば意見を述べる。

　なお，調停調書（成立）の作成や調停成立後の事務等については本章の第12節の第1の4（163頁）を，個別の事件類型における調停条項案の参考例や作成時の留意事項等については第3編（200頁）の各章の各節を，それぞれ参照されたい。

7　家事調停委員からの記録の返還等

(1)　調停期日終了後，家事調停委員は事件担当書記官に当該調停期日の記録（前記1（131頁）で貸し出していた記録）を返還する。この記録の返還時には，事件担当書記官は，当該調停期日における全ての記録の返還を確認するとともに，次回調停期日の充実を図る目的や手続の適正確保並びに円滑な進行確保及び進行促進の目的から，主に次のア及びイのような事務を行う。

　ア　家事調停委員から，当該調停期日の経過，次回調停期日における評議の希望や調査官関与の希望の有無等について報告を受け，併せて，後記イの記録の点検・整理時に家事調停委員が作成した手控えや経過メモ等の内容を確認し，家事調停委員から次回調停期日前の評議や調査官関与の希望がある場合は，裁判官との間で連絡調整をして評議の時間を確保したり，裁判官に調査命令や次回調停期日への調査官の立会命令の発令の検討を促す等の調査官関与に関する連絡調整を行う

167　例えば，離婚調停において，離婚の条項のほかに，親権者指定，養育費，面会交流，財産分与，年金分割等に関する条項（合意）が漏れていないかとか，給付条項を作成する際には，支払始期・終期，支払金額，支払方法等が漏れていないか等を点検することができる。

（後記第7の2（143頁）も参照されたい。）。
　　イ　家事調停委員からは，記録とともに調停期日において当事者等から受領した主張書面や証拠書類の写し等の書面（前記4（133頁）の当事者等からの提出書面）が引き継がれる。事件担当書記官は，前記4（133頁）の家事調停委員による当該書面の受領の付記（受領用のスタンプ等）の内容が正確か確認し，受付日付印を押す等の受付手続が必要な書面については，受付手続を行う[168]。また，当該書面については，あらかじめ裁判官との間で認識を共有している提出書面の確認事項（提出書面の体裁や連続性等の形式面のほか，非開示希望情報等の有無や当事者の暴力等の家事調停手続の進行に影響を与え得る事項の記載の有無や内容，法が規定する申立てや申出の有無等）について確認した上で，記録編成通達に従って記録中の適切な位置につづり込み，併せて，非開示希望情報等が含まれている書面については，本章の第2節の第3（76頁）記載の非開示希望情報等の適切な管理を行う。
　(2)　実務上，前記(1)の記録の返還時に，家事調停委員は，家事調停委員出勤簿の「終了時刻」，「控除時間」，「執務の有無」，「当日における他庁での執務」の各欄に必要事項を記入し，「調停委員印」欄に押印することが多い。事件担当書記官は，当該出勤簿の各欄の記入や家事調停委員の押印を確認し，「係書記官印」欄に押印する。当該出勤簿は家事調停委員に支給する手当（AからCまでの支給区分の認定）のために家事調停委員が執務を行った時間を適切に把握するためのものであるから，事件担当書記官においては，関連通達及び平成16年3月30日付け最高裁民事局第二課長，家庭局第一課長，人事局給与課長書簡（民事調停委員及び家事調停委員の手当支給手続について）記載の留意点等に従って，適切に事務を行う必要がある。
8　調停期日に立ち会った調査官の意見を記載したメモ等の提出等
　　調停期日終了後，調停期日に立ち会った調査官から，事件の見立てや解決の方針，事実の調査の必要性等に関する意見（法258条1項，59条2項）を記載したメモ（記録外書面）等が提出される場合がある。事件担当書記官は，調査官から当該メモ等を受領したら，次回調停期日への立会いの要否や調停期日外における調査命令の要否等に関する事項を確認し，これらに関する命令が必要である場合は，当該命令の発令に関する事務（当該命令の発令のための裁判官への記録の提出や当該命令の発令後の調査官への記録の引継ぎ等の事務）を行う。
9　調書及び事件経過表の作成
　(1)　概説
　　　　法253条は，その本文で，書記官は，家事調停の手続の期日（調停期日）について，調書を作成しなければならない旨を規定し，また，そのただし書で，裁判長においてその必要がないと認めるときは，調書の作成を省略できる旨[169]を規定して

---

[168]　当事者から受領した主張書面や証拠書類の写し等の書面については，本来は受付分配通達に従った受付手続をすべきであるが，前記4（133頁）の家事調停委員による当該書面の受領の付記（受領用のスタンプ等）で授受が明確である場合は，事務の合理化の観点から，別途受付日付印を押さない取扱いもある。
[169]　調停委員会が家事調停を行う場合には，法253条ただし書の規定による調書の作成に関する裁判長の権限は，当該調停委員会を組織する裁判官が行う（法260条2項）。

第7章　家事調停手続に関する書記官事務

いる。

　実務上，書記官が調停期日の調書を作成するのは，調書の作成が調停成立の要件（法268条1項）ともなっている調停成立時はもちろんであるが，調停不成立時，当事者が重要な法律上の主張をしたり，手続上重要な合意をしたとき（例えば，遺産の分割の調停事件において，遺産の範囲や評価等について，いわゆる中間合意をしたとき等），規126条1項で準用する規32条1項各号に掲げる事項（期日調書の実質的記載事項）の手続が行われたとき等がある。

　裁判長又は調停委員会を組織する裁判官が調停期日の調書を作成する必要がないと認めてその作成を省略する場合（法253条ただし書，260条2項）は，審判期日の調書の作成を省略する場合（法46条ただし書）と異なり，法文上，その経過の要領を記録上明らかにすることは必ずしも必要とはされていない。しかし，法の施行に伴い，家事調停事件においても，手続費用額の確定手続（法31条，民訴法71条）をする場合があり，当事者や代理人等の旅費，日当及び宿泊料を算定する必要があること（民訴費用法2条4号・5号）からすれば，当事者や代理人等の出頭の有無を記録上明らかにしておく運用が望ましいことから，実務上，各家庭裁判所においては，調停期日の調書の作成を省略する場合でも，事件経過表（後記(4)のイ（138頁）参照）を作成し[170]，記録編成通達に従って記録につづり込む取扱いをしている。

(2) **調書の記載事項**

　調停期日の調書（法253条）の記載事項は次のア及びイのとおりである。これらの記載事項の趣旨等については，条解規則74頁から83頁まで及び309頁から312頁までに記載されているため併せて参照されたい。

　このほか，調停期日及び期日調書については，規126条2項において，民訴規68条から77条までの規定が，必要な読替えをした上で準用されている。

ア　形式的記載事項

　調停期日の調書には，次の①から④までの事項を記載し（規126条1項，31条1項），書記官が記名押印し，裁判長[171]が認印しなければならない（規126条1項，31条2項）。

① 事件の表示
② 裁判官又は家事調停官，家事調停委員及び裁判所書記官の氏名
③ 出頭した当事者，利害関係参加人，代理人，補佐人，通訳人及びその他の関係人の氏名
④ 期日の日時及び場所

イ　実質的記載事項

170　この事件経過表の作成により，裁判長（調停委員会が家事調停を行う場合には，当該調停委員会を組織する裁判官）が，法253条ただし書の規定に基づき，当該調停期日の調書を作成する必要がないと認めてその作成を省略したことが記録上も明らかになる（昭和57年3月訟廷執務資料第52号「裁判所書記官会同協議要録（家庭関係）」（最高裁判所事務総局）60頁103参照）。

171　この裁判長に支障があるときは，陪席裁判官がその事由を付記して認印しなければならない。裁判官に支障があるときは，書記官がその旨を記載すれば足りる（規126条1項，31条3項）。

(ア) 実質的記載事項
　調停期日の調書には，手続の要領を記載し，特に，次の①から⑥までの事項を明確にしなければならない（規126条1項，32条1項）。
　また，調停期日の調書には，手続の要領のほか，当事者及び利害関係参加人による書面の提出の予定その他手続の進行に関する事項を記載することができる（規126条1項，32条3項）。
① 申立ての趣旨又は理由の変更，申立ての取下げ，法268条の合意及び法271条又は272条1項の規定による事件の終了
② 証人，当事者本人及び鑑定人の陳述
③ 証人，当事者本人及び鑑定人の宣誓の有無並びに証人及び鑑定人に宣誓をさせなかった理由
④ 検証の結果
⑤ 裁判長が記載を命じた事項及び当事者の請求により記載を許した事項
⑥ 書面を作成しないでした裁判

(イ) 裁判によらないで完結した場合の調書記載の省略
　規126条1項で準用する規32条1項の規定にかかわらず，家事調停手続が裁判によらないで完結した場合（調停成立，家事調停の申立ての取下げ等）には，裁判長の許可を得て，証人，当事者本人及び鑑定人の陳述並びに検証の結果の記載（前記(ア)の②及び④参照）を省略することができる。ただし，当事者が家事調停手続の完結を知った日から1週間以内にその記載をすべき旨の申出をしたときは，省略することはできない（規126条1項，32条2項）。

(3) 調書作成のための書記官の立会い
　調書作成のための書記官の立会いは，公証すべき事項を認識するための手段であると考えられる。
　したがって，公証事項の性質に応じて，書記官の立会いの程度も相対的に考えてよいと考えられる。すなわち，前記(2)のアの形式的記載事項（期日の外形に属する事項）については，書記官は，指定された期日（日時）に事件の関係人の出頭状況を確認し，当該期日の開催場所（調停室等）への入室を促すことによって，その記載事項を十分認識することが可能であるので，そのことにより立会いを充足したととらえ，他方で，前記(2)のイの(ア)の実質的記載事項（期日の内容に属する事項）については，書記官が実際に立ち会い，当該期日における主張や争点整理の結果，合意事項や確認事項等を現認することが必要である。
　以上のとおり，調書作成のための書記官の立会いは，調書化すべき事項に対応する形で，書記官の立会いが確保された場合には，全体として，調書上立会いがあったとしてよいと考えられる（平成21年3月研修教材第15号「家事審判法実務講義案（六訂再訂版）」（裁判所職員総合研修所）98頁並びに平成8年度書記官実務研究「遺産分割事件における進行管理事務の研究」（裁判所書記官研修所）373頁及び374頁参照）。

(4) 調書及び事件経過表の様式及び記載方法
　ア　調書の様式及び記載方法

第7章　家事調停手続に関する書記官事務

調書の様式及び記載方法は，平成24年12月10日付け最高裁家一第004532号家庭局長，総務局長通達「家事事件の期日調書等の様式及び記載方法について」及び同日付け最高裁家庭局第一課長及び総務局第三課長事務連絡「「家事事件の調書通達の概要」及び事件経過表の参考様式の送付について」（平成25年3月家庭裁判資料第197号「家事事件手続法執務資料」（最高裁判所事務総局）150頁～162頁及び164頁～170頁参照）において示されている。

イ　事件経過表の参考様式

事件経過表の参考様式は，平成24年12月10日付け最高裁家庭局第一課長及び総務局第三課長事務連絡「「家事事件の調書通達の概要」及び事件経過表の参考様式の送付について」（平成25年3月家庭裁判資料第197号「家事事件手続法執務資料」（最高裁判所事務総局）164頁～170頁参照）において示されており，各家庭裁判所では，この参考様式を基に，それぞれの家庭裁判所の現場の実情に応じて適宜項目等を変更する等して事件経過表の様式を整備している。

10　調停期日の続行

調停期日が続行される場合は，事件担当書記官は，次回調停期日が充実したものとなるよう，円滑な進行確保及び進行促進を図るため，調停期日に不出頭であった当事者へ次回調停期日の呼出し（法34条4項，民訴法94条1項）を行ったり，次回調停期日までの間に調査官による事実の調査（法261条1項・2項，258条1項，58条1項）が行われることとなった事件については，調査命令の発令に関する事務（調査命令の発令のための裁判官への記録の提出や当該調査命令の発令後の調査官への記録の引継ぎ等の事務）等を行う。このほか，次回調停期日までの間の準備事務等の各種書記官事務については，前記第2の1の(2)及び2から5まで（122頁から130頁まで）を参照されたい。

第4　評議
1　概説

調停委員会の評議とは，構成員である裁判官及び家事調停委員が意見を交換し，相談し合うことであり，調停委員会の評議は秘密とされている（法248条4項）。評議の結論である調停委員会の決議は，調停委員会の構成員の過半数の意見によるが，可否同数の場合には，裁判官の決するところによる（同条3項）。

調停委員会の評議が秘密とされている趣旨は，外部からの影響なく，家事調停委員の知見や良識を生かした十分な評議を尽くすことを制度的に担保するところにあるところ（逐条746頁参照），調停期日に調査官，医師である裁判所技官，書記官等が立ち会っていた場合は，これをあえて退席させて評議をしなければならないものではないし，また，新任の家事調停委員等の研修のために，それらの者を同席させたまま評議をすることも差し支えないとされている。このような評議の秘密を漏らした場合には，①家事調停委員については法293条が罰則を規定していること，②裁判官についてはその職務上の義務違反として懲戒又は弾劾の事由に該当し得ること，③調停期日に立ち会った調査官，医師である裁判所技官，書記官等については，裁判所職員臨時措置法で準用する国家公務員法100条1項が守秘義務を課し，同法109条12号が当

該守秘義務違反の罰則を規定していることで，評議の秘密は担保されている（斎藤秀夫，菊池信男編「注解家事審判規則【改訂】」（青林書院）413頁及び414頁並びに「別冊法学セミナーno.225 新基本法コンメンタール人事訴訟法・家事事件手続法」（日本評論社）517頁参照）。

2 評議の類型

評議には，主に次の(1)及び(2)のような類型がある。各家庭裁判所においては，裁判官や調停委員会の手続運営の方針，事案ごとの個別の事情等の実情に応じて，これらの類型の評議を合理的に運用することができるよう検討が進められている。

(1) **評議の時期に着目した類型**

①調停期日開始前の評議（いわゆる事前評議），②調停期日進行中の評議（いわゆる中間評議），③調停期日終了後の評議（いわゆる事後評議）がある。

(2) **評議の方法に着目した類型**

①裁判官と家事調停委員が対面で評議を行う場合（いわゆる対面評議）と，②家事調停委員が作成した手控えや経過メモ（前記第2の1の(2)のア（122頁）参照）等の書面で評議を行う場合（いわゆる書面評議）がある。

3 書記官の評議への立会い（臨席）

事件担当書記官は，例えば，調停成立時に具体的な調停条項案を検討する場合（前記第3の6（133頁）参照），調停に代わる審判をするに当たって当該審判の主文の内容等を検討する場合，別表第二調停事件が不成立となり審判移行することが想定される（調停不成立後の審判手続における具体的な書記官事務が想定される）場合，手続上重要な合意を当該調停期日の調書に記載する場合（前記第3の9の(1)（135頁）参照），調停期日外における書記官の準備事務（前記第2の1の(2)（122頁）参照）に影響を及ぼす場合，警備対応がとられている事件において調停期日における進行方針（危機管理上の対応等）を確認する場合等において評議が行われるときは，当該評議の結果を正確に家事調停手続に反映させ，家事調停手続の円滑な進行を確保して進行を促進する目的から，調停委員会を組織する裁判官の指示に基づき，当該調停委員会の評議に立ち会う（臨席する）ことがある[172]。

このような事件担当書記官の評議に立ち会う目的に照らせば，事件担当書記官は，単に事案を把握しておくためというような安易な目的で評議に立ち会うのではなく，評議後の家事調停手続における評議の結果を踏まえた具体的な書記官事務（役割）を見据えた上で，調停委員会や裁判官との間で共有した具体的な目的意識をもって評議に立ち会う必要がある。

---

[172] アンケート調査の結果，一部の家庭裁判所では，調停充実の取組の一環として，また，関係職種との連携や書記官事務の合理化の観点等から，書記官が評議へ立ち会う（臨席する）目的や場合等の基準を申合せや取決め等の可視化した形で策定し，関係職種で当該基準を共有していた。さらに，事案の内容（遺産の分割の調停事件とそれ以外の調停事件等）や一期日において取り扱う調停事件の件数等に応じて，書記官が原則評議に立ち会うか，あるいは選別して評議に立ち会うかや，書記官が評議に立ち会わない場合の評議の結果の伝達方法（裁判官や家事調停委員が評議後に評議の結果を口頭で書記官に伝達する等）等についても申合せや取決め等をしている家庭裁判所があった。

第7章　家事調停手続に関する書記官事務

第5　テレビ会議システム又は電話会議システムの方法による調停期日における手続の実施
1　概説

　　家庭裁判所は，当事者が遠隔の地に居住しているときその他相当と認めるときは，当事者の意見を聴いて，最高裁判所規則（家事事件手続規則）で定めるところにより，家庭裁判所及び当事者双方が音声の送受信により同時に通話をすることができる方法（テレビ会議システム又は電話会議システムの方法）によって，当事者が一人も現実に家庭裁判所に出頭しなくても，家事調停事件を含む家事事件の手続の期日における手続（証拠調べを除く[173]。）を行うことができる（法258条1項，54条1項）。これは，国民が家事事件の手続を利用しやすくするために創設された規定である（第1編の第2章の第2（5頁）参照）。

　　なお，調停委員会が家事調停を行う場合には，この家庭裁判所の権限（法258条1項，54条1項）は，調停委員会が行う（法260条1項6号）。

　　おって，家事事件の手続の期日に出頭しないでテレビ会議システム又は電話会議システムの方法により当該期日の手続に関与した者は，当該期日に出頭したものとみなされる（法258条1項，54条2項）。

2　要件

　　テレビ会議システム又は電話会議システムの方法により家事事件の手続の期日における手続を実施する場合における要件（法258条1項，54条1項）は，次の(1)及び(2)のとおりである。

(1)　当事者が遠隔の地に居住しているときその他相当と認めるとき

　　「その他相当と認めるとき」とは，例えば，次のアからウまでの場合のように，円滑に家事事件の手続を進めるためには，テレビ会議システム又は電話会議システムを利用することによって当該手続の期日における手続を実施することが相当であると認められる場合である（一問一答38頁及び逐条192頁参照）。

　ア　呼出しを受けた利害関係参加人その他の関係人が遠隔地に居住している場合
　イ　当事者又は利害関係参加人が手続代理人を選任していて，その手続代理人が遠隔地に事務所を有する場合
　ウ　当事者若しくは利害関係参加人又はその手続代理人が身体上の理由等で当該家事事件の期日に家庭裁判所まで出頭することが困難（負担）である場合

(2)　当事者の意見の聴取

　　家庭裁判所が家事事件の手続の期日における手続をテレビ会議システム又は電話会議システムを利用して行うためには，前記1のとおり当事者の意見を聴取する必要があるが，同意までは不要である。

　　家事調停事件において当事者から意見を聴取する方法は，①家事調停委員や裁判官が調停期日において聴取する，②事件担当書記官が調停委員会や裁判官の命を受

---

[173] 法は，証拠調べについては，家事事件の手続においても厳格な手続を要するものとしており，民事訴訟に準じ，電話会議システムの利用を認めず，テレビ会議システムについても，民訴法において可能な方法によってのみ利用することができることとしている（法258条1項，64条1項，民訴法204条，210条，215条の3）（一問一答56頁参照）。

第5　テレビ会議システム又は電話会議システムの方法による調停期日における手続の実施

けて調停期日外に書面照会や電話等により聴取する等，適宜の方法による。
　手続の適正を期するため，当事者から意見聴取をした結果については，①家事調停委員や裁判官が調停期日において聴取した場合は，当該調停期日の調書や事件経過表に当該聴取の結果を記載し，②事件担当書記官が調停委員会や裁判官の命を受けて調停期日外に書面照会や電話等により聴取した場合は，当該書面照会に対する回答書や当該聴取の結果を記載した電話聴取書等を作成して記録につづり込む等により，記録化しておくことが望ましい。
　なお，この意見を聴取する当事者には利害関係参加人は含まれないが，事案の内容等によっては，利害関係参加人から意見を聴取することが相当な場合もある（逐条192頁参照）。

3　テレビ会議システム又は電話会議システムの方法によることができない場合
　テレビ会議システム又は電話会議システムの方法によることができないのは，次の(1)及び(2)の場合である。
(1)　調停の成立によって身分関係が変動するという重大な効果が生ずる離婚や離縁の調停事件においては，当事者の真意を慎重に確認する必要があるため，テレビ会議システム又は電話会議システムの方法によっては，調停を成立させることができない（法268条3項）。
(2)　前記(1)と同様の趣旨で，家庭裁判所が合意に相当する審判をするための要件である法277条1項1号の合意は，テレビ会議システム又は電話会議システムの方法によっては，成立させることができない（法277条2項）。

4　手続
　事件担当書記官は，前記1から3までを踏まえ，テレビ会議システム又は電話会議システムの方法により家事事件の手続の期日における手続が行われる場合には，規128条1項で準用する規42条（通話者及び通話先の場所の確認及び記録化）の規定（条解規則103頁～105頁も参照），前記第3の9の(4)のア及びイ（137頁）記載の調書関連通達等，次の(1)から(4)までの関連通達等に留意して事務を行う。
　なお，手続代理人が選任されていない家事事件において，法33条が規定する手続の非公開（通話口にいるのが当事者本人であること，通話先に第三者が在席していないこと等）を担保するため，当事者本人に，同人の最寄りの裁判所に出頭してもらい，電話会議システムを利用して，手続の期日における手続を行う場合には，次の(1)の通達に規定されている，テレビ会議システムを利用して手続の期日における手続（証拠調べを除く。）を行う場合の事務の取扱いに準じて取り扱う。
　おって，具体的な事務の内容については，平成27年度書記官実務研究の第2編の第1章の第3の1の(2)（64頁）と同様であるため参照されたい。
(1)　平成24年12月7日付け最高裁民三第000819号民事局長，家庭局長，総務局長通達「非訟事件等の手続におけるテレビ会議システムの利用等について」
(2)　平成20年3月19日付け最高裁民二第002965号民事局長，家庭局長，総務局長通達「映像等の送受信による通話の方法による証人等の尋問等の手続について」
(3)　平成24年12月18日付け最高裁民事局第一課長，家庭局第一課長，総務局第三課長，経理局主計課長，同用度課長，同監査課長事務連絡「テレビ会議システムの

第7章　家事調停手続に関する書記官事務

IPネットワーク化後の事務の取扱いについて」（平成25年3月家庭裁判資料第197号「家事事件手続法執務資料」（最高裁判所事務総局）の183頁～193頁参照）
(4)　平成28年7月4日付け最高裁民事局第二課長，家庭局第二課長，総務局第一課長，行政局第一課長及び経理局総務課長書簡（家事事件の手続においてテレビ会議システムを利用する場合の当事者等が出頭する接続先の裁判所における事務についての書簡）

第6　手続の併合・分離

　調停委員会が家事調停を行う場合には，家事調停手続の併合・分離（法35条）に関する裁判所の権限は，調停委員会が行う（法260条1項4号）。
　また，遺産の分割の調停事件（法別表第二の十二の項の事項についての調停事件）及び寄与分を定める処分の調停事件（法別表第二の十四の項の事項についての調停事件）が係属するときは，これらの調停の手続及び調停は，併合してしなければならない。数人からの寄与分を定める処分の調停事件が係属するときも同様である（法245条3項，192条）。これは，寄与分を定める処分が，遺産の分割の調停をする上で前提となること（民法904条の2第1項）から，一括して処理する要請があることを踏まえ，それを手続及び調停についても確保するための規律である（逐条615頁参照）[174]。
　この家事調停の手続の併合・分離に関する書記官事務については，家事事件手続法概説52頁（手続の併合等）や平成27年度書記官実務研究の第1編の第7章の第2（47頁）と同様であるため参照されたい。ただし，併合された事件の記録の編成については，本章の第2節の第2の2（72頁）も参照されたい。

第7　家事調停手続における関係職種との連携

　事件担当書記官は，家事調停手続において，当該手続に関与する全ての者（裁判官，家事調停委員，調査官，当事者，事件の関係人，戸籍事務管掌者等）との間で共通する唯一の接点であり，当該手続の全ての段階において，当該手続に関与する者からの情報が集まってくる。事件担当書記官は，それらの情報を適正かつ確実に管理して，いわゆるキーステーション的な役割として，適時に関係職種が必要な情報を共有できるように連絡調整を図る等，当該手続の各場面において，常に主体的な事務を遂行するという極めて重要な役割を担っている。
　このような役割を踏まえ，事件担当書記官は，家事調停手続の円滑な進行確保及び進行促進等を目的として，関係職種との間で認識を共有した上で，次の1から3までのような連携を適時適切に行う必要がある。
　なお，本項は，飽くまで家事調停手続において関係職種との連携が想定される主な場面や状況等について記載したものである。したがって，当然ながら，これらの場面

174　なお，この一括処理の要請から，法245条3項で準用する法191条2項の規定において，遺産の分割の調停事件及び寄与分を定める処分の調停事件の管轄の特則が規定されている。詳細については，本編の第6章の第1節の第2の3（41頁）を参照されたい。

第7　家事調停手続における関係職種との連携

や状況以外でも，関係職種と連携する場面や状況は日常的に存在し，日頃から適時適切に連携するためには，関係職種間においてコミュニケーションを十分に図り，連携が必要な場面や状況，連携の具体的な方法等についての共通認識を形成しておく必要がある。

1 　調停期日外に当事者等から主張書面等の提出や問合せがあった場合における関係職種との連携について

　これらの場合，事件担当書記官は，記録作成保管事務（裁判所法60条2項）として，手続の適正確保や円滑な進行確保及び進行促進の目的から，提出された主張書面や証拠書類の写し等の内容を確認した後（前記第2の1の(2)のイ（123頁）参照），記録につづり込んで適切に管理したり，当事者等からの問合せの内容について，必要に応じて電話聴取書に記載して記録化する事務を行うこととなる。

　これらの内容によっては，調停委員会や裁判官から速やかに進行についての指示を受ける必要があったり[175]，調査官が関与している事案で調査にも影響を及ぼすもの[176]である場合は，調査官に速やかに連絡したり，次回調停期日の事前準備や円滑な進行を図るために，家事調停委員にこれらの書面等が提出されている旨を連絡した上で，記録上これらの書面等をつづり込んでいる箇所を付せん等で注意的に明示しておく等の連携が必要になる。

2 　調査官の関与に伴う関係職種との連携について

　家事調停手続では，子の意思の把握・考慮[177]の規定（法258条1項，65条）の趣旨等も踏まえ，例えば，当事者間に未成年者である子がいる事案で，親権者の指定や面会交流等について争いがあり，子の状況や意向等を把握することが合意形成に資する場合等には，調査官による子の状況や意向等の調査が行われることもある。

　事件担当書記官は，手続の円滑な進行確保及び進行促進並びに裁判官の判断補助のため，前記1の当事者等からの問合せ等や前記第3の7の(1)のア（134頁）の家事調停委員からの報告等に基づいて，適時適切に裁判官に調査命令の発令の検討を促したり，調査命令の発令前後における手続の円滑な進行確保及び進行促進のため，裁判官及び調査官と連携・協働して，調査官による調査事項，調査の段取り，調査期間，調査報告書の提出時期等を把握した上で，調査命令の発令に関する事務（調査命令の発令のための裁判官への記録の提出や当該調査命令の発令後の調査官への記録の引継ぎ等の事務）を適時適切に行う必要がある。

　したがって，裁判官，家事調停委員，調査官及び書記官は，調査官の関与が必要な

---

[175] 例えば，前回調停期日で当事者に提出を指示していた書面が提出された場合，従前の調停手続における調整事項を覆すような主張や事実について記載された主張書面が提出された場合，調査嘱託等の申立（法258条1項，62条）がされた場合，証拠調べの申立て（法258条1項，56条1項）がされた場合，次回調停期日における他方当事者の暴力等の可能性（警備対応の要否等の判断に関する情報）についての連絡があった場合等が挙げられる。

[176] 例えば，調停期日外に試行的面会交流の調査を行う予定である場合に，当事者（監護親）から急用ができたため当該調査日時に子（未成年者）を家庭裁判所まで連れて行くことができなくなった旨の連絡があった場合等が挙げられる。

[177] 子の意思の把握・考慮に関する書記官事務については，本章の第7節（148頁）を参照されたい。

第7章　家事調停手続に関する書記官事務

事案，関与の時期や形態，関与の効果等について，日頃から事件処理に関する打合せや定例ミーティング等の機会を通じて共通認識を形成し，更には形成した共通認識を申合せや取決め等として共有する等して，適時適切に連携することができるようにしておく必要がある。

3　調停委員会（主に家事調停委員）との連携について
(1)　事件担当書記官は，調停期日前又は調停期日当日に記録の授受をするとき等，日頃から家事調停委員とのコミュニケーションを密に図るほか，担当する家事調停事件に関する相談等にも乗ることで，家事調停手続の円滑な進行にもつながる関係を構築しておく必要がある。
(2)　前記第2の1の(2)のエ（124頁）や前記1に関連するが，調停期日外に，事件担当書記官が，当事者等から調停期日における家事調停委員の発言の内容やその趣旨の確認を求める問合せ，今後の手続の流れや調停期日の所要時間についての問合せ等を受けた場合は，これらの情報は，当事者等の手続や調停の内容についての理解の程度を明らかにしたり，調停委員会に対する要望等を把握できる等，今後の手続の円滑な進行確保及び進行促進の観点からも重要な情報となり得るものであることから，その内容や対応結果について，必要に応じて，電話聴取書を作成する等して記録化し，調停委員会に適宜の方法で報告するとともに，加えて，調停委員会を組織する裁判官から指示があれば，適時適切に家事調停委員にも当該指示事項を伝達する必要がある。
(3)　調停期日において，家事調停委員から評議を希望する旨の連絡があった場合は，事件担当書記官は，例えば，同日の同時間帯に複数の事件の調停期日が並行して進行する状況等の中で，評議が立て込んでいる場合等は，手続の円滑な進行確保及び進行促進を図る目的から，家事調停委員から評議の具体的な内容や緊急性等を確認した上で，調停委員会を組織する裁判官の方針及び関係職種間で構築した共通認識[178]に基づき，一次的に評議の要否を判断する。その上で，評議を要する事案については，限られた時間の中でもメリハリのある評議とするため，評議事項を明確にした上で，他の事件の評議の実施状況も確認しつつ，評議の優先順位や評議に要する見込時間等を裁判官に連絡し，適時適切に評議を行うことができるように連絡調整を行う必要がある（評議の詳細については，前記第4（138頁）を参照されたい。）。

　　なお，他の事件の評議が立て込んでいる等して当該事件の評議の順番が一定程度後になる場合（いわゆる「評議待ち」）や評議に一定程度時間を要することが見込まれる場合は，当事者等にも評議が終了するまでの間は一定程度待ってもらうこととなるため，家事調停委員を通じて当事者等にも事情等を丁寧に説明し（家事調停委員が評議中等で当該説明をすることができない場合は，事件担当書記官から当該説明をし），一定程度待ってもらうことについての理解を得られるよう配慮する必

---

[178] この共通認識（評議を要する事案や評議の時期，評議の優先順位や見込時間等の書記官等による評議の交通整理に関する事項）を可視化するために，評議の手引や申合せ，取決め等（適宜の形式のもの）を策定して関係職種間で共有している家庭裁判所もある。

第2　家事調停手続における事実の調査の特徴

要がある。

第5節　事実の調査
第1　概説

　事実の調査とは，家庭裁判所が職権により[179]，自由な方式で，かつ，強制力によらないで，家事事件の資料を収集することである。具体的には，事件の関係人を裁判官が審問する（家事事件の手続の期日において審問を受ける者が口頭で認識等を述べるのを裁判官が直接聴く）[180]こと，事件の関係人に書面等で照会すること，検証手続によらないで，事物の形状等を見分すること等がこれに該当する。

　この事実の調査については，前述のとおり家庭裁判所が職権で行うものであって，当事者には申立権はない。したがって，裁判の資料の提出又は収集を望む当事者は，家庭裁判所による職権調査を促すことになる。家庭裁判所は，当事者から事実の調査の実施についての要望が出されたのに対し，事実の調査を行わないという判断をした場合であっても，何ら応答義務はない。当事者は，家庭裁判所から応答をしてもらうことを望むのであれば，証拠調べの申立て（本章の第6節（147頁）参照）をしなければならない（逐条197頁参照）。

　家事調停手続における事実の調査については，法258条1項及び規128条1項により，家事審判手続における事実の調査に関する規定（法56条～62条，規44条1項，45条）が準用されている。

　したがって，本節では，次の第2において，家事調停手続における事実の調査に関する書記官事務について当該手続特有の規定等を中心に記載するが，個別の事件類型における事実の調査については第3編（200頁）の各章の各節を，その他の事実の調査の内容等については平成27年度書記官実務研究の第2編の第1章の第3の2の(1)（66頁）と同様であるため，それぞれ参照されたい。

第2　家事調停手続における事実の調査の特徴
1　事実の調査に関する権限

　調停委員会が家事調停を行う場合には，原則として，事実の調査に関する家庭裁判所の権限は，当該調停委員会が行う（法260条1項6号，258条1項，56条1項，59条1項・2項（これらの規定を60条2項において準用する場合を含む。），61条1項，62条）。

　なお，より機動的に調停委員会を組織する裁判官が単独で事実の調査をすることができるように，法261条において，調停委員会を組織する裁判官が，当該調停委員会の決議（法248条3項）により，事実の調査をすることができることや当該事実の調査の方法等が規定されている（逐条791頁参照）。

2　書記官が行う事実の調査

　前記1の法261条の規定では，4項において，調停委員会を組織する裁判官が，相

---

[179]　本章の第4節の第1の1（117頁）（職権探知主義）を参照されたい。
[180]　審問の意義については，逐条231頁を参照されたい。

第7章　家事調停手続に関する書記官事務

当と認めるときは，書記官に事実の調査をさせることができる（ただし，調査官に事実の調査をさせることを相当と認めるときを除く。）旨規定している。また，裁判官のみで行う家事調停（いわゆる単独調停）の手続についても，法267条1項が同様に規定している[181]。これらの規定により書記官が行う事実の調査は，例えば，当事者に対する心理的調整を伴わない書面による意向照会等，調査官の行動科学の知見を活用する必要のない事項についての調査に限られるものと解される（家事事件手続法概説124頁参照）。

3　家事調停委員による事実の調査

家事調停委員による事実の調査（法262条）については，本編の第3章の第2節の第1の3の(1)（13頁）と同様であるため参照されたい。

4　事実の調査の通知の要否

家事調停手続において事実の調査をした場合でも，その結果を当事者及び利害関係参加人に通知しなくてもよい（法258条1項は法63条の規定を準用していない。その趣旨については逐条783頁を参照されたい。）。

5　事実の調査の要旨の記録化の要否

家事調停手続において事実の調査をした場合でも，書記官は，当該事実の調査の要旨を家事調停事件の記録上明らかにしなくてもよい（規128条1項は規44条2項の規定を準用していない。その趣旨については条解規則317頁を参照されたい。）[182]。

6　意見の聴取の嘱託

法263条1項は，調停委員会が，他の家庭裁判所又は簡易裁判所に事件の関係人[183]から紛争の解決に関する意見を聴取することを嘱託することができる旨規定している。この「紛争の解決に関する意見の聴取」とは，典型的には，解決策の希望や調停委員会が提示した調停案への意向の聴取が挙げられる。これは，事実認定のための資料の収集を目的とする事実の調査とは異なることから，事実の調査の嘱託の規律にあるような，書記官にさせることができる旨の規律や調査官がするのが相当な場合の規律（法258条2項参照）は設けられていない（逐条794頁参照）。したがって，例えば，遠隔地にある事件の関係人から，解決策の希望や調停委員会が提示した調停案への意向の聴取の嘱託をするのではなく，事実の調査を主たる目的として家事調停事件についての見方や考え方といった主観的事実や意見について，当該事件の関係人の住所地近くにある他の家庭裁判所に意見の聴取の嘱託をする場合は，前述の法263条1項の規定による意見の聴取の嘱託の方法によるのではなく，事実の調査としての嘱託による方法（この場合，通常，調査官による調査が行われることになろう。法258条1項，61条1項・4項，58条1項参照）によることになろう（「別冊法学セミナーno.225 新基本法コンメンタール人事訴訟法・家事事件手続法」（日本評論社）541頁参照）。

---

[181] このほか，これらの法の規定と同様の趣旨の規定として，法258条2項がある。
[182] なお，必要に応じて，任意に当該事実の調査の要旨を家事調停事件の記録上明らかにすること（例えば，事実の調査をした関連事件記録中の資料の写しを当該家事調停事件の記録につづり込む等）は差し支えない。
[183] この「事件の関係人」とは，その者の意見を聴取することが紛争の解決に資すると考えられる者を意味する。家事調停事件の当事者が含まれることはいうまでもない（逐条794頁参照）。

第6節 証拠調べ
第1 概説

家事調停手続は，原則として，職権探知主義（本章の第4節の第1の1（117頁）参照）を採用し，職権による証拠調べを行うことができるほか，当事者にも証拠調べの申立権が認められている（法258条1項，56条1項）。

当事者から証拠調べの申立てがされた場合は，家庭裁判所は当該申立ての採否についての裁判をしなければならず，当該採否の判断は，家庭裁判所の裁量ではあるが，それを逸脱すると法令違反となり得る（逐条197頁参照）。

家事調停手続における証拠調べについては，法258条1項及び規128条1項により，家事審判手続における証拠調べに関する規定（法64条，規45条，46条）が準用され，更に同規定では証拠調べに関する民訴法及び民訴規の規定が準用されている。したがって，家事調停手続においても，民事訴訟と同様に，調査の嘱託，証人尋問，当事者尋問，鑑定（鑑定の嘱託を含む。），書証（文書提出命令[184]，文書送付の嘱託を含む。），検証等の証拠調べを行うことが可能であるが，家事調停手続の特性（公益性・後見性，秘密性等（一問一答54頁及び55頁参照））から，前述のとおり家庭裁判所が職権で証拠調べをすることができたり，証人尋問等の証拠調べの手続が非公開で行われる（法33条）等，民事訴訟とは異なる特徴を有している。この民事訴訟とは異なる特徴については，一問一答117頁及び118頁並びに逐条216頁及び217頁（民訴法の規定が準用されないもの）に詳細に記載されているため参照されたい。

したがって，本節では，次の第2において，家事調停手続における証拠調べに関する書記官事務について，当該手続特有の規定等を中心に記載するが，その他の部分については，平成27年度書記官実務研究の第2編の第1章の第3の2の(2)（72頁）と同様であるため参照されたい。

第2 家事調停手続における証拠調べの特徴
1 証拠調べに関する権限

調停委員会が家事調停を行う場合には，原則として，証拠調べに関する家庭裁判所の権限は，当該調停委員会が行う（法260条1項6号，258条1項，56条1項，64条1項・5項）。

なお，より機動的に調停委員会を組織する裁判官が単独で証拠調べをすることができるように，法261条1項において，調停委員会を組織する裁判官が，当該調停委員会の決議（法248条3項）により，証拠調べをすることができる旨が規定されている（逐条791頁参照）。

2 証拠調べにおける家事調停委員による尋問

調停委員会を組織する家事調停委員は，家事調停手続における証拠調べにおいて，調停委員会を組織する裁判官に告げて，証人，当事者本人又は鑑定人を尋問することができる（規128条2項）。

---

[184] 当事者がこの文書提出命令の申立てをした場合は，家事雑事件（記録符号は「家ロ」）として立件する必要がある（受付分配通達別表第5の12の(15)参照）。

第7章　家事調停手続に関する書記官事務

3　証拠調べに関する書記官事務

　当事者間の話合いを通じた合意に基づく自主的な紛争解決の手続である家事調停手続においては，実務上，家庭裁判所や調停委員会による資料の収集は事実の調査（本章の第5節（145頁）参照）によって行われることがほとんどであるが，例えば，一定の身分関係の形成又は存否等について公権的な判断作用を伴う合意に相当する審判（法277条）対象の調停事件（特殊調停事件）のうち，嫡出否認，認知，実親子関係存否確認等の親子に関する調停事件の手続では，親子の血縁関係（生物学上の親子関係）を調査するために，申立てにより又は職権で，証拠調べとして，DNA鑑定の嘱託がされることがあるし（詳細については，第3編の第3章の第2節（295頁）～第4節（315頁）参照），また，遺産の分割の調停事件（法別表第二の十二の項の事項についての調停事件）の手続では，遺産である不動産等の評価について，申立てにより又は職権で，証拠調べとして，不動産鑑定士等による鑑定が行われることがある[185]（詳細については，第3編の第2章の第3節の第9の6（264頁）参照）。

　家事調停手続において証拠調べが行われた場合は，法253条の規定等に基づき，原則として，平成24年12月10日付け最高裁家一第004532号家庭局長，総務局長通達「家事事件の期日調書等の様式及び記載方法について」記第1の各種調書並びに書証目録及び証人等目録[186]を作成することとなる。

第7節　子の意思の把握・考慮
第1　概説

　家事調停は，基本的に当事者間の話合いを通じた合意による自主的な紛争の解決を目指すものであるが，当該合意の結果によっては，未成年者である子又は未成年被後見人（以下，本節では，これらの者を併せて「子」という。）が影響を受ける場合もある。そのような場合としては，例えば，子の監護に関する処分の調停事件（法別表第二の三の項の事項についての調停事件）において面会交流の取決めについての合意がされる場合や，親権者の変更の調停事件（法別表第二の八の項の事項についての調停事件）において当該変更についての合意がされる場合等がある。また，夫婦関係調整（離婚）調停申立事件において親権者の指定についての合意がされる場合等も同様である。そのような場合には，子の意思を尊重し，その利益を確保するため，家庭裁判所は，家事調停手続において，①子の陳述の聴取，②調査官による調査，③その他の適切な方法により，子の意思を把握するように努め，家事調停において，子の年齢

---

[185] 事実の調査として，家庭裁判所が職権で調査嘱託（法258条1項，62条）を行う場合があるが，その場合でも，嘱託先がその専門性を生かして本格的な実験，研究及び調査を要するような調査嘱託をすることは許容されず，証拠調べとしての鑑定や鑑定の嘱託によるべきであると解されている（逐条209頁参照）。

[186] この書証目録及び証人等目録の作成に当たっては，平成24年12月10日付け最高裁家一第004532号家庭局長，総務局長通達「家事事件の期日調書等の様式及び記載方法について」記第2において平成16年1月23日付け最高裁総三第2号総務局長，民事局長，家庭局長通達「民事事件の口頭弁論調書等の様式及び記載方法について」記第2（記載要領一般）及び記第3の3及び4（書証目録及び証人等目録の記載方法）の定めが準用されていることから，平成28年3月研修教材第5号「民事実務講義案Ⅰ（五訂版）」（裁判所職員総合研修所）126頁～191頁記載の民事訴訟における書証目録及び証人等目録の記載方法も参考となるため，併せて参照されたい。

及び発達の程度に応じて，その意思を考慮しなければならない（法258条1項，65条）。
　なお，家事審判手続においては，子が15歳以上の場合には必ずしなければならない陳述の聴取の規定（例えば，法152条2項や169条2項）があるが，家事調停手続にはこれらの規定は準用されないため，家事調停手続における子の陳述の聴取は，子の年齢に関係なく，法258条1項において準用される法65条の規定によることとなる（逐条784頁参照）。

第2　子の意思の把握の方法

　子の意思の把握の方法は，前記第1のとおり，①子の陳述の聴取，②調査官による調査，③その他の適切な方法がある。家庭裁判所は，子の年齢や発達段階，当該家事調停事件の争点や紛争性，子の置かれている状況等を総合的に判断して，事案に応じた適切な方法により子の意思を把握することになる。これらの①から③までの方法の詳細は，次の1から3までのとおりである。

1　子の陳述の聴取

　子が自らの認識や意向等を言語的に表現することが十分にできる場合には，家庭裁判所による審問や書面照会，子に陳述書を作成してもらう等の方法により，子の陳述を聴取する場合のほか，調査官を通じて子の陳述を聴取する場合がある（逐条223頁参照）。

2　調査官による調査

　子が前記1のような発達程度に達していない場合には，調査官の行動科学の知見を活用して，子の態度等の非言語的な表現等を評価したり，子の生活状況等を的確に調査する等して，子の認識や意向等を把握することとなる（一問一答33頁（注）及び逐条223頁参照）。

　なお，実務上，前記1の子の陳述の聴取及び本項の調査を含めて調査官に対して子の意向や子の状況等についての調査命令（法258条1項，58条1項）が発令されることが多く，調査官は，子から事情等を聴取したり，その様子や行動等を観察したりして，得られた言語的表現及び非言語的表現について，子の年齢や発達段階に応じて行動科学の知見を活用して評価することになる。

3　その他の適切な方法

　この「その他の適切な方法」としては，子のことをよく知る者（例えば，親や監護者）から，家庭裁判所による審問や書面照会，調査官による事実の調査（法258条1項，58条1項），陳述書を作成してもらう等の方法により，子の様子や状況等について聴取する方法が考えられる（一問一答33頁（注）及び逐条223頁参照）。

第3　把握した子の意思の考慮

　前記第1のとおり，家庭裁判所は，子がその合意の結果により影響を受ける家事調停の手続においては，子の年齢及び発達の程度に応じて，把握した子の意思（前記第2参照）を考慮しなければならないものとされている（法258条1項，65条）。
　家事調停事件のうち，特に子に関する家事調停事件（前記第1（148頁）参照）は，過去の経緯等から当事者間に心情面で高葛藤がある等，紛争性が深刻で，解決に困難

を来す事案が少なくない。このような場合，裁判官，家事調停委員，調査官及び書記官は，前述の子の意思の把握・考慮の重要性についての認識を共有し，その趣旨に沿って，その解決のために緊密に連携・協働して家事調停手続を円滑に運営していく必要がある。

第4　子の意思の把握・考慮に関する書記官事務
1　関係職種との連携等

前記第2及び第3のとおり，事件担当書記官は，担当する家事調停事件において，子がその合意の結果により影響を受ける場合は，前述の子の意思の把握・考慮の趣旨に沿って，手続を円滑に運営することができるように，他の関係職種とも緊密に連携・協働しなければならない。

具体的には，前記第2の子の意思の把握の方法として調査官による調査が行われる場合は，事件担当書記官は，調査命令発令前後の手続の円滑な進行確保及び進行促進のため，裁判官や調査官等と緊密に打合せを行う等して連携・協働し，調査官による調査事項，調査の段取り，調査期間，調査報告書の提出時期等を把握した上で，調査命令発令に関する各種事務（調査命令発令のための裁判官への記録の提出や当該調査命令発令後の調査官への記録の引継ぎ等の事務）を適時適切に行う。また，調査報告書が提出された後は，家事調停委員にもその旨を適宜の方法で連絡し，当該調査報告書の内容を踏まえた家事調停手続の運営となるように，適宜，裁判官との評議の場や調査官との打合せの場を設ける等の連絡調整を行う。

2　事実の調査に関する事務等

前記第2の子の意思の把握の方法のうち，家庭裁判所による審問や書面照会，子等に陳述書を作成してもらう等の方法（調査官による事実の調査（法258条1項，58条1項）以外の方法）により子の意思を把握する場合，事件担当書記官は，審問調書の作成，子等への照会書の送付や陳述書の提出依頼及びこれらの書面が提出された後の調停委員会（裁判官のみで家事調停を行っている場合は，当該裁判官）への報告等の事実の調査に関する事務等を行う。

なお，事件担当書記官は，この事実の調査に関する事務等を行うに当たっても，前記1と同様に裁判官や家事調停委員との連携等に留意することはもちろんである。

第8節　記録の閲覧・謄写等
第1　概説

家事審判事件の記録の閲覧・謄写等の規律については，当事者から当該閲覧・謄写等の許可の申立てがあったときは，一定の例外（法47条4項）を除き，原則として，これを許可しなければならないものとされている（同条3項）（第4編の第6章の第6節（428頁）参照）。

これに対し，家事調停手続は，基本的には当事者間の自主的な話合いによる解決のための手続であり，家庭裁判所が行う判断作用の基礎となる家事審判事件の記録と比較すると，当事者であっても閲覧・謄写等の必要性が同程度に高いとまではいえず，家事調停事件の記録には家庭内の細部にわたる事柄や高度なプライバシーにわたる事

第1 概説

項を記録化したものや，他方の当事者を感情的に非難する書面等が含まれることも少なくない。加えて，家事調停事件の事案の多様性も考慮すれば，家事調停手続を円滑に運用し，話合いによる妥当な解決を導くためには，家庭裁判所にある程度広い裁量を認め，事案に応じて他方の当事者の手続保障や家事調停手続の公正の確保を図ることができるようにしておくこととするのが相当である。そこで，法254条3項は，家事調停事件の記録の閲覧・謄写等について，家事審判事件の記録の閲覧・謄写等の規律とは異なり，当事者による閲覧・謄写等も含め，「相当と認めるとき」に許可することができる旨規定し，家庭裁判所にある程度広い裁量を認めた（逐条763頁参照）。

この家事調停事件を含む家事事件の記録の閲覧・謄写等の規律をまとめたものは，次の一覧表のとおりである[187]。

【家事事件の記録の閲覧・謄写等一覧表】

	当　　事　　者	利害関係を疎明した第三者
審　判	【原則】　許可しなければならない（法47条3項）。 【例外】　次のときは許可しないことができる（法47条4項）。 ◇①　事件の関係人である未成年者の利益を害するおそれがあると認められるとき。 　②　当事者若しくは第三者の私生活若しくは業務の平穏を害するおそれがあると認められるとき。 　③　当事者若しくは第三者の私生活についての重大な秘密が明らかにされることにより，その者が社会生活を営むのに著しい支障を生じ，若しくはその者の名誉を著しく害するおそれがあると認められるとき。 ◇　事件の性質，審理の状況，記録の内容等に照らして当該当事者に閲覧・謄写・複製の申立てを許可することを不適当とする特別の事情があると認められるとき。	相当と認めるときは許可することができる（法47条5項）。
審判前の保全処分	◇　審判前の保全処分の事件における審判を受ける者となるべき者に対し，当該事件の係属通知又は審判前の保全処分を告知するまでは，相当と認めるときに限り許可することができる（法108条）。 ◇　前記係属通知又は審判前の保全処分の告知後は，家事審判事件記録の閲覧・謄写・複製（法47条）と同じ。	相当と認めるときは許可することができる（法47条5項）。
調　停	◇　相当と認めるときは許可することができる（法254条3項）。 ◇　合意に相当する審判事件（法277条1項）については，家事審判事件記録の閲覧・謄写・複製の規定（法47条3項，4項，8項～10項）を準用（法254条6項）。	相当と認めるときは許可することができる（法254条3項）。
履行勧告	（調査及び勧告の事件の関係人について）相当と認めるときは許可することができる（法289条6項）。	（規定なし）
履行命令	家事審判事件記録の閲覧・謄写・複製（法47条）と同じ（法290条4項）。	同左

（注）　当事者は，履行勧告事件を除き，審判書その他の裁判書の正本，謄本又は抄本，調停成立又は調停をしない措置若しくは調停不成立の調書の正本，謄本又は抄本，家事審判事件又は家事調停事件に関する事項の証明書については，家庭裁判所の許可を得ないで，書記官に対し，その交付を請求することができる（法47条6項，254条4項）。

---

[187]　なお，家事審判法（旧法）が適用される家事事件（第1編の第3章（7頁）参照）の記録の閲覧・謄写等については，家事事件手続法の規律ではなく，家事審判法（旧法）の規律に基づいて閲覧・謄写等の手続や事務を行うこととなるため注意を要する。

第7章　家事調停手続に関する書記官事務

第2　実務上の運用等について

　家事調停事件の事案は多様であり，例えば，婚姻費用の分担に関する処分（法別表第二の二の項の事項）や養育費請求（法別表第二の三の項の事項）の各調停事件における当事者の収入関係資料（源泉徴収票，確定申告書，給与明細，所得証明書等），財産の分与に関する処分（法別表第二の四の項の事項）や遺産の分割（法別表第二の十二の項の事項）の各調停事件における財産や遺産関係資料（不動産登記事項証明書，固定資産評価証明書，預貯金通帳の写し等），これらの事件（いわゆる経済事件）における当事者の主張が記載された主張書面等の書面については，当事者が合理的な合意形成をする前提として不可欠な情報や事実関係を認識・理解するための裏付資料等になる。これらの事件はいずれも別表第二調停事件であり，調停が不成立となった場合は審判手続に移行し（法272条4項），当該移行後に調停段階で提出された前述の各資料や書面が事実の調査等を経て審判事件記録の一部になれば，原則として，当事者からの閲覧・謄写等の申請が許可されることになる（法47条3項）。したがって，前記第1（150頁）のとおり，閲覧・謄写等について家庭裁判所にある程度広い裁量が認められる調停段階においても，前述の各資料や書面について当事者から閲覧・謄写等の申請がされた場合には，実務上，前述の別表第二調停事件の特性等も考慮して当該申請の許否が判断されることになる。もっとも，前述の各資料や書面については，実務上，法の趣旨（第1編の第1章（4頁）及び第2章（5頁）参照）を踏まえ，家事調停手続の透明性や公平性の確保及び家事調停の充実を図る等の目的から，閲覧・謄写等の手続を経ることなく，提出した当事者が他方当事者への交付（送付）用の写しを提出し，調停委員会が具体的な支障がないと判断する場合において，これを他方当事者に交付（送付）するという取扱いが広く行われている（本章の第4節の第3の4（133頁）参照）。

　なお，別表第二調停事件であっても，面会交流（法別表第二の三の項の事項）や親権者の指定又は変更（法別表第二の八の項の事項）等の調停事件については，事件の性質上，提出書面には，家庭の秘密や高度なプライバシーに関する事項のほか，他方当事者を感情的に非難する内容等，他方当事者に開示することにより家事調停の円滑な進行を妨げかねないものも少なからず含まれていることから，前述の経済事件の資料や書面とは異なり，原則的に閲覧・謄写等を認めるという運用にはならないであろうとされている（「別冊法学セミナーno.225 新基本法コンメンタール人事訴訟法・家事事件手続法」（日本評論社）526頁及び秋武憲一編著「概説家事事件手続法」（青林書院）300頁参照）。

第3　家事調停事件の記録の閲覧・謄写等に関する書記官事務
1　家事調停事件の記録の閲覧・謄写・複製に関する書記官事務
(1)　申請人（申立人）

　当事者又は利害関係を疎明した第三者（法254条1項・2項）。

　なお，利害関係参加人は，家事調停の申立ての取下げ等の一部の手続行為を除き当事者がすることができる手続行為をすることができるため（法258条1項，42条7項），利害関係参加人による記録の閲覧・謄写・複製の申請は，当事者による

第3　家事調停事件の記録の閲覧・謄写等に関する書記官事務

当該申請と同視されることになる（逐条 164 頁参照）。
(2) 申請（申立て）の方法
申請は，書面又は口頭[188]でする（規5条，民訴規1条1項）。

実務上は，書面で申請する場合は，できる限り，平成9年8月20日付け最高裁総三第97号総務局長通達「事件記録等の閲覧等に関する事務の取扱いについて」（以下，本節において「閲覧等通達」という。）記第2に規定されている各家庭裁判所備付けの家事事件記録等閲覧・謄写票（以下，本節において「閲覧・謄写票」という。）を申請書として使用させる（閲覧等通達記第3の1の(1)のア及びウ参照）。

なお，口頭で申請する場合は，書記官は調書を作成し，記名押印しなければならない（規5条，民訴規1条2項）。

(3) 手数料
家事調停事件の係属中に当事者が申請（請求）する場合を除き，1件につき 150 円の手数料（収入印紙）を要する。利害関係を疎明した第三者については，家事調停事件の係属中であっても，1件につき 150 円の手数料（収入印紙）を要する（民訴費用法7条別表第二の一の項，8条本文）。

なお，閲覧・謄写・複製を同時に申請するときは，1件分の手数料で足りる（平成 25 年 11 月研修教材第6号「民事実務講義案Ⅱ（四訂再訂版）」（裁判所職員総合研修所）85 頁参照）。

また，民訴費用法7条別表第二の一の項に規定されている件数は，閲覧・謄写・複製の対象となる基本事件の件数ではなく，閲覧・謄写・複製の申請件数であることから，基本事件が数件であっても，家事調停が同一手続で行われているもので，かつ，その記録が1冊であるようなものについては，1件としてよいとされている（昭和 48 年1月訟廷執務資料第 43 号「裁判所書記官会同協議要録（家庭関係）」（最高裁判所事務総局）53 頁 117 参照）。

(4) 手続
具体的な閲覧・謄写・複製の手続及び事務については，規 126 条1項で準用する規 35 条の規定によるほか，閲覧等通達及び平成 27 年6月 19 日付け最高裁総三第 133 号総務局長通達「民事裁判事務支援システムを利用した家事事件等の事務処理の運用について」記第7の定めるところにより取り扱う[189]。

当事者又は利害関係を疎明した第三者からの家事調停事件の記録等の閲覧・謄写・複製の申請については，前記第1（150 頁）のとおり，法 254 条3項において，家庭裁判所は，「相当と認めるとき」は，これを許可することができる旨規定されており，当該申請の許否の裁判（審判以外の裁判（法 258 条1項，81 条））に対し

188　民事訴訟記録の閲覧・謄写等の申請（請求）は，民訴規 33 条の2第1項の規定により，書面でしなければならないとされているが，家事事件手続規則では同規定が準用されていないため，口頭での申請も可能と解される。ただし，閲覧・謄写等の範囲の特定等，手続の適正を期するためには，書面での申請が望ましい。
189　このほか，閲覧・謄写・複製の申請を一部却下した場合における閲覧・謄写票の記載例等については，平成 10 年1月訟廷執務資料第 69 号「書記官事務に関する新通達等の概要—民事訴訟法等の改正に伴って—（上）」（最高裁判所事務総局）138 頁から 140 頁までに民事事件記録等閲覧・謄写票を例として記載されているため，併せて参照されたい。

第7章　家事調停手続に関する書記官事務

て即時抗告を認める規定（特別の定め）はないことから，不服申立て（即時抗告）は許されない（法288条，99条）（「別冊法学セミナーno.225新基本法コンメンタール人事訴訟法・家事事件手続法」（日本評論社）527頁参照）。

なお，書記官は，閲覧・謄写・複製の手続及び事務を行うに当たっては，家庭裁判所の意図に反して非開示希望情報等を流出させることのないように適切に管理する必要がある。非開示希望情報等が含まれている記録について当事者等から閲覧・謄写・複製の申請がされたときの対応については，本章の第2節の第3の3の(4)のアの(イ)（89頁）を参照されたい。

2　家事調停事件の記録の正本，謄本若しくは抄本[190]又は家事調停事件に関する事項の証明書の交付に関する書記官事務

(1) 申請人（申立人）等

　家事調停事件の記録の正本，謄本若しくは抄本又は家事調停事件に関する事項の証明書の交付の申請人（申立人）等については，次の一覧表のとおりである。

【家事調停事件の記録の正本等の交付の申請人（申立人）等一覧表】

申請人	対象	家庭裁判所の許可	根拠条文
当事者（利害関係参加人を含む。）	①家事調停事件に関する事項の証明書	不要	法254条4項
	②審判書その他の裁判書，調停において成立した合意を記載し，又は調停をしないものとして，若しくは調停が成立しないものとして事件が終了した旨を記載した調書の正本，謄本又は抄本		
	③②以外の家事調停事件の記録の正本，謄本又は抄本	要	法254条1項
利害関係を疎明した第三者	家事調停事件に関する事項の証明書		
	家事調停事件の記録の正本，謄本又は抄本		

(2) 申請（申立て）の方法

　閲覧・謄写票に関する部分を除き前記1の(2)（153頁）と同様である。

　なお，各家庭裁判所においては，書面で申請する場合の書式（申請書）が整備されている。

(3) 手数料等

　ア　家事調停事件の記録の正本，謄本又は抄本の交付の手数料

　　用紙1枚[191]につき150円（収入印紙）（民訴費用法7条別表第二の二の項，8条本文）

　イ　家事調停事件に関する事項の証明書の交付の手数料

　　証明事項1件につき150円（収入印紙）（事件の記録の写しについて原本（事

---

[190] なお，参考までに，正本，謄本及び抄本の形式及び内容については，平成28年3月研修教材第5号「民事実務講義案Ⅰ（五訂版）」（裁判所職員総合研修所）124頁等を参照されたい。
[191] 正本，謄本又は抄本の認証用紙も枚数に算入する。また，半面記載の用紙も1枚として算定し，用紙の規格は問わない（昭和48年3月訟廷事務資料第44号民事裁判資料第105号「民訴費用法に関する執務資料」（最高裁判所事務総局）69頁及び70頁参照）。

第3 家事調停事件の記録の閲覧・謄写等に関する書記官事務

件の記録が電磁的記録で作成されている場合にあっては，当該電磁的記録に記録された情報の内容を書面に出力したときのその書面）の記載と相違ない旨の証明に係るものについては，原本10枚までごとに150円（収入印紙））（民訴費用法7条別表第二の三の項，8条本文）
　ウ　その他
　　　申請人が前記ア及びイの各書面の郵送を希望する場合には，当該郵送に要する郵便切手も予納してもらう必要がある。
(4) **手続**
　ア　家庭裁判所の許可が必要な場合（法254条1項の規定に基づく申請の場合）
　　(ｱ)　許否の裁判
　　　　書記官は，申請書等の受付手続を行った上で，非開示希望情報等の有無に十分留意して（本章の第2節の第3（76頁）参照），当該申請の内容や手数料等を確認し，法254条3項の規定に基づき，裁判官に許否の判断を仰ぐ。この許否の裁判については，審判以外の裁判（法258条1項，81条）であることから，必ずしも裁判書を作成する必要はなく（法258条1項で準用されている法81条1項の規定は法76条1項の規定を準用していない。），前記1の(4)（153頁）のとおり，不服申立て（即時抗告）も認められていないが，手続の適正を期するために，適宜，申請書の余白等を利用して裁判官の許否の裁判を記録化しておくことが望ましい。また，書記官は，当該許否の裁判が申請人に告知されたときは（法258条1項，81条1項，74条1項），例えば，許可の場合は当該家事調停事件の記録の正本等を申請人に交付したときに当該申請人が作成した受領書を記録につづり込んだり，不許可の場合は申請書の余白に書記官が不許可の裁判が申請人に告知された旨及び告知の方法を付記して認印をする等により，その旨及び告知の方法を記録上明らかにする（規128条1項，50条4項・3項）。
　　(ｲ)　家事調停事件の記録の正本，謄本又は抄本の作成及び交付
　　　　前記(ｱ)で申請が許可された場合は，書記官は，規126条1項で準用されている規34条の規定に基づき，正本又は謄本の申請については当該申請に係る家事調停事件の記録（原本）の全部を，抄本の申請については当該申請に係る家事調停事件の記録（原本）の一部（当該申請に係る部分のみ）を正確に複写し，正本，謄本又は抄本であることの認証文言を記載し，年月日及び裁判所名を表示し，書記官が記名押印（職印）をして，正本，謄本又は抄本を作成する。また，当該正本，謄本又は抄本が数枚にわたるときは，そのつづり順を点検し，その連続性を確認した上で，その各葉に契印又はこれに準ずる措置を執る（昭和63年3月18日付け最高裁総三第12号事務総長通達「契印に準ずる措置に関する事務の取扱いについて」及び平成4年2月28日付け最高裁総三第14号総務局長，民事局長，刑事局長，行政局長，家庭局長依命通達「契印に準ずる措置に関する事務の運用について」参照）。書記官は，作成した正本，謄本又は抄本を申請人に交付したときは，事務の適正を期するため，直接交付したときは申請書の受領書欄等を利用して申請人から受領書を徴し，郵送したときは

第7章　家事調停手続に関する書記官事務

申請書に申請人に郵送した旨と年月日を付記して認印をする等して記録上明らかにしておく。

なお，平成22年5月25日付け最高裁総三第000078号総務局長通達「認証等用特殊用紙に関する事務の取扱いについて」記第1の2に掲げるもの（調停調書，家事審判書，調停に代わる審判書等）の正本を作成する場合は，同通達が規定する認証等用特殊用紙を使用することに留意する。

(ｳ)　家事調停事件に関する事項の証明書の作成及び交付

前記(ｱ)で申請が許可された場合は，書記官は，家事調停事件の記録や法規等を確認する等して証明事項を確認し，①申請人が申請書の副本を提出した場合には，当該副本の余白に証明文言（「本申請のとおり相違ないことを証明する。」等）を記載し，又は当該副本の末尾に証明文言が不動文字として印刷されている証明用紙を添付する，あるいは②申請者が当該副本を提出しない場合等は，証明書用紙に事件の特定事項（事件番号，当事者名，事件名等）と証明事項を記載した上で，年月日及び裁判所名を表示して，書記官が記名押印（職印）をして，家事調停事件に関する事項の証明書を作成する（平成25年11月研修教材第6号「民事実務講義案Ⅱ（四訂再訂版）」（裁判所職員総合研修所）77頁参照）。また，当該証明書が数枚にわたるときは，そのつづり順を点検し，その連続性を確認した上で，その各葉に契印又はこれに準ずる措置を執る。書記官は，作成した証明書を申請人に交付したときは，事務の適正を期するため，直接交付したときは申請書の受領書欄等を利用して申請人から受領書を徴し，郵送したときは申請書に申請人に郵送した旨と年月日を付記して認印をする等して記録上明らかにしておく。

イ　家庭裁判所の許可が<u>不要</u>な場合（法254条<u>4項</u>の規定に基づく申請の場合）

当事者から前記(1)（154頁）の一覧表の①及び②の各書面の交付申請がされた場合は，家庭裁判所の許可を要しないため，書記官は，申請書等の受付手続を行い，当該申請の内容や手数料等を確認した上で，その職務権限として，前記アの(ｲ)及び(ｳ)と同様に，当該各書面を作成して申請した当事者に交付する。

なお，法別表第二に掲げる事項に関して，金銭の支払，物の引渡し，登記義務の履行その他の給付を命ずる審判（確定した調停に代わる審判等）及びこれと同一の効力を有する給付条項の記載のある調停調書（成立）は，執行力のある債務名義と同一の効力を有するため（法287条，268条1項，39条，75条），単純執行文の付与は不要である（逐条805頁及び870頁参照）。したがって，書記官は，このような調停に代わる審判書や調停調書（成立）の正本を執行債権者である当事者に交付したときは，民執規18条2項の規定に準じて，当該調停に代わる審判書や調停調書（成立）の原本に，当該当事者に交付した旨，交付年月日及び交付した正本の通数を記載して押印する（平成8年度書記官実務研究「遺産分割事件における進行管理事務の研究」（裁判所書記官研修所）488頁～494頁及び平成19年1月家庭裁判資料第183号訟廷執務資料第74号「家事書記官事務の手引（改訂版）」（最高裁判所事務総局）149頁参照）。また，書記官は，このような調停に代わる審判書や調停調書（成立）の正本を，執行債権者である当事者に，再

度又は数通交付する場合は，民執規の規定（16条3項・1項，18条2項，19条2項・1項）に準じて事務を行う。

おって，書記官が当該交付申請に対して，その交付を拒絶したときは，その方式について特に定めはないが，通常は，書面によって申請が行われるため，当該申請書の余白に，「上記申請を拒絶する。（年月日）（庁名）裁判所書記官○○○○㊞」，又は「上記申請を拒絶する。同日同庁裁判所書記官○○○○㊞」等と付記し，申請人には相当な方法で告知する。拒絶の理由については，特にその必要性が高い場合にのみ付記すれば足りる（平成25年11月研修教材第6号「民事実務講義案Ⅱ（四訂再訂版）」（裁判所職員総合研修所）77頁参照）。この書記官の拒絶処分に対しては，当該書記官の所属する裁判所に異議の申立てをすることができる（法37条）。この異議の申立ての手続の詳細については，平成27年度書記官実務研究の第1編の第7章の第4（50頁）と同様であるため参照されたい。

第9節 受継
第1 概説

当事者が死亡，資格の喪失その他の事由によって家事調停の手続を続行することができない場合において，法令により手続を続行する資格のある者があるときは，その当事者に代わって，その者が新たな当事者として，その手続を受け継がなければならない（法258条1項，44条1項）。また，法令により手続を続行する資格のある者が自ら受継の申立てをしない場合には，家事調停の手続を進めることができないので，他の当事者からの申立てにより又は職権で，法令により手続を続行する資格のある者にその手続を受け継がせることができる（法258条1項，44条3項）。

調停委員会が家事調停を行う場合には，この受継（法258条1項，44条1項・3項）に関する裁判所の権限は，当該調停委員会が行う（法260条1項6号）。

家事調停事件において，受継が想定される場合としては，遺産の分割の調停事件（法別表第二の十二の項の事項についての調停事件）において当事者の死亡により法令により手続を続行する資格のある者が受継する場合がある。また，「その他家庭に関する事件」（法244条）についての調停については事案によるといえる（逐条778頁参照）。

なお，当事者が死亡，資格の喪失その他の事由によって家事調停の手続を続行することができない場合であっても，民事訴訟手続の場合（民訴法124条1項参照）と異なり，家事調停の手続は中断しない（逐条778頁並びに149頁及び150頁参照）。

また，当事者間の自主的な話合いのための手続である家事調停の申立てをした者が死亡等により手続を続行することができない場合において，他の申立権者がその手続を受継することは，前記家事調停の性質上，通常想定できないから，家事調停の手続においては，他の申立権者による受継について規定する法45条の規定は準用していない（逐条778頁参照）。

おって，離婚や離縁の調停事件等の一身専属的な権利に関する調停事件において当事者が死亡したような場合は，受継の問題は生じず，当該家事調停事件は当然終了となる[192]。この当然終了の手続の詳細については，本章の第12節の第8（187頁）を

第7章　家事調停手続に関する書記官事務

参照されたい。

第2　家事調停手続における受継に関する書記官事務

家事調停手続における受継に関する書記官事務については，平成27年度書記官実務研究の第2編の第1章の第3の4の(3)のア（83頁）と同様であるため，適宜，家事調停手続における受継の場合に読み替えた上で参照されたい。

第10節　中止
第1　概説

手続の中止とは，手続の進行を停止することをいう。家事調停事件を含む家事事件の手続の中止については，民事訴訟の場合と同様である（法36条，民訴法130条～132条（同条1項を除く。））。

第2　中止事由

家事事件の手続における中止事由は次のとおりである。

1　法定の事故

天災その他の事由によって家庭裁判所が職務を行うことができなくなった場合であり，家事事件の手続は，その事由が消滅するまで当然に中止する（法36条，民訴法130条）。

2　中止命令
(1) **当事者が不定期間の故障により家事事件の手続を続行することができないときの中止命令**

不定期間の故障とは，天災その他の事故によって当事者のいる地域と裁判所との交通が途絶えて当分回復の見込みがないなど家事事件の手続の続行が社会通念上不可能か又は著しく困難な事情があり，その事情が継続的で終期が予測できない場合をいう（逐条114頁参照）。

この場合は，家庭裁判所は，決定で家事事件の手続の中止を命ずることができる（法36条，民訴法131条1項）。この中止を命ずる裁判は，審判以外の裁判（法258条1項，81条）であり（逐条114頁参照），不服申立てをすることはできないから，裁判書の作成は不要であり，当該裁判を当事者に相当な方法により告知し（法258条1項，81条1項，74条1項），その旨及び告知の方法を記録上明らかにすれば足りる（規128条1項，50条4項・3項）。

192　法244条の規定により調停を行うことができる事件についての訴訟が係属している裁判所が法257条2項本文又は法274条1項の規定により事件を家事調停に付した場合において，訴訟の手続が中止されていた場合（法275条1項）には，当然終了により家事調停事件が終了すると，当該中止の決定が効力を失い，訴訟の手続が再開する（逐条832頁参照）。また，家事審判事件が係属している裁判所が法274条1項の規定により事件を家事調停に付した場合において，家事審判の手続が中止されていた場合（法275条2項）も同様に，当然終了により家事調停事件が終了すると，当該中止の決定が効力を失い，家事審判の手続が再開する（逐条833頁参照）。再開されたこれらの手続では，改めて，受継の可否等も含め，当然終了の可否の判断がされることになる。

第1 家事審判の手続の規定が準用される場合

(2) 家事調停の手続を優先させるための法定の中止命令
　　家事調停の申立てがあった事件について訴訟が係属しているとき，又は訴訟が係属している裁判所が事件を調停に付したとき（法257条2項本文，274条1項）は，訴訟が係属している裁判所は，家事調停事件が終了するまで訴訟手続を中止することができる（法275条1項）。
　　また，家事調停の申立てがあった事件について家事審判事件が係属しているとき，又は家事審判事件が係属している裁判所が事件を調停に付したとき（法274条1項）は，家事審判事件が係属している裁判所は，家事調停事件が終了するまで，家事審判の手続を中止することができる（法275条2項）。この家事審判手続の中止の手続の詳細については，第4編の第6章の第3節の第4（369頁）を参照されたい。

第3　中止の終了
　　前記第2の1（158頁）のとおり手続が中止している場合（法36条，民訴法130条）は，職務執行不能の事実が回復すれば当然に中止は解消する。
　　前記第2の2の(1)（158頁）のとおり中止を命ずる裁判がされている場合（法36条，民訴法131条1項）に，当該手続を続行するときは，家庭裁判所は中止を命ずる裁判を取り消すことができる（法36条，民訴法131条2項）。この中止を命ずる裁判を取り消す裁判は，審判以外の裁判（法258条1項，81条）であり（逐条114頁参照），不服申立てをすることはできないから，その余の手続については，前記第2の2の(1)（158頁）と同様である。
　　前記第2の2の(2)のとおり中止を命ずる裁判がされている場合（法275条）は，家事調停の手続が調停の不成立等によって終了したときには，当該中止の決定が効力を失い，中止していた訴訟又は家事審判の手続が再開する（逐条832頁及び833頁参照）。

第4　中止の効果
　　法36条において準用されている民訴法132条2項の規定により，家事事件の手続の中止があったときは，期間は，進行を停止し，家事事件の手続の続行の時から，新たに全期間の進行が始まる（逐条115頁参照）。

第11節　家事調停手続における不服申立て
　　家事調停の手続においてされた裁判に対する不服申立て及び再審については，「特別の定め」のある場合を除き，家事審判の手続においてされた裁判に対する不服申立て（即時抗告，特別抗告，許可抗告）及び再審の規定が準用される（法288条，規138条）。

第1　家事審判の手続の規定が準用される場合
　　家事審判の手続の規定が準用される場合は次の1及び2のとおりである。
　　なお，家事審判の手続においてされた裁判に対する不服申立て及び再審の詳細につ

いては，平成27年度書記官実務研究の第2編の第1章の第9（131頁）を参照されたい。
1　家事調停の手続においてされた裁判で即時抗告ができる裁判の例は次のとおりである。
　　①　家事調停の申立書の却下命令（法255条4項，256条2項，49条6項，67条4項）
　　②　家事調停の申立てを不適法として却下する審判（法255条3項）
　　③　移送の裁判又は移送の申立てを却下する裁判（法246条4項，9条3項）
　　④　除斥又は忌避の申立てを却下する裁判（法12条9項）
　　⑤　合意に相当する審判に対する異議の申立てを却下する審判（法280条2項）
　　⑥　調停に代わる審判に対する異議の申立てを却下する審判（法286条4項）
　　⑦　調停調書の更正決定（法269条3項）
　　⑧　調停調書の更正決定の申立てを不適法として却下した決定（法269条4項）
2　家事調停の手続において，再審の対象となり得る裁判は，確定した合意に相当する審判及び調停に代わる審判など，確定した審判その他の裁判（事件を完結するものに限る。）である（法288条，103条1項）。

第2　「特別の定め」のある場合

　法288条の「特別の定め」としては，例えば，合意に相当する審判に対する異議の申立てに関する手続（法279条，280条）や，調停に代わる審判に対する異議の申立てに関する手続（法286条）などがある（逐条872頁参照）。合意に相当する審判に対する異議の申立てに関する手続（法279条，280条）の詳細については，第3編の第3章の第1節の第10の1の(3)（290頁）を，調停に代わる審判に対する異議の申立てに関する手続（法286条）の詳細については，本章の第12節の第6の5（182頁）をそれぞれ参照されたい。

第12節　家事調停手続の終了

　家事調停手続が終了する主な類型は，①「調停成立」，②「調停条項案の書面による受諾」，③「合意に相当する審判」，④「調停をしない措置」，⑤「調停不成立」，⑥「調停に代わる審判」，⑦「取下げ」及び⑧「当然終了」[193]である。
　本節では，次の第1から第8までにおいて，それぞれの類型の内容や関連する書記官事務等について記載する。

第1　調停成立
1　概説

　調停において当事者間に合意が成立し，調停委員会（裁判官のみで家事調停の手続を行う場合にあっては，その裁判官。以下，この第1において同じ。）がその合意を相当と認め，その合意の内容を調書に記載したときは，調停が成立したものとし，そ

---

[193] このほか，申立書却下命令（法255条4項，49条5項等）も家事調停手続が終了する類型として挙げることができるが，これについては，本章の第2節の第5の4（102頁）を参照されたい。

の記載は，確定判決（法別表第二に掲げる事項にあっては，確定した法39条の規定による審判）と同一の効力を有する（法268条1項）。この調停成立により，家事調停手続は終了する。

なお，家事調停事件の一部について当事者間に合意が成立したときは，その一部について調停を成立させることができる。手続の併合を命じた数個の家事調停事件中その一について合意が成立したときも，同様とする（法268条2項）。何をもって一部といえるのか，どのような場合に一部のみについて調停を成立させることができるのか等については，解釈に委ねられているが，このように一部について調停を成立させた場合は，残部についてはなお調停の手続を続行することになる（逐条806頁参照）。

2 要件等

(1) 対象事件

法268条1項における調停は，法244条において規定する「人事に関する訴訟事件その他家庭に関する事件（法別表第一に掲げる事項についての事件を除く。）」についての調停である。ただし，法277条1項に規定する事項についての調停事件（合意に相当する審判の対象となる事件）については，合意によって調停を成立させることはできない（法268条4項）（逐条804頁参照）。

(2) 調停の成立要件

調停の成立要件は，①当事者間に合意（調停期日における合意）が成立し，②調停委員会がその合意を相当と認め，③その合意の内容を調書に記載することである（詳細については，逐条804頁及び805頁を参照されたい。）。

①については，テレビ会議システム又は電話会議システムの方法により調停期日の手続に関与することにより，当該調停期日に出頭したものとみなされる場合（法258条1項，54条1項・2項）が含まれるが，離婚又は離縁についての調停事件においては，この方法によっては調停を成立させることができない（法268条3項）（本章の第4節の第5の3の(1)（141頁）参照）。

②については，当事者間に合意が成立しても，調停委員会が当該合意を相当でないと認める場合には，調停を成立させずに家事調停事件を終了させることができることから（法272条1項），調停が成立するためには，調停委員会が当該合意を相当と認める必要がある。

③の調書については，法にその作成時期を直接定める規定はなく，調書作成の目的に照らせば，調停期日終了時までに作成されるべきであろうとされているが，実務上は，同一の調停期日に多数の事件を処理すること等もあって，調書を調停期日終了時までに作成することはまず不可能であり，大部分の調書は調停期日終了後に作成される現状にある。この点，調停期日終了後に調書が作成されたとしても，そのことだけで後述する当該調書の効力に消長を来すことはないと解されている。これは，調停期日終了時までに調書の記載内容が確定されることで，前述の調停期日終了時までに作成されるべきとの要請に対して実質的にこたえているとみられるからである（斎藤秀夫，菊池信男編「注解家事審判規則【改訂】」（青林書院）106頁及び107頁並びに「別冊法学セミナーno.225 新基本法コンメンタール人事訴訟法・家事事件手続法」（日本評論社）524頁参照）。したがって，調停において当事者間

第7章　家事調停手続に関する書記官事務

に合意が成立し，調停委員会が当該合意を相当と認めれば，たとえ調書が完成する前であっても当事者は当該合意を撤回することができず，調書が作成されたときは，合意の成立した日にさかのぼって当該合意によって定められた法律効果が発生するものと解される（昭和39年度書記官実務研究「家事調停事件の調書に関する研究」（裁判所書記官研修所）107頁参照）。

3　効力等
(1)　調停調書（成立）の効力
ア　概説
当事者間の合意内容を記載した調停調書（成立）の効力は，その記載内容によって異なる。すなわち，法別表第二に掲げる事項にあっては，確定した法39条の規定による審判と同一の効力を有し，それ以外の事項（訴訟事項）については，確定判決と同一の効力を有する（法268条1項）。

イ　法別表第二に掲げる事項についての効力
法別表第二に掲げる事項については，確定した法39条の規定による審判と同一の効力を有するため，例えば，民法819条5項又は6項に基づく親権者の指定又は変更（法別表第二の八の項の事項）についての調停が成立した場合には，これらの事項に関する確定した審判と同様に，親権者の指定又は変更の形成力が生ずる。また，法別表第二に掲げる事項（例えば，婚姻費用の分担，養育費，財産分与，扶養，遺産の分割等）についての合意を，金銭の支払，物の引渡し，登記義務の履行その他の給付をする調停条項（給付条項）の形式で調停調書に記載したときは，当該給付を命ずる確定した審判と同様に，執行力のある債務名義と同一の効力を有する（法268条1項，75条）。したがって，当該調停条項（給付条項）について不履行があった場合は，単純執行文の付与（民執法26条参照）を受けることなく，強制執行をすることができるものとして取り扱われることになる。もっとも，当該給付が条件にかかっている場合には条件成就執行文の付与（民執法27条1項参照）が，当事者に承継があった場合には承継執行文の付与（民執法27条2項参照）がそれぞれ必要になることは当然である（逐条248頁及び805頁参照）。

ウ　訴訟事項についての効力
訴訟事項については，確定判決と同一の効力を有する。したがって，離婚や離縁等のような身分関係や権利義務の形成を定める調停条項（形成条項）については形成力が認められる。また，金銭の支払，物の引渡し，登記義務の履行その他の給付をする調停条項（給付条項）については，執行力は認められるものの，前記イの法別表第二に掲げる事項についての給付条項とは異なり，実際の強制執行の際には単純執行文の付与（民執法26条参照）を要する（逐条805頁参照）。

(2)　付調停された事件（別表第二審判事件及び訴訟事件）への影響
ア　別表第二審判事件への影響
別表第二審判事件が調停に付されたこと（付調停）によって開始した家事調停事件（法274条1項）（本章の第1節の第3（65頁）参照）について調停が成立したときは，当該審判事件は，終了する（法276条2項）。

このとき，当該家事調停事件担当の書記官は，当該別表第二審判事件が係属していた裁判所に対し，遅滞なく，その旨を相当と認める方法（普通郵便，電話，ファクシミリ等）で通知し（規133条2項，5条，民訴規4条1項），通知した旨及び通知の方法を，例えば，通知書を普通郵便で送付して通知した場合には，当該通知書の控えに「平成〇〇年〇月〇日〇〇家庭裁判所に普通郵便で通知済み ㊞（書記官の認印）」等と付記して記録につづる等して，記録上明らかにする（規5条，民訴規4条2項）。

なお，同一の国法上の裁判所に当該家事調停事件と当該別表第二審判事件が係属し，それらの事件を担当する裁判官も同一である場合には，調停成立は当該別表第二審判事件が係属していた裁判所にも明らかであるから，この通知は不要であろう（条解規則331頁（注2）参照）。

おって，この通知は，家事審判規則（旧規則）には規定されていなかったものであるが，後記イの通知と同様の趣旨で規定された通知であるため，この通知に要する費用は，国庫負担であると解される（昭和31年7月9日付け家庭甲第104号家庭局長通知「家事事件手続費用の負担について」参照）。

イ 訴訟事件への影響

訴訟事件が調停に付されたこと（付調停）によって開始した家事調停事件（法257条2項本文，274条1項）（本章の第1節の第4（66頁）参照）について調停が成立したときは，当該訴訟事件について訴えの取下げがあったものとみなされる（法276条1項）。

このとき，当該家事調停事件担当の書記官は，当該訴訟事件が係属していた裁判所に対し，遅滞なく，その旨を相当と認める方法（普通郵便，電話，ファクシミリ等）で通知し（規133条1項，5条，民訴規4条1項）[194]，通知した旨及び通知の方法を，前記アと同様に記録上明らかにする（規5条，民訴規4条2項）。

なお，同一の国法上の裁判所に当該家事調停事件と当該訴訟事件が係属し，それらの事件を担当する裁判官も同一である場合には，調停成立は当該訴訟事件が係属していた裁判所にも明らかであるから，この通知は不要であろう（条解規則331頁（注2）参照）。

おって，この通知に要する費用は，国庫負担であると解される（昭和31年7月9日付け家庭甲第104号家庭局長通知「家事事件手続費用の負担について」参照）。

4 手続

(1) 調停調書（成立）の作成

前記2の(2)（161頁）のとおり，成立した合意の調書への記載（法268条1項，253条本文，規126条1項，32条1項1号）は，調停の成立要件であり，その効力の発生要件でもあることから，書記官にとって，調書作成事務は，当該調停におけ

---

[194] 受訴裁判所が付調停後も訴訟手続を中止していない等の特別の事情がない限り，記録送付書に調停調書（成立）の謄本を添付して遅滞なく訴訟記録を返還することにより，この通知をする取扱いもある（平成19年1月家庭裁判資料第183号訟廷執務資料第74号「家事書記官事務の手引（改訂版）」（最高裁判所事務総局）107頁参照）。

第7章　家事調停手続に関する書記官事務

る問題解決に直結する最重要の事務である。書記官は，手続の適正確保の目的から，当事者間の合意の内容を的確に把握し，正確な文言を用いて調書に記載する必要がある。とりわけ離婚や離縁，親権者変更等の身分関係の変動が生ずる調停成立のように戸籍の届出が必要となる事案では，当該届出期間との関係から迅速性も要求されるため，書記官は，適正かつ迅速に調停調書（成立）を作成しなければならない。

(2) 調停調書（成立）の作成に当たっての留意事項

本項では，調停調書（成立）の作成に当たっての留意事項を記載するが，これらは飽くまで家事調停事件特有の主な留意事項を限定的に示すにとどまるものであるため，調書作成全般に共通する記載事項並びに様式及び記載方法等については本章の第4節の第3の9（135頁）を，その他の記載事項や留意事項等については各所で示す参考文献や平成28年3月研修教材第5号「民事実務講義案Ⅰ（五訂版）」（裁判所職員総合研修所）等をそれぞれ参照されたい。

ア　事件の表示について

通常の期日調書については，事件番号のみを記載するだけで足りるが，調停調書（成立・不成立）については，請求の表示を当該調停調書に記載しない代わりに，調停の対象となった法律関係を特定する意味において事件名の記載が必要となる（法253条本文，規126条1項，31条1項1号。条解規則77頁（注4）参照）。

申立ての趣旨が変更された場合（本章の第1節の第2の3（62頁）参照）は，変更前の事件名のほかに変更後の事件名も括弧書きで記載して，その経過を明確にする方法のほか，単に変更後の事件名のみを記載して特定する方法が考えられる（平成21年3月研修教材第15号「家事審判法実務講義案（六訂再訂版）」（裁判所職員総合研修所）266頁参照）。

訴訟事件が調停に付され，調停が成立した場合には，調停事件の事件番号のほかに訴訟事件の事件番号も括弧書きで付記する（調停条項集22頁【22】（注）参照）。

イ　当事者等の表示について

(ア)　当事者等の本籍

離婚や離縁，親権者変更等の調停事件のように，調停成立により身分関係の変動が生ずる調停事件については，戸籍の届出が必要であり，当事者等の同一性を識別する必要があることから，当事者等の本籍を記載する。

なお，外国人が当事者である場合は，準拠法選択のための重要な連結点である国籍を表示する必要があり，アメリカ合衆国のように不統一法国（州によって法律を異にする国）に属する者については，更にその者が住所を有する州の表示も必要である（平成3年3月家庭裁判資料第146号「渉外家事事件執務提要（上）」（最高裁判所事務総局）74頁参照）。

(イ)　当事者の住所等

調停調書（成立）の正本，謄本及び抄本については，当事者は，家庭裁判所の許可を得ずに，書記官に対して，その交付を請求することができる（法254条4項2号）（本章の第8節の第3の2の(1)（154頁）参照）。

家事調停事件には，ドメスティック・バイオレンス（DV）等の行為が背景にある事案等，当事者の住所等について，他方当事者等への非開示希望の申出がされている事案もある。そのため，書記官は，非開示希望情報の適正かつ確実な管理の目的から，調停成立時に，当事者に対して，調停調書に当事者の非開示希望住所を記載した場合は，前述のとおり，他方当事者の交付請求により調停調書謄本等を交付したときには，当該住所が開示されてしまうこととなる旨等を説明した上で，調停調書に記載する住所を確認し，家庭裁判所が開示しないと判断した住所（非開示住所）については，調停調書に記載することがないよう留意する（本章の第2節の第3の3の(4)のイの(ｱ)（90頁）参照）。

　なお，成立した調停条項中に金銭の支払等の給付条項（債務名義として執行力を有する条項）がある場合は，調停調書に記載する当事者（特に執行債務者）の住所については，将来的に強制執行をする段階において当事者の特定に支障が生じないように留意する必要がある[195]。例えば，現住所（住民票上の住所）を調停調書に記載することを希望しない（当該現住所の非開示希望の申出をしている）当事者（特に執行債務者）の特定の方法としては，アンケート調査の結果によると，当該現住所を記載しない代わりに他方当事者に開示してもよい住所（他方当事者との同居時の住民票上の住所等）を調停調書に記載したり，他方当事者に開示してもよい住所がない場合は，本籍や生年月日を併記する等して可能な限り当該当事者の特定をしていた。このほか，他方当事者に現住所（住民票上の住所）を知られることにより生命又は身体に危害を加えられるおそれがあるなどの特段の非開示理由がないのに単に他方当事者に対する感情的な抵抗感から当該現住所を知られたくないという理由だけで当該現住所を調停調書に記載することを拒んでいるような当事者の場合は，当該現住所を調停調書に記載することについての裁判官の方針を確認し[196]，当該当事者に裁判官の方針を説明して了承を得た後，既に当該当事者が当該現住所について非開示希望の申出をしている場合は，当該非開示希望の申出の撤回（本章の第2節の第3の3の(4)のイの(ｲ)（90頁）参照）をしてもらった上で，当該現住所を調停調書に記載するという取扱いもあった。

　　(ｳ) 当事者等の呼称等
　　　① 訴訟事件が調停に付され，調停が成立した場合
　　　　「申立人（原告）」，「相手方（被告）」と記載するのが相当である（調停条項集22頁【22】（注）参照）。

---

[195] 実務上，強制執行申立時の当事者の特定は，原則として，氏名と住所によってされており，調停成立時と強制執行申立時との住所が異なっている場合は，住民票の記載の連続によって当事者の同一性を明らかにする取扱いがされている。なお，アンケート調査の結果によると，このような強制執行申立時の実務上の取扱いや当事者の特定が不十分な場合には強制執行に支障を生ずるおそれがあることについて必要に応じて当事者にも説明をした上で，当該当事者に調停調書に記載する住所の希望を確認するという取扱いをしている家庭裁判所もあった。

[196] 事件担当書記官としては，手続の適正確保並びに円滑な進行確保及び進行促進のため，あらかじめ裁判官に当該方針を確認しておくことが望ましい。

第7章　家事調停手続に関する書記官事務

　　　　② 当事者等の氏名
　　　　　当事者等の氏名は，戸籍の届出に支障がないよう正確に記載する。社会的にも定着している通称がある場合は，「××（通称）こと〇〇（戸籍上の氏名）」のように記載する。
　　　　　漢字以外の文字を用いる外国人の氏名は，住民票の記載や（住民票がない場合は）その発音に従って片仮名を記載するが，外国字のつづりを付記した方がよい。
　　　　　なお，外国人と日本人との離婚の調停事件で，日本人の戸籍に配偶者である外国人の氏名が記載されているときは，氏名の表示は戸籍の記載に従うのが相当である。これは，戸籍の届出の際にその同一性を明確にすることができるからである（昭和39年度書記官実務研究「家事調停事件の調書に関する研究」（裁判所書記官研修所）101頁参照）。
　　(エ) 当事者等の出頭状況
　　　　当事者等の出頭又は不出頭の別を記載する（平成24年12月10日付け最高裁家一第004532号家庭局長，総務局長通達「家事事件の期日調書等の様式及び記載方法について」記第2の4の(2)のア参照）。実務上，当事者等の氏名に続いて括弧書きで出頭又は不出頭の別を記載する。
　　　　なお，裁判所及び当事者双方が音声の送受信により同時に通話をすることができる方法（テレビ会議システム又は電話会議システムの方法）により調停期日における手続を行った場合には，当該調停期日に出頭しないで当該方法により手続に関与した当事者については，通話先の電話番号及びその場所[197]を，当該当事者の氏名に続いて括弧書きで記載する（平成24年12月10日付け最高裁家一第004532号家庭局長，総務局長通達「家事事件の期日調書等の様式及び記載方法について」記第2の4の(2)のウ参照）。この記載により，当該方法により手続に関与した当事者（当該調停期日に出頭したものとみなされる当事者）が調停調書上も明らかになるため，当該方法により手続に関与した当事者については，この記載のほかに（この記載に加えて），出頭又は不出頭の別を記載する必要はない[198]。
　(3) **調停条項について**

---

[197] テレビ会議システムの方法により調停期日における手続に関与した当事者については，当該当事者の氏名に続いて当該当事者が出頭した裁判所を「（〇〇家庭裁判所）」と付記する。規128条1項で準用する42条2項では，通話先の電話番号を記録上明らかにしなければならないと規定されているが，当事者をテレビ会議装置が設置された裁判所に出頭させてテレビ会議システムの方法により調停期日における手続を行った場合は，端的に，出頭裁判所の名称を明らかにすれば足りる（条解規則105頁（注3）及び平成28年3月研修教材第5号「民事実務講義案Ｉ（五訂版）」（裁判所職員総合研修所）202頁参照）。
[198] なお，例えば，当事者が手続代理人を選任している調停事件において，当該手続代理人のみがテレビ会議システム又は電話会議システムの方法により調停期日における手続に関与して当該調停が成立した場合には，当該方法により手続に関与せずに，当該調停期日に（実際に）出頭した，又は不出頭であった当該当事者本人については，当該手続代理人とは異なり，調停調書上，通話先の電話番号及びその場所を記載することはできないため，その出頭又は不出頭の別を記載する必要がある。

ア　調停条項の記載例や留意事項等
　　調停条項の記載例や留意事項等については，第3編の第1章（201頁）及び第2章（232頁）の各節において個別の事件類型における主なものを示すが，それらは飽くまで主なものを限定的に示すにとどまるものであるため，これらの各章の各節で示す参考文献や，調停条項集，和解条項集，平成28年3月研修教材第5号「民事実務講義案Ⅰ（五訂版）」（裁判所職員総合研修所）等も併せて参照されたい。
　イ　調停調書（成立）に記載された調停条項に対する異議
　　調停調書（成立）に記載された調停条項に対する異議は，当該調停調書の更正の申立て（法269条1項）（本章の第14節の第8（198頁）参照）によるべきと解されている（「別冊法学セミナーno.225 新基本法コンメンタール人事訴訟法・家事事件手続法」（日本評論社）524頁参照）。

(4) **調停成立後の事務について**
　本項では，実務上，事件担当書記官が調停成立後に一般的に行う事務について記載する。個別の事件類型において調停成立後に特に行う事務については，第3編の第1章（201頁）及び第2章（232頁）の各節を参照されたい。
　ア　戸籍届出についての説明等
　　離婚や離縁，親権者変更等のように身分関係の変動が生ずる調停が成立したときは，事件担当書記官は，調停成立後の戸籍届出の手続が円滑にできるように，各家庭裁判所で備え付けている調停成立後の手続説明書面等を利用して，戸籍届出を行う当事者に対し，戸籍法（同法73条1項，同法77条1項及び同法79条において準用する同法63条1項参照）で規定された届出期間内[199]に戸籍届出用の調停調書謄本[200]を添付して当事者の本籍地又は届出人の所在地（住所地等）の戸籍役場（市区町村役場）[201]に戸籍届出をしなければならない（戸籍法25条）旨及び正当な理由なく届出期間内に戸籍届出をしない場合には過料に処されることがある（戸籍法135条）旨を説明し，戸籍届出の際に必要な調停調書謄本

199　例えば，戸籍法73条1項，同法77条1項及び同法79条において準用する同法63条1項の規定によると，これらの規定に係る調停が成立した日から10日以内（同法43条1項により初日が算入される。）に戸籍届出をしなければならないとされている（条解規則323頁（注7）参照）。
200　この調停調書謄本については，戸籍に記載すべき事項以外の記載を省略した謄本（いわゆる省略謄本）を添付することでも足りる場合がある（具体的には，離婚又は離縁の届出をする場合である（平成16年4月1日付け法務省民一第769号法務省民事局長通達「人事訴訟法の施行に伴う戸籍事務の取扱いについて」参照）。）。この場合における当該省略謄本の書記官による謄本認証文言（規126条1項，34条）は，「本書は謄本である。ただし，戸籍に記載すべき事項以外の記載を省略した。」となる（昭和34年7月9日第53回戸籍事務連絡協議会結果（家月11巻11号175頁）及び条解規則323頁（注5）参照）。なお，別表第一審判事件についてではあるが，特別養子縁組成立の認容審判をした場合において，戸籍届出用に申立人に交付すべき審判書の謄本（戸籍法68条の2,63条1項参照）は，理由部分を省略したもので足りるかについては，積極（ただし，省略できる部分は事案により異なる。）に解されている（第166回戸籍事務連絡協議会議事録（家月42巻3号173頁）参照）。
201　この本籍地と所在地（住所地等）の戸籍役場が異なり，当該当事者が所在地（住所地等）での戸籍届出を予定している場合には，別途当事者の戸籍全部事項証明書（戸籍謄本）の提出を要する場合があるため，当該当事者の理解の程度等に応じて，戸籍届出時に必要な書類については戸籍役場にも確認するよう説明する。

の交付申請をするよう促す。
　なお，当該調停調書謄本の交付申請に関する書記官事務については，本章の第8節の第3の2（154頁）の該当箇所を参照されたい。
　イ　調停調書正本の送達申請等について
　　前記3の(1)のイ及びウ（162頁）のとおり，婚姻費用や養育費，解決金等の金銭の支払や物の引渡し等の給付についての合意（給付条項）が記載された調停調書（成立）は債務名義となるため（民執法22条7号，法268条1項），事件担当書記官は，当事者（執行債権者）の理解の程度等に応じて，適宜，将来的に不履行があったときは，当該債務名義により強制執行をすることが可能であることなどを説明し，将来的な不履行に備えて，強制執行の実施及び開始の要件に係る調停調書正本の当事者双方への送達申請（民執法25条及び29条参照）をするか否かについて確認する取扱いもある。
　　確認の結果，当該当事者が調停調書正本の当事者双方への送達申請をする場合は，事件担当書記官は，当該当事者に送達申請書の提出[202]や送達費用の予納[203]等をしてもらい，送達場所等の確認を行った上で，調停調書正本の送達手続を行う（当該当事者が同時期に前記アの戸籍届出用の調停調書謄本等の交付申請もしている場合は，これらも同封の上，送達手続を行うこともある。）。
　　なお，当該当事者が連絡先届出書等記載の現住所について非開示希望をしている場合は，当該現住所に送達を行うと，記録の一部となる郵便送達報告書に当該現住所が記載されたり，当該現住所への配達を担当する郵便局等が記載されることとなるため，事件担当書記官は，手続の適正確保並びに円滑な進行確保及び進行促進の目的から，当該当事者に対して，家庭裁判所における交付送達（法36条，民訴法100条参照）の実施，当該現住所以外の送達場所の届出，送達受取人の届出（法36条，民訴法104条1項，規25条，民訴規41条1項・3項参照）等の手続について説明する（本章の第2節の第3の3の(4)のイの(ウ)（91頁）参照）。
　　おって，財産の分与や遺産に関する家事調停事件等において成立した調停条項の中に登記手続を行う旨（登記義務の履行）の調停条項がある場合は，当該調停条項が記載された調停調書正本は登記申請時に必要な登記原因証明情報（法268条1項，75条，不動産登記法61条，63条1項，不動産登記令7条1項5号ロ(1)参照）となるため，事件担当書記官は，当事者（登記権利者）の理解の程度等に

---

[202] この送達申請は書面（送達申請書）又は口頭ですることができるが，当事者が口頭で送達申請をする場合は，書記官は調書を作成する必要がある（規5条，民訴規1条。平成25年3月研修教材第11号の1「民事書記官事務の解説―第一審訴訟記録に基づいて―〔解説編〕（三訂版）」（裁判所職員総合研修所）30頁参照）。

[203] なお，実務上の取扱いとして，1回目の送達申請で各当事者に同時に各1通の調停調書正本の送達を求めるときは，民訴費用法所定の正本交付の手数料は不要とされている（昭和57年3月訟廷執務資料第52号「裁判所書記官会同協議要録（家庭関係）」（最高裁判所事務総局）35頁57参照）。おって，実務上，調停条項に債務名義となるべき条項がない場合に，当事者から，当事者双方に対して，調停調書謄本（正本）の普通郵便による送付申請がされた場合に，それが最初の送付であれば，手数料は不要として差し支えないこととされている（平成18年7月24日付け最高裁総務局第三課長事務連絡「家事調停調書の当事者双方送付申請の取扱いについて」参照）。

第2 調停条項案の書面による受諾

応じて，適宜この点についても説明し，登記申請用の調停調書正本の交付申請をするか否かについて確認する取扱いもある。

ウ 利害関係参加人への通知

調停が成立したときは，事件担当書記官は，当該調停期日に出頭しなかった利害関係参加人[204]に対し，遅滞なく，その旨を相当と認める方法（普通郵便，電話，ファクシミリ等）で通知する（規130条1項，5条，民訴規4条1項）。通知した旨及び通知の方法を，例えば，調停調書（成立）の冒頭の余白又は末尾に「調停成立の旨は，利害関係参加人に対し普通郵便で通知済み　平成○○年○月○日　裁判所書記官　㊞」等[205]と付記する等して，記録上明らかにする（規5条，民訴規4条2項）。

この通知は，後記第2の4の(4)（171頁）の調停条項案の受諾書面を提出した当事者への通知と同様の趣旨で行われる通知であることから，この通知に要する費用は，国庫負担であると解される（平成8年2月家庭裁判資料第164号「改訂家事執務資料集下巻の一（調停，23条・24条審判）」（最高裁判所事務総局）272頁参照）。

エ 戸籍事務管掌者への通知

本章の第13節（188頁）を参照されたい。

第2 調停条項案の書面による受諾

1 概説

当事者が遠隔の地に居住していることその他の事由により出頭することが困難であると認められる場合において，その当事者があらかじめ調停委員会（裁判官のみで家事調停の手続を行う場合にあっては，その裁判官。以下，この第2において同じ。）から提示された調停条項案を受諾する旨の書面を提出し，他の当事者が家事調停の手続の期日（調停期日）に出頭して当該調停条項案を受諾したときは，当事者間に合意が成立したものとみなされる（法270条1項）[206]。

2 要件

調停条項案の書面による受諾の方法により，調停の合意を成立させるためには，①当事者が遠隔の地に居住していることその他の事由により出頭することが困難であると認められる場合であること，②当該当事者があらかじめ調停委員会から提示された調停条項案を受諾する旨の書面を提出していること，③他の当事者が調停期日に出頭（テレビ会議システム又は電話会議システムの方法により当該調停期日に出頭したも

---

[204] 当該調停期日に出頭した利害関係参加人については，その場で事件終了を知ることができるため，別途通知する必要がないことは当然である（条解規則323頁（注2）参照）。また，家事調停事件の一部について調停が成立した場合（法268条2項），利害関係参加人が成立した一部に利害関係を有している場合には，通知が必要となると解される（条解規則323頁（注3）参照）。

[205] 類似の手続である民事訴訟における和解条項案の受諾書面を提出した当事者への通知をした旨等の記録化について記載されている平成28年3月研修教材第5号「民事実務講義案Ⅰ（五訂版）」（裁判所職員総合研修所）355頁も参考になるため，併せて参照されたい。

[206] 法270条の趣旨については，逐条809頁を参照されたい。

第7章　家事調停手続に関する書記官事務

のとみなされる場合（法258条1項，54条2項）を含む（逐条809頁参照）。）して当該調停条項案を受諾することが必要である（法270条1項）。

①の「遠隔の地に居住していること」については，一般的には，離島，僻地等がこれに該当するが，当事者が調停期日に出頭するのに要する時間，費用，その他の事情を考慮し，事案に即して弾力的な運用が許される。また，「その他の事由により出頭することが困難であると認められる場合」については，長期の病気，入院，身体障害，老齢等の場合が該当すると解されている（平成19年1月家庭裁判資料第183号訟廷執務資料第74号「家事書記官事務の手引（改訂版）」（最高裁判所事務総局）134頁参照）。

3　調停条項案の書面による受諾の方法ができない場合

次の(1)及び(2)のとおり，調停の成立又は合意に相当する審判により身分関係が変動するという重大な効果が生ずる事件については，当事者の真意をより慎重に確認する必要があるため，法270条1項が規定する調停条項案の書面による受諾の方法によって当事者間の合意を成立させることができない。

(1)　離婚又は離縁についての調停事件については，当事者間の合意（調停の合意）を，法270条1項が規定する調停条項案の書面による受諾の方法によって成立させることができない（法270条2項）。

(2)　合意に相当する審判の対象となる調停事件については，当事者間に申立ての趣旨のとおりの審判を受けることについての合意（法277条1項1号の合意）を，法270条1項が規定する調停条項案の書面による受諾の方法によって成立させることができない（法277条2項）。

4　手続

(1)　**調停条項案の提示**

調停委員会が法270条1項の規定により調停条項案を提示するときは，書面に記載してしなければならない。この書面には，同項に規定する効果を付記する（規131条1項）。

調停条項案の提示がその後の手続の進展によっては，提示を受けた当事者が不出頭のまま調停が成立したとみなされるという重大な効果をもたらすものであることから，提示の方法についても，特に慎重を期する必要がある。したがって，調停条項案が記載された書面を遠隔の地に居住していることその他の事由により出頭することが困難であると認められる当事者に提示する具体的な方法としては，送付の方法が考えられるが，事案によっては，送達の方法によることが相当な場合もある。その際，当該調停条項案を添付した受諾書面用紙及び返信用封筒を同封するのが望ましい（条解規則325頁及び平成19年1月家庭裁判資料第183号訟廷執務資料第74号「家事書記官事務の手引（改訂版）」（最高裁判所事務総局）134頁参照[207]）。

この調停条項案の提示（郵送）に要する費用や受諾書面の郵送（返信）に要する

---

[207] 類似の手続である民事訴訟における和解条項案の書面による受諾（受諾和解）（民訴法264条）について，和解条項案の提示の方法や後述する当事者の真意の確認の方法等が記載されている平成28年3月研修教材第5号「民事実務講義案Ⅰ（五訂版）」（裁判所職員総合研修所）353頁及び354頁も参考になるため，併せて参照されたい。

費用は，当事者の負担である（平成8年2月家庭裁判資料第164号「改訂家事執務資料集下巻の一（調停，23条・24条審判）」（最高裁判所事務総局）272頁参照）。

(2) **当事者の真意の確認**

前記(1)の調停条項案を提示した当事者から当該調停条項案を受諾する旨の書面（受諾書面）の提出があったときは，調停委員会は，当該受諾書面を提出した当事者の真意を確認しなければならない（規131条2項）。

この真意の確認方法としては，例えば，当事者が遠隔の地に居住している場合は，受諾書面に当該当事者（不出頭当事者）の印鑑登録証明書を添付させる，調査官による事実の調査（法261条1項・2項，258条1項，58条1項）により真意を確認するといった方法のほか，最寄りの裁判所に当該当事者の真意を確認するための事実の調査を嘱託する（法260条1項6号，258条1項，61条1項）といった方法が考えられる（条解規則325頁参照）。

(3) **調停調書（成立）作成に当たっての留意事項**

調停調書（成立）の「当事者等及びその出頭状況」について，法270条1項の規定により合意の成立が擬制され，調停が成立した場合には，例えば，調停期日に出頭しなかった当事者の表示の後に「（受諾書面提出）」と記載する[208]（平成24年12月10日付け最高裁家一第004532号家庭局長，総務局長通達「家事事件の期日調書等の様式及び記載方法について」記第2の4の(2)のイ参照）。

(4) **調停条項案を受諾する旨の書面（受諾書面）を提出した当事者等への通知**

調停が成立したときは，事件担当書記官は，調停条項案を受諾する旨の書面（受諾書面）を提出した当事者及び利害関係参加人[209]に対し，遅滞なく，その旨を相当と認める方法（普通郵便，電話，ファクシミリ等）で通知する（規130条1項，5条，民訴規4条1項）。通知した旨及び通知の方法は，例えば，調停調書（成立）の冒頭の余白又は末尾に「調停成立の旨は，相手方に対し普通郵便で通知済み　平成○○年○月○日裁判所書記官　㊞」等[210]と付記する等して，記録上明らかにしておく（規5条，民訴規4条2項）。

この通知の内容については，さきに提示した調停条項案（前記(1)参照）のとおりの内容で調停が成立した旨を示せば足り，当該当事者から調停調書謄本の交付申請がない限り調停調書謄本を添付する必要はないが，当該当事者に成立した調停の内容を確実に認識させる意味で，内容が複雑な場合等には，成立した調停条項の写しを添付することを妥当とする場合もある（平成8年2月家庭裁判資料第164号「改訂家事執務資料集下巻の一（調停，23条・24条審判）」（最高裁判所事務総局）271頁参照）。

なお，調停期日に出頭した当事者から，直ちに調停調書正本の当事者双方への送達申請がされた場合は，受諾書面を提出した当事者（不出頭当事者）に対し調停調

208　なお，この「（受諾書面提出）」の記載に加えて「不出頭」を併記する必要はない。
209　この利害関係参加人への通知については，前記第1の4の(4)のウ（169頁）を参照されたい。
210　類似の手続である民事訴訟における和解条項案の受諾書面を提出した当事者への通知をした旨等の記録化について記載されている平成28年3月研修教材第5号「民事実務講義案Ⅰ（五訂版）」（裁判所職員総合研修所）355頁も参考になるため，併せて参照されたい。

書正本を送達することによってこの通知に代えることができる。

おって，この通知に要する費用は，国庫負担であると解されている（平成8年2月家庭裁判資料第164号「改訂家事執務資料集下巻の一（調停，23条・24条審判）」（最高裁判所事務総局）272頁参照）。

第3 合意に相当する審判

人事に関する訴え（離婚及び離縁の訴えを除く。）を提起することができる事項についての家事調停の手続において，当事者間に申立ての趣旨のとおりの審判を受けることについて合意が成立し，当事者の双方が申立てに係る無効若しくは取消しの原因又は身分関係の形成若しくは存否の原因について争わない場合には，家庭裁判所は，必要な事実を調査した上，当該合意を正当と認めるときは，当該合意に相当する審判をすることができる。ただし，当該事項に係る身分関係の当事者の一方が死亡した後は，当該合意に相当する審判をすることができない（法277条1項）。

当該合意に相当する審判がされた場合において，当事者及び利害関係人から法279条1項の規定による異議の申立てがないとき，又は異議の申立てを却下する審判が確定したときは，家事調停手続は終了し，当該合意に相当する審判は，確定判決と同一の効力を有する（法281条）。

なお，利害関係人からの適法な異議の申立てにより合意に相当する審判が効力を失った場合（法280条4項）は家事調停手続が終了するが，当事者からの適法な異議の申立てがあった場合において，家庭裁判所が，当該異議の申立てを理由があると認めるときは，合意に相当する審判を取り消さなければならず（同条3項），この場合には家事調停手続は終了しない（逐条850頁参照）。

おって，この合意に相当する審判の要件や手続の詳細については，第3編の第3章（281頁）の各節を参照されたい。

第4 調停をしない措置
1 概説

調停委員会（裁判官のみで家事調停の手続を行う場合にあっては，その裁判官（法270条1項参照）。以下，この第4において同じ。）は，事件が性質上調停を行うのに適当でないと認めるとき，又は当事者が不当な目的でみだりに調停の申立てをしたと認めるときは，調停をしないものとして，家事調停事件を終了させることができる（法271条）。実務上，これを「調停をしない措置」又は「調停をなさず」という。

2 要件

この調停をしない措置をすることができるのは，前記1のとおり，①事件が性質上調停を行うのに適当でないと認めるとき，又は②当事者が不当な目的でみだりに調停の申立てをしたと認めるときである。

①の例としては，婚姻中の男性が妻以外の女性と同居を求める場合等，家事調停を求める事件の内容が法令や公序良俗に違反しているような場合がある。

②の例としては，専ら義務の回避，訴訟や家事審判の手続の引き延ばしを目的に家事調停の申立てをしたような場合がある。

このほか，自ら申立てをした申立人が調停手続の追行に不熱心である場合において，法271条により調停をしない措置をすることができる（逐条811頁及び812頁参照）。

3 効果等

(1) 不服申立て（即時抗告）の可否

この調停をしない措置は，裁判ではなく，不服申立て（即時抗告）に関する明文の規定もないことから，不服申立て（即時抗告）をすることはできないと解されている[211]。

(2) 別表第二調停事件についての家事審判手続への移行の有無

別表第二調停事件が法271条の規定により調停をしないものとして終了した場合でも，調停不成立の場合（後記第5の3の(3)（175頁）参照）とは異なり，家事審判手続には移行しないと解されている（その趣旨等については，逐条812頁及び813頁参照）。

(3) 付調停された事件（別表第二審判事件及び訴訟事件）への影響

別表第二審判事件や訴訟事件が調停に付されたこと（付調停）によって開始した家事調停事件（法274条1項，257条2項本文。本章の第1節の第3（65頁）及び第4（66頁）参照）について法271条の規定により調停をしないものとされた場合は，当該家事調停事件は終了するため，付調停に伴って審判手続又は訴訟手続を中止していれば（法275条），当該中止の決定は効力を失い，当該審判手続又は訴訟手続が再開する（逐条832頁及び833頁参照）。

4 手続

(1) 調書への記載等

調停委員会が調停期日において法271条の規定により調停をしないものとして家事調停事件を終了させる旨宣言したときは，その旨を当該調停期日の調書に記載する（法253条本文，規126条1項，32条1項1号）。ただし，当該調停委員会を組織する裁判官が当該調書の作成は必要ないと認め，当該調書の作成を省略する場合（法260条2項，253条ただし書）あるいは裁判官のみで家事調停の手続を行う場合における当該裁判官が調停期日外に調停をしない措置とする場合等は，手続の適正を期するため，記録表紙の裏面等を利用して，次の参考例のような文言を記載し，当該裁判官の押印を受け，記録上明らかにしておく（「別冊法学セミナーno.225 新基本法コンメンタール人事訴訟法・家事事件手続法」（日本評論社）552頁参照）。

---

[211] 家事審判法（旧法）下の裁判例であるが，東京高決昭53.12.21（家月31巻7号58頁）も参考になる。

第7章 家事調停手続に関する書記官事務

> 【参考例】
> 1 本件につき，家事事件手続法271条により，（事件が性質上調停を行うのに適当でない／当事者が不当な目的でみだりに調停の申立てをした※1）と認め，調停をしないものとして，事件を終了させる。
> 2 本件調書の作成の省略を許可する。※2
> 　　　　　　　　　　　　　　　平成〇〇年〇月〇日　裁判官　㊞
> ※1　法271条が規定する理由を記載する。
> ※2　調書の作成を省略する場合（法260条2項，253条ただし書）に記載する。

(2) 当事者等への通知

法271条の規定により調停をしないものとして家事調停事件が終了したときは，事件担当書記官は，当事者及び利害関係参加人に対し，遅滞なく，その旨を相当と認める方法（普通郵便，電話，ファクシミリ等）で通知する（規132条1項，5条，民訴規4条1項）[212]。通知した旨及び通知の方法を，例えば，通知書を普通郵便で送付して通知した場合は，当該通知書の控えに「平成〇〇年〇月〇日当事者双方に普通郵便で通知済み　㊞（書記官の認印）」等と付記して記録につづったり，あるいは前記(1)の参考例の文言付近に「平成〇〇年〇月〇日当事者双方に普通郵便で通知済み　㊞（書記官の認印）」等と付記する等して，記録上明らかにする（規5条，民訴規4条2項）。

この通知に要する費用は，国庫負担であると解される（昭和31年7月9日付け家庭甲第104号家庭局長通知「家事事件手続費用の負担について」参照）。

なお，調停委員会が法271条の規定により調停をしないものとして家事調停事件を終了させる旨宣言した調停期日に出頭した当事者及び利害関係参加人については，その場で家事調停事件の終了を知ることができるため，別途この通知をする必要はないことは当然である。また，家事調停の申立書の写しが相手方に送付され，又はこれに代わる事件係属の通知がされる前に法271条の規定により調停をしないものとして家事調停事件を終了させた場合には，申立人にその旨を通知すれば足りると考えられる（条解規則328頁参照）。

第5　調停不成立

1　概説

調停委員会（裁判官のみで家事調停の手続を行う場合にあっては，その裁判官（法270条1項参照）。以下，この第5において同じ。）は，当事者間に合意（法277条1項1号の合意を含む。）が成立する見込みがない場合又は成立した合意が相当でないと認める場合には，調停が成立しないもの（調停不成立）として，家事調停事件を終了させることができる。ただし，家庭裁判所が調停に代わる審判（法284条1項）（後記第6（177頁）参照）をしたときは，家事調停事件を終了させることができない（法272条1項）。

---

[212] その趣旨については，条解規則327頁及び328頁を参照されたい。

2 要件

この調停不成立の要件は，前記1のとおり，①当事者間に合意（法277条1項1号の合意を含む。）が成立する見込みがない場合又は②成立した合意が相当でないと認める場合である（調停に代わる審判（法284条1項）をする場合を除く。）。

①については，家事調停手続の目的は，当事者間の合意の成立による紛争の解決であることから，家事調停手続において調停委員会が調整等を行う中で，当事者間に合意が成立する見込みがないと認められる場合には，調停委員会において，調停不成立を理由として，家事調停事件を終了させることができるものとしている。

②については，当事者間の合意が成立しても，当該合意が相当でないと認める場合（例えば，不貞関係の継続を前提とした合意，子の養育上の必要性を考慮せずにした養育費の請求を一切しない旨の合意，法律上放棄することができない子の扶養料（民法881条）を親が放棄することの合意等）には，調停を成立させるべきではないため，調停不成立として，家事調停事件を終了させることができるものとしている（逐条814頁及び815頁参照）。

3 効果等

(1) 不服申立て（即時抗告）の可否

この調停不成立の措置は，裁判ではなく，不服申立て（即時抗告）に関する明文の規定もないことから，不服申立て（即時抗告）をすることはできないと解されている[213]。

(2) 訴え提起の擬制

当事者が法272条2項の規定による調停不成立の通知（後記4の(2)（176頁）参照）を受けた日から2週間以内に家事調停の申立てがあった事件について訴えを提起したときは，家事調停の申立時に，その訴えの提起があったものとみなされる（法272条3項）[214]。これは，家事調停事件が係属している間に出訴期間（例えば，民法777条が規定する1年の出訴期間等）を徒過することの不都合を解消するために，訴訟係属の効果を家事調停の申立時にさかのぼらせるものである（逐条816頁参照）。

(3) 家事審判の申立ての擬制（家事審判手続への移行）

別表第二調停事件が調停不成立により終了した場合には，当該調停の申立時に，当該調停事項についての家事審判の申立てがあったものとみなされる（法272条4項）。これは，従来，家事調停手続から家事審判手続への移行（いわゆる審判移行）といわれていたものであり，この審判移行により別表第二審判手続が開始する。これについては，第4編の第6章の第1節の第3（348頁）を参照されたい。

なお，このように，家事調停手続（別表第二調停手続）が家事審判手続（別表第二審判手続）に移行することにはなるが，両手続は，その性質を異にする別個の手続であり，規律も異なる（例えば，受継の規律（家事調停手続には法45条に相当

---

[213] 家事審判法（旧法）下の裁判例であるが，東京高決昭39.10.28（家月16巻11号154頁）も参考になる。
[214] なお，この法272条3項の規定による訴えの提起の手数料については，当該家事調停の申立てについて納めた申立手数料相当額が当該訴えの提起の手数料として納めたものとみなされる（民訴費用法5条1項）。

する規定はなく，法258条1項においても準用されていない。），閲覧・謄写等の規律（法47条と法254条），事実の調査の通知の規律（家事調停手続には法70条に相当する規定はなく，法258条1項においても準用されていない。）等）。このような両手続の関係[215]や連続性（管轄，家事調停手続において収集された資料の取扱い等）については，第4編（329頁）及び第5編（460頁）（別表第二審判手続における書記官事務）においても記載するため，併せて参照されたい。

(4) **付調停された事件（別表第二審判事件及び訴訟事件）への影響**

別表第二審判事件や訴訟事件が調停に付されたこと（付調停）によって開始した家事調停事件（法274条1項，257条2項本文。本章の第1節の第3（65頁）及び第4（66頁）参照）が調停不成立となった場合は，当該家事調停事件は終了するため，付調停に伴って審判手続又は訴訟手続を中止していれば（法275条），当該中止の決定は効力を失い，当該審判手続又は訴訟手続が再開する（逐条832頁及び833頁参照）。

4 **手続**

(1) **調書への記載等**

調停委員会が調停期日において法272条1項の規定により調停不成立を宣言したときは，その旨を調停調書（不成立）[216]に記載する（法253条本文，規126条1項，32条1項1号）。ただし，事案ごとの個別の事情等により，当該調停委員会を組織する裁判官が当該調書の作成は必要ないと認め，当該調書の作成を省略する場合（法260条2項，253条ただし書）あるいは裁判官のみで家事調停の手続を行う場合における当該裁判官が調停期日外に調停不成立とする場合等は，手続の適正を期するため，記録表紙の裏面等を利用して，次の参考例のような文言を記載し，当該裁判官の押印を受け，記録上明らかにしておく。

【参考例】
```
1  本件につき，家事事件手続法272条1項により，調停が成立しないものとして，事件を終了させる。
2  本件調書の作成の省略を許可する。※
                           平成○○年○月○日  裁判官  ㊞
  ※ 調書の作成を省略する場合（法260条2項，253条ただし書）に記載する。
```

(2) **当事者等への通知**

法272条1項（法277条4項において準用する場合を含む。）の規定により調停不成立で家事調停事件が終了したときは，家庭裁判所は，当事者に対し，その旨を通知しなければならず（法272条2項，277条4項），また，事件担当書記官は，利害関係参加人に対しても，遅滞なく，その旨を通知しなければならない（規132条2項）。これらの通知は，事件担当書記官において，相当と認める方法により通

---

215 両手続の関係については，逐条818頁～820頁にその詳細が記載されているため，併せて参照されたい。
216 平成24年12月10日付け最高裁家一第004532号家庭局長，総務局長通達「家事事件の期日調書等の様式及び記載方法について」記第2の5及び別紙様式第6参照。

知する（規5条，民訴規4条1項・6項）。調停委員会が調停期日において調停不成立を宣言した場合は，後述するとおり，当該調停期日に出頭した当事者及び利害関係参加人はその場で調停不成立による家事調停事件の終了を知ることができるが，当該調停期日に出頭しなかった当事者及び利害関係参加人については，事件担当書記官が，その旨を記載した通知書の送付や電話等の相当と認める方法でその旨を通知する必要がある。事件担当書記官は，通知した旨及び通知の方法を，例えば，通知書を普通郵便で送付して通知した場合は，当該通知書の控えに「平成○○年○月○日申立人（相手方，利害関係参加人）に普通郵便で通知済み ㊞（書記官の認印）」等と付記して記録につづったり，前記(1)の参考例の文言付近に「平成○○年○月○日申立人（相手方，利害関係参加人）に普通郵便で通知済み ㊞（書記官の認印）」等と付記する等して，記録上明らかにする（規5条，民訴規4条2項）。

　これらの通知に要する費用は，国庫負担であると解される（昭和31年7月9日付け家庭甲第104号家庭局長通知「家事事件手続費用の負担について」参照）。

　なお，調停委員会が調停不成立を宣言した調停期日に出頭した当事者及び利害関係参加人については，その場で調停不成立による家事調停事件の終了を知ることができるから，別途これらの通知をする必要はないことは当然である（条解規則328頁参照）。

(3)　**当事者双方立会いの下での手続説明等**

　調停不成立となった場合は，ドメスティック・バイオレンス（DV）等の行為が背景にある事案や当事者が精神的に不安定あるいは頑なに拒否している等の事案を除き，当事者双方立会いの下での手続説明（本章の第4節の第3の3（132頁）参照）をすることが可能な事案については当該手続説明の際等に，調停委員会が，調停の経過，調停で合意できた点（到達点），合意できなかった点（対立点）と主たる原因，今後の予定され得る手続等について当事者双方と確認する等し，当事者双方が調停の成果を今後の紛争解決につなげていくことができるように配慮する場合がある。そのような場合には，調停委員会を組織する裁判官の判断及び指示により，事件担当書記官が，調停委員会が当事者双方と確認した調停段階における到達点や対立点等を調停調書（不成立）に記載する場合もある。

　このほか，家事審判手続へ移行する事件（前記3の(3)（175頁）参照）については，事件担当書記官は，裁判官との共通認識の下，事案の内容や当事者の理解の程度等に応じて，審判移行後の手続や提出を要する書類，追加で予納を要する郵便切手（券種及び枚数）等について説明や教示を行う必要がある。

第6　調停に代わる審判
1　概説

　調停に代わる審判とは，家庭裁判所（調停裁判所）が，法277条1項に規定する事項（合意に相当する審判の対象となる事項）についての調停事件を除く家事調停事件について，当事者が合意に至らずに調停が成立しない場合において，直ちに家事調停手続を終了させてしまうのではなく，相当と認めるときは，当事者双方のために衡平に考慮し，一切の事情を考慮して，職権で，事件の解決のために必要な解決案の提示

第7章　家事調停手続に関する書記官事務

をする審判（法284条1項）である。

　例えば，養育費請求調停事件で，わずかな金額の差で当事者双方の意見が相違し，調停が成立しないような場合や，夫婦関係調整調停事件で，離婚，親権，養育費といった事項に実質的に争いはないものの，途中から一方当事者が手続追行の意欲を失い，調停期日に出頭しなくなったような場合等に，調停に代わる審判をすることが考えられる（東京家事事件研究会編「家事事件・人事訴訟事件の実務～家事事件手続法の趣旨を踏まえて～」（法曹会）263頁参照）[217]。

2　調停に代わる審判の主体，対象，要件等

(1)　審判の主体

　調停に代わる審判をすることができるのは，調停機関としての調停委員会や裁判官のみで家事調停の手続を行う場合における当該裁判官ではなく，調停裁判所である家庭裁判所である。

　調停に代わる審判について当事者に申立権はなく，調停裁判所が職権で行うことになる。

　なお，調停に代わる審判をする前の家事調停手続については，調停委員会が行う場合（いわゆる委員会調停）と裁判官のみで行う場合（いわゆる単独調停）があるが，いずれの場合についても調停に代わる審判をすることができる（逐条858頁，859頁，861頁及び862頁参照）。

(2)　審判の対象

　調停に代わる審判の対象事件は，法277条1項に規定する事項（合意に相当する審判の対象となる事項）についての調停事件を除く，家事調停事件（一般調停事件及び別表第二調停事件）である（法284条1項）。

(3)　審判の要件

　調停に代わる審判の要件は，①調停が成立しない場合であること，②家庭裁判所が相当と認めること，③当事者双方のために衡平に考慮し，一切の事情を考慮することである（法284条1項）。また，家事調停手続が調停委員会で行われている場合において，調停に代わる審判をするときは，家庭裁判所は，その調停委員会を組織する家事調停委員の意見を聴かなければならない（同条2項）。

(4)　実務上の運用

　家庭裁判所が調停に代わる審判をする場合は，実務上，裁判官や調停委員会の手続運営の方針，事案ごとの個別の事情等を踏まえ，あらかじめ調停委員会等による丁寧な事情聴取と的確な事実関係の把握を行った上で，当事者に対し，予定している調停に代わる審判の内容（見通し）や理由，手続の流れ，調停に代わる審判の効力，異議の申立て等について，手続説明書面等を当事者に交付又は送付したり，調停期日において裁判官等から説明する等して，当事者の手続保障に十分に配慮した運用が行われている。

---

[217] なお，参考までに，東京家裁における調停に代わる審判の活用状況等の詳細については，東京家事事件研究会編「家事事件・人事訴訟事件の実務～家事事件手続法の趣旨を踏まえて～」（法曹会）262頁～279頁において紹介されている。

3 審判の方式等

　調停に代わる審判は，家事調停に関する審判である。したがって，審判の告知及び効力の発生，審判書の作成の規律については，法258条1項で準用する法73条，法74条，法76条（1項ただし書を除く。），法77条及び法79条の規定によることになる（逐条862頁参照）。したがって，調停に代わる審判は，審判書を作成してしなければならず，審判書には，主文，理由の要旨，当事者及び法定代理人，裁判所を記載し，審判をした裁判官が記名押印しなければならない（法258条1項，76条1項本文・2項，規128条1項，50条1項）。

　審判書の主文では，当事者に対し，子の引渡し又は金銭の支払その他の財産上の給付その他の給付を命ずることができるが（法284条3項），判断事項が法定されている通常の審判書の主文とは異なり，事案の内容，調停の経緯や当事者の意向等を踏まえて，調停条項と同じ形式で記載することも可能であり，給付条項だけでなく，確認条項や道義（紳士）条項，清算条項等を必要に応じて盛り込むことも可能である（東京家事事件研究会編「家事事件・人事訴訟事件の実務〜家事事件手続法の趣旨を踏まえて〜」（法曹会）271頁〜273頁参照）。

　なお，実務上，調停に代わる審判の内容が定型的なものである場合には，裁判官の判断補助を目的として，事件担当書記官がこれを起案し，裁判官がその内容を確認して押印し，審判書を作成している家庭裁判所もある。この起案に係る事務を適切に遂行するため，事件担当書記官は，裁判官との間で調停に代わる審判書の作成等の方法や起案の手法について認識を共有しておく必要がある。

　おって，調停に代わる審判書の参考例は次のとおりである。

第7章　家事調停手続に関する書記官事務

【調停に代わる審判書の参考例】

> 平成〇〇年（家イ）第〇〇号　〇〇調停申立事件
> 　　　　　　　　　審　　　　　判
> 　　　住所　〇〇県〇〇市〇〇町〇丁目〇番〇号※1
> 　　　　　　　申　立　人　　〇　〇　〇　〇
> 　　　住所　〇〇県〇〇市〇〇町〇丁目〇番〇号※1
> 　　　　　　　相　手　方　　〇　〇　〇　〇
> 　　　　　　　　　主　　　　　文
> 1　相手方は，申立人に対し，〇〇として，平成〇〇年〇月〇日限り，〇万円を支払え。
> 2　手続費用は各自の負担とする。
> 　　　　　　　　　理　　　　　由※2
> 　一件記録によると，当事者双方のために衡平に考慮し，一切の事情を考慮して，主文のとおり審判することが相当である。
> 　よって，当裁判所は，当調停委員会を組織する家事調停委員※3の意見を聴いた上で※4，家事事件手続法284条により，主文のとおり調停に代わる審判をする。
> 　　　　　平成〇〇年〇月〇日
> 　　　　　　〇〇家庭裁判所
> 　　　　　　　　裁判官　〇　〇　〇　〇　㊞
> ※1　当事者等の住所を記載するに当たっては，非開示希望情報等の適切な管理（本章の第2節の第3（76頁）参照）にも留意する。また，離婚や離縁の調停事件等，調停に代わる審判の効力が生ずることにより身分関係の変動が生ずる事案については，当事者等の本籍も記載する必要がある。
> ※2　事案によっては，当事者の理解に資するように判断に至った理由等を記載する場合もある。
> ※3　家事調停委員の氏名を記載する例もある。
> ※4　家事調停の手続が調停委員会で行われている場合に記載する（法284条2項参照）。

4　調停に代わる審判の特則

(1)　家事調停の申立ての取下げの制限

調停に代わる審判がされた後は，家事調停の申立ての取下げをすることができない（法285条1項）[218]。

(2)　調停に代わる審判の告知に関する特則等

調停に代わる審判の告知は，相当と認める方法ですることができる（法258条1項，74条1項）が，公示送達の方法によってすることができない（法285条2項）[219]。

218　この趣旨については，逐条863頁及び864頁を参照されたい。
219　この趣旨については，逐条864頁を参照されたい。

実務上，調停に代わる審判の告知については，調停に代わる審判に対する異議申立期間（後記5の(1)（182頁）参照）の起算点を明らかにするために，その正本又は謄本を送達する方法（公示送達の方法を除く。）によって告知するのが一般的である。事件担当書記官は，前述の公示送達の方法によって告知することができないという特則や後記(3)の告知することができないときは調停に代わる審判を取り消さなければならないこと等も踏まえた上で，確実に当事者に送達（告知）することができるように当事者の所在の確認や送達場所の届出等に関する事務[220]及び送達費用の予納の指示等の事務を行う。

調停に代わる審判の告知がされたときは，事件担当書記官は，その旨及び告知の方法を，送達報告書を記録に編てつする等して記録上明らかにする（規128条1項，50条3項）。

(3) **調停に代わる審判を告知することができないときの調停に代わる審判の取消し**

例えば，調停に代わる審判をした後に当事者が所在不明となったときのように，調停に代わる審判を告知することができないときは，家庭裁判所は，これを取り消さなければならない（法285条3項）。

調停に代わる審判を取り消したときは，調停に代わる審判をする前の状態に戻ることになる。この場合には，「当事者間に合意が成立する見込みがない」として，調停不成立（法272条1項）（前記第5（174頁）参照）として家事調停事件を終了させることになる（逐条864頁参照）。

この調停に代わる審判の取消しと調停不成立の措置については，実務上，次の参考例のように，調停に代わる審判の取消決定書を作成し，その末尾に調停不成立により事件を終了させる旨を付記して記録上明らかにし，当事者に対して相当と認める方法で当該取消決定の告知と調停不成立の通知を同時に行う取扱いがある[221]。

【参考例】

```
　平成〇〇年（家イ）第〇〇号　〇〇調停申立事件
　　　　　　　　　　　決　　　定
　　　　　　　　　　　　　　　　申立人　〇　〇　〇　〇
　　　　　　　　　　　　　　　　相手方　〇　〇　〇　〇
　　　　　　　　　主　　　文
　当裁判所が平成〇〇年〇月〇日に行った調停に代わる審判を取り消す。
　　　　　　平成〇〇年〇月〇日
　　　　　　　〇〇家庭裁判所
　　　　　　　　　裁判官　〇　〇　〇　〇　㊞
　本件につき，調停が成立しないものとして，事件を終了させる。
　　　　　　　　　　　　　　　　同日同庁　裁判官　㊞
```

---

[220] この当事者の所在の確認や送達場所の届出等に関する事務を行うに当たっても，非開示希望情報等の適切な管理（本章の第2節の第3（76頁）参照）に留意する必要があることはもちろんである。

[221] 東京家裁における実務例として，東京家事事件研究会編「家事事件・人事訴訟事件の実務～家事事件手続法の趣旨を踏まえて～」（法曹会）275頁，289頁及び290頁を参照されたい。

5　異議の申立て等

当事者は，調停に代わる審判に対し，家庭裁判所に異議を申し立てることができる（法286条1項）。また，この異議申立権を放棄することもできる（法286条2項，279条4項）。

この異議の申立て等に関する手続は，次の(1)から(7)までのとおりである。

(1) 異議申立期間

異議申立ては2週間の不変期間内にしなければならない（法286条2項，279条2項）。この期間は，当事者が審判の告知を受けた日からそれぞれ進行する（法286条2項，279条3項）。

(2) 異議の申立ての方式

異議の申立ては，書面でしなければならない（規137条1項）。

申立手数料（収入印紙）は不要である。

異議の申立ての理由には制限がないことから，異議の申立ての書面に異議の理由を記載する必要はなく，また，異議の理由を明らかにする資料を添付する必要はない（条解規則338頁参照）。

事件担当書記官は，異議の申立ての書面の受付手続[222]後，当該書面が提出されたことを当該家事調停事件を担当する裁判官に報告し，当該報告をした旨及び当該裁判官が了知した旨を記録上明らかにしておくため，当該書面の余白に「裁判官認印」等のゴム印を押した上で，裁判官の認印を受ける等の措置を執る。

(3) 異議の申立てに対する裁判

家庭裁判所は，前記(1)の異議申立期間経過後にされた異議の申立てや異議申立権のない者による異議の申立てである等，異議の申立てが不適法であるときは，これを却下しなければならない（法286条3項）（「別冊法学セミナーno.225新基本法コンメンタール人事訴訟法・家事事件手続法」（日本評論社）584頁参照）。

この却下の審判に対しては，異議の申立人は，当該審判の告知を受けた日から2週間の不変期間内に即時抗告をすることができる（法286条4項，288条，86条）。したがって，当該即時抗告期間の起算点を明らかにするために，当該却下の審判書の謄本を送達する方法により告知するのが相当である。

(4) 適法な異議の申立てと調停に代わる審判の失効

適法な異議の申立てがあったときは，調停に代わる審判は，その効力を失う（法286条5項）。

この場合においては，家庭裁判所は，当事者に対し，その旨を通知しなければならず（法286条5項），また，事件担当書記官は，利害関係参加人に対しても，遅滞なく，その旨を通知しなければならない（規137条2項，132条2項）。これらの通知は，事件担当書記官が，相当と認める方法（普通郵便，電話，ファクシミリ等）により通知する（規5条，民訴規4条1項・6項）。事件担当書記官は，通知した旨及び通知の方法を，例えば，通知書を普通郵便で送付して通知した場合は，当該通知書の控えに「平成○○年○月○日申立人（相手方，利害関係参加人）に普

---

[222] この異議の申立てについては，立件は不要である。

通郵便で通知済み ㊞（書記官の認印）」等と付記して記録につづる等して，記録上明らかにする（規5条，民訴規4条2項）。

これらの通知は，調停不成立により家事調停事件が終了したときの当事者等への通知（前記第5の4の(2)（176頁）参照）と同様の趣旨で行われる通知であることから（条解規則339頁参照），これらの通知に要する費用は，国庫負担であると解される（昭和57年3月訟廷執務資料第52号「裁判所書記官会同協議要録（家庭関係）」（最高裁判所事務総局）48頁79及び昭和31年7月9日付け家庭甲第104号家庭局長通知「家事事件手続費用の負担について」参照）。

(5) **訴え提起の擬制**

当事者が，前記(4)の通知を受けた日から2週間以内に家事調停の申立てがあった事件について訴えを提起したときは，家事調停の申立時に，その訴えの提起があったものとみなされる（法286条6項）[223]。

なお，付調停（法257条2項本文，274条1項）により家事調停手続が開始した場合には，この訴え提起の擬制の規定（法286条6項）は適用されない。この場合において，調停に代わる審判が効力を失ったときは，当然に従前から係属していた訴訟手続を進めることになる（法275条1項により訴訟手続が中止されていたときは当然に訴訟手続が再開する。）（逐条868頁参照）。

(6) **家事審判の申立ての擬制（家事審判手続への移行）**

前記(4)の適法な異議の申立てにより法別表第二に掲げる事項についての調停に代わる審判が効力を失った場合には，家事調停の申立時に，当該事項についての家事審判の申立てがあったものとみなされる（法286条7項）。これについては，調停不成立による家事審判手続への移行と同様であるため，前記第5の3の(3)（175頁）を参照されたい。

(7) **調停に代わる審判に服する旨の共同の申出**

当事者は，離婚又は離縁についての家事調停を除き[224]，申立てに係る家事調停の手続において，調停に代わる審判に服する旨の共同の申出をすることができ，当該共同の申出をしたときは，異議の申立てをすることができない（法286条8項）。この共同の申出は，書面でしなければならない（同条9項）。

当事者は，調停に代わる審判の告知前に限り，この共同の申出を撤回することができる。この場合においては，相手方の同意を得ることを要しない（法286条10項）。

6 調停に代わる審判の効力

適法な異議の申立て（前記5の(4)（182頁）参照）がないとき，又は異議の申立てを却下する審判（前記5の(3)（182頁）参照）が確定したときは，法別表第二に掲げる事項についての調停に代わる審判は確定した法39条の規定による審判と同一の効力を有し，その余の調停に代わる審判は確定判決と同一の効力を有する（法287条）。

---

[223] なお，この法286条6項の規定による訴えの提起の手数料については，当該家事調停の申立てについて納めた申立手数料相当額が当該訴えの提起の手数料として納めたものとみなされる（民訴費用法5条1項）。
[224] 離婚又は離縁についての家事調停が除かれている趣旨については，逐条869頁を参照されたい。

第7章　家事調停手続に関する書記官事務

　　　　この効力の内容については，調停調書（成立）の効力と同様であるため，前記第1の3の(1)のイ及びウ（162頁）を参照されたい。
　7　付調停された事件（別表第二審判事件及び訴訟事件）への影響
　　(1)　別表第二審判事件への影響
　　　　別表第二審判事件が調停に付されたこと（付調停）によって開始した家事調停事件（法274条1項）（本章の第1節の第3（65頁）参照）について調停に代わる審判が確定したときは，当該審判事件は，終了する（法276条2項）。
　　　　このときに当該家事調停事件担当の書記官が当該別表第二審判事件が係属していた裁判所に対して行う通知（規133条2項）に関する事務の詳細については，前記第1の3の(2)のア（162頁）と同様であるため参照されたい。
　　(2)　訴訟事件への影響
　　　　訴訟事件が調停に付されたこと（付調停）によって開始した家事調停事件（法257条2項本文，274条1項）（本章の第1節の第4（66頁）参照）について調停に代わる審判が確定したときは，当該訴訟事件について訴えの取下げがあったものとみなされる（法276条1項）。
　　　　このときに当該家事調停事件担当の書記官が当該訴訟事件が係属していた裁判所に対して行う通知（規133条1項）に関する事務の詳細については，前記第1の3の(2)のイ（163頁）と同様であるため参照されたい。
　8　調停に代わる審判の効力発生に伴う事務について
　　(1)　戸籍届出についての手続教示等
　　　　離婚や離縁，親権者変更等のように身分関係の変動を生ずる調停に代わる審判の効力が発生したときは（法287条），事件担当書記官は，戸籍届出の手続が円滑にできるように，各家庭裁判所で備え付けている手続説明書面等を利用して，戸籍届出を行う当事者に対し，戸籍法（同法73条1項，同法77条1項及び同法79条において準用する同法63条1項参照）で規定された届出期間内に戸籍届出用の調停に代わる審判書謄本と審判確定証明書を添付して当事者の本籍地又は届出人の所在地（住所地等）の戸籍役場（市区町村役場）[225]に戸籍届出をしなければならない（戸籍法25条）旨及び正当な理由なく届出期間内に戸籍届出をしない場合には過料に処されることがある（戸籍法135条）旨を説明し，戸籍届出の際に必要な審判確定証明書や（調停に代わる審判書正本で告知されている場合や告知時の当該審判書謄本を戸籍届出で使用しない場合は）当該審判書謄本の交付申請をするよう促す。
　　　　なお，実務上は，円滑な手続を図るため，事件担当書記官において，当事者に対し，これらの説明等を調停に代わる審判をする時等の適宜の時期にも行っている。
　　(2)　戸籍事務管掌者への通知
　　　　本章の第13節（188頁）を参照されたい。

---

[225] この本籍地と所在地（住所地等）の戸籍役場が異なり，当該当事者が所在地（住所地等）での戸籍届出を予定している場合には，別途当事者の戸籍全部事項証明書（戸籍謄本）の提出を要する場合があるため，当該当事者の理解の程度等に応じて，戸籍届出時に必要な書類については戸籍役場にも確認するよう説明する。

第7　取下げ

1　概説

　　家事調停の申立ては，家事調停事件が終了するまで，その全部又は一部を取り下げることができる（法273条1項）。家事調停の申立ての全部が有効に取り下げられたときは，家事調停事件は終了する。

2　家事調停の申立ての取下げの時的限界

　　家事調停の申立てを取り下げることができるのは，調停成立や調停不成立等により家事調停事件が終了するまでである。したがって，家事調停事件の終了時期が問題になるが，終了時期は終了事由ごとに異なる。また，法には，家事調停の申立ての取下げは，合意に相当する審判がされた後は，相手方の同意を得なければ効力を生じないといった特則（法278条）や，調停に代わる審判がされた後はすることができないといった特則（法285条1項）（前記第6の4の(1)（180頁）参照）が規定されている。

　　この家事調停の申立ての取下げの時的限界の詳細については，逐条821頁及び822頁を参照されたい。

3　手続

　(1)　取下げの方式

　　ア　原則（書面）

　　　　家事調停の申立ての取下げは，原則として，書面でしなければならない（法273条2項，民訴法261条3項本文）。家事調停の申立ての取下げを書面でする場合には，手続の適正を期するため，当該書面（取下書）には，規1条が規定する記載事項を記載し，当事者又は代理人が記名押印するほか，取下げの範囲（当該申立ての全部を取り下げるのか，又は一部を取り下げるのか）についても明記する必要がある。

　　　　家事調停の申立ての取下書は，その提出により家事調停事件の手続の完結をさせる書面であることから，規2条1項2号により，ファクシミリを利用して送信することにより提出することはできない（条解規則7頁参照）。

　　　　事件担当書記官は，当事者又は代理人から家事調停の申立ての取下書が提出されたら，これらの記載事項等について確認し，さらに，手続代理人からの提出の場合は，委任状に法24条2項1号が規定する家事調停の申立ての取下げについての特別委任事項が記載されているかについても確認し，受付手続を行う。受付手続後，当該取下書が提出されたことを当該家事調停事件を担当する裁判官に報告し，当該報告をした旨及び当該裁判官が了知した旨を記録上明らかにしておくため，当該取下書の余白に「裁判官認印」等のゴム印を押した上で，裁判官の認印を受ける等の措置を執る。また，調停委員会が家事調停を行っている事件について，調停期日外に取下書が提出されたような場合は，事件担当書記官は，当該調停委員会を組織する家事調停委員にも取下書が提出されたことを適宜の方法で連絡し，連絡した旨を記録上明らかにしておくため，例えば，連絡した旨及び年月日等を取下書の余白や記録表紙等に付記しておくことが望ましい。

　　イ　例外（口頭）

　　　　家事調停の手続の期日においては，口頭でも家事調停の申立ての取下げをする

第7章　家事調停手続に関する書記官事務

ことができる（法273条2項，民訴法261条3項ただし書）。

　　家事調停の手続の期日において口頭で家事調停の申立ての取下げがされれば，当該期日に立ち会った書記官が期日調書にその旨を記載する（法253条本文，規126条1項，32条1項1号）。

(2) **付調停によって開始した家事調停事件の取下げの可否**

　　別表第二審判事件や訴訟事件が調停に付されたこと（付調停）によって開始した家事調停事件（法274条1項，257条2項本文。本章の第1節の第3（65頁）及び第4（66頁）参照）については，当該家事調停事件が申立てによったのではなく職権によって付されたものであることから取り下げることはできず，申立人において事件を終了させたい場合には，当該別表第二審判事件や訴訟事件を取り下げる必要がある（「別冊法学セミナーno.225 新基本法コンメンタール人事訴訟法・家事事件手続法」（日本評論社）556頁参照）。

(3) **当事者等への通知**

　　家事調停の申立ての取下げがあった場合は，事件担当書記官は，当事者及び利害関係参加人に対し，遅滞なく，その旨を相当と認める方法（普通郵便，電話，ファクシミリ等）で通知する（規132条3項・1項，5条，民訴規4条1項）[226]。通知した旨及び通知の方法を，例えば，通知書を普通郵便で送付して通知した場合は，当該通知書の控えに「平成〇〇年〇月〇日相手方（利害関係参加人）に普通郵便で通知済み ㊞（書記官の認印）」等と付記して記録につづったり，あるいは前記(1)のアの取下書の余白に「平成〇〇年〇月〇日相手方（利害関係参加人）に普通郵便で取下げの旨を通知済み ㊞（書記官の認印）」等と付記する等して，記録上明らかにする（規5条，民訴規4条2項）。

　　この通知に要する費用は，当事者（申立人）の負担である（民訴費用法2条2号，11条1項1号。平成19年1月家庭裁判資料第183号訟廷執務資料第74号「家事書記官事務の手引（改訂版）」（最高裁判所事務総局）108頁参照）。

　　なお，家事調停の申立ての取下げをした当該申立人や，口頭で家事調停の申立ての取下げがされた家事調停の手続の期日に出頭した他の当事者及び利害関係参加人に対して別途この通知をする必要がないことは当然である（条解規則329頁参照）。また，家事調停の申立書の写しが相手方に送付され，又はこれに代わる事件係属の通知がされる前に家事調停の申立ての取下げがあった場合（相手方が事件の係属を知らない場合）には，相手方に対してこの通知をする必要はないものと考えられる（条解規則328頁及び329頁並びに平成19年1月家庭裁判資料第183号訟廷執務資料第74号「家事書記官事務の手引（改訂版）」（最高裁判所事務総局）108頁参照）。

4 効果

　　家事調停の申立てが取り下げられた場合には，取下げがあった部分については，初めから係属していなかったものとみなされる（家事調停の申立ての効果が遡及的に消滅する。）（法273条2項，民訴法262条1項）。

　　なお，このように，家事調停の申立てが取り下げられた場合には，取下げがあった

226　その趣旨については，条解規則328頁及び329頁を参照されたい。

部分については，家事調停の申立ての効果が遡及的に消滅することになるが，これにより調停前置主義（法257条）の要請を満たさなくなるわけではない。実質的に調停手続を経たと認められれば，その事実が消滅するわけではなく，調停前置主義の要請を満たしたといってよい（逐条772頁及び822頁参照）。

第8 当然終了
1 概説

離婚，離縁，夫婦間の協力扶助に関する処分（法別表第二の一の項の事項）及び婚姻費用の分担に関する処分（法別表第二の二の項の事項）の調停事件のように，当事者の一身専属的な権利や地位に関する家事調停事件において当事者が死亡した場合や，子の監護に関する処分（法別表第二の三の項の事項）や親権者の指定又は変更（法別表第二の八の項の事項）の調停事件のように，調停の対象となっている子（未成年者）が死亡した場合等は，当該家事調停の目的が消滅することから，当該原因事実の発生時（死亡日）において，当該家事調停事件は当然に終了する（一問一答236頁並びに平成21年3月研修教材第15号「家事審判法実務講義案（六訂再訂版）」（裁判所職員総合研修所）248頁及び249頁参照）。

なお，別表第二審判事件や訴訟事件が調停に付されたこと（付調停）によって開始した家事調停事件（法274条1項，257条2項本文。本章の第1節の第3（65頁）及び第4（66頁）参照）については，家事調停事件が前述のように当然終了したとしても，当該審判事件や訴訟事件は当然には終了せず，付調停に伴って当該審判手続や訴訟手続を中止していれば（法275条），当該中止の決定は効力を失い，当該審判手続又は訴訟手続が再開する（逐条832頁及び833頁参照）。この場合，これらの手続において，改めて，受継の可否等も含め，当然終了の可否の判断がされることになる。

2 手続

(1) 事件担当書記官は，当事者や代理人等から前記1の調停事件の当事者や子（未成年者）の死亡の連絡（書面による通知や電話連絡等）を受けたときは，当該死亡の事実及び死亡日を確認し，当該死亡の記載のある戸籍全部事項証明書（戸籍謄本）や死亡診断書等の死亡を証する書面が提出されていない場合は，当該書面の提出を求め，担当裁判官にも報告する。

(2) 前記(1)の死亡を証する書面等により確認した死亡日が当該家事調停事件の完結日となる（昭和48年1月訟廷執務資料第43号「裁判所書記官会同協議要録（家庭関係）」（最高裁判所事務総局）68頁152参照）。

事件担当書記官は，記録表紙の裏面等を利用して，「申立人○○（氏名を記載する。）死亡により終了 平成○○年○月○日」等の終了宣言文言を記載し，担当裁判官の押印を受ける（平成19年1月家庭裁判資料第183号訟廷執務資料第74号「家事書記官事務の手引（改訂版）」（最高裁判所事務総局）108頁及び109頁参照）。

調停委員会が家事調停を行っている事件が当然終了した場合は，事件担当書記官は，当該調停委員会を組織する家事調停委員にも当然終了した旨を適宜の方法で連絡し，連絡した旨を記録上明らかにしておくことが望ましい。

(3) 前記(2)により家事調停事件が当然終了した場合は，実務上，事件担当書記官は，

当事者等に対し，遅滞なく，その旨を相当と認める方法で通知する。この通知は，法規で直接規定された根拠がある通知ではなく，前述した家事調停の申立ての取下げ時の当事者等への通知に準じて，当事者等に事件の終了という手続上重要な事実を知らせるために行う便宜上の通知のため，規5条で準用する民訴規4条の規定の対象とはならない（条解規則16頁〜19頁参照）が，同規定に準じて，通知をした旨及び通知の方法を記録上明らかにしておくことが望ましい。

なお，この通知に要する費用は，当事者の負担となると解される（平成19年1月家庭裁判資料第183号訟廷執務資料第74号「家事書記官事務の手引（改訂版）」（最高裁判所事務総局）109頁参照）。

第13節　戸籍事務管掌者への通知

家事調停手続において，戸籍の記載が必要な一定の事項について調停が成立し，又は審判の効力が発生したときは，戸籍の届出をする義務等が生ずるが，当事者が当該義務を怠り，当該届出が所定期間内に行われないときは，調停や審判の内容が戸籍上の記載に反映されないこととなる。そこで，戸籍事務管掌者[227]がそのような事態を把握し，届出をしない当事者等に対して催告等の手続を執る等（戸籍法44条参照），可及的速やかに戸籍記載の正確性の確保に努めることを可能にするため，書記官は，遅滞なく，戸籍事務管掌者に対し，当該調停が成立し，又は当該審判の効力が発生した旨を通知することになっている。実務上，この通知は「戸籍通知」と呼ばれている。

本節では，この戸籍通知をする類型や戸籍通知に関する書記官事務について記載する。

第1　戸籍通知をする類型

戸籍通知をする類型は，次の1から3までのとおりである。

なお，平成25年3月家庭裁判資料第197号「家事事件手続法執務資料」（最高裁判所事務総局）210頁には「戸籍通知を要する事件一覧表」が掲載されているため，併せて参照されたい。

1　調停成立時の戸籍通知

次の①及び②の各事項についての調停が成立したとき[228]は，書記官は，遅滞なく，次の①及び②記載の者の本籍地の戸籍事務管掌者に対し，その旨を通知しなければならない（規130条2項）。

① 離婚，離縁その他戸籍の届出又は訂正を必要とする事項（親権者の指定及び変更を除く。）については，当該調停に係る身分関係の当事者

② 親権者の指定又は変更については，子

227　戸籍事務管掌者は，原則として，市町村長であるが（戸籍法1条1項），東京都及び地方自治法252条の19第1項の指定都市においては，区長が戸籍事務管掌者となる（戸籍法4条）。
228　家事調停事件の全部について調停が成立したときだけでなく，一部について調停が成立したとき（法268条2項）も含まれる（条解規則322頁参照）。

第2　戸籍通知に関する書記官事務

2　合意に相当する審判の確定時の戸籍通知

(1) 離婚及び離縁の訴えを除く人訴法2条に規定されている人事に関する訴えを提起することができる事項についての家事調停の手続において，法277条1項の合意に相当する審判（法274条3項の規定により高等裁判所が自ら調停を行う場合にあっては，審判に代わる裁判）が確定したとき（法279条1項の規定による異議の申立てがないとき，又は同項の規定による異議の申立てを却下する審判が確定したとき）は，書記官（法274条3項の規定により高等裁判所が自ら調停を行う場合にあっては，当該審判に代わる裁判をした高等裁判所の書記官）は，遅滞なく，当該審判に係る身分関係の当事者の本籍地の戸籍事務管掌者に対し，その旨を通知しなければならない（規134条）。

(2) なお，合意に相当する審判に対する異議申立てを却下する審判（法280条1項）に対し，即時抗告が提起されたが（同条2項），抗告審（高等裁判所）の決定により棄却されて当該異議申立てを却下する審判が確定した場合の戸籍通知は，審判確定後早期に行うことが求められていることから，高等裁判所の書記官が行うことが相当であると考えられる（条解規則333頁（注1）参照）。

3　調停に代わる審判の確定時の戸籍通知

(1) 次の①及び②の各事項についての法284条1項の調停に代わる審判（法274条3項の規定により高等裁判所が自ら調停を行う場合にあっては，審判に代わる裁判）が確定したとき（法286条1項の規定による異議の申立てがないとき，又は同項の規定による異議の申立てを却下する審判が確定したとき）は，書記官（法274条3項の規定により高等裁判所が自ら調停を行う場合にあっては，当該審判に代わる裁判をした高等裁判所の書記官）は，遅滞なく，次の①及び②記載の者の本籍地の戸籍事務管掌者に対し，その旨を通知しなければならない（規136条）。
　① 離婚，離縁その他戸籍の届出又は訂正を必要とする事項（親権者の指定及び変更を除く。）については，当該審判に係る身分関係の当事者
　② 親権者の指定又は変更については，子

(2) なお，調停に代わる審判に対する異議申立てを却下する審判（法286条3項）に対し，即時抗告が提起されたが（同条4項），抗告審（高等裁判所）の決定により棄却されて当該異議申立てを却下する審判が確定した場合の戸籍通知は，前記2の(2)と同様に，審判確定後早期に行うことが求められていることから，高等裁判所の書記官が行うことが相当であると考えられる（条解規則337頁（注1）及び333頁（注1）参照）。

第2　戸籍通知に関する書記官事務

書記官は，民事裁判事務支援システム（MINTAS）で印刷できる書式等を利用して，事件の表示，調停成立日又は審判確定日等を記載した戸籍事務管掌者宛ての通知書を作成し，調停調書謄本（いわゆる省略謄本[229]を含む。）又は審判書謄本を添付して，相当と認める方法で戸籍通知をし，その旨及び通知の方法を記録上明らかにする

229　省略謄本については，本章の第12節の第1の4の(4)のアの脚注（167頁）を参照されたい。

第7章　家事調停手続に関する書記官事務

（規5条，民訴規4条1項・2項）。実務上は，普通郵便で送付する方法で戸籍通知をし，戸籍通知をした書記官が，記録表紙の戸籍通知の記入欄に通知年月日及び方法（普通郵便）を記入し，認印をする等して記録化している（条解規則239頁，241頁（注9），322頁，323頁及び324頁（注8）参照）。

戸籍通知に要する費用は，国庫負担である（昭和31年7月9日付け家庭甲第104号家庭局長通知「家事事件手続費用の負担について」及び条解規則20頁（注2）参照）。

第14節　家事調停手続終了後の書記官事務

本節では，家事調停手続の終了（本章の第12節（160頁）参照）後に書記官が実務上行うことが多い事務について簡潔に記載し，個別の事件類型において家事調停手続終了後に特に行う事務については，第3編（200頁）の各章の各節において記載する。

第1　記録表紙への記載及び民事裁判事務支援システム（MINTAS）への入力

事件が終了したときは，事件担当書記官は各家庭裁判所で利用している記録表紙の「結果」，「告知」，「保存始期」，「保存終期」等の各欄に所要事項を記載し，民事裁判事務支援システム（MINTAS）に終了年月日及び終了事由等を入力する。

第2　裁判統計報告書（事件票，月報・年表）の作成

次の1及び2の裁判統計報告書（事件票，月報・年表）は，事件の概況や審理期間等の状況等を明らかにする司法統計数値の基礎となるものであることから，誤りがないよう正確に作成する必要がある。

1　事件票の作成

家事調停事件が終了（終局）したとき[230]は，次の①から③までの家事事件票を作成する。

① 家事婚姻関係事件票（家票1）
② 家事子の監護事件票（家票2）
③ 家事遺産分割事件票（家票3）

事件票は，平成17年1月31日付け最高裁情政第000005号事務総長通達「裁判統計報告について」及び同日付け最高裁情政第000006号情報政策課長通達「裁判統計報告に関する事務の処理について」並びに平成17年12月統計執務資料第39号「裁判統計報告書（事件票）作成要領家事・訴訟等編」（最高裁判所事務総局）に従い，記録に基づいて民事裁判事務支援システム（MINTAS）等を利用して作成する。

2　月報・年表の作成

月報及び年表については，平成17年1月31日付け最高裁情政第000005号事務総長通達「裁判統計報告について」及び同日付け最高裁情政第000006号情報政策課長通達「裁判統計報告に関する事務の処理について」並びに平成18年3月統計執務資

230　移送，回付又は申立書却下命令等，各事件票に掲げられた終局事由のいずれにも該当しないものによって終局した場合には，これらの家事事件票は作成しない。

料第43号「裁判統計報告書（月報・年表）作成要領家事・訴訟等編」（最高裁判所事務総局）に従い，月報・年表入力システム等を利用して作成する。

第3 予納郵便切手の返還

郵便切手は金券の一種であるから，予納郵便切手（裁判所が民訴費用法13条の規定により予納させた郵便切手）の管理は厳格に行う必要があるところ，その取扱いについては，次の①及び②の関連通達等に詳細に定められている。書記官としては，予納郵便切手を厳格に管理するという意識を持ち，次の①及び②の関連通達等に従い予納郵便切手の受領，使用及び返還等を正確に予納郵便切手管理袋に記載して押印し，常に適切な事務処理を心がけなければならない。

したがって，予納郵便切手に残額があるときは，事件終了後又は予納郵便切手を使用する必要がなくなった時点で，次の①及び②の関連通達等に従い，予納者に当該予納郵便切手を返還する。

なお，予納郵便切手を郵送により返還する場合等において，残った郵便切手の券種及び枚数の組合せによっては，当該郵便物の送付に要する郵便料金に適合した組合せの郵便切手の券種及び枚数を用意できないこともあり得る。このような場合には，次の②の通達や平成28年3月28日付け最高裁総三第74号総務局長，経理局長通達「予納郵便切手の交換に関する事務の取扱いについて」に従い，残った郵便切手と適切な券種及び枚数の郵便切手（交換用郵便切手）とを対当額で引き換える（交換する）ことが可能である。

（関連通達等）
① 昭和46年6月14日付け最高裁判所規程第4号「予納郵便切手の取扱いに関する規程」
② 平成7年3月24日付け最高裁総三第18号事務総長通達「予納郵便切手の取扱いに関する規程の運用について」

第4 家事予納金の返還

家事予納金に残額があるときは，事件終了後又は家事予納金を使用する必要がなくなった時点で，次の①から④までの関連通達等に従い，予納者に家事予納金を返還する。

なお，家事調停手続では，遺産の分割の調停事件（法別表第二の十二の項の事項についての調停事件）や一部の合意に相当する審判事件（特殊調停事件）等における各種鑑定に要する費用など，家事予納金を受け入れる場合があることから，特に，事件終了後には，家事予納金に残額がないかを確認し，確実に予納者に返還する必要がある。

おって，家事予納金（保管金）がある場合において実務上行われている記録上の注意喚起の表示の方法等については，本章の第2節の第2の2の※4（76頁）を参照されたい。

（関連通達等）
① 昭和37年9月10日付け最高裁判所規程第3号「裁判所の事件に関する保管金

第7章　家事調停手続に関する書記官事務

　　　等の取扱いに関する規程」
　②　平成4年9月2日付け最高裁総三第31号事務総長通達「裁判所の事件に関する保管金等の取扱いに関する規程の運用について」
　③　平成17年3月31日付け最高裁総三第000101号総務局長通達「保管金事務処理システムを利用した裁判所の事件に関する保管金の取扱いについて」
　④　平成17年3月31日付け最高裁経監第000127号経理局長通達「保管金事務処理システムを利用した保管金に関する事務処理の運用について」

第5　民事保管物の返還

　事件が終了した場合や裁判所が返還を命じた場合等，裁判所が民事保管物の保管を継続する必要がなくなったときは，次の①から③までの関連通達等に従い，民事保管物を提出者に返還する。

　なお，家事調停手続では，例えば，他庁に係属中の家事審判事件が調停に付された場合（法274条1項）に，調停委員会が当該家事審判事件の記録について事実の調査をするため，①法258条1項で準用する法56条1項の規定（記録の取り寄せを含めた一連の行為が事実の調査であるとする。）又は②法258条1項で準用する法62条の規定（調査嘱託により，当該記録中の資料となり得るものの有無について，一件記録を送付する方法により報告を求める。）に基づき当該記録を取り寄せる場合（法260条1項6号）があり，取り寄せた当該記録については，原則として，民事保管物として受け入れる必要がある[231]。このように家事調停手続においても民事保管物を受け入れる場合があるので，当該手続終了後，これらが返還されないまま記録を引き継ぐことがないよう，事件担当書記官は十分留意する必要がある[232]。

（関連通達等）
　①　昭和37年9月10日付け最高裁判所規程第3号「裁判所の事件に関する保管金等の取扱いに関する規程」
　②　平成4年9月2日付け最高裁総三第31号事務総長通達「裁判所の事件に関する保管金等の取扱いに関する規程の運用について」
　③　平成27年6月19日付け最高裁総三第133号総務局長通達「民事裁判事務支援システムを利用した家事事件等の事務処理の運用について」

第6　記録の整理及び引継ぎ
1　記録の整理等

　前記第1及び第2の1（190頁）並びに第3（191頁）から第5までの事務等の完了後，保存に付する記録及び事件書類を速やかに整理して主任書記官等の供閲に付する。当該供閲後，当該記録及び事件書類を記録係（記録係の置かれていない裁判所にあっては記録係の事務を取り扱う書記官（以下，本節において同じ。））に送付する

---

[231] この場合，取り寄せた当該記録については，速やかに事実の調査を行った上で，返還することも考えられる。
[232] 民事保管物がある場合には，記録上も注意喚起の表示をするため，記録表紙に「保管物あり」等と朱書することが考えられる。

第6　記録の整理及び引継ぎ

（平成4年2月7日付け最高裁総三第8号事務総長通達「事件記録等保存規程の運用について」（以下，本節において「保存規程運用通達」という。）記第2の1の(1)参照）。

2　原本付記
(1)　保存規程7条の規定による裁判の原本等への付記

　　前記1で記録係に記録及び事件書類を送付する前に，事件担当書記官が，いわゆる原本付記（昭和39年12月12日付け最高裁判所規程第8号「事件記録等保存規程」（以下，本節において「保存規程」という。）7条の規定による裁判の原本等への付記）をする取扱いとしている家庭裁判所[233]においては，保存規程7条及び保存規程運用通達記第3の3の(1)に従い，当該事件書類の末尾[234]に各当事者に対する送達の年月日，確定その他の事件完結事由及びその年月日を記載した上，押印することにより付記を行う。ただし，当該事件書類から事件完結事由及びその年月日が明らかなときは，事件完結事由及びその年月日を記載することを要しない。例えば，家事調停事件において調停が成立した場合に作成する調停調書（成立）は，当該書類自体から事件完結事由（調停成立）及びその年月日（調書記載の期日）が明らかであるので，調停調書（成立）の謄本又は正本を送達した場合のみ，当該送達の年月日を記載すれば足りる。この保存規程7条の規定による原本付記の例は，次のとおりである（平成7年3月訟廷執務資料第64号「事件記録等保存規程の解説（改訂版）」（最高裁判所事務総局）87頁及び88頁参照）。

【保存規程7条の規定による原本付記の例】

送達の年月日	平成〇〇年〇月〇日（申立人） 平成〇〇年〇月〇日（相手方）
事件完結の年月日	平成〇〇年〇月〇日
事件完結事由	〇〇
裁判所書記官印	㊞

　　なお，前記のとおり調停調書（成立）の場合は事件完結事由及びその年月日の記載は不要であるため，実務上，次の例のような原本付記をし，書記官が押印する取扱いが多い。

---

[233] 付記の担当者については，平成7年3月訟廷執務資料第64号「事件記録等保存規程の解説（改訂版）」（最高裁判所事務総局）87頁及び257頁152を参照されたい。
[234] 当該事件書類の末尾に余白がない場合には，別紙を添付して付記をし，当該事件書類と別紙に書記官の認印で契印する扱いでよい（平成7年3月訟廷執務資料第64号「事件記録等保存規程の解説（改訂版）」（最高裁判所事務総局）257頁155参照）。

第7章　家事調停手続に関する書記官事務

【調停調書（成立）の原本付記の例】

正本・謄本・送達・交付	
受送達者等	年　月　日
申　立　人	平成〇〇年〇月〇日
相　手　方	平成〇〇年〇月〇日
裁判所書記官印	㊞

(2)　民執規18条2項の規定に準ずる裁判の原本等への付記

　　法別表第二に掲げる事項についての，金銭の支払，物の引渡し，登記義務の履行その他の給付を命ずる審判（確定した調停に代わる審判等）及びこれと同一の効力を有する給付条項の記載のある調停調書（成立）は，執行力のある債務名義と同一の効力を有するため（法287条，268条1項，39条，75条），単純執行文の付与は不要である（逐条805頁及び870頁参照）。したがって，書記官は，このような調停に代わる審判書や調停調書（成立）の正本を執行債権者である当事者に交付又は再度・数通交付した場合には，民執規18条2項の規定に準じて，次の例のように当該調停に代わる審判書や調停調書（成立）の原本に，当該当事者に交付した旨，交付年月日及び交付した正本の通数を記載して押印する（本章の第8節の第3の2の(4)のイ（156頁）参照）。

【法別表第二に掲げる事項についての給付条項のみが記載された調停に代わる審判書又は調停調書（成立）の正本を執行債権者である当事者に交付した場合の原本付記の例】

平成〇〇年〇月〇日
〇〇※に対し　正本〇通　交付
裁判所書記官　　㊞

※　申立人，相手方等，正本を交付した執行債権者である当事者を記入する。

　　また，法別表第二に掲げる事項についての給付条項とそれ以外の一般条項が併記されている調停に代わる審判書又は調停調書（成立）の正本を執行債権者である当事者に交付又は再度・数通交付した場合には，民執規18条2項の規定に準じて同項所定の事項を当該調停に代わる審判書又は調停調書（成立）の原本に記載し，加えて，民執規18条1項1号の規定に準じて「強制執行をすることができる範囲（付記する法別表第二に掲げる事項についての給付条項）」を当該原本に記載するとされている（平成8年度書記官実務研究「遺産分割事件における進行管理事務の研究」（裁判所書記官研修所）494頁参照）が，この点について，アンケート調査した結果は次のとおりである。

> ☆アンケート調査の結果
>   法別表第二に掲げる事項についての給付条項とそれ以外の一般条項が併記されている調停調書（調停に代わる審判書を含む。）正本を執行債権者である当事者に交付又は再度・数通交付した場合には，民執規18条2項の規定に準じて同項所定の事項を当該調停調書原本に記載し，加えて，民執規18条1項1号の規定に準じて「強制執行をすることができる範囲」を当該調停調書原本に記載しているか。
>   ① 記載している。　　　　　　　　　　　　　　　……17庁
>   ② 記載していない。　　　　　　　　　　　　　　……28庁
>   なお，部ごとに回答が異なるとして，①及び②のいずれにも回答した家庭裁判所が5庁あった。
>   おって，回答が②の家庭裁判所は，「強制執行をすることができる範囲」は，法別表第二に掲げる事項についての給付条項であり，調停条項から明らかであること等を理由としている。このほか，回答が①の一部の家庭裁判所においても，例えば，面会交流に関する条項については，最高裁の裁判例等によると，面会交流の日時又は頻度，各回の面会交流時間の長さ，子の引渡しの方法等が具体的に定められ，監護親がすべき給付の特定に欠けるところがないような場合には，間接強制ができると考えられているところ，当該場合かどうかは執行裁判所の判断事項であり，面会交流に関する条項を記載した調停調書の正本を交付する段階では，書記官が執行の可否を判断することができないことから，正本を交付したという事実のみ付記することを検討しているという回答もあった。

(3) 規128条1項が準用する規50条3項の規定による告知の記録化

　合意に相当する審判及び調停に代わる審判等の家事調停に関する審判については，規128条1項が準用する規50条3項の規定により，当該審判の告知がされたときは，書記官がその旨及び告知の方法を，記録上明らかにしなければならないものとされている。この記録上明らかにする方法として，それらを当該審判の原本に付記する取扱いをしている家庭裁判所もある。この告知の記録化の実務上の取扱いについては，平成27年度書記官実務研究の第2編の第1章の第4の1の(2)のウの(ウ)（97頁）に詳細が記載されているため参照されたい。

第7 記録等の保存・廃棄

　家事調停事件の記録等の送付を受けた記録係は，次の①から③までの関連通達等に従い，記録等の保存・廃棄の事務を行う必要がある。その主な留意点は次の1から8までのとおりである。
（関連通達等）
　① 保存規程
　② 保存規程運用通達
　③ 平成27年6月19日付け最高裁総三第133号総務局長通達「民事裁判事務支援

第7章　家事調停手続に関する書記官事務

システムを利用した家事事件等の事務処理の運用について」

1　記録の保存の始期（原則）

記録の保存の始期は，事件完結[235]の日である（保存規程4条2項）。家事調停事件の完結の日は次の一覧表のとおりである。

【家事調停事件の完結日等一覧表】

完結事由	完結日
調停成立	調停成立の日
調停不成立（別表第二調停事件を除く。）	調停不成立の日
調停をしない措置	調停をしない措置をした日
取下げ	取下げの効力が生じた日
当然終了	当然終了の日
合意に相当する審判又は調停に代わる審判の確定	合意に相当する審判又は調停に代わる審判の確定日（合意に相当する審判については，法279条1項の規定による異議の申立てがないとき，又は同項の規定による異議の申立てを却下する審判が確定したとき。調停に代わる審判については，法286条1項の規定による異議の申立てがないとき，又は同項の規定による異議の申立てを却下する審判が確定したとき。）
合意に相当する審判の失効（法280条4項）又は調停に代わる審判の失効（法286条5項）（別表第二調停事件を除く。）	合意に相当する審判又は調停に代わる審判が失効した日（適法な異議の申立てがあった日）

2　記録の保存の始期（例外）

家事調停事件を含む家事事件の記録の保存期間は，これを保存に付した後に同一の当事者に関する事件が完結した場合において，必要があるときは，後の事件が完結した日から改めて起算することができる（保存規程運用通達記第1の1の(7)参照）。

3　記録の保存期間（原則）

家事調停事件記録の保存期間は，保存の始期から起算して5年である（保存規程別表第一の19参照）。

4　記録の保存期間（例外）

付随事件（履行勧告の申出事件，審判前の保全処分事件[236]等）の記録は，主たる事件の記録の保存期間満了の日までともに保存する。ただし，付随事件が主たる事件の記録の保存期間満了の後に完結したときは，この限りでない（保存規程運用通達記第1の6の(2)参照）。

5　付調停事件が調停成立等で事件が完結した場合の家事調停事件記録の保存

(1)　訴訟事件が調停に付された場合（法257条2項本文，274条1項）[237]

---

[235]　「事件完結」とは，事件が最終的に裁判所の係属を離脱することをいう（平成7年3月訟廷執務資料第64号「事件記録等保存規程の解説（改訂版）」（最高裁判所事務総局）62頁参照）。

[236]　昭和58年3月3日付け最高裁総三第6号総務局長通知「審判前の保全処分の事件記録及び審判書原本の保存期間について」参照。

[237]　平成7年3月訟廷執務資料第64号「事件記録等保存規程の解説（改訂版）」（最高裁判所事務総局）26頁及び27頁参照。

ア 受訴裁判所が自ら処理する場合（自庁調停）

自庁調停は，その実質が訴訟上の和解に近いことから，その記録は，訴訟事件記録とともに保存するのが妥当であるとされており，家事調停事件記録は，受訴裁判所で訴訟事件記録とともに保存する。

イ 他の裁判所に処理させる場合（他庁調停）

他庁調停の場合には，自庁調停のような特質がないことから，通常の家事調停事件の場合と同様に，その記録は，訴訟事件記録とは別に家事調停事件記録として，調停裁判所で保存する。

(2) **家事審判事件が調停に付された場合（法274条1項）**

ア 家事審判事件が係属する裁判所が自ら処理する場合（自庁調停）

家事審判事件記録と家事調停事件記録を合てつして（詳細については，第4編の第6章の第3節の第3の1（368頁）を参照されたい。）当該裁判所で保存する。

イ 他の裁判所に処理させる場合（他庁調停）

前記(1)のイと同様，通常の家事調停事件の場合と同様に，その記録は，家事審判事件記録とは別に家事調停事件記録として，調停裁判所で保存する。

なお，付調停により家事調停事件記録のみが他の裁判所に送付されることになるため，家事審判事件記録は，当該家事審判事件が係属していた家庭裁判所で保存することになる（詳細については，第4編の第6章の第3節の第3の2（368頁）を参照されたい。）。

6 **別表第二調停事件が審判移行（法272条4項，286条7項）して事件が完結した場合の記録の保存**

家事審判事件記録と家事調停事件記録を合てつして（詳細については，第4編の第6章の第2節の第2の2（354頁）を参照されたい。）保存する。

7 **事件書類の分離及び編冊**

(1) **事件書類の分離**

記録を保存に付するときに，記録の保存期間（前記3（196頁）参照）よりも保存期間の長い事件書類（事件書類の意義については，平成7年3月訟廷執務資料第64号「事件記録等保存規程の解説（改訂版）」（最高裁判所事務総局）10頁から13頁までを参照されたい。）を分離する（保存規程運用通達記第3の3の(2)参照）。また，事件書類の内容を明らかにするため必要な書類（附属書類）があるときは，附属書類（調停調書の更正決定の原本等，附属書類の詳細については，平成7年3月訟廷執務資料第64号「事件記録等保存規程の解説（改訂版）」（最高裁判所事務総局）81頁から84頁までを参照されたい。）も当該事件書類とともに分離して保存する（保存規程6条参照）。

なお，家事調停事件における主な事件書類の保存期間は次のとおりである（詳細については，保存規程別表第一の19参照）。

第7章　家事調停手続に関する書記官事務

【家事調停事件における主な事件書類の保存期間】

事件書類	保存期間
合意に相当する審判の原本（異議申立てにより効力を失ったもの及び決定により取り消されたものを除く。）	50年
調停に代わる審判の原本（異議申立てにより効力を失ったもの及び決定により取り消されたものを除く。）	30年
調停調書	30年

　(2)　事件書類の編冊

　　分離した事件書類は，記録符号の種類及び保存期間の区別に従い，保存の始期の属する年度ごとに編冊を作成し，編冊ごとに民事裁判事務支援システム（MINTAS）により印刷した事件書類編冊目録を付し，その表紙に保存の始期及び保存期間を記載する（保存規程運用通達記第3の3の(3)及び(5)並びに平成27年6月19日付け最高裁総三第133号総務局長通達「民事裁判事務支援システムを利用した家事事件等の事務処理の運用について」記第3の1の(1)及び(2)参照）。

　　なお，事件書類の編冊は，裁判原本等保存簿に登載する（保存規程運用通達記第4の2参照）。

 8　記録等の廃棄

　　保存期間が満了した記録及び事件書類は，この第7の冒頭（195頁）に記載した①から③までの関連通達等に従って廃棄する。

　　なお，保存規程9条1項及び2項の規定により特別保存に付されている記録は，保存期間満了後も保存しなければならないので，このような特別保存に付されている記録の有無等についても十分に留意し，前記①から③までの関連通達等に従って処理をする。

第8　調停調書の更正

　　調停調書に計算違い，誤記その他これらに類する明白な誤りがあるときは，家庭裁判所は，申立てにより又は職権で，いつでも更正決定をすることができる（法269条1項）。

 1　要件

　　法269条1項は，調停調書の更正決定をすることができる要件について，①実体的な要件を計算違い，誤記その他これらに類する明白な誤り（調停調書自体の記載内容や文言の前後から判断し，あるいは調停事件記録を検討することにより，調停調書の表現に誤りがあることが誰の目から見ても明白であることを要すると解される。）があるときとし，②手続的な要件を家庭裁判所（調停機関ではないことに注意）が申立て又は職権によることとし，③更正の裁判形式を決定とすることを定めている（「別冊法学セミナーno.225 新基本法コンメンタール人事訴訟法・家事事件手続法」（日本評論社）549頁参照）。

 2　裁判

　　法269条1項の規定による更正決定自体は，家事調停に関する審判以外の裁判（法

258条1項による法81条の規定の準用）であるから，法81条1項において法76条1項の規定の準用を除外していることにより，本来であれば裁判書の作成は義務付けられないことになるが，更正決定は，当初の調停調書と一体となり，更正された内容で調停が成立したことになるため，更正された調停の内容の明確性を担保する趣旨で，審判以外の裁判の特則として，裁判書の作成が義務付けられている（法269条2項）（逐条807頁参照）。

　そのほか，調停調書の更正決定の規定（法269条）は，審判の更正決定の規定（法77条）とほぼ同様である（法77条3項・5項は，更正すべき裁判を審判であることを前提とした規定である。）ことから，調停調書の更正決定に関する具体的な書記官事務については，平成27年度書記官実務研究の第2編の第1章の第4の2（98頁）と同様であるため，適宜，調停調書の更正決定の場合に読み替えた上で参照されたい。

3　留意事項

(1)　家事審判法（旧法）適用事件の調停調書の更正

　家事審判法（旧法）適用事件において，調停調書に計算違い，誤記その他これらに類する明白な誤りがあるときは，家事審判法（旧法）では，調停調書の更正の規定がなかったことから，民訴法257条の規定を類推適用して，家庭裁判所は，申立てにより又は職権で，更正「審判」をする（斎藤秀夫，菊池信男編「注解家事審判法【改訂】」（青林書院）735頁参照）ことになるので，留意する必要がある。この家事審判法（旧法）下における調停調書の更正に関する書記官事務については，平成19年1月家庭裁判資料第183号訟廷執務資料第74号「家事書記官事務の手引（改訂版）」（最高裁判所事務総局）109頁，46頁及び47頁を参照されたい。

(2)　書記官の処分に対する異議（法37条）との関係について

　書記官の処分は，書記官が独自の権限に基づいて行うものであり，調停調書の作成（法253条本文）もその一つである（逐条115頁参照）が，調停調書に記載された条項に対する異議は，調停調書の更正の申立て（法269条1項）によるべきと解されている（「別冊法学セミナーno.225新基本法コンメンタール人事訴訟法・家事事件手続法」（日本評論社）524頁参照）ことから，当事者及び利害関係参加人から調停調書の内容に異議がある旨記載された書面が提出された場合には，裁判官の指示に従い，その書面の趣旨（調停調書の更正の申立てか，書記官の処分に対する異議の申立てか等）を書面の提出者に確認する。書記官は，確認した内容を聴取書等で記録化した上，裁判官に報告して，その指示に従い，書記官の処分に対する異議の申立てに関する事務（平成27年度書記官実務研究の第1編の第7章の第4（50頁）参照）又は調停調書の更正決定に関する事務（前記2（198頁）参照）を行う。

第3編　家事調停手続における書記官事務【各論】

　家事調停事件には，次の①から③までのとおり，一般調停事件，別表第二調停事件及び特殊調停事件（合意に相当する審判事件）の三つの分類がある[238]。
　本編では，第2編の家事調停手続における書記官事務の総論部分を前提として，各章の各節において，一般調停事件（第1章），別表第二調停事件（第2章）及び特殊調停事件（合意に相当する審判事件）（第3章）の三つの分類における代表的な事件類型を取り上げ，それぞれの事件類型において，当該総論部分とは異なる事項や特に留意すべき事項等を中心に具体的な書記官事務について記載する。

① 　一般調停事件

　　人訴法2条所定の人事訴訟の対象となる事件のうち離婚及び離縁の事件は，当事者の自主的任意処分が許されている事件であることから，家事調停の対象となる典型的な事件である。また，人事訴訟及び家事審判の対象とならない家庭に関する事項（例えば，夫婦関係円満調整，内縁関係調整，離婚後の紛争調整，遺留分減殺による物件返還請求，遺産に関する紛争調整，親族間の紛争調整等）についての事件も家事調停の対象となる事件であり，前述の離婚及び離縁の事件と併せて「一般調停事件」と総称されている。

② 　別表第二調停事件

　　法別表第二に掲げる事項についての事件は，家事審判の対象となる事件であるが，法別表第一に掲げる事項についての事件とは異なり，対立当事者が存在し，争訟性を有する事項であるから，性質上，第一次的に当事者の協議による解決が期待されるため，家事調停の対象となる。このような法別表第二に掲げる事項についての調停事件を「別表第二調停事件」という。この別表第二調停事件は，前述の一般調停事件及び後述の特殊調停事件（合意に相当する審判事件）とは異なり，調停が不成立になると，当然に家事審判手続に移行する（法272条1項・4項）。

③ 　特殊調停事件（合意に相当する審判事件）

　　人訴法2条所定の人事訴訟の対象となる事件のうち，離婚及び離縁の事件を除くその他の事件は，本来，人事訴訟で解決すべき事件であるが，当事者間に合意がある場合には，簡易に解決が図れるように家事調停の申立てができることとされており，当事者間に申立ての趣旨のとおりの審判を受けることについて合意が成立し，その原因について争わない場合には，家庭裁判所は，必要な事実を調査した上，当該合意を正当と認めるときは，家事調停の手続が調停委員会で行われている場合には当該調停委員会を組織する家事調停委員の意見を聴いた上で，当該合意に相当する審判をすることができる（法277条参照）。このような特別な手続を行う事件を「合意に相当する審判事件」といい，実務上「特殊調停事件」ともいう。

---

[238] なお，家事調停事項（全般）については，第2編の第2章（10頁）を参照されたい。

第1章　一般調停事件における書記官事務

　本章では，一般調停事件における書記官事務について，まずは，第1節において，一般調停事件の中では比較的事件数の多い事件類型である夫婦関係調整調停申立事件における具体的な書記官事務について記載し，次に，第2節において，その他の一般調停事件のうち，夫婦関係調整調停申立事件や別表第二調停事件（第2章）とも関係がある等，特に留意すべき事項等がある主な一般調停事件における書記官事務について，当該留意事項等を中心に記載する。

第1章　一般調停事件における書記官事務

第1節　夫婦関係調整調停申立事件

> 【どんな事件？】
> 　この事件は，夫婦間に紛争が生じ，夫婦間で話合いをしたいが話合いがまとまらない場合や話合いができない場合に，その調整を行う調停事件である。夫婦の一方が，離婚及びその条件（親権者指定，養育費，面会交流，財産分与，年金分割，慰謝料等）についての調整（話合い）を求めて調停をする場合と元の円満な夫婦関係を回復するための調整を求めて調停をする場合がある。いずれの調停の申立ても一般調停事件である。また，離婚を求める申立ては，本質的には訴訟事項（人訴法2条1号）であるため，調停前置の対象となる（法257条1項）。
> 　※　なお，我が国における離婚制度の概要は，次の①から⑥までのとおりである。
> 　①　協議離婚
> 　　　当事者は協議（離婚意思の合致）により離婚することができ，戸籍法の定めるところに従って届け出ることによって成立する離婚である（民法763条，764条，739条）。
> 　②　調停離婚
> 　　　家事調停手続において，当事者間に調停離婚する旨の合意が成立し，これを調書に記載したときは，調停が成立したものとされ，その記載に確定判決と同一の効力が与えられる離婚である（法268条1項）。
> 　③　審判離婚
> 　　　家事調停手続において，当事者間に離婚及びその条件に関する合意が成立しない場合（調停が成立しない場合）に，家庭裁判所が相当と認めるときは，当事者双方のために衡平に考慮し，一切の事情を考慮して，職権で，事件の解決のため必要な審判（調停に代わる審判）をすることによってする離婚である（法284条1項）。
> 　④　裁判（判決）離婚
> 　　　夫婦の一方は，民法770条1項各号に規定されている離婚原因に基づき，他方を被告として離婚の訴え（人訴法2条1号）を提起することができ，判決によってこれが認められた場合に成立する離婚である。
> 　⑤　和解離婚
> 　　　離婚訴訟手続において，訴訟上の和解をすることによって成立する離婚である（人訴法37条1項）。
> 　⑥　認諾離婚
> 　　　離婚訴訟手続において，請求を認諾することによって成立する離婚である。ただし，この認諾離婚は，子の監護に関する処分等の附帯処分についての裁判又は親権者の指定についての裁判をすることを要しない場合に限られる（人訴法37条1項）。

第1　申立て

1　管轄

　相手方の住所地を管轄する家庭裁判所又は当事者が合意で定める家庭裁判所（法245条1項）。

　なお，管轄の詳細については，第2編の第6章の第1節（40頁）と同様であるため参照されたい。

2 申立人
夫又は妻

3 申立ての方式

(1) 申立費用
ア 申立手数料
1,200円（収入印紙）（民訴費用法3条1項別表第一の一五の二の項）
イ 郵便切手
各家庭裁判所の実務上の運用によって異なる。
なお，これら申立費用の詳細については，第2編の第7章の第1節の第2の1の(1)（53頁）と同様であるため参照されたい。

(2) 申立書
申立ては，申立書を家庭裁判所に提出してしなければならず（法255条1項），申立書を家庭裁判所に提出する際は，相手方の数と同数の申立書の写し（相手方送付用）を提出する必要がある（規127条，47条）。

申立書の方式や記載事項等については，第2編の第7章の第1節の第2の1の(2)（53頁）と同様であるため参照されたい。

(3) 附属書類（添付書類）
夫婦関係調整調停申立事件の申立時に提出される，又は提出を求めることが多い主な附属書類（添付書類）は次のとおりである（各書類の趣旨等については，以下に記載する留意事項等のほか，第2編の第7章の第1節の第2の1の(3)（57頁）の①から③までの各類型の各書類の※の説明部分と同様であるため参照されたい。）。

なお，本項では飽くまで主な附属書類（添付書類）の類型を示すにとどまるため，当然ながら，各家庭裁判所においては，裁判官や調停委員会の手続運営の方針，事案ごとの個別の事情等の実情に応じて，夫婦関係調整調停申立事件の手続の円滑な進行を図るために，規127条で家事調停の申立てについて準用されている規37条3項の規定に基づき，本項で示す類型以外の書類の提出を求める場合がある。

◇ 申立ての理由及び事件の実情についての証拠書類写し（規127条，37条2項）
◇ 夫婦の戸籍全部事項証明書（戸籍謄本）（外国人当事者については住民票等）（規127条，37条3項）
◇ 事情説明書（当事者間に未成年者である子がいる場合の「子についての事情説明書」を含む。）（規127条，37条3項）
◇ 連絡先届出書（規127条，37条3項）
◇ 非開示希望申出書（非開示希望の申出をする場合にのみ使用する書類）（規127条，37条3項）
◇ 進行に関する照会回答書（規127条，37条3項）
◇ 手続代理人の権限（代理権）を証明する書面（委任状）（規18条1項）
◇ 年金分割のための情報通知書（原本）[239]

---

[239] なお，規127条で準用する規120条の規定では，請求すべき按分割合に関する処分の調停の申立書には，年金分割のための情報通知書を添付しなければならない旨が規定されている。

第1章 一般調停事件における書記官事務

※ 夫婦関係調整調停の申立てに付随して請求すべき按分割合に関する処分（年金分割）を求める場合は，発行日（情報の提供を受けた日）から1年以内の年金分割のための情報通知書（原本）を提出する必要がある（厚生年金保険法78条の3第2項参照）。

なお，年金分割のための情報通知書は，申立書の別紙として提出してもらうこととなるが，原則として，申立書の写しは相手方に送付されるため（法256条1項），申立人が住所の非開示を希望する場合は，当該非開示希望住所が記載されていない年金分割のための情報通知書を取得してその写しとともに提出するか[240]，あるいは年金分割のための情報通知書に当該非開示希望住所が記載されている場合には，当該非開示希望住所部分を黒塗り（マスキング）してその写しとともに提出するよう求める必要がある（非開示希望情報等の適切な管理については，第2編の第7章の第2節の第3（76頁）を参照されたい。）。

第2 受付及び審査

夫婦関係調整調停申立事件の申立書の受付及び審査に関する書記官事務において特に留意すべき事項は，主に次の1から3までのとおりである。

なお，その他の申立書の受付及び審査に関する書記官事務（全般）については，第2編の第7章の第2節の第1（67頁）と同様であるため参照されたい。

1 付随申立てについて

(1) 子の親権者の指定等について

ア 子の親権者の指定（連れ子養子との離縁を伴わない場合を含む。）について

当事者間に未成年者である子がいるときは，離婚についての合意のほか，子の親権者の指定についての合意が必要であるため（民法819条1項・2項），申立書の申立ての趣旨に父又は母のいずれを親権者とするかについて記載してもらう（裁判所ウェブサイトに掲載されている申立書の書式であれば，「申立ての趣旨」の「関係解消」の「(付随申立て)」欄中の該当する付随申立ての番号を○で囲んでもらった上で，父又は母のいずれを親権者とするかについて記載してもらう。）。

なお，夫婦の一方が他方の連れ子と養子縁組をしている場合に，後記イのとおり，離婚と同時に当該連れ子養子との離縁を求める調停の申立てをしないときは，当該連れ子養子についても実子と同様に親権者の指定についての合意が必要であるため，注意を要する。

イ 連れ子養子との離縁を伴う場合について

夫婦の一方が他方の連れ子と養子縁組をしている場合に，離婚と同時に当該連れ子養子との離縁を求める調停の申立てがされたときは，夫婦関係調整調停申立事件とは別に，民訴費用法3条1項所定の申立手数料を納付させた上で離縁調停申立事件として受け付け，立件等をする必要がある。

---

[240] 日本年金機構は，配偶者等からの暴力の被害を受けている国民年金等の被保険者又は受給権者からの申出により，当該被保険者又は受給権者の住所等の情報を配偶者や第三者に知られないようにするための対応を行っている。

なお，夫婦関係調整調停申立事件の係属後の調停手続において当事者間に当該離縁も含めて合意が成立する見込みとなった場合において，まだ離縁の調停の申立てがされていなければ，別途，離縁の調停の申立てを促し，当該離縁調停申立事件の受付及び立件等をした上で調停を成立させる必要があることに留意する。

おって，離縁調停申立事件に関する書記官事務については，本章の第2節の第1（224頁）を参照されたい。

(2) 財産分与，慰謝料及び養育費について

財産分与，慰謝料及び当事者間の子（未成年者）の養育費の支払を付随して求めるときは，申立書の申立ての趣旨にその金額を記載してもらう。

申立人が具体的な請求金額について判断がつきかねる場合には，「相当額」と記載してもらう（裁判所ウェブサイトに掲載されている申立書の書式であれば，「申立ての趣旨」の「関係解消」の「(付随申立て)」欄中の該当する付随申立ての番号を○で囲んでもらった上で，「□　相当額」欄の□部分にチェックをしてもらう。）。

(3) 請求すべき按分割合に関する処分（年金分割）について

請求すべき按分割合に関する処分（年金分割）を付随して求めるときは，申立書の申立ての趣旨に具体的な按分割合[241]を記載してもらう（裁判所ウェブサイトに掲載されている申立書の書式であれば，「申立ての趣旨」の「関係解消」の「(付随申立て)」欄中の該当する付随申立ての番号を○で囲んでもらった上で，「□　0.5」欄の□部分にチェックをしてもらうか，「□（　　　　　）」欄の□部分にチェックをしてもらった上で具体的な按分割合を記載してもらう。）。

また，夫婦関係調整調停の申立時に提出された年金分割のための情報通知書（前記第1の3の(3)（203頁）参照）については，前述のとおり当事者の非開示希望住所の記載の有無や発行日（情報の提供を受けた日）から1年以内のものであるかを確認するほか，第1号改定者（対象期間標準報酬総額が減少する者（いわゆる年金分割をされる者））と第2号改定者（対象期間標準報酬総額が増加する者（いわゆる年金分割を受ける者））が申立ての趣旨と合致しているか（反対になっていないか）等を確認する。

2　不貞行為の相手に対する慰謝料請求調停申立事件の取扱いについて

夫婦の一方が，他方の不貞行為を理由として離婚等を求める夫婦関係調整調停を申し立てる際に付随して申し立てる不貞行為の相手に対する慰謝料請求調停は家事調停事項とされているが，夫婦関係調整調停申立事件とは独立して当該慰謝料請求調停を申し立てた場合は，これを民事調停事項とする実務上の取扱いもあるため，家事調停事項としてこのまま家事調停手続を進行させるか否かについて，裁判官の判断を仰ぐ必要がある（平成19年1月家庭裁判資料第183号訟廷執務資料第74号「家事書記官事務の手引（改訂版）」（最高裁判所事務総局）117頁及び長山義彦ほか共著「〔新

---

[241] 按分割合とは，夫婦の婚姻期間（対象期間）中に厚生年金等に加入して得た標準報酬総額の合計額のうち，一方（分割を受ける側）に割り当てるべき割合である。按分割合の定めの許容範囲は，夫婦であった者それぞれの分割前の対象期間標準報酬総額の合計額に対する分割により対象期間標準報酬総額が増額される者（分割を受ける者）の分割前の対象期間標準報酬総額の割合を超え 0.5（50％）以下の範囲である。この按分割合の範囲は，年金分割のための情報通知書にも記載される。

第1章　一般調停事件における書記官事務

版〕家事事件の申立書式と手続」（新日本法規）482頁参照）。

3　当事者に外国人が含まれる場合（いわゆる渉外事件の場合）について

当事者に外国人が含まれる場合は，まず，国際裁判管轄（裁判権）が日本にあるかどうかの確認をし，当該管轄が日本にあると認められるときは，手続規定については，「手続は法廷地法による」という国際私法の一般原則により，法廷地である日本の手続規定である家事事件手続法及び同規則が適用されることになる。

次に，実体法については，どこの国の法律を適用すべきかという問題（準拠法の指定の問題）が生じるため，受付担当書記官や事件担当書記官においては，裁判官の判断補助並びに手続の適正確保及び進行促進の目的から，準拠法の適用（指定）に関して規定する「法の適用に関する通則法[242]」や「扶養義務の準拠法に関する法律」の規定等に従い，適宜裁判官にも相談をし，指示等を仰ぎながら，単位法律関係[243]ごとに法律関係の性質[244]に応じて適用すべき準拠法（実体法）を特定し，特定した準拠法が外国法である場合は，当該外国法についての法令や文献の調査を行うとともに，当事者に対して当該外国法の内容を記載した書面や日本語の翻訳文の提出について依頼する等，当該外国法に関する資料の収集を行う必要がある（司法研究報告書第62輯第1号「渉外家事・人事訴訟事件の審理に関する研究」（司法研修所（平成22年3月））40頁～46頁参照）。

第3　立件基準（事件番号の付け方の基準）

申立書，調停に付する決定書，移送決定書等（ただし，1通の申立書等に離婚及び離縁の申立てが含まれている場合は2件）（受付分配通達別表第5の2の(3)参照）。

なお，法別表第二に掲げる事項（面会交流，養育費，財産分与，年金分割等）に関する申立てが付随して申し立てられている場合は，当該付随申立てについて事件番号は付けない（受付分配通達別表第5の2の(1)のただし書参照）。

第4　記録の編成

第2編の第7章の第2節の第2（72頁）と同様であるため参照されたい。

242　平成18年以前は「法例」という名称で準拠法の適用（指定）についての規定が定められていたが，同年に「法例」を全部改正する「法の適用に関する通則法」が制定され，平成19年1月から施行されている。
243　例えば，法の適用に関する通則法では27条に「離婚」，32条に「親子間の法律関係」，扶養義務の準拠法に関する法律では「養育費等の扶養義務」といったように，法律関係の単位ごとに準拠法の適用（指定）について規定されている。
244　例えば，日本人と外国人の離婚の場合，離婚に伴う子の親権者の指定や監護者の指定の問題について，離婚の効果として法の適用に関する通則法27条が適用されるのか，あるいは親子間の法律関係として同通則法32条が適用されるのかといったように，ある法律関係の問題について，同通則法で規定されるどの単位法律関係に当たるのかを決定することを法律関係の性質決定という。なお，最近の実務では，離婚に伴う親権者の指定や監護者の指定の問題については，同通則法32条が親子間の法律関係について子の福祉に配慮した規律をしていることから，同条によることが相当とされている（秋武憲一，岡健太郎編著「リーガル・プログレッシブ・シリーズ離婚調停・離婚訴訟〔改訂版〕」（青林書院）225頁参照）。

第9　調停の実施等

第5　事件の分配
第2編の第7章の第2節の第5（98頁）と同様であるため参照されたい。

第6　調停期日及び家事調停委員の指定
第2編の第7章の第2節の第6（105頁）と同様であるため参照されたい。

なお，前記第2の2（205頁）において，不貞行為の相手に対する慰謝料請求調停を家事調停事項として取り扱うこととなった場合は，夫婦関係調整調停申立事件の調停期日と当該慰謝料請求調停申立事件の調停期日を同じ日時で同時進行させるのか，あるいはこれら事件の調停期日を別の日時に指定して別々の進行とするのかについては慎重に検討する必要があるため，調停委員会や裁判官の判断を仰ぐ必要がある[245]。

第7　申立書の写しの送付等
第2編の第7章の第2節の第7（109頁）と同様であるため参照されたい。

第8　参考事項の聴取
第2編の第7章の第2節の第8（112頁）と同様であるため参照されたい。

第9　調停の実施等
夫婦関係調整調停申立事件における調停の実施に関する主な留意事項は，次の1及び2のとおりである。

なお，申立ての変更に関する書記官事務（全般）については第2編の第7章の第1節の第2の3（62頁）と同様であり，調停前の処分については同章の第3節（112頁）と同様であり，その他の家事調停の実施等に関する書記官事務（全般）については同章の第4節（117頁）から第11節（159頁）までと同様であるため，それぞれ参照されたい。

1　調停成立が予想される場合の留意事項
(1)　調停成立によって身分関係が変動するという重大な効果が生じる離婚や離縁の調停が成立する期日については，当事者（本人）が出頭し，その真意（離婚意思や離縁意思等）を慎重に確認する必要があるため，代理人のみが出頭して調停を成立させることはできないと解されている（逐条779頁，斎藤秀夫，菊池信男編「注解家事審判規則【改訂】」（青林書院）35頁，東京家事事件研究会編「家事事件・人事訴訟事件の実務～家事事件手続法の趣旨を踏まえて～」（法曹会）50頁参照）。

したがって，次回調停期日において離婚の調停成立が予想される場合は，事件担当書記官は，手続の適正確保並びに円滑な進行確保及び進行促進のため，家事調停

---

[245] これは，事案によっては，不貞行為が継続している場合や，また，そうではないとしても，不貞行為を原因として離婚を求めている当事者が，他方の当事者が不貞行為の相手と一緒にいるのを見て感情的になったり，不貞関係にあった者同士の関係が悪化していることなどがあるからである。したがって，実務では，通常，事前に当事者の意向を確認して調停期日を指定するようにしている。また，同じ日に調停期日を指定する（調停を行う）としても，時間をずらす等の対応をすることもある（秋武憲一著「新版離婚調停」（日本加除出版）349頁参照）。

第1章　一般調停事件における書記官事務

委員を通じて，あるいは直接連絡をとる等して，当事者（本人）や代理人に対して，当該調停期日への当事者（本人）の出頭を求めておく必要がある（第2編の第7章の第4節の第2の1の(2)のカの(ア)（125頁）参照）。

(2)　調停の成立によって身分関係の変動が生じる離婚や離縁についての調停事件については，テレビ会議システム又は電話会議システムの方法や調停条項案の書面による受諾の方法によっては，調停を成立させることができない（法268条3項，270条2項）（第2編の第7章の第4節の第5の3の(1)（141頁）及び同章の第12節の第2の3の(1)（170頁）参照）。

(3)　離婚についての調停事件における夫又は妻の成年後見人は，夫又は妻（本人）を代理して調停を成立させる合意（法268条1項の合意）等をすることができない（法252条2項）。この場合，夫又は妻（本人）に意思能力がある場合には夫又は妻（本人）が自ら合意をすることは可能であるが，夫又は妻（本人）に意思能力がなければ，夫又は妻（本人）の成年後見人は，判決を求めることになる（逐条758頁及び759頁参照）[246]。

2　調停成立に当たって必要な資料の提出指示（規127条，37条3項）

(1)　財産分与に関する調停条項を作成するに当たって必要な資料の提出指示

　ア　不動産を分与する場合

財産分与として不動産の譲渡を求めている場合には，調停条項に記載する不動産の特定のため，また，当該不動産の所有者（住所，氏名等），共有者，共有持分，制限物権の有無等を確認するため，登記事項証明書が必要である。当事者に対して，事前に当該不動産の登記事項証明書を提出するよう依頼する。

また，当該不動産の住宅ローンが残っている事案では，財産分与によって当該不動産の所有者（共有者）の名義が変更された場合の住宅ローンの取扱いや財産分与後の住宅ローンの支払等について，事前に債権者（金融機関）との調整等が必要になることがあるため，当事者に対して，残住宅ローンの有無を確認し，これらについて，事前に債権者（金融機関）との間で調整等をしておくよう依頼する。

　イ　動産を分与する場合

家具，電化製品等について，財産分与の目的物として譲渡を求めたり，当事者の特有財産として引渡しを求めている場合には，調停条項に記載する目的物の特定のため，当事者に対して，当該物件の所在，種類，形状，材質，数量，色，ブランド名，製造会社，製造番号等によって目的物を特定した物件目録の提出を依頼する。

　ウ　自動車を分与する場合

財産分与として道路運送車両法により登録されている自動車の譲渡を求めている場合には，自動車の特定及び所有者の確認（所有権留保の有無の確認等を含

---

[246] なお，成年被後見人は通常意思能力を欠く状況にあるとされる（新井誠，赤沼康弘，大貫正男編「成年後見制度　法の理論と実務　第2版」（有斐閣）24頁及び25頁参照）ため，実際には当初から家事調停手続ではなく訴訟手続を利用するのが通例であろう。

む。）のため，当事者に対して，事前に自動車検査証の写しを提出するよう依頼する。
　　エ　保険を分与する場合
　　　保険を財産分与の対象とし，契約者や保険金受取人等の名義変更等をする場合は，当該保険の特定のため，当事者に対して，保険証券の写し等の提出を指示し，併せて，当該名義変更等の可否や必要な手続について保険会社に確認するよう依頼する。
　　オ　預貯金債権を分与する場合
　　　預貯金債権を分与の対象とし，預貯金債権の譲渡等の手続をする場合は，金融機関によっては譲渡禁止特約が付されている等の譲渡制限があるため，預貯金債権を分与の対象として譲渡することとする調停条項を作成するときは，あらかじめ，当事者に対して，譲渡の可否や譲渡手続等について金融機関に相談して確認するよう依頼する（調停条項集35頁【44】（注）参照）。
(2) **年金分割に関する調停条項を作成するに当たって必要な資料の提出指示**
　　請求すべき按分割合に関する処分（年金分割）についての調停条項を作成することが予想される場合で，当該調停条項において「別紙」として引用する年金分割のための情報通知書（後記第10の1の(2)のケ（218頁）参照）が提出されていない場合は，当事者に対して，速やかに年金事務所等から当該情報通知書の提供を受けた上で提出するよう依頼する[247]。

第10　調停手続の終了

　夫婦関係調整調停申立事件における調停手続の終了の類型のうち，調停成立及び調停に代わる審判に関する主な留意事項は，次の1及び2のとおりである。
　なお，その他の家事調停手続の終了に関する書記官事務（全般）については，第2編の第7章の第12節（160頁）（第3の「合意に相当する審判」を除く。）と同様であるため参照されたい。

1　調停成立

　本項では，次の(1)から(3)までにおいて，夫婦関係調整調停申立事件における調停成立に関する主な留意事項を記載する。その他の調停成立に関する書記官事務（全般）については，第2編の第7章の第12節の第1（160頁）と同様であるため参照されたい。

(1) **調停調書（成立）に記載する当事者等の表示について**
　　夫婦関係調整調停申立事件（○○号事件）と離縁調停申立事件（△△号事件）を併合した上で離婚と同時に一方の連れ子養子と離縁する調停を成立させる場合で，当該連れ子養子が15歳未満である場合には，その離縁は，養親と養子の離縁後にその法定代理人となるべき者（代諾権者）[248]が協議をすることとされている（民

---

[247] 当事者が年金事務所等に合意対象の年金分割についての情報提供請求をしてから実際に年金分割のための情報通知書による通知（提供）がされるまでには一定程度の期間を要するため，当該期間を考慮して，次回調停期日までには当該情報通知書を提出するよう依頼する必要がある。

第1章　一般調停事件における書記官事務

法811条2項）ため，その場合の両事件の申立人の表示は「〇〇号事件申立人兼△△号事件申立人（離縁後に法定代理人親権者となるべき者）□□（氏名を記載する。）」[249]等とし，当該連れ子養子[250]も「△△号事件養子□□（氏名を記載する。）」等と表示する。

なお，連れ子養子が15歳以上の場合には，意思能力を有している限り，当該連れ子養子本人が離縁調停申立事件（△△号事件）の当事者となるため，調停成立時には当該連れ子養子本人の出頭を要する。

(2) **調停条項について**

夫婦関係調整調停申立事件の成立時に作成することが多い類型の調停条項の記載例や調停条項作成時の留意事項等は，次のアからスまでのとおりである。

なお，本項で記載する調停条項の記載例や調停条項作成時の留意事項等は，夫婦関係調整調停申立事件の成立時に作成することが多い類型の調停条項について限定的に示すにとどまるものであるため，各所で示す参考文献，調停条項集，和解条項集，平成28年3月研修教材第5号「民事実務講義案Ⅰ（五訂版）」（裁判所職員総合研修所）等も併せて利用されたい。

ア　円満調整

円満調整の調停条項は，一般に強制執行に親しまない道義条項[251]が多い。

円満調整の調停条項の記載例については，調停条項集5頁以下【1】～【5】を参照されたい。

イ　別居（別居期間中の子の監護に関する事項及び婚姻費用の支払を含む。）

調停における調整の結果，当事者双方が当面の間別居し，併せて，別居期間中の子の監護に関する事項や婚姻費用の支払について合意することがある。

別居については，夫婦の同居義務を定めた民法752条との関係で，その有効性について問題になり得るが，この点については，直ちに同居させることが無理と思われる程度に婚姻関係が破綻していながら離婚の合意ができない場合には，当

248　この代諾権者の法的地位については，一般には，将来の法定代理人が養子のために職務上の当事者となる訴訟代位であると解されているが，このほかにも，離縁調停申立事件における当事者は養子自身であって将来の法定代理人は養子を代理するという法定代理人説，更にはこれらの折衷説といった見解がある（松原正明編著「人事訴訟の実務」（新日本法規）375頁及び376頁参照）ため，どの見解をとるか等については，裁判官に判断を仰ぐ必要がある。

249　これは，将来の法定代理人が養子のために職務上の当事者となるとする訴訟代位説（前の脚注参照）に基づく記載例である。なお，調停条項集52頁【78】（注1）には「当事者欄には，子を記載し，養子が15歳未満である場合には，養親と養子の離縁後にその法定代理人となるべき者との協議となるため，「法定代理人親権者〇〇」等と記載し」等と記載されており，また，平成19年1月家庭裁判資料第183号訟廷執務資料第74号「家事書記官事務の手引（改訂版）」（最高裁判所事務総局）115頁には「子が15歳未満のときは，「法定代理人親権者（母）〇〇」等と記載する。」と記載されており，いずれも法定代理人説（前の脚注参照）に基づくものと解される記載例がある。

250　当事者が未成年の場合は生年月日を記載する（昭和39年度書記官実務研究「家事調停事件の調書に関する研究」（裁判所書記官研修所）101頁参照）。

251　道義条項は，当事者が道義的な責任を認めるとか道義的な約束をする等，以後の紛争を防止するのに役立てる条項であり，法律上の効力に関係がなく，当事者の意思を尊重して特に記載する任意条項の一種である（和解条項集16頁参照）。

事者双方に同居又は離婚について考慮する期間を与えるための臨時的措置として，別居することを定めることは差し支えない。なお，永続的別居は婚姻の本質に反するから，その旨を定めることは許されないし，仮に定めても，その条項は無効である（調停条項集9頁【10】（注1）参照）。

また，前記アの円満調整と同様に，道義条項を作成することもある。

調停条項の記載例については，調停条項集9頁以下【10】～【15】を参照されたい。

ウ　調停離婚

【調停条項の記載例（典型例）】

> 申立人と相手方は，本日調停離婚する。

※　本記載例の「本日調停離婚する。」の部分については，「離婚する。」という記載だけでも，調停調書の記載から調停期日において調停離婚の合意がされたことは明白であり，離婚の形成的効果が発生することにはなるが，当事者に理解しやすいようにするための配慮等から，実務上は「離婚する。」の前に「本日」や「調停」という文言を記載する例が多い（調停条項集17頁【19】（注3）参照）。

【相手方から離婚届出ができるようにする場合の調停条項の記載例】

> 申立人と相手方は，相手方の申出により本日調停離婚する。

※　婚姻により氏を改めた夫又は妻が相手方となっている場合において，相手方が婚姻前の戸籍への復籍（戸籍法19条1項本文）[252]を希望せずに新戸籍編成（同項ただし書）を希望する場合がある。しかし，調停離婚の届出義務者は，調停の申立人である（ただし，申立人が届出をしないときは，相手方が届け出ることができる。戸籍法77条1項，63条。）ことから，新戸籍編成等の諸手続[253]を行う必要がある相手方の便宜等を考慮し，実務上，本記載例のように「相手方の申出により」との文言を記載して，相手方からも届出ができるようにしている（詳細については，調停条項集21頁【20】（注）を参照されたい。）。

252　婚姻により夫婦の一方はその氏を他方の氏に改めるため，夫婦は同じ氏を称し（民法750条），同一の戸籍に入ることになる（戸籍法16条）。しかし，離婚による婚姻関係の解消により，婚姻の効果は失われ，婚姻前の状態に復することになるため，婚姻によって氏を改めた者は婚姻前の氏に復し（離婚復氏の原則。民法771条，767条1項），原則として，婚姻前の戸籍に入る（復籍する）ことになる（戸籍法19条1項本文）。

253　なお，婚姻前の氏に復した夫又は妻は，離婚の日から3か月以内に戸籍法の定めるところにより届け出ることによって，離婚の際に称していた氏（婚姻中の氏）を称することができる（民法771条，767条2項，戸籍法77条の2）。

第1章　一般調停事件における書記官事務

【外国人の離婚調停が成立した場合の調停条項の記載例】

> 　本調停は，日本国家事事件手続法第268条1項により確定判決と同一の効力を有する。
> 1　申立人と相手方は，本日調停離婚する。

※　法の適用に関する通則法の指定する準拠法（前記第2の3（206頁）参照）が外国法の場合で，当該外国法が協議離婚を認めていないようなときは，調停離婚を成立させることができるかどうかについては問題のあるところであるが，実務上，この場合でも調停離婚を成立させ，当該外国において調停離婚の効力が問題となる場合等に備えて，本記載例の冒頭のような文言を，調停調書の「手続の要領等」の冒頭に「下記調停条項のとおり調停が成立した。本調停は，日本国家事事件手続法第268条1項により確定判決と同一の効力を有する。」と記載したり，あるいは調停条項中や調停調書の末尾等に記載する。また，離婚の合意を記載した調停調書について準拠法の所属国の承認を得るため，国際裁判管轄の存否，準拠法の決定，適用した外国法の内容等に関する記載をすることが望ましい場合もある。さらに，準拠法の所属国において，当該調停調書の承認の可能性について疑義がある場合は，調停に代わる審判（法284条1項）を活用することが望ましいとされている（調停条項集22頁【21】（注）及び司法研究報告書第62輯第1号「渉外家事・人事訴訟事件の審理に関する研究」（司法研修所（平成22年3月））51頁及び52頁参照）。

エ　協議離婚

【調停条項の記載例】

> 　申立人及び相手方は，当事者間の長男○○（平成○○年○月○日生）の親権者を申立人と定めて協議離婚することを合意し，当事者双方は離婚届出用紙に所要事項を記載し署名押印の上，相手方はこれを本調停の席上で申立人に交付してその届出を委託した。申立人は，直ちに協議離婚の届出をする。

※　調停条項の定めるところに従って確実に協議離婚の届出がされるように，調停成立の席上で，調停条項の定めるとおりの内容が記載され，各当事者が署名押印した離婚届出用紙を届出を実際に行う一方の当事者に交付する運用が望ましいであろう。本記載例のように申立人が直ちに協議離婚の届出をする旨定めたとしても，実際に届出がされなかった場合は，届出を強制することはできない（調停条項集31頁【36】（注）及び和解条項集145頁【116】（注1）参照。）。

　なお，協議離婚届出の不受理申出[254]がされている事件については，当該不受理申出をした当事者にあらかじめ当該不受理申出の取下げをしてもらっておく必要がある。

　おって，協議離婚の調停条項の記載例については，調停条項集31頁以下

【36】～【38】を参照されたい。
オ　親権者の指定（連れ子養子との離縁を含む。）

【調停条項の記載例（当事者間の子が実子のみの場合）（典型例）】

> 当事者間の長男〇〇（平成〇〇年〇月〇日生）の親権者を申立人（母）と定める。

※　当事者間に未成年者である子がいる場合は，離婚に伴って子の親権者の指定をしなければならない（民法819条1項・2項）。親権者指定の調停条項は，調停の成立によって親権者の指定の効果が形成的に生ずるものであるから，調停条項の表現も記載例のように形成的な表現とする。その際，当該対象となる子を特定しなければならないが，調停離婚に付随する親権者の指定の場合は，調停調書に当事者（父母）の本籍が記載され，子は父母と同一の戸籍にあることがほとんどであるから，子の名と父母との続柄を記載すれば特定されるため，子の生年月日は，子の特定のためには必ずしも記載を要しない。ただし，子について，養育費の支払の調停条項（後記カ参照）も併せて定められ，その支払の終期が「〇歳に達する日の属する月まで」と定められる場合には，その終期を明らかにしておくために，調停条項中に子の生年月日を記載することが相当である（調停条項集17頁【19】（注4）参照）。

【親権者と監護者を各別に指定する場合の調停条項の記載例】

> 当事者間の長男〇〇（平成〇〇年〇月〇日生）の親権者を相手方（父）と定め，監護者を申立人（母）と定める。

※　親権者が子を監護養育するが（民法820条），例外的に親権者とならない者が子を監護養育する旨の合意がされた場合（親権と監護権が分離された場合）は，本記載例のように調停条項を作成する。

【連れ子養子の親権者を指定する場合の調停条項の記載例】

> 申立人（母）の長男であり相手方（養父）の養子である〇〇（平成〇〇年〇月〇日生）の親権者を申立人（母）と定める。

※　夫婦の一方が他方の連れ子と養子縁組をしている事案において，離婚調停のほかに当該連れ子養子との離縁を求める調停の申立てがない（離縁を求めていない）場合は，本記載例のように当該連れ子養子についても実子と同様に親権者の指定についての合意が必要であるため注意を要する（平成19年1月家庭裁判資料第183号訟廷執務資料第74号「家事書記官事務の手引

254　不受理申出とは，届出によって効果が生じる協議離婚（創設的届出に限られる。家庭裁判所が関与する調停離婚や裁判離婚等による報告的届出は除く。）等について，本人の知らない間に虚偽の届出がされることによって戸籍に真実でない記載がされることを防ぐために設けられた制度である（戸籍法27条の2第3項）。不受理申出は，あらかじめ本籍地の市区町村長に対して，本人が市区町村役場に出頭して届出したことを確認できない限り，協議離婚届出等の該当する届出を受理しないように申し出ておくものである。不受理申出の法律上の効果は，本人が申出をしたときから当該申出の取下げをするまでの間継続する。

第1章 一般調停事件における書記官事務

（改訂版）」（最高裁判所事務総局）118頁及び前記第2の1の(1)のア（204頁）参照）。

【離婚と同時に連れ子養子と離縁する場合の調停条項の記載例】

> 1 申立人○○と相手方は，離婚する。
> 2 申立人△△と相手方は，離縁する。

※ 離婚と離縁を同時に合意する場合は，1の離婚条項と2の離縁条項の先後にかかわらず，離婚に伴う親権者の指定は不要である（調停条項集52頁【78】（注2）及び和解条項集146頁【117】（注）参照）。

なお，離縁調停申立事件の立件等については前記第2の1の(1)のイ（204頁）を，調停調書（成立）に記載する当事者等の表示については前記(1)（209頁）を，それぞれ参照されたい。

カ　養育費

養育費の調停条項作成に当たっての留意事項は，主に次の(ｱ)から(ｴ)までのとおりである。

なお，養育費の調停条項の記載例については，調停条項集41頁以下【55】～【61】を参照されたい。

(ｱ) 養育費の支払の終期について

養育費の支払の終期については，過去の審判例等から，子が成年（20歳）（民法4条）に達したときは，親の親権が終了し，子の監護としての養育費の支払義務がなくなる[255]という観点から，実務上，「20歳に達する日の属する月まで」を終期とする例が多い。しかし，近年は，大学への進学等により，子が成年（20歳）に達した後も就業しない場合もあるため，当事者の合意により，当該終期を「大学を卒業するまで」とか「就職するまで」と定められるときもあるが，卒業，就職という事実の到来は，不確定期限と解され，その期限はある程度予測できるのが通常であり，例えば，休学や留年等の理由により卒業が遅れる等，期限の到来が予測に反して遅れた場合，解釈に疑義を生じることになる。したがって，当該終期は確定期限とするか，不確定期限の合意をした場合には，予定期限より遅れた場合の処置を合意しておくことが相当である（和解条項集144頁【115】（注3）イ参照）。

(ｲ) 養育費不請求の合意について

父母が互いに子の親権者となることを主張して紛糾した結果，例えば，親権者を母とするが父は養育費を支払わない旨の合意を，当事者が調停条項に記載することを強く求める事例がある。

扶養請求権の放棄は民法881条により許されないため，父母間における子の養育費不請求の合意の効力は子に及ばないと解されている[256]。したがって，父は母から養育費の請求は受けないが，後日，子（子の法定代理人である母）

---

[255] もっとも，子が成年（20歳）に達した後も，直系血族間の扶養義務（民法877条1項）はある。
[256] 大阪高決昭31.9.26（家月8巻9号48頁）及び札幌高決昭43.12.19（家月21巻4号139頁）参照。

から扶養料の請求を受けるという，父には理解しがたい問題が生じるおそれがあり，原則として，このような養育費不請求の調停条項は作成しないのが相当である（平成19年1月家庭裁判資料第183号訟廷執務資料第74号「家事書記官事務の手引（改訂版）」（最高裁判所事務総局）115頁及び116頁参照）。

(ウ) 期限の利益喪失条項（過怠約款）[257]について

養育費の支払は，財産分与や慰謝料としての金銭の支払等と異なり，未成年の子の監護に要する費用として，そのときどきに具体的な養育費支払請求権が発生するものであるから，「期限の利益を失う」ということはなく，本来は期限の利益喪失条項に親しまない性質のものである。したがって，養育費の支払について，定期金給付の方法による調停条項を定めた場合に，その支払の不履行があることを予想して期限の利益喪失条項を付けることは避けるのが相当である[258]。

(エ) 養育費の一括支払について

養育費は，日々の未成熟子の養育に要する費用であるから，その支払は，性質上，定期的に給付されるのが原則である。しかし，養育費の支払期間は，前記(ア)のとおり長期間に及ぶことが多く，権利者にとって，その履行に不安が残るといったことや，離婚後は早急にかかわり合いを断ちたいという当事者双方の感情的な動機等から，当事者間において養育費の一括支払の合意が成立することがある。この養育費の一括支払については，例えば，次の①から③までのような問題点があるため，調停委員会や裁判官の指示に基づき，家事調停委員を通じる等して当事者にも説明し，理解してもらう必要がある（平成19年1月家庭裁判資料第183号訟廷執務資料第74号「家事書記官事務の手引（改訂版）」（最高裁判所事務総局）125頁参照）。

① 一括支払を受けた権利者（監護者）が未成熟子の養育以外の目的に費消したため，未成熟子の養育費を必要とする状態になったときに，義務者に再度の養育費支払義務が生じるか。

② 権利者（監護者）が未成熟子の法定代理人として未成熟子を代理して扶養料を請求してきた場合に，どのように法律構成するか。

③ 一括支払後，事情変更があった場合どのように処理するか。父母の一方又は未成熟子が死亡した場合，履行済みの養育費について相続又は返還義務が生じるか。

キ 面会交流

面会交流の調停条項作成に当たっての留意事項は，主に次の(ア)及び(イ)のとおりである。

---

[257] 期限の利益喪失条項（過怠約款）は，債務を分割払にすることにより，債務者に期限の利益を与えた場合に，分割払の遅滞を停止条件に，期限の利益を喪失する効果が生じる制裁約款である（和解条項集14頁参照）。

[258] なお，養育費の支払が定期金給付の方法による場合で一部不履行があったときは，期限の利益喪失条項を付けなくても，まだ確定期限が到来していない養育費の支払（定期金債権）についても，その確定期限の到来後に弁済期が到来する給料その他継続的給付に係る債権に対する強制執行を開始することができる（民執法151条の2）。

第1章　一般調停事件における書記官事務

なお，面会交流の調停条項の記載例については，調停条項集47頁以下【65】～【72】を参照されたい（参照する際には，「面接交渉」とあるのを「面会交流」と読み替える必要がある。）。

(ｱ)　面会交流についての合意内容を記載した調停条項に基づく強制執行（間接強制）について

面会交流についての合意内容を記載した調停条項に基づく強制執行については，面会交流の執行は子の引渡しのみならず，その後の親子間の接触を内容とし，さらに，面会交流の終了時に監護親へ再度引き渡すことを要すること，また，継続的な交流を予定していることなどから，直接強制には馴染まないと考えるのが通説であるところ，他方，面会交流は代替性のない作為を求めるものであるため，間接強制（民執法172条）は可能であると考えられている（冨永忠祐編集「〔改訂版〕子の監護をめぐる法律実務」（新日本法規）242頁参照）。

監護親と非監護親との間で，非監護親と子との面会交流について定める場合，子の利益が最も優先して考慮されるべきであり（民法766条1項参照），面会交流は，柔軟に対応することができる条項に基づき，監護親と非監護親の協力の下で実施されることが望ましいとされている（最決平25.3.28（家月65巻6号96頁等）[259] 参照）。

しかし，当事者間における過去の紛争の経緯や調停における調整の過程等において，当事者間において面会交流を巡る対立が激しかったり，当事者間での協議（面会交流の日時，場所，方法等の協議）による自主的な面会交流の実施が困難である場合等は，将来的な面会交流の不履行に備えて間接強制ができるような調停条項を作成する場合がある。この場合，前掲決定によれば，調停条項の作成に当たっては，「面会交流の日時又は頻度」，「各回の面会交流時間の長さ」，「子の引渡しの方法」等が具体的に定められ，監護親がすべき給付の特定に欠けるところがないよう留意する必要がある。

なお，債務名義として執行力を有する調停条項とするためには，原則として，給付条項とする必要があるが，面会交流の調停条項については，「～認める。」という確認条項の形式の文言で記載されることが多いため，以前は，当該文言から債務名義性が認められないとする裁判例も見受けられた。しかし，この点については，前掲決定は，「～認める。」との文言が使用されていても，それが直ちに給付意思が示されていないとするのは相当でないとし，調停条項全体から給付意思の有無の表示を判断すべきことを示した。

(ｲ)　面会交流をするに当たって第三者機関を利用する場合について

面会交流をするに当たって，当事者が面会交流の実施を援助する第三者機関を利用したい旨希望した場合は，家庭裁判所としては，中立性や公平性の立場から，当事者に対して，当該第三者機関について，特定の団体を紹介することはできないため，どの団体を利用するかについては，当事者自身で調査しても

---

[259] 最高裁は，平成25年3月28日，面会交流の間接強制の可否が争われた三つの事案について，それぞれ決定をしている。

らう必要がある。また，当該第三者機関を利用する際の方法や費用等についても，調停成立後に当事者の想定と異なること等によるトラブル等が生じないように，当事者自身であらかじめ当該第三者機関に連絡をとって確認しておくよう説明しておく必要がある。

ク　財産分与
　(ア)　調停条項について
　　　財産分与の調停条項は，形成条項であるが，同時に給付条項も付加されるのが通例であるため，強制執行の際に支障を来さないように正確に記載する必要がある。例えば，「財産分与として……の〇〇を贈与する。」という表現については，財産分与と贈与とは法的性質が異なるため，「贈与する。」という文言は適切でなく，「譲渡する。」又は「分与する。」と記載すべきである。
　　　このほか，財産分与の調停条項の記載例については，調停条項集23頁【24】及び33頁以下【40】～【44】を参照されたい。
　(イ)　財産分与と慰謝料との関係について
　　　財産分与の法的性質については，①夫婦財産関係の清算的要素を中核とするもの，②夫婦財産関係の清算的要素を中心的な根拠とするが，離婚後の扶養の意味を含むもの，③このほか，更に有責配偶者に対する慰謝料的要素を含むもの等，多岐に分かれている。
　　　特に，従来より論じられてきたのが，財産分与と離婚そのものを理由とする有責配偶者に対する損害賠償（いわゆる離婚慰謝料）請求との関係であり，これについては，財産分与に離婚慰謝料が含まれるとする見解（包括説）と，含まれないとする見解（限定説）に大別することができる。
　　　この点，最判昭46.7.23（民集25巻5号805頁）は，財産分与は，離婚による慰謝料を含めて定めることができるが，既に財産分与がされた場合においても，それが損害賠償の要素を含めた趣旨とは解されないか，又は，その額及び方法において分与請求者の精神的苦痛を慰謝するに足りないと認められるものであるときは，前記請求者は別個に相手方の不法行為を理由として離婚による慰謝料を請求することを妨げられないと判示している。
　　　実際の調停においては，「本件離婚に伴う慰謝料及び財産分与として」[260]（調停条項集23頁【24】参照）とか，単に「財産分与として」というような文言を用いることがあるが，慰謝料の要素を含めた全部給付の趣旨であるかどうかについて，後日の紛争を防止するためには，その旨を調停条項上明確にすべき

260　財産分与は，法別表第二の四の項の事項であり，当該事項についての金銭の支払や物の引渡し等の給付条項は，給付を命ずる確定した審判と同様に，執行力のある債務名義と同一の効力を有する（法268条1項，75条）。したがって，不履行があった場合は，単純執行文の付与（民執法26条参照）を要しないで，直ちに強制執行をすることができる。しかし，財産分与と慰謝料が不可分一件として調停が成立している場合は，理論的には財産分与の調停条項（給付条項）については単純執行文は不要であろうが，特に財産分与を除いて慰謝料の調停条項（給付条項）のみについて単純執行文を付与すると，財産分与について強制執行を許さないかのごとき誤解を生ずることを考慮して，部分を特定せず一括して単純執行文を付与する取扱いが妥当であるとされている（昭和43年1月訟廷執務資料第39号「裁判所書記官会同協議要録（家庭関係）」（最高裁判所事務総局）48頁120参照）。

第1章　一般調停事件における書記官事務

であろう（平成21年3月研修教材第15号「家事審判法実務講義案（六訂再訂版）」（裁判所職員総合研修所）287頁及び288頁参照）。

ケ　年金分割

【調停条項の記載例（典型例）】

> 申立人と相手方との間の別紙記載の情報に係る年金分割についての請求すべき按分割合を0．×と定める。[261]

※　調停調書に「別紙」として年金分割のための情報通知書[262]の写しを付けて引用し，「0．×」には合意した按分割合を記載する（合意可能な按分割合の範囲については，前記第2の1の(3)の脚注（205頁）を参照されたい。）。

なお，調停調書に「別紙」として付けて引用する年金分割のための情報通知書の写しについては，当事者の住所が記載されている必要はなく，また，仮に当該情報通知書に当事者の非開示希望住所が記載されている場合には，当該非開示希望住所が家庭裁判所の意図に反して流出しないようにする必要がある。そのため，事件担当書記官は，手続の適正確保並びに円滑な進行確保及び進行促進の目的から，調停調書に「別紙」として付けて引用する当該情報通知書の写しについては，当事者の非開示希望住所の記載の有無に関わらず，一律に，当事者の住所部分を除いて（例えば，ロールタイプの紙テープ等で当該住所部分をマスキングした上でコピーする等して）作成するという取扱いも考えられる。

おって，本調停条項の記載例のほか，年金分割のための情報通知書の写しを「別紙」として付けて引用せずに必要な事項を書き下す形式の調停条項を作成することも可能であるが，調停条項の簡潔さ，年金分割の請求先（厚生労働大臣（年金事務所）等）における事務処理の便宜，過誤防止等の見地から，実務上は本調停条項の記載例を用いることが相当である（平成19年3月家庭裁判資料第184号「離婚時年金分割制度関係執務資料」（最高裁判所事務総局）184頁（注7）参照）。

【年金分割の審判又は調停の申立てをしない旨の調停条項の記載例】

> 当事者双方は，今後，互いに別紙記載の情報に係る年金分割についての請求すべき按分割合に関する審判［又は調停］の申立てをしない。

※　審判又は調停の申立権者において，申立前にその申立権を放棄することは，それが公序良俗に反するなどの事情のない限り，有効であると解されることから，調停手続において当事者間で合意分割をしない旨の合意が成立し，かつ，かかる不分割の合意が相当と認められるときは，かかる不分割の

261　本調停条項の記載例の詳細については，平成19年3月家庭裁判資料第184号「離婚時年金分割制度関係執務資料」（最高裁判所事務総局）183頁を参照されたい。
262　例えば，一度離婚した後，同一人間で再婚して再び離婚する場合等，対象期間が複数となる場合は，対象期間ごとに発行される年金分割のための情報通知書も複数になる。

合意を実効あらしめるために，当該当事者間において当該対象期間に係る請求すべき按分割合に関する審判又は調停の申立てをしない旨の合意を成立させ，それに沿った調停条項を作成することが考えられる（平成19年3月家庭裁判資料第184号「離婚時年金分割制度関係執務資料」（最高裁判所事務総局）186頁（注14）参照）。

なお，後記サ（清算条項）の※の説明部分（なお書き部分）も併せて参照されたい。

コ　慰謝料・解決金

慰謝料の調停条項の記載例については，調停条項集23頁【24】を参照されたい。

なお，財産分与と慰謝料との関係については，前記クの(イ)（217頁）を参照されたい。

おって，「解決金」という文言を使用した給付条項は，離婚に際して給付される金銭給付のうち，養育費，財産分与，過去の婚姻費用，慰謝料，債権債務の清算金等の全部又は一部について，給付の原因となる法的性質を明確にしない給付条項である。離婚に基づく「慰謝料」を支払うことについて，支払う当事者にとっては，離婚原因（婚姻の破綻する原因）が自身にあることを認めることにもなるため，「慰謝料」という文言を使用することに難色を示すことがある。そこで，当事者が調停を成立させるためにやむを得ず「解決金」という文言を使用する場合があるが，給付の原因（法的性質）を明確にしなかったことで後に紛争が残ることもあるため，「解決金」という文言を使用する場合には，当事者にその趣旨を確認する。特に，強制執行の特例（民執法151条の2,152条3項,167条の15）を利用することができる養育費等については，扶養義務等に係る金銭債権であることを明らかにすることが望ましく，「解決金」に含めることは相当でない（平成19年1月家庭裁判資料第183号訟廷執務資料第74号「家事書記官事務の手引（改訂版）」（最高裁判所事務総局）116頁参照）。

サ　清算条項

【調停条項の記載例（典型例）】

> 当事者双方は，本件離婚に関し，本調停条項に定めるもののほか，何らの債権債務のないことを相互に確認し，今後，名義のいかんを問わず，互いに金銭その他一切の請求をしない。

※　このような包括的な清算条項が定められることで，通常は，当該調停で財産分与や慰謝料の支払を受けることとなった当事者は，後日それ以上の財産分与や慰謝料の請求をすることができなくなり，また，当該調停でこれらを受けることが定められなかった当事者は，当該調停が有効に成立している限り，これらについての請求権を失うことになるので，その趣旨を当事者に十分説明することが必要である。また，場合によっては，婚姻中に当事者間に生じた貸借関係，婚姻中に生じた事実に起因する不当利得の返還の問題等も，法律上このような清算条項によって解決済みとされることも考えられる

ので注意を要する。したがって、財産分与等の紛争が当事者間にいまだ存在する場合には、清算条項を記載することは適当でない（調停条項集20頁【19】（注12）参照）。

なお、年金分割請求権は、厚生労働大臣等に対する公法上の請求権であり、離婚をする当事者間の債権債務関係ではないため、このような包括的な清算条項を定めたとしても、その後、年金分割（請求すべき按分割合に関する処分）の審判又は調停（法別表第二の十五の項の事項についての審判又は調停）の申立てや厚生労働大臣等に対する年金分割の請求をすることができなくなるということはない（平成19年3月家庭裁判資料第184号「離婚時年金分割制度関係執務資料」（最高裁判所事務総局）202頁、秋武憲一、岡健太郎編著「リーガル・プログレッシブ・シリーズ離婚調停・離婚訴訟〔改訂版〕」（青林書院）214頁参照）。ただし、前記ケの年金分割の審判又は調停の申立てをしない旨の調停条項を定めたときは、その後、年金分割の審判又は調停の申立てをすることはできない。

シ　家事調停に関する手続の費用の負担に関する条項

【調停条項の記載例（典型例）】

> 調停手続費用は各自の負担とする。

※　家事調停に関する手続の費用（調停費用）は、各自負担が原則であり（法28条1項）、調停が成立した場合において、当該費用の負担について特別の定めをしなかったときは、当該費用は各自が負担する（法29条3項）。ここで、「各自が負担する。」というのは、申立人が支出した当該費用は申立人が負担し、相手方が支出した当該費用は相手方が負担することとし、互いに当該費用の償還請求権は有しないことを意味する。このような当該費用の各自負担の合意は、法が規定するところと同じであるが、当事者間においてその旨の明示的な合意がされた場合において、明確を期するために当該合意の調停条項を設けるときは、本記載例のように記載する。

ス　その他の留意事項

当事者間で、養育費や慰謝料等の金銭を支払う方法として、債務者が債権者名義の銀行等（金融機関）の預貯金口座へ振り込む方法により支払う旨の調停条項（給付条項）を作成した場合は、実務上、当該振込手数料の負担者を明らかにする調停条項（「この振込手数料は相手方［又は申立人］の負担とする。」等）も作成する場合がある。これは、民法上、当該振込手数料は債務者負担となる（民法485条）が、当該振込手数料が高額になる場合等、後に当事者の誤解等に基づく紛争が生じるのを防止する等のために作成するものである。このような振込手数料の負担者を明らかにする調停条項は、主たる調停条項（給付条項）に続けて記載する例が多い（和解条項集42頁【9】（注2）参照）。

(3)　調停成立後の事務について

ア　戸籍届出についての説明等

第2編の第7章の第12節の第1の4の(4)のア（167頁）と同様であるため参

照されたい。

　なお，調停離婚する夫婦の戸籍に子がいる場合等は，この戸籍届出についての説明に伴い，当事者の理解の程度等に応じて，適宜，子の氏の変更についての許可の審判（法別表第一の六十の項の事項についての審判）の手続についても併せて説明する取扱いもある。

　　イ　年金分割の請求手続についての説明等

　　　調停調書中に年金分割についての請求すべき按分割合について定めた調停条項（前記(2)のケ（218頁）参照）がある場合には，事件担当書記官は，成立後の年金分割の請求手続が円滑にできるように，各家庭裁判所で備え付けている手続説明書面やパンフレット等を利用して，年金分割を求めた当事者に対し，年金分割の請求手続を年金事務所等で行う必要があることや，原則として，離婚をした日の翌日から起算して2年を経過した場合には年金分割の請求ができなくなること等の留意事項を説明し，年金分割請求用の調停調書抄本の交付申請をするよう促す。

　　　なお，平成27年10月1日施行の被用者年金制度の一元化等を図るための厚生年金保険法等の一部を改正する法律（平成24年法律第63号）により，被用者年金制度が厚生年金保険制度に一元化されたが，夫婦関係調整調停の申立日が施行日前（同年9月30日まで）であり，同日までに発行された年金分割のための情報通知書に基づいて請求すべき按分割合についての調停が成立した場合には，年金事務所等で年金分割の請求手続をするに当たって，申立日を証する書面（申立日証明書）が別途必要になるため（平成27年8月19日付け最高裁家庭局第二課長及び総務局第三課長書簡参照），この場合は，前記調停調書抄本の交付申請とともに申立日証明書の交付申請をするよう促す。

　　ウ　調停調書正本の送達申請等について

　　　第2編の第7章の第12節の第1の4の(4)のイ（168頁）と同様であるため参照されたい。

　　エ　付調停された事件（訴訟事件）の調停成立に伴う当該事件が係属していた裁判所に対する通知（規133条1項）について

　　　第2編の第7章の第12節の第1の3の(2)のイ（163頁）と同様であるため参照されたい。

 2　調停に代わる審判

　離婚又は離縁についての調停事件については，調停に代わる審判に服する旨の共同の申出をすることはできないため（法286条8項），注意を要する（第2編の第7章の第12節の第6の5の(7)（183頁）参照）。

　その他の調停に代わる審判に関する書記官事務（全般）については，第2編の第7章の第12節の第6（177頁）と同様であるため参照されたい。

第11　戸籍事務管掌者への通知

　第2編の第7章の第13節（188頁）と同様であるため参照されたい。

第 1 章　一般調停事件における書記官事務

第12　調停手続終了後の書記官事務
　第 2 編の第 7 章の第 14 節（190 頁）と同様であるため参照されたい。

第2節　その他の一般調停事件

　本節では，次の第1から第3までにおいて，一般調停事件のうち，前節の夫婦関係調整調停申立事件や別表第二調停事件（本編の第2章（232頁）参照）とも関係がある等，特に留意すべき事項等がある主な一般調停事件における書記官事務について，当該留意事項等を中心に記載する。当該留意事項等以外の調停手続及び書記官事務（全般）については，基本的に，前節の夫婦関係調整調停申立事件の調停手続（当該事件特有の事項は除く。）や当該調停手続の中でも参照している第2編の第7章（52頁）の各節等と同様であるため併せて参照されたい。

　なお，次の第1から第3までに記載する一般調停事件における書記官事務は，飽くまで適正かつ迅速で合理的な書記官事務の在り方についての考え方や方向性等を示す素材として，主な留意事項等を示すにとどまるものである。したがって，これらの事件以外の一般調停事件を含め，事案ごとの個別の事情等により，それぞれに個別の留意事項等があることはもちろんであり，裁判官や調停委員会の手続運営の方針等，それぞれの現場の実情等に応じて，適正かつ迅速で合理的な書記官事務の実現を常に図っていく必要がある。

第1章　一般調停事件における書記官事務

第1　離縁調停申立事件

> 【どんな事件？】
>   この事件は，養親子間の感情的な対立や財産上の紛争等が原因となり，養親子関係が破綻しているが，養親子間で離縁の話合い（協議）がまとまらない場合や話合いができない場合に（民法811条1項参照），縁組の一方当事者から，他方当事者に対し，離縁を求める一般調停事件である。この離縁を求める申立ては，本質的には訴訟事項（人訴法2条3号）であるため，調停前置の対象となる（法257条1項）。

1　申立人

(1) 原則

養親又は養子（民法811条1項）。

なお，養親が夫婦である場合において未成年者である養子[263]と離縁をするときは，養親夫婦が申立人となる。ただし，当該養親夫婦の一方がその意思を表示することができないとき[264]は，他の一方が申立人となる（民法811条の2）。

(2) 養子が15歳未満の場合の申立人

ア　養子が15歳未満であるときは，離縁後にその法定代理人となるべき者（代諾権者）[265]が養子に代わって養親と離縁の協議をする（民法811条2項）。

イ　この離縁後に法定代理人となるべき者（代諾権者）については，民法811条の規定によると，通常は，次の①から④までのとおりとされている。

①　養子の実父母

②　養子の実父母が既に離婚しているときは，その協議で定めた養子の離縁後にその親権者となるべき者（民法811条3項）

③　前記②の協議が調わないとき，又は協議をすることができないときは，家庭裁判所の協議に代わる審判（法別表第二の七の項の事項についての審判（第5編の第3章の第1節（505頁）参照））により，養子の離縁後にその親権者となるべき者と定められた者（民法811条4項）

263　離縁時に養子が成人になっている場合はもちろん，養子が夫婦である場合は，婚姻による成年擬制（民法753条）の結果，成人とみなされるため，この民法811条の2の規定の適用がなく，それぞれが個別に離縁することができる（「別冊法学セミナーno.240新基本法コンメンタール親族」（日本評論社）181頁参照）。

264　「意思を表示することができないとき」とは，心神喪失の常況にある場合，長期間所在不明の場合等であり，離縁時を基準として判断すべきであるとされている（「別冊法学セミナーno.240新基本法コンメンタール親族」（日本評論社）181頁参照）。

265　この代諾権者の法的地位については，一般には，将来の法定代理人が養子のために職務上の当事者となる訴訟代位であると解されているが，このほかにも，離縁調停申立事件における当事者は養子自身であって将来の法定代理人は養子を代理するという法定代理人説，更にはこれらの折衷説といった見解がある（松原正明編著「人事訴訟の実務」（新日本法規）375頁及び376頁参照）ため，どの見解をとるか等については，裁判官に判断を仰ぐ必要がある（本章の第1節の第10の1の(1)（209頁）参照）。なお，家事調停手続中に養子が15歳に達した場合には，養子本人が当該手続を受け継ぐべきものと解されている（中川善之助，山畠正男編集「新版注釈民法(24)親族(4)」（有斐閣）545頁参照）。

④ 養子の離縁後にその法定代理人となるべき者（代諾権者）がないとき[266]は，家庭裁判所が選任した養子の離縁後にその未成年後見人となるべき者（民法811条5項，法別表第一の七十の項の事項参照）

ウ なお，実母と養父が養子の親権者を養父と定めて離婚した後，養父から，①未成年者である15歳未満の養子の実母を代諾権者とする離縁調停申立事件及び②養子の親権者を養父から実母に変更する旨の親権者の変更調停申立事件（法別表第二の八の項の事項についての調停申立事件）が申し立てられたという事案では，現在の戸籍実務（戸籍先例）によれば，養父と15歳未満の養子とが離縁する場合，実母が当然に離縁協議者（代諾権者）となるものではないとされていることから（平成22年8月19日付け法務省民一第2035号民事局民事第一課長回答参照），前記②の親権者の変更調停申立事件の調停を成立させた上で，前記①の離縁調停申立事件の調停を成立させる必要がある（なお，養子については，未成年後見人となるべき者を選任した上で離縁調停申立事件の調停を成立させる方法もあり得る。）。

書記官は，家事調停事件を含む家事事件を処理するに当たっては，このような戸籍実務（戸籍先例）の変更にも十分に注意を払うとともに，最新の戸籍実務（戸籍先例）についても十分に確認する必要がある（平成27年11月2日付け最高裁総務局第三課長事務連絡「家事事件において戸籍先例等を確認する際の留意点について」参照）。

2 申立時に必要な附属書類（添付書類）

申立書及び同写し（相手方送付用）とともに，身分関係資料として，養親及び養子の戸籍全部事項証明書（戸籍謄本）を提出してもらう。また，養子が未成年の場合は，離縁後に親権者となる者の戸籍全部事項証明書（戸籍謄本）も提出してもらう（規127条，37条3項）。

なお，当該戸籍全部事項証明書（戸籍謄本）以外の附属書類（添付書類）については，各家庭裁判所において，裁判官や調停委員会の手続運営の方針，事案ごとの個別の事情等の実情に応じて，第2編の第7章の第1節の第2の1の(3)（57頁）記載の附属書類（添付書類）のうち必要な書類について提出を求める場合がある。

3 離縁に付随して財産分与や慰謝料等を求めることの可否等について

(1) 財産分与の請求について

離婚に基づく財産分与と異なり，現行法上離縁に基づく財産分与請求権については規定がないことから，仮に当該財産分与の申立てがあれば，一般調停事件として取り扱われることになろう（平成19年1月家庭裁判資料第183号訟廷執務資料第74号「家事書記官事務の手引（改訂版）」（最高裁判所事務総局）119頁及び平成26年10月研修教材第4号「親族法相続法講義案（七訂補訂版）」（裁判所職員総合研修所）146頁参照）。

---

[266] 実父母がともに死亡し，又は行方不明等，親権行使ができない場合には，「法定代理人となるべき者がないとき」に該当する（「別冊法学セミナーno.240 新基本法コンメンタール親族」（日本評論社）179頁参照）。

第1章 一般調停事件における書記官事務

(2) **慰謝料の請求について**

　　離婚の場合と同様に，離縁により精神的苦痛を受けた当事者は，離縁について有責性のある他方当事者に対して，不法行為による慰謝料（損害賠償）の請求をすることができると解されている（平成19年1月家庭裁判資料第183号訟廷執務資料第74号「家事書記官事務の手引（改訂版）」（最高裁判所事務総局）119頁及び平成26年10月研修教材第4号「親族法相続法講義案（七訂補訂版）」（裁判所職員総合研修所）146頁参照）。

　　なお，このような慰謝料等の財産上の給付に関する合意（調停）については，養子が15歳以上であっても，未成年者である限り，単独で手続を追行することはできないと解されている（法252条参照）。この場合，実父母がともに死亡している事案では，当該財産上の給付に関する調停の手続追行者については，民法826条による特別代理人説や民法811条5項の類推による離縁後後見人説等がある（昭和48年1月訟廷執務資料第43号「裁判所書記官会同協議要録（家庭関係）」（最高裁判所事務総局）25頁参照）。したがって，この場合における財産上の給付に関する調停の手続追行者については，裁判官に判断を仰ぐ必要がある。

(3) **養子が離縁前に養方の祭祀財産の権利を承継していた場合の承継者の指定について**

　　養子が離縁前に養方の祭祀財産の権利（民法897条1項参照）を承継していた場合は，離縁の際に当事者その他の関係人の協議で，当該権利の承継者を定めなければならず，当該協議が調わないとき，又は協議をすることができないときは，家庭裁判所が審判で当該権利の承継者を定めることとなる（民法817条，769条2項，法別表第二の六の項の事項）。当該審判の手続の詳細については，第5編の第2章（500頁）を参照されたい。

4　**調停調書（成立）に記載する当事者等の表示及び調停条項等について**

　　本章の第1節の第10の1の(1)（209頁）及び(2)のオ（213頁）の離縁に関する部分を参照されたい。

第2 離婚後の紛争調整調停申立事件

> 【どんな事件？】
> この事件は，離婚した夫婦間において，離婚後の生活に必要な衣類その他の荷物の引渡しを求める場合や，前夫が復縁を迫って前妻の住居を訪問することから紛争が生じている場合等，離婚後の紛争について当事者間の話合いがまとまらない場合や話合いができない場合に，その調整を求める一般調停事件である。

1 申立人

離婚した元夫又は元妻

2 申立時に必要な附属書類（添付書類）

この離婚後の紛争調整調停申立事件は，調停成立等により身分関係の変動が生ずるものではなく，また，相続に関する調停でもないこと等から，申立書及び同写し（相手方送付用）のほかに，当事者の戸籍全部事項証明書（戸籍謄本）を提出してもらう必要はない。ただし，各家庭裁判所においては，裁判官や調停委員会の手続運営の方針，事案ごとの個別の事情等の実情に応じて，第2編の第7章の第1節の第2の1の(3)（57頁）記載の附属書類（添付書類）のうち必要な書類について提出を求める場合がある。

3 財産の分与や請求すべき按分割合に関する処分（年金分割）等の法別表第二に掲げる事項について他の家庭に関する事項と併せて申し立てられた離婚後の紛争調整調停が成立しない場合における審判移行の有無

財産の分与や請求すべき按分割合に関する処分（年金分割）等の法別表第二に掲げる事項について，他の家庭に関する事項と併せて離婚後の紛争調整調停が申し立てられた場合であっても，調停が成立しないときは，申立人が審判への移行を求める意思を有していないなど特段の事情がない限り，その事件名にかかわらず，法別表第二に掲げる事項は審判に移行する。この場合に，申立ての手数料に不足があるときは，これを追加して納付することを要する（最決平23.7.27（家月64巻2号104頁）参照）。

4 調停条項について

離婚後の紛争に関する調停条項の記載例については，調停条項集35頁以下【45】～【47】を参照されたい。

第1章　一般調停事件における書記官事務

第3　遺留分減殺による物件返還請求調停申立事件

> 【どんな事件？】
> 　この事件は，遺留分※を侵害された遺留分権利者（民法1028条参照）及びその承継人が，受遺者（遺贈を受けた者）又は受贈者（贈与を受けた者）に対し，遺留分を保全するのに必要な限度（遺留分侵害の限度）で遺留分減殺請求権を行使し（民法1031条），相続財産に属する物件の返還を求めたものの，当事者間で話合いがまとまらない場合や話合いができない場合に，当該物件の返還を求める一般調停事件である。この遺留分減殺による物件返還を求める申立ては，本質的には民事訴訟事項であるが，調停前置の対象となる（法257条1項並びに逐条771頁及び772頁参照）。
> 　※　遺留分とは，被相続人が有していた財産（相続財産）について，一定の相続人が法律上取得することを保障されている一定の割合（民法1028条参照）であって，被相続人による生前処分（贈与）又は死因処分（遺贈）によっても奪われることのない持分的利益である。この遺留分の割合や算定の方法，遺留分が侵害された場合の遺留分減殺請求等については，民法1028条から1044条までに規定されている。

1　当事者
(1)　申立人

　遺留分権利者（直系卑属，直系尊属及び配偶者）（民法1028条），その承継人（遺留分権利者の相続人，相続分譲受人）（民法1031条）

(2)　相手方（被減殺者）

　減殺対象となる処分行為（遺贈及び民法1030条に規定する贈与）により直接に利益を得た，受遺者，受贈者及びこれらの者の包括承継人（民法1031条）。

　なお，例外的に，受贈者から，贈与の目的財産を譲り受けたり，又は当該目的財産について権利の設定を受けた場合において，当該譲受人（特定承継人）又は権利の設定を受けた者が，譲り受けたとき又は権利の設定を受けたときに遺留分権利者に損害を加えることを知っていたときは，これらの者も相手方となる（民法1040条1項ただし書・2項）。

2　申立時に必要な附属書類（添付書類）

　申立書及び相手方の数と同数の申立書の写し（相手方送付用）とともに，原則として，相続人の範囲や受贈者・受遺者，遺産等の確認，遺留分額の算定等に関する資料として，次の各書類を提出してもらう（規127条，37条2項・3項）。

　なお，次の各書類のうち被相続人や相続人等の戸籍（除籍，改製原戸籍）全部事項証明書（これらの謄本）[267]については，実務上，受付担当書記官や事件担当書記官において，戸籍事項欄や身分事項欄等の各欄の記載内容を確認し，（申立人から提出された，又は受付担当書記官や事件担当書記官が作成した）相続関係図と照合する等し

---

[267] これらのうち，相続人全員の戸籍全部事項証明書（戸籍謄本）等の現在の戸籍全部事項証明書（戸籍謄本）については，実務上，最新の戸籍の状況を確認するため，発行日から3か月以内のものの提出を求めることが多い。

て，相続人の範囲等（被相続人，相続人，相続人の資格の重複，続柄，嫡出子，非嫡出子，関係人の死亡年月日，離婚，認知，養子縁組，家督相続，代襲相続等）を確認することとなる。したがって，次の各書類の提出時には，併せて，相続関係を一覧性のある形式で適切に把握し，相続人の範囲や受贈者・受遺者等の確認に資するための資料として，相続関係図の提出を求めることが多い[268]。

おって，これらの書類以外の附属書類（添付書類）については，各家庭裁判所において，裁判官や調停委員会の手続運営の方針，事案ごとの個別の事情等の実情に応じて，第2編の第7章の第1節の第2の1の(3)（57頁）記載の附属書類（添付書類）のうち必要な書類について提出を求める場合がある。

【共通の附属書類（添付書類）】
◇ 被相続人の出生時から死亡時までの全ての戸籍（除籍，改製原戸籍）全部事項証明書（これらの謄本）
◇ 相続人全員の戸籍全部事項証明書（戸籍謄本）
◇ 被相続人の子（及びその代襲者）で死亡している者がある場合は，その者の出生時から死亡時までの全ての戸籍（除籍，改製原戸籍）全部事項証明書（これらの謄本）
◇ 遺産関係書類（遺産目録，不動産登記事項証明書[269]，固定資産評価証明書（直近の年度のもの）等）
◇ 遺贈の減殺を請求する場合は，遺言書の写し又は遺言書の検認調書謄本の写し
◇ 遺留分減殺請求の意思表示が被減殺者に到達したことを証する書類がある場合は，当該書類（内容証明郵便及び配達証明書の写し等）

【相続人に，被相続人の父母・祖父母等（直系尊属）（第二順位相続人）が含まれている場合の追加の附属書類（添付書類）】
◇ 相続人が父母の場合で，父母の一方が死亡しているときは，その死亡の記載のある戸籍（除籍，改製原戸籍）全部事項証明書（これらの謄本）
◇ 相続人が祖父母，曾祖父母の場合は，他に死亡している直系尊属（相続人と同じ代及び下の代の直系尊属に限る（例えば，祖母が相続人である場合の祖父と父母）。）があるときは，その者の死亡の記載のある戸籍（除籍，改製原戸籍）全部事項証明書（これらの謄本）

3 立件基準（事件番号の付け方の基準）
申立書，調停に付する決定書，移送決定書等（受付分配通達別表第5の2の(3)参照）。
なお，数人の遺留分権利者が一人の被減殺者に対する申立てを1通の申立書により申し立てた場合は，申立書を基準として1件として立件する（昭和48年1月訟廷執

---

[268] 相続関係図が提出されない場合は，各家庭裁判所の実情に応じて，受付担当書記官あるいは事件担当書記官において，適宜，申立時等に提出された被相続人や相続人等の戸籍（除籍，改製原戸籍）全部事項証明書（これらの謄本）に基づいて相続関係図を作成し，相続人の範囲等の確認を行うことになる。なお，相続関係図の作成に当たっての留意事項については，平成8年度書記官実務研究「遺産分割事件における進行管理事務の研究」（裁判所書記官研修所）103頁〜105頁を参照されたい。
[269] 不動産登記事項証明書については，実務上，最新の不動産の権利関係等の状況を確認するため，発行日から3か月以内のものの提出を求めることが多い。

第1章　一般調停事件における書記官事務

務資料第43号「裁判所書記官会同協議要録（家庭関係）」（最高裁判所事務総局）32頁及び33頁65～67参照）。

4　遺留分減殺請求権の行使について
(1)　遺留分減殺請求権の行使の期間の制限について

遺留分減殺請求権は，遺留分権利者が，相続の開始及び減殺すべき贈与又は遺贈があったことを知った時から1年間行使しないとき，又は相続開始時から10年を経過したときは，時効によって消滅する（民法1042条）。

このように遺留分減殺請求権の行使の期間の制限が定められているため，申立書には，遺留分減殺請求権の行使の時期，方法等を明確に記載するよう指導する必要がある。

(2)　遺留分減殺請求権の行使の方法について

遺留分減殺請求権の行使は，意思表示の方法[270]によればよく，必ずしも裁判上の請求によることを要しない（最判昭44.1.28（家月21巻7号68頁））。裁判外でもよく，裁判で抗弁として主張した場合でもよいとされている。

なお，家事調停手続においては，原則として，申立書の写しを相手方に送付することとされているが（法256条1項本文），民事訴訟における訴状や準備書面の規律（民訴法138条1項並びに民訴規83条及び47条5項参照）とは異なり，申立書の写しの送達手続や受領書面の提出も要求されていない[271]ため，相手方が調停期日に出頭しない場合，遺留分減殺請求権の行使の意思表示が相手方に確実に到達したか不明なまま手続が進行することが考えられ，時には消滅時効（前記(1)参照）にかかる可能性があることにも留意する必要がある。このようなことから，遺留分減殺請求権の行使の意思表示は，家事調停の申立書に記載する方法ではなく，別途の方法で行うべきとも考えられるが，仮に家庭裁判所の手続案内あるいは申立受付時に当該申立書にこのような記載があることが判明したとしても，当事者の権利行使に関わる法律問題であるため，家庭裁判所から別途の方法で行うようにとの積極的な教示をすることは相当でない（片岡武，管野眞一編著「新版家庭裁判所における遺産分割・遺留分の実務」（日本加除出版）463頁及び464頁並びに平成19年1月家庭裁判資料第183号訟廷執務資料第74号「家事書記官事務の手引（改訂版）」（最高裁判所事務総局）120頁参照）。

おって，申立人が，相手方が出頭する調停期日において，相手方に対し，遺留分減殺請求権の行使の意思表示をした場合には，書記官は，これを期日調書に記載する必要がある。

270　なお，遺産分割と遺留分減殺とは，その要件，効果を異にするから，遺産分割協議の申入れに，当然，遺留分減殺の意思表示が含まれているということはできない。しかし，被相続人の全財産が相続人の一部の者に遺贈された場合には，遺贈を受けなかった相続人が遺産の配分を求めるためには，法律上，遺留分減殺によるほかないのであるから，遺留分減殺請求権を有する相続人が，遺贈の効力を争うことなく，遺産分割協議の申入れをしたときは，特段の事情のない限り，その申入れには，遺留分減殺の意思表示が含まれていると解するのが相当であるとされている（最判平10.6.11（民集52巻4号1034頁））。

271　受領書面の提出が要求されていない趣旨については，条解規則61頁（注8）を参照されたい。

第 3　遺留分減殺による物件返還請求調停申立事件

5　**調停条項について**
　　遺留分減殺に関する調停条項の記載例については，調停条項集 72 頁以下【119】〜【123】を参照されたい。

第2章　別表第二調停事件における書記官事務

　本章では，別表第二調停事件における書記官事務について，第1節において，別表第二調停事件の中では比較的事件数の多い事件類型であり，いわゆる標準的算定方法（同節の第9の1（237頁）参照）の活用等，調停の運営の方針が一定程度定まっている婚姻費用の分担請求調停申立事件における具体的な書記官事務について記載し，第2節において，子の監護に関する処分の調停事件のうち，過去の紛争の経緯等から当事者間に心情面で高葛藤がある等，紛争性が深刻で，解決に困難を来す事案が少なくなく，調査官が関与する場面が比較的多い事件類型である面会交流調停申立事件における具体的な書記官事務について記載し，第3節において，当事者数が比較的多く（相続人多数の事案等），相続財産が多岐にわたったり，前提となる法律問題が複雑な事案がある等，他の事件類型と比較して書記官が行う進行管理事務にも留意すべき事項が多い遺産の分割調停申立事件における具体的な書記官事務について記載し，最後に，第4節において，第1節から第3節までの各事件類型とも関係があるその他の別表第二調停事件における具体的な書記官事務について，留意事項等を中心に記載する。

第1節　婚姻費用の分担請求調停申立事件

> 【どんな事件？】
> 　夫婦は，相互に協力して扶助する義務があるため（民法752条），婚姻から生ずる費用（婚姻費用※1）についても相互に分担しなければならない。この事件は，夫婦間※2において，この婚姻費用の分担について，協議が調わないとき，又は協議をすることができないときに，民法760条の規定に基づき，夫婦の一方（権利者）が他方（義務者）に対して，その分担（支払）を請求する※3調停事件であり，法別表第二の二の項の事項についての調停事件である。
>
> ※1　婚姻費用とは，夫婦及び未成熟子を含む婚姻共同生活を営む上で必要な一切の費用を指し，衣食住の費用はもとより，医療費，娯楽費，交際費，老後の準備（預金や保険），さらには，未成熟子の養育費と教育費等が含まれる。したがって，日常生活費が中心となるだろうが，臨時的費用，例えば，出産費用や子の入学費用，さらには，将来に備えるための費用（生命保険料や学資保険料）等も含まれると考えられる（「別冊法学セミナーno.240新基本法コンメンタール親族」（日本評論社）64頁参照）。なお，この夫婦間の婚姻費用の分担義務は，性質上，生活扶助義務（自分の生活を犠牲にしない限度で被扶養者の最低限の生活扶助を行う義務）ではなく，生活保持義務（自分の生活を保持するのと同程度の生活を被扶養者にも保持させる義務）とされており，夫婦は，その資産，収入その他一切の事情を考慮して，婚姻費用を分担するとされている（民法760条）。
>
> ※2　実質的（事実的）な夫婦関係である内縁についても，民法760条の規定が準用されるものと解されているが（最判昭33.4.11（民集12巻789頁）参照），本節では，法律上の婚姻関係にある夫婦間における婚姻費用の分担請求調停申立事件の手続について記載する。
>
> ※3　通常は，夫婦関係が平穏で同居している場合に，この請求がされることは比較的少なく，夫婦関係が円満を欠き別居している場合に，収入の少ない夫婦の一方（権利者）から，収入の多い他方（義務者）に対して婚姻費用の分担（支払）を求める例が多い（平成26年10月研修教材第4号「親族法相続法講義案（七訂補訂版）」（裁判所職員総合研修所）65頁及び66頁参照）。したがって，本節においても，別居中の夫婦間における婚姻費用の分担請求調停申立事件の手続を中心に記載する。

第1　申立て

1　管轄

　相手方の住所地を管轄する家庭裁判所又は当事者が合意で定める家庭裁判所（法245条1項）。

　なお，管轄の詳細については，第2編の第6章の第1節（40頁）と同様であるため参照されたい。

2　申立人

　夫又は妻（民法760条）

3　申立ての方式

(1)　申立費用

第2章　別表第二調停事件における書記官事務

　　　ア　申立手数料
　　　　1,200円（収入印紙）（民訴費用法3条1項別表第一の一五の二の項）
　　　イ　郵便切手
　　　　各家庭裁判所の実務上の運用によって異なる。
　　　なお，これら申立費用の詳細については，第2編の第7章の第1節の第2の1の(1)（53頁）と同様であるため参照されたい。
　(2)　**申立書**
　　　申立ては，申立書を家庭裁判所に提出してしなければならず（法255条1項），申立書を家庭裁判所に提出する際は，相手方の数と同数の申立書の写し（相手方送付用）を提出する必要がある（規127条，47条）。
　　　申立書の方式や記載事項等については，第2編の第7章の第1節の第2の1の(2)（53頁）と同様であるため参照されたい。
　(3)　**附属書類（添付書類）**
　　　婚姻費用の分担請求調停申立事件の申立時に提出される，又は提出を求めることが多い主な附属書類（添付書類）は次のとおりである（各書類の趣旨等については，以下に記載する留意事項等のほか，第2編の第7章の第1節の第2の1の(3)（57頁）の①から③までの各類型の各書類の※の説明部分と同様であるため参照されたい。）。
　　　なお，本項では飽くまで主な附属書類（添付書類）の類型を示すにとどまるため，当然ながら，各家庭裁判所においては，裁判官や調停委員会の手続運営の方針，事案ごとの個別の事情等の実情に応じて，婚姻費用の分担請求調停申立事件の手続の円滑な進行を図るために，規127条で家事調停の申立てについて準用されている規37条3項の規定に基づき，本項で示す類型以外の書類の提出を求める場合がある。
　　　◇　申立ての理由及び事件の実情についての証拠書類写し（規127条，37条2項）
　　　　※　婚姻費用の算定（後記第9の1（237頁）参照）に関する証拠書類として，当事者の収入に関する書類（源泉徴収票，給与明細[272]，確定申告書[273]，課税証明書等の写し）の提出を求める必要がある。その際，当事者が相互に当該収入に関する書類を交換することで，第1回調停期日の充実を図り，ひいては，当事者間の早期の合意形成につなげるために，当該収入に関する書類について，家庭裁判所提出用の写しのほかに相手方交付（送付）用の写しを提出してもらう取扱い（規3条2項参照）をしている家庭裁判所もある。
　　　　　なお，事情変更による婚姻費用の分担額の変更を求める場合（後記第2の3（235頁）参照）には，過去の調停調書の正本又は謄本の写しや公正証書の写し等の過去の婚姻費用の分担に関する取決めの内容が分かる資料も提出してもらう必要がある。

272　給与明細については，当事者の年間の総収入を把握するために，直近の3か月分の給与明細のほか，賞与や一時金の有無及び金額が分かる資料も併せて提出してもらう取扱いとしている家庭裁判所がある。
273　確定申告書については，税務署に提出したものであることを客観的に確認するため，税務署の受付印のある控えを提出してもらうことが望ましい。また，修正申告や更正処分の有無にも留意する必要がある。

◇ 夫婦の戸籍全部事項証明書（戸籍謄本）（外国人当事者については住民票等）（規127条，37条3項）
◇ 事情説明書（規127条，37条3項）
◇ 連絡先届出書（規127条，37条3項）
◇ 非開示希望申出書（非開示希望の申出をする場合にのみ使用する書類）（規127条，37条3項）
◇ 進行に関する照会回答書（規127条，37条3項）
◇ 手続代理人の権限（代理権）を証明する書面（委任状）（規18条1項）
◇ 法定代理権及び手続行為をするのに必要な授権を証明する書面（規15条，民訴規15条前段）

第2　受付及び審査

　婚姻費用の分担請求調停申立事件の申立書の受付及び審査に関する書記官事務において特に留意すべき事項は，主に次の1から4までのとおりである。
　なお，その他の申立書の受付及び審査に関する書記官事務（全般）については，第2編の第7章の第2節の第1（67頁）と同様であるため参照されたい。

1　婚姻費用の請求金額について

　申立書の申立ての趣旨に具体的な婚姻費用の請求金額を記載してもらう。
　申立人が具体的な請求金額について判断がつきかねる場合には，「相当額」と記載してもらう（裁判所ウェブサイトに掲載されている申立書の書式であれば，「申立ての趣旨」の金額を記入する欄の「□　相当額」欄の□部分にチェックをしてもらう。）。

2　過去の婚姻費用について

　家庭裁判所は，審判時から過去にさかのぼって婚姻費用の分担額を形成決定することができるとされているが（最決昭40.6.30（家月17巻7号110頁）参照），婚姻費用の分担請求が過去のどの時点までさかのぼれるかという始期については，請求時や要扶養状態発生時（通常は別居時）等見解が分かれているため[274]，当該分担請求の始期，金額，事情等については，前述の申立書や事情説明書等に記載するように教示することが望ましい。

3　事情変更による婚姻費用の分担額の変更について

　婚姻費用の分担（継続的定期給付）のような継続的法律関係において，調停成立や公正証書の作成等の後にそれらの基礎とされた事実関係に変更（権利者及び義務者の収入の変動等）が生じたことによって，成立した調停や公正証書等の内容が実情に適さなくなった場合には，その取消しや変更が許されると解されている。このような婚姻費用の分担額の変更（増額や減額等）を求める調停の申立ても婚姻費用の分担請求調停申立事件となる。

---

[274] 実務上，この婚姻費用分担の始期については，申立人（権利者）の請求時（通常は婚姻費用の分担請求調停又は審判の申立時）とする例が多い（東京家事事件研究会編「家事事件・人事訴訟事件の実務〜家事事件手続法の趣旨を踏まえて〜」（法曹会）96頁及び秋武憲一著「新版離婚調停」（日本加除出版）247頁参照）。

第2章　別表第二調停事件における書記官事務

4　当事者に外国人が含まれる場合（いわゆる渉外事件の場合）について

本編の第1章の第1節の第2の3（206頁）と同様であるため参照されたい。

第3　立件基準（事件番号の付け方の基準）

申立書（受付分配通達別表第5の2の(1)及び同表の1の「内訳表」の「家事法別表第二関係」の(2)参照）

第4　記録の編成

第2編の第7章の第2節の第2（72頁）と同様であるため参照されたい。

第5　事件の分配

第2編の第7章の第2節の第5（98頁）と同様であるため参照されたい。

第6　調停期日及び家事調停委員の指定

第2編の第7章の第2節の第6（105頁）と同様であるため参照されたい。

第7　申立書の写しの送付等

基本的な事務は第2編の第7章の第2節の第7（109頁）と同様であるため参照されたい。

なお，婚姻費用の分担請求調停申立事件では，婚姻費用の算定（後記第9の1（237頁）参照）に関する証拠書類として当事者の収入に関する書類（源泉徴収票，給与明細，確定申告書，課税証明書等の写し）の提出を求めるため，相手方に申立書の写し等を送付する際に，当該収入に関する書類を提出するよう指示する場合がある。その場合，当事者が相互に当該収入に関する書類を交換することで，第1回調停期日の充実を図り，ひいては，当事者間の早期の合意形成につなげるために，当該収入に関する書類については，家庭裁判所提出用の写しのほかに申立人交付（送付）用の写しを提出してもらう取扱い（規3条2項参照）をしている家庭裁判所もある（前記第1の3の(3)の「◇　申立ての理由及び事件の実情についての証拠書類写し」の※の説明部分（234頁）も併せて参照されたい。）。

第8　参考事項の聴取

第2編の第7章の第2節の第8（112頁）と同様であるため参照されたい。

第9　調停の実施等

婚姻費用の分担請求調停申立事件における調停の実施に関する主な留意事項は，次の1から3までのとおりである。

なお，申立ての変更に関する書記官事務（全般）については第2編の第7章の第1節の第2の3（62頁）と同様であり，調停前の処分については同章の第3節（112頁）と同様であり，その他の家事調停の実施等に関する書記官事務（全般）については同章の第4節（117頁）から第11節（159頁）までと同様であるため，それぞれ参

照されたい。

1 **調停の運営について**

　婚姻費用の分担請求調停申立事件の調停運営についても，他の事件類型の調停運営と同様に，調停委員会が，当事者から丁寧に事情聴取をし，その自主的な解決を促し，さらには，その解決意欲が高まるように働き掛けていくこととなる。

　もっとも，婚姻費用は権利者の生活を支えるものであることから，迅速な解決が求められていることに留意した調停運営が行われており，そのような中で，多くの家庭裁判所においては，平成15年に東京・大阪養育費等研究会から提案された養育費・婚姻費用の算定方式と算定表（いわゆる標準的算定方法。詳細については，判例タイムズ1111号285頁以下参照。）を活用した調停運営が行われている。この標準的算定方法は，養育費及び婚姻費用の算定の簡易化及び迅速化を目指して，東京及び大阪の裁判所の裁判官等が中心となって検討が進められて提案されたものであり，最高裁においても標準的算定方法による婚姻費用の分担額の算定が是認された（最決平18.4.26（家月58巻9号31頁）参照）こと等から，今日では，各家庭裁判所における調停や審判の実務において広く利用されている。

　この標準的算定方法は，簡潔に説明すると，権利者及び義務者の年間の総収入額[275]から，法律や統計に基づいて標準的な割合で推計した，公租公課（所得税，住民税，社会保険料等），職業費（当該収入を得るために必要な，被服費，交通費，通信費，交際費等）及び特別経費（住居費，医療費等）等を控除した基礎収入（婚姻費用を捻出する基礎となる収入）を算出し，権利者，義務者及び子それぞれの年齢等に応じた標準的な生活費の割合（生活費指数）で按分して，義務者が分担すべき婚姻費用を算出するというものである。したがって，事件担当書記官は，第1回調停期日の充実を図り，ひいては，当事者間の早期の合意形成につなげるために，第1回調停期日前等の調停手続の早期の段階で，前記第1の3の(3)（234頁）及び第7（236頁）のとおり，当事者双方の年間の総収入額を客観的に把握するための資料として当該収入に関する書類（源泉徴収票，給与明細，確定申告書，課税証明書等の写し）の提出を求め，調停委員会においては，当該収入に関する書類から把握した当事者双方の年間の総収入額を基に標準的算定方法によって試算した婚姻費用の分担額を目安として，当事者間の合意形成に向けた調整を行うこととなる。

2 **婚姻費用の分担の終期について**

　婚姻費用の分担の終期については，婚姻費用の分担が婚姻関係の存続を前提とするものであることから，婚姻関係の終了によって以後の分は消滅すると解されている（最判昭46.9.21（家月24巻3号63頁）参照）[276]。

275　この年間の総収入額とは，基本的には，給与所得者の場合は源泉徴収票の「支払金額」等が，自営業者の場合は確定申告書の「課税される所得金額」等が該当する。ただし，確定申告書の「課税される所得金額」は，現実に支出されていない金額が税法上の観点から控除された結果であるため，その金額をそのまま総収入とすることは相当ではないため，適宜，現実に支出されていない金額等を「課税される所得金額」に加算する等の修正がされることになる。なお，当事者が無職であっても，就労可能であるのに就労していないと認められるような場合は，当該当事者の過去の就労歴等から，賃金センサス等を参考にして収入を推計し，当該収入を基準として婚姻費用を算定することがある。

第2章　別表第二調停事件における書記官事務

3　夫婦関係調整調停申立事件との関係について

夫婦関係調整調停申立事件の調停手続においても，例えば，当事者が，当分の間別居することとし，その間の婚姻費用の分担に関する合意をする場合がある。この場合，当事者は別途婚姻費用の分担請求調停を申し立てる必要はなく，当該夫婦関係調整調停申立事件のままで，当該別居と婚姻費用の分担の合意内容で調停を成立させることが通常である（秋武憲一著「新版離婚調停」（日本加除出版）254頁及び本編の第1章の第1節の第10の1の(2)のイ（210頁）参照）。

第10　調停手続の終了

婚姻費用の分担請求調停申立事件における調停手続の終了の類型のうち，調停成立及び調停不成立に関する主な留意事項は，次の1及び2のとおりである。

なお，その他の家事調停手続の終了に関する書記官事務（全般）については，第2編の第7章の第12節（160頁）（第3の「合意に相当する審判」を除く。）と同様であるため参照されたい。

1　調停成立

本項では，次の(1)から(3)までにおいて，婚姻費用の分担請求調停申立事件における調停成立に関する主な留意事項を記載する。その他の調停成立に関する書記官事務（全般）については，第2編の第7章の第12節の第1（160頁）と同様であるため参照されたい。

(1)　調停調書（成立）に記載する当事者等の表示について

婚姻費用の分担請求調停申立事件の調停成立は身分関係の変動を生ずるものではないため，原則として，調停調書（成立）に当事者等の本籍を記載する必要はない。

(2)　調停条項について

婚姻費用の分担に関する調停条項の記載例については，調停条項集12頁【14】・【15】を参照されたい[277]。

なお，過去の調停や公正証書等で定められた婚姻費用の分担額を事情変更により変更する場合（前記第2の3（235頁）参照）は，当該（既存の）調停調書や公正証書等（債務名義）の執行力と競合しないように，その関係（どの部分を変更するのかやどの部分の執行力を失わせるのか等）を明確にしておく必要がある。この場合の調停条項の記載例については，調停条項集43頁以下【59】・【60】を婚姻費用の分担額を変更する場合に読み替えた上で参照されたい。また，既に当該（既存

---

[276] このほか，婚姻費用が婚姻生活を営むために要する費用であるとすれば，離婚等による婚姻関係の終了のほか，別居が解消され，同居して婚姻生活を営むようになったときも婚姻費用の支払の終期とする考えもある。ただし，同居している夫婦の一方から他方に対する婚姻費用の請求も可能であり，その場合は，原則として，別居を前提としている前述の標準的算定方法を利用することはできない（秋武憲一著「新版離婚調停」（日本加除出版）247頁及び251頁参照）。

[277] 婚姻費用の支払の調停条項が定期金給付の条項である場合は，民執法において，当該定期金給付の一部に不履行があったときは，まだ確定期限が到来していない婚姻費用の支払（定期金債権）についても，その確定期限の到来後に弁済期が到来する給料その他継続的給付に係る債権に対する強制執行を開始することができる旨規定されており（同法151条の2），また，給料等の差押可能な範囲の拡張や間接強制についての特例についても規定されている（同法152条3項，167条の15）。

の）調停調書や公正証書等（債務名義）に基づく強制執行が行われている場合には，当該調停条項のほかに，当該強制執行の停止又は執行処分の取消しの文書としての要件（当該（既存の）調停調書や公正証書等（債務名義）に基づく強制執行をしない旨又はその申立てを取り下げる旨等の記載が必要である。民執法39条1項4号，40条1項参照。）を備えた調停条項を定めることにも留意する必要がある（平成28年3月研修教材第5号「民事実務講義案Ⅰ（五訂版）」（裁判所職員総合研修所）301頁及び338頁並びに和解条項集155頁【127】（注2）及び156頁【128】（注2）参照）。

おって，その他の調停条項作成時の一般的な留意事項等については，調停条項集，和解条項集，平成28年3月研修教材第5号「民事実務講義案Ⅰ（五訂版）」（裁判所職員総合研修所）等の参考文献も併せて参照されたい。

(3) **調停成立後の事務について**

　ア　調停調書正本の送達申請等について

　　第2編の第7章の第12節の第1の4の(4)のイ（168頁）と同様であるため参照されたい。

　イ　付調停された事件（別表第二審判事件）の調停成立に伴う当該事件が係属していた裁判所に対する通知（規133条2項）について

　　第2編の第7章の第12節の第1の3の(2)のア（162頁）と同様であるため参照されたい。

2　調停不成立（家事審判手続への移行）

婚姻費用の分担請求調停申立事件の調停が成立しない場合は，調停に代わる審判（法284条1項。第2編の第7章の第12節の第6（177頁）参照。）をしない限り，調停不成立で終了し，当該調停の申立時に当該調停事項についての家事審判の申立てがあったものとみなされ，家事審判手続へ移行する（法272条1項・4項）。

家事審判手続への移行後は，改めて家事審判事件の管轄（夫又は妻の住所地を管轄する家庭裁判所（法150条3号）又は当事者が合意で定める家庭裁判所（法66条1項））の有無について確認する必要がある。この場合の家事審判事件の管轄の標準時は，家事審判手続への移行時である（逐条16頁参照）。この確認の結果，家事審判事件の管轄がない場合は，移送や自庁処理の手続を行うこととなる。この管轄や移送等に関する書記官事務については，第4編の第5章（338頁）を参照されたい。

家事審判事件の管轄がある場合には，婚姻費用の性質上（前記第9の1（237頁）参照），迅速な審理が求められていることから，裁判官の審理方針に従って，速やかに審判期日を開いて審問をしたり，あるいは陳述書を作成してもらう等して当事者の陳述を聴取し，必要な事実の調査を行った上で事件を終結して，審判をすることになる。そのため，調停不成立となった段階で十分な主張や証拠書類の写しの整理がされている必要があることから，調停の進行においては，家事審判手続へ移行することも予測して争点を整理し，婚姻費用の算定に当たって考慮すべき当事者の年間の総収入や特別な事情等に関する証拠書類の写しが漏れなく提出されるような運用がされている。もっとも，事案ごとの個別の事情等によっては，調停段階において当該証拠書類の写しが漏れなく提出されていない場合もあるため，そのような場合は，前述のとお

第2章　別表第二調停事件における書記官事務

り，調停不成立時において，裁判官が，できる限り早期に審理を終結して審判をすることができるように，改めて当事者に提出期限を定めて当該証拠書類の写しのうち不足する証拠書類の写しの提出を求めることがある。したがって，調停不成立時には，事件担当書記官は，裁判官の指示に基づいて，家事審判手続の円滑な進行確保及び進行促進のため，当事者に対して，当該手続について口頭や書面等で説明するとともに，当該証拠書類の写しの提出や審判の告知等に要する郵便切手の予納の指示，送達場所の届出の促し等の事務を適時適切に行う必要がある[278]。

なお，家事審判手続への移行後は，婚姻費用の分担に関する処分の審判事件として立件し，前述の管轄の有無等についての審査を行った上で，家事審判手続を進行させていくことになる。当該審判事件における書記官事務については，第5編の第1章の第2節（467頁）を参照されたい。

第11　調停手続終了後の書記官事務

第2編の第7章の第14節（190頁）と同様であるため参照されたい。

---

[278] 家事調停事件（別表第二調停事件）担当の書記官と家事審判事件（別表第二審判事件）担当の書記官が別である家庭裁判所では，このような調停不成立時における家事審判手続への橋渡し的な事務については，各々が有機的に連携・協働することができるように，各々の役割分担についての認識を共有しておく必要がある。

第2節　面会交流調停申立事件

> **【どんな事件？】**
>
> 　この事件は，未成年の子（以下，本節において単に「子」という。）を監護していない親（父又は母）（以下「非監護親」という。）と現に子を監護する親（父又は母）（以下「監護親」という。）が，離婚後又は別居中※1に，非監護親と子との面会交流※2の時期や方法等について協議※3をしたものの，当該協議が調わないとき，又は協議をすることができないときに，非監護親が監護親を相手方として，あるいは監護親が非監護親を相手方として，当該面会交流の時期や方法等についての取決めを求める調停事件であり，法別表第二の三の項の事項（子の監護に関する処分（民法766条2項・3項））についての調停事件の一つである。この調停事件のうち大部分を占めるのは，非監護親が監護親を相手方として子との面会交流の時期や方法等についての取決めを求める事案であることから，本節においても，このような事案を中心に記載する。
>
> ※1　婚姻関係が破綻して父母が別居状態にある場合に，子と同居していない親と子の面接交渉について父母の間で協議が調わないとき，又は協議をすることができないときは，家庭裁判所は，（後記※2の改正前の）民法766条を類推適用し，家事審判法（旧法）9条1項乙類4号（注：法別表第二の三の項の事項に相当）により，当該面接交渉について相当な処分を命ずることができるとされている（最決平12.5.1（民集54巻5号1607頁）参照）。
>
> ※2　前記※1のとおり，かつては「面接交渉」という用語が用いられていたが，実務上，「面会交流」という用語が用いられるようになり，平成24年4月1日施行の改正後の民法766条1項において「父又は母と子との面会及びその他の交流」と規定されたことにより，「面会交流」という用語が法律上も使用されることとなった。ここにいう「面会」とは，実際に父又は母と子が会うことであり，「交流」とは，電話による会話や手紙の交換等，「面会」以外の親子の交際方法も含み「面会」を包摂する広い概念である。なお，非監護親と子との「面会交流」については，それが権利として認められるのか，認められるとして親の権利か子の権利か，その法的性質はどのようなものか等については，なお議論が分かれていることから，改正後の民法766条1項では，子の監護について必要な事項の例示として「面会交流」を明記するにとどまっている（平成24年3月家庭裁判資料第195号「児童虐待防止関係執務資料」（最高裁判所事務総局）9頁（注16）参照）。おって，この民法766条の規定は，婚姻の取消し，裁判上の離婚及び父が認知する場合について準用されている（民法749条，771条及び788条）。
>
> ※3　父母がこの協議をするときは，子の利益を最も優先して考慮しなければならない（民法766条1項後段）。

第1　申立て

1　管轄

　相手方の住所地を管轄する家庭裁判所又は当事者が合意で定める家庭裁判所（法245条1項）。

第2章　別表第二調停事件における書記官事務

なお，管轄の詳細については，第2編の第6章の第1節（40頁）と同様であるため参照されたい。

2　申立人
父又は母（民法766条1項）[279]

3　申立ての方式
(1) **申立費用**

　ア　申立手数料

　　子一人につき1,200円（収入印紙）（民訴費用法3条1項別表第一の一五の二の項）

　イ　郵便切手

　　各家庭裁判所の実務上の運用によって異なる。

　なお，これら申立費用の詳細については，第2編の第7章の第1節の第2の1の(1)（53頁）と同様であるため参照されたい。

(2) **申立書**

　申立ては，申立書を家庭裁判所に提出してしなければならず（法255条1項），申立書を家庭裁判所に提出する際は，相手方の数と同数の申立書の写し（相手方送付用）を提出する必要がある（規127条，47条）。

　なお，申立書の記載事項の特則等については後記第2の1及び2の(1)（243頁）を参照するほか，その他の申立書の方式や記載事項等については第2編の第7章の第1節の第2の1の(2)（53頁）と同様であるため参照されたい。

(3) **附属書類（添付書類）**

　面会交流調停申立事件の申立時に提出される，又は提出を求めることが多い主な附属書類（添付書類）は次のとおりである（各書類の趣旨等については，以下に記載する留意事項等のほか，第2編の第7章の第1節の第2の1の(3)（57頁）の①から③までの各類型の各書類の※の説明部分と同様であるため参照されたい。）。

　なお，一定の事案において特に提出を求めることがある附属書類（添付書類）については，後記第2の2の(1)（243頁）を参照されたい。

　おって，本項では飽くまで主な附属書類（添付書類）の類型を示すにとどまるため，当然ながら，各家庭裁判所においては，裁判官や調停委員会の手続運営の方針，事案ごとの個別の事情等の実情に応じて，面会交流調停申立事件の手続の円滑な進行を図るために，規127条で家事調停の申立てについて準用されている規37条3項の規定に基づき，本項で示す類型以外の書類の提出を求める場合がある。

　◇　申立ての理由及び事件の実情についての証拠書類写し（規127条，37条2項）

　◇　子の戸籍全部事項証明書（戸籍謄本）（規127条，37条3項）

　◇　事情説明書（規127条，37条3項）

---

[279] なお，例えば，非監護親が監護親を相手方として子との面会交流の取決めを求める調停を申し立てる場合において，当該監護親が再婚し，当該子と再婚相手が養子縁組をしているときは，当該再婚相手（養父又は養母）も当該子の共同親権者となるため（民法818条2項）（「別冊法学セミナーno.240 新基本法コンメンタール親族」（日本評論社）214頁参照），当該再婚相手（養父又は養母）も当事者（相手方）とする必要がある。

◇ 連絡先届出書（規127条，37条3項）
◇ 非開示希望申出書（非開示希望の申出をする場合にのみ使用する書類）（規127条，37条3項）
◇ 進行に関する照会回答書（規127条，37条3項）
◇ 手続代理人の権限（代理権）を証明する書面（委任状）（規18条1項）

第2 受付及び審査

面会交流調停申立事件の申立書の受付及び審査に関する書記官事務において特に留意すべき事項は，主に次の1及び2のとおりである。

なお，その他の申立書の受付及び審査に関する書記官事務（全般）については，第2編の第7章の第2節の第1（67頁）と同様であるため参照されたい。

1 監護親からの非監護親と子との面会交流の禁止・制限を求める調停の申立てについて

面会交流調停申立事件の大部分を占めるのは，非監護親が監護親を相手方として子との面会交流の時期や方法等についての取決めを求める事案であるが（本節の冒頭の【どんな事件？】参照），監護親が非監護親を相手方として，面会の頻度や時間を減らすこと，間接的な交流に限ること，面会交流の禁止等を求めて調停を申し立てる場合もある。これらのうち，特に面会交流の禁止を求める場合については，裁判所ウェブサイトに掲載されている申立書の書式では対応できないため，申立人には，必要に応じて，申立ての趣旨及び申立ての理由が自由に記載できる形式の申立書の書式を用いる等して，申立ての趣旨及び申立ての理由を具体的に記載してもらう必要がある。

2 国際的な子の奪取の民事上の側面に関する条約[280]の実施に関する法律[281]（以下，本節において「子奪取条約実施法」という。）が適用される面会交流についての特則について[282]

(1) 申立書の記載事項等の特則

国際的な子の奪取の民事上の側面に関する条約の実施に関する法律による子の返

---

[280] この条約（いわゆるハーグ条約）は，例えば，外国人親が子を日本から国外に不法に連れ去ることや，日本人親が子を国外から日本に不法に連れ去ること等，国境を越えた子の不法な連れ去りを防止し，迅速に子を元の常居所地国に返還するための国際的な協力の枠組みや，国境を越えた親子の面会交流の実現のための協力を定めたものである。日本は91番目の締約国として同条約を締結し，平成26年4月1日から同条約の効力が発生している。

[281] この法律は，国際的な子の奪取の民事上の側面に関する条約に規定されている内容を日本国内で実施するために必要となる手続等を規定する法律であり，国境を越えて不法に連れ去られた子の返還や国際的な親子の面会交流について，日本国の中央当局（外務大臣）の役割や裁判所における手続等を定めている。

[282] このほか，子奪取条約実施法が適用される面会交流の**審判**事件の記録の閲覧・謄写等については，子奪取条約実施法149条1項において，当該**審判**事件の記録中の住所等表示部分（子奪取条約実施法5条4項（2号に係る部分に限る。）の規定により外務大臣（中央当局）から提供を受けた相手方又は子の住所又は居所が記載され，又は記録された部分（子奪取条約実施法62条4項参照））については，当事者から当該**審判**事件の記録の閲覧・謄写等の許可の申立てがされた場合であっても，法47条3項の規定にかかわらず，原則として，当該申立てに係る許可をしないものとする旨の特則が規定されている。なお，面会交流の**調停**事件の記録の閲覧・謄写等の規律については，このような特則は規定されておらず，法254条の規定によることになる（金子修編集代表「一問一答 国際的な子の連れ去りへの制度的対応 ハーグ条約及び関連法規の解説」（商事法務）298頁（注1）参照）。

第2章　別表第二調停事件における書記官事務

還に関する事件の手続等に関する規則（以下，本節において「子奪取条約実施規則」という。）93条は，外務大臣（中央当局）から①外国返還援助決定を受けた者（子奪取条約実施法6条1項）若しくは②日本国面会交流援助決定を受けた者（子奪取条約実施法17条1項），又は③子の返還の申立てをした者（子奪取条約実施法26条）が，面会交流の家事審判又は家事調停の申立てをするときは，当該申立書に当該各決定を受けた旨又は子の返還の申立てをした旨を記載しなければならない旨規定している。具体的には，裁判所ウェブサイトに掲載されている当該申立書の書式の「申立ての理由」の「本申立てを必要とする理由」の「その他」欄の□部分にチェックをした上で，次の記載例のように記載することとなる。

【記載例】

> ☑その他（平成○○年○月○日に外国返還援助決定を受けた。案件番号：A一○号）
> ☑その他（平成○○年○月○日に日本国面会交流援助決定を受けた。案件番号：C一○号）
> ☑その他（平成○○年○月○日に子の返還の申立てをした。事件番号：○○家庭裁判所平成○○年（家ヌ）第○○号）

　この規定は，当該面会交流の家事審判又は家事調停の申立てを受けた家庭裁判所において，子奪取条約実施法148条が規定する管轄の特則を踏まえた上で，管轄についての審査をしやすくするという観点から規定されたものである（詳細については，平成26年9月家庭裁判資料第198号「国際的な子の奪取の民事上の側面に関する条約の実施に関する法律執務資料」（最高裁判所事務総局）247頁及び248頁を参照されたい。）。したがって，受付担当書記官は，これらの記載の有無について確認し，当該記載がある場合は記録上注意喚起の表示をする等して事件担当書記官に適切に引き継がなければならない。

　なお，この場合には，前記第1の3の(3)（242頁）の附属書類（添付書類）のほかに，外国返還援助決定の通知の写し，日本国面会交流援助決定の通知の写し，子の返還申立事件の係属証明書のいずれか1通を提出してもらう必要がある。

(2)　**書記官から外務大臣（中央当局）への通知**

　子奪取条約実施規則94条は，前記(1)の面会交流の家事審判又は家事調停の申立てがあったとき，当該申立て（法272条4項又は286条7項の規定により家事審判の申立てがあったものとみなされた場合にあっては，当該申立て）に係る審判（審判に対する即時抗告がされた場合にあっては，法91条2項の審判に代わる裁判）が確定したとき又は当該申立てに係る家事審判事件若しくは家事調停事件が裁判によらないで終了したときは，書記官は，速やかに，その旨を外務大臣に通知しなければならない旨規定している。この通知の趣旨や方法等については，平成26年9月家庭裁判資料第198号「国際的な子の奪取の民事上の側面に関する条約の実施に関する法律執務資料」（最高裁判所事務総局）249頁～252頁，352頁，353頁及び359頁に詳細が記載されているため参照されたい。

　なお，面会交流の家事審判又は家事調停の申立てがあった後に，当該申立人が，

子奪取条約実施法が規定する，①外国返還援助決定を受け，若しくは②日本国面会交流援助決定を受け，又は③子の返還の申立てをした場合においても，この子奪取条約実施規則94条の規定に基づく外務大臣への通知をする必要があることに留意する。

第3 立件基準（事件番号の付け方の基準）
子（受付分配通達別表第5の2の(1)及び同表の1の「内訳表」の「家事法別表第二関係」の(3)参照）

第4 記録の編成
第2編の第7章の第2節の第2（72頁）と同様であるため参照されたい。

第5 事件の分配
第2編の第7章の第2節の第5（98頁）と同様であるため参照されたい。

第6 調停期日及び家事調停委員の指定
第2編の第7章の第2節の第6（105頁）と同様であるため参照されたい。

第7 申立書の写しの送付等
第2編の第7章の第2節の第7（109頁）と同様であるため参照されたい。

第8 参考事項の聴取
第2編の第7章の第2節の第8（112頁）と同様であるため参照されたい。

第9 調停の実施等
面会交流調停申立事件における調停の実施に関する主な留意事項は，次の1及び2のとおりである。

なお，申立ての変更に関する書記官事務（全般）については第2編の第7章の第1節の第2の3（62頁）と同様であり，調停前の処分については同章の第3節（112頁）と同様であり，その他の家事調停の実施等に関する書記官事務（全般）については同章の第4節（117頁）から第11節（159頁）までと同様であるため，それぞれ参照されたい。

第2章 別表第二調停事件における書記官事務

1 調停の運営について
　面会交流の調停は，基本的に次のようなプロセスで進められることが多い[283]。

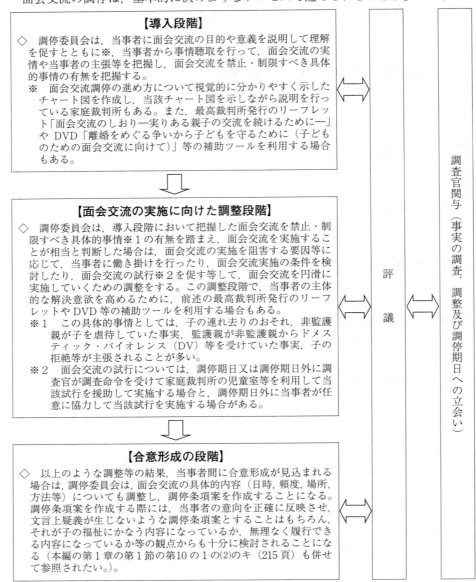

　面会交流調停申立事件は，過去の離婚や別居に至る紛争の経緯等から当事者間に心情面で高葛藤がある等，紛争性が深刻で，解決に困難を来す事案が少なくないため，このような調停の運営のプロセスにおいて，調査官の行動科学の知見やそれに基づく面接技法等の専門性を活用する場面（調査官が関与する場面）が多い事件類型である。

283　なお，家月64巻7号1頁以下には「面会交流が争点となる調停事件の実情及び審理の在り方―民法766条の改正を踏まえて―」について記載されているため，併せて参照されたい。

調査官が関与する場合は，関与する場面に応じて，調停委員会を組織する裁判官が，当該調停委員会の決議に基づき，調査官に対し，事実の調査（法261条1項・2項）や調整（法261条5項，59条3項）を命じたり，調停委員会が，調査官に対し，調停期日への立会いを命じたり（法260条1項6号，258条1項，59条1項）することになる。

したがって，事件担当書記官は，これらの命令の発令前後における調停手続の円滑な進行確保及び進行促進のため，調停委員会及び裁判官並びに調査官と連携・協働して，調査官による調査・調整事項，調査・調整の段取り，調査・調整の期間，調査報告書の提出時期等を把握した上で，これらの命令の発令に関する事務（これらの命令の発令のための裁判官への記録の提出やこれらの命令の発令後の調査官への記録の引継ぎ等の事務）を適時適切に行う必要がある。

2 夫婦関係調整調停申立事件における面会交流の調停の運営について（参考）

夫婦関係調整調停申立事件においても，面会交流が付随で申し立てられ，当該面会交流が争点の一つとなる場合もある。この場合における調停の運営のプロセスも基本的には前記1のプロセスと同様であるが，夫婦関係調整調停申立事件においては，面会交流以外にも，親権，養育費，財産分与，年金分割，慰謝料等といった争点も生じ得るため，どの争点からどのように調整していくか等については，事案ごとの個別の事情等に応じて，調停委員会や裁判官において方針等を決めていくこととなる。

第10 調停手続の終了

面会交流調停申立事件における調停手続の終了の類型のうち，調停成立及び調停不成立に関する主な留意事項は，次の1及び2のとおりである。

なお，その他の家事調停手続の終了に関する書記官事務（全般）については，第2編の第7章の第12節（160頁）（第3の「合意に相当する審判」を除く。）と同様であるため参照されたい。

1 調停成立

本項では，次の(1)から(3)までにおいて，面会交流調停申立事件における調停成立に関する主な留意事項を記載する。その他の調停成立に関する書記官事務（全般）については，第2編の第7章の第12節の第1（160頁）と同様であるため参照されたい。

(1) **調停調書（成立）に記載する当事者等の表示について**

面会交流調停申立事件の調停成立は身分関係の変動を生ずるものではないため，原則として，調停調書（成立）に当事者等の本籍を記載する必要はない。

(2) **調停条項について**

本編の第1章の第1節の第10の1の(2)のキ（215頁）と同様であるため参照されたい。

(3) **調停成立後の事務について**

ア 調停調書正本の送達申請等について

第2編の第7章の第12節の第1の4の(4)のイ（168頁）と同様であるため参照されたい。

イ 付調停された事件（別表第二審判事件）の調停成立に伴う当該事件が係属して

第2章　別表第二調停事件における書記官事務

いた裁判所に対する通知（規133条2項）について
第2編の第7章の第12節の第1の3の(2)のア（162頁）と同様であるため参照されたい。

2　調停不成立（家事審判手続への移行）

面会交流調停申立事件の調停が成立しない場合は，調停に代わる審判（法284条1項。第2編の第7章の第12節の第6（177頁）参照。）をしない限り，調停不成立で終了し，当該調停の申立時に当該調停事項についての家事審判の申立てがあったものとみなされ，家事審判手続へ移行する（法272条1項・4項）。

家事審判手続への移行後は，改めて家事審判事件の管轄（子（父又は母を同じくする数人の子についての申立てに係るものにあっては，そのうちの一人）の住所地を管轄する家庭裁判所（法150条4号）又は当事者が合意で定める家庭裁判所（法66条1項））の有無について確認する必要がある。この場合の家事審判事件の管轄の標準時は，家事審判手続への移行時である（逐条16頁参照）。この確認の結果，家事審判事件の管轄がない場合は，移送や自庁処理の手続を行うこととなる。この管轄や移送等に関する書記官事務については，第4編の第5章（338頁）を参照されたい。

家事審判事件の管轄がある場合には，裁判官の審理方針に従って，審判期日を開いて審問をする等して当事者の陳述を聴取し，調査官による調査等の必要な事実の調査を行った上で事件を終結し，審判をすることとなる。したがって，調停不成立時には，事件担当書記官は，裁判官の指示に基づき，また，家事審判手続において調査官による調査が行われる予定である場合には調査官とも連携・協働して，当該手続の円滑な進行確保及び進行促進のため，当事者に対して，当該手続について口頭や書面等で説明するとともに，審理に必要な証拠書類の写しの提出や審判の告知等に要する郵便切手の予納の指示，送達場所の届出の促し等をしたり，調査命令の発令に関する事務（調査命令の発令のための裁判官への記録の提出や当該調査命令の発令後の調査官への記録の引継ぎ等の事務）等を適時適切に行う必要がある[284]。

なお，家事審判手続への移行後は，子の監護に関する処分の審判事件として立件し，前述の管轄の有無等についての審査を行った上で，家事審判手続を進行させていくことになる。当該審判事件における書記官事務については，第5編の第1章の第3節（470頁）を参照されたい。

第11　調停手続終了後の書記官事務

第2編の第7章の第14節（190頁）と同様であるため参照されたい。

---

[284] 家事調停事件（別表第二調停事件）担当の書記官と家事審判事件（別表第二審判事件）担当の書記官が別である家庭裁判所では，このような調停不成立時における家事審判手続への橋渡し的な事務については，各々が有機的に連携・協働することができるように，各々の役割分担についての認識を共有しておく必要がある。

第3節　遺産の分割調停申立事件

【どんな事件？】
　相続の開始（被相続人の死亡（民法882条））により，被相続人が死亡時に所有していた財産（相続財産）は，共同相続人の共有となる（民法898条）。共同相続人は，当該共有関係を終了させ，当該財産の帰属を確定させるために，民法908条の規定により被相続人が遺言で遺産の分割を禁止した場合を除き，相続の開始後いつでも自由に他の共同相続人に対して，遺産の分割※1を求めることができる（民法907条1項）。この事件は，共同相続人間における当該遺産の分割の協議が調わないとき，又は協議をすることができないときに，共同相続人のうちのある者が他の共同相続人全員を相手方※2として，家庭裁判所に遺産の分割を求める（民法907条2項）調停事件であり，法別表第二の十二の項の事項についての調停事件である。

※1　遺産の分割の方法は次の①から③までのとおりであり，本節では，③の方法の一つである遺産の分割の調停の手続について記載する。
　①　遺言による指定分割
　　　被相続人が遺言で，遺産の分割の方法を指定し，又はこれを指定することを第三者に委託した場合（民法908条）において，当該遺言に従って行う遺産の分割である。
　　　なお，当該遺言で共同相続人の一部又は遺産の一部についてだけ遺産の分割の方法が指定されている場合には，残余の部分については，後記②の当事者（共同相続人）による協議分割又は後記③の家庭裁判所による分割の方法により分割する必要がある。また，当該遺言で適法な遺産の分割の方法の指定がされたとしても，遺言執行者が存在しなければ（民法1013条参照），共同相続人全員の協議によって当該指定と異なる分割をしても妨げないとされている（平成26年10月研修教材第4号「親族法相続法講義案（七訂補訂版）」（裁判所職員総合研修所）288頁及び289頁参照）。
　②　当事者（共同相続人）による協議分割
　　　前記①の被相続人の遺言がなく，被相続人の遺言による分割禁止の定めがない場合において，共同相続人間の協議で行う遺産の分割である（民法907条1項）。
　③　家庭裁判所による分割
　　　共同相続人間で，前記②の遺産の分割に関する協議が調わないとき，又は協議をすることができないときは，各共同相続人は単独で，又は共同で，他の共同相続人全員を相手方として，家庭裁判所に当該遺産の分割の調停又は審判の申立てをすることができ（民法907条2項，法別表第二の十二の項の事項），当該申立てに基づき，調停（調停の成立）又は審判（調停に代わる審判を含む。）によりされる遺産の分割である。
※2　共同相続人の一部を除外してされた遺産の分割の調停又は審判は無効であるとされている（東高決昭55.4.8（家月33巻3号45頁）並びに平成26年10月研修教材第4号「親族法相続法講義案（七訂補訂版）」（裁判所職員総合研修所）289頁及び司法研修所編「遺産分割事件の処理をめぐる諸問題」（法曹会）24頁参照）。

第2章　別表第二調停事件における書記官事務

第1　申立て
1　管轄
相手方のうちの一人の住所地[285]を管轄する家庭裁判所又は当事者が合意で定める家庭裁判所（法245条1項）。

なお，管轄の詳細については，第2編の第6章の第1節（40頁）と同様であるため参照されたい。

2　当事者
(1)　申立人
共同相続人（民法907条2項），包括受遺者（民法990条），相続分譲受人（民法905条）[286]

(2)　相手方
申立人以外の共同相続人全員

3　申立ての方式
(1)　申立費用
ア　申立手数料

被相続人一人につき1,200円（収入印紙）（民訴費用法3条1項別表第一の一五の二の項）

イ　郵便切手

各家庭裁判所の実務上の運用によって異なる。

なお，これら申立費用の詳細については，第2編の第7章の第1節の第2の1の(1)（53頁）と同様であるため参照されたい。

(2)　申立書
申立ては，申立書を家庭裁判所に提出してしなければならず（法255条1項），申立書を家庭裁判所に提出する際は，相手方の数と同数の申立書の写し（相手方送付用）を提出する必要がある（規127条，47条）。

なお，遺産の分割の調停の申立書には，①共同相続人及び②民法903条1項に規定する遺贈又は贈与の有無及びこれがあるときはその内容を記載し，かつ，遺産目録を添付しなければならない（規127条，102条1項）。

おって，その他の申立書の方式や記載事項等については，第2編の第7章の第1節の第2の1の(2)（53頁）と同様であるため参照されたい。

(3)　附属書類（添付書類）
遺産の分割調停申立事件の申立時には，原則として，申立ての理由及び事件の実

---

[285] 相手方が複数いて住所地が異なる場合は，その全てに土地管轄が生ずる（片岡武，菅野眞一編著「新版家庭裁判所における遺産分割・遺留分の実務」（日本加除出版）16頁参照）。

[286] なお，参考までに，一問一答205頁（注）及び逐条628頁では，遺産の分割の審判等に対する即時抗告権者を規定した法198条1項についての注釈等として，相続人の一人が相続開始後に破産手続開始決定を受け，破産管財人が選任された場合において，相続財産について遺産の分割の調停又は審判につき当事者適格を有する者は，当該破産管財人であることを前提としている旨記載されている。おって，実務上も，この場合の破産管財人も当事者として取り扱うのが相当であるとされている（片岡武，菅野眞一編著「新版家庭裁判所における遺産分割・遺留分の実務」（日本加除出版）9頁～11頁参照）。

第1 申立て

情等（相続人の範囲等の相続関係や遺産の範囲・評価等）についての資料として，また，遺産の分割調停申立事件の手続の適正かつ円滑な進行を図るための資料として，次の各書類を提出してもらうこととなる（規127条，37条2項・3項，18条1項，15条，民訴規15条前段）（各書類の趣旨等については，以下に記載する留意事項等のほか，第2編の第7章の第1節の第2の1の(3)（57頁）の①から③までの各類型の各書類の※の説明部分と同様であるため参照されたい。）。

その際，申立ての理由及び事件の実情についての証拠書類写し（規127条，37条2項）については，法の趣旨（第1編の第1章（4頁）及び第2章（5頁）参照）等を踏まえ，当事者の手続保障や手続の透明性の確保，第1回調停期日の充実を図る等の目的から，家庭裁判所提出用の写し1通のほかに相手方交付（送付）用の写し（相手方の人数分）を提出してもらう取扱い（規3条2項参照）をしている家庭裁判所もある。

なお，次の各書類のうち被相続人や相続人等の戸籍（除籍，改製原戸籍）全部事項証明書（これらの謄本）[287]については，実務上，受付担当書記官や事件担当書記官において，戸籍事項欄や身分事項欄等の各欄の記載内容を確認し，（申立人から提出された，又は受付担当書記官や事件担当書記官が作成した）相続関係図と照合する等して，相続人の範囲等（被相続人，相続人，相続人の資格の重複，続柄，嫡出子，非嫡出子[288]，関係人の死亡年月日，離婚，認知，養子縁組，家督相続，代襲相続等）を確認することとなる。したがって，次の各書類の提出時には，併せて，相続関係を一覧性のある形式で適切に把握し，相続人の範囲等の確認に資するための資料として，相続関係図の提出を求めることが多い[289]。

おって，本項では飽くまで主な附属書類（添付書類）の類型を示すにとどまるため，当然ながら，各家庭裁判所においては，裁判官や調停委員会の手続運営の方針，事案ごとの個別の事情等の実情に応じて，遺産の分割調停申立事件の手続の円滑な進行を図るために，規127条で家事調停の申立てについて準用されている規37条3項の規定に基づき，本項で示す類型以外の書類の提出を求める場合がある。

---

287 これらのうち，相続人全員の戸籍全部事項証明書（戸籍謄本）等の現在の戸籍全部事項証明書（戸籍謄本）については，実務上，最新の戸籍の状況を確認するため，発行日から3か月以内のものの提出を求めることが多い。
288 平成25年法律第94号（平成25年12月11日施行）による改正前の民法900条4号ただし書前段の規定（旧規定）は，非嫡出子の相続分を嫡出子の相続分の2分の1とする旨規定していたが，最高裁は，この旧規定が，遅くとも平成13年7月当時において，憲法14条1項に違反していたと判断し，この違憲判断は，平成13年7月から同判断時（平成25年9月4日）までの間に開始された他の相続について，旧規定を前提としてされた遺産の分割の審判その他の裁判，遺産の分割の協議その他の合意等により確定的なものとなった法律関係に影響を及ぼすものではないと判断した（最決平25.9.4（家月65巻7号163頁））。本決定により，旧規定は平成25年法律第94号により削除され，同法による改正後の民法900条4号ただし書の規定（新規定）が平成25年9月5日以後に開始した相続について適用されることになった。
289 相続関係図が提出されない場合は，各家庭裁判所の実情に応じて，受付担当書記官あるいは事件担当書記官において，適宜，申立時等に提出された被相続人や相続人等の戸籍（除籍，改製原戸籍）全部事項証明書（これらの謄本）に基づいて相続関係図を作成し，相続人の範囲等の確認を行うことになる。なお，相続関係図の作成に当たっての留意事項については，平成8年度書記官実務研究「遺産分割事件における進行管理事務の研究」（裁判所書記官研修所）103頁～105頁を参照されたい。

第2章　別表第二調停事件における書記官事務

　　　【共通の附属書類（添付書類）】
　　　◇　被相続人の出生時から死亡時までの全ての戸籍（除籍，改製原戸籍）全部事項証明書（これらの謄本）
　　　◇　相続人全員の戸籍全部事項証明書（戸籍謄本）
　　　◇　被相続人の子（及びその代襲者）で死亡している者がある場合は，その者の出生時から死亡時までの全ての戸籍（除籍，改製原戸籍）全部事項証明書（これらの謄本）
　　　◇　被相続人の住民票除票又は戸籍附票（全部事項証明書）
　　　◇　相続人全員の住民票又は戸籍附票（全部事項証明書）
　　　◇　遺産関係書類（不動産登記事項証明書[290]，固定資産評価証明書（直近の年度のもの），預貯金通帳の写し又は残高証明書[291]，有価証券写し，相続税申告書写し等）
　　　◇　遺産の分割の前提問題（後記第6の2（259頁）参照）等に関する書類として，例えば，遺言書がある場合は，遺言書の写し又は遺言書の検認調書謄本の写し等
　　　◇　事情説明書
　　　　　※　本事情説明書は，調停委員会や裁判官において，あらかじめ遺産の分割に関する事情等を把握し，第1回調停期日の充実や調停手続の円滑な進行を図る目的から，申立人に，相続人の範囲，相続人の状況（判断能力，行方不明者等），遺産の範囲・状況，遺言書の有無，遺言書がある場合は検認済みか否か，遺産分割協議の有無・内容，遺産の取得希望の内容，特別受益や寄与分に関する主張の有無・内容等について記載してもらうための書類である。
　　　◇　連絡先届出書
　　　◇　非開示希望申出書（非開示希望の申出をする場合にのみ使用する書類）
　　　◇　進行に関する照会回答書
　　　【相続人が，被相続人の（配偶者と）父母・祖父母等（直系尊属）（第二順位相続人）の場合の追加の附属書類（添付書類）】
　　　◇　被相続人の直系尊属に死亡している者（相続人と同じ代及び下の代の直系尊属に限る（例えば，祖母が相続人である場合の祖父と父母）。）がある場合は，その者の死亡の記載のある戸籍（除籍，改製原戸籍）全部事項証明書（これらの謄本）
　　　【相続人が，被相続人の配偶者のみの場合，又は被相続人の（配偶者と）兄弟姉妹及びその代襲者（おいめい）（第三順位相続人）の場合の追加の附属書類（添付書類）】
　　　◇　被相続人の父母の出生時から死亡時までの全ての戸籍（除籍，改製原戸籍）全部事項証明書（これらの謄本）
　　　◇　被相続人の直系尊属の死亡の記載のある戸籍（除籍，改製原戸籍）全部事項証

---

[290] 不動産登記事項証明書については，実務上，最新の不動産の権利関係等の状況を確認するため，発行日から3か月以内のものの提出を求めることが多い。

[291] なお，参考までに，最判平21.1.22（民集63巻1号228頁）では，金融機関は，預金契約に基づき，預金者の求めに応じて預金口座の取引経過を開示すべき義務を負い，預金者が死亡した場合，その共同相続人の一人は，共同相続人全員に帰属する預金契約上の地位に基づき，被相続人名義の預金口座の取引経過の開示を求める権利を単独で行使することができる旨判示されている。

明書（これらの謄本）
◇ 被相続人の兄弟姉妹に死亡している者がある場合は，その者の出生時から死亡時までの全ての戸籍（除籍，改製原戸籍）全部事項証明書（これらの謄本）
◇ 代襲者としてのおいめいに死亡している者がある場合は，その者の死亡の記載のある戸籍（除籍，改製原戸籍）全部事項証明書（これらの謄本）

【申立人に代理人がいる場合（後記第2の2（255頁）も参照）の追加の附属書類（添付書類）】
◇ 手続代理人の権限（代理権）を証明する書面（委任状）
◇ 法定代理権及び手続行為をするのに必要な授権を証明する書面

第2 受付及び審査

遺産の分割調停申立事件の申立書の受付及び審査に関する書記官事務において特に留意すべき事項等は，主に次の1から4までのとおりである。

なお，その他の申立書の受付及び審査に関する書記官事務（全般）については，第2編の第7章の第2節の第1（67頁）と同様であるため参照されたい。

1 申立書等の審査について
(1) **当事者について**
ア 当事者目録について

遺産の分割調停申立事件は，本節の冒頭の【どんな事件？】のとおり，申立人は，他の共同相続人全員を相手方とする必要があることから，当事者目録には共同相続人全員（包括受遺者や相続分譲受人を含む。）が記載されている必要がある。

相続分の譲渡又は放棄をした者については，後記第9の3（262頁）のとおり，遺産の分割調停申立事件における当事者である資格を喪失することになるため，排除の裁判（法258条1項，43条1項）がされることになるが，遺産である不動産について共同相続登記がされており，将来，遺産の分割の調停が成立し，その内容を実現するために，遺産分割を原因とする持分移転登記手続をする必要がある場合には，いずれも登記義務者となり，当事者である資格を喪失したとはいえない（当該遺産の分割の調停の手続から排除されない）こともあるため，当事者目録に記載してもらう運用が考えられる。

なお，申立時に，申立人において，包括受遺者や相続分譲受人が明らかでない場合には，戸籍上相続人と認められる者を全て当事者目録に記載してもらう必要がある。

おって，申立時に，申立人において，遺産の分割の前提問題（後記第6の2（259頁）参照）ともなり得る相続人の範囲に関する留意事項（例えば，死後認知の訴訟を提起中の者（民法787条，人訴法2条2号参照）[292]や胎児（民法886

---

[292] この認知の訴訟の性質は形成訴訟であり，その判断（判決）は，遺産の分割の前提問題である相続人の範囲にも影響を及ぼすため，一般的には，当該判断（判決）が確定するまで遺産の分割を待つのが適切とされている（司法研修所編「遺産分割事件の処理をめぐる諸問題」（法曹会）14頁参照）。

条参照）[293] 等）が明らかである場合は，申立書や事情説明書にその旨を記載してもらう必要がある。
　　イ　意思能力や手続行為能力に問題がある当事者がいる場合について
　　　　申立書その他の書類の記載内容や申立人からの事情聴取等から，意思能力や手続行為能力を欠いている等の問題がある当事者がいることが判明した場合は，裁判官にその旨を報告し，その指示に基づいて，適宜，当該問題がある当事者について成年後見制度の利用を促す等の措置を執る。
(2)　**遺産目録について**
　　遺産目録には，相続開始時における被相続人の積極財産[294]を記載する必要があるが，その際，当該財産の現在の状態（例えば，利用関係や保管状況）についても，正確に調査し，備考欄等適宜の箇所に記載することが望ましい（条解規則258頁参照）。したがって，前記第1の3の(3)（250頁）の遺産関係書類とも照合して，遺産目録の記載の正確性等について確認する。
　　遺産の分割調停申立事件では，調停の早い段階で遺産の範囲を確定する必要がある（後記第9の1（261頁）参照）。したがって，前述のとおり，遺産目録には遺産の分割の対象となる遺産（積極財産）を特定して記載してもらうことになるが，申立人の調査不足や相手方の非協力等が原因で，遺産の特定が不十分である場合も少なくない。この場合において，遺産目録の記載内容が不十分なものであっても，申立書の必要的記載事項（法255条2項）が記載されている等，遺産の分割の調停の申立ての方式が整っていれば，できる限り遺産を特定してもらった上で，当該申立てとして受け付けざるを得ないときがあるが，そのようなときにおいても，申立人に対しては，家庭裁判所は遺産の調査（遺産探し）に協力することはできないので，自ら早期に遺産を調査するよう求めておく必要がある（上原裕之，高山浩平，長秀之編著「リーガル・プログレッシブ・シリーズ遺産分割〔改訂版〕」（青林書院）62頁～64頁参照）。
　　なお，遺産目録については，実務上，遺産の分割の調停の手続において，遺産の範囲[295]や分割方法等の調整に当たっての基礎資料として使用されるほか，最終

---

[293] 胎児については，民法886条1項が，相続については，既に生まれたものとみなす旨（胎児の出生擬制）を規定しているが，胎児が相続についての権利能力（相続能力）を取得する時期については，停止条件・人格遡及説と解除条件・制限人格説があるため，胎児の懐胎期間がそれほど長いわけではないことから，遺産の処分や分割等は，胎児が出生し，相続についての権利能力が確定するまで待つことが望ましいとされている（平成26年10月研修教材第4号「親族法相続法講義案（七訂補訂版）」（裁判所職員総合研修所）223頁参照）。
[294] なお，消極財産（金銭債務）は，相続開始と同時に当然分割されて，法定相続分により各相続人が負担するため，遺産の分割の対象とはならない。遺産の分割の対象となるのは，積極財産のみである（司法研修所編「遺産分割事件の処理をめぐる諸問題」（法曹会）255頁参照）。
[295] 分割の対象となる遺産の範囲に関しては，遺産の分割の法的枠組みからすると，①当然に分割の対象となるもの（不動産，借地権，株式，現金，国債，公社債等。なお，共同相続された普通預金債権，通常貯金債権及び定期貯金債権については，最決平28.12.19において，いずれも，相続開始と同時に当然に相続分に応じて分割されることはなく，遺産分割の対象となる旨判示されている。），②当事者の合意があれば分割の対象にできるもの（相続開始後の遺産収益等），③調停手続で協議することは可能であるが，当事者の合意があっても分割の対象となり得ないもの（相続債務，葬儀費用，遺産の管理費用等）に大別することができる（東京家事事件研究会編「家事事件・人事訴訟事件の実務～家事事件手続法の趣旨を踏まえて～」（法曹会）155頁及び156頁参照）。

には，調停調書（成立）や調停に代わる審判書の別紙として活用することも念頭において，調停手続の進行に従って，随時更新されることになる。家庭裁判所は，必要があると認めるときは，規3条1項の規定に基づき，遺産目録を提出した当事者等が当該遺産目録の電磁的記録（電子的方式，磁気的方式その他人の知覚によっては認識することができない方式で作られる記録であって，電子計算機による情報処理の用に供されるものをいう。）を有している場合は，家庭裁判所が定める電磁的方法（電子情報処理組織を使用する方法その他の情報通信の技術を利用する方法）に従って，当該電磁的記録に記録された情報を提供するよう求めることができる（条解規則10頁参照）ことから，裁判官から，前述の理由から，規3条1項の規定に基づき，遺産目録の電磁的記録を有する当事者等に当該電磁的記録に記録された情報の提供を求めるよう指示された場合は，前述の家庭裁判所が定める電磁的方法[296]を確認した上で，当該当事者等に対し，当該電磁的方法により当該電磁的記録に記録された情報を提供するよう求める。

(3) その他の申立書等の審査に当たっての留意事項（申立ての消極的要件等）

遺産の分割の調停申立ての積極的要件としては，本節の冒頭の【どんな事件？】のとおり，共同相続人間における当該遺産の分割の協議が調わないとき，又は協議をすることができないときであるが，申立書等の審査に当たっては，次のア及びイの当該申立ての消極的要件についても留意する必要がある。

ア　遺産の分割が次の①から④までの場合に該当しないこと（遺産の分割が制限されていないこと。）。

①　共同相続人中に民法915条1項の熟慮期間（相続の承認又は放棄をすべき期間）中の者がある場合

②　共同相続人が限定承認をした場合（民法922条以下，法別表第一の九十二の項の事項参照）

③　財産分離の審判があった場合（民法941条以下，法別表第一の九十六の項の事項参照）

④　相続財産について破産手続開始決定があった場合（破産法222条以下参照）

イ　遺産の分割が禁止される場合に該当しないこと。

遺産の分割が禁止される場合としては，遺言，共同相続人の協議又は審判・調停による分割禁止がある（民法908条，907条3項，法別表第二の十三の項の事項参照）。

2　付随事件の申立てを要する場合について

(1) 特別代理人の選任を要する場合について

親権者とその子が共同相続人である場合や同一の親権に服する数人の子が共同相

---

[296] ①平成19年3月16日付け最高裁情政第000156号事務総長依命通達「裁判所の保有する情報及び情報システムの取扱いについて」，②同月22日付け最高裁情政第000184号情報政策課長通達「情報セキュリティに関する対策基準について」，③平成27年7月31日付け最高裁情政第498号情報政策課長通達「非公表情報の裁判所外への提供及び電子メールの利用に係る特例について」及び④同日付け最高裁情報政策課長事務連絡「職員が情報及び情報システムを取り扱う際の情報セキュリティ対策実施要領について」等の情報セキュリティ関連通達等も参照されたい。

続人である場合，被後見人とその後見人が共同相続人であって後見監督人が選任されていない場合では，被相続人の遺産の分割の協議をすることは，親権者とその子の間，同一の親権に服する数人の子の間及び被後見人とその後見人の間においてそれぞれ利益相反行為に当たることから，当該遺産の分割の協議をすることについて，当該子や被後見人に特別代理人を選任する必要がある（民法826条，860条，法別表第一の十二の項，六十五の項及び七十九の項の各事項参照）。

このような場合において，特別代理人の選任が未了であれば，当該申立てを教示し，特別代理人が選任されている場合は，当該選任の事実を客観的に証する資料として，特別代理人選任審判書謄本の提出を求める必要がある。

なお，この特別代理人の選任の審判手続の詳細については，平成27年度書記官実務研究の第2編の第2章の第1の12（198頁），同第8の1（440頁）及び同第9の10（506頁）をそれぞれ参照されたい。

おって，このような特別代理人選任事案のうち未成年者についての特別代理人選任事案については，事件係属中に当該未成年者が成年（民法4条）に達する，あるいは婚姻をした場合は成年擬制（民法753条）により，それぞれ親権や未成年後見は終了し，行為能力の制限も受けないため，特別代理人の任務も終了し，その資格も消滅する（於保不二雄，中川淳編集「新版注釈民法(25)親族(5)〔改訂版〕」（有斐閣）152頁参照）。したがって，事件係属中は，当該未成年者が成年に達していないかについても留意する必要がある。

(2) **臨時保佐人又は臨時補助人の選任を要する場合について**

保佐人又はその代表する者（例えば，当該保佐人を後見人とする被後見人や，当該保佐人の親権に服する子等）と被保佐人が共同相続人であって，保佐人が被相続人の遺産の分割の協議をすることについての代理権や同意権を有しており，保佐監督人が選任されていない場合は，当該遺産の分割の協議をすることは，保佐人又はその代表する者と被保佐人との間において利益相反行為に当たることから，当該遺産の分割の協議をすることについて，被保佐人に臨時保佐人を選任する必要がある（民法876条の2第3項，法別表第一の二十五の項の事項参照）。

また，同様に，補助人又はその代表する者と被補助人が共同相続人であって，補助人が被相続人の遺産の分割の協議をすることについての代理権や同意権を有しており，補助監督人が選任されていない場合は，当該遺産の分割の協議をすることは，補助人又はその代表する者と被補助人との間において利益相反行為に当たることから，当該遺産の分割の協議をすることについて，被補助人に臨時補助人を選任する必要がある（民法876条の7第3項，法別表第一の四十四の項の事項参照）。

これらの場合において，臨時保佐人又は臨時補助人の選任が未了であれば，当該申立てを教示し，臨時保佐人又は臨時補助人が選任されている場合は，これらの選任の事実を客観的に証する資料として，臨時保佐人又は臨時補助人の選任審判書謄本の提出を求める必要がある。

なお，この臨時保佐人及び臨時補助人それぞれの選任の審判手続の詳細については，平成27年度書記官実務研究の第2編の第2章の第2の9（259頁）及び同第3の9（320頁）をそれぞれ参照されたい。

(3) **不在者財産管理人の選任を要する場合について**

　　共同相続人中に行方不明者がいる場合には、その者のために不在者財産管理人を選任する必要があるため（民法25条1項、法別表第一の五十五の項の事項参照）、不在者財産管理人の選任が未了であれば、当該申立てを教示し、不在者財産管理人が選任されている場合は、当該選任の事実を客観的に証する資料として、不在者財産管理人選任審判書謄本の提出を求める必要がある。

　　なお、この不在者財産管理人の選任の審判手続の詳細については、平成27年度書記官実務研究の第2編の第2章の第4の1（346頁）を参照されたい。

　　おって、遺産の分割の調停を成立させるときは、不在者財産管理人について、更に権限外行為許可の審判（民法28条、法別表第一の五十五の項の事項参照）が必要である（詳細については、後記第9の7の(3)（266頁）参照）。

3　**その他の申立てを要する場合等について**

(1) **寄与分を定める処分の調停の申立てを要する場合について**

　　申立書その他の書類の記載内容や申立人からの事情聴取等から、申立人が寄与分（民法904条の2第2項参照）を主張（請求）していることが明らかである場合は、手続の適正確保並びに円滑な進行確保及び進行促進のため、別途、寄与分を定める処分（法別表第二の十四の項の事項）の調停申立てを教示することが望ましい。

(2) **遺言書の検認の申立てを要する場合について**

　　申立書その他の書類の記載内容や申立人からの事情聴取等から、遺言書の検認（民法1004条1項）を行っていない遺言書の存在が明らかである場合は、申立人に対して（申立人以外の者が当該遺言書を保管している場合は申立人を介して当該遺言書の保管者に対して）、遺言書の検認（法別表第一の百三の項の事項）の審判申立てをするよう教示する。

　　なお、この遺言書の検認の審判手続の詳細については、平成27年度書記官実務研究の第2編の第2章の第15の2（621頁）を参照されたい。

(3) **遺留分減殺請求権の行使後の法律関係について**

　　遺留分減殺請求権の行使（本編の第1章の第2節の第3の4（230頁）参照）により取り戻された相続財産が共有物分割（民法258条）の対象となるか（いわゆる訴訟説[297]）、遺産の分割の対象となるか（いわゆる審判説）については、解釈上争いがあり、事案によっても異なる。したがって、当該相続財産がどちらの対象となるのかについては、一般調停事項（共有物分割）となるのか、法別表第二の十二の項の事項（遺産の分割）となるのかの判断にもつながるため、裁判官に判断を仰ぐ必要がある。

4　**受理面接について**

　　申立人が、申立費用、申立書及び附属書類（添付書類）（前記第1の3（250頁）参照）を家庭裁判所（事件係等）に持参して申立てをした場合において、受付担当書

---

[297] なお、参考までに、最判平8.1.26（民集50巻1号132頁）は、特定遺贈及び遺言者の財産全部についての包括遺贈に対する遺留分減殺請求権行使による取戻財産の遺産性を否定した（訴訟説を採用することを明らかにした。）。

第2章　別表第二調停事件における書記官事務

記官がそれらの申立書等について審査を行った結果，申立書に必要的記載事項（法255条2項）や形式的記載事項（規1条1項）は記載されているものの，事件の実情（規127条，37条1項）の記載や事情説明書の記載等が不十分であり，事案ごとの個別の事情等によっては，申立人が当該不十分な部分について任意に補正することが困難な場合等がある。そのような場合等において，実務上，手続の円滑な進行確保及び進行促進の目的から，受付担当書記官が申立人と（いわゆる）受理面接を行って，当該不十分な部分を中心に，相続人の範囲，相続人の状況（判断能力，行方不明者等），遺産の範囲・状況，遺言書の有無，遺言書がある場合は検認済みか否か，遺産分割協議の有無・内容，遺産の取得希望の有無・内容，特別受益や寄与分に関する主張の有無・内容等について聴取し，その結果を適宜聴取書等に記録化し，後の事件担当書記官による手続選別（後記第5参照）等の進行管理事務に反映させるという取扱いをしている家庭裁判所もある。

第3　立件基準（事件番号の付け方の基準）

被相続人（受付分配通達別表第5の2の(1)及び同表の1の「内訳表」の「家事法別表第二関係」の(12)参照）

第4　記録の編成

第2編の第7章の第2節の第2（72頁）と同様であるため参照されたい。

第5　事件の分配

基本的な事務は第2編の第7章の第2節の第5（98頁）と同様であるため参照されたい。

なお，遺産の分割調停申立事件は，いわゆる経済事件であり，主に法律専門職である書記官（事件担当書記官）が，裁判官の手続選別や判断の補助を目的として，申立書や附属書類（添付書類）等を確認し，前記第2（253頁）の受付及び審査の結果も踏まえた上で手続選別をし，裁判官に調停の進行に関する意見（移送（回付）又は自庁処理をするか，調停委員会又は裁判官のみで調停を行うか，調停期日を指定してよいか，調査官の関与の要否，警備対応の要否等）及び理由を伝え[298]，その指示を仰ぐといった取扱いをしている家庭裁判所が多い。

第6　調停期日及び家事調停委員の指定

遺産の分割調停申立事件の調停期日の候補日の調整及び家事調停委員との連絡調整に当たっての留意事項は，次の1及び2のとおりである。

なお，その他の調停期日及び家事調停委員の指定に関する書記官事務（全般）は第2編の第7章の第2節の第6（105頁）と同様であるため参照されたい。

298　実務上，事件担当書記官が裁判官に手続選別の意見及び理由を伝えるに当たっては，当該意見及び理由を正確に伝えるために，事件担当書記官による意見及び理由欄等のほかに裁判官の意見欄（措置欄）を設けた手続選別メモ（記録外書面）等の書面により伝えるという取扱いをしている例が多い。

1　調停期日の候補日の調整に当たっての留意事項

　遺産の分割調停申立事件は，当事者（相続人）多数の事案が少なくなく，また，当事者が一定のグループ（例えば，遺産の分割に対する考え方が申立人に近いグループと一部の相手方に近いグループ等）に分かれており，当該グループ間の感情的な対立が激しい事案もある。このようなことから，事件担当書記官は，調停期日の候補日を調整するに当たっては，申立時に提出された進行に関する照会回答書（前記第1の3の(3)（250頁）参照）の内容や手続選別の結果（前記第5参照）等も踏まえ，調停委員会が多数の当事者を同席させて事情聴取をする場合があることも考慮して，当該多数の当事者を収容可能な広い調停室を確保することができるかといった点や，当事者が一定のグループに分かれている場合は，当該グループごとに待合室を確保できるかといった点等にも留意して調停期日の候補日の調整をする必要がある。

2　家事調停委員との連絡調整に当たっての留意事項

　遺産の分割調停申立事件は，相続人や遺産が多数であったり，前提問題（相続人の範囲，遺言や遺産分割協議の効力，遺産の帰属等）や付随問題（使途不明金の問題，相続債務の問題，遺産からの収益の分配に関する問題，葬儀費用や遺産の管理費用に関する問題，祭祀財産の承継の問題等）があったり，特別受益や寄与分に関する主張がされる事案も少なくなく，その他の事件と比較しても，主張の内容や調整事項等も多岐にわたったり，調停の進行の手順等にも留意すべき事項（後記第9の1（261頁）参照）が多いことから，家事調停の経験が豊富な家事調停委員や，専門的な知識や経験を有する家事調停委員（例えば，法曹資格や，司法書士，不動産鑑定士等の資格を有する家事調停委員等）の活用を図ることが望ましい場合がある。したがって，事件担当書記官は，このような遺産の分割調停申立事件の特性等を踏まえた上で，事案の実情等に応じた適切な家事調停委員を指定することができるように，裁判官と連携・協働して家事調停委員の候補者を選定し，当該候補者との連絡調整を行う必要がある。

第7　申立書の写しの送付等

　基本的な事務は第2編の第7章の第2節の第7（109頁）と同様であるため参照されたい。

　なお，遺産の分割調停申立事件においても，相手方に申立書の写しや第1回調停期日の通知書を送付する際には，実務上，相手方の当該調停手続への理解を図り，併せて，調停委員会において，早期に事案を把握し，合意点と争点の振り分けや進行方針の策定等に資するための資料を収集する等の第1回調停期日の充実を図る目的で，手続説明書面や照会書等を送付することとなる。相手方に送付する当該照会書は，前記第1の3の(3)（250頁）の事情説明書と同様の趣旨で，相続人の範囲，遺産の範囲・状況，遺言書の有無，遺言書がある場合は検認済みか否か，遺産分割協議の有無・内容，遺産の取得希望の有無・内容，特別受益や寄与分に関する主張の有無・内容，第1回調停期日への出頭の可否，出頭できない場合の理由等についての回答を求めるというものであり，相続人の範囲についての回答を求める際の基礎資料として，相続関係図（前記第1の3の(3)（250頁）参照）も同封して送付する取扱いが多い。この相続関係図は，相手方だけでなく申立人にも，第1回調停期日の通知書を送付する際に

第2章　別表第二調停事件における書記官事務

同封して送付する取扱いが多い。

第8　参考事項の聴取
第2編の第7章の第2節の第8（112頁）と同様であるため参照されたい。

第9　調停の実施等
遺産の分割調停申立事件における調停の実施に関する主な留意事項は，次の1から8までのとおりである。

なお，申立ての変更に関する書記官事務（全般）については第2編の第7章の第1節の第2の3（62頁）と同様であり，調停前の処分については同章の第3節（112頁）と同様であり，その他の家事調停の実施等に関する書記官事務（全般）については同章の第4節（117頁）から第11節（159頁）までと同様であるため，それぞれ参照されたい。

第9　調停の実施等

1　調停の運営

遺産の分割の調停は，基本的に次のようなプロセスで進められることが多い。

①【相続人の範囲】
　　誰が相続人かを確定する。
　※　戸籍の記載が実際の相続人の範囲と異なる場合等，相続人の範囲に争いがある場合は，別途人事訴訟（人訴法2条参照）等の手続で確定する必要がある。

（合意）⇩

②【遺産の範囲】
　　分割の対象となる遺産（相続開始時に存在し，分割時にも存在する，未分割の遺産）の範囲を確定する。
　※　遺言や過去の遺産分割協議の効力を争う場合や使途不明金について争いがある場合において，遺産の分割調停での解決の見通しが立たなければ，これらの問題については，別途民事訴訟等の手続で解決してもらうこととなる。

（合意）⇩

③【遺産の評価】
　　分割の対象となる遺産のうち，不動産等の評価額を確定する。
　※　当事者提出資料等に基づく遺産の評価に争いがある場合は，遺産の評価についての鑑定（後記6（264頁）参照）を行うこととなる。

（合意）⇩

④【各相続人の取得額】
　　②で範囲を確定し，③で評価した遺産について，被相続人の遺言による指定相続分（民法902条）や法定相続分（民法900条，901条）に従って，各相続人の取得額を決める。ただし，特別受益（民法903条）や寄与分（民法904条の2）が認められる場合は，それらを考慮して各相続人の取得額を修正する。

（合意）⇩

⑤【遺産の分割方法】
　　④の取得額に基づいて，各相続人に遺産を分割する。
　　遺産の分割方法には，現物分割（遺産の現物を分割する方法であり，原則的方法である。），代償分割（一部の相続人に遺産の現物を分割し，相続分との差額を金銭（代償金）で調整する方法），換価分割（遺産を任意売却や形式競売等で換金して金銭を分配する方法），共有分割（遺産を相続分に従って共有取得とする方法）の4種類がある。

（合意）⇩　　　　　　　　　　（①～⑤のいずれかに合意できない）⇩

調停成立　　　　　　　　　　　　調停不成立→家事審判手続への移行
　　　　　　　　　　　　　　　　　　　　又は
　　　　　　　　　　　　　　（事案によっては）調停に代わる審判

　このような遺産の分割の調停の運営（手続）において，調停委員会は，このような流れを示したチャート図等の補助ツール等も利用して，前提問題や付随問題（前記第6の2（259頁）参照）を含む遺産の分割に関する紛争の一括的かつ終局的な紛争解決を目指して調整が行われる。ただし，前提問題や付随問題については，本来的には，人事訴訟や民事訴訟等の手続により解決されるものであることから，各家庭裁判所においては，遺産の分割の調停での解決の見通しが立たないままにいたずらにこれらの問題についての調整を続けることによって事件が長期化してしまうことがないよう，これらの問題についての調整を行う調停期日の回数を制限する等して，メリハリのある調停の運営が行われている。

　なお，前提問題について人事訴訟や民事訴訟等の手続が行われることとなった場合

第2章　別表第二調停事件における書記官事務

は，遺産の分割調停申立事件については，当該前提問題が人事訴訟や民事訴訟等において解決されるまでの間は調停手続を進行させることが適当ではないため，実務上，取下げの勧告がされたり，遺産の分割の禁止の審判（第5編の第6章の第2節（550頁）参照）をする等の措置が採られる（片岡武，管野眞一編著「新版家庭裁判所における遺産分割・遺留分の実務」（日本加除出版）57頁参照）。

2　第1回調停期日までの準備事務

遺産の分割調停申立事件は，前記第6の2（259頁）のとおり，相続人や遺産が多数であったり，前提問題や付随問題があったり，特別受益や寄与分に関する主張がされる事案も少なくなく，その他の事件と比較しても，主張の内容や調整事項等も多岐にわたったり，調停の進行の手順や進行管理等にも留意すべき事項が多い。そこで，事件担当書記官が，事件の概要を把握して円滑な進行管理に役立てるため，また，調停委員会における事案の把握や評議等における基礎資料とするため，申立人提出の事情説明書（前記第1の3の(3)（250頁）参照）や相手方から返送された照会書（回答書）等（前記第7（259頁）参照）の内容に基づき，裁判官の指示に従って，第1回調停期日前の事前準備として主張整理票（記録外書面）[299]を作成している家庭裁判所もある。

なお，その他の第1回調停期日までの準備事務については，第2編の第7章の第4節の第2の1の(1)（119頁）と同様であるため参照されたい。

3　相続分の譲渡・放棄

(1)　概説

相続分の譲渡は，被相続人の死亡によって相続人に承継された権利及び義務（積極財産及び消極財産）を包括して譲渡することであるため，一般に，相続人たる地位の譲渡として，相続分の譲渡人は遺産の分割調停申立事件の当事者である資格を喪失し，相続分の譲受人は当事者となる資格を取得するものと解されている。

一方，相続分の放棄をした者については，遺産の分割における取得分がなくなる（取得分がゼロとなる）反面，相続債務はそのまま負担し，相続人たる地位を失わないものと解されているが，実務上は，相続人たる地位を失わなくても，遺産の分割は積極財産を分割するものであることから，当事者である資格を喪失することになると解されている[300]。もっとも相続分の放棄は，家庭裁判所に対する意思表示にすぎず，当該意思表示をした遺産の分割調停申立事件（前件）限りでその効力を

---

[299] 実務上，この主張整理票の形式としては，前提問題や付随問題を中心に，相続人の範囲，遺産の範囲・状況，遺言書の有無，遺言書がある場合は検認済みか否か，遺産分割協議の有無・内容，遺産の取得希望の有無・内容，特別受益や寄与分に関する主張の有無・内容，第1回調停期日への出頭の可否，出頭できない場合の理由等について一覧表形式で申立人及び相手方の主張を対比して記載する形式が多い。

[300] この「相続分の放棄」のほかに，「相続の放棄の申述の受理」（民法938条，法別表第一の九十五の項の事項参照）の手続がある。この「相続の放棄の申述の受理」は，相続の放棄をしようとする者が，民法915条1項が規定する熟慮期間内（自己のために相続の開始があったことを知った時から3か月以内）に，家庭裁判所に対して相続を放棄する旨を申述し，家庭裁判所が当該申述を受理することによって相続の放棄の効力が生じ，当該相続の放棄をした者は，その相続に関しては，相続開始当初から相続人とならなかったものとみなされ，遺産に属する積極財産も消極財産も全て承継しなかったことになるというものである（民法939条参照）。なお，この「相続の放棄の申述の受理」の手続の詳細については，平成27年度書記官実務研究の第2編の第2章の第12の6（567頁）を参照されたい。

生ずるものであることから，実務上，前件が取下げによって終了し，その後，同一の被相続人に係る遺産の分割調停申立事件（後件）が係属した場合には，前件における相続分の放棄者から，改めて相続分の放棄をするかどうかを確認する必要があるため，後件においては当該相続分の放棄者も当事者に含める取扱いがされている（司法研修所編「遺産分割事件の処理をめぐる諸問題」（法曹会）166頁～172頁及び東京家事事件研究会編「家事事件・人事訴訟事件の実務～家事事件手続法の趣旨を踏まえて～」（法曹会）163頁参照）。

(2) 手続

相手方から返送された照会書（回答書）等（前記第7（259頁）参照）の内容により，相続分の譲渡又は放棄を希望することが判明したときは，事件担当書記官は，当該希望を有する相手方に対して，相続分の譲渡又は放棄に関する書式（それぞれについての説明書面のほか，相続分の譲渡については，相続分譲渡届出書及び相続分譲渡証書の書式，相続分の放棄については，相続分放棄届出書の書式）を送付し，当該書式に必要事項を記入して署名押印の上，押印した印鑑の印鑑登録証明書とともに家庭裁判所に提出するよう促すこととなる。

これらが提出された場合，前記(1)のとおり，相続分の譲渡又は放棄をした者は，遺産の分割調停申立事件における当事者である資格を喪失することになるため，裁判官に報告の上，排除の裁判（法258条1項，43条1項）をすることとなる[301]。ただし，遺産である不動産について共同相続登記がされており，将来，遺産の分割の調停が成立し，その内容を実現するために，遺産分割を原因とする持分移転登記手続をする必要がある場合には，相続分の譲渡又は放棄をした者は，いずれも登記義務者となり，当事者である資格を喪失したとはいえないため，排除することはできない（一問一答91頁（注1）及び東京家事事件研究会編「家事事件・人事訴訟事件の実務～家事事件手続法の趣旨を踏まえて～」（法曹会）164頁参照）。

なお，排除に関する書記官事務の詳細については第2編の第4章の第4節（32頁）を，相続分の譲渡・放棄に関する調停条項の記載例については後記第10の1の(2)の①（268頁）を，それぞれ参照されたい。

4 調査官の関与

遺産の分割調停申立事件において，調査官が，その中核的な役割・機能として，行動科学の知見に基づく関与をする場合は限定的であると思われる。

調査官が関与する場合は，関与する場面に応じて，調停委員会を組織する裁判官が，当該調停委員会の決議に基づき，調査官に対し，事実の調査（法261条1項・2項）や調整（法261条5項，59条3項）を命じたり，調停委員会が，調査官に対し，調停期日への立会いを命じたり（法260条1項6号，258条1項，59条1項）することになる。

したがって，事件担当書記官は，これらの命令の発令前後における調停手続の円滑な進行確保及び進行促進のため，調停委員会及び裁判官並びに調査官と連携・協働し

---

[301] なお，調停委員会が家事調停を行う場合には，この排除の裁判の権限は，調停委員会が行う（法260条1項6号）。

第2章　別表第二調停事件における書記官事務

て，調査官による調査・調整事項，調査・調整の段取り，調査・調整の期間，調査報告書の提出時期等を把握した上で，これらの命令の発令に関する事務（これらの命令の発令のための裁判官への記録の提出やこれらの命令の発令後の調査官への記録の引継ぎ等の事務）を適時適切に行う必要がある。

5　中間合意調書の作成

遺産の分割の調停の手続において，遺産の範囲や評価等について当事者の合意が形成されたときは，実務上，その都度，当該合意内容を期日調書に記載して記録化することが多い（後記6の(2)のイ（265頁）も参照されたい。）。この期日調書は，実務上，中間合意調書と呼ばれており，紛争の蒸し返しを防止するとともに，終局的な紛争解決に向けて話合いが前進していることを当事者にも意識してもらい，全面的な解決に向けた意欲を涵養してもらうという効果をも期待して作成されていることが多い。また，仮に調停が不成立となって家事審判手続に移行した場合は，当該合意内容を確認し，当該合意内容を尊重した審理運営がされることにもなる（東京家事事件研究会編「家事事件・人事訴訟事件の実務～家事事件手続法の趣旨を踏まえて～」（法曹会）154頁及び167頁並びに片岡武，管野眞一編著「新版家庭裁判所における遺産分割・遺留分の実務」（日本加除出版）5頁参照）。

したがって，事件担当書記官は，裁判官の指示に基づき，中間合意調書を作成する際には，このような中間合意調書作成の目的を踏まえた上で，当事者の合意内容を的確に把握し，正確な文言を用いて当該合意内容を期日調書に記載する必要がある。

6　鑑定

(1)　概説

遺産の評価については，例えば，不動産であれば，固定資産評価証明書（固定資産評価額），相続税申告書の写し（相続税評価額（いわゆる路線価）），不動産会社の査定書の写し（実勢価格）等の当事者提出資料に基づいて，取引相場のない非上場株式（証券取引所によって上場されていない会社の株式）であれば，税務上の評価の基準である財産評価基本通達等に基づいて，調停委員会は，当事者の合意形成に向けた調整を行うこととなる。しかし，このような遺産の評価についての当事者の合意が成立しない場合には，実務上，不動産鑑定士や公認会計士等の専門家による遺産の評価についての鑑定が行われることとなる。

(2)　手続

ア　鑑定に要する費用の予納

鑑定に要する費用は，当事者の負担となることから，当事者に予納してもらう必要がある（民訴費用法11条1項1号・2項，12条1項）。

鑑定に要する費用の見積額については，裁判官の指示に基づき，あらかじめ鑑定人の候補者から見積額を提示してもらった上で，当事者にも当該見積額を提示し，誰がどのような割合で当該費用を負担（予納）するかという事項（原則として，法定相続分に応じて負担（予納）してもらうこととなるが，不出頭の当事者がいる場合等には一部の当事者が全額立て替えることもある。）について合意してもらうこととなる。

この予納及び保管金に関する手続は，①昭和37年9月10日付け最高裁判所規

程第3号「裁判所の事件に関する保管金等の取扱いに関する規程」,②平成4年9月2日付け最高裁総三第31号事務総長通達「裁判所の事件に関する保管金等の取扱いに関する規程の運用について」,③平成17年3月31日付け最高裁経監第000127号経理局長通達「保管金事務処理システムを利用した保管金に関する事務処理の運用について」及び④同日付け最高裁総三第000101号総務局長通達「保管金事務処理システムを利用した裁判所の事件に関する保管金の取扱いについて」等の関連通達等に従って行う。

イ 中間合意調書の作成

前記アの鑑定に要する費用の負担(予納)に関する合意を含む鑑定についての当事者の合意が成立したら,事件担当書記官は,裁判官の指示に基づき,鑑定対象の物件の特定,鑑定の評価時点(「遺産分割時(現実に分割する時点)」の一時点とするか,あるいは特別受益や寄与分が問題となっている場合には,これらの評価時点である「相続開始時」も加えて二時点とするか等),鑑定の結果に従う,又は鑑定の結果を尊重すること,鑑定に要する費用の負担(予納)に関する合意等の事項について記載した中間合意調書を作成する(前記5(264頁)も参照されたい。)。

ウ 鑑定の手続

鑑定の手続については,法258条1項で準用する法64条1項の規定により民訴法の鑑定に関する規定(民訴法212条～218条)が準用されており,また,規128条1項で準用する規46条1項の規定により民訴規の鑑定に関する規定(民訴規129条～136条)が準用されている。したがって,鑑定の手続の詳細については,平成28年3月研修教材第5号「民事実務講義案Ⅰ(五訂版)」(裁判所職員総合研修所)175頁～184頁と同様であるため,適宜,遺産の分割の調停の手続における鑑定の手続の場合に読み替えた上で参照されたい。ただし,証人等目録等の期日調書等の様式及び記載方法については,平成24年12月10日付け最高裁家一第004532号家庭局長,総務局長通達「家事事件の期日調書等の様式及び記載方法について」を参照されたい。

7 次回調停期日において調停成立が予想される場合の準備事務

(1) 当事者(本人)の出頭確保等

事件担当書記官は,調停成立が予想される調停期日への当事者(本人)の出頭確保に関する事務を行うこととなる(第2編の第7章の第4節の第2の1の(2)のカの(ア)(125頁)参照)。特に当事者(相続人)多数の事案等では,遠隔の地に居住している等の理由で調停期日への出頭が困難な当事者やそもそも調停期日への出頭に消極的な当事者がいることも少なくない。そのような事案については,テレビ会議システム又は電話会議システムの利用(同節の第5(140頁)参照),調停条項案の書面による受諾(同章の第12節の第2(169頁)参照)及び調停に代わる審判(同節の第6(177頁)参照)の活用等が考えられるため,事件担当書記官は,どのような対応をとるかについて裁判官に指示を仰ぎ,当該指示に従って適時適切にこれらに関する事務を行う必要がある。

第2章　別表第二調停事件における書記官事務

(2) 自己契約・双方代理

当事者が他の当事者の代理人となったり，同一の弁護士が複数の当事者の代理人となることは，自己契約又は双方代理に当たり，債務の履行及び当事者本人があらかじめ許諾した行為を除き，許されない（民法108条）[302]。この点については，例えば，同一の弁護士が複数の当事者の代理人となっている場合において，調停の当初の段階では，規18条1項の規定に基づく委任状が当事者ごとに提出されるだけであるため，当該当事者本人が双方代理を許諾しているかどうかは不明である。また，仮に，調停の当初の段階で当該当事者本人に双方代理を許諾する旨の書面を提出させたとしても，調停が推移し，成立に至った調停内容でもなお双方代理を許諾しているかどうかは不明である。したがって，調停手続進行中は，受任している当事者の実質的な利害が対立しなければ特に問題にはならないものの，調停成立段階では，当該当事者本人が成立すべき調停内容（調停条項）について双方代理を許諾していることを確認するため，当該双方代理を許諾する旨の書面に印鑑登録証明書を添付して提出させたり，あるいは双方代理とならないようにあらかじめ代理人へ辞任を促す等の取扱いをすることが考えられる。したがって，事件担当書記官は，どのような対応をとるかについて裁判官に指示を仰ぎ，当該指示に従って適時適切に当事者や代理人への指示等をする必要がある（平成19年1月家庭裁判資料第183号訟廷執務資料第74号「家事書記官事務の手引（改訂版）」（最高裁判所事務総局）133頁，司法研修所編「遺産分割事件の処理をめぐる諸問題」（法曹会）111頁及び平成8年度書記官実務研究「遺産分割事件における進行管理事務の研究」（裁判所書記官研修所）200頁〜205頁参照）。

(3) 不在者財産管理人の権限外行為許可

共同相続人中に行方不明者がいて，その者に不在者財産管理人が選任されている場合において，遺産の分割の調停を成立させるときは，前記第2の2の(3)（257頁）のとおり，あらかじめ当該不在者財産管理人について権限外行為許可の審判（民法28条，法別表第一の五十五の項の事項参照）を得ておく必要がある（調停条項集69頁【112】（注）参照）。したがって，事件担当書記官は，次回調停期日において調停成立が予想される場合には，当該期日までに権限外行為許可の審判がされるように，記録中の主張書面や証拠書類の写し，前回調停期日における家事調停委員作成の手控えや経過メモの内容等から，あらかじめ調停条項案を作成し，調停委員会や裁判官の確認を経た上で，不在者財産管理人に当該調停条項案を送付し，権限外行為許可の審判の申立てを促し，当該審判がされたら当該審判書謄本を提出するよう促しておく必要がある。

なお，この不在者財産管理人の権限外行為許可の審判手続の詳細については，平成27年度書記官実務研究の第2編の第2章の第4の2（354頁）を参照されたい。

(4) 成年後見監督人等の同意等

当事者の中に被後見人がおり，後見人が被後見人に代わって遺産の分割をし，又

302　このほか，同一の弁護士が複数の当事者の代理人となることについては，弁護士法25条の規定との抵触も問題になり得る。

は未成年被後見人がこれをすることに同意するには，後見監督人が選任されているときは，その同意を得なければならない（民法864条[303]，13条1項6号）。また，同様に，当事者の中に被保佐人がおり，保佐人に遺産の分割についての代理権が付与されていない場合において，被保佐人が遺産の分割をするには，保佐人の同意を得なければならない（民法13条1項6号）。

したがって，これらに該当する事案については，あらかじめ成立すべき調停内容（調停条項）について後見監督人又は保佐人の同意を得ているかどうかを確認する必要がある。確認の結果，後見監督人又は保佐人の同意を得ていない場合は同意を得るよう促し，また，当該同意を得ている場合は当該同意を証する書類（同意書等）の提出を求める必要がある。

8 寄与分を定める処分調停申立事件との関係

遺産の分割調停申立事件が係属している場合には，寄与分を定める処分調停申立事件（法別表第二の十四の項の事項についての調停申立事件）は，当該遺産の分割調停申立事件が係属している裁判所の管轄に属する（法245条3項，191条2項）。この詳細については，第2編の第6章の第1節の第2の3（41頁）及び本章の第4節の第2の1の(2)（278頁）を参照されたい。

また，これらの事件が係属するときは，これらの調停の手続及び調停は，併合してしなければならない。また，数人からの寄与分を定める処分調停申立事件が係属するときも同様である（法245条3項，192条）。この詳細については，第2編の第7章の第4節の第6（142頁）及び本章の第4節の第2の9（279頁）を参照されたい。

第10 調停手続の終了

遺産の分割調停申立事件における調停手続の終了の類型のうち，調停成立及び調停不成立に関する主な留意事項は，次の1及び2のとおりである。

なお，その他の家事調停手続の終了に関する書記官事務（全般）については，第2編の第7章の第12節（160頁）（第3の「合意に相当する審判」を除く。）と同様であるため参照されたい。

1 調停成立

本項では，次の(1)から(3)までにおいて，遺産の分割調停申立事件における調停成立に関する主な留意事項を記載する。その他の調停成立に関する書記官事務（全般）については，第2編の第7章の第12節の第1（160頁）と同様であるため参照されたい。

(1) 調停調書（成立）に記載する当事者等の表示について

遺産の分割調停申立事件の調停成立は身分関係の変動を生ずるものではないため，原則として，調停調書（成立）に当事者の本籍を記載する必要はない[304]。

なお，被相続人は当事者ではないが，どの被相続人についての遺産の分割である

---

[303] なお，この民法864条（後見監督人の同意を要する行為）の規定は，保佐監督人及び補助監督人が選任されている場合には準用されていない。

[304] もっとも，実務上は，調停成立後の調停調書（成立）に基づく登記手続等の各種手続における便宜等も考慮して，当事者の本籍をも記載している例もある。

第2章　別表第二調停事件における書記官事務

かを特定し，調停成立後の調停調書（成立）に基づく登記手続等の各種手続における便宜等も考慮して，実務上，当該調書の「当事者等及びその出頭状況」欄あるいは調停条項（後述する相続人の範囲の確認に関する調停条項や遺産の範囲の確認に関する調停条項等）中に被相続人の表示（本籍，最後の住所[305]，氏名及び死亡年月日）を記載するのが一般的である。

(2) **調停条項について**

遺産の分割調停申立事件の調停成立時には，実務上，次の①から⑤までに示す順序及び構成で調停条項を作成する例が多い。

次の①から⑤までにおいては，実務上作成することが多い類型の調停条項の記載例や留意事項に関する参考文献等を示すにとどまるため，その他の調停条項（前提問題に関する調停条項，債権・債務に関する調停条項，将来の遺産の発見に関する調停条項等）の記載例や留意事項等については，調停条項集54頁以下【85】～【115】，司法研修所編「遺産分割事件の処理をめぐる諸問題」（法曹会）165頁～189頁，平成8年度書記官実務研究「遺産分割事件における進行管理事務の研究」（裁判所書記官研修所）283頁～320頁等を，適宜，家事審判法（旧法）に関する部分は家事事件手続法の場合に読み替えた上で，それぞれ参照されたい。

① 相続人に関する調停条項

◇ 相続人の範囲の確認に関する調停条項

調停条項集54頁以下【85】1項，司法研修所編「遺産分割事件の処理をめぐる諸問題」（法曹会）172頁及び173頁，平成8年度書記官実務研究「遺産分割事件における進行管理事務の研究」（裁判所書記官研修所）287頁～289頁をそれぞれ参照されたい。

◇ 相続分の譲渡・放棄に関する調停条項

【相続分の譲渡による手続からの排除及び遺産の分割の当事者について確認する調停条項の記載例】

> 当事者全員は，被相続人の相続人が申立人A，相手方B，相手方C及び相手方Dの4名であること，相手方Dはその相続分を相手方Cに譲渡して本件遺産分割手続から排除されたこと，相手方Dの相続分の譲渡と本件遺産分割手続からの排除により本件遺産分割の当事者は相手方Dを除いた申立人A，相手方B及び相手方Cであることを確認する。

※ 本記載例については，片岡武，管野眞一編著「新版家庭裁判所における遺産分割・遺留分の実務」（日本加除出版）118頁及び上原裕之，髙山浩平，長秀之編著「リーガル・プログレッシブ・シリーズ遺産分割〔改訂版〕」（青林書院）99頁を参照されたい。

【相続分の放棄による手続からの排除について確認する調停条項の記載例】

---

[305] 被相続人名義の相続財産（不動産）について登記手続を行うことが調停成立の内容になっている場合において，最後の住所と登記記録上の住所とが異なるときは，登記記録上の住所も併記するのが相当である。

> 　当事者全員は，相手方○○が自己の相続分を放棄したことにより当事者の資格を喪失し，本件遺産分割手続の当事者から排除されたことを確認する。

　　※　本記載例については，片岡武，管野眞一編著「新版家庭裁判所における遺産分割・遺留分の実務」(日本加除出版) 107頁及び上原裕之，髙山浩平，長秀之編著「リーガル・プログレッシブ・シリーズ遺産分割〔改訂版〕」(青林書院) 100頁を参照されたい。
　◇　相続分の確認に関する調停条項
　　司法研修所編「遺産分割事件の処理をめぐる諸問題」(法曹会) 173頁及び174頁，平成8年度書記官実務研究「遺産分割事件における進行管理事務の研究」(裁判所書記官研修所) 289頁及び290頁をそれぞれ参照されたい。
② 遺産の範囲に関する調停条項
　◇　遺産の範囲の確認に関する調停条項
　　調停条項集54頁以下【85】2項及び【87】，司法研修所編「遺産分割事件の処理をめぐる諸問題」(法曹会) 174頁及び175頁，平成8年度書記官実務研究「遺産分割事件における進行管理事務の研究」(裁判所書記官研修所) 291頁〜293頁をそれぞれ参照されたい。
　◇　相続人の固有財産であることの確認に関する調停条項
　　調停条項集57頁以下【88】〜【90】，平成8年度書記官実務研究「遺産分割事件における進行管理事務の研究」(裁判所書記官研修所) 293頁〜295頁をそれぞれ参照されたい。
③ 遺産の取得（分割）に関する調停条項
　◇　調停条項の基本例
　　調停条項集54頁以下【85】3項，司法研修所編「遺産分割事件の処理をめぐる諸問題」(法曹会) 178頁，平成8年度書記官実務研究「遺産分割事件における進行管理事務の研究」(裁判所書記官研修所) 309頁〜312頁をそれぞれ参照されたい。
　◇　不動産の取得（分割）に関する調停条項（現物分割条項，登記条項，換価分割条項等）
　　調停条項集58頁以下【92】〜【97】及び【103】，司法研修所編「遺産分割事件の処理をめぐる諸問題」(法曹会) 178頁〜186頁，平成8年度書記官実務研究「遺産分割事件における進行管理事務の研究」(裁判所書記官研修所) 298頁〜309頁及び312頁〜317頁をそれぞれ参照されたい。
　◇　代償金の支払（債務負担）に関する調停条項
　　調停条項集54頁以下【85】4項〜7項，【104】及び【105】，司法研修所編「遺産分割事件の処理をめぐる諸問題」(法曹会) 187頁及び188頁，平成8年度書記官実務研究「遺産分割事件における進行管理事務の研究」(裁判所書記官研修所) 314頁及び315頁をそれぞれ参照されたい。
④ 清算条項

第2章　別表第二調停事件における書記官事務

調停条項集54頁以下【85】8項，司法研修所編「遺産分割事件の処理をめぐる諸問題」（法曹会）175頁及び176頁，平成8年度書記官実務研究「遺産分割事件における進行管理事務の研究」（裁判所書記官研修所）297頁及び298頁をそれぞれ参照されたい。

⑤　家事調停に関する手続の費用の負担に関する条項

本編の第1章の第1節の第10の1の(2)のシ（220頁）と同様であるため参照されたい。

なお，調停手続において遺産の評価についての鑑定が行われ（前記第9の6（264頁）参照），当該鑑定に要する費用を申立人が立て替えて予納している場合は，調停成立時には，相続人それぞれが相続分等に応じて負担する金額を定めて申立人に支払う旨の調停条項が盛り込まれることが多い（片岡武，菅野眞一編著「新版家庭裁判所における遺産分割・遺留分の実務」（日本加除出版）203頁参照）。

(3)　調停成立後の事務について

ア　調停調書正本の送達申請等について

第2編の第7章の第12節の第1の4の(4)のイ（168頁）と同様であるため参照されたい。

イ　付調停された事件（別表第二審判事件）の調停成立に伴う当該事件が係属していた裁判所に対する通知（規133条2項）について

第2編の第7章の第12節の第1の3の(2)のア（162頁）と同様であるため参照されたい。

2　調停不成立（家事審判手続への移行）

遺産の分割調停申立事件の調停が成立しない場合は，調停に代わる審判（法284条1項。第2編の第7章の第12節の第6（177頁）参照。）をしない限り，調停不成立で終了し，当該調停の申立時に当該調停事項についての家事審判の申立てがあったものとみなされ，家事審判手続へ移行する（法272条1項・4項）。

家事審判手続への移行後は，改めて家事審判事件の管轄（相続が開始した地を管轄する家庭裁判所（法191条1項）又は当事者が合意で定める家庭裁判所（法66条1項））の有無について確認する必要がある。この場合の家事審判事件の管轄の標準時は，家事審判手続への移行時である（逐条16頁参照）。この確認の結果，家事審判事件の管轄がない場合は，移送や自庁処理の手続を行うこととなる。この管轄や移送等に関する書記官事務については，第4編の第5章（338頁）を参照されたい。

家事審判事件の管轄がある場合には，裁判官の審理の方針，事案ごとの個別の事情等にもよるが，審判期日を開いて審問をする等して当事者の陳述を聴取し，必要な事実の調査を行った上で事件を終結し，審判をすることとなる。したがって，調停不成立時には，事件担当書記官は，裁判官の指示に基づき，家事審判手続の円滑な進行確保及び進行促進のため，当事者に対して，当該手続について口頭や書面等で説明するとともに，審理に必要な証拠書類の写しの提出や審判の告知等に要する郵便切手の予納の指示，送達場所の届出の促し等の事務を適時適切に行う必要がある[306]。

なお，家事審判手続への移行後は，遺産の分割の審判事件として立件し，前述の管

轄の有無等についての審査を行った上で，家事審判手続を進行させていくことになる。当該審判事件における書記官事務については，第5編の第6章の第1節（538頁）を参照されたい。

第11 調停手続終了後の書記官事務
第2編の第7章の第14節（190頁）と同様であるため参照されたい。

306　家事調停事件（別表第二調停事件）担当の書記官と家事審判事件（別表第二審判事件）担当の書記官が別である家庭裁判所では，このような調停不成立時における家事審判手続への橋渡し的な事務については，各々が有機的に連携・協働することができるように，各々の役割分担についての認識を共有しておく必要がある。

第2章　別表第二調停事件における書記官事務

第4節　その他の別表第二調停事件

　　本節では，本章の第1節から第3節までに記載した各事件以外のその他の別表第二調停事件のうち，まず第1において，面会交流調停申立事件（本章の第2節）と同じく法別表第二の三の項の事項（子の監護に関する処分（民法766条2項・3項））についての調停事件の一つではあるものの，調停の運営が婚姻費用の分担請求調停申立事件（本章の第1節）と類似する養育費請求調停申立事件を取り上げ，次に第2において，調停の合意が遺産の分割調停申立事件（本章の第3節）の前提ともなり，遺産の分割調停申立事件との一括処理の必要性がある寄与分を定める処分調停申立事件を取り上げ，それぞれの事件において書記官事務を行う上での主な留意事項等を中心に記載する。

　　なお，当該留意事項等以外の調停手続及び書記官事務（全般）については，基本的に，本章の第1節から第3節までに記載した各事件の調停手続（当該各事件特有の事項は除く。）や当該調停手続の中でも参照している第2編の第7章（52頁）の各節等と同様であるため併せて参照されたい。

　　おって，次の第1及び第2に記載する別表第二調停事件における書記官事務は，飽くまで適正かつ迅速で合理的な書記官事務の在り方についての考え方や方向性等を示す素材として，主な留意事項等を示すにとどまるものである。したがって，これらの事件以外の別表第二調停事件を含め，事案ごとの個別の事情等により，それぞれに個別の留意事項等があることはもちろんであり，裁判官や調停委員会の手続運営の方針等，それぞれの現場の実情等に応じて，適正かつ迅速で合理的な書記官事務の実現を常に図っていく必要がある。

第1 養育費請求調停申立事件

> 【どんな事件?】
> 　父母が協議上の離婚をするときは,子の監護をすべき者,父又は母と子との面会及びその他の交流,子の監護に要する費用(養育費※1)の分担その他の子の監護について必要な事項を協議して定める。この場合には,子の利益を最も優先して考慮しなければならない(民法766条1項※2)。
> 　この事件は,父母の間でこの協議が調わないとき,又は協議をすることができないときに,子を監護している親(父又は母)から他方の親(父又は母)に対して,養育費の支払を求める調停事件であり,法別表第二の三の項の事項(子の監護に関する処分(民法766条2項・3項))についての調停事件の一つである。
> ※1　養育費には,一般的に,子の衣食住等に要する生活費のほか,教育や医療に要する費用も含まれると考えられている。この養育費の支払義務は,性質上,夫婦間の婚姻費用の分担義務と同様に,生活扶助義務(自分の生活を犠牲にしない限度で被扶養者の最低限の生活扶助を行う義務)ではなく,生活保持義務(自分の生活を保持するのと同程度の生活を被扶養者にも保持させる義務)とされている。
> ※2　この民法766条の規定は,婚姻の取消し,裁判上の離婚及び父が認知する場合について準用されている(民法749条,771条及び788条)。

1 当事者
(1) **申立人**
　　父又は母(民法766条1項)
(2) **手続行為能力についての留意事項**
　　例えば,子を監護している未婚の未成年の母が当該子を認知した未成年の父に対して当該子の養育費の請求をする場合(民法788条,766条)は,法17条1項において準用する民訴法31条の規定によると,当該父母は養育費請求調停申立事件の当事者ではあるものの,手続行為能力を認める規定がないことから,当該事件の手続行為については,当該父母の親権者等の法定代理人が行うことになるため,留意する必要がある。
　　なお,手続行為能力の詳細については,第2編の第4章の第1節の第4(22頁)を参照されたい。

2 申立手数料
　子一人につき1,200円(収入印紙)(民訴費用法3条1項別表第一の一五の二の項)

3 申立時に必要な附属書類(添付書類)
　養育費請求調停申立事件の申立時に提出される,又は提出を求める戸籍全部事項証明書(戸籍謄本)は子(未成年者)の戸籍全部事項証明書(戸籍謄本)である。その他の附属書類(添付書類)については,婚姻費用の分担請求調停申立事件の附属書類(添付書類)(夫婦の戸籍全部事項証明書(戸籍謄本)(外国人当事者については住民票等)は除く。)と同様であるため,本章の第1節の第1の3の(3)(234頁)を参照されたい。

第2章　別表第二調停事件における書記官事務

4　受付及び審査
　養育費請求調停申立事件の申立書の受付及び審査に関する書記官事務において特に留意すべき事項は，次の(1)から(3)までのとおりである。
　なお，その他の申立書の受付及び審査に関する書記官事務（全般）については，第2編の第7章の第2節の第1（67頁）と同様であるため参照されたい。

(1)　養育費の請求金額について
　申立書の申立ての趣旨に具体的な養育費の請求金額を記載してもらう。
　申立人が具体的な請求金額について判断がつきかねる場合には，「相当額」と記載してもらう（裁判所ウェブサイトに掲載されている申立書の書式であれば，「申立ての趣旨」の金額を記入する欄の「□　相当額」欄の□部分にチェックをしてもらう。）。

(2)　過去の養育費について
　扶養義務に関する裁判例（最判昭42.2.17（家月19巻5号73頁））も考慮すると，過去の養育費については，その形成や給付も含め，法別表第二審判事項とする立場が有力である。ただし，離婚前の養育費の負担については，婚姻費用の分担又は財産の分与に含めて処理されることになろう（平成19年1月家庭裁判資料第183号訟廷執務資料第74号「家事書記官事務の手引（改訂版）」（最高裁判所事務総局）124頁参照）。

(3)　事情変更による養育費の額の変更について
　養育費（継続的定期給付）のような継続的法律関係において，調停成立や公正証書の作成等の後にそれらの基礎とされた事実関係に変更（父母の収入の変動，父母の再婚，子の養子縁組，子の上級学校への進学等）が生じたことによって，成立した調停や公正証書等の内容が実情に適さなくなった場合には，その取消しや変更が許されると解されている。このような養育費の額の変更（増額や減額等）を求める調停の申立ても養育費請求調停申立事件となる。
　なお，この事情変更による養育費の額の変更については，養育費を定めた当時（調停成立時や協議時等），当事者に予測不能であったことが後に生じた場合に限り，認められるとされている（東京高決平19.11.9（家月60巻6号43頁））。

5　立件基準（事件番号の付け方の基準）
　子（受付分配通達別表第5の2の(1)及び同表の1の「内訳表」の「家事法別表第二関係」の(3)参照）

6　調停の実施等
(1)　調停の運営
　養育費請求調停申立事件についても，婚姻費用の分担請求調停申立事件の調停の運営と同様に，各家庭裁判所では，平成15年に東京・大阪養育費等研究会から提案された養育費・婚姻費用の算定方式と算定表（いわゆる標準的算定方法。詳細については，判例タイムズ1111号285頁以下参照。）を活用した調停の運営が行われている。したがって，当該調停の運営については，基本的に本章の第1節の第9の1（237頁）と同様であるため，適宜，養育費請求調停申立事件の調停の運営の場合に読み替えた上で参照されたい。

(2) 養育費の支払の終期について
　　本編の第1章の第1節の第10の1の(2)のカの(ア)（214頁）と同様であるため参照されたい。
7　他の調停事件との関係
(1) 夫婦関係調整（離婚）調停申立事件との関係
　　夫婦関係調整（離婚）調停の申立てに伴って，養育費請求もする場合は，当該夫婦関係調整（離婚）調停の申立てとは別に養育費請求調停の申立てをする必要はなく，当該夫婦関係調整（離婚）調停の付随申立てとして請求をすれば（本編の第1章の第1節の第2の1の(2)（205頁）参照），当該夫婦関係調整（離婚）調停の手続において，離婚や親権者の指定，離婚に伴うその他の付随事項とともに紛争の解決を図ることとなる。
(2) 婚姻費用の分担請求調停申立事件との関係
　　夫婦の一方が他方に対し，別居中の子の養育費を含む夫婦の生活費（婚姻費用）の支払（分担）を求める調停を申し立てたい場合は，養育費請求調停ではなく，婚姻費用の分担請求調停の申立てをしてもらい，当該婚姻費用の分担請求調停の手続において，紛争の解決を図ることとなる。詳細については，本章の第1節（233頁）を参照されたい。
(3) 扶養料請求調停申立事件との関係
　　親権者でない親についても，未成熟子に対する扶養義務がある（民法877条1項）。したがって，父母の離婚後は，子を監護している親（親権者）から他方の親（非親権者）に対する養育費請求の調停のほか，民法879条の規定に基づき，未成熟子から当該他方の親に対する扶養料請求の調停（法別表第二の十の項の事項についての調停）の申立てをすることもできる[307]が，一般的には，子を監護している親から他方の親に対する養育費請求の調停が申し立てられることが多い（東京家事事件研究会編「家事事件・人事訴訟事件の実務～家事事件手続法の趣旨を踏まえて～」（法曹会）75頁参照）。
8　調停調書（成立）に記載する当事者等の表示及び調停条項について
(1) 当事者等の表示について
　　養育費請求調停申立事件の調停成立は身分関係の変動を生ずるものではないため，原則として，調停調書（成立）に当事者等の本籍を記載する必要はない。
(2) 調停条項について
　　本編の第1章の第1節の第10の1の(2)のカ（214頁）と同様であるため参照されたい。
　　なお，過去の調停や公正証書等で定められた養育費の額を事情変更により変更する場合（前記4の(3)（274頁）参照）は，当該（既存の）調停調書や公正証書等（債務名義）の執行力と競合しないように，その関係（どの部分を変更するのかや

---

[307] この未成熟子（未成年者）から当該他方の親に対する扶養料請求の調停（法別表第二の十の項の事項についての調停）の手続行為は，法17条1項において準用する民訴法31条の規定により，当該未成熟子の親権者等の法定代理人が行うことになる。

第2章　別表第二調停事件における書記官事務

どの部分の執行力を失わせるのか等）を明確にしておく必要がある。この場合の調停条項の記載例については，調停条項集43頁以下【59】・【60】を参照されたい。また，既に当該（既存の）調停調書や公正証書等（債務名義）に基づく強制執行が行われている場合には，当該調停条項のほかに，当該強制執行の停止又は執行処分の取消しの文書としての要件（当該（既存の）調停調書や公正証書等（債務名義）に基づく強制執行をしない旨又はその申立てを取り下げる旨等の記載が必要である。民執法39条1項4号，40条1項参照。）を備えた調停条項を定めることにも留意する必要がある（平成28年3月研修教材第5号「民事実務講義案Ⅰ（五訂版）」（裁判所職員総合研修所）301頁及び338頁並びに和解条項集155頁【127】（注2）及び156頁【128】（注2）参照）。

第2 寄与分を定める処分調停申立事件

【どんな事件？】
　寄与分は，遺産の分割に当たって，共同相続人中に，被相続人の事業に関する労務の提供又は財産上の給付，被相続人の療養看護その他の方法により被相続人の財産の維持又は増加について特別の寄与※1をした相続人※2があるときは，法定相続分にかかわらず，その相続人に寄与に相当する額の財産を取得させることによって，共同相続人間の実質的衡平を図ろうとする制度であり，原則として，共同相続人間の協議※3によって定められるものである（民法904条の2第1項）。
　この事件は，共同相続人間における当該協議が調わないとき，又は協議をすることができないときに，当該特別の寄与をした相続人が，他の共同相続人全員を相手方として，家庭裁判所に寄与分を定める処分を求める（民法904条の2第2項）調停事件であり，法別表第二の十四の項の事項についての調停事件である。

※1　この「特別の寄与」とは，被相続人と相続人の身分関係に基づいて通常期待される程度を超える貢献であり，通常の寄与と区別する趣旨である。したがって，夫婦間の協力扶助（民法752条），親族間の扶養（民法877条1項）等の法律上の義務の履行，あるいは親族間において通常期待される程度の寄与は，法定相続分を受けることによって報われる性質のものと考えられ，「特別の寄与」には当たらないと解されている（平成26年10月研修教材第4号「親族法相続法講義案（七訂補訂版）」（裁判所職員総合研修所）263頁参照）。

※2　民法上，寄与分を受けることができるのは共同相続人に限定されている（民法904条の2第1項）。代襲相続人についても，自身に寄与があった場合には，寄与分を受けることはもとよりであるが，更に被代襲者の寄与を主張することができると解されている。一方，相続人ではない包括受遺者は，遺産の処理に関しては，相続人と同一の権利義務を有する（民法990条）ものの，相続人そのものではなく，また，包括遺贈は多くの場合寄与行為を評価した上でされることが通常であること等を理由として，寄与者とはなり得ないと解されている（平成26年10月研修教材第4号「親族法相続法講義案（七訂補訂版）」（裁判所職員総合研修所）261頁並びに「別冊法学セミナーno.193 基本法コンメンタール［第五版］相続」（日本評論社）70頁及び71頁参照）。

※3　協議をすることができる時期は，寄与分は遺産の分割の前提問題であることから，相続の開始後，遺産の分割の協議終了前であればいつでもよいとされている（平成26年10月研修教材第4号「親族法相続法講義案（七訂補訂版）」（裁判所職員総合研修所）264頁及び265頁参照）。

1　管轄

　寄与分を定める処分調停申立事件の管轄は，次の(1)及び(2)のとおりである。
　なお，その他の管轄の詳細については，第2編の第6章の第1節（40頁）と同様であるため参照されたい。

第2章　別表第二調停事件における書記官事務

　(1)　原則
　　　相手方のうちの一人の住所地[308]を管轄する家庭裁判所又は当事者が合意で定める家庭裁判所（法245条1項）。
　(2)　特則
　　　遺産の分割調停申立事件（法別表第二の十二の項の事項についての調停事件）が係属している場合における寄与分を定める処分調停申立事件は，当該遺産の分割調停申立事件が係属している裁判所の管轄に属する（法245条3項，191条2項）。
　　　寄与分を定める処分調停申立事件における調停の合意は，遺産の分割調停申立事件の前提となることから，両事件を一括して処理する必要性がある。そこで，それを可能にするために（両事件の管轄を集中させるために），このような管轄の特則が規定されている（逐条739頁参照）。
　　　なお，同様の趣旨で，法245条3項において準用する法192条の規定では，両事件が係属するときの調停の手続及び調停の併合の特則が規定されているが，これについては，後記9（279頁）を参照されたい。
2　当事者
　(1)　申立人
　　　被相続人の事業に関する労務の提供又は財産上の給付，被相続人の療養看護その他の方法により被相続人の財産の維持又は増加について特別の寄与をした相続人（民法904条の2第1項）
　(2)　相手方
　　　申立人以外の共同相続人全員
3　申立手数料
　　申立人一人につき1,200円（収入印紙）（民訴費用法3条1項別表第一の一五の二の項）
4　申立書
　　寄与分を定める処分の調停の申立書には，①寄与の時期[309]，方法[310]及び程度[311]その他の寄与の実情[312]，②遺産の分割の審判又は調停の申立てがあったときは，当該事件の表示，③民法910条に規定する場合にあっては，共同相続人及び相続財産の表示，認知された日並びに既にされた遺産の分割その他の処分の内容を記載しなければならない（規127条，102条2項）。
　　なお，その他の申立書の方式や記載事項等については，第2編の第7章の第1節の第2の1の(2)（53頁）と同様であるため参照されたい。

308　相手方が複数いて住所地が異なる場合は，その全てに土地管轄が生ずる。
309　寄与の時期を記載事項としているのは，被相続人の財産には増減があるのが通常であり，被相続人の財産の維持増加に特別の寄与があったか否かを判断するには，寄与行為が行われた時の被相続人の財産状態を知る必要があるためである（条解規則259頁参照）。
310　寄与の方法としては，労務の提供，金銭の贈与又は貸与，土地建物その他の事業用施設等の提供，債務の保証，療養看護等がある（条解規則259頁参照）。
311　寄与の程度としては，寄与の期間の長短，寄与の質・量がある（条解規則259頁参照）。
312　その他の寄与の実情としては，特別の寄与の有無の判断とその評価に役立つ事情があればこれを記載すればよく，特に制限はない（条解規則259頁参照）。

第2　寄与分を定める処分調停申立事件

5　申立時に必要な附属書類（添付書類）

　遺産の分割調停申立事件が既に係属している場合は，附属書類（添付書類）は不要である。

　なお，遺産の分割調停申立事件が係属していない場合は，遺産の分割調停申立事件の附属書類（添付書類）（本章の第3節の第1の3の(3)（250頁）参照）と同様の附属書類（添付書類）を提出する必要がある。

6　寄与分制度の適用時期

　民法904条の2が規定する寄与分制度は，昭和55年法律第51号により新設された規定であり，同法の施行日（昭和56年1月1日）以降に開始した相続についてのみ適用される[313]。

7　申立ての時期

　寄与分を定める処分の**調停**は，実質的には共同相続人間の協議と異ならないと考えられることから，当該協議と同様（冒頭の【どんな事件？】の※3参照），遺産の分割（法別表第二の十二の項の事項）の調停又は審判の係属の有無にかかわらず，相続開始後遺産の分割が終了するまでの間であれば，いつでも寄与分を定める処分の**調停**の申立てをすることができる（昭和56年3月家庭裁判資料第121号「改正民法及び家事審判法規に関する執務資料」（最高裁判所事務総局）62頁参照）。

　なお，これに対し，寄与分を定める処分の**審判**の申立てについては，一定の例外（民法910条に規定する場合）を除き，遺産の分割の**審判**の申立てがあった場合（これらの**審判**の申立てが同時にされた場合を含む。）のみ，すなわち，遺産の分割の**審判**事件が係属している場合（先行する当該遺産の分割の調停が不成立となって審判移行した場合を含む。）のみ申立てをすることができ（民法904条の2第4項及び昭和56年3月家庭裁判資料第121号「改正民法及び家事審判法規に関する執務資料」（最高裁判所事務総局）54頁参照），また，手続の合理的運用を図るという観点から，家庭裁判所が寄与分を定める処分の**審判**の申立期間を定めることがある（法193条参照）。詳細については，第5編の第6章の第3節の第2の2（558頁）を参照されたい。

8　立件基準（事件番号の付け方の基準）

　申立人（受付分配通達別表第5の2の(1)及び同表の1の「内訳表」の「家事法別表第二関係」の(14)参照）

9　遺産の分割調停申立事件及び寄与分を定める処分調停申立事件が係属するときの調停の手続及び調停の併合等

　遺産の分割調停申立事件及び寄与分を定める処分調停申立事件が係属するときは，前記1の(2)（278頁）の管轄の特則と同様の趣旨で，両事件を一括して処理する必要性から，これらの調停の手続及び調停は，併合してしなければならないとされている。

---

[313] そのため，昭和55年12月31日以前に開始した相続について寄与分を定める処分の調停を申し立てることはできないが，寄与分制度の趣旨と実質的に内容を同一にする事情があれば裁判所の職権によって寄与につきしんしゃくされる余地もある。したがって，これに該当する申立書の提出を受けた場合には，寄与分を定める処分調停申立事件として立件できない旨を当事者に説明し，新たに上申書として提出するように指示するか，あるいは当該申立てにつき一般調停事件として立件するかを検討することになる（平成8年度書記官実務研究「遺産分割事件における進行管理事務の研究」（裁判所書記官研修所）260頁参照）。

第2章　別表第二調停事件における書記官事務

また，数人からの寄与分を定める処分調停申立事件が係属するときも同様である（法245条3項，192条）。詳細については，第2編の第7章の第4節の第6（142頁）を参照されたい。

なお，寄与分を定める処分についてのみ調停を成立させることは可能であると考えられている。また，数人からの寄与分を定める処分の調停事件について併合して手続が進められているときに，一部の者についての寄与分を定める調停を成立させることは，理論上は可能であろうが，相互に影響し合う関係にある場合には，全ての者の寄与分について一度に調停を成立させることが望ましいであろうとされている（逐条739頁及び740頁並びに片岡武，管野眞一編著「新版家庭裁判所における遺産分割・遺留分の実務」（日本加除出版）289頁参照）。

10　調停条項について

寄与分を定める処分調停申立事件における調停条項の記載例については，調停条項集70頁以下【116】～【118】及び平成8年度書記官実務研究「遺産分割事件における進行管理事務の研究」（裁判所書記官研修所）318頁～320頁を参照されたい。

11　調停不成立（家事審判手続への移行）時の留意事項

寄与分を定める処分調停申立事件のみが係属し，当該事件が調停不成立により家事審判手続へ移行する（法272条1項・4項）場合は，前記7（279頁）のなお書きのとおり，遺産の分割の審判事件が係属していない場合には，新たに遺産の分割の審判の申立てがされない限り，民法904条の2第4項の要件を欠き，寄与分を定める処分の審判の申立ては却下を免れ得ない。したがって，寄与分を定める処分調停申立事件を調停不成立にする場合は，この点について当事者に注意を喚起する必要がある（昭和56年3月家庭裁判資料第121号「改正民法及び家事審判法規に関する執務資料」（最高裁判所事務総局）62頁及び63頁参照）。

第3章 特殊調停事件（合意に相当する審判事件）における書記官事務

　特殊調停事件（合意に相当する審判事件）の対象とされるのは，人訴法2条各号に掲げる人事に関する訴え（離婚及び離縁の訴えを除く。）を提起することができる事項である（法277条1項）。これらの事項は，本来人事訴訟で解決すべき事項とされているが，家事調停手続において，一定の要件を満たす場合に限り，非訟手続によって簡易迅速に合意に相当する審判を行うことができるとされている。合意に相当する審判の趣旨は，人事に関する訴えを提起することができる事項は，特定の身分関係の無効若しくは取消し又は新たな形成等をもたらし，対世的効力があるという意味で公益性が高いことから任意処分は許されず，また，その性質上本来は訴訟事項として，対審公開の訴訟手続により審理判断されるべき事項について，当事者間に身分関係の形成又は存否の原因事実関係について争いがなく，かつ，合意に相当する審判の手続により同審判を受けることにつき当事者間に合意がある場合に限って，事実の調査により実体的な真実に合致していることを確保しつつ，家庭内の秘密を保持する観点から非公開の手続により，簡易迅速に処理することを認め，もって手続経済に資するとともに，当事者の負担を軽減させるというものである（逐条835頁及び836頁参照）。

　本章では，この特殊調停事件（合意に相当する審判事件）について，まず，第1節から第4節までにおいて，比較的事件数が多い事件類型である，協議離婚無効確認申立事件（第1節），嫡出否認申立事件（第2節），認知申立事件（第3節）及び親子関係不存在確認申立事件（第4節）を取り上げ，具体的な書記官事務について記載する。これらの事件類型のうち，特に，嫡出否認申立事件（第2節），認知申立事件（第3節）及び親子関係不存在確認申立事件（第4節）については，それぞれ母と前夫の離婚後300日以内に出生した子の身分関係を確定させるために利用される例があることから，これらの各事件類型を比較してその相違点や留意事項等も併せて記載する。次に，第5節において，その他の特殊調停事件（合意に相当する審判事件）のうち法に特則が定められている事件及び第2節から第4節までの各事件類型と関係がある事件を取り上げ，留意事項等を中心に記載する。

第3章　特殊調停事件（合意に相当する審判事件）における書記官事務

第1節　協議離婚無効確認申立事件

> 【どんな事件？】
>   この事件は，夫婦の一方が他方に無断で協議離婚の届出をした場合など，当事者に協議離婚の意思がないにもかかわらず協議離婚届出をしたことを理由に，当該届出をした者等を相手方として，その協議離婚の無効確認を求める調停事件である。
>   この協議離婚の無効確認を求める申立ては，本質的には訴訟事項（人訴法2条1号）であるため，調停前置の対象となる（法257条1項）。

第1　申立て

1　管轄

相手方の住所地を管轄する家庭裁判所又は当事者が合意で定める家庭裁判所（法245条1項）。

なお，管轄の詳細については，第2編の第6章の第1節（40頁）と同様であるため参照されたい。

2　当事者

(1)　申立人

　ア　協議離婚した夫又は妻
　イ　協議離婚した夫婦の親族その他協議離婚無効について直接確認の利益を有する第三者

(2)　相手方

　ア　協議離婚した夫婦の一方が申立人の場合は他の一方
　イ　第三者が申立人の場合は夫婦双方。
　　なお，この場合において，夫婦の一方が死亡している場合には合意に相当する審判をすることはできない（法277条1項ただし書）（逐条837頁参照）。

3　申立ての方式

(1)　申立費用

　ア　申立手数料
　　1,200円（収入印紙）（民訴費用法3条1項別表第一の一五の二の項）
　イ　郵便切手
　　各家庭裁判所の実務上の運用によって異なる。
　なお，これら申立費用の詳細については，第2編の第7章の第1節の第2の1の(1)（53頁）と同様であるため参照されたい。

(2)　申立書

申立ては，申立書を家庭裁判所に提出してしなければならず（法255条1項），申立書を家庭裁判所に提出する際は，相手方の数と同数の申立書の写し（相手方送付用）を提出する必要がある（規127条，47条）。

申立書の方式や記載事項等については，第2編の第7章の第1節の第2の1の(2)（53頁）と同様であるため参照されたい。

(3)　附属書類（添付書類）

協議離婚無効確認申立事件の申立時に提出される，又は提出を求めることが多い

主な附属書類（添付書類）は次のとおりである（各書類の趣旨等については，以下に記載する留意事項等のほか，第2編の第7章の第1節の第2の1の(3)（57頁）の①から③までの各類型の各書類の※の説明部分と同様であるため参照されたい。）。

なお，本項では飽くまで主な附属書類（添付書類）の類型を示すにとどまるため，当然ながら，各家庭裁判所においては，裁判官や調停委員会の手続運営の方針，事案ごとの個別の事情等の実情に応じて，協議離婚無効確認申立事件の手続の円滑な進行を図るために，規127条で家事調停の申立てについて準用されている規37条3項の規定に基づき，本項で示す類型以外の書類の提出を求める場合がある。

◇ 申立ての理由及び事件の実情についての証拠書類写し（規127条，37条2項）
　※ この証拠書類として，離婚届の記載事項証明書を提出する必要がある。
◇ 申立人及び相手方の戸籍全部事項証明書（戸籍謄本）（規127条，37条3項）
◇ 利害関係を証する資料（親族の場合，戸籍全部事項証明書（戸籍謄本）等）（規127条，37条3項）
　※ 本書類は，協議離婚した夫婦の親族その他協議離婚無効について直接確認の利益を有する第三者からの申立ての場合に提出を求める書類である。
◇ 事情説明書（規127条，37条3項）
◇ 連絡先届出書（規127条，37条3項）
◇ 非開示希望申出書（非開示希望の申出をする場合にのみ使用する書類）（規127条，37条3項）
◇ 進行に関する照会回答書（規127条，37条3項）
◇ 手続代理人の権限（代理権）を証明する書面（委任状）（規18条1項）
◇ 法定代理権及び手続行為をするのに必要な授権を証明する書面（規15条，民訴規15条前段）

第2　受付及び審査

協議離婚無効確認申立事件の申立書の受付及び審査に関する書記官事務において特に留意すべき事項は，主に次の1から3までのとおりである。

なお，その他の申立書の受付及び審査に関する書記官事務（全般）については，第2編の第7章の第2節の第1（67頁）と同様であるため参照されたい。

1 戸籍訂正許可申立事件[314]との関係について

無効な協議離婚の戸籍訂正については，当該無効が戸籍上明らかな場合は，家庭裁判所の許可だけで戸籍訂正（戸籍法114条）ができるが，当該無効が戸籍上明らかでない場合は，たとえ当事者及び利害関係人間に異議がない場合でも，判決又は審判を得て戸籍訂正申請（同法116条）をすべきものと解されている（長山義彦ほか共著「〔新版〕家事事件の申立書式と手続」（新日本法規）464頁参照）。

このように，協議離婚が無効である場合には，同法114条による戸籍訂正申請によるべき場合と，本節による手続を経て，同法116条による戸籍訂正申請をすべき場合

---

[314] 法別表第一の百二十四の項の事項についての審判事件。平成27年度書記官実務研究の第2編の第2章の第18の3（713頁）参照。

第3章　特殊調停事件（合意に相当する審判事件）における書記官事務

がある。例えば，協議離婚届が受理された日の前日に夫は死亡していたから協議離婚は無効であるとして，妻が戸籍訂正の許可を求めた事案について，夫の死亡日時を確定することは困難であり，離婚届の前に死亡していたものとは断定できず，離婚届が戸籍上明らかに無効であるとはいえないから，同法114条又は同法113条による戸籍訂正を求めることはできないとして申立てが却下された事例がある（札幌家審昭56.6.8（家月34巻12号75頁）参照）。ただし，同法114条と同法116条の適用範囲については，必ずしも明確でないことから，その適用範囲を巡る裁判例が複数あるが，明白性又は軽微性の要件を具備していない事例については，同法114条による訂正を許可すべきではないとするものが多い（家月63巻7号17頁～21頁及び29頁～31頁参照）。

したがって，協議離婚無効確認の申立てがあった場合には，戸籍訂正許可申立事件との関係にも留意して受付及び審査をする必要があり，事件の進行方針等について裁判官に確認し，その指示に基づいて，以後の手続を行う必要がある。

2　婚姻取消申立事件との関係について

例えば，夫婦の一方が他方に無断で協議離婚の届出をした上，再婚した場合，前婚の協議離婚無効確認の申立てをすることができ，当該手続において合意に相当する審判がされたとしても戸籍の記載が協議離婚する前の状態に戻るにとどまり，戸籍上は重婚の状態となってしまう。したがって，後婚の当事者を相手方とした婚姻取消しの申立てもする必要があるので，受付担当書記官は，手続の円滑な進行確保及び進行促進のため，当事者の理解の程度等に応じて，適宜この点についても説明する。

なお，このように協議離婚無効確認の申立てと婚姻取消しの申立てが併せて申し立てられた場合，協議離婚無効確認の合意に相当する審判を形成的性質のものとみれば，無効が確定しない限り前婚と後婚とは重婚にならないから，婚姻取消しもできないことになるし，協議離婚無効確認の合意に相当する審判を確認的性質のものとみれば，協議離婚無効確認の合意に相当する審判の確定を待たずに婚姻取消しができることになるから，理論的には同時に合意に相当する審判をしても差し支えないことになるが，その場合でも，協議離婚無効確認の合意に相当する審判についてのみ異議の申立てがあると，前婚についての婚姻関係が確定しないのに後婚が取り消されるという問題が生ずる。したがって，協議離婚無効確認の合意に相当する審判を確認的性質のものとみる立場に立っても前婚の協議離婚無効確認の合意に相当する審判が確定してから，後婚の婚姻取消しの合意に相当する審判をする取扱いが望ましいとされている（平成8年2月家庭裁判資料第164号「改訂家事執務資料集下巻の一（調停，23条・24条審判）」（最高裁判所事務総局）404頁参照）ため，事件の進行方針等について裁判官に確認し，その指示に基づいて，以後の手続を行う必要がある。

3　当事者に外国人が含まれる場合（いわゆる渉外事件の場合）について

本編の第1章の第1節の第2の3（206頁）と同様であるため参照されたい。

第3　立件基準（事件番号の付け方の基準）

確認又は形成の対象となる身分関係（受付分配通達別表第5の2の(2)参照）

第4 記録の編成
第2編の第7章の第2節の第2（72頁）と同様であるため参照されたい。

第5 事件の分配
第2編の第7章の第2節の第5（98頁）と同様であるため参照されたい。

第6 調停期日及び家事調停委員の指定
第2編の第7章の第2節の第6（105頁）と同様であるため参照されたい。

第7 申立書の写しの送付等
第2編の第7章の第2節の第7（109頁）と同様であるため参照されたい。

第8 参考事項の聴取
第2編の第7章の第2節の第8（112頁）と同様であるため参照されたい。

第9 調停の実施等
協議離婚無効確認申立事件における調停の実施に関する主な留意事項は，次の1から6までのとおりである。

なお，申立ての変更に関する書記官事務（全般）については第2編の第7章の第1節の第2の3（62頁）と同様であり，その他の家事調停の実施等に関する書記官事務（全般）については同章の第4節（117頁）から第11節（159頁）までと同様であるため，それぞれ参照されたい。

1 合意に相当する審判の要件について
人事に関する訴え（離婚及び離縁の訴えを除く。）を提起することができる事項についての家事調停の手続において，①当事者間に申立ての趣旨のとおりの審判を受けることについての合意が成立し，②当事者の双方が申立てに係る無効若しくは取消しの原因又は身分関係の形成若しくは存否の原因について争わない場合において，③家庭裁判所が，必要な事実を調査した上で，①の合意を正当と認めるときは，当該合意に相当する審判をすることができる（法277条1項）。

なお，家事調停手続が調停委員会で行われている場合において，合意に相当する審判をするときは，家庭裁判所は，その調停委員会を組織する家事調停委員の意見を聴かなければならない（法277条3項）。

おって，裁判官のみによる家事調停においても合意に相当する審判をすることができる（法277条3項。逐条842頁及び843頁参照）。

2 家事調停手続について
協議離婚無効確認申立事件において，合意に相当する審判をするためには，前記1の要件を満たす必要があることから，調停委員会が家事調停を行う場合，実務上は，まず，家事調停委員が当事者双方から，協議離婚届出に至った経緯や事情，当事者間に協議離婚の意思がないのに協議離婚届出をした事実（原因事実）について争いがないか等について聴取した後，裁判官と評議する。

第3章　特殊調停事件（合意に相当する審判事件）における書記官事務

その後，裁判官が，当事者双方に対し，人事訴訟ではなく，申立ての趣旨のとおりの合意に相当する審判を受けることに合意しているか，さらに，協議離婚無効の原因について争いがないかを確認するとともに，審問により，当事者双方から事実関係を再度確認し，調停委員会を組織する家事調停委員の意見を聴いた上で（法277条3項），前記合意を正当と認めれば，当該合意に相当する審判をすることになる（東京家事事件研究会編「家事事件・人事訴訟事件の実務～家事事件手続法の趣旨を踏まえて～」（法曹会）287頁参照）。

3　合意の成立等について

(1)　手続

当事者間に前記1（285頁）の①の合意が成立し，同②の原因について争わない場合には，これらは合意に相当する審判をする前提となるものであるから，事件担当書記官はその旨を期日調書に記載する（法253条本文，規126条1項，32条1項）。また，アンケート調査の結果によると，多くの家庭裁判所において，調停委員会が家事調停を行っている場合には，当該調停委員会を組織する家事調停委員から意見聴取した旨（法277条3項）も期日調書に記載する取扱いをしていた（後記5（288頁）参照）。

なお，家事審判法（旧法）下においては，「合意」の内容について学説が分かれていたが，当事者間の合意その他一定の要件がある場合に限って簡易迅速な手続で処理することを認めたという合意に相当する審判の制度趣旨からすると，ここでいう当事者間の合意は，基本的には，手続法上の合意を主とするものであると考えるのが相当である。もっとも，当事者間の合意の成立を前提として「合意に相当する審判」がされた場合には，その内容どおりの身分法上の法律効果が発生するのであるから，その合意には，人事訴訟の手続によらず家事調停の手続によって事件を処理するという「手続」についての当事者間の合意と，当事者双方が申立ての趣旨どおりの身分法上の法律効果の発生を承認するという趣旨が含まれているものと考えるのが相当であるとされている（逐条838頁参照）。

この点につき，合意に相当する審判事件の期日において，法277条1項1号の合意が成立し，同項2号の原因について争わず，裁判官が，当該期日に必要な事実の調査として当事者等の審問を実施した上，同条3項の規定に基づき調停委員会を組織する家事調停委員の意見を聴いた場合における当該期日の調書の「手続の要領等」欄に記載する内容についてのアンケート調査の結果によると，定型的な記載例がある旨回答した多くの家庭裁判所において，①当事者間に申立ての趣旨のとおりの審判を受けることについて合意が成立したこと，②その原因事実に争いがないこと，③当事者等の審問を実施した旨，④調停委員会を組織する家事調停委員から意見を聴取した旨を記載していた。これらの家庭裁判所については，①の記載内容から，実務上も，当事者間の「合意」の内容については，前述のとおり，人事訴訟の手続によらず家事調停の手続によって事件を処理するという「手続」についての当事者間の合意と，当事者双方が申立ての趣旨どおりの身分法上の法律効果の発生を承認するという趣旨を含むものとして取り扱っていると考えられる。

おって，このアンケート調査の結果に基づく期日調書の「手続の要領等」欄の記

第 9　調停の実施等

載の参考例[315]は次のとおりである。
【参考例】

> 当事者双方
> 1　申立ての趣旨のとおりの審判を受けることについて合意する。
> 2　その原因事実についても争わない。
> 裁　判　官
> 　　本件調停委員会を組織する各家事調停委員の意見を聴いた。※
> ○○及び○○（○○には，審問された者の肩書及び氏名を記載する。）の審問の結果は，別紙各審問調書のとおり
> 　　※　調停委員会が家事調停を行っている場合に，当該調停委員会を組織する家事調停委員の意見を聴いた旨の記載例である（後記5（288頁）参照）。

(2)　合意を成立させることができない場合について

　当事者間に，前記1（285頁）の①の合意を成立させるに当たっては，当事者の真意をより慎重に確認する必要がある。そこで，法277条2項は，当事者の置かれている状況，表情やしぐさなどを確認しづらい電話会議システム又はテレビ会議システムを用いた方法（法258条1項，54条1項）によっては，当該合意を成立させることはできないとしている（逐条841頁参照）。また，法270条1項は，調停条項案の書面による受諾により当事者間に合意が成立したものとみなす旨の規律を定めているが，真意を確認しづらいことに加え，書面に表れた受諾の意思は，合意の成立をさせる調停期日よりも前のものであり，当該調停期日までに翻意していないことを担保するものではないことから，書面による受諾の方法で当事者間に前記1（285頁）の①の合意が成立したものとみなすことはできないこととしている（逐条842頁参照）。

4　必要な事実の調査について

　当事者間に前記1（285頁）の①の合意が成立し，同②の原因について争いがない場合においても，家庭裁判所は，直ちに合意に相当する審判をすることはできず，当該合意が実体的真実に合致するかや前記1（285頁）の①の合意が正当であるかを判断するため，必要な事実の調査をする。
　この必要な事実の調査は，事実の調査と証拠調べの双方を含むものである。協議離婚無効確認申立事件においては，必要な事実を調査するため，裁判官による当事者等の審問を実施することが一般的である。事実の調査の詳細については第2編の第7章の第5節（145頁）を，証拠調べの詳細については同章の第6節（147頁）をそれぞれ参照されたい。
　なお，調停期日において，当事者等の審問を実施した場合には，調書の作成が必要となるが（法253条本文，規126条1項，32条1項），裁判長（調停委員会が家事調停を行う場合には，当該調停委員会を組織する裁判官）が調書の作成の必要がないと

315　この参考例は飽くまでアンケート調査の結果に基づく一例であり，裁判官や調停委員会の手続運営の方針，事案ごとの個別の事情等に応じて記載内容が異なり得ることはもちろんである。

第3章　特殊調停事件（合意に相当する審判事件）における書記官事務

認めるときは，調書の作成を省略できる（法253条ただし書，260条2項）。もっとも，審問が実施された場合には，その判断資料としての重要性から，期日調書と一体となる審問調書を作成する方法により記録化をすることになろうし，仮に合意に相当する審判の確定後に再審（法288条，103条）に当たるような重大な瑕疵があることが判明した場合，これを救済するような事実の調査の結果が明確に記録に残っていることが必要であるから，調書の作成を省略しない取扱いが妥当である（条解規則80頁並びに平成21年3月研修教材第15号「家事審判法実務講義案（六訂再訂版）」（裁判所職員総合研修所）357頁及び358頁参照）。

5　家事調停委員の意見聴取について

家事調停手続が調停委員会で行われている場合において，合意に相当する審判をするときは，家庭裁判所は，その調停委員会を組織する家事調停委員の意見を聴かなければならない（法277条3項）。

この意見聴取については，特に方式が定められているものではないので，裁判官の裁量により，書面又は口頭のいずれによってもよいが，意見を聴取した場合，家事調停委員の意見の内容は，裁判官が了知すれば足り，かつ，公表すべきものでないので，記録にとどめる必要はない。審判書に家事調停委員の意見を聴いた旨を記載し，調書等に意見を聴いたこと及びその時期を記載すれば足りる（平成21年3月研修教材第15号「家事審判法実務講義案（六訂再訂版）」（裁判所職員総合研修所）359頁並びに前記3の(1)（286頁）及び後記第10の1の(1)の【合意に相当する審判書（協議離婚無効確認申立事件）の参考例】（290頁）参照）。

6　無効な協議離婚の追認について [316]

協議離婚無効確認申立事件において，当初の申立ての趣旨と異なり，申立人が無効な協議離婚を追認し，当事者間に「協議上の離婚が有効であることを認める。」とか，「協議上の離婚を追認する。」とか，「協議上の離婚の届出は有効なものであることを確認し，将来相互に異議を述べない。」等の合意が成立することがある。このような場合には，調停機関が成立した当該合意を相当と認めるときは，当該合意を調書に記載し，調停を成立させる（法268条1項）ことができ，事件は終了する（平成21年3月研修教材第15号「家事審判法実務講義案（六訂再訂版）」（裁判所職員総合研修所）263頁参照）。

第10　調停手続の終了

協議離婚無効確認申立事件における調停手続の終了の類型のうち，合意に相当する審判，調停不成立及び取下げに関する主な留意事項は，次の1から3までのとおりである。

なお，その他の家事調停手続の終了に関する書記官事務（全般）については，第2編の第7章の第12節（160頁）（第2の「調停条項案の書面による受諾」及び第6の「調停に代わる審判」を除く。）と同様であるため参照されたい。

316　追認が許されることについては，積極に解されている（最判昭42.12.8（家月20巻3号55頁）参照）。

1 合意に相当する審判
(1) 審判

　前記第9の1（285頁）の要件を満たしたときは，家庭裁判所は，合意に相当する審判をする（法277条1項）。合意に相当する審判は，家事調停に関する審判であるから，審判書の作成が必要になる（法258条1項，76条1項本文）。

　したがって，合意に相当する審判の起案が可能になった時点（前記第9の3の(1)（286頁）及び4（287頁）の期日調書及び審問調書の作成が完了した時点等）で，事件担当書記官は，速やかに裁判官に記録を提出する。

　協議離婚無効確認申立事件を含む合意に相当する審判事件の審判は，確定すれば確定判決と同一の効力を有するものであり（法281条），その審判書は，高度にその適正が要求される文書であるところ，事件担当書記官は，裁判官から審判書原稿を受領した場合には，手続の適正確保のため，事件や当事者の表示等の形式的な事項の正確性，主文の適法性，誤記その他これに類する誤り，審判をすべき事項についての判断や手続費用の負担の裁判の遺脱の有無について点検を行い，更には非開示希望情報等の有無についても点検を行う（第2編の第7章の第2節の第3の3の(4)のイの(ア)（90頁）参照）必要がある。

　なお，実務上，合意に相当する審判が定型的なものである場合には，裁判官の判断補助を目的として，事件担当書記官がこれを起案し，裁判官がその内容を確認して押印し，審判書を作成している家庭裁判所もある。この場合，起案に係る事務を適切に遂行するため，事件担当書記官は，裁判官との間で合意に相当する審判書の作成等の方法や起案の手法について認識を共有しておく必要がある。

　おって，協議離婚無効確認申立事件の合意に相当する審判書の参考例[317]は次のとおりである。

---

[317] なお，家事審判法（旧法）時の資料ではあるが，平成8年3月家庭裁判資料第166号「改訂家事審判書集」（最高裁判所事務総局）403頁及び404頁には，協議離婚無効確認申立事件の審判書の参考例が記載されているので，併せて参照されたい。

第3章 特殊調停事件（合意に相当する審判事件）における書記官事務

【合意に相当する審判書（協議離婚無効確認申立事件）の参考例】

> 平成○○年（家イ）第○○号　協議離婚無効確認申立事件
> 　　　　　　　　　審　　　判
> 　　　　本籍　○○県○○市○○町○丁目○番○号※1
> 　　　　住所　○○県○○市○○町○丁目○番○号
> 　　　　　　　　申　立　人　　○　○　○　○
> 　　　　本籍　○○県○○市○○町○丁目○番○号※1
> 　　　　住所　○○県○○市○○町○丁目○番○号
> 　　　　　　　　相　手　方　　○　○　○　○
> 　　　　　　　　主　　　文
> 1　申立人と相手方との協議上の離婚が無効であることを確認する。
> 2　手続費用は各自の負担とする。
> 　　　　　　　　理　　　由※2
> 1　本件調停期日において，当事者間に主文1項同旨の審判を受けることについての合意が成立し，かつ，その原因事実についても争いがない。
> 2　本件記録並びに申立人及び相手方の各審問の結果によると，以下の事実が認められる。
> （認定した事実を記載）
> 3　よって，本件調停委員会を組織する各家事調停委員の意見を聴いた上※3，前記当事者間の合意を正当と認め，家事事件手続法277条により，主文のとおり合意に相当する審判をする。
> 　　　　　　平成○○年○月○日
> 　　　　　　○○家庭裁判所
> 　　　　　　　裁判官　○　○　○　○　㊞
> ※1　合意に相当する審判の効力が生じることにより身分関係の変動が生じることから，「本籍」も記載する必要がある。
> ※2　事案によっては，当事者の理解に資するように判断に至った理由等を詳しく記載する場合もある。
> ※3　調停委員会が家事調停の手続を行う場合（法277条3項参照）に記載する。

(2) **審判の告知**

　　合意に相当する審判に対しては，当事者及び利害関係人は異議の申立てをすることができる（法279条1項）ので，異議申立期間の起算点を明らかにするために，当事者及び利害関係参加人に対し，審判書謄本を送達する方法により告知するのが相当である（法258条1項，74条1項）。

(3) **不服申立て**
　ア　概説
　　　合意に相当する審判に対する不服申立ての方法は異議の申立てであり，即時抗告は認められていない（逐条845頁参照）。当事者及び利害関係人は，合意に相

当する審判に対し，家庭裁判所に異議を申し立てることができる。ただし，当事者にあっては，法277条1項各号に掲げる要件（①当事者間に申立ての趣旨のとおりの審判を受けることについて合意が成立していること，②当事者の双方が申立てに係る無効若しくは取消しの原因又は身分関係の形成若しくは存否の原因について争わないこと）に該当しないことを理由とする場合に限られている（法279条1項）。

　なお，この異議の申立てをする権利は放棄することができる（法279条4項）が，民事訴訟の手続においては，第一審判決の前に控訴権の放棄をすることはできないものと解されていることからすると，合意に相当する審判に対する異議申立権の放棄についても，合意に相当する審判がされた後に限りすることができるとされている（逐条847頁及び848頁参照）。

イ　当事者からの異議の申立て
　(ｱ)　異議申立期間
　　　異議の申立ては2週間の不変期間内にしなければならない（法279条2項）。この期間は，当事者が審判の告知を受けた日から進行する（同条3項）。
　(ｲ)　異議申立ての方式
　　　異議の申立ては書面でしなければならず（規135条1項），その書面には，異議の理由を記載し，かつ，異議の理由を明らかにする資料を添付しなければならない（同条2項）。
　　　この異議の申立ての立件及び手数料は不要である。
　　　事件担当書記官は，異議申立ての書面の受付手続後，当該書面が提出されたことを当該事件を担当する裁判官に報告し，当該報告をした旨及び当該裁判官が了知した旨を記録上明らかにしておくため，当該書面の余白に「裁判官認印」等のゴム印を押した上で，裁判官の認印を受ける等の措置を執る。
　(ｳ)　異議申立てに対する裁判
　　　a　異議の申立てが不適法であるとき[318]，又は異議の申立てに理由がないと認めるとき
　　　　家庭裁判所は異議の申立てを却下しなければならない（法280条1項）。
　　　　この異議の申立てを却下する審判に対しては，異議申立人は，当該審判の告知を受けた日から2週間の不変期間内に即時抗告をすることができる（法280条2項，288条，86条）ので，当該即時抗告期間の起算点を明らかにするために，異議申立人に対し，当該却下の審判書謄本を送達する方法により告知するのが相当である（法258条1項，74条1項）。また，告知したときは，その旨及び告知の方法を送達報告書を当該記録に編てつする等して記録上明らかにしておく（規128条1項，50条3項）。

318　例えば，異議の申立てをする権限のない者からされた異議の申立てや異議申立期間経過後にされた異議の申立ては，不適法として却下される。また，合意が有効に存在すると認められるときは，当事者からの異議の申立ては不適法として，却下される（「別冊法学セミナーno.225 新基本法コンメンタール人事訴訟法・家事事件手続法」（日本評論社）571頁参照）。

第3章 特殊調停事件（合意に相当する審判事件）における書記官事務

　　　　b　異議の申立てが適法で理由があると認めるとき
　　　　　　家庭裁判所は合意に相当する審判を取り消さなければならない（法280条3項）。合意に相当する審判が取り消された場合には，合意に相当する審判をする前の状態に戻ることから，家事調停手続を再開し，当事者間の合意の成立等を改めて確認した上で，再度合意に相当する審判をしたり，あるいは合意が成立する見込みがない場合には，調停不成立（法272条1項）により家事調停手続を終了させることとなる（逐条849頁及び850頁参照）。
　　　　　　なお，この合意に相当する審判を取り消す審判に対する不服申立ては認められていない（逐条850頁参照）ので，当事者及び利害関係参加人に対し，審判書謄本を普通郵便で送付する等の相当と認める方法により告知し（法258条1項，74条1項），その旨及び告知の方法を記録上明らかにしておく（規128条1項，50条3項）。
　　ウ　利害関係人からの異議の申立て
　　　(ア)　異議申立期間
　　　　　異議の申立ては2週間の不変期間内にしなければならない（法279条2項）。この期間は，異議申立人（利害関係人）が審判の告知を受ける者である場合は審判の告知を受けた日から，審判の告知を受ける者でない場合は当事者が審判の告知を受けた日（当事者が審判の告知を受けた日が複数あるときは，当該日のうち最も遅い日）から，それぞれ進行する（法279条3項）。
　　　(イ)　異議申立ての方式
　　　　　異議の申立ては書面でしなければならず（規135条1項），その書面には，利害関係（例えば，具体的な身分関係等）を記載し，かつ，利害関係を有することを明らかにする資料（例えば，利害関係を裏付ける戸籍全部事項証明書（戸籍謄本）等）を添付しなければならない（同条3項）（条解規則335頁参照）。
　　　　　この異議の申立ての立件及び手数料は不要である。
　　　　　事件担当書記官は，異議申立ての書面の受付手続後，当該書面が提出されたことを当該事件を担当する裁判官に報告し，当該報告をした旨及び当該裁判官が了知した旨を記録上明らかにしておくため，当該書面の余白に「裁判官認印」等のゴム印を押した上で，裁判官の認印を受ける等の措置を執る。
　　　(ウ)　異議申立てに対する裁判
　　　　a　異議の申立てが不適法であるとき
　　　　　　利害関係人からの異議の申立ては，当事者からの異議の申立てと異なり，異議の理由を付す必要がない（規135条3項）。したがって，異議の申立てが不適法であれば，前記イの(ウ)のa（291頁）と同様の手続となる。
　　　　b　適法な異議の申立てがあったとき
　　　　　　合意に相当する審判は，その効力を失う（法280条4項）。この場合においては，家庭裁判所は，当事者に対し，その旨を通知しなければならず（同項），事件担当書記官が，相当と認める方法（普通郵便，電話，ファクシミリ等）により通知する（規5条，民訴規4条1項・6項）。事件担当書記官

は，通知した旨及び通知の方法を，例えば，通知書を普通郵便で送付して通知した場合は，当該通知書の控えに「平成○○年○月○日申立人（相手方）に普通郵便で通知済み ㊞（書記官の認印）」等と付記して記録につづる等して，記録上明らかにする（規5条，民訴規4条2項）。

この通知は，調停不成立により家事調停事件が終了したときに当事者等にする通知（第2編の第7章の第12節の第5の4の(2)（176頁）参照）や調停に代わる審判が適法な異議の申立てによって効力を失った場合の通知（法286条5項）（同節の第6の5の(4)（182頁）参照）と同様の趣旨で行われる通知であることから，この通知に要する費用は，国庫負担であると解される（昭和31年7月9日付け家庭甲第104号家庭局長通知「家事事件手続費用の負担について」参照）。

(エ) 訴え提起の擬制

当事者が，前記(ウ)のbの通知を受けた日から2週間以内にこの協議離婚無効確認申立事件について訴えを提起したときは，当該調停の申立時に，その訴えの提起があったものとみなされる（法280条5項）[319]。

(4) **合意に相当する審判の確定及び効力**

法279条1項の規定による異議の申立てがないとき，又は異議の申立てを却下する審判が確定したときは，合意に相当する審判は，確定判決と同一の効力を有する（法281条）。

2 **調停不成立**

当事者間において，法277条1項1号の合意が成立する見込みがない場合又は調停委員会（裁判官のみで家事調停を行う場合は当該裁判官）が当事者間で成立した当該合意が相当でないと認める場合には，法272条1項の規定に基づき調停が成立しないものとして事件を終了させることになる。

また，当事者間において，法277条1項1号の合意が成立した場合であっても，家庭裁判所が必要な事実の調査をした結果，当該合意を正当と認めない場合は，法277条4項が準用する法272条1項の規定に基づき調停が成立しないものとして事件を終了させることになる（逐条843頁参照）。

なお，その他の調停不成立の効果や手続等については，第2編の第7章の第12節の第5（174頁）と同様であるため参照されたい。

3 **取下げ**

協議離婚無効確認申立事件の取下げは，合意に相当する審判がされた後は，相手方の同意を得なければ，その効力を生じない（法278条）。その趣旨については，逐条844頁を参照されたい。

なお，その他の取下げの効果や手続等については，第2編の第7章の第12節の第7（185頁）と同様であるため参照されたい。

---

319 なお，この法280条5項の規定による訴えの提起の手数料については，当該調停の申立てについて納めた申立手数料相当額が当該訴えの提起の手数料として納めたものとみなされる（民訴費用法5条1項）。

第3章　特殊調停事件（合意に相当する審判事件）における書記官事務

第11　戸籍事務管掌者への通知

　　合意に相当する審判が確定したときに書記官が行う戸籍事務管掌者への通知については，第2編の第7章の第13節の第1の2及び第2（189頁）を参照されたい。

第12　当事者への戸籍訂正申請についての説明

　　協議離婚無効確認申立事件の合意に相当する審判が確定したときは，戸籍訂正申請をする必要があることから，申立人に対し，合意に相当する審判が確定した日から1か月以内に審判書謄本（告知時のもの）及び審判確定証明書を添付して，当事者の本籍地又は申請人の所在地（住所地等）[320]の戸籍役場（市区町村役場）に戸籍の訂正を申請しなければならない（戸籍法116条1項，117条，25条1項）旨及び正当な理由がなく当該期間内に当該申請をしない場合には過料に処されることがある（同法135条）旨を説明し，併せて，当該申請の際に必要な審判確定証明書の交付申請をするよう促す。この説明等は，実務上，当事者間に合意が成立した調停期日終了後に行ったり，あるいは審判書謄本の送達（送付）時（告知時）に，説明書面や審判確定証明書の交付申請書を同封する等して行っている。

第13　手続終了後の書記官事務

　　第2編の第7章の第14節（190頁）と同様であるため参照されたい。

---

[320] この本籍地と所在地（住所地等）の戸籍役場が異なり，申立人が所在地（住所地等）での申請を予定している場合には，別途当事者の戸籍全部事項証明書（戸籍謄本）の提出を要する場合があるため，申立人の理解の程度等に応じて，申請時に必要な書類については戸籍役場にも確認するよう説明する。

第2節　嫡出否認申立事件

【どんな事件?】
　妻が婚姻中に懐胎した子は夫の子と推定され（民法772条1項），また，婚姻の成立の日から200日を経過した後又は婚姻の解消若しくは取消しの日から300日以内に生まれた子は，婚姻中に懐胎したものと推定される（同条2項）ことから，例えば，妻が婚姻中に夫以外の男性との間の子を懐胎し，出産した場合であっても，離婚後300日以内に生まれた子は，夫の子と推定される（嫡出の推定を受ける）ことになる。この事件は，このような場合において，夫の子と推定されること（嫡出の推定）を否認するため，夫がその子又は親権を行う母を相手方として，その子が嫡出であることの否認を求める（民法774条）調停事件である※。
　この嫡出否認を求める申立ては，本質的には訴訟事項（人訴法2条2号）であるため，調停前置の対象となる（法257条1項）。
　※　嫡出推定を受ける子については，後記第3の4の(3)（299頁）の婚姻の実態がなく，推定の及ばない（実質的には民法772条の推定を受けない）場合を除き，夫がその子の嫡出性を否認しない限り，その子の真実の父であっても，認知し法律上の父子になることができないし，妻又はその子自身から嫡出性を否認し，あるいは真実の父に対して認知を求めることはできないとされている（平成26年10月研修教材第4号「親族法相続法講義案（七訂補訂版）」（裁判所職員総合研修所）102頁参照）。

第3章 特殊調停事件（合意に相当する審判事件）における書記官事務

第1 親子関係の存否に関する各事件の関係の整理

本節から第4節までにおいては，嫡出否認申立事件，認知申立事件及び親子関係不存在確認申立事件の各事件における書記官事務について記載する。書記官は，当事者への手続案内等をするに当たっても，これらの親子関係の存否に関する各事件の関係について正確に理解しておく必要がある。そこで，まずは，これらの親子関係の存否に関する各事件の関係についての正確な理解に資するよう，その関係について次のとおり整理した。

【親子関係の存否に関する各事件の関係について（概要）】

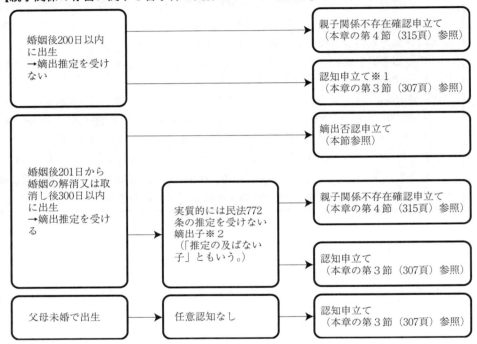

※1 なお，父母の婚姻後200日以内の出生子（「生来の嫡出子」ではあるが，「推定されない嫡出子」である場合）については，直接実父に対する認知の審判をすることはできず，原則に従って前夫との親子関係不存在確認の裁判を経る必要があるとの見解もある（第194回戸籍事務連絡協議会議事録（家月52巻11号185頁）参照。もっとも，この協議録の中には，前夫と母とが婚姻前に内縁関係になかったような場合には，直接実父に対する認知の審判も可能であるとの見解も併記されている。）（梶村太市・石田賢一・石井久美子編「家事事件手続書式体系Ⅱ」（青林書院）165頁参照）。
※2 詳細については，本節の第3の4の(3)（299頁）を参照されたい。

第2 申立て

1 管轄

相手方の住所地を管轄する家庭裁判所又は当事者が合意で定める家庭裁判所（法245条1項）。

なお，管轄の詳細については，第2編の第6章の第1節（40頁）と同様であるため参照されたい。

2 当事者

(1) 申立人

第2　申立て

　　　　ア　夫（民法774条）
　　　　イ　夫の成年後見人（人訴法14条1項），成年後見監督人（同条2項）
　　　　ウ　その子のために相続権を害される者その他夫の三親等内の血族（夫が子の出生前又は嫡出否認の訴えを提起できる期間内（民法777条）に死亡したとき）（人訴法41条1項）
　　(2)　**相手方**
　　　　ア　子又は親権を行う母（民法775条前段）
　　　　イ　特別代理人[321]（親権を行う母がいないとき）（民法775条後段）
　3　**申立ての方式**
　　(1)　**申立費用**
　　　　ア　申立手数料
　　　　　　1,200円（収入印紙）（民訴費用法3条1項別表第一の一五の二の項）
　　　　イ　郵便切手
　　　　　　各家庭裁判所の実務上の運用によって異なる。
　　　　　なお，これら申立費用の詳細については，第2編の第7章の第1節の第2の1の(1)（53頁）と同様であるため参照されたい。
　　(2)　**申立書**
　　　　申立ては，申立書を家庭裁判所に提出してしなければならず（法255条1項），申立書を家庭裁判所に提出する際は，相手方の数と同数の申立書の写し（相手方送付用）を提出する必要がある（規127条，47条）。
　　　　申立書の方式や記載事項等については，第2編の第7章の第1節の第2の1の(2)（53頁）と同様であるため参照されたい。
　　(3)　**附属書類（添付書類）**
　　　　嫡出否認申立事件の申立時に提出される，又は提出を求めることが多い主な附属書類（添付書類）は次のとおりである（各書類の趣旨等については，以下に記載する留意事項等のほか，第2編の第7章の第1節の第2の1の(3)（57頁）の①から③までの各類型の各書類の※の説明部分と同様であるため参照されたい。）。
　　　　なお，本項では飽くまで主な附属書類（添付書類）の類型を示すにとどまるため，当然ながら，各家庭裁判所においては，裁判官や調停委員会の手続運営の方針，事案ごとの個別の事情等の実情に応じて，嫡出否認申立事件の手続の円滑な進行を図るために，規127条で家事調停の申立てについて準用されている規37条3項の規定に基づき，本項で示す類型以外の書類の提出を求める場合がある。
　　　◇　申立ての理由及び事件の実情についての証拠書類写し（規127条，37条2項）
　　　◇　申立人及び子の戸籍全部事項証明書（戸籍謄本）（規127条，37条3項）
　　　　　※　なお，子の出生届未了の場合は，子の出生証明書の写し及び母の戸籍全部事項証明書（戸籍謄本）を提出する必要がある。
　　　◇　その子のために相続権を害される者その他夫の三親等内の血族が申立人の場合

---

[321] 法別表第一の五十九の項の事項についての審判により選任された特別代理人である（平成27年度書記官実務研究の第2編の第2章の第7の1（383頁）参照）。

第3章 特殊調停事件（合意に相当する審判事件）における書記官事務

は，その旨を証する戸籍全部事項証明書（戸籍謄本）（規127条，37条3項）
※ 本書類の例としては，夫の死亡の記載のある戸籍全部事項証明書（戸籍謄本），相続関係や夫の三親等内の血族関係を確認するための戸籍全部事項証明書（戸籍謄本）等がある。
◇ 事情説明書（規127条，37条3項）
◇ 連絡先届出書（規127条，37条3項）
◇ 非開示希望申出書（非開示希望の申出をする場合にのみ使用する書類）（規127条，37条3項）
◇ 進行に関する照会回答書（規127条，37条3項）
◇ 手続代理人の権限（代理権）を証明する書面（委任状）（規18条1項）
◇ 法定代理権及び手続行為をするのに必要な授権を証明する書面（規15条，民訴規15条前段）

第3 受付及び審査

嫡出否認申立事件の申立書の受付及び審査に関する書記官事務において特に留意すべき事項は，主に次の1から5までのとおりである。

なお，その他の申立書の受付及び審査に関する書記官事務（全般）については，第2編の第7章の第2節の第1（67頁）と同様であるため参照されたい。

1 申立期間について

嫡出否認申立事件は，夫が子の出生を知った時から1年以内に申し立てなければならない（民法777条）。また，夫が成年被後見人であるときは，この期間は後見開始の審判の取消しがあった後夫が子の出生を知った時から起算する（民法778条）。

したがって，嫡出否認申立事件の申立書の審査に当たっては，この期間内の申立てか否か確認する必要がある。

なお，申立期間の起算点である「夫が子の出生を知った時」とは妻が分娩した事実を知った時を指すとするのが通説・判例であるといわれているが，この起算点を「夫が嫡出推定を受ける関係にある子の出生を知った時」等と修正する裁判例もあるため（平成26年10月研修教材第4号「親族法相続法講義案（七訂補訂版）」（裁判所職員総合研修所）103頁参照），明らかに期間を徒過している事案等疑義を生ずる場合には，裁判官に手続の進行方針等について相談して判断を仰ぐ等して，申立人に対し，その理解の程度等に応じて，申立後の家事調停手続の進行の見込み等について適宜説明[322]するか否か等を検討する。

2 子又は親権を行う母からの申立ての場合について

嫡出否認申立事件の申立人は前記第2の2の(1)（296頁）のとおりであり，子又は親権を行う母は申立人とはされていない（本節の冒頭の【どんな事件？】の※も参照）。しかし，子又は親権を行う母から夫を相手方とする申立てがされた場合でも，夫がこれに応じて，当事者間に嫡出否認についての合意が成立し，かつ，原因事実について争いがないときには，実質的に夫が嫡出否認の申立てをした場合と区別する実

---

[322] 当然ながら，飽くまで家事手続案内の範囲内での説明である。

益がないとして，合意に相当する審判をすることができるとする立場が有力であり，また，母の申立てによる嫡出否認の審判に基づく戸籍訂正申請を認めた戸籍先例もあるとされている（平成19年1月家庭裁判資料第183号訟廷執務資料第74号「家事書記官事務の手引（改訂版）」（最高裁判所事務総局）138頁参照）ことから，このような申立てがあった場合には，その旨を裁判官に報告した上，手続の進行方針等を確認し，その指示に従う。

3 鑑定費用の予納についての説明について

嫡出否認申立事件においては，後記第10の2（301頁）のとおり，実務上，必要な事実の調査（証拠調べ）として，親子の血縁関係（生物学上の親子関係）を調査するためのDNA鑑定の嘱託が行われる場合があることから，あらかじめ申立人に対し，その旨を説明し，当該DNA鑑定の嘱託に要する費用を予納してもらう可能性があることを説明しておくことが望ましい。

4 親子関係不存在確認申立事件との関係について

嫡出否認申立事件は，民法772条の規定により嫡出の推定を受ける子について夫が嫡出であることを否認するものであり（民法774条以下参照），嫡出の推定を受けない子を相手方として嫡出否認の申立てをすることはできない。このような場合には，書記官は，次の(1)から(3)までの嫡出推定に係る子の概念の相違について正確に理解した上で，手続の適正確保並びに円滑な進行確保及び進行促進のため，申立人の理解の程度等に応じて，手続案内の範囲内で，親子関係不存在確認の申立て等の適切な手続について教示する必要がある。

(1) 推定を受ける嫡出子（民法772条の規定により嫡出の推定を受ける子）について

婚姻成立の日から200日を経過した後又は婚姻の解消若しくは取消しの日から300日以内に生まれた子は嫡出の推定を受ける（婚姻中に懐胎したものと推定される。）（民法772条）。

(2) 推定を受けない嫡出子について

婚姻成立の日から200日以内に生まれた子は，たとえ夫婦間の子であることが明らかな場合であっても，嫡出の推定を受けない（民法772条）。ただし，婚姻に先行する内縁関係の継続中に懐胎があれば，婚姻届出後200日以内に生まれた子は，認知を待たずに当然に生来の嫡出子たる身分を取得するとされ（大判昭15.1.23（大審院民事判例集19巻54頁）参照），この判例の趣旨に従い戸籍上の取扱いも，婚姻成立後の出生子である限り，内縁関係先行の有無やその期間の長短のような事項を戸籍事務管掌者の審査事項とせずに，父の認知を得るまでもなく，一律に嫡出子たる身分を有するものとして出生届が受理されることになった。その結果，婚姻成立の日から200日以内に出生した子も嫡出子たる身分を取得するが，民法772条に定める嫡出子たる推定を受けるものではないため，一般に「推定を受けない嫡出子」と呼ばれている（平成26年10月研修教材第4号「親族法相続法講義案（七訂補訂版）」（裁判所職員総合研修所）103頁及び104頁参照）。

(3) 推定の及ばない子（実質的には民法772条の推定を受けない嫡出子）について

形式的には民法772条の嫡出の推定を受けるが，夫の子であるとの推定が排除される子のことを「推定の及ばない子」と呼ぶことがある。

第3章 特殊調停事件（合意に相当する審判事件）における書記官事務

　なお，どのような場合に「推定の及ばない子」（実質的には民法772条の推定を受けない嫡出子）と判断するかについては，実務上，母が子を懐胎すべき時期に，既に夫婦が事実上の離婚をして夫婦の実態が失われ，又は遠隔地に居住して，夫婦間に性的関係を持つ機会がなかったことが明らかであるなどの事情が存在する場合に限るといういわゆる外観説（最判昭44.5.29（民集23巻6号1064頁），最判平12.3.14（家月52巻9号85頁），最判平26.7.17（民集68巻6号547頁）及び最判平26.7.17（判例時報2235号21頁）等参照）にほぼ沿った運用がされている（東京家事事件研究会編「家事事件・人事訴訟事件の実務～家事事件手続法の趣旨を踏まえて～」（法曹会）285頁参照）が，個別の事案に応じて，裁判官が判断することになる。

　おって，婚姻の解消又は取消し後300日以内に生まれた子のうち，医師の作成した証明書（懐胎時期に関する証明書）を提出することにより，婚姻の解消又は取消し後の懐胎であることを証明することができる事案については，民法772条の推定が及ばないものとして，前夫を父としない出生の届出をすることができることとされている（平成19年5月7日付け法務省民一第1007号民事局長通達「婚姻の解消又は取消し後300日以内に生まれた子の出生の届出の取扱いについて」及び平成26年10月研修教材第4号「親族法相続法講義案（七訂補訂版）」（裁判所職員総合研修所）108頁参照）。

5　当事者に外国人が含まれる場合（いわゆる渉外事件の場合）について
　本編の第1章の第1節の第2の3（206頁）と同様であるため参照されたい。

第4　立件基準（事件番号の付け方の基準）
　確認又は形成の対象となる身分関係（受付分配通達別表第5の2の(2)参照）

第5　記録の編成
　第2編の第7章の第2節の第2（72頁）と同様であるため参照されたい。

第6　事件の分配
　第2編の第7章の第2節の第5（98頁）と同様であるため参照されたい。

第7　調停期日及び家事調停委員の指定
　第2編の第7章の第2節の第6（105頁）と同様であるため参照されたい。

第8　申立書の写しの送付等
　第2編の第7章の第2節の第7（109頁）と同様であるため参照されたい。

第9　参考事項の聴取
　第2編の第7章の第2節の第8（112頁）と同様であるため参照されたい。

第10 調停の実施等

嫡出否認申立事件における調停の実施に関する主な留意事項は，次の１から５までのとおりである。

なお，申立ての変更に関する書記官事務（全般）については第２編の第７章の第１節の第２の３（62頁）と同様であり，その他の家事調停の実施等に関する書記官事務（全般）については同章の第４節（117頁）から第11節（159頁）までと同様であるため，それぞれ参照されたい。

1 合意に相当する審判の要件について

本章の第１節の第９の１（285頁）と同様であるため参照されたい。

2 家事調停手続について

嫡出否認申立事件において，調停委員会による調停を実施する場合，一般的には，まず，家事調停委員が当事者双方から，特に妻の懐胎前後の夫婦関係を中心とした夫婦生活の実情，夫以外の男性との性交渉の事実関係等を聴取した後，裁判官と評議する。

その後，裁判官が，当事者双方に対し，人事訴訟ではなく，申立ての趣旨のとおりの合意に相当する審判を受けることに合意しているか，さらに，嫡出否認の原因について争いがないかを確認するとともに，審問により，当事者双方から事実関係を再度確認する。その後，必要な事実の調査（証拠調べ）として，実務上，親子の血縁関係（生物学上の親子関係）を調査するために，DNA鑑定の嘱託が行われることがある。家庭裁判所は，当事者双方から確認した事実関係とDNA鑑定の結果等を踏まえ，調停委員会を組織する家事調停委員の意見を聴いた上で（法277条3項），前記合意を正当と認めれば，当該合意に相当する審判をする（東京家事事件研究会編「家事事件・人事訴訟事件の実務～家事事件手続法の趣旨を踏まえて～」（法曹会）283頁及び284頁参照）。

3 合意の成立等について

本章の第１節の第９の３（286頁）と同様であるため参照されたい。

4 必要な事実の調査について

必要な事実の調査（全般）については，本章の第１節の第９の４（287頁）と同様であるため，適宜，嫡出否認申立事件における必要な事実の調査の場合に読み替えた上で参照されたい。

なお，嫡出否認申立事件における必要な事実の調査の特徴として，裁判官による当事者等の審問や当事者が提出した資料の事実の調査のほか，前記２のとおり，実務上，親子の血縁関係（生物学上の親子関係）を調査するために，DNA鑑定の嘱託が行われることがある。

したがって，次の(1)から(5)までにおいては，当該DNA鑑定の嘱託に関する具体的な書記官事務について記載する。

(1) 鑑定嘱託に要する費用の予納

DNA鑑定の嘱託に要する費用は，当事者等が予納する義務を負う[323]（民訴費用法12条1項，11条1項1号・2項）。したがって，事件担当書記官は，保管金事務処理システムを利用して保管金提出書を作成し，当該費用を予納する当事者等に

第3章 特殊調停事件（合意に相当する審判事件）における書記官事務

対し，保管金提出書，保管金振込依頼書，振込を利用する場合の注意事項，DNA鑑定の説明書等を交付する[324]。

なお，当然のことながら，当該予納をしてもらう前提として，事案の内容，当事者の意向，鑑定嘱託に要する費用，鑑定を行う業者の過去の実績等の諸要素を踏まえ，どの業者に鑑定を嘱託するか等について，あらかじめ裁判官に確認した上，当該業者から費用の概算額や鑑定の流れ，鑑定書の提出までに要する期間等を確認しておく必要がある。

おって，予納させることとした当事者等から一定期間経過後も鑑定嘱託に要する費用が予納されない場合には，鑑定嘱託を実施するか否か等について裁判官の方針を確認し，その指示に基づいて必要な措置を執る[325]。

(2) 鑑定嘱託

鑑定嘱託の費用が予納されたことを確認することができたら[326]，裁判官の指示に基づき，鑑定嘱託書を準備し，記録表紙の裏面等を利用して鑑定嘱託の裁判の押印を受ける。

なお，鑑定嘱託の裁判は証拠調べの裁判（法258条1項，64条1項，民訴法218条1項）であり，審判以外の裁判（法258条1項，81条）であることから，裁判書の作成は不要であるが，手続の適正を期するために，前述のとおり，記録表紙の裏面等を利用して当該裁判の内容を記録化し[327]，併せて，当該裁判の内容を当事者に相当と認める方法により告知し（法258条1項，81条1項，74条1項），告知した旨及び告知の方法を当該裁判の内容を記録化した部分に付記する等して記録上明らかにする（規128条1項，50条4項・3項）。

おって，家事調停手続において，このような証拠調べが行われた場合における書記官事務（全般）については，第2編の第7章の第6節の第2の3（148頁）を参照されたい。

---

323 アンケート調査の結果によると，原則申立人に予納してもらっているという家庭裁判所がほとんどであったが，相手方が当該費用の一部又は全部を予納することについて同意している場合や，当事者間で当該費用のうちそれぞれが予納する費用についての合意ができている場合等においては，相手方に予納してもらっているという家庭裁判所もあった。

324 この予納の手続を含む保管金に関する手続については，①昭和37年9月10日付け最高裁判所規程第3号「裁判所の事件に関する保管金等の取扱いに関する規程」，②平成4年9月2日付け最高裁総三第31号事務総長通達「裁判所の事件に関する保管金等の取扱いに関する規程の運用について」，③平成17年3月31日付け最高裁経監第000127号経理局長通達「保管金事務処理システムを利用した保管金に関する事務処理の運用について」及び④同日付け最高裁総三第000101号総務局長通達「保管金事務処理システムを利用した裁判所の事件に関する保管金の取扱いについて」等の関連通達等に従って行う。

325 例えば，予納させることとした者が申立人である場合は，書面で，定められた期限までに当該費用の予納がないときには，調停をしない措置（法271条）により調停手続を終了することもある旨を注意喚起している家庭裁判所もある。

326 保管金が予納された場合において実務上行われている記録上の注意喚起の方法等については，第2編の第7章の第2節の第2の2の※4（76頁）を参照されたい。

327 このほか，当該裁判の内容を記録化する方法として，鑑定嘱託書の写しの余白等に「本嘱託書に記載した事項について鑑定嘱託を行う。平成○○年○月○日　裁判官　㊞」等と記載して裁判官の押印を受ける取扱いをしている家庭裁判所もある。

(3) 鑑定の実施

　　鑑定の実施に当たっては，当事者等と鑑定を行う業者との日程調整等を行うことが考えられる。

　　なお，鑑定を行う業者が当事者等から鑑定に必要なサンプル（試料）採取を行うため，家庭裁判所の調停室等を利用する場合があるが，そのような場合には，調停室等の空き状況等も確認した上で，当事者等と鑑定を行う業者との日程調整等を行うことが考えられる。

(4) 鑑定書の提出

　　鑑定を行った業者から鑑定書が提出された場合（裁判所用の正本1通及び当事者用の副本2通であることが多い。）は，速やかに裁判官に報告し，その後の手続の進行方針について裁判官の判断を仰ぐ。

　　なお，鑑定書（副本）については，合意に相当する審判書謄本の送達時（告知時）に同封して当事者に交付する場合や，次回調停期日が指定されている場合その他早急に当事者に鑑定結果を伝える必要がある場合等には速やかに当事者に交付（送付）する場合もある。

(5) 保管金の払出し

　　鑑定を行った業者から，鑑定書及び鑑定料請求書が提出された場合には，その内容を確認した上，裁判官の支給決定印を受け，保管金事務処理システムにより払出処理を行い，鑑定料請求書を会計担当部門に引き継ぐ。

5　家事調停委員の意見聴取について

　　本章の第1節の第9の5（288頁）と同様であるため参照されたい。

第11　調停手続の終了

　　次の1及び2の留意事項等のほかは，本章の第1節の第10（288頁）と同様であるため，適宜，嫡出否認申立事件における調停手続の終了の場合に読み替えた上で参照されたい。

1　合意に相当する審判

　　嫡出否認申立事件の合意に相当する審判書の参考例[328]は次のとおりである。

---

[328] なお，家事審判法（旧法）時の資料ではあるが，平成8年3月家庭裁判資料第166号「改訂家事審判書集」（最高裁判所事務総局）412頁及び413頁には，嫡出子否認申立事件の審判書の参考例が記載されているので，併せて参照されたい。

第3章 特殊調停事件（合意に相当する審判事件）における書記官事務

【合意に相当する審判書（嫡出否認申立事件）の参考例】

平成○○年（家イ）第○○号　嫡出否認申立事件
審　　　　判

　　　本籍　○○県○○市○○町○丁目○番○号※1
　　　住所　○○県○○市○○町○丁目○番○号
申　立　人　　○　○　○　○

　　　本籍　（出生届未了）※2
　　　住所　○○県○○市○○町○丁目○番○号
相　手　方　　（○　○）○　○※3
平成○○年○月○日生

　　　本籍　○○県○○市○○町○丁目○番○号※1
　　　住所　○○県○○市○○町○丁目○番○号
相手方法定代理人親権者母　　○　○　○　○

主　　　　文

1　相手方が，申立人の嫡出であることを否認する。
2　手続費用は各自の負担とする。

理　　　　由※4

1　本件調停期日において，当事者間に主文1項同旨の審判を受けることについての合意が成立し，かつ，その原因事実についても争いがない。
2　本件記録並びに申立人及び相手方法定代理人親権者母の各審問の結果によると，以下の事実が認められる。
　（認定した事実を記載）
3　よって，本件調停委員会を組織する各家事調停委員の意見を聴いた上※5，前記当事者間の合意を正当と認め，家事事件手続法277条により，主文のとおり合意に相当する審判をする。

平成○○年○月○日
○○家庭裁判所
裁判官　○　○　○　○　㊞

※1　合意に相当する審判の効力が生じることにより身分関係の変動が生じることから，「本籍」も記載する必要がある。
※2　出生届未了の場合は戸籍（本籍）がないため，「（出生届未了）」と記載する。なお，出生届がされる子との同一性を明確にする必要があるので，母の本籍及び住所，子の生年月日，子が命名されているならばその名など，子を特定するに足る表示をすることが望ましい（家月17巻1号188頁参照）。
※3　出生届未了で戸籍がないため，名前のみの記載としたり，入籍予定の戸籍上の氏を括弧書きする等して記載する。
※4　事案によっては，当事者の理解に資するように判断に至った理由等を詳しく記載する場合もある。
※5　調停委員会が家事調停の手続を行う場合（法277条3項参照）に記載する。

2 夫が嫡出否認の調停の申立てをした後に死亡した場合の特則（法283条）

夫が嫡出否認の調停の申立てをした後に死亡した場合において，当該申立てに係る子のために相続権を害される者その他夫の三親等内の血族が夫の死亡の日から１年以内に嫡出否認の訴えを提起したときは，夫がした調停の申立ての時に，その訴えの提起があったものとみなされる（法283条）。

なお，身分関係の当事者の一方が死亡した場合には合意に相当する審判をすることができない（法277条１項ただし書）から，子のために相続権を害される者その他の三親等内の血族が，夫が追行していた家事調停の手続を受継するということはなく，当該家事調停事件は当然終了となる（逐条856頁（注）参照）。この当然終了の手続の詳細については，第２編の第７章の第12節の第８（187頁）を参照されたい。

第12 戸籍事務管掌者への通知

合意に相当する審判が確定したときに書記官が行う戸籍事務管掌者への通知については，第２編の第７章の第13節の第１の２及び第２（189頁）を参照されたい[329]。

第13 当事者への戸籍訂正申請等についての説明

1 出生届済みの場合

嫡出否認申立事件の合意に相当する審判が確定したときは，戸籍訂正申請をする必要があることから，申立人に対し，合意に相当する審判が確定した日から１か月以内に審判書謄本（告知時のもの）及び審判確定証明書を添付して，当事者の本籍地又は申請人の所在地（住所地等）[330]の戸籍役場（市区町村役場）に戸籍の訂正を申請しなければならない（戸籍法116条１項，117条，25条１項）旨及び正当な理由がなく当該期間内に当該申請をしない場合には過料に処されることがある（同法135条）旨を説明し，併せて，当該申請の際に必要な審判確定証明書の交付申請をするよう促す。この説明等は，実務上，当事者間に合意が成立した調停期日終了後に行ったり，あるいは審判書謄本の送達（送付）時（告知時）に，説明書面や審判確定証明書の交付申請書を同封する等して行っている。

2 出生届未了の場合

嫡出でない子の出生の届出は，母がしなければならない（戸籍法52条２項）こと

---

[329] なお，嫡出否認申立事件における，出生届未了の子及び当該子の父（夫）が当事者である場合の戸籍通知先等についてのアンケート調査の結果によると，①当該子の父の本籍地の戸籍事務管掌者にのみ通知する，②当該子の母の本籍地の戸籍事務管掌者にのみ通知する，③①及び②のいずれの本籍地の戸籍事務管掌者にも通知する等，その取扱いが分かれており，これらの取扱いについては，戸籍通知の適正を期する等の目的から，あらかじめ管轄法務局等との間で確認等をしている家庭裁判所もあった。この点，戸籍事務管掌者が戸籍届出等を怠っている事態を把握し，その催告等の手続をとる等，戸籍記載の正確性を確保するという戸籍通知の趣旨（条解規則332頁及び322頁参照）を踏まえると，当該子が母の戸籍に入籍する場合は，当該子の母の本籍地の戸籍事務管掌者に通知する取扱いが望ましいと考えられる。また，当該子が母の戸籍に入籍しない場合には，当該子の父の本籍地の戸籍事務管掌者にも通知するという取扱いが望ましいと考えられる。

[330] この本籍地と所在地（住所地等）の戸籍役場が異なり，申立人が所在地（住所地等）での申請を予定している場合には，別途当事者の戸籍全部事項証明書（戸籍謄本）の提出を要する場合があるため，申立人の理解の程度等に応じて，申請時に必要な書類については戸籍役場にも確認するよう説明する。

第3章　特殊調停事件（合意に相当する審判事件）における書記官事務

から，子の母及び前夫に対し，子の母が出生届に前夫の嫡出の推定を受けないことを証する書面として審判書謄本（告知時のもの）及び審判確定証明書を添付して届出すること並びに当該届出により子は母の離婚後又は婚姻の取消し後の戸籍に嫡出でない子として入籍することになる（民法790条2項，戸籍法18条2項）旨及び当該届出の詳細については，適宜戸籍役場にも確認してほしい旨を説明する。

なお，子の母の後夫からの嫡出子出生届出がある場合には，後夫の戸籍に入籍することになる。

おって，子の出生後に子の母と夫が離婚した場合には，出生の届出により子は出生時の母の戸籍（離婚前の戸籍＝婚姻に際し夫の氏を称した場合は夫の戸籍）に入籍することになるので説明の際には留意する必要がある。

第14　手続終了後の書記官事務

第2編の第7章の第14節（190頁）と同様であるため参照されたい。

第3節　認知申立事件

> 【どんな事件？】
> この事件は，婚姻関係にない父と母の間に出生した子（嫡出でない子）を父が認知しない場合において，子などから父を相手方として，認知を求める（強制認知，民法787条本文）調停事件である。
> この認知を求める申立ては，本質的には訴訟事項（人訴法2条2号）であるため，調停前置の対象となる（法257条1項）。

第1　申立て

1　管轄

相手方の住所地を管轄する家庭裁判所又は当事者が合意で定める家庭裁判所（法245条1項）。

なお，管轄の詳細については，第2編の第6章の第1節（40頁）と同様であるため参照されたい。

2　当事者

(1) **申立人**

ア　子[331]（民法787条本文）。

なお，子は，未成年者であっても，意思能力があれば，法定代理人によらずに，単独で申し立てることができる（法252条1項5号，人訴法13条1項）。

イ　子の直系卑属[332]（民法787条本文）

ウ　子又は子の直系卑属の法定代理人（民法787条本文）

(2) **相手方**

認知を求められる父又は母[333]（人訴法42条1項）

3　申立ての方式

(1) **申立費用**

ア　申立手数料

1,200円（収入印紙）（民訴費用法3条1項別表第一の一五の二の項）

イ　郵便切手

---

[331] なお，父は，母の承諾を得て胎児を認知することができる（民法783条1項）ことから，胎児の母（胎児については，法が特に定める場合にのみ権利能力を認めるのが通例であるから，胎児の側から認知の訴えを提起することはできないというのが，通説・判例である（清水節著「判例先例親族法Ⅱ―親子―」（日本加除出版）116頁参照）。）は，父を相手方として胎児の認知の届出を求める調停の申立てをすることができる。この申立ては，特殊調停事件（合意に相当する審判事件）には当たらず，一般調停事件である。

[332] なお，認知申立事件において子は身分関係の当事者であると位置付け得ることから，子が死亡した場合にその直系卑属が子の父を相手に認知の調停の申立てをすることはできないものと解されている（法277条1項ただし書）（逐条837頁参照）。

[333] 母とその非嫡出子との間の親子関係は，原則として，母の認知をまたず，分娩の事実により当然に発生すると解されている（最判昭37.4.27（民集16巻7号1247頁）参照）。そこで，認知していない母も，直接子との間の親子関係存在確認を求めることができ，逆に，子の側からも，母の認知をまたずに，母との間の親子関係存在確認を求めることができると解されている（最判昭49.3.29（家月26巻8号47頁），「別冊法学セミナーno.240 新基本法コンメンタール親族」（日本評論社）138頁参照）。

第3章　特殊調停事件（合意に相当する審判事件）における書記官事務

各家庭裁判所の実務上の運用によって異なる。
　なお，これら申立費用の詳細については，第2編の第7章の第1節の第2の1の(1)（53頁）と同様であるため参照されたい。

(2) 申立書
　申立ては，申立書を家庭裁判所に提出してしなければならず（法255条1項），申立書を家庭裁判所に提出する際は，相手方の数と同数の申立書の写し（相手方送付用）を提出する必要がある（規127条，47条）。
　申立書の方式や記載事項等については，第2編の第7章の第1節の第2の1の(2)（53頁）と同様であるため参照されたい。

(3) 附属書類（添付書類）
　認知申立事件の申立時に提出される，又は提出を求めることが多い主な附属書類（添付書類）は次のとおりである（各書類の趣旨等については，以下に記載する留意事項等のほか，第2編の第7章の第1節の第2の1の(3)（57頁）の①から③までの各類型の各書類の※の説明部分と同様であるため参照されたい。）。
　なお，本項では飽くまで主な附属書類（添付書類）の類型を示すにとどまるため，当然ながら，各家庭裁判所においては，裁判官や調停委員会の手続運営の方針，事案ごとの個別の事情等の実情に応じて，認知申立事件の手続の円滑な進行を図るために，規127条で家事調停の申立てについて準用されている規37条3項の規定に基づき，本項で示す類型以外の書類の提出を求める場合がある。

◇　申立ての理由及び事件の実情についての証拠書類写し（規127条，37条2項）
　　※　なお，民法772条の規定により形式的には嫡出推定を受ける子等が申立人の場合には，嫡出推定を覆すことに関する資料（その子の母の（前）夫が長期の海外出張，長期にわたる刑事施設への入所，長期間の別居等でその子の母と性的交渉が皆無であった場合等，（前）夫の子を懐胎する可能性が皆無であることが客観的に分かる資料等）があれば，当該資料の提出を求めることとなる。

◇　子及び相手方の戸籍全部事項証明書（戸籍謄本）（規127条，37条3項）
　　※　なお，離婚後300日以内に出生した出生届未了の子に関する申立ての場合は，子の出生証明書の写し及び母の戸籍全部事項証明書（戸籍謄本）を提出する必要がある。

◇　子の直系卑属が申立人の場合は，その旨を証する戸籍全部事項証明書（戸籍謄本）（規127条，37条3項）

◇　事情説明書（規127条，37条3項）

◇　連絡先届出書（規127条，37条3項）

◇　非開示希望申出書（非開示希望の申出をする場合にのみ使用する書類）（規127条，37条3項）

◇　進行に関する照会回答書（規127条，37条3項）

◇　手続代理人の権限（代理権）を証明する書面（委任状）（規18条1項）

◇　法定代理権及び手続行為をするのに必要な授権を証明する書面（規15条，民訴規15条前段）

第2 受付及び審査

　　認知申立事件の申立書の受付及び審査に関する書記官事務において特に留意すべき事項は，主に次の1から3までのとおりである。
　　なお，その他の申立書の受付及び審査に関する書記官事務（全般）については，第2編の第7章の第2節の第1（67頁）と同様であるため参照されたい。

1 親子関係不存在確認申立事件との関係について

(1) 婚姻の解消又は取消し後300日以内に出生した子について，例えば，子の母の前夫（以下，本節において「前夫」という。）の長期の海外出張，長期にわたる刑事施設への入所，長期間の別居等で当該子の母との性的交渉が皆無であった場合等，前夫の子を懐胎する可能性が皆無であることが客観的に明白であり，実質的には前夫の嫡出推定（民法772条）が及ばないとの理由で，前夫の嫡出推定を排除し，前夫を父としない出生届出をする等の目的で，当該子から，前夫を相手方とする親子関係不存在確認の申立て（本章の第4節（315頁）参照），あるいは当該子の血縁上の父を相手方とする認知の申立てがされる場合がある。

(2) また，実務上，前記(1)の場合において戸籍上の父（前夫）が行方不明あるいは既に死亡しているため戸籍上の父を相手方とする親子関係不存在確認の申立てをすることができない場合に，当該子の血縁上の父を相手方とする認知の申立てがされる場合がある（東京家事事件研究会編「家事事件・人事訴訟事件の実務～家事事件手続法の趣旨を踏まえて～」（法曹会）286頁参照）。

(3) 前記(1)の場合において，特に，当該子の母が，過去の離婚の経緯等から前夫との接触を避けたい（前夫に知られたくない）等の理由で，前夫を相手方とする親子関係不存在確認の申立てではなく，当該子の血縁上の父を相手方とする認知の申立てをするような場合には，手続の円滑な進行確保及び進行促進の観点から，当該子の母に対して，あらかじめ次の①及び②の各事項について適切に説明しておく必要がある場合も考えられる。

　① 当事者間において認知についての合意が成立し，その原因事実について争いがなかったとしても，必要な事実の調査として，また，前夫の手続保障の観点から，前夫の審問や意見照会等を実施する（前夫が手続に関与する）可能性があること。
　② また，必要な事実の調査の結果，前夫の嫡出推定が及ばず，かつ，相手方が当該子の血縁上の父であるとして認知が認められるかどうか等については，家庭裁判所の判断によること。

(4) なお，婚姻後200日以内に出生した子については，嫡出推定を受けないことから，当該子は，前夫を相手方とする親子関係不存在確認の申立てのほか，血縁上の父を相手方とする認知の申立てをすることも可能である（この点についての留意事項として，本章の第2節の第1の【親子関係の存否に関する各事件の関係について（概要）】の※1（296頁）も参照されたい。）。

2 鑑定費用の予納についての説明について

　　本章の第2節の第3の3（299頁）と同様であるため，適宜，認知申立事件の場合に読み替えた上で参照されたい。

第3章 特殊調停事件（合意に相当する審判事件）における書記官事務

3 当事者に外国人が含まれる場合（いわゆる渉外事件の場合）について
本編の第1章の第1節の第2の3（206頁）と同様であるため参照されたい。

第3 立件基準（事件番号の付け方の基準）
確認又は形成の対象となる身分関係（受付分配通達別表第5の2の(2)参照）

第4 記録の編成
第2編の第7章の第2節の第2（72頁）と同様であるため参照されたい。

第5 事件の分配
第2編の第7章の第2節の第5（98頁）と同様であるため参照されたい。

第6 調停期日及び家事調停委員の指定
第2編の第7章の第2節の第6（105頁）と同様であるため参照されたい。

第7 申立書の写しの送付等
第2編の第7章の第2節の第7（109頁）と同様であるため参照されたい。

第8 参考事項の聴取
第2編の第7章の第2節の第8（112頁）と同様であるため参照されたい。

第9 調停の実施等
認知申立事件における調停の実施に関する主な留意事項は，次の1から5までのとおりである。

なお，申立ての変更に関する書記官事務（全般）については第2編の第7章の第1節の第2の3（62頁）と同様であり，その他の家事調停の実施等に関する書記官事務（全般）については同章の第4節（117頁）から第11節（159頁）までと同様であるため，それぞれ参照されたい。

1 合意に相当する審判の要件について
本章の第1節の第9の1（285頁）と同様であるため参照されたい。

2 家事調停手続について
認知申立事件において，調停委員会による調停を実施する場合，一般的には，まず，家事調停委員が当事者双方から，懐胎可能期の子の母と相手方との性交渉の有無や生活状況，当該母の妊娠及び出産後の相手方の言動等の事実関係等を聴取した後，裁判官と評議する。

その後，裁判官が，当事者双方に対し，人事訴訟ではなく，申立ての趣旨のとおりの合意に相当する審判を受けることに合意しているか，さらに，認知の原因について争いがないかを確認するとともに，審問により，当事者等から事実関係を再度確認する。その後，必要な事実の調査（証拠調べ）として，実務上，親子の血縁関係（生物学上の親子関係）を調査するために，DNA鑑定の嘱託が行われることがある。家庭

裁判所は，当事者等から確認した事実関係とDNA鑑定の結果等を踏まえ，調停委員会を組織する家事調停委員の意見を聴いた上で（法277条3項），前記合意を正当と認めれば，当該合意に相当する審判をする（東京家事事件研究会編「家事事件・人事訴訟事件の実務～家事事件手続法の趣旨を踏まえて～」（法曹会）283頁及び284頁参照）。

3 合意の成立等[334]について
本章の第1節の第9の3（286頁）と同様であるため参照されたい。

4 必要な事実の調査について
本章の第2節の第10の4（301頁）と同様であるため，適宜，認知申立事件の場合に読み替えた上で参照されたい。

5 家事調停委員の意見聴取について
本章の第1節の第9の5（288頁）と同様であるため参照されたい。

第10 調停手続の終了
次の1及び2の留意事項等のほかは，本章の第1節の第10（288頁）と同様であるため，適宜，認知申立事件における調停手続の終了の場合に読み替えた上で参照されたい。

1 合意に相当する審判
認知申立事件の合意に相当する審判書の参考例[335]は次のとおりである。

---

[334] なお，参考までに，認知請求権は放棄することができないと解されている（最判昭37.4.10（家月14巻8号139頁）参照）。

[335] なお，家事審判法（旧法）時の資料ではあるが，平成8年3月家庭裁判資料第166号「改訂家事審判書集」（最高裁判所事務総局）407頁～409頁には，認知申立事件の審判書の参考例が記載されているので，併せて参照されたい。

第3章 特殊調停事件（合意に相当する審判事件）における書記官事務

【合意に相当する審判書（認知申立事件）の参考例】

> 平成○○年（家イ）第○○号　認知申立事件
>
> 審　　　判
>
> 　　　本籍　（出生届未了）※1
> 　　　住所　○○県○○市○○町○丁目○番○号
> 　　　　　　　申　立　人　　（○　○）○　　○※2
> 　　　　　　　　　　　　　　平成○○年○月○日生
> 　　　本籍　○○県○○市○○町○丁目○番○号※3
> 　　　住所　○○県○○市○○町○丁目○番○号
> 　　　　　　　申立人法定代理人親権者母　○　○　○　○
> 　　　本籍　○○県○○市○○町○丁目○番○号※3
> 　　　住所　○○県○○市○○町○丁目○番○号
> 　　　　　　　相　手　方　　○　○　○　○
>
> 主　　　文
> 1　申立人が相手方の子であることを認知する。
> 2　手続費用は各自の負担とする。
>
> 理　　　由※4
> 1　本件調停期日において，当事者間に主文1項同旨の審判を受けることについての合意が成立し，かつ，その原因事実についても争いがない。
> 2　本件記録並びに申立人法定代理人親権者母及び相手方の各審問の結果によると，以下の事実が認められる。
> 　（認定した事実を記載）
> 3　よって，本件調停委員会を組織する各家事調停委員の意見を聴いた上※5，前記当事者間の合意を正当と認め，家事事件手続法277条により，主文のとおり合意に相当する審判をする。
>
> 　　　　　　　平成○○年○月○日
> 　　　　　　　　○○家庭裁判所
> 　　　　　　　　　　裁判官　○　○　○　○　㊞
>
> ※1　出生届未了の場合は戸籍（本籍）がないため，「（出生届未了）」と記載する。なお，出生届がされる子との同一性を明確にする必要があるので，母の本籍及び住所，子の生年月日，子が命名されているならばその名など，子を特定するに足る表示をすることが望ましい（家月17巻1号188頁参照）。
> ※2　出生届未了で戸籍がないため，名前のみの記載としたり，入籍予定の戸籍上の氏を括弧書きする等して記載する。
> ※3　合意に相当する審判の効力が生じることにより身分関係の変動が生じることから，「本籍」も記載する必要がある。
> ※4　事案によっては，当事者の理解に資するように判断に至った理由等を詳しく記載する場合もある。
> ※5　調停委員会が家事調停の手続を行う場合（法277条3項参照）に記載する。

2 取下げ

実務上，DNA鑑定等の結果，父子関係が明らかとなった場合等に，期日外（合意に相当する審判がされる前）に任意認知されることもあるので，このような場合には，取下げの手続を行う。この取下げの手続の詳細については，第2編の第7章の第12節の第7（185頁）を参照されたい。

第11 戸籍事務管掌者への通知

合意に相当する審判が確定したときに書記官が行う戸籍事務管掌者への通知については，第2編の第7章の第13節の第1の2及び第2（189頁）を参照されたい[336]。

第12 当事者への認知届出等についての説明

1 原則

認知申立事件の合意に相当する審判が確定したときは，認知の届出をする必要があることから，申立人に対し，合意に相当する審判が確定した日から10日以内に審判書謄本（告知時のもの）及び審判確定証明書を添付して，当事者の本籍地又は申立人の所在地（住所地等）[337]の戸籍役場（市区町村役場）に認知の届出をしなければならない（戸籍法63条1項，25条）旨及び正当な理由がなく当該期間内に当該届出をしない場合には過料に処されることがある（同法135条）旨を説明し，併せて，当該届出の際に必要な審判確定証明書の交付申請をするよう促す。この説明等は，実務上，当事者間に合意が成立した調停期日終了後に行ったり，あるいは審判書謄本の送達（送付）時（告知時）に，説明書面や審判確定証明書の交付申請書を同封する等して行っている。

2 母が前夫と婚姻中に出生した出生届済みの子と，当該子の血縁上の父との認知の審判がされて確定した場合

子は前夫の嫡出子として戸籍に記録されており，認知の記録がされるためには，子の父欄等の戸籍訂正が必要となることから，戸籍役場において，前記1の認知の届出と併せて戸籍法116条の戸籍訂正申請も必要になる旨及びこれらの届出等の詳細については，適宜戸籍役場にも確認してほしい旨を説明する（新谷雄彦編集代表「詳解戸籍訂正の実務」（日本加除出版）173頁～178頁，長山義彦ほか共著「〔新版〕家事事

---

[336] なお，認知申立事件における，出生届未了の子及び当該子の父（血縁上の父）が当事者である場合の戸籍通知先等についてのアンケート調査の結果によると，①当該子の父の本籍地の戸籍事務管掌者にのみ通知する，②当該子の母の本籍地の戸籍事務管掌者にのみ通知する，③①及び②のいずれの本籍地の戸籍事務管掌者にも通知する等，その取扱いが分かれており，これらの取扱いについては，戸籍通知の適正を期する等の目的から，あらかじめ管轄法務局等との間で確認等をしている家庭裁判所もあった。この点，戸籍事務管掌者が戸籍届出等を怠っている事態を把握し，その催告等の手続をとる等，戸籍記載の正確性を確保するという戸籍通知の趣旨（条解規則332頁及び322頁参照）を踏まえると，当該子が母の戸籍に入籍する場合は，当該子の母の本籍地の戸籍事務管掌者に通知する取扱いが望ましいと考えられる。また，当該子が母の戸籍に入籍しない場合には，当該子の父の本籍地の戸籍事務管掌者にも通知するという取扱いが望ましいと考えられる。

[337] この本籍地と所在地（住所地等）の戸籍役場が異なり，申立人が所在地（住所地等）での届出を予定している場合には，別途当事者の戸籍全部事項証明書（戸籍謄本）の提出を要する場合があるため，申立人の理解の程度等に応じて，届出時に必要な書類については戸籍役場にも確認するよう説明する。

第3章 特殊調停事件（合意に相当する審判事件）における書記官事務

件の申立書式と手続」（新日本法規）571頁参照）。

　なお，当該戸籍訂正申請は，前記1の認知の届出と併せてすることになるので，認知申立事件の合意に相当する審判が確定した日から10日以内にする必要がある。

3　出生届未了の場合

　前夫との婚姻の解消又は取消し後300日以内，かつ，子の母が後夫と再婚後200日以内に出生した子について出生届未了の場合，子と後夫との認知の合意に相当する審判が確定したときは，母又は後夫は，審判書謄本及び審判確定証明書を添付し，母と後夫の嫡出子として出生の届出をする（戸籍法52条1項）ことによって，子は母と後夫の婚姻中の戸籍に入籍することになる（同法18条1項）ので，その旨及び当該届出の詳細については，適宜戸籍役場にも確認してほしい旨を説明する。

　なお，後夫と再婚前に子が出生した場合には，出生の届出だけではなく，同法63条1項の規定に基づき，母から認知の届出をする必要があるので，その旨説明する（「戸籍時報№724」（日本加除出版）81頁～84頁参照）。

第13　手続終了後の書記官事務

　第2編の第7章の第14節（190頁）と同様であるため参照されたい。

第4節　親子関係不存在確認申立事件

> 【どんな事件？】
> 　妻が婚姻中に懐胎した子又は離婚後300日以内に生まれた子は，婚姻中の夫婦間にできた子（嫡出子）と推定され（民法772条），仮に妻と夫以外の男性との間に生まれた子であっても，出生届出をすると夫婦の子として戸籍に入籍することになる。このように嫡出の推定を受ける子が，夫婦の子であることを否定するためには，原則として，嫡出否認の手続（民法774条，本章の第2節（295頁）参照）によることとなる。
> 　しかし，妻が夫の子を懐胎する可能性がないことが外観上明白である場合（例えば，夫の長期の海外出張，長期にわたる刑事施設への入所，長期間の別居等でその子の母との性的交渉が皆無であった場合等）には，夫の子であるとの推定を受けないことがあるので，そのような場合には，この親子関係不存在確認の申立てをすることができる。
> 　また，何らかの事情により，真実の母でない人の子として戸籍に入籍しているような母子関係不存在の場合にも，この親子関係不存在確認の申立てをすることができる。
> 　この親子関係不存在の確認を求める申立ては，本質的には訴訟事項（人訴法2条2号）であるため，調停前置の対象となる（法257条1項）。

第1　申立て

1　管轄

　　相手方の住所地を管轄する家庭裁判所又は当事者が合意で定める家庭裁判所（法245条1項）。

　　なお，管轄の詳細については，第2編の第6章の第1節（40頁）と同様であるため参照されたい。

2　当事者

(1)　申立人

　ア　当該親子関係の当事者の一方（子[338]，父，母）。

　　　なお，子は，未成年者であっても，意思能力があれば，法定代理人によらずに，単独で申し立てることができる（法252条1項5号，人訴法13条1項）。

　イ　当該親子関係について直接身分上利害関係を有する第三者[339]

---

[338] 未成年者である子に法定代理人がない場合又は法定代理人が代理権を行うことができない場合において，親子関係不存在確認申立事件の手続が遅滞することにより損害が生ずるおそれがあるときは，裁判長は，利害関係人の申立てにより又は職権で，特別代理人を選任することも考えられる（法19条）。この特別代理人の選任等に関する書記官事務については，平成27年度書記官実務研究の第1編の第4章の第2（30頁）と同様であるため参照されたい。なお，法252条1項の規定が適用される家事調停事件の手続における特別代理人や，当該特別代理人と裁判長により選任される手続代理人（法23条）との関係については，逐条65頁及び66頁に詳細が記載されているため参照されたい。

[339] 具体的には，その親又は子と外見上また真実に親族関係にある者，及びその子を自己の子として認知しようとする者で，他人間の身分関係の存否により，自己の権利関係に直接の利害関係を有する場合に申立人となり得るものと解されている（南敏文監修，髙妻新著，青木惺補訂「最新体系・戸籍用語事典」（日本加除出版）269頁参照）。

第3章 特殊調停事件（合意に相当する審判事件）における書記官事務

(2) **相手方**
　ア　当該親子関係の当事者の一方が申立人の場合は他の一方
　イ　当該親子関係について直接身分上利害関係を有する第三者が申立人の場合は，親（父又は母）及び子の双方。
　　なお，この場合において，相手方とすべき親子の一方が死亡している場合には合意に相当する審判をすることはできない（法277条1項ただし書）（逐条837頁参照）。

3　**申立ての方式**
(1) **申立費用**
　ア　申立手数料
　　1,200円（収入印紙）（民訴費用法3条1項別表第一の一五の二の項）
　イ　郵便切手
　　各家庭裁判所の実務上の運用によって異なる。
　　なお，これら申立費用の詳細については，第2編の第7章の第1節の第2の1の(1)（53頁）と同様であるため参照されたい。

(2) **申立書**
　申立ては，申立書を家庭裁判所に提出してしなければならず（法255条1項），申立書を家庭裁判所に提出する際は，相手方の数と同数の申立書の写し（相手方送付用）を提出する必要がある（規127条，47条）。
　申立書の方式や記載事項等については，第2編の第7章の第1節の第2の1の(2)（53頁）と同様であるため参照されたい。

(3) **附属書類（添付書類）**
　親子関係不存在確認申立事件の申立時に提出される，又は提出を求めることが多い主な附属書類（添付書類）は次のとおりである（各書類の趣旨等については，以下に記載する留意事項等のほか，第2編の第7章の第1節の第2の1の(3)（57頁）の①から③までの各類型の各書類の※の説明部分と同様であるため参照されたい。）。
　なお，本項では飽くまで主な附属書類（添付書類）の類型を示すにとどまるため，当然ながら，各家庭裁判所においては，裁判官や調停委員会の手続運営の方針，事案ごとの個別の事情等の実情に応じて，親子関係不存在確認申立事件の手続の円滑な進行を図るために，規127条で家事調停の申立てについて準用されている規37条3項の規定に基づき，本項で示す類型以外の書類の提出を求める場合がある。
　◇　申立ての理由及び事件の実情についての証拠書類写し（規127条，37条2項）
　　※　なお，民法772条の規定により形式的には嫡出推定を受ける子等が申立人の場合には，嫡出推定を覆すことに関する資料（その子の母の（前）夫が長期の海外出張，長期にわたる刑事施設への入所，長期間の別居等でその子の母と性的交渉が皆無であった場合等，（前）夫の子を懐胎する可能性が皆無であることが客観的に分かる資料等）があれば，当該資料の提出を求めることとなる。
　◇　子及び相手方の戸籍全部事項証明書（戸籍謄本）（規127条，37条3項）
　　※　なお，子の出生届未了の場合は，子の出生証明書の写し及び母の戸籍全部事項証明書（戸籍謄本）を提出する必要がある。

◇ 当該親子関係について直接身分上利害関係を有する第三者（例えば，親族等）が申立人の場合は，その旨を証する戸籍全部事項証明書（戸籍謄本）等（規127条，37条3項）
◇ 事情説明書（規127条，37条3項）
◇ 連絡先届出書（規127条，37条3項）
◇ 非開示希望申出書（非開示希望の申出をする場合にのみ使用する書類）（規127条，37条3項）
◇ 進行に関する照会回答書（規127条，37条3項）
◇ 手続代理人の権限（代理権）を証明する書面（委任状）（規18条1項）
◇ 法定代理権及び手続行為をするのに必要な授権を証明する書面（規15条，民訴規15条前段）

第2 受付及び審査

　親子関係不存在確認申立事件の申立書の受付及び審査に関する書記官事務において特に留意すべき事項は，主に次の1から6までのとおりである。
　なお，その他の申立書の受付及び審査に関する書記官事務（全般）については，第2編の第7章の第2節の第1（67頁）と同様であるため参照されたい。

1 嫡出否認申立事件及び認知申立事件との関係について

　婚姻の解消又は取消し後300日以内に出生した子について，その子の母の前夫との親子関係の存否に関する家庭裁判所の手続としては，嫡出否認の申立て，血縁上の父を相手方とする認知の申立て及び親子関係不存在確認の申立てがあるので（本章の第2節の第1（296頁）参照），当事者の理解の程度等に応じて，適切に手続案内をする必要がある。
　なお，本章の第2節の第3の4（299頁）及び第3節の第2の1（309頁）も併せて参照されたい。

2 嫡出の推定を受ける子からの申立ての場合について

　本節の冒頭の【どんな事件？】のとおり，嫡出の推定を受ける子（民法772条）とその父（夫）との親子関係を否定するには，原則として，嫡出否認の申立てによることとなる。嫡出否認の申立ては，夫が子の出生を知った時から1年以内にしなければならない（民法777条参照）という制限があることから，この期間が経過すれば，原則として，父子間の嫡出親子関係が確定するということになる。
　しかし，民法772条の規定が形式的に適用された結果嫡出の推定を受ける子であっても，母が子を懐胎すべき時期に，既に夫婦が事実上の離婚をして夫婦の実態が失われ，又は遠隔地に居住して，夫婦間に性的関係を持つ機会がなかったことが明らかであるなどの事情が存在する場合には，夫の子であるとの推定が排除されることもある（いわゆる外観説。本章の第2節の第3の4の(3)（299頁）参照。）ので，手続案内の際には，当事者の理解の程度等に応じて，親子関係の存否に関する各手続について説明した上，当事者が求める手続を適切に案内する必要がある。

3 戸籍訂正許可申立事件との関係について

　親子関係が不存在である場合には，戸籍法113条による戸籍訂正申請によるべき場

第3章 特殊調停事件（合意に相当する審判事件）における書記官事務

合と，本節による手続を経て，同法116条による戸籍訂正申請をすべき場合がある。ただし，同法113条と116条の適用範囲については，必ずしも明確でないことから，その適用範囲を巡る裁判例は複数あるが，例えば，虚偽の出生届に基づいて嫡出でない子が他人夫婦の嫡出子として記載されている場合における戸籍訂正について，訂正の結果，身分関係に重大な影響が生じるものの，事実関係について関係当事者間に争いがないことを考慮して，直ちに同法113条に従い戸籍の訂正をすることができるとする裁判例もある（家月63巻7号17頁～24頁参照）。したがって，このような親子関係不存在確認の申立てがあった場合には，戸籍訂正許可申立事件との関係にも留意して受付及び審査をする必要があり，事件の進行方針等について裁判官に確認し，その指示に基づいて，以後の手続を行う必要がある。

4 鑑定費用の予納についての説明について

本章の第2節の第3の3（299頁）と同様であるため，適宜，親子関係不存在確認申立事件の場合に読み替えた上で参照されたい。

5 子の氏の変更が必要な場合について

子の母と夫の協議離婚届が子の出生後にされた場合には，子は出生時の母の戸籍（離婚前の戸籍＝婚姻に際し夫の氏を称した場合は夫の戸籍）に入籍するので，子の氏は夫の氏となる。この場合，子の出生届出がされていないときは，親子関係不存在確認審判書謄本及び審判確定証明書並びに子の氏を（離婚後の）母の氏に変更する旨の子の氏の変更許可審判書謄本を添付して出生届出をすれば，母の現在戸籍に入籍することができる（いったん，前夫の戸籍に入籍されることを防ぐことができる）という戸籍事務の取扱いを説明しておくのが望ましい（平成19年1月家庭裁判資料第183号訟廷執務資料第74号「家事書記官事務の手引（改訂版）」（最高裁判所事務総局）141頁及び平成27年度書記官実務研究の第2編の第2章の第7の2のⅡの【1】の①の例8（392頁）参照）。

6 当事者に外国人が含まれる場合（いわゆる渉外事件の場合）について

本編の第1章の第1節の第2の3（206頁）と同様であるため参照されたい。

第3 立件基準（事件番号の付け方の基準）

確認又は形成の対象となる身分関係（受付分配通達別表第5の2の(2)参照）

第4 記録の編成

第2編の第7章の第2節の第2（72頁）と同様であるため参照されたい。

第5 事件の分配

第2編の第7章の第2節の第5（98頁）と同様であるため参照されたい。

第6 調停期日及び家事調停委員の指定

第2編の第7章の第2節の第6（105頁）と同様であるため参照されたい。

第7 申立書の写しの送付等
第2編の第7章の第2節の第7（109頁）と同様であるため参照されたい。

第8 参考事項の聴取
第2編の第7章の第2節の第8（112頁）と同様であるため参照されたい。

第9 調停の実施等
親子関係不存在確認申立事件における調停の実施に関する主な留意事項は，次の1から5までのとおりである。

なお，申立ての変更に関する書記官事務（全般）については第2編の第7章の第1節の第2の3（62頁）と同様であり，その他の家事調停の実施等に関する書記官事務（全般）については同章の第4節（117頁）から第11節（159頁）までと同様であるため，それぞれ参照されたい。

1 合意に相当する審判の要件について
本章の第1節の第9の1（285頁）と同様であるため参照されたい。

2 家事調停手続について
親子関係不存在確認（中でも父子関係不存在確認）申立事件において，調停委員会による調停を実施する場合，一般的には，まず，家事調停委員が当事者双方から，父母の婚姻生活の実情（特に夫婦別居の時期と状況とその経過），母が事実上の父と知り合って性交渉を持った時期とその後の生活状況等の事実関係を聴取した後，裁判官と評議する。

その後，裁判官が，当事者双方に対し，人事訴訟ではなく，申立ての趣旨のとおりの合意に相当する審判を受けることに合意しているか，さらに，親子関係不存在の原因について争いがないかを確認するとともに，審問により，当事者双方から事実関係を再度確認する。その後，必要な事実の調査（証拠調べ）として，実務上，親子の血縁関係（生物学上の親子関係）を調査するために，DNA鑑定の嘱託が行われることがある。家庭裁判所は，当事者双方から確認した事実関係とDNA鑑定の結果等を踏まえ，調停委員会を組織する家事調停委員の意見を聴いた上で（法277条3項），前記合意を正当と認めれば，当該合意に相当する審判をする（東京家事事件研究会編「家事事件・人事訴訟事件の実務～家事事件手続法の趣旨を踏まえて～」（法曹会）283頁及び284頁参照）。

3 合意の成立等について
本章の第1節の第9の3（286頁）と同様であるため参照されたい。

4 必要な事実の調査について
本章の第2節の第10の4（301頁）と同様であるため，適宜，親子関係不存在確認申立事件の場合に読み替えた上で参照されたい。

5 家事調停委員の意見聴取について
本章の第1節の第9の5（288頁）と同様であるため参照されたい。

第3章 特殊調停事件（合意に相当する審判事件）における書記官事務

第10 調停手続の終了

　本章の第1節の第10（288頁）と同様であるため，適宜，親子関係不存在確認申立事件における調停手続の終了の場合に読み替えた上で参照されたい。

　なお，親子関係不存在確認申立事件の合意に相当する審判書の参考例[340]は次のとおりである。

---

[340] おって，家事審判法（旧法）時の資料であるが，平成8年3月家庭裁判資料第166号「改訂家事審判書集」（最高裁判所事務総局）414頁〜418頁には，親子関係不存在確認申立事件の審判書の参考例が記載されているので，併せて参照されたい。

【合意に相当する審判書（親子関係不存在確認申立事件）の参考例】

> 平成○○年（家イ）第○○号　親子関係不存在確認申立事件
>
> 　　　　　　　　　　　審　　　　　判
>
> 　　　　　本籍　（出生届未了）※1
> 　　　　　住所　○○県○○市○○町○丁目○番○号
> 　　　　　　　　　　申　立　人　　（○○）○　○※2
> 　　　　　　　　　　　　　　　　　平成○○年○月○日生
> 　　　　　本籍　○○県○○市○○町○丁目○番○号※3
> 　　　　　住所　○○県○○市○○町○丁目○番○号
> 　　　　　　　　　　申立人法定代理人親権者母　○　○　○　○
> 　　　　　本籍　○○県○○市○○町○丁目○番○号※3
> 　　　　　住所　○○県○○市○○町○丁目○番○号
> 　　　　　　　　　　相　手　方　　○　○　○　○
>
> 　　　　　　　　　　　　　主　　　　　文
> 1　申立人と相手方との間に親子関係が存在しないことを確認する。
> 2　手続費用は各自の負担とする。
>
> 　　　　　　　　　　　　　理　　　　　由※4
> 1　本件調停期日において，当事者間に主文1項同旨の審判を受けることについての合意が成立し，かつ，その原因事実についても争いがない。
> 2　本件記録並びに申立人法定代理人親権者母及び相手方の各審問の結果によると，以下の事実が認められる。
> 　（認定した事実を記載）
> 3　よって，本件調停委員会を組織する各家事調停委員の意見を聴いた上※5，前記当事者間の合意を正当と認め，家事事件手続法277条により，主文のとおり合意に相当する審判をする。
>
> 　　　　　平成○○年○月○日
> 　　　　　　○○家庭裁判所
> 　　　　　　　　　裁判官　○　○　○　○　㊞
>
> ※1　出生届未了の場合は戸籍（本籍）がないため，「（出生届未了）」と記載する。なお，出生届がされる子との同一性を明確にする必要があるので，母の本籍及び住所，子の生年月日，子が命名されているならばその名など，子を特定するに足る表示をすることが望ましい（家月17巻1号188頁参照）。
> ※2　出生届未了で戸籍がないため，名前のみの記載としたり，入籍予定の戸籍上の氏を括弧書きする等して記載する。
> ※3　合意に相当する審判の効力が生じることにより身分関係の変動が生じることから，「本籍」も記載する必要がある。
> ※4　事案によっては，当事者の理解に資するように判断に至った理由等を詳しく記載する場合もある。
> ※5　調停委員会が家事調停の手続を行う場合（法277条3項参照）に記載する。

第3章　特殊調停事件（合意に相当する審判事件）における書記官事務

第11　戸籍事務管掌者への通知

合意に相当する審判が確定したときに書記官が行う戸籍事務管掌者への通知については，第2編の第7章の第13節の第1の2及び第2（189頁）を参照されたい[341]。

第12　当事者への戸籍訂正申請等についての説明

1　出生届済みの場合

親子関係不存在確認申立事件の合意に相当する審判が確定したときは，戸籍訂正申請をする必要があることから，申立人に対し，合意に相当する審判が確定した日から1か月以内に審判書謄本（告知時のもの）及び審判確定証明書を添付して，当事者の本籍地又は申請人の所在地（住所地等）[342]の戸籍役場（市区町村役場）に戸籍の訂正を申請しなければならない（戸籍法116条1項，117条，25条1項）旨及び正当な理由がなく当該期間内に当該申請をしない場合には過料に処されることがある（同法135条）旨を説明し，併せて，当該申請の際に必要な審判確定証明書の交付申請をするよう促す。この説明等は，実務上，当事者間に合意が成立した調停期日終了後に行ったり，あるいは審判書謄本の送達（送付）時（告知時）に，説明書面や審判確定証明書の交付申請書を同封する等して行っている。

2　出生届未了の場合

婚姻の解消又は取消し後300日以内に出生した子について出生届未了の場合には，親子関係不存在確認審判書謄本と審判確定証明書を添付して出生届出をするよう説明する。この場合，子は母の婚姻の解消又は取消し後の戸籍に嫡出でない子として入籍することになる（民法790条2項，戸籍法18条2項）。

なお，子の出生後に子の母と夫が離婚している場合は，前記第2の5（318頁）のとおり，親子関係不存在確認審判書謄本及び審判確定証明書並びに子の氏を（離婚後の）母の氏に変更する旨の子の氏の変更許可審判書謄本を添付して出生届出をすれば，母の現在戸籍に入籍することができる（いったん，前夫の戸籍に入籍されることを防ぐことができる）という戸籍事務の取扱い及び当該取扱いの詳細については，適宜戸籍役場にも確認してほしい旨を説明し，併せて，子の氏の変更についての許可（法別表第一の六十の項の事項についての事件）の手続についても説明しておくのが望ましい。

---

[341] なお，親子関係不存在確認申立事件における，出生届未了の子及び当該子の父が当事者である場合の戸籍通知先等についてのアンケート調査の結果によると，①当該子の父の本籍地の戸籍事務管掌者にのみ通知する，②当該子の母の本籍地の戸籍事務管掌者にのみ通知する，③①及び②のいずれの本籍地の戸籍事務管掌者にも通知する等，その取扱いが分かれており，これらの取扱いについては，戸籍通知の適正を期する等の目的から，あらかじめ管轄法務局等との間で確認等をしている家庭裁判所もあった。この点，戸籍事務管掌者が戸籍届出等を怠っている事態を把握し，その催告等の手続をとる等，戸籍記載の正確性を確保するという戸籍通知の趣旨（条解規則332頁及び322頁参照）を踏まえると，当該子が母の戸籍に入籍する場合は，当該子の母の本籍地の戸籍事務管掌者に通知する取扱いが望ましいと考えられる。また，当該子が母の戸籍に入籍しない場合には，当該子の父の本籍地の戸籍事務管掌者にも通知するという取扱いが望ましいと考えられる。

[342] この本籍地と所在地（住所地等）の戸籍役場が異なり，申立人が所在地（住所地等）での申請を予定している場合には，別途当事者の戸籍全部事項証明書（戸籍謄本）の提出を要する場合があるため，申立人の理解の程度等に応じて，申請時に必要な書類については戸籍役場にも確認するよう説明する。

第13 手続終了後の書記官事務

第2編の第7章の第14節（190頁）と同様であるため参照されたい。

第3章 特殊調停事件（合意に相当する審判事件）における書記官事務

第5節　その他の特殊調停事件（合意に相当する審判事件）

　　本節では，次の第1及び第2において，本章の第1節から第4節までに記載した事件以外のその他の特殊調停事件（合意に相当する審判事件）のうち，法に特則が定められている婚姻取消申立事件及び本章の第2節から第4節までの事件とも関係がある父を定めることを目的とする申立事件を取り上げ，特に留意すべき事項等を中心に記載する。当該留意事項等以外の調停手続及び書記官事務（全般）については，基本的に，本章の第1節から第4節まで（当該事件特有の事項は除く。）や当該調停手続の中で参照している第2編の第7章（52頁）の各節等と同様であるため併せて参照されたい。

　　なお，次の第1及び第2の各事件については，飽くまで適正かつ迅速で合理的な書記官事務の在り方についての考え方や方向性等を示す素材として，主な留意事項等を示すにとどまるものである。したがって，これらの事件以外の特殊調停事件（合意に相当する審判事件）を含め，事案ごとの個別の事情等により，それぞれに個別の留意事項等があることはもちろんであり，裁判官や調停委員会の手続運営の方針等，それぞれの現場の実情等に応じて，適正かつ迅速で合理的な書記官事務の実現を常に図っていく必要がある。

第1　婚姻取消申立事件

【どんな事件？】
　この事件は，詐欺・強迫，不適齢婚，重婚，待婚期間中の婚姻，近親婚等といった婚姻の取消原因がある場合に，婚姻の取消し（民法747条，744条，731条～736条）を求める調停事件である。
　この婚姻取消しの申立ては，本質的には訴訟事項（人訴法2条1号）であるため，調停前置の対象となる（法257条1項）。

1　当事者
(1)　申立人[343]
　婚姻の当事者，親族，重婚禁止及び再婚禁止期間内の婚姻については，婚姻の当事者の配偶者及び前配偶者
(2)　相手方
　ア　婚姻の当事者の一方が申し立てるときは他の一方
　イ　婚姻の当事者以外の第三者が申し立てる場合は，婚姻の当事者双方。
　　なお，この場合において婚姻の当事者の一方が死亡している場合には合意に相当する審判をすることはできない（法277条1項ただし書）（逐条837頁参照）。

2　主な留意事項
婚姻取消申立事件に関する主な留意事項は，次の(1)から(3)までのとおりである。
(1)　取消しの期間制限
　婚姻の取消しは，民法で定める各期間内に請求しなければならない（民法745条～747条）ことから，申立書の受付及び審査において，明らかに当該期間を徒過している事案等疑義を生ずる場合には，裁判官に手続の進行方針等について相談して判断を仰ぐ等して，申立人に対し，その理解の程度等に応じて，申立後の家事調停手続の進行の見込み等について適宜説明[344]するか否か等を検討する。
(2)　協議離婚無効確認申立事件との関係
　本章の第1節の第2の2（284頁）と同様であるため参照されたい。
(3)　婚姻の取消しについての合意に相当する審判の特則
　婚姻の取消しについての合意に相当する審判をするときは，この合意に相当する審判において，当事者間の合意に基づき，子の親権者を指定しなければならない（法282条1項）。この合意に相当する審判は，子の親権者の指定について当事者間で合意が成立しないとき，又は成立した合意が相当でないと認めるときは，することができない（同条2項）。
　なお，子の親権者の指定の合意は手続上の当事者間の合意である。したがって，父母以外の第三者（例えば，父母の親族。民法744条1項本文。）が父母を相手に婚姻取消しの申立てをしている場合（人訴法12条2項参照）には，当該申立人と父母との間で合意をすることが必要であるものと解されている（逐条853頁参照）。

343　申立人は，取消請求権の原因事実により異なり，民法の規定による取消権者である。
344　当然ながら，飽くまで家事手続案内の範囲内での説明である。

第3章　特殊調停事件（合意に相当する審判事件）における書記官事務

3　当事者への婚姻取消しの届出についての説明

　婚姻取消申立事件の合意に相当する審判が確定したときは，婚姻取消しの届出をする必要があることから，申立人に対し，合意に相当する審判が確定した日から10日以内に審判書謄本（告知時のもの）及び審判確定証明書を添付して，当事者の本籍地又は申立人の所在地（住所地等）[345]の戸籍役場（市区町村役場）に婚姻取消しの届出をしなければならない（戸籍法75条1項，63条1項，25条）旨及び正当な理由がなく当該期間内に当該届出をしない場合には過料に処されることがある（同法135条）旨を説明し，併せて，当該届出の際に必要な審判確定証明書の交付申請をするよう促す。この説明等は，実務上，当事者間に合意が成立した調停期日終了後に行ったり，あるいは審判書謄本の送達（送付）時（告知時）に，説明書面や審判確定証明書の交付申請書を同封する等して行っている。

345　この本籍地と所在地（住所地等）の戸籍役場が異なり，申立人が所在地（住所地等）での届出を予定している場合には，別途当事者の戸籍全部事項証明書（戸籍謄本）の提出を要する場合があるため，申立人の理解の程度等に応じて，届出時に必要な書類については戸籍役場にも確認するよう説明する。

第2 父を定めることを目的とする申立事件

> 【どんな事件？】
>   この事件は，嫡出推定（民法772条）が重複する子（前婚の解消又は取消しの日から300日以内かつ後婚の成立の日から200日を経過した後に出生した子）についてその父を定める（民法773条）ことを求める調停事件である。
>   女性の再婚禁止期間が前婚の解消又は取消しの日から起算して100日と規定されている（民法733条1項）ことから，通常はこのように嫡出推定が重複することはないが，女性が当該再婚禁止期間中に再婚し，誤って婚姻届が受理されたような場合には重複が生じるため，このような場合にこの申立てをすることが認められている。
>   この父を定めることを目的とする申立ては，本質的には訴訟事項（人訴法2条2号）であるため，調停前置の対象となる（法257条1項）。

1 当事者
(1) **申立人**
  子，母，母の配偶者（後夫）又はその前配偶者（前夫）（人訴法43条1項）

(2) **相手方**
  ア 子又は母が申立人のときは，母の配偶者（後夫）及びその前配偶者（前夫）（人訴法43条2項1号）。
    なお，母の配偶者（後夫）及びその前配偶者（前夫）の一方が死亡している場合には合意に相当する審判をすることはできない（法277条1項ただし書）（逐条837頁参照）。
  イ 母の配偶者（後夫）が申立人のときは，母の前配偶者（前夫）（人訴法43条2項2号）
  ウ 母の前配偶者（前夫）が申立人のときは，母の配偶者（後夫）（人訴法43条2項3号）

2 主な留意事項
  父を定めることを目的とする申立事件に関する主な留意事項は，次の(1)及び(2)のとおりである。

(1) **重婚禁止違反の再婚の場合について**
  民法773条は，同法732条違反，すなわち重婚禁止違反の再婚の場合にも類推適用されるため，ごく例外的に重婚であるのに誤って婚姻届が受理された場合等にも父を定めることを目的とする申立てをすることが認められている（「別冊法学セミナーno.240 新基本法コンメンタール親族」（日本評論社）134頁参照）。

(2) **女性の再婚禁止期間について**
  従前，女性は，前婚の解消又は取消しの日から6か月を経過した後でなければ，再婚をすることができないとされていた（改正前の民法733条1項）が，最判平27.12.16（民集69巻8号2427頁）において，「民法772条2項は，「婚姻成立の日から200日を経過した後又は婚姻の解消若しくは取消しの日から300日以内に生まれた子は，婚姻中に懐胎したものと推定する。」と規定して，出産の時期から逆算

第3章　特殊調停事件（合意に相当する審判事件）における書記官事務

して懐胎の時期を推定し，その結果婚姻中に懐胎したものと推定される子について，同条1項が「妻が婚姻中に懐胎した子は，夫の子と推定する。」と規定している。そうすると，女性の再婚後に生まれる子については，計算上100日の再婚禁止期間を設けることによって，父性の推定の重複が回避されることになる。」とし，改正前の民法733条1項の規定のうち100日の再婚禁止期間を設ける部分は，憲法14条1項，24条2項に違反しないが，100日を超えて再婚禁止期間を設ける部分は，憲法14条1項，24条2項に違反する旨判示したことを契機として，平成28年6月1日，民法の一部を改正する法律が成立した（同月7日公布・施行）。これにより，女性の再婚禁止期間が前婚の解消又は取消しの日から起算して100日に短縮されるとともに，再婚禁止期間内でも再婚することができる場合[346]（前婚の解消又は取消しの時に懐胎していなかった場合及び前婚の解消又は取消しの後に出産した場合）について明らかにされた。

　なお，女性の再婚禁止期間は短縮されたが，誤って婚姻届が受理され，嫡出推定（民法772条）が重複する場合があるという点については従前どおりであり，このような場合に父を定めることを目的とする申立てをすることが認められている。

3　当事者への戸籍訂正申請についての説明

　父を定めることを目的とする申立事件の合意に相当する審判が確定し，当該審判と戸籍の記載が相違するときは，戸籍訂正申請をする必要があることから，申立人に対し，合意に相当する審判が確定した日から1か月以内に審判書謄本（告知時のもの）及び審判確定証明書を添付して，当事者の本籍地又は申請人の所在地（住所地等）[347]の戸籍役場（市区町村役場）に戸籍の訂正を申請しなければならない（戸籍法116条1項，117条，25条1項）旨及び正当な理由がなく当該期間内に当該申請をしない場合には過料に処されることがある（同法135条）旨を説明し，併せて，当該申請の際に必要な審判確定証明書の交付申請をするよう促す。この説明等は，実務上，当事者間に合意が成立した調停期日終了後に行ったり，あるいは審判書謄本の送達（送付）時（告知時）に，説明書面や審判確定証明書の交付申請書を同封する等して行っている。

346　この場合，診断を行った医師が記載した「民法第733条第2項に該当する旨の証明書」を添付して婚姻届出をすることとなる。
347　この本籍地と所在地（住所地等）の戸籍役場が異なり，申立人が所在地（住所地等）での申請を予定している場合には，別途当事者の戸籍全部事項証明書（戸籍謄本）の提出を要する場合があるため，申立人の理解の程度等に応じて，申請時に必要な書類については戸籍役場にも確認するよう説明する。

第4編　別表第二審判手続における書記官事務【総論】

　本編では，まず，第1章において，別表第二審判手続における書記官事務を行うに当たって前提となる別表第二審判事項について，第2章から第5章までにおいて，別表第二審判手続における書記官事務全般に共通する事項（審判機関，当事者・代理・補佐・参加・排除，手続費用及び管轄・移送等に関する書記官事務）について，第2編の家事調停手続における書記官事務【総論】（8頁）の記載内容等も踏まえた上で簡潔に記載し，次に，第6章において，別表第二審判手続に関する書記官事務について，手続の開始から終了までの事務の流れに沿って記載し，最後に，第7章から第10章までにおいて，別表第二審判手続における不服申立て，審判の取消し又は変更，再審及び審判の更正に関する書記官事務について記載した。

第1章　別表第二審判事項

第1節　概説

　　　家事審判の対象となる事項を家事審判事項といい，①家事審判手続における審判事項（法39条），②家事調停手続における審判事項（法244条），③履行の確保の手続における審判事項（法290条）の三つがある。
　　　このうち，家事審判手続における審判事項は，「法別表第一及び法別表第二に掲げる事項」のほか，「法第2編で定める事項」である（法39条）。
　　　「法別表第一に掲げる事項」と「法別表第二に掲げる事項」との区別は，その性質に応じ，家事調停をすることができない事項と家事調停をすることができる事項とに分けられたものである。すなわち，「法別表第一に掲げる事項」は，国家の後見的作用として，重要な身分行為の許可，認証，又は権利義務の付与若しくは剥奪に関するもので，対立する当事者は存在せず，争訟的性格を有していない事項であるから，これらについては，当事者の合意による任意処分（調停）ということは考えられない（法244条参照）のに対し，「法別表第二に掲げる事項」は，対立当事者が存在し，争訟性を有する事項であり，性質上，第一次的には当事者の協議による解決が期待される事項でもあるから，審判によっても調停によっても手続を行うことができる。
　　　「法第2編で定める事項」には，例えば，各種の審判前の保全処分（同編第1章第4節），審判の取消し又は変更の審判（法78条1項），遺産の分割の禁止の審判の取消し又は変更の審判（法197条）等がある。本研究報告書においては，これらの審判のうち，別表第二審判事件に関連するものを研究対象とし，その手続等について記載している。
　　　なお，平成27年度書記官実務研究の第2編の第1章の第1（53頁）にも家事審判事項について記載されているため，併せて参照されたい。

第2節　別表第二審判事項についての審判と調停

　　　別表第二審判事項については，審判，調停のいずれによっても処理することができ

第1章　別表第二審判事項

るが，訴訟の提起は予定されていないので，法244条の規定により調停を行うことができる訴訟事件のような調停前置主義（法257条1項）は採られていない。そこで，訴訟事件の場合と同趣旨で，調停を優先させるべきかという問題があるが，実務上，別表第二審判事項については，本章の第1節のとおり，性質上，第一次的には当事者の協議による解決が期待される事項であり，できる限り，調停による解決が図られるべきであるという考えから，別表第二審判の申立てがされた場合には，裁判所が当該事件を家事調停に付する（法274条1項）場合がある。この付調停に関する書記官事務については，本編の第6章の第3節（365頁）を参照されたい。

第2章　審判機関

第1節　家庭裁判所

家事審判の権限を有するのは，裁判所法上の裁判所としての家庭裁判所である（裁判所法31条の3第1項1号）。

家庭裁判所は，原則として，一人の裁判官で事件を取り扱う（裁判所法31条の4第1項）。ただし，①合議体で審判又は審理及び裁判をする旨の決定を合議体でした事件（いわゆる裁定合議事件），②他の法律において合議体で審判又は審理及び裁判をすべきものと定められた事件（いわゆる法定合議事件。例：法12条2項参照。）においては，三人の裁判官からなる合議体で事件を取り扱う（裁判所法31条の4第2項・第3項）。審判以外の裁判は，いわゆる未特例判事補（いわゆる特例判事補（判事補の職権の特例等に関する法律1条1項参照）以外の判事補）も，単独ですることができる（法81条3項）。

第2節　参与員

第1　概説

参与員は，民間人の常識を反映させた機動的な処理を実現するための家庭裁判所の諮問機関であり，家庭裁判所は，原則として，参与員の意見を聴いて，審判をする。ただし，家庭裁判所が相当と認めるときは，参与員の意見を聴かないで，審判をすることができる（法40条1項）。

なお，飽くまでも審判は，家庭裁判所の権限と責任においてされるから，諮問機関である参与員の意見には拘束されない。

また，家庭裁判所は，参与員を家事審判の手続の期日に立ち会わせることができる（法40条2項）。

おって，平成27年度書記官実務研究の第2編の第1章の第3の3の(1)（74頁）に参与員についての詳細が記載されているため，併せて参照されたい。

第2　別表第二審判事件における参与員の関与について

後記第3のとおり，別表第二審判事件については，参与員は申立人から説明を聴取することはできないが，家庭生活や社会の実情に通じた参与員の意見を審理に反映させ，審理の充実を図る観点から，参与員を審判期日に立ち会わせる等して意見を述べさせることがある。

別表第二審判事件において，参与員の意見聴取が実施されたことがあるか等についてアンケート調査をした結果，「①ある」と回答した家庭裁判所が5庁，「②ない」と回答した家庭裁判所が43庁であった。

なお，部ごとに回答が異なるとして①及び②のいずれにも回答した家庭裁判所が2庁あった。

おって，①（①及び②のいずれにも回答した家庭裁判所を含む。）と回答した家庭裁判所における参与員の意見聴取が実施された別表第二審判事件の事件類型及び裁判

第2章　審判機関

官が参与員から意見を聴取した主な事項等は次のとおりであった。

参与員の意見聴取が実施された事件類型	実施庁数	裁判官が参与員から意見を聴取した主な事項
遺産の分割の審判事件	3庁	（不動産鑑定士等の資格を有する参与員から）遺産である不動産の評価
子の監護に関する処分（面会交流）の審判事件	1庁	面会交流の禁止・制限事由の有無及び今後の面会交流の回数等
親権者の変更の審判事件	1庁	親権者の変更を認めるべきか否か，親権者である父と子の普段の触れ合い等の関係が通常であるといえるか否か
祭具等の所有権の承継者の指定の審判事件	2庁	地域の慣習等
請求すべき按分割合に関する処分の審判事件	1庁	按分割合を0.5とすべきでない特別事情の有無

第3　申立人からの説明聴取について

別表第一審判事件については，参与員は，家庭裁判所の許可を得て，意見を述べるために，申立人が提出した資料の内容について，申立人から説明を聴くことができる（法40条3項本文）。しかし，別表第二審判事件については，紛争性が高く，双方の言い分を比較検討する必要があることから，提出された資料について申立人から説明を聴取することは，それが事実の調査ではないと位置付けたとしても相当ではなく，むしろ，そのようなことは裁判官が事実の調査としてその結果を審判の資料とすべきであって，裁判官が関与しない形で参与員が説明を聴取して意見を形成することは相当ではないことから，参与員が直接申立人から説明を聴取することは認められていない（同項ただし書）（逐条126頁参照）。

第3節　除斥・忌避・回避

裁判官を始めとする裁判所職員の除斥・忌避・回避の各制度の内容及び関連する書記官事務については，平成27年度書記官実務研究の第1編の第3章（20頁）と同様であるため参照されたい。

第3章　当事者・代理・補佐・参加・排除に関する書記官事務

第1節　当事者
第1　概説
第2編の第4章の第1節の第1（22頁）と同様であるため，適宜，別表第二審判手続における当事者の場合に読み替えた上で参照されたい。

第2　当事者能力
第2編の第4章の第1節の第2（22頁）と同様であるため，適宜，別表第二審判事件における当事者能力の場合に読み替えた上で参照されたい。

第3　当事者適格
具体的な別表第二審判事件において当事者となる資格又は権能を当事者適格という。すなわち，前述した当事者能力や後述する手続行為能力が，事件の具体的内容とは無関係に認められる一般的能力であるのに対し，当事者適格は，当該紛争を別表第二審判で解決するためには，誰が申立人として別表第二審判の申立てをすべきか，また，誰を相手方として別表第二審判の申立てをすべきかという問題であり，通常，法別表第二に掲げる事項ごとに民法等の実体法（法別表第二に掲げる事項ごとに記載されている根拠となる法律の規定参照）で定められている。

第4　手続行為能力
1　原則（民訴法の規定の準用）
別表第二審判手続における手続行為能力とは，別表第二審判事件の手続における手続上の行為をすることができる能力をいう（法17条1項）。手続行為能力についても当事者能力と同様に民訴法の規定を準用していることから，民事訴訟において訴訟能力が制限される未成年者[348]及び成年被後見人は，原則として，手続行為能力を有しておらず，法定代理人によらなければ，別表第二審判事件の手続における手続上の行為をすることができない（法17条1項，民訴法31条）。被保佐人及び被補助人（手続行為をすることにつきその補助人の同意を得ることを要するものに限る。）は，原則として，保佐人又は補助人の同意を得ない限り，自ら手続行為をすることができない（法17条1項，民訴法28条，民法13条1項4号，17条1項）が，他の者がした別表第二審判の申立てについては，保佐人又は補助人の同意その他の授権がなくても手続行為をすることができる（法17条2項）。

2　例外（個別の規定による特則）
別表第二審判事件を含む家事事件には，自らの身分関係が問題とされている類型の事件など，できる限り本人の意思を尊重すべき類型の事件があり，そのような事件に

---

[348] ただし，未成年者が独立して法律行為をすることができる場合（婚姻による成年擬制（民法753条）等）は，未成年者自身が手続行為をすることができる（法17条1項，民訴法31条）。

おいては，意思能力があれば手続行為能力を認めるのが相当である。そこで，法は，事件類型ごとにその旨の個別の規定を設けており，そのうち，別表第二審判事件については，次の①から④まで（①，②及び④の審判事件については，これらの審判事件を本案とする保全処分についての審判事件を含む。）のとおり，意思能力があれば手続行為能力を認められる者を個別に規定している。
① 夫婦間の協力扶助に関する処分の審判事件（財産上の給付を求めるものを除く。）（法別表第二の一の項の事項についての審判事件）における夫及び妻（法151条1号，118条）
② 子の監護に関する処分の審判事件（財産上の給付を求めるものを除く。）（法別表第二の三の項の事項についての審判事件）における子（法151条2号，118条）
③ 養子の離縁後に親権者となるべき者の指定の審判事件（法別表第二の七の項の事項についての審判事件）における養子，その父母及び養親（法168条6号，118条）
④ 親権者の指定又は変更の審判事件（法別表第二の八の項の事項についての審判事件）における子及びその父母（法168条7号，118条）

　なお，これらの意思能力を有することにより自ら有効に手続行為をすることができる場合であっても，未成年者又は成年被後見人については，実際には自ら手続行為をすることに困難を生ずる場合も少なくないため，法定代理人である親権を行う者又は後見人は，一定の例外を除き，未成年者又は成年被後見人を代理して手続行為をすることができる（法18条）。

　おって，手続行為能力が認められる者であっても，別表第二審判の申立権の有無については，飽くまでも民法等の実体法（法別表第二に掲げる事項ごとに記載されている根拠となる法律の規定参照）によることに注意する。

第2節　代理人及び補佐人
第1　代理人
　第2編の第4章の第2節の第1（23頁）と同様であるため，適宜，別表第二審判手続における代理人の場合に読み替えた上で参照されたい。

第2　補佐人
　補佐人（法27条，民訴法60条）の意義や許可及びその取消しの手続等についての書記官事務については，平成27年度書記官実務研究の第1編の第5章の第2（39頁）と同様であるため参照されたい。

第3節　参加
第1　概説
　第2編の第4章の第3節の第1（30頁）と同様であるため，適宜，別表第二審判手続における参加の場合に読み替えた上で参照されたい。

第2　当事者参加
　当事者参加に関する書記官事務については，平成27年度書記官実務研究の第2編

の第1章の第3の4の(1)のア（78頁）と同様であるため参照されたい。

第3　利害関係参加

　　利害関係参加に関する書記官事務については，平成27年度書記官実務研究の第2編の第1章の第3の4の(1)のイ（81頁）と同様であるため参照されたい。

第4節　排除

　　第2編の第4章の第4節（32頁）と同様であるため，適宜，別表第二審判手続における排除の場合に読み替えた上で参照されたい。

第4章　手続費用に関する書記官事務

　手続費用全般については，平成27年度書記官実務研究の第1編の第6章（40頁）及び平成25年11月研修教材第6号「民事実務講義案Ⅱ（四訂再訂版）」（裁判所職員総合研修所）の第3章（92頁～150頁）に詳細に記載されていることから，本章では，別表第二審判の手続費用に関する書記官事務を中心に簡潔に記載した。

第1節　手続費用の負担
第1　手続費用とは
　　　第2編の第5章の第1節の第1（36頁）と同様であるため参照されたい。

第2　別表第二審判手続における手続費用負担の規律
　　　家事事件手続の簡易迅速処理の要請から手続費用の償還が生じないようにするため，また，申立人は必ずしも自らの利益のために申立てをしているとは限らないことを考慮し，公平の観点から，手続費用は各自負担が原則とされている（法28条1項）（逐条89頁参照）が，裁判所は，事情[349]により，各自負担の原則によれば当事者及び利害関係参加人がそれぞれ負担すべき手続費用の全部又は一部を，その負担すべき者以外の者（①当事者又は利害関係参加人，②①以外の審判を受ける者となるべき者，③②の者に準ずる者であって，その裁判により直接に利益を受けるもの）に負担させることができる（同条2項）。
　　　なお，裁判所は，事件を完結する裁判において，職権で，その審級における審判費用（調停手続を経ている場合には，調停費用を含む。）の全部について，その負担の裁判をしなければならない（法29条1項本文）。したがって，この規定を踏まえると，家事調停手続と家事審判手続を経た別表第二審判事件において事件を完結する裁判（審判）においてすべき費用負担の裁判は，次の①及び②のとおりとなる。
　　①　別表第二調停手続が調停不成立となり，別表第二審判手続に移行した場合（法272条4項）において，当該別表第二審判手続で事件を完結する審判をするときは，家庭裁判所は，その審判において，審判費用と別表第二審判手続に先行する別表第二調停手続における費用について費用負担の裁判をする（逐条93頁参照）。
　　②　別表第二審判事件が調停に付されたこと（付調停）によって開始された家事調停事件（法274条1項）が調停不成立により終了し，付調停に伴ってされた当該別表第二審判手続の中止の決定（法275条2項）が効力を失い，既に係属している当該別表第二審判手続が再開した場合において，家庭裁判所が事件を完結する審判をするときは，その審判において，審判費用と当該別表第二調停手続において生じた費用について費用負担の裁判をする（逐条93頁参照）。
　　　なお，法29条1項ただし書に「ただし，事情により，事件の一部又は中間の争

---

[349] ここでいう「事情」とは，一般的に，原則に従って手続費用を各自負担とした場合には，かえって公平に反するような場合をいう（逐条89頁及び90頁参照）。

いに関する裁判において，その費用についての負担の裁判をすることができる。」と規定されているが，ここでいう「事件の一部に関する裁判」とは，例えば，併合された審判事件のうちの一部についての審判（法73条2項）がこれに当たり，また，「中間の争いに関する裁判」とは，例えば利害関係参加の申立てを却下する決定など，手続の当事者でない第三者との間の中間的な争いについての裁判を意味するものであり，中間決定（法80条）は，これに当たらない（逐条93頁参照）。

第3 手続費用額の確定手続
第2編の第5章の第1節の第3（37頁）と同様であるため参照されたい。

第2節 手続上の救助
第2編の第5章の第2節（38頁）と同様であるため参照されたい。

第5章　管轄・移送等に関する書記官事務

第1節　管轄
第1　総則
　　家事審判事件の管轄に関する総則については，家事事件手続法概説32頁及び平成27年度書記官実務研究の第1編の第2章の第1（11頁）と同様であるため参照されたい。

第2　別表第二審判事件における管轄の特則等
1　管轄の特則
　　別表第二審判事件については，法が規定する事件類型ごとの個別の管轄の規定により定まる管轄（第5編（460頁）の各章の各節参照）のほかに，当事者が合意で定める家庭裁判所も付加的に管轄権を有する（法66条1項）。これは，別表第二審判事件の審理の対象が一定の範囲で当事者の処分に委ねられており，当事者が合意した地で審判をすることは有益であるためである。もっとも，ここでの合意は，専属的合意管轄を許容するものではない（逐条226頁及び227頁参照）。
　　なお，管轄の合意の方式については，法66条2項において民訴法11条2項及び3項の規定が準用されており，家事調停事件における管轄の合意の方式（法245条2項において民訴法11条2項及び3項の規定が準用されている。）と同様であるため，第2編の第6章の第1節の第2の2（41頁）を，適宜，別表第二審判手続における管轄の合意の方式の場合に読み替えた上で参照されたい。

2　管轄の標準時
　　別表第二審判事件の管轄の標準時は，法8条により，別表第二審判事件の申立時とされているが，別表第二調停事件が調停不成立となり審判手続に移行した場合（法272条4項）の別表第二審判事件の管轄の標準時は，審判手続への移行時である（逐条16頁参照）。審判手続への移行後は，調停段階では管轄があった事件でも，審判段階では管轄がない事件もあるため[350]，改めて当該別表第二審判事件の管轄の有無について確認する必要がある。確認の結果，当該別表第二審判事件の管轄がない場合は，移送や自庁処理（本章の第2節及び第3節参照）の手続を行うこととなる。

---

[350] 一例を挙げると，調停事件は，相手方の住所地を管轄する家庭裁判所又は当事者が合意で定める家庭裁判所の管轄に属する（法245条1項）が，子の監護に関する処分（法別表第二の三の項の事項）の審判事件は，子（父又は母を同じくする数人の子についての申立てに係るものにあっては，そのうちの一人）の住所地を管轄する家庭裁判所（法150条4号）又は当事者が合意で定める家庭裁判所（法66条1項）の管轄に属するため，当該事件において，当事者が合意で定める家庭裁判所（管轄合意）がなく，相手方の住所地と子の住所地が異なる管轄区域にある場合は，調停事件の管轄はあるが，審判事件の管轄はないという状況が生ずる。なお，このような事件については，実務上，調停事件の申立てがあった段階で，記録表紙の余白等に「審判事件管轄なし」等と注意喚起の表示をする例もある。

第2　別表第二審判事件における管轄の特則等

第2節　移送

　　別表第二審判事件の移送（法9条1項・2項）に関する書記官事務は，第2編の第6章の第2節の第1（43頁）と同様であり，また，平成27年度書記官実務研究の第1編の第2章の第2の1の(1)（12頁）及び(2)（14頁）並びに2（17頁）と同様であるため，適宜，別表第二審判事件の移送の場合に読み替えた上で，それぞれ参照されたい。

第3節　自庁処理

　　別表第二審判事件の自庁処理（法9条1項ただし書）に関する書記官事務は，第2編の第6章の第3節（48頁）（家事調停事件に特有の事項は除く。）と同様であり，また，平成27年度書記官実務研究の第1編の第2章の第2の1の(3)のイ（16頁）と同様であるため，適宜，別表第二審判事件の自庁処理の場合に読み替えた上で，それぞれ参照されたい。

第4節　回付

　　別表第二審判事件の司法行政上の「回付」の措置に関する書記官事務は，第2編の第6章の第4節（50頁）と同様であり，また，平成27年度書記官実務研究の第1編の第2章の第2の3（18頁）と同様であるため，それぞれ参照されたい。

第6章　別表第二審判手続に関する書記官事務

第6章　別表第二審判手続に関する書記官事務

　本章では，次のような別表第二審判手続の一般的な流れに沿って，各節において，それぞれに関連する書記官事務について記載する。
【別表第二審判手続の一般的な流れ】

(家事手続案内等)
⇩

◇　手続の開始（第1節）（340頁）
　※　第1節では，①「概説」，②「当事者の申立て」，③「家事調停手続からの移行」及び④「移送・回付」について記載する。

⇩

◇　別表第二審判事件係属に関する書記官事務（第2節）（350頁）
　※　第2節では，①「受付及び審査」，②「記録の編成」，③「非開示希望情報等の適切な管理」，④「個人番号（マイナンバー）の適切な管理」，⑤「事件の分配」，⑥「審判期日の指定」，⑦「申立書の写しの送付等」及び⑧「参考事項の聴取」について記載する。

⇩

◇　別表第二審判事件の付調停（第3節）（365頁）
◇　審判前の保全処分（第4節）（369頁）
◇　審理（第5節）（404頁）
　※　第5節では，①「審理手続の原則」，②「別表第二審判手続における審理手続の特則」，③「審判期日外における書記官事務」，④「審判期日における書記官事務」，⑤「テレビ会議システム又は電話会議システムの方法による審判期日における手続の実施」，⑥「手続の併合・分離」，⑦「事実の調査」，⑧「証拠調べ」，⑨「子の意思の把握・考慮等」及び⑩「別表第二審判手続における関係職種との連携」について記載する。
◇　記録の閲覧・謄写等（第6節）（428頁）
◇　受継（第7節）（431頁）
◇　中止（第8節）（432頁）

⇩

◇　別表第二審判手続の終了（第9節）（432頁）
　※　第9節では，①「審判」，②「取下げ」，③「付調停後の調停成立又は調停に代わる審判の確定」及び④「当然終了等」について記載する。

⇩

◇　戸籍事務管掌者への通知（第10節）（446頁）
　※　事件類型や別表第二審判手続の終了類型（第9節（432頁）参照）によっては，戸籍事務管掌者への通知を行わない場合もある。
◇　別表第二審判手続終了後の書記官事務（第11節）（446頁）
　※　第11節では，①「記録表紙への記載及び民事裁判事務支援システム（MINTAS）への入力」，②「裁判統計報告書（事件票，月報・年表）の作成」，③「予納郵便切手の返還」，④「家事予納金の返還」，⑤「民事保管物の返還」，⑥「記録の整理及び引継ぎ」及び⑦「記録等の保存・廃棄」について記載する。

第1節　手続の開始
第1　概説
　　　別表第二審判手続は，主に，①当事者の申立て（法49条），②家事調停手続からの移行（法272条4項，286条7項）及び③移送・回付（本編の第5章の第2節及び第4節（339頁）参照）によって開始する。
　　　これら①から③までの手続の開始についての詳細は，次の第2から第4までのとお

- 340 -

りである。

第2 当事者の申立て
1 申立ての方式
(1) **申立費用**
ア 申立手数料

（一件につき）1,200円（民訴費用法3条1項別表第一の一五の二の項）。

後述する申立書に収入印紙を貼って納付しなければならない（民訴費用法8条本文）。

イ 郵便切手

この郵便切手は，申立書の写しの送付，当事者等の呼出しや告知等のために要する費用であり（民訴費用法11条1項1号），郵便切手で予納する（民訴費用法13条）。申立時に必要な郵便切手の券種及び枚数は，申立先の各家庭裁判所の実務上の運用によって異なる。

(2) **申立書**[351]
ア 書面による申立て

別表第二審判の申立ては，申立書を家庭裁判所に提出してしなければならず（法49条1項），また，法67条1項本文の規定により，家庭裁判所は，原則として，相手方に申立書の写しを送付しなければならないため，申立書を家庭裁判所に提出する際は，相手方の数と同数の申立書の写し（相手方送付用）を提出する必要がある（規47条）。

法49条1項の規定は，申立ての段階から，審理の対象を明確にし，簡易迅速で円滑な手続の運営に資するため，申立てを書面によることとしたものである（逐条171頁参照）。

なお，別表第二審判の申立書は，その提出により別表第二審判事件の手続の開始をさせる書面であるが，前記(1)のアのとおり，民訴費用法3条1項所定の申立手数料納付のための収入印紙が貼付される書面でもあることから，規2条1項1号の規定により，ファクシミリを利用して送信することにより家庭裁判所に提出することはできない（条解規則6頁及び7頁参照）。

おって，身体上の障害等により，書面を作成することが困難な申立人については，書記官等の裁判所職員が申立人から聴取した事情をもとに，申立書の必要的記載事項（後記イの(イ)のa参照）を記載し，申立人本人が署名押印したものを受理することによって申立てをすること（いわゆる準口頭申立て）が可能であると解されている（逐条171頁参照）。

イ 申立書の記載事項

別表第二審判の申立書の記載事項は，形式的記載事項と実質的記載事項に分け

---

[351] 申立書の書式（裁判所提出用，相手方送付用及び申立人控え用の3枚複写の書式）は，主な事件類型ごとに各家庭裁判所に備え付けられているほか，裁判所ウェブサイトの「裁判手続の案内」の「家事事件」中にも掲載されている。

第6章　別表第二審判手続に関する書記官事務

られ，さらに，実質的記載事項は，必要的記載事項と任意的記載事項に分けられる。これらの記載事項の内容等は，次のとおりである。
(ア)　形式的記載事項（規1条1項）
　　第2編の第7章の第1節の第2の1の(2)のイの(ア)（54頁）と同様であるため参照されたい。
(イ)　実質的記載事項
　　実質的記載事項のうち，次のaの必要的記載事項の記載に不備があると，申立書の補正命令及び却下命令の事由になり得る（法49条4項・5項）。
　a　必要的記載事項
　　(a)　当事者及び法定代理人（法49条2項1号）
　　　①　「当事者」について
　　　　別表第二審判の申立書に記載すべき「当事者」とは，申立人及び相手方である（一問一答106頁及び逐条172頁参照）。
　　　　当事者が自然人のときは，当事者の氏名及び住所[352]を記載し（規1条1項1号），実務上，併せて，生年月日を記載したり，身分関係の変動に関する別表第二審判事件（親権者の指定又は変更の審判事件等）については，更に本籍（外国人の場合は，本籍の記載に代えて国籍）を記載して特定している。
　　　　当事者が都道府県市町村等の地方公共団体（の長）のとき[353]は，特に所在地を記載する必要はないが，便宜上，県庁や市役所等の所在地（行政主体の本拠地）を記載するのが通例である（斎藤秀夫，菊池信男編「注解家事審判規則【改訂】」（青林書院）9頁参照）。
　　　②　「法定代理人」について
　　　　未成年者[354]又は被後見人は，原則として，別表第二審判手続における手続行為能力を有しておらず，自ら手続行為をすることはできないため[355]，これらの者の法定代理人が手続を追行する場合には，法定代理人である親権者又は後見人の住所，資格（記載例：「申立人法定代理人親権者父（母）」[356]，「申立人法定代理人成年後見人（未成年後見人）」等）及び氏名を記載して特定する。また，別表第二審判の手続行為を行

352　当事者の住所については，例えば，ドメスティック・バイオレンス（DV）等の行為が背景にある事案等，申立人を保護するために住所を秘した形式で申立てを行うことも認められる（「別冊法学セミナーno.225 新基本法コンメンタール人事訴訟法・家事事件手続法」（日本評論社）213頁参照）。この場合，申立書には，申立人の従前の住民票上の住所や相手方との同居時の住所等の相手方に知られてもよい住所が記載される例が多い。
353　例えば，扶養義務者の負担すべき費用額の確定の審判事件（法別表第二の十六の項の事項についての審判事件）における保護の実施機関（生活保護法77条2項及び19条参照）がある。
354　未成年者が婚姻をしたときは，成年に達したものとみなされる（婚姻による成年擬制）（民法753条）。したがって，未成年者も婚姻をすれば，成年者として完全な私法上の地位を取得し，親権又は未成年後見は終了し，行為能力の制限を受けないため，法定代理人によらずに，自ら手続行為をすることができる。なお，実際に成年になる前に婚姻が解消されても，成年擬制の効果は消滅しないというのが通説である（平成26年10月研修教材第4号「親族法相続法講義案（七訂補訂版）」（裁判所職員総合研修所）60頁並びに「別冊法学セミナーno.240 新基本法コンメンタール親族」（日本評論社）58頁及び59頁参照）。

第2　当事者の申立て

う代理権付与の審判を受けた保佐人（民法876条の4第1項）や補助人（同法876条の9第1項）についても，同様である。
(b)　申立ての趣旨及び理由（法49条2項2号）
ここでいう「申立ての趣旨」は申立人が求める審判の内容をいい，「申立ての理由」は「申立ての趣旨」と相まって審判を求める事項を特定するのに必要な事実をいう。ただし，「申立ての趣旨」と「申立ての理由」とは，必ずしも明確に区別することができないこともあると考えられるので，両者が整然と区別されていなくても，両者が相まって審判を求める事項が特定されれば，申立書の不備（法49条4項）にはならない（逐条172頁参照）。

別表第二審判事件において，「申立ての趣旨及び理由」によって特定される審判を求めるべき事項が，具体的には特定のためにどの程度の詳細さが求められるのかについては，法49条の規定そのものからは明らかではなく，今後の解釈に委ねられている部分があるが，少なくとも法別表第一及び別表第二の各項の事項が基準になるとされている。このほか，別表第二審判事件における審判を求める事項（審判の対象）の特定については，次の①から④までの事項についても留意する必要がある（詳細については，逐条173頁～176頁を参照されたい。）。
①　複数の子についての親権者の変更（法別表第二の八の項の事項）についての審判事件は，審判により直接影響を受ける子ごとに親権者の適否が判断されるのであり，審判を求める事項は別である。
②　子の監護に関する処分（法別表第二の三の項の事項）は，その根拠となる法律の規定（民法766条2項・3項）は同一であるが，子の監護者の指定，子の引渡し，子の監護に要する費用（養育費）の分担，面会交流等の複数の事項が含まれており，これらの事項は別個の審判を求める事項（審判の対象）である。したがって，申立人が抽象的に「子の監護に関する処分」を求めた場合には，審判を求める事項の特定は不十分であると考えられる。これは，子の監護に要する費用の分担の請求と子との面会交流の請求とでは求める内容が全く異なっているし，両者ではその手続に違いがある（法151条柱書きの括弧書き及び同条2号並びに152条2項参照）からである。
③　以上に対し，子の監護に要する費用の分担の請求において求める具体的な金額や面会交流の請求において求める面会交流の頻度や方法等が明

355　別表第二審判事件のうち法151条各号に掲げる事件（財産上の給付を求めるものを除く。）及び168条6号・7号に掲げる事件における当該各号に定める者については，法118条の規定が準用され，行為能力の制限等を受けている未成年者や被後見人であっても，法17条1項において準用する民訴法31条の規定にかかわらず，意思能力があれば，法定代理人によらずに，自ら手続行為をすることができる（詳細については，逐条490頁，491頁，549頁及び550頁を参照されたい。）。
356　親権は，父母の婚姻中は，原則として，父母が共同して行うこととされていることから（民法818条3項），父母を表示する必要があるが，離婚等で父母の一方のみが親権を行う場合は，その者のみを表示する。

示されていない申立てであっても，「子の監護に要する費用の分担の審判を求める。」[357]，「子との面会交流の審判を求める。」という申立ての趣旨のみで申立てとしては特定していると考えられる。遺産の分割（法別表第二の十二の項の事項）についても同様に，被相続人を特定する事項（本籍（国籍），最後の住所，氏名及び死亡年月日）を申立書に記載した上で，「被相続人の遺産の分割の審判を求める。」という申立ての趣旨のみで申立てとしては特定していると考えられる。

④　財産の分与に関する処分（法別表第二の四の項の事項）については，相手方との離婚についての財産の分与を求めるとの申立ての趣旨により，申立てとしては特定していると考えられる。どのような財産の分与を求めるかどうかまでを特定して申し立てる必要はない。

　　しかし，一般に，財産の分与には，清算的要素，扶養的要素及び慰謝料的要素が含まれ得ること，しかも，慰謝料請求は前二者とは別個に請求し得るものとされていること（最判昭46.7.23（民集25巻5号805頁）参照）を前提にすれば，少なくとも慰謝料部分が含まれているのか否かが明らかになっていなければ，特定として不十分であると解する余地もある。したがって，当該財産の分与に関する処分の審判の申立てに慰謝料部分が含まれているのか否かが明らかでない事案については，裁判官に相談し，慰謝料部分が含まれているのか否かを明らかにしてもらうか等について指示を仰ぐ必要がある（逐条175頁参照）。

b　任意的記載事項
(a)　事件の実情（規37条1項）

　　申立書に記載する「事件の実情」とは，申立ての基礎となる事実をいい，申立ての動機や紛争の経過を含み得る。「事件の実情」は，法49条2項が求めるような別表第二審判の申立書の必要的記載事項（前記a参照）ではないものの，早期に紛争の要点を把握し，審理の充実を図る観点からは，当該申立てに関して必要と考えられる事実については，簡潔に申立書に記載されることが望ましい（条解規則94頁参照）。

(b)　その他
①　事件類型によっては，特に要求される事項がある。具体的には，遺産の分割の審判の申立書への共同相続人等の記載と遺産の目録の添付（規102条1項），寄与分を定める処分の審判の申立書への寄与の時期や方法等の記載（同条2項），請求すべき按分割合に関する処分の審判の申立書への年金分割のための情報通知書の添付（規120条）である。

②　このほか，当事者ではないものの，申立ての趣旨及び理由の内容の一部となっていたり，別表第二審判手続を進める上で必要な資料である等の理由で申立書への記載を要求される事項として，遺産の分割の審判の

357　したがって，仮に，申立ての趣旨において，請求する金額が明示されていた場合であっても，それを超える金額の支払を命ずることも許容されるものと考える（逐条176頁（注6）参照）。

第2　当事者の申立て

申立書への被相続人（本籍（国籍），最後の住所，氏名及び死亡年月日）の記載，婚姻費用の分担に関する処分の審判の申立書への未成年の子（住所，氏名及び生年月日）の記載等がある。

(3) 附属書類（添付書類）[358]

ア　申立ての理由及び事件の実情についての証拠書類があるときは，その写しを別表第二審判の申立書に添付して提出しなければならない（規37条2項）。

イ　また，家庭裁判所は，別表第二審判の申立てをした者又はしようとする者に対し，別表第二審判の申立書及び前記アの証拠書類の写しのほか，当該申立てに係る身分関係についての資料その他別表第二審判の手続の円滑な進行を図るために必要な資料の提出を求めることができる（規37条3項）。

ウ　さらに，手続代理人の権限，法定代理権及び手続行為をするのに必要な授権は，書面で証明しなければならない（規18条1項，15条，民訴規15条前段）。

以上を踏まえ，実務上，別表第二審判の申立時に提出される，又は提出を求めることが多い前記アからウまでの各附属書類（添付書類）の類型は，主に次の①から③までのとおりである（各書類の趣旨等については，以下に記載する留意事項等のほか，第2編の第7章の第1節の第2の1の(3)（57頁）の①から③までの各類型の各書類の※の説明部分（家事調停事件に特有の事項は除く。）と同様であるため参照されたい。）。

なお，本項では飽くまで主な附属書類（添付書類）の類型を示すにとどまるため，当然ながら，各家庭裁判所においては，裁判官の審理の方針，事案ごとの個別の事情等の実情に応じて，別表第二審判手続の円滑な進行を図るために，規37条3項の規定に基づき，本項で示す類型以外の書類の提出を求める場合がある。

おって，個別の事件類型において特に提出を求める附属書類（添付書類）の類型については，第5編（460頁）の各章の各節を参照されたい。

①　アの附属書類（添付書類）（規37条2項）
◇　申立ての理由及び事件の実情についての証拠書類写し

②　イの附属書類（添付書類）（規37条3項）
◇　戸籍全部事項証明書（戸籍謄本）（外国人当事者については住民票等）
◇　事情説明書
◇　連絡先届出書

※　別表第二審判の申立書の写しの相手方への原則送付（法67条1項）に伴い，申立人が現住所の非開示希望申出をしている場合等，当該申立書には申立人の現住所が記載されない場合があり，また，申立人の電話番号等の連絡先の記載欄等もないことから，家庭裁判所において，申立人の連絡先を把握し，適正かつ確実に当該連絡先を管理するため，申立人に家庭裁

---

[358] 家事審判法（旧法）時の資料ではあるが，平成23年3月家庭裁判資料第194号「家事事件申立添付書類一覧表」（最高裁判所事務総局）には，主な家事事件について，標準的な附属書類（添付書類）が一覧表形式でまとめられている。また，裁判所ウェブサイトの「裁判手続の案内」の「家事事件」中にも主な事件類型ごとに申立時に必要な附属書類（添付書類）が掲載されている。

第6章 別表第二審判手続に関する書記官事務

判所からの連絡を受けることができる場所（住所等）や電話番号等を記載してもらうための書類である。

なお，この連絡先届出書は，送達場所等の届出書（法36条，民訴法104条1項，規25条，民訴規41条1項・3項）を兼ねるものではない。

◇ 非開示希望申出書（非開示希望の申出をする場合にのみ使用する書類）
◇ 進行に関する照会回答書

③ ウの附属書類（添付書類）（規18条1項，15条，民訴規15条前段）
◇ 手続代理人の権限（代理権）を証明する書面（委任状）
◇ 法定代理権及び手続行為をするのに必要な授権を証明する書面

2 申立ての併合

審判を求める事項が数個ある場合において，①これらの事項についての家事審判の手続が同種であり，②これらの事項が同一の事実上及び法律上の原因に基づくときは，一つの申立てにより求めることができる（法49条3項）。この申立ての併合の要件等の詳細については，次の(1)から(5)までのとおりである。

(1) ①の要件の「これらの事項についての家事審判の手続が同種であること」について

①の要件の「これらの事項についての家事審判の手続が同種であること」とは，審判を求める事項についての基本的な手続が共通しており，同一の手続で審理しても審理に支障が生じない場合をいう。例えば，財産の分与に関する処分（法別表第二の四の項の事項）の審判と請求すべき按分割合に関する処分（法別表第二の十五の項の事項）の審判を一つの申立てで求めた場合は，いずれも法別表第二に掲げる事項の審判であり，当該各事項に係る手続も基本的に共通するため，この要件を満たす。

一方，別表第一審判事件と別表第二審判事件の手続とでは，事実の調査の通知（法63条，70条）や審問の期日における立会い（法69条）に関する規律等が大きく異なるため，この要件を満たさず，一つの申立てにより審判を求めることはできない（逐条176頁及び177頁参照）。

(2) ②の要件の「これらの事項が同一の事実上及び法律上の原因に基づくものであること」について

②の要件の「これらの事項が同一の事実上及び法律上の原因に基づくものであること」とは，民訴法38条前段と概ね同趣旨の要件であり，審判を求める事項を基礎付ける原因事実がその主要部分において同一である場合をいう。例えば，子の親権者の変更（法別表第二の八の項の事項）の審判の申立てと子の引渡し（法別表第二の三の項の事項）の審判の申立てはいずれも申立てを基礎付ける原因事実がその主要部分において同一であるから，それぞれ同一の申立てによることは許される。

これに対し，被相続人二人の間に何ら関係がない二つの遺産の分割（法別表第二の十二の項の事項）の審判の申立ては，手続は共通しているが，審判を求める事項を理由付ける原因事実がその主要部分において同一であるとはいえない。また，離婚後の夫婦間の子の監護に要する費用（養育費）の分担（法別表第二の三の項の事項）の審判の申立てと財産の分与に関する処分（法別表第二の四の項の事項）の審

- 346 -

判の申立てとは、離婚の事実等、審判を求める事項を基礎付ける原因事実の一部は同一であるものの、前者を基礎付ける主要な事実は両者の収入及び生活状況等であるのに対し、後者を基礎付ける事実は婚姻後の形成財産の内容であり、その主要部分において同一であるとはいえないから、この両者の審判を一つの申立てにより求めることはできない。婚姻中の夫婦間の婚姻費用の分担に関する処分（法別表第二の二の項の事項）の審判と夫婦間の子の面会交流（法別表第二の三の項の事項）の審判についても同様の理由により一つの申立てにより求めることはできない（逐条177頁参照）。

(3) **申立ての併合の要件を欠く場合の処理について**

前記①及び②の申立ての併合の要件を欠き、一つの申立てにより求めることのできない事項について申立てがされた場合には、不適法な申立てとして全体を却下すべきではなく、当該申立てに係る手続を分離し（法35条1項）、別々の申立てがされたものとみなして別々の手続として処理すべきである（逐条178頁参照）。

(4) **併合管轄の規定がないことについて**

申立ての併合によって管轄のない家庭裁判所に管轄が生ずること（いわゆる併合管轄）は認められていないため、併合して申立てをする場合には、各申立てのいずれについても、申立てをしようとする家庭裁判所に管轄があることが必要であり、管轄が認められなければ、自庁処理の裁判（法9条1項ただし書）をしない限り、実際には併合審理をすることはできない（一問一答107頁及び108頁並びに逐条178頁参照）。

(5) **申立ての併合がされた場合の申立手数料について**

申立ての併合による申立手数料の逓減は認められていないため、二つ以上の事項について一つの申立てにより審判を求める場合であっても、申立手数料は審判を求める事項の数（各申立て）に応じてそれぞれ納付する必要がある（一問一答108頁及び逐条178頁参照）。

3 申立ての変更

(1) **概説**

家事審判手続は、民事訴訟に妥当する処分権主義が必ずしも妥当せず、また、申立事項と判決事項の関係についての民訴法246条に相当する規定等も設けられておらず、申立てにも幅があり、申立ての拘束力も厳密なものではないが、当事者等の手続保障及び不意打ち防止等の観点から、申立人は、申立ての基礎に変更がない[359]限り、申立書の必要的記載事項（法49条2項2号参照）である申立ての趣旨又は理由を変更することによって、審判を求める事項を変更することができる（法50条1項本文）。

なお、審判を求める事項に幅があるため、その幅に収まっている限度では、ここにいう申立ての変更（申立ての趣旨又は理由の変更）にはならない。例えば、申立

---

[359] 「申立ての基礎に変更がない」とは、民事訴訟における訴えの変更の要件である「請求の基礎に変更がない」（民訴法143条1項）と同様に、裁判を求める事項に係る権利関係の基礎となる事実が共通し、変更後もそれまでの裁判資料の主要部分を審理に利用することができる場合をいう（逐条182頁参照）。

ての趣旨において，子の監護に要する費用（養育費）の請求として支払を求める金額を明示していた場合，その金額を変更することは，ここでいう申立ての趣旨の変更にはならない（逐条181頁参照）。

(2) **申立ての変更が可能な時期（時的限界）**

別表第二審判事件については，法71条の規定により審理を終結するまでは，申立ての趣旨又は理由の変更をすることができる（法50条1項ただし書）。ただし，審理を終結する前であっても，申立ての趣旨又は理由の変更により家事審判の手続が著しく遅滞することとなるときは，家庭裁判所は，その変更を許さない旨の裁判をすることができる（同条4項）。

(3) **申立ての変更の手続**

別表第二審判事件における申立ての変更の手続については，家事調停事件における申立ての変更の手続と同様であるため，第2編の第7章の第1節の第2の3の(2)（63頁）を，適宜，別表第二審判事件における申立ての変更の手続の場合に読み替えた上で参照されたい。

第3 家事調停手続からの移行

別表第二調停事件が調停不成立により終了した場合には，当該調停の申立時に，当該調停事項についての家事審判の申立てがあったものとみなされる（法272条4項）（第2編の第7章の第12節の第5の3の(3)（175頁）参照）。また，同様に，法別表第二に掲げる事項についての調停に代わる審判が適法な異議の申立てにより効力を失い（法286条5項）家事調停事件が終了した場合についても，当該調停の申立時に，当該調停事項についての家事審判の申立てがあったものとみなされる（同条7項）（同節の第6の5の(6)（183頁）参照）。このように家事調停手続から家事審判手続へ移行することを，実務上，審判移行という[360]。

この審判移行によって，別表第二審判手続は開始する。家事調停手続が家事審判手続に移行するとはいっても，家事調停手続と家事審判手続はその性質を異にする別個の手続であり，規律も異なることから，この審判移行に伴う別表第二審判手続の開始時には，主に次の1から5までの事項について留意する必要がある。

1 **審判移行する事件について**

調停不成立又は調停に代わる審判が適法な異議の申立てにより効力を失うことによって家事調停手続が終了した場合に審判移行する事件は，申立てによって開始した別表第二調停事件である。したがって，例えば，別表第二審判事件が調停に付されたこと（付調停）によって開始した家事調停事件（法274条1項）が調停不成立により終了した場合は，付調停に伴って当該審判手続を中止していれば（法275条2項），当該中止の決定は効力を失い，既に係属している当該審判手続が再開するだけであるため（審判移行ではないため），別表第二審判事件の立件も不要である（逐条817頁及び818頁並びに第2編の第7章の第12節の第5の3の(4)（176頁）参照）。

---

[360] なお，別表第二調停事件が法271条の規定により調停をしないものとして終了した場合は，審判移行しないと解されている（第2編の第7章の第12節の第4の3の(2)（173頁）参照）。

なお，法別表第二に掲げる事項と他の家庭に関する事項が併せて申し立てられた調停が不成立となった場合，調停不成立のときに申立人が家事審判手続への移行を求める意思を有していない等の特段の事情がない限りは，その事件名にかかわらず，法別表第二に掲げる事項についてのみ家事審判手続へ移行する（この場合に，申立手数料に不足があるときは，これを追加して納付することを要する。）（最決平23.7.27（家月64巻2号104頁））。この特段の事情の有無は，申立事項の調停不成立後の帰すうを考慮して判断すべきことになろうが，例えば，法別表第二に掲げる事項が離婚に付随して請求されている調停が不成立となった場合には，離婚について人事訴訟が提起され，法別表第二に掲げる事項についても当該人事訴訟での審理を求めるのが通常であろうから，特段の事情があるといってよい事案が多いと考えられる（「別冊法学セミナーno.225 新基本法コンメンタール人事訴訟法・家事事件手続法」（日本評論社）554頁参照）。

2 立件及び申立費用について

審判移行した事件は，前記第2（341頁）の当事者の申立てによって開始した審判事件と同様に取り扱われ，新たに別表第二審判事件として立件されるが（受付分配通達記第2の4の(1)及び同別表第5の1の「内訳表」の「家事法別表第二関係」参照），原則として，申立手数料を納付する必要はない（例外的に，前記1のなお書きの場合のように，申立手数料の追加納付を要する場合もある。）。

また，郵便切手については，別表第二調停事件で予納されたものが，審判移行に伴って，別表第二調停事件が係属する家庭裁判所から審判移行する家庭裁判所に引き継がれることになる（昭和46年6月14日付け最高裁判所規程第4号「予納郵便切手の取扱いに関する規程」6条，平成7年3月24日付け最高裁総三第18号事務総長通達「予納郵便切手の取扱いに関する規程の運用について」記第4，昭和48年3月訟廷執務資料第44号民事裁判資料第105号「民訴費用法に関する執務資料」（最高裁判所事務総局）189頁291及び昭和48年度書記官実務研究「民事訴訟における訴訟費用等の研究」（裁判所書記官研修所）494頁参照）。

3 管轄について

審判移行時に家事審判事件が係属する裁判所は，審判移行前の家事調停事件が係属していた家庭裁判所である。審判移行時に当該家庭裁判所に当該家事審判事件の管轄がない場合は，法272条4項や法286条7項の規定によって当該家庭裁判所に当該家事審判事件の管轄が生ずるわけではないため，引き続き当該家事審判事件の手続を進めようとするときは，当事者双方に当該家庭裁判所において当該家事審判事件の手続を進めたいとの合意がある場合には合意管轄（法66条1項）により，そうでない場合には，自庁処理の裁判（法9条1項ただし書）の手続を経る必要がある（本編の第5章の第1節の第2の2（338頁）及び東京家事事件研究会編「家事事件・人事訴訟事件の実務～家事事件手続法の趣旨を踏まえて～」（法曹会）8頁参照）。自庁処理の裁判が認められるための要件（法9条1項ただし書）は，「事件を処理するために特に必要があると認めるとき」であるが，家事調停手続に当事者が出頭して話合いに応じていたというような事情が存するときは，この要件を満たすものと判断される場合が多いであろう（逐条818頁参照）。

第6章 別表第二審判手続に関する書記官事務

4 家事調停手続において収集された資料の取扱いについて

家事調停手続において収集された資料（当事者から提出された資料を含む。）は，審判移行後に直ちに家事審判の資料となるわけではない。家事審判事件の係属する家庭裁判所が家事調停手続において収集された資料を家事審判の資料とするためには，家事審判手続の規律に従って，事実の調査や証拠調べをする必要がある。一般的には，家事審判事件の係属する家庭裁判所が，職権で，家事調停手続をした家庭裁判所にある家事調停事件の記録について，家事審判の資料として必要な範囲で事実の調査をすることが多いであろう[361]（詳細については，逐条818頁～820頁を参照されたい。）。

5 審判移行した事件における手続代理人の権限について

別表第二調停事件について委任を受けた手続代理人は，審判移行して開始した別表第二審判事件についても代理権を有するかについては，結局は，個別の事案において当該別表第二調停事件を委任する趣旨に当該別表第二審判事件を委任する趣旨まで含まれているかどうかによることになるが，別表第二調停事件が調停不成立により終了する場合には当然に審判移行するものとされている一方（法272条4項），家事調停手続と家事審判手続とでは合意に基づく解決を目的とするものと家庭裁判所の判断を求めるものという性質の違いがあることも踏まえて解釈されるべきとされている（逐条79頁参照）。

したがって，書記官は，この点を踏まえた上で，審判移行した事件における手続代理人の権限について，手続代理人の権限（代理権）を証明する書面（委任状）（規18条1項）記載の委任事項を確認し，当該委任事項について疑義を生ずる場合は，裁判官に相談して任意の補正指示の要否等について指示を仰ぐ必要がある。

第4 移送・回付

移送の裁判の確定又は回付（本編の第5章の第2節及び第4節（339頁）参照）により，別表第二審判事件の送付を受けた家庭裁判所においても，別表第二審判手続が開始する。

第2節 別表第二審判事件係属に関する書記官事務
第1 受付及び審査
1 受付

受付の意義，受付事務の取扱者及び内容については，第2編の第7章の第2節の第1の1（67頁）と同様であるため参照されたい。

2 審査
(1) 概説

受付担当書記官は，別表第二審判の申立書が提出されたときは，受付事務[362]を

---

361 この場合において，家事審判の資料にされない家事調停手続において収集された資料は，家事調停事件の記録にとどまり，家事調停事件の記録の閲覧・謄写等の規律（法254条）が適用されることになる（一問一答50頁（注1）参照）。
362 受付事務の内容については，受付分配通達において明らかにされている。

第1 受付及び審査

行うとともに，手続の適正確保及び進行促進を図る目的から，速やかにこれを審査し，明らかな誤記や脱漏等の不備があり，それらが即時補正できるものであれば，申立人（提出者）に任意の補正を促した上で受領する。

　この任意の補正の促しは，申立人に対して強制力はないが，受付段階において前記のような不備を補正させ，可能な限り事件の内容等を明確にしておくことは，後の別表第二審判手続の適正確保及び進行促進にも資することになる。

　なお，調停不成立又は調停に代わる審判が適法な異議の申立てにより効力を失うことによって家事調停手続が終了して審判移行した別表第二審判事件（本章の第1節の第3（348頁）参照）については，実務上，調停不成立時等に，家事調停事件担当の書記官が，裁判官の指示に基づいて，別表第二審判手続の円滑な進行確保及び進行促進のため，当事者に対して，別表第二審判手続について口頭や書面等で説明するとともに，審理に必要な証拠書類の写しの提出や審判の告知等に要する郵便切手の予納の指示等をしているのが通例である。したがって，例えば，家事調停事件担当の書記官と別表第二審判事件担当の書記官が別である家庭裁判所においては，審判移行した別表第二審判事件の審査に当たっては，各書記官が，各々の役割分担についての認識を共有し，家事調停事件担当の書記官が調停不成立時等に当事者に対して行った指示の内容等の情報を連絡メモ等により適切に共有する等，有機的に連携・協働することができるようにしておく必要がある。

　おって，事件の分配後に事件担当書記官が行う別表第二審判の申立書の審査等の事務については，後記第5（355頁）を参照されたい。

(2) 別表第二審判の申立書の主な審査事項

　実務上，別表第二審判の申立書の受付事務において受付担当書記官が審査する主な事項[363]は，次のアからクまでのとおりである。これらの審査事項は，別表第二審判の申立書の形式と記載自体から判断される事項であり，事件の実質的な内容や理由の有無を含むものではない。ただし，直接当事者の権利関係や法律関係に影響を及ぼす事項もあるため，前記(1)のとおり，明らかな誤記や脱漏等の不備でない限りは，適宜裁判官に相談して指示を仰いだり，あるいは事件担当部署へ処理を委ねる等，慎重に処理しなければならないことはもちろんである。

　なお，この審査の結果，申立書に不備があることを発見したときといえども，それを理由に申立書の受領を拒むことはできない。このような場合は，前記(1)のとおり，即時補正できるものについては，申立人に任意の補正をさせた上で受付事務を行うこととなるが，郵送で提出された申立書に不備があるときなどのように，即時

363　本項では飽くまで主な審査事項を示すにとどまるため，当然ながら，各家庭裁判所においては，裁判官の審理の方針，事案ごとの個別の事情等の実情に応じて，別表第二審判の手続の適正確保並びに円滑な進行確保及び進行促進等を目的として，本項で示す審査事項以外の事項についても審査をしている場合もある。また，アンケート調査の結果によると，申立書の審査に当たって，審査漏れの防止や受付担当者によって審査事項に差が生じないようにする（審査事項の標準化や合理化）等の目的から，あらかじめ裁判官や書記官等の関係職種間で申合せや取決めをした審査事項について，点検票（裁判所内部でのみ使用するメモ扱いの書面であり，記録外書面である。受付担当部署から事件担当部署等への引継事項を記載する連絡票も兼ねている場合がある。）を作成し，申立書の審査時に利用している家庭裁判所もある。

- 351 -

第6章　別表第二審判手続に関する書記官事務

補正できない，あるいは即時補正しないときは，受付事務を行い，後記(3)（354頁）のとおり，補正を要する事項について，事件担当部署（事件担当書記官）に適正かつ確実に引き継ぎ，その処理を委ねることとなる。

おって，個別の事件類型において特に留意すべき申立書の審査事項については，第5編（460頁）の各章の各節を参照されたい。

ア　管轄の有無

土地管轄等の管轄の有無について確認する（本編の第5章の第1節（338頁）参照）。

調停不成立又は調停に代わる審判が適法な異議の申立てにより効力を失うことによって家事調停手続が終了して審判移行した別表第二審判事件の管轄についての留意事項は，本章の第1節の第3の3（349頁）を参照されたい。

その他の別表第二審判事件の管轄の有無を審査するに当たっての留意事項については，第2編の第7章の第2節の第1の2の(2)のア（69頁）と同様であるため参照されたい。

イ　当事者能力の有無

当事者能力の内容については，本編の第3章の第1節の第2（333頁）を参照されたい。

ウ　当事者適格の有無

当事者適格の内容については，本編の第3章の第1節の第3（333頁）を参照されたい。

エ　手続行為能力の有無

手続行為能力の内容については，本編の第3章の第1節の第4（333頁）を参照されたい。

オ　期間内の申立てか否か

申立期間が定められている別表第二審判事件としては，例えば，財産の分与に関する処分（法別表第二の四の項の事項）についての審判事件（民法768条2項ただし書参照），請求すべき按分割合に関する処分（法別表第二の十五の項の事項）についての審判事件（厚生年金保険法78条の2第1項ただし書，厚生年金保険法施行規則78条の3第1項参照）等があり，これらの事件について期間内の申立てか否かを確認する。

このほか，遺産の分割（法別表第二の十二の項の事項）の審判の手続において，家庭裁判所が，1か月を下らない範囲内で，当事者が寄与分を定める処分（法別表第二の十四の項の事項）の審判の申立てをすべき期間を指定する場合があるため（法193条1項参照），留意する必要がある。

確認の結果，明らかにこれらの期間を徒過している事案等，疑義が生ずる事案については，裁判官に手続の進行方針等について相談して判断を仰ぐ等して，申立人に対し，その理解の程度等に応じて，申立後の別表第二審判手続の進行の見込み等について適宜説明[364]をするか否か等を検討する。

364　当然ながら，飽くまで家事手続案内の範囲内での説明である。

カ　申立費用の納付等の確認
　(ア)　申立手数料の納付の確認
　　　民訴費用法3条1項所定の申立手数料の納付は，申立ての形式的適法要件であり（民訴費用法6条），不納付の場合は補正命令や申立書却下命令の事由ともなり得る（法49条4項・5項）[365]。したがって，申立手数料相当の収入印紙が申立書に貼ってあるか（民訴費用法8条本文参照）確認し，不足する場合は，申立人に不足分の収入印紙の追加納付を求める[366]。
　(イ)　郵便切手の予納の確認
　　　この郵便切手は，申立書の写しの送付，当事者等の呼出しや告知等のために要する費用であり（民訴費用法11条1項1号），郵便切手で予納する（民訴費用法13条）。申立時に必要な郵便切手の券種及び枚数は，申立先の各家庭裁判所の実務上の運用によって異なるが，不足する場合は，申立人に不足分の郵便切手の追加予納を求める。
　　　なお，追加予納がされず，後述する申立書の写しの送付又はこれに代わる通知をすることができない場合は，家庭裁判所が国庫立替え（法30条）をしない限りは，予納命令や申立書却下命令の事由になり得る（法67条3項）（逐条230頁及び231頁参照）。
キ　申立書の記載事項の確認
　　別表第二審判の申立書の記載事項（本章の第1節の第2の1の(2)のイ（341頁）参照）のうち必要的記載事項（法49条2項）については，その記載に不備があると，申立書の補正命令や却下命令の事由になり得る（法49条4項・5項）ことから，当該記載事項に明らかな誤記や脱漏等がないか確認する。
　　また，申立書の形式的記載事項（規1条1項）の審査に当たっては，特に，申立人が現住所の非開示希望の申出をしている場合には，申立書（当該写しを含む。）に記載されている申立人の住所が，当該非開示希望の申出をしている現住所ではないかについても確認する（非開示希望情報等の適切な管理（全般）については，後記第3（355頁）を参照されたい。）。
ク　附属書類（添付書類）の有無等
　　申立書の附属書類（添付書類）については，一般的な附属書類（添付書類）の類型を本章の第1節の第2の1の(3)（345頁）で，個別の事件類型において特に提出を求める附属書類（添付書類）の類型を第5編（460頁）の各章の各節でそれぞれ示しているが，これらの書類には，例えば，戸籍全部事項証明書（戸籍謄本）のように身分関係の変動に関する別表第二審判事件（親権者の指定又は変更についての審判事件等）等において当事者適格等を基礎付けるものや，委任状の

---

[365] なお，申立手数料について手続上の救助（法32条1項）を受けた者の申立てについては，申立手数料の納付も猶予されるため（同条2項，民訴法83条1項1号），不納付であっても補正命令や申立書却下命令をすることはできない（手続上の救助については，本編の第4章の第2節（337頁）を参照されたい。）。

[366] 数人の共同申立てに係る手数料にあっては，共同申立人は，各々申立手数料全額の納付義務がある。これは，不真正連帯債務と解されている（平成25年11月研修教材第6号「民事実務講義案Ⅱ（四訂再訂版）」（裁判所職員総合研修所）97頁参照）。

第6章　別表第二審判手続に関する書記官事務

ように弁護士である手続代理人の権限（代理権）を証明するもの，事情説明書等のように別表第二審判手続を円滑に進めるために把握しておくべき基礎的な事情等を記載するもの等がある。したがって，受付担当書記官は，別表第二審判手続の適正確保及び進行促進のため，これらの書類の有無や内容を確認し（例えば，前述の委任状については，裁判所名，事件名，当事者名，委任事項等が正確に記載されているかどうかを確認する等），不足や不備がある場合は，申立人に速やかな提出や補正を促す必要がある。

(3) 受付担当書記官から事件担当書記官への引継ぎ

受付担当書記官と事件の分配（後記第5（355頁）参照）を受ける担当部署の書記官（部等の事件担当書記官）が分かれている家庭裁判所においては，受付担当書記官は，手続の適正確保並びに円滑な進行確保及び進行促進の目的から，申立書の不備及びその内容，申立書の補正の内容（任意の補正の促しの内容を含む。），附属書類（添付書類）等の追加提出予定，申立時に申立人等から聴取した別表第二審判手続の進行に影響を及ぼし得る情報の内容（当事者の暴力や暴言，精神的不安定に関する情報，外国人当事者の日本語の能力に関する情報等）等について，書面化[367]したり，併せて，特に重要な事項については口頭でも伝達する等して，事件担当書記官に適正かつ確実に引き継ぐ必要がある。

なお，非開示希望情報等の適正かつ確実な引継ぎについては，後記第3（355頁）を参照されたい。

第2　記録の編成
1　概説

前記第1（350頁）の受付及び審査を終えた別表第二審判の申立書等については，記録編成通達に従って，民事裁判事務支援システム（MINTAS）等から印刷した記録表紙を付けて記録が編成され，各家庭裁判所における裁判事務の分配の定めに従い，担当部署に配布される[368]。

この記録の編成に関する書記官事務は，記録作成保管事務（裁判所法60条2項）の一部であり，その主な目的は，別表第二審判手続の適正確保にある。

なお，この記録の編成に伴う非開示希望情報等の適切な管理及び個人番号（マイナンバー）の適切な管理については，それぞれ後記第3及び第4（355頁）を参照されたい。

2　編成方法

記録の編成方法については，第2編の第7章の第2節の第2の2（72頁）と同様であるため，適宜，別表第二審判事件の記録の編成の場合に読み替えた上で参照されたい。

367　書面化して引き継ぐ際には，各家庭裁判所において実務上使用している申立書の点検票（裁判所内部でのみ使用するメモ扱いの書面であり，記録外書面である。受付担当部署から事件担当部署等への引継事項を記載する連絡票も兼ねている場合がある。）等を用いる取扱いもある（前記(2)（351頁）の脚注参照）。

368　記録の編成後，調査官による手続選別（インテーク）（後記第5の5（358頁）参照）を経た上で，担当部署に配布する家庭裁判所もある。

なお，次の①から③までのいずれかに該当するときは，調停事件記録につづられている書類のうち，家事審判事件が係属する裁判所が事実の調査をした書類については，記録編成通達に定める分類及び区分ごとに整理して審判事件記録につづり込み，当該書類以外の書類については，審判事件記録の末尾につづり込む（記録編成通達記第5の2の(2)参照）。

① 法別表第二に掲げる事項についての調停事件が法272条1項の規定により調停不成立で終了した場合において，同条4項の規定により当該調停の申立ての時に当該事項についての家事審判の申立てがあったものとみなされたとき。
② 別表第二審判事件が係属する裁判所が法274条1項の規定により事件を調停に付した場合において，法272条1項の規定によりその家事調停事件が終了したとき。
③ 法別表第二に掲げる事項についての調停に代わる審判が法286条5項の規定により効力を失った場合において，同条7項の規定により当該調停の申立ての時に当該事項についての家事審判の申立てがあったものとみなされたとき。

このように，記録編成通達では，これら①から③までのいわゆる審判移行等した場合に関しては，家事調停手続において提出又は収集された資料が当然に家事審判の資料となるものではなく，当該調停事件記録中の資料について家事審判手続において事実の調査等の手続を経て初めて家事審判の資料となることから（逐条818頁参照），当該調停事件記録中の書類のうち当該家事審判事件が係属する家庭裁判所が事実の調査をした書類については，記録編成通達に定める分類及び区分ごとに整理して審判事件記録につづり込むこととされている。

また，記録の閲覧・謄写等については，家事審判事件と家事調停事件で異なる規律が設けられている（法47条，254条）ところ，審判移行後の審判事件記録と調停事件記録を一体として管理していたとしても，当該調停事件記録中，事実の調査をした書類以外の書類は，前述のとおり，家事審判の資料とはならず，家事調停事件の規律に従うことになることから，一件記録上，家事審判の資料となる審判事件記録の部分以外の調停事件記録の部分が明確に区別できるよう，当該書類については，審判事件記録の末尾に区別してつづり込むこととされている（平成25年3月家庭裁判資料第197号「家事事件手続法執務資料」（最高裁判所事務総局）48頁参照）。

第3 非開示希望情報等の適切な管理
別表第二審判事件における非開示希望情報等の適切な管理については，第2編の第7章の第2節の第3（76頁）と同様であるため参照されたい。

第4 個人番号（マイナンバー）の適切な管理
別表第二審判事件における個人番号（マイナンバー）の適切な管理については，第2編の第7章の第2節の第4（95頁）と同様であるため参照されたい。

第5 事件の分配
前記第2（354頁）において編成を終えた記録は，各家庭裁判所における裁判事務の分配の定めに従って，担当部署に配布される（受付分配通達記第4の1及び平成

第6章　別表第二審判手続に関する書記官事務

27年6月19日付け最高裁総三第133号総務局長通達「民事裁判事務支援システムを利用した家事事件等の事務処理の運用について」記第1の2参照）。

　分配を受けた部署の書記官（事件担当書記官）は，適宜，次の1から5までに関する事務を行う。

1　別表第二審判の申立書の審査

　事件担当書記官は，別表第二審判手続の進行見込み（移送の可能性や補正の要否）に応じた申立書の振り分けを行うことによって当該手続の進行促進を図り，申立書の振り分け後の裁判官（長）による移送の判断や申立書の審査権（法49条4項等）の行使が適正に行われるようにするための判断補助を目的として，前記第1の2の(2)（351頁）の受付担当書記官による申立書の審査事項（①管轄の有無，②当事者能力の有無，③当事者適格の有無，④手続行為能力の有無，⑤期間内の申立てか否か，⑥申立費用（申立手数料及び郵便切手）の納付等の確認，⑦申立書の記載事項の確認，⑧附属書類（添付書類）の有無等）と同様の審査事項について，受付担当部署から引き継がれた点検票（裁判所内部でのみ使用するメモ扱いの書面であり，記録外書面である。受付担当部署から事件担当部署等への引継事項を記載する連絡票も兼ねている場合がある。）等も利用して，申立書の審査を行う。

　この申立書の審査時には，事件担当書記官は，事務の適正を期するため，記録表紙の事件の表示や当事者等の氏名等の記載の正確性，民事裁判事務支援システム（MINTAS）への入力情報の正確性等についても，記録と対照して確認する。

　なお，個別の事件類型において特に留意すべき申立書の審査事項等については，第5編（460頁）の各章の各節を参照されたい。

2　任意の補正の促し

(1)　概説

　申立書に必要的記載事項（法49条2項）が欠けている場合又は民訴費用法3条1項所定の申立手数料を納付しない場合は，後述するとおり，裁判長は，申立人に対し，相当の期間を定め，その期間内に不備を補正すべきことを命じなければならない（補正命令）（法49条4項）。また，別表第二審判の申立書の写しの送付又はこれに代わる通知をすることができない場合（例えば，申立書記載の相手方の住所の記載に不備がある場合）にも，裁判長は，申立人に対し，補正命令を発しなければならない（法67条2項，49条4項）。

　裁判長がいきなりこれらの補正命令を発するよりも，申立人に対し，任意の補正を促す（規38条）ことによって，申立書の補正という目的を達し得ることが少なくないことから，実務上は，これらの補正命令を発する前に，事件担当書記官が，裁判長の命を受けて，申立人に対し，別表第二審判の申立書の記載について必要な任意の補正を促すことが多い。

　この任意の補正の促しについては，裁判長の補正権限（法49条4項等）を背景とするものであって，書記官に固有の権限が与えられたものではないが，書記官は，この任意の補正の促しとともに，参考事項の聴取（規40条。後記第8（365頁）参照。）も適切に活用して，手続の円滑な進行を図っていくことが期待されている（条解規則97頁参照）。

なお、この任意の補正の促しは、後述する補正命令・予納命令とは異なり、飽くまで申立人に任意の補正を促すものであるから、当該促しに応じないことのみをもって、申立書を却下することはできない。

(2) **対象**

この任意の補正の促しの対象は、前記(1)のとおり、裁判長の補正権限を背景とするものであることから、申立書の必要的記載事項（法49条2項）の補正が対象になるのは当然であるが、任意の補正の促しを行う趣旨から、規37条1項が規定する申立書に記載する事件の実情の補正、規37条2項及び3項が規定する証拠書類の写し等の添付、民訴費用法3条1項所定の申立手数料の納付（法49条4項後段）、別表第二審判の申立書の写しの送付又はこれに代わる通知の費用の予納（法67条3項）の各促しについても、書記官が裁判長の指示を受けてすることができると解される（条解規則97頁及び98頁参照）。

(3) **方法**

第2編の第7章の第2節の第5の2の(3)（99頁）と同様であるため参照されたい。

3 補正命令・予納命令

(1) **対象**

ア 補正命令の対象

補正命令の対象は、①別表第二審判の申立書の必要的記載事項の不備（法49条4項前段）、②民訴費用法3条1項所定の申立手数料の不納付（同項後段）及び③別表第二審判の申立書の写しの送付又はこれに代わる通知をすることができない場合（法67条2項、49条4項前段）[369]である。

申立人が任意の補正の促しに応じないとき又は申立人に対する任意の補正の促しができないときは、裁判長は、申立人に対し、相当の期間を定め、その期間内に不備を補正すべきことを命じなければならない（法49条4項）。

イ 予納命令の対象

予納命令の対象は、別表第二審判の申立書の写しの送付又はこれに代わる通知の費用の予納がない場合（法67条3項）である。

申立人が任意の予納の促しに応じないとき又は申立人に対する任意の予納の促しができないときは、裁判長は、申立人に対し、相当の期間を定め、その期間内に別表第二審判の申立書の写しの送付又はこれに代わる通知の費用の予納をすべきことを命じることになる（法67条3項）。

(2) **補正命令・予納命令の発令に関する書記官事務**

第2編の第7章の第2節の第5の3の(2)（100頁）と同様であるため、適宜、別表第二審判手続において補正命令・予納命令を発令する場合に読み替えた上で参照されたい。

---

[369] なお、相手方の住所が不明である場合において、公示送達の申立て（法36条において準用する民訴法110条参照）がされた場合には、その手続に従うことになるから、相手方の住所が不明であるからといって直ちに申立書が却下されるわけではない（逐条230頁参照）。

第6章　別表第二審判手続に関する書記官事務

4　申立書却下命令
(1)　概説
　　申立人が補正命令及び予納命令に応じないときは，裁判長は，命令で，別表第二審判の申立書を却下しなければならない（補正命令に応じないときの申立書却下命令は法49条5項及び67条2項を，予納命令に応じないときの申立書却下命令は法67条3項を，それぞれ参照されたい。）。
　　この申立書却下命令は，審判以外の裁判（法81条）であり，申立人に告知することによってその効力を生ずるが（法81条1項，74条1項・2項本文），当該申立書却下命令に対しては，申立人が当該申立書却下命令の告知を受けた日から1週間の不変期間内に即時抗告をすることができることから（法49条6項，67条2項・4項，101条1項），即時抗告期間を明確にするために，当該申立書却下命令の謄本を送達する方法により告知するのが相当である。

(2)　申立書却下命令の発令に関する書記官事務
　　第2編の第7章の第2節の第5の4の(2)（102頁）と同様であるため，適宜，別表第二審判手続において申立書却下命令を発令する場合に読み替えた上で参照されたい。

5　調査官による手続選別（インテーク）
　　担当部署に配布された別表第二審判事件（いわゆる新件）については，実務上，調査官による手続選別（インテーク）を経る場合が多い。
　　この手続選別では，主に調査官が，行動科学の知見に基づき，記録を精査し，調査官関与（調査や審判期日への立会い等）や付調停の要否等に関する意見，手続進行上の配慮といった審判手続の外形的な進行方針を手続選別メモ（記録外書面）に記載する。
　　家庭裁判所によっては，この手続選別の基準を設け，いわゆる経済事件（婚姻費用分担，養育費，財産分与，年金分割，扶養，遺産分割，寄与分等の金銭等の給付を目的とした事件）や，家事調停手続から審判移行した別表第二審判事件（本章の第1節の第3（348頁）参照）で当該家事調停手続の段階から調査官が関与している事件等については，原則として，調査官による手続選別を行わないとしている家庭裁判所もある。

第6　審判期日の指定
　　申立書の審査及び補正並びに調査官による手続選別等を終えた別表第二審判事件については，裁判長が，別表第二審判事件の手続の期日（審判期日）を指定する（法34条1項）と判断した場合は，事件担当書記官は，審判期日の候補日の調整を行うこととなる。
　　この審判期日とは，裁判所又は裁判官と当事者その他の者が会して別表第二審判事件の手続に関する行為（審問や証拠調べを含む。）をするために定められた一定の時間をいう（逐条107頁参照）。
　　この審判期日の指定に関する書記官事務は，次の1及び2のとおりである。

第6 審判期日の指定

1 審判期日の候補日の調整

　事件担当書記官は，審判期日の候補日の調整に当たっては，事案の内容，調査官による手続選別の結果，進行に関する照会回答書（本章の第1節の第2の1の(3)の②（345頁）参照）に記載された申立人の審判期日についての希望，弁護士の手続代理人が付いている場合は当該代理人から電話等で聴取した審判期日についての希望，家事審判廷の空き状況[370]，担当裁判官の予定，関与する調査官の予定等を勘案し，また，当事者から審問の申出（法68条2項）[371]がされる場合にも留意する。

　特に，ドメスティック・バイオレンス（DV）等の行為が背景にある事案等では，一方当事者が他方当事者に対する不安や恐怖心等を抱いていることがあるため，当事者双方が裁判所庁舎内で不用意に接触することがないように，また，当該当事者等の安全の確保のため，申立人が使用する待合室と相手方が使用する待合室の階を分けたり，呼出しの時刻や審判期日終了後に帰る時刻をずらす等の対応をする場合がある。このような事案については，審判期日の候補日の調整に当たって，これらの点にも留意する必要がある。

　なお，テレビ会議システム又は電話会議システムの方法により審判期日における手続を実施する場合（法54条）における当事者の出頭先の家庭裁判所との日程等の調整については，本章の第5節の第5（426頁）を参照されたい。

2 審判期日の指定等

(1) 審判期日の指定

　前記1で審判期日の候補日の調整が済んだら，裁判長が，職権で，審判期日を指定する（法34条1項）[372]。この審判期日の指定の裁判は，審判以外の裁判（法81条）であるが，その性質上，裁判を受ける者は想定されず，当事者への告知を要せず，直ちに効力が発生し，また，手続の指揮に関する裁判であるから，いつでも取り消すことができる（同条2項）（逐条108頁参照）。

　審判期日の指定の裁判については，特に定められた方式はないが，実務上，記録表紙の裏面等を利用して，次の参考例のようにされることが多い。

【参考例】

```
　本件の第1回審判期日を平成〇〇年〇月〇日午前（又は午後）〇時〇分と指
定する。
　　　　　　　　　　　　　　　　　平成〇〇年〇月〇日　裁判官　㊞
```

370　審判期日については，開廷の場所を裁判所の法廷と規定する裁判所法69条の規定は適用されない（条解規則86頁（注1）参照）。

371　請求すべき按分割合に関する処分（法別表第二の十五の項の事項）の審判手続については，この法68条2項の規定は適用されない（法233条3項）。詳細については，第5編の第7章の第10の1（569頁）を参照されたい。

372　別表第二調停事件が調停不成立により終了し，家事審判手続に移行する場合（法272条4項）は，事案によっては（例えば，調停段階で審判移行後の別表第二審判事件の審理に必要な資料が提出されている事案等），調停不成立となった調停期日後に，当事者の了解を得た上で，引き続き審判移行後の別表第二審判事件の審判期日を指定して審理する場合もある。

第6章　別表第二審判手続に関する書記官事務

なお，当事者には，審判期日の指定の申立権は認められていない（逐条108頁参照）。

(2) 審判期日の呼出し

ア　概説

審判期日の指定の裁判自体には，当事者等に対して出頭を要求するという観念は含まれていないため，家庭裁判所が審判期日を開くためには，更に当事者等に対して審判期日への出頭を要求しなければならない。この審判期日への出頭の要求を審判期日の呼出しという（書記官実務研究報告書第3号「平成17年度実務研究民事訴訟関係書類の送達実務の研究―新訂―」（裁判所職員総合研修所）203頁及び204頁参照）[373]。

イ　呼出しの時刻

原則として，審判期日には，当事者等が同席することから，当事者等の呼出しの時刻は同時刻となる。

なお，ドメスティック・バイオレンス（DV）等の行為が背景にある事案等，当事者等の安全の確保等（事故防止対策等）の観点から留意すべき事案（前記1（359頁）参照）については，当事者等の呼出しの時刻を同時刻とすべきか，あるいはずらすべきか等について，裁判官に相談して指示を仰ぐ。

ウ　呼出しの方法

審判期日の呼出しは，呼出状の送達，当該事件について出頭した者に対する審判期日の告知その他相当と認める方法によってする（法34条4項，民訴法94条）。実務上，（第1回）審判期日の呼出しは，呼出状の送達及び当該事件について出頭した者に対する審判期日の告知以外の方法（当事者に審判期日通知書を普通郵便で送付したり，当事者の手続代理人弁護士に電話で当該審判期日を通知する[374]等の，いわゆる簡易呼出し[375]）によって行われることが多い。

この簡易呼出しをした当事者等が審判期日に出頭しない場合でも，法律上の制裁（例：審判期日に呼出しを受けた事件の関係人が正当な理由なく出頭しないときの過料の制裁（法51条3項））その他審判期日の不遵守による不利益を帰することができない（法34条4項，民訴法94条2項本文）。もっとも，当該当事者等が審判期日の呼出しを受けた旨を記載した書面（いわゆる期日請書）を提出したときは，このような不利益を帰することができる（法34条4項，民訴法94条

---

[373] なお，一問一答125頁（注2）では，審判期日に出頭を要する者に対しては，別途呼出しの裁判（法51条1項）をする旨記載されているが，この裁判は審判以外の裁判（法81条。一問一答130頁参照。）であることから裁判書の作成を要せず（法81条1項における法76条1項の規定の準用除外），また，審判期日の呼出しを行ったことは記録上明らかにされるため（後記エ参照），実務上は，前記(1)の審判期日の指定の裁判のほかに，明示的にこの呼出しの裁判（法51条1項）の記録化が行われる例は少ないものと考えられる。

[374] この場合は，実務上，手続の適正を期するために，当該手続代理人弁護士から当該審判期日の呼出しを受けた旨を記載した書面（いわゆる期日請書）を提出してもらうことが多い。

[375] 簡易呼出しの方法等の詳細については，平成25年11月研修教材第6号「民事実務講義案Ⅱ（四訂再訂版）」（裁判所職員総合研修所）54頁並びに書記官実務研究報告書第3号「平成17年度実務研究民事訴訟関係書類の送達実務の研究―新訂―」（裁判所職員総合研修所）220頁及び221頁を参照されたい。

2項ただし書)(逐条109頁及び187頁参照)。

　また,簡易呼出しをした申立人が出頭しなかったことを理由に家事審判事件の申立ての取下げを擬制する(法83条)ことはできない(逐条109頁及び271頁参照)。

　さらに,簡易呼出しをした当事者が審判期日に出頭していなければ,当該審判期日において直ちに審理を終結する旨を宣言する方法によって審理を終結すること(法71条ただし書)はできない(逐条109頁及び236頁参照)。

　なお,前記(1)で指定した審判期日において,当事者の審問も行う場合(法69条)[376]は,当事者及び利害関係参加人に対して,当該審判期日の呼出しと併せて当該審問の期日の通知もしなければならない。ただし,当該通知をすることにより事実の調査に支障を生ずるおそれがあると認められるときは,当該通知をすることを要しない(規48条)。この規48条の規定に基づく審問の期日の通知の詳細については,本章の第5節の第2の3の(3)のイ(406頁)を参照されたい。

エ　簡易呼出しによって審判期日の呼出しを行った場合の記録化

　第2編の第7章の第2節の第6の2の(3)のエ(108頁)と同様であるため,適宜,別表第二審判手続において簡易呼出しによって審判期日の呼出しを行った場合に読み替えた上で参照されたい。

　なお,当該審判期日の呼出しと併せて規48条の規定に基づく審問の期日の通知もした場合は,規5条において準用する民訴規4条2項の規定に基づき,書記官は,その旨及び通知の方法(通知をした者,通知の相手方,通知をした年月日及びその方法)を記録上明らかにしなければならない。

(3) 調査命令等

　裁判官の審理の方針により,調査官が手続に関与することとなった別表第二審判事件については,事件担当書記官は,調査官が関与する形態(調査や審判期日への立会い等)に合わせて,記録表紙の裏面等を利用して,裁判官から調査命令(法58条1項)や調査官の審判期日への立会命令(法59条1項)等の発令の押印を受ける。

　なお,実務上,調査官の審判期日への立会命令については,前記(1)の審判期日の指定の際に併せて発令してもらう(発令の押印を受ける)ことが多い。

　おって,裁判官から調査命令や調査官の審判期日への立会命令が発令された別表第二審判事件の記録は,事件担当書記官が所要の事務を行った上で(例えば,調査官の審判期日への立会命令が発令された別表第二審判事件の記録であれば,前記(2)の審判期日の呼出しや後記第7の申立書の写しの送付等の事務を行った上で),必要に応じて,民事裁判事務支援システム(MINTAS)の記録の引継機能等を利用して調査官に貸し出すことになる(平成27年6月19日付け最高裁総三第133号総務局長通達「民事裁判事務支援システムを利用した家事事件等の事務処理の運用について」記第6の1の(2)のア及び(3)参照)。

---

[376] この場合において,実務上,手続の明確を期するために,前記(1)の審判期日の指定の裁判(参考例)に当事者の審問を行う旨も併せて記載する例もある。

第6章　別表第二審判手続に関する書記官事務

第7　申立書の写しの送付等
1　【原則】申立書の写しの送付
(1)　概説

　　　別表第二審判の申立てがあった場合には，相手方に申立ての内容を了知させた上で手続を進めることが，相手方の適切な手続活動の実現と早期の紛争の解決という観点から合理的であることから，家庭裁判所は，申立てが不適法であるとき[377]又は申立てに理由がないことが明らかなとき[378]を除き，原則として，別表第二審判の申立書の写しを相手方に送付しなければならない（法67条1項）（逐条229頁参照）。

　　　この法67条1項の規定に基づく別表第二審判の申立書の写しの相手方への送付事務は，相手方に対して，適時に適切な方法により申立ての係属の事実等を伝えることを通じて手続の円滑な進行を確保し，もって手続の進行を促進することを目的とする事務である。

　　　なお，家事調停手続から審判移行した別表第二審判事件（法272条4項参照）については，既に家事調停手続において相手方に対して申立書の写しが送付され，又は当該家事調停事件の係属の通知がされていることから（法256条1項参照），審判移行後は，法67条1項の規定にかかわらず，改めて当該申立書の写しの送付等をする必要はない（一問一答237頁（注1）参照）。

(2)　申立書の写しの送付の事務
ア　送付の時期

　　　申立書の写しを相手方に送付する時期については明示的な規定はないが，前記(1)の申立書の写しを相手方に送付する意義に照らして，特段理由のない限り，できる限り早期に送付すべきである。それとの関係で，前記(1)の「申立てに理由がないことが明らかなとき」とは，時間をかけることなくそれが判断できる場合に限定され，申立てに理由があるか否かを検討するために長期間申立書を送付しないままでおくことを許容するものではない（逐条229頁参照）。

イ　送付事務の内容

　　　①　相手方に送付する別表第二審判の申立書の写しには，申立時に提出された当該申立書の写し（相手方送付用）を使用する（規47条）（本章の第1節の第2の1の(2)のア（341頁）参照）。事件担当書記官は，当該申立書の写しを相手方に送付するに当たっては，当該申立書の原本と当該申立書の写しを照合して同一性を確認するほか，申立人の非開示希望情報（住所等）が記載されていないか等の主に形式面について確認する。

　　　　　なお，申立人が当該申立書の写しを提出しない場合には，そのことをもって補正命令の対象としたり，当該申立書を却下したりすることはできず，最終的

---

[377] 「申立てが不適法であるとき」とは，我が国に国際裁判管轄がないとき，相手方が当事者適格を有しないとき，訴訟でしか求めることのできない事項について審判を求めているとき等がある（逐条229頁参照）。
[378] 「申立てに理由がないことが明らかなとき」とは，審理を遂げたとしても申立てを認める余地が皆無のときである。例えば，成人の子の親権者の変更を求めたとき等である（「別冊法学セミナーno.225 新基本法コンメンタール人事訴訟法・家事事件手続法」（日本評論社）256頁参照）。

第7　申立書の写しの送付等

には，事件担当書記官が当該申立書の写し（コピーで足りる。）を作成して，相手方に送付することになる（条解規則118頁参照）。
　　　おって，相手方の住所が不明である事案については，公示送達の申立てがされ，公示送達の要件（法36条，民訴法110条1項）を満たす場合は，当該申立書の写しを公示送達することになる（逐条230頁参照）。
　　②　事件担当書記官は，当該申立書の写しを相手方に送付した場合は，手続の適正確保及び円滑な進行確保のため，例えば，当該申立書の余白に「平成○○年○月○日申立書の写し送付済み ㊞（書記官の認印）」等と付記したり，記録表紙等を利用して，申立書の写し送付済みのチェック欄を設けてチェックする等，適宜の方法によりその旨を記録上明らかにすることが考えられる。
　ウ　外国にいる当事者への送付に当たっての留意事項
　　　第2編の第7章の第2節の第7の1の(2)のウ（110頁）と同様であるため，適宜，別表第二審判手続において外国にいる当事者へ送付する場合に読み替えた上で参照されたい。

2【例外】申立書の写しの送付に代わる別表第二審判事件の係属の通知
　(1) 概説
　　　別表第二審判の手続の円滑な進行を妨げるおそれがあると認められるときは，別表第二審判の申立てがあったことを通知する（別表第二審判事件の係属を通知する）ことをもって，別表第二審判の申立書の写しの送付に代えることができる（法67条1項ただし書）。
　　　これは，申立書の記載内容いかんによっては，申立書の写しの送付がかえって当事者間に無用の混乱を招いたり，紛争を激化させたりする等，別表第二審判の手続の円滑な進行を阻害する結果になるおそれを考慮したものである。しかし，このような場合であっても，少なくとも別表第二審判の申立てがされたことは相手方に知らせるのが相当であることから，適宜の方法により別表第二審判の申立てがあったことを通知しなければならないものとしている（逐条229頁及び230頁参照）。
　(2) 別表第二審判事件の係属の通知の方法
　　ア　家庭裁判所（裁判官）が，別表第二審判の申立書の写しを送付することにより別表第二審判の手続の円滑な進行を妨げるおそれがあると認められると判断し，当該申立書の写しの送付に代えて別表第二審判の申立てがあったことを通知する（別表第二審判事件の係属を通知する）こととした場合は，事件担当書記官は，当該通知を行う。
　　　　当該通知の内容は，少なくとも，事件名や当事者等の最低限度の情報を通知すればよいとされている（「別冊法学セミナーno.225 新基本法コンメンタール人事訴訟法・家事事件手続法」（日本評論社）256頁参照）。実務上，審判期日を指定する場合は，事件名や当事者等の情報を記載した審判期日通知書を送付することによって当該通知を行う例が多いようである。
　　イ　当該通知を行ったときは，その旨及び通知の方法を，例えば，相手方に送付した当該通知書又は審判期日通知書の控えに「平成○○年○月○日相手方に普通郵便で通知済み ㊞（書記官の認印）」等と付記して記録につづる等して，記録上明

第6章　別表第二審判手続に関する書記官事務

らかにする（規5条，民訴規4条2項）。
3　申立書の写し及び別表第二審判事件の係属の通知以外の書類の送付
　前記1の申立書の写しの送付のように，法規には規定されていないが，法の趣旨（第1編の第1章（4頁）及び第2章（5頁）参照）等を踏まえ，別表第二審判手続の適正かつ円滑な進行を図り，審理の充実を図る目的から，実務上，相手方に申立書の写しや審判期日通知書を送付する際に，併せて（同封して），次の各書類を送付する取扱いがある。さらに，審判期日が指定されている場合には，当該審判期日前に争点の有無や争いの程度等を把握して審理の方針を立てたり，事前準備をして当該審判期日の充実を図る目的から，次の各書類（手続説明書面は除く。また，非開示希望申出書は当該申出をする場合にのみ使用する。）については，実務上，相手方に対して，当該審判期日の1週間程度前までには家庭裁判所に提出するよう促す取扱いもある。
　なお，本項では飽くまで実務上相手方に送付することがある主な書類の類型を示すにとどまるため，当然ながら，各家庭裁判所においては，裁判官の審理の方針，事案ごとの個別の事情等の実情に応じて，前述の目的等から，本項で示す類型の書類の一部を相手方に送付しなかったり，本項で示す類型以外の書類を相手方に送付する場合等もある。
　おって，個別の事件類型において，特に相手方に送付する，あるいは提出を求める書類の類型については，第5編（460頁）の各章の各節を参照されたい。
　◇　手続説明書面
　　※　相手方に手続の内容や書類の作成・提出方法等を理解してもらい，相手方が適切に手続行為を行うことができるように，主要な事件類型ごとに手続の内容や流れ，書類の作成・提出方法等を簡潔に記載した書面である。
　◇　申立書の「申立ての趣旨」及び「申立ての理由」についての相手方の意見等を記載する書面
　　※　本書類の趣旨については，第2編の第7章の第2節の第7の3の「◇　申立書の「申立ての趣旨」及び「申立ての理由」についての相手方の意見等を記載する書面」の※の説明部分（111頁）と同様であるため参照されたい。
　◇　連絡先届出書
　　※　本書類の趣旨については，第2編の第7章の第2節の第7の3の「◇　連絡先届出書」の※の説明部分（111頁）と同様であるため参照されたい。
　◇　非開示希望申出書（非開示希望の申出をする場合にのみ使用する書類）
　　※　本書類の趣旨については，第2編の第7章の第1節の第2の1の(3)の②の「◇　非開示希望申出書（非開示希望の申出をする場合にのみ使用する書類）」の※の説明部分（59頁）（家事調停事件に特有の事項は除く。）と同様であるため参照されたい。
　◇　進行に関する照会回答書
　　※　本書類は，第2編の第7章の第1節の第2の1の(3)の②の「◇　進行に関する照会回答書」（60頁）と同様の趣旨（家事調停事件に特有の事項は除く。）で送付する相手方用の書類である。

第8 参考事項の聴取
第2編の第7章の第2節の第8（112頁）と同様であるため，適宜，別表第二審判手続における参考事項の聴取の場合に読み替えた上で参照されたい。

第3節 別表第二審判事件の付調停
法244条の規定により調停を行うことができる家事審判事件，すなわち，別表第二審判事件については，当事者間の話合いを通じた合意による自主的かつ円満な解決が望ましいことから，別表第二審判事件が係属している場合には，裁判所は，当事者（本案について相手方の陳述がされる前にあっては，申立人に限る。）の意見を聴いて，いつでも，職権で，事件を家事調停に付する（付調停する）ことができる（法274条1項）（逐条824頁参照）。

この別表第二審判事件の付調停については，家庭裁判所だけでなく，高等裁判所に別表第二審判事件が係属している場合においても，当該高等裁判所が家事調停に付して家事調停手続を行うことができる旨規定されているが（法274条3項～5項参照），本節では，家庭裁判所における別表第二審判事件の付調停に関する書記官事務について記載する。

なお，この別表第二審判事件の付調停時（家事調停手続の開始時）における主な留意事項（立件及び申立費用並びに付調停された事件における手続代理人の権限及び手続行為能力）については第2編の第7章の第1節の第3（65頁）を，家事調停手続の終了に伴う付調停された事件（別表第二審判事件）への影響等については同章の第12節（160頁）（第1の3の(2)のア，第4の3の(3)，第5の3の(4)，第6の7の(1)，第7の3の(2)及び第8の1）を，それぞれ参照されたい。

第1 別表第二審判事件の付調停の手続
1 付調停の対象事件
付調停の対象事件は，前述のとおり，法244条の規定により調停を行うことができる家事審判事件，すなわち，別表第二審判事件である（法274条1項）。

なお，係属している事件のうちの一部を家事調停に付することができるかどうかという問題がある。その判断に当たっては，審判の進行状況，事件の内容，当事者の意向，調停成立の可能性のほか，家事調停に付した部分と付さなかった部分との法的関係等を考慮することになろう（逐条824頁及び「別冊法学セミナーno.225 新基本法コンメンタール人事訴訟法・家事事件手続法」（日本評論社）557頁参照）。

2 付調停の時期
付調停の時期に特段の制限はない（法274条1項）。

別表第二審判事件の審理がある程度進んだ場合に当該審判事件が家事調停に付されると，紛争の解決が遅延するおそれもあるが，家庭に関する事件については，当事者間の話合いを通じた合意による自主的かつ円満な解決が望ましいことが多いこと等から，付調停の時期については特段の制限は設けられていない（逐条824頁及び825頁並びに「別冊法学セミナーno.225 新基本法コンメンタール人事訴訟法・家事事件手続法」（日本評論社）558頁参照）。

第6章　別表第二審判手続に関する書記官事務

3　当事者の意見聴取
　(1)　概説
　　　家庭裁判所は，付調停の裁判をする際には，当事者（本案について相手方の陳述がされる前にあっては，申立人に限る。）の意見を聴かなければならない（法274条1項）。
　　　これは，別表第二審判の申立てをした者の手続選択権を尊重するとともに，別表第二審判手続がある程度進行している場合には，当該手続による事案の解決に対する相手方の期待に配慮するためである。
　　　もっとも，家庭裁判所は，当事者の意見に拘束されることはないから，当事者が家事調停に付することに反対しても，後述する付調停の裁判をすることは可能である（逐条825頁参照）。
　(2)　意見聴取の方法
　　　意見聴取の方法としては，主に，審判期日において家庭裁判所（裁判官）が当事者から意見を聴取する，あるいは審判期日外に家庭裁判所の命を受けて事件担当書記官が書面照会や口頭（電話等）により当事者から意見を聴取する方法等がある。
　(3)　意見聴取の記録化
　　　事件担当書記官は，手続の適正を期するために，当事者から聴取した意見を次のア及びイのようにして記録上明らかにする。
　　ア　審判期日において当事者から聴取した意見については，当該期日の調書に記載する（法46条，規32条1項柱書き）。
　　イ　審判期日外に当事者から聴取した意見については，当事者に対して行った書面照会に対する回答書を記録につづり込んだり，当事者から口頭（電話等）で聴取した意見を記載した聴取書を作成して記録につづり込む等する。

4　付調停の裁判
　　別表第二審判事件が係属している家庭裁判所が事件を家事調停に付するには，その旨の裁判（決定）を要する。この裁判は，審判以外の裁判（法81条）であり，裁判書を作成する必要はなく（法81条1項では法76条1項の規定の準用が除外されている。），また，この裁判に対しては，即時抗告をすることができる旨の特別の定め（法99条参照）が設けられていないため，即時抗告をすることはできないが（逐条825頁参照），この裁判がされたときは，手続の適正を期するために，記録表紙の裏面等を利用して，後記第4の2（369頁）の別表第二審判手続の中止の裁判（法275条2項）とともに，次の参考例のように記録上明らかにすることが望ましい。

【参考例】

```
1　本件を○○家庭裁判所の家事調停に付する。
2　前記1の家事調停事件が終了するまで本件家事審判手続を中止する。
　　　　　　　　　　　　　　平成○○年○月○日　裁判官　㊞
```

　　なお，審判期日において，この付調停等の裁判をした場合は，その旨を当該期日の調書に記載する[379]（法46条，規32条1項6号）。

第2　別表第二審判事件が付調停された場合における家事調停事件を処理する裁判所

5　付調停の裁判後の事務

別表第二審判事件担当の書記官は，後記第3（368頁）のとおり，調停事件記録等の送付に関する事務を行うほか，他の家庭裁判所が調停事件を処理する場合（他庁調停の場合）等，別表第二審判事件担当の書記官と調停事件担当の書記官が別の場合には，手続の適正確保並びに円滑な進行確保及び進行促進のため，家事調停手続の進行に影響を及ぼし得る情報（当事者の暴力や暴言，精神的不安定に関する情報，外国人当事者の日本語の能力に関する情報等）等については，事務連絡等を作成して調停事件記録等の送付時に併せて送付する等して，調停事件担当の書記官に適正かつ確実に引き継ぐ必要がある。

なお，非開示希望情報等の適正かつ確実な引継ぎ（適切な管理）については，第2編の第7章の第2節の第3（76頁）を参照されたい。

第2　別表第二審判事件が付調停された場合における家事調停事件を処理する裁判所

1　原則

家庭裁判所は，別表第二審判事件を調停に付する場合においては，当該調停事件を管轄権を有する家庭裁判所に処理させなければならない（法274条2項本文）。

2　例外

(1)　家庭裁判所は，前記1の調停事件を処理するために特に必要があると認めるときは，当該調停事件を管轄権を有する家庭裁判所以外の家庭裁判所に処理させることができる（法274条2項ただし書）。

この管轄権を有する家庭裁判所以外の家庭裁判所に処理させる裁判（決定）には，当該家庭裁判所に管轄権を生じさせる趣旨を含むものと解するのが相当である[380]。このように解する場合には，法274条1項に規定する付調停の裁判をする際の当事者の意見聴取（前記第1の3（366頁）参照）の際に家事調停をする家庭裁判所についても当事者の意向を聴取することが望ましい（逐条826頁参照）。

(2)　別表第二審判事件が係属している家庭裁判所が事件を調停に付する場合には，当該家庭裁判所が当該家事調停事件の管轄権を有するかどうかを問わず，自ら処理することができる（法274条3項）。これを「自庁調停」又は「自庁処理」という。

これは，別表第二審判事件が係属している家庭裁判所は，当該事件の審理を通じて当該事件の内容や関係者の意向等を把握していることが多く，そのような状況を踏まえて調停による解決の可能性や相当性の判断を前提に調停のあっせん等を行うことができれば，より円滑に家事調停手続を進めることができるとともに，当事者にとっても便宜であって，適切な解決を図ることが可能であることによる。

なお，この法274条3項の規定による自庁調停をする場合には，規8条1項が規定する法9条1項ただし書の規定による自庁処理の裁判をするときの意見聴取の趣

379　なお，参考までに，民事訴訟事件を民事調停に付する裁判（民調法20条1項）と当該調停事件が終了するまで当該訴訟手続を中止する裁判（民調法20条の3第1項）の口頭弁論調書の記載例については，平成28年3月研修教材第5号「民事実務講義案Ⅰ（五訂版）」（裁判所職員総合研修所）117頁を参照されたい。

380　実質において同様の考え方として，法9条2項の規定に基づいて管轄権がない裁判所に移送する裁判（決定）には，移送先の裁判所に管轄権を生じさせる意味を含むものと解されている（逐条826頁参照）。

第6章 別表第二審判手続に関する書記官事務

旨（条解規則23頁及び24頁参照）に鑑みて，法274条1項に規定する付調停の裁判をする際の当事者の意見聴取（前記第1の3（366頁）参照）の際に自庁調停をすることについても当事者の意向を聴取すべきであろう（逐条827頁参照）。

第3 付調停された別表第二審判事件の記録等の取扱い

1 別表第二審判事件が係属する家庭裁判所が自ら処理する場合（自庁調停の場合）

別表第二審判事件が係属する家庭裁判所が法274条1項の規定により事件を調停に付した場合において，同条3項の規定により当該調停事件を自ら処理することとしたときは，別表第二審判事件記録は，当該調停事件の係属中は当該調停事件記録に添付し（いわゆる「ひき舟」にし）[381]，当該調停事件が終了したとき（法272条1項の規定により調停不成立で終了したときを除く。）は当該調停事件記録の第1分類の直前に一括してつづり込む（記録編成通達記第5の2の(3)参照）。

なお，事件完結後のこれらの事件の記録の保存については，第2編の第7章の第14節の第7の5の(2)のア（197頁）を参照されたい。

2 他の家庭裁判所に処理させる場合（他庁調停の場合）

別表第二審判事件が係属する家庭裁判所が事件を調停に付する場合において，当該調停事件を，法274条2項本文の規定により，管轄権を有する他の家庭裁判所に処理させる場合や，同項ただし書の規定により，当該調停事件を処理するために特に必要があると認め，管轄権を有する家庭裁判所以外の他の家庭裁判所に処理させるときは，平成7年3月24日付け最高裁総三第14号総務局長通達「事件記録の保管及び送付に関する事務の取扱いについて」に従って，当該調停事件記録を当該他の家庭裁判所に送付する。この付調停に伴う当該調停事件記録の送付費用は国庫負担と解されている（平成21年3月研修教材第15号「家事審判法実務講義案（六訂再訂版）」（裁判所職員総合研修所）251頁参照）。当該調停事件記録を送付する際には，当該別表第二審判事件記録中の調停に必要な資料（例えば，付調停の裁判を記録化した記録表紙の裏面等（前記第1の4（366頁）参照），当該審判の申立書，当事者等提出の主張書面や証拠書類の写し等）については謄本を作成して添付する等の配慮が必要であろうとされている（斎藤秀夫，菊池信男編「注解家事審判法【改訂】」（青林書院）583頁及び昭和43年1月訟廷執務資料第39号「裁判所書記官会同協議要録（家庭関係）」（最高裁判所事務総局）52頁131参照）。

なお，当該調停事件を処理する他の家庭裁判所において，調停委員会が当該別表第二審判事件記録について事実の調査をするため，法258条1項で準用する法56条1項又は法62条の規定に基づき，当該別表第二審判事件が係属する家庭裁判所から当該別表第二審判事件記録を取り寄せた場合は，当該別表第二審判事件記録は，取り寄

---

[381] なお，記録編成通達では，調停事件の係属中（進行中）は，閲覧・謄写等の際の便宜を考慮して，添付（いわゆる「ひき舟」）にしておくこととされているが，調停事件の係属中（進行中）であっても，記録上調停事件記録部分と審判事件記録部分の区別が容易であり，閲覧・謄写等の許否の判断に支障がないような場合は，調停事件記録と審判事件記録を合てつした状態としておくことも考えられる（平成25年3月家庭裁判資料第197号「家事事件手続法執務資料」（最高裁判所事務総局）49頁参照）。

せた当該調停事件を処理する他の家庭裁判所において民事保管物として保管され,事実の調査終了後に当該別表第二審判事件が係属する家庭裁判所に返還されることとなる(第2編の第7章の第14節の第5(192頁)参照)。

おって,事件完結後のこれらの事件の記録の保存については,第2編の第7章の第14節の第7の5の(2)のイ(197頁)を参照されたい。

第4 別表第二審判手続の中止
1 概説

家事調停を行うことができる事件について家事調停事件(別表第二調停事件)と家事審判事件(別表第二審判事件)が同時に係属している場合には,一方が解決すれば他方も解決することになるのが通常であるから,両手続を同時に進行させる実益はない。そして,両手続が同時に係属している場合には,まず,話合いによる解決を模索するため,家事調停手続を先行して進め,家事調停による解決がされなかった場合に家事審判手続を進めることが相当であることが多い(逐条830頁参照)。

そこで,家事審判事件が係属している家庭裁判所が法274条1項の規定により事件を調停に付したときは,当該家庭裁判所は,家事調停事件が終了するまで,家事審判手続を中止することができる(法275条2項)。

2 別表第二審判手続の中止の裁判

家事審判事件(別表第二審判事件)が係属している家庭裁判所が,法275条2項の規定に基づき,当該家事審判事件の付調停に伴い,当該家事審判手続を中止する際には,その旨の裁判(決定)をすることになる。この裁判は,審判以外の裁判(法81条)であり,裁判書を作成する必要はなく(法81条1項では法76条1項の規定の準用が除外されている。),また,この裁判に対しては,即時抗告をすることができる旨の特別の定め(法99条参照)が設けられていないため,即時抗告をすることはできないが(逐条831頁参照),この裁判がされたときは,手続の適正を期するために,記録表紙の裏面等を利用して,付調停の裁判とともに記録上明らかにすることが望ましい(前記第1の4の【参考例】(366頁)参照)。

第4節 審判前の保全処分
第1 概説
1 審判前の保全処分の意義
(1) 暫定性・緊急性

審判前の保全処分(法105条)は,申立てから終局審判が効力を生ずるまでの間に,事件の関係人の財産に変動が生じて,後日の審判に基づく強制執行による権利の実現が困難となったり,あるいはその間に関係人の生活が困難や危険に直面したりすることが考えられることから,暫定的に関係人間の権利義務関係を形成して,関係人の保護を図ることを目的として設けられた制度である。

(2) 付随性

審判前の保全処分は,本案審判事件から独立した手続ではなく,保全を求める理由としても,本案審判認容の蓋然性(本案審判において一定の具体的な権利義務が

形成される蓋然性）が必要となると考えられており，そのような蓋然性を認めるためには，本案である家事審判事件又は家事審判事件に係る事項についての家事調停事件の係属が必要であるとされている（法105条1項）。ただし，家事調停の申立てがあったときにされた審判前の保全処分の申立ても，その本案事件は，当該家事調停が審判移行した後の家事審判事件であり，家事調停事件ではない（その意味で，審判移行を予定しない一般調停事件等では，審判前の保全処分を利用できない。）。

(3) 密行性

　審判前の保全処分の中には，婚姻費用の分担や遺産の分割を本案審判事件とする相手方の財産の仮差押え等，相手方に察知されるとこれに対して防衛手段をとられてしまい保全の目的が達成できなくなるために，実務上，密行性が重視されるものもある。

2　審判前の保全処分の類型

　審判前の保全処分の具体的態様としては，四つの類型に大別して説明されることが多い。すなわち，第1類型は，財産の管理者を選任し，又は事件の関係人に対し本人の財産の管理若しくは本人の監護に関する事項を指示することができるとする財産の管理者の選任等の類型，第2類型は，本人の財産上の行為につき財産の管理者の後見を受けるべきことを命ずることができるものとする後見命令等の類型，第3類型は，本人の職務執行停止又は職務代行者の選任の類型，第4類型は，仮差押え，仮処分その他の必要な保全処分の類型である（逐条341頁参照）。本節においても，この類型に従って記載する。

3　審判前の保全処分における本案係属要件

　審判前の保全処分の申立てをするには本案の家事審判事件の係属を必要とする（法105条1項）が，法は一定の家事調停の申立てがあったときにも審判前の保全処分ができることとしている。家事調停の申立てがあったときにされた審判前の保全処分の申立ても，その本案事件は，当該家事調停が審判移行した後に想定される家事審判事件であり，家事調停事件ではない。すなわち，この審判前の保全処分は将来の家事調停での合意内容の実現を保全するためにするものではないことに注意を要する（逐条342頁参照）。

　なお，法において家事調停の申立てがあったときにも審判前の保全処分の申立てをすることができることとしている事項は，次の①から⑧までのとおりである（逐条343頁（注2）参照）。

① 夫婦間の協力扶助に関する処分（法157条1項1号）
② 婚姻費用の分担に関する処分（法157条1項2号）
③ 子の監護に関する処分（法157条1項3号）
④ 財産の分与に関する処分（法157条1項4号）
⑤ 親権者の指定又は変更（法175条1項・3項）
⑥ 扶養の順位の決定及びその決定の変更又は取消し（法187条1号）
⑦ 扶養の程度又は方法についての決定及びその決定の変更又は取消し（法187条2号）

第1 概説

⑧ 遺産の分割（法200条1項・2項）

4 審判前の保全処分の手続の規律

　審判前の保全処分を命ずる裁判は，申立てにより，又は職権で開始した審判前の保全処分の事件について裁判所がする終局的な判断である裁判であるから，審判である。したがって，審判についての手続の一般規定（法第2編第1章第1節（第6款を除く。），第2節，第3節及び第5節）が基本的に適用されるが，審判前の保全処分の性質を考慮し，法は，その特則に当たる規定を同章の第4節（法105条～115条）において規定している。

　なお，本案が法別表第二に掲げる事項についての審判事件であっても，審判前の保全処分は法別表第二に掲げる事項についての審判事件ではないから，この審判事件の特則（法66条から72条まで，法82条2項等）が適用になるわけではない（逐条340頁参照）。

5 審判前の保全処分における書記官事務等について

　次の第2から第4までにおいて，別表第二審判事件（当該審判事件に係る事項についての家事調停事件を含む。以下，本節において同じ。）を本案とする審判前の保全処分の第1，第3及び第4の各類型の事件（第2類型の事件は，後見命令（法126条2項），保佐命令（法134条2項）及び補助命令（法143条2項）であり，別表第二審判事件を本案とする事件は存在しない。）における書記官事務について記載する。その他の全ての類型の事件に共通する審判前の保全処分に関する一般的な規律や手続等[382]については，本節においても必要な範囲で記載するが，家事事件手続法概説の40頁～47頁及び平成27年度書記官実務研究の第2編の第1章の第8（121頁）並びに（審判前の保全処分の記録の閲覧・謄写等の規律に関しては）本研究の第2編の第7章の第8節の第1（150頁）も参照されたい。

　なお，平成25年3月家庭裁判資料第197号「家事事件手続法執務資料」（最高裁判所事務総局）204頁～207頁に掲載されている保全処分一覧表，同208頁及び209頁に掲載されている審判事件別保全処分事件一覧表並びに同211頁に掲載されている戸籍記載の嘱託対象事件等一覧表等を基に，別表第二審判事件を本案とする審判前の保全処分の事件を整理すると，次の一覧表のとおりとなる。

---

[382] なお，記録の編成に関し，審判前の保全処分の事件記録は，本案の事件記録とは別冊とし，これを本案の事件記録とひき舟式にする（昭和57年3月訟廷執務資料第52号「裁判所書記官会同協議要録（家庭関係）」（最高裁判所事務総局）113頁198参照）。

第6章 別表第二審判手続に関する書記官事務

【別表第二審判事件を本案とする審判前の保全処分に関する事件一覧表】

類型	保全処分	本案事件	別表第二の項	申立権者	手数料（円）	仮の地位を定める仮処分か※1	戸籍記載の嘱託の要否	即時抗告	根拠規定
第1	財産の管理者の選任等の申立て	遺産の分割	十二	職権，事件の関係人	不要	×	×	×	法200条1項
	財産の管理者の権限外行為許可の申立て※2			財産の管理者					法200条3項 民法28条
	財産の管理者に対する報酬付与の申立て※2			財産の管理者					法200条3項 民法29条2項
第3	親権者の職務執行停止の申立て	親権者の指定又は変更	八	本案審判又は本案調停の申立人※3	不要	○	○	○	法175条3項
	親権者の職務代行者選任の申立て			本案審判又は本案調停の申立人※3				×	法175条3項
第4	仮差押え（※4），仮処分その他の必要な保全処分の申立て	夫婦間の協力扶助に関する処分	一	本案審判又は本案調停の申立人※3	1,000 ※5	（仮の地位を定める仮処分の申立てが可能か※6）○	×	○	法157条1項1号
		婚姻費用の分担に関する処分	二	本案審判又は本案調停の申立人※3					法157条1項2号
		子の監護に関する処分	三	本案審判又は本案調停の申立人※3					法157条1項3号
		財産の分与に関する処分	四	本案審判又は本案調停の申立人※3					法157条1項4号
		親権者の指定又は変更	八	本案審判又は本案調停の申立人※3					法175条1項
		扶養の順位の決定及びその決定の変更又は取消し	九	本案審判又は本案調停の申立人※3					法187条1号
		扶養の程度又は方法についての決定及びその決定の変更又は取消し	十	本案審判又は本案調停の申立人※3					法187条2号
		遺産の分割	十二	本案審判又は本案調停の申立人又は相手方※3					法200条2項

※1 「仮の地位を定める仮処分」については，原則として，審判を受ける者となるべき者からの陳述聴取が必要（法107条，後記第4の4の(5)のイ（401頁）参照）となるため注意を要することから，これに該当するかどうかの区別が重要となる。
※2 保全処分に関する事件である。
※3 ここでは，審判前の保全処分の本案となる家事審判事件に係る事項について申し立てられた家事調停事件のことを便宜「本案調停」としている。
※4 親権者の指定又は変更の審判を本案事件とする場合には仮差押えはできない（法175条1項参照）。
※5 民訴費用法3条1項別表第一の一六の項のイ
※6 第4類型の保全処分のうち仮処分には，係争物に関する仮処分と仮の地位を定める仮処分がある。

第2　財産の管理者の選任等（第1類型の審判前の保全処分）

1　概説

別表第二審判事件を本案とする第1類型の審判前の保全処分の申立てには，遺産の分割の審判事件を本案とする財産の管理者の選任等の申立て（法200条1項）がある。また，これに関する事件として，財産の管理者の権限外行為許可の申立て（法200条3項，民法28条）及び財産の管理者に対する報酬付与の申立て（法200条3項，民法29条2項）がある。次項では，遺産の分割の審判事件を本案とする財産の管理者の選任等の申立て（法200条1項）を中心に，これらの手続における書記官事務を記載する。

2　遺産の分割の審判事件を本案とする財産の管理者の選任等の手続

(1)　財産の管理者の選任及び事件の関係人に対する財産の管理に関する事項の指示の申立て（法200条1項）

家庭裁判所（法105条2項の場合にあっては，高等裁判所）は，遺産の分割の審判又は調停の申立てがあった場合において，財産の管理のため必要があるときは，申立てにより又は職権で，担保を立てさせないで，遺産の分割の申立てについての審判が効力を生ずるまでの間，財産の管理者を選任し，又は事件の関係人に対し，財産の管理に関する事項を指示することができる（法200条1項）。

ア　申立て

(ｱ)　管轄

本案の遺産の分割の審判事件（遺産の分割の調停の申立てがあった場合にあっては，遺産の分割の調停事件）が係属する家庭裁判所（法105条1項）。

なお，本案の遺産の分割の審判事件が高等裁判所に係属する場合には，その高等裁判所（法105条2項）。

(ｲ)　申立人

事件の関係人（法200条1項）。

なお，この保全処分は，職権で命ずる余地がある以上，申立人を制限するのは相当でないと考えられることから，本案の審判の申立てをした者等に限定されない（逐条632頁参照）。したがって，申立人は，利害関係がある者であれば可能とされており，本案審判の申立人又は相手方，その他の相続人，包括受遺者，遺留分権利者等，遺産に共有持分を有する者が含まれるが，遺産の賃借人等の遺産を使用する者，相続債権者，相続債務者，相続人の債権者等が含まれるかについては問題になり得る（司法研修所編「遺産分割事件の処理をめぐる諸問題」（法曹会）356頁及び上原裕之，髙山浩平，長秀之編著「リーガル・プログレッシブ・シリーズ遺産分割〔改訂版〕」（青林書院）456頁参照）。

イ　申立書類の受付及び審査等

(ｱ)　申立費用

a　申立手数料

不要

b　郵便切手

この郵便切手は，審判の告知等に要する費用であり（民訴費用法11条1

第6章　別表第二審判手続に関する書記官事務

項1号），郵便切手で予納する（民訴費用法13条）。申立時に必要な郵便切手の券種及び枚数は，申立先の各家庭裁判所の実務上の運用によって異なる。
　　c　財産の管理者の報酬相当額等の予納
　　　通常は，財産（遺産）の管理者（以下「遺産管理者」ともいう。）の報酬や遺産の管理費用は，遺産から支払われることになるが，遺産が不動産のみである場合等，これらの報酬や費用を支弁することができないことが明らかな場合には，あらかじめ申立人に当該報酬予定額等を予納させる必要があるか[383]裁判官に相談し，裁判官から予納させるよう指示があれば，申立人に当該予納に関する手続教示を行うことになる。
　(イ)　申立書
　　法200条1項によれば，この遺産管理者の選任等は職権でも可能であるが，通常は申立てによっている。
　　申立ては，申立書を家庭裁判所に提出してしなければならない（法49条1項）。
　　審判前の保全処分の申立書には，申立ての趣旨及び保全処分を求める事由を明らかにしなければならない（法106条1項）。実務上は，本案事件の係属要件の確認を容易にするため，申立書に係属している本案事件を特定する事項（事件番号や事件名等）の記載も求めている。
　　なお，審判前の保全処分については，別表第二審判事件の特則である法67条1項の規定の適用がないことから（逐条340頁参照），相手方に対して申立書の写しを送付する必要はないが，実務上，遺産管理者の選任等の事件においては，審理の充実及び円滑な進行の実現を図るために，相手方に対して，申立書及び疎明資料の写しを送付して反論等を求めることがあるので（規3条2項参照），速やかに裁判官に方針を確認し，その指示に従って，申立人に相手方送付用の申立書等の写しの提出を指示する等の事務を行う。
　　おって，申立書の記載事項等について特に留意すべき事項は，次のa及びbのとおりである。
　　a　申立ての趣旨
　　　「申立ての趣旨」については，家事審判の手続においては，裁判所が裁量で相当と認める内容の処分をするものとされているが，審判前の保全処分の場合には，申立人の求める処分の具体的内容が明示されていないと，審判の対象が不明確で緊急性の要請に応じ得ず，申立人の疎明義務（法106条2項）や相手方の反論の対象も明確にならないことから，本案の審判の申立ての場合と異なり，相当程度具体的に明示すべきことが予定されている（逐条346頁及び347頁参照）。
　　　遺産管理者の選任等の申立ての「申立ての趣旨」については，実務上，「被

---

[383]　なお，司法研修所編「遺産分割事件の処理をめぐる諸問題」（法曹会）354頁では，このような予納については消極に解されている旨記載されているが，収益を見込めない不動産のみが遺産であって，遺産の管理費用や管理人の報酬予定額を遺産から支弁することが困難であることが予想される場合には，予納させる必要があるのではないかとされている（上原裕之，髙山浩平，長秀之編著「リーガル・プログレッシブ・シリーズ遺産分割〔改訂版〕」（青林書院）457頁参照）。

第2　財産の管理者の選任等（第1類型の審判前の保全処分）

相続人○○の遺産の管理者を選任する審判を求める。」等と記載される。
　　なお，申立書に遺産管理者の候補者が記載されることがあるが，誰を遺産管理者に選任するかについては，家庭裁判所の裁量に委ねられている。
　b　保全処分を求める事由
　　「保全処分を求める事由」については，一般的には本案認容の蓋然性（民事保全手続における被保全権利に該当するもの）と保全の必要性とが含まれる。このうち，本案認容の蓋然性については，申立ての趣旨を根拠付けるに足りる具体的事実関係を明らかにする必要があり，また，保全の必要性についても，緊急性に関する具体的事情などを明らかにする必要がある（逐条347頁参照）。遺産管理者の選任等の事件における本案認容の蓋然性は，申立却下審判がされることはないという蓋然性があればよく，また，遺産管理者選任の必要性があるのは，相続人が遺産を管理できない，又は相続人の遺産の管理が不適切であるため，後日の審判が適正にされなくなったり，強制執行による権利の実現が困難になるおそれのある場合であり，その具体的な例としては，①相続人が何らかの事情で遺産を管理することができない場合，②遺産を管理する相続人が，他の相続人の同意を得ずに遺産を費消，廃棄又は損壊している場合，③遺産を管理している相続人が，地代，家賃その他の賃料等の取立て，収受をきちんとしない場合，④遺産を管理している相続人が，家屋の修繕等をしない場合等が挙げられる（「別冊法学セミナーno.225 新基本法コンメンタール人事訴訟法・家事事件手続法」（日本評論社）448頁並びに司法研修所編「遺産分割事件の処理をめぐる諸問題」（法曹会）346頁及び347頁参照）。
　(ウ)　附属書類（添付書類）
　　原則として，家事審判手続と同様の規律によるが，審判前の保全処分の附属書類（添付書類）について，特に留意すべき事項は，次の①から③までのとおりである。
　　①　審判前の保全処分の申立てでは，保全処分を求める事由を疎明する（法106条2項）ための資料が申立時に提出される，又は提出を求めることが多く，当該疎明資料は，即時に取り調べることができるものでなければならない（法57条）。
　　②　規37条3項所定の身分関係についての資料（当事者等の戸籍全部事項証明書（戸籍謄本）等）等は，本案事件の記録中の資料により確認することが可能であるものもあるので，重ねて提出を求めず，当該記録中の資料について事実の調査をする場合もある。
　　③　遺産管理者の選任等の事件において，申立人が遺産管理者の候補者を挙げている場合は，当該候補者の住民票や就任承諾書等を提出させる場合もある。
ウ　立件基準（事件番号の付け方の基準）
　申立書（受付分配通達別表第5の11の(4)，家事雑事件（記録符号（家ロ））。
　なお，職権により手続を開始する場合は立件不要である。
エ　審理

第6章　別表第二審判手続に関する書記官事務

　　遺産管理者の選任等の事件においては，本案認容の蓋然性及び保全の必要性（前記イの(イ)のｂ（375頁）参照）について審理される。その留意事項等については，次の(ア)から(ウ)までのとおりである。
　　なお，その他の審理に関する一般的な事項については，本章の第5節（404頁）（第2及び第10並びに別表第二審判事件に特有の事項は除く。）と同様であるため参照されたい。
　(ア)　審理方針についての認識の共有
　　　事件の配布を受けた事件担当書記官は，速やかに申立書の審査（本章の第2節の第5の1（356頁）（別表第二審判事件に特有の事項は除く。）参照）を行った上で，裁判官に記録を提出し，審問の実施の予定，審問を実施する場合の審問期日の指定の時期（本案の審判期日と同時に並行して進めるか等）等基本的な審理方針を確認し（本案である遺産の分割についての家事調停事件が係属している場合には，当該家事調停事件についても調停の運営等の方針を確認するため，裁判官の指示に基づき，調停委員会の評議の場を設ける場合もある。），当該審理方針に従って必要な事務を行う。
　(イ)　事実の調査等
　　　家庭裁判所は，必要があると認めるときは，職権で，事実の調査及び証拠調べをすることができる（法106条3項）ので，申立人が提出した疎明資料や本案の遺産の分割の審判事件における資料等がある場合には，これらについて事実の調査等を行うこととなる。事件担当書記官は，事実の調査が行われたときは，その要旨を記録上明らかにする（規44条2項）。
　　　なお，裁判官から更に補充的に事実の調査等を行う必要がある旨の指示があった場合には，事件担当書記官は，その指示の内容に応じた事務（事実の調査又は証拠調べに関する事務等）を行う必要がある。
　　　また，家庭裁判所は，事実の調査をした場合において，その結果が当事者による家事審判の手続の追行に重要な変更を生じ得るものと認めるときは，これを当事者及び利害関係参加人に通知する必要がある（法63条）。その通知の時期等については，事案ごとの個別の事情等によっては，密行性（前記第1の1の(3)（370頁）参照）の観点等も考慮する必要があることから，裁判官に相談して指示を仰ぐ必要がある。
　　　おって，書記官は，事実の調査の通知をしたときは，その旨及び通知の方法を記録上明らかにする（規5条，民訴規4条2項）。
　(ウ)　審問
　　　遺産管理者の選任等の事件は，「仮の地位を定める仮処分」ではないため，審判を受ける者となるべき者の陳述の聴取は必要的ではない（法107条参照）が，裁判官から当事者の審問を実施する旨の指示があった場合[384]には，審問

---

[384]　なお，司法研修所編「遺産分割事件の処理をめぐる諸問題」（法曹会）357頁では，原則として，当事者双方の審問を実施し，保全処分を求める事由の有無を確認し，当該事由が一応認められる場合は，遺産管理者の報酬の財源や遺産管理者に対する協力体制の整備等についての調整も行う旨記載されている。

- 376 -

第2　財産の管理者の選任等（第1類型の審判前の保全処分）

の実施に関する事務（審問の期日の指定，当該期日の呼出しに関する事務等）を行う。

　書記官は，審判前の保全処分の手続の期日について，調書を作成しなければならない（法114条1項本文）。この期日調書の記載事項等については，規31条から33条までに規定されている。

　なお，事案の性質や期日の具体的内容等に応じた記録化の必要性と簡易迅速処理の要請との調整を適宜に図ることができるように，裁判長においてその必要がないと認めるときは，調書の作成を省略することができる（法114条1項ただし書）。このように調書の作成を省略する場合には，法46条の規定は適用されないため，家事審判手続において求められている経過の要領を記録上明らかにすることは要しない（法114条2項）。これは，審判前の保全処分の手続における迅速処理の要請を踏まえると，必ずしも全ての期日について経過の要領を記録上明らかにする必要はないためである（逐条365頁参照）。もっとも，実務上は，審問が実施された場合には，その判断資料としての重要性から，期日調書と一体となる審問調書を作成する方法により記録化をすることが多い（条解規則80頁参照）。

　おって，法114条1項ただし書の規定に基づいて調書の作成を省略する場合には，後日，手続費用額確定処分の申立て（法31条1項，民訴法71条1項）がされた場合に，手続費用額（当事者や代理人等の旅費，日当及び宿泊料（民訴費用法2条4号・5号））を適正に計算できるようにするため，期日における当事者や代理人等の出頭の有無を記録上明らかにしておくことが考えられる。

オ　審判

　審判前の保全処分の申立てが手続要件を充足し，保全処分を求める事由につき疎明がされたとき（法109条1項）は，遺産管理者の選任等の審判（申立てを認容する審判）がされる。この遺産管理者の選任等の保全処分は，本人の財産の管理処分権を奪うものではなく，この保全処分により損害が発生することは実質的にも考えにくく，その性質上，保証になじまないことから，「担保を立てさせないで」保全処分を命ずることができる（法200条1項）（逐条632頁参照）。

　また，誰を遺産管理者に選任するかは家庭裁判所の裁量による。遺産管理者は，共同相続人の中から選任することもできるが，利害対立が激しいときには，共同相続人全員の法定代理人として公正な遺産管理が期待されていることから，実務上，弁護士を選任する例が多い。その場合には，各家庭裁判所の実情に応じて，弁護士会に遺産管理者の候補者の推薦依頼をするなどの事務を行う必要がある。

　遺産管理者は，特定の遺産に限って選任することもできるが，特に限定しない限りは全遺産について管理することになる。遺産管理者の数は特に規定がないので1名でも，数名でもよい。遺産が多く，所在が分かれているなどの場合には複数の遺産管理者を選任する必要がある場合も出てくるが，複数の遺産管理者を選任した場合には管理業務の混乱を避けるために，管理の分担範囲や権限関係を審判で明らかにしておくべきである（上原裕之，髙山浩平，長秀之編著「リーガル・プログレッシブ・シリーズ遺産分割〔改訂版〕」（青林書院）450頁及び451

第6章　別表第二審判手続に関する書記官事務

頁参照）。

　なお，審判前の保全処分は審判であることから，審判書を作成する必要があり（法76条1項），審判書には，主文，理由の要旨，当事者及び法定代理人並びに裁判所を記載し（同条2項），審判をした裁判官が記名押印しなければならない（規50条1項）。実務上，審判書が定型的なものである場合には，裁判官の判断補助を目的として，法76条2項の規定に従って，事件担当書記官がこれを起案し，裁判官がその内容を確認して押印し，審判書を作成している家庭裁判所もある（平成8年度書記官実務研究「遺産分割事件における進行管理事務の研究」（裁判所書記官研修所）360頁参照）。この場合，起案に係る事務を適切に遂行するため，事件担当書記官は，審判書の作成等の方法や起案の手法について裁判官との間で認識を共有しておく必要がある。

　遺産管理者の選任等の審判書の参考例は次のとおりである。また，家事審判法（旧法）時の資料であるが，平成8年3月家庭裁判資料第166号「改訂家事審判書集」（最高裁判所事務総局）432頁〜435頁並びに平成16年3月「遺産分割審判書作成の手引（改訂版）」（司法研修所）28頁，29頁，44頁，45頁，102頁及び104頁も参照されたい。

第2　財産の管理者の選任等（第1類型の審判前の保全処分）

【遺産管理者の選任等の審判書の参考例】

> 平成〇〇年（家ロ）第〇〇号　遺産管理者の選任等申立事件
> （本案　平成〇〇年（家）第〇〇号　遺産の分割の審判事件）
> 　　　　　　　　　　審　　　判
> 　　住所　〇〇県〇〇市〇〇町〇丁目〇番〇号
> 　　　　申　立　人　　〇　〇　〇　〇
> 　　住所　〇〇県〇〇市〇〇町〇丁目〇番〇号
> 　　　　相　手　方　　〇　〇　〇　〇
> 　　本籍　〇〇県〇〇市〇〇町〇丁目〇番〇号
> 　　最後の住所　〇〇県〇〇市〇〇町〇丁目〇番〇号
> 　　　　被相続人　　　〇　〇　〇　〇
> 　　　　　　　　　　　　平成〇〇年〇月〇日死亡
> 　上記申立人からの遺産管理者の選任等申立事件について，当裁判所はその申立てを相当と認め，次のとおり審判する。
> 　　　　　　　　　　主　　　文
> 1　被相続人〇〇〇〇の遺産管理者として，
> 　　住　所　〇〇県〇〇市〇〇町〇丁目〇番〇号※1
> 　　事務所　〇〇県〇〇市〇〇町〇丁目〇番〇号
> 　　弁護士　〇〇〇〇
> 　を選任する。
> 2　遺産管理者らに対し，次の事項を指示する。
> 　(1)　遺産管理者は，別紙目録記載の土地上の有料駐車場につきその管理（賃貸借契約の締結，解除，賃料の収受，保管，必要経費の支出を含む。）をすること。
> 　(2)　当事者全員は，遺産管理者の上記(1)の管理行為に協力し，管理行為の妨げとなるような一切の行為をしないこと。
> 3　手続費用は〇〇の負担とする。※2
> 　　　　　　平成〇〇年〇月〇日
> 　　　　　　　〇〇家庭裁判所
> 　　　　　　　　裁判官　〇　〇　〇　〇　㊞
>
> （別紙目録省略）
> 　※1　遺産管理者の職務として不動産の売却等の処分が予定されている場合には，登記手続等のため，遺産管理者の住民票上の住所の記載が必要となることがある。また，実際に不動産を処分する場合には，別途，家庭裁判所の権限外行為許可（法200条3項，民法28条）が必要となる。
> 　※2　審判前の保全処分も「事件を完結する裁判」であるため（逐条92頁参照），手続費用の負担の裁判をする必要がある（法29条1項）。

　事件の関係人に対する財産の管理に関する事項の指示については，前記の審判書の参考例の主文2項のように，その指示の具体的内容としては，遺産管理者や

事件の関係人に対して，具体的な管理方法や遺産管理者の管理行為への協力等を指示する場合等が考えられるが，この指示は，強制執行に親しまない性質のもので，勧告的効力を有するにとどまるものである。ここでいう「事件の関係人」とは，本案である遺産の分割の審判事件における当事者のみならず，例えば，管理の対象となっている遺産の一部である土地の隣に居住する者など，保全処分の内容について特に法的な利害関係を有すると評価することができない者であっても，必要な保全処分の内容に関し一定の関係を有する者は，これに当たると解されている（逐条632頁及び「別冊法学セミナーno.225 新基本法コンメンタール人事訴訟法・家事事件手続法」（日本評論社）449頁参照）。

カ 審判の告知

審判前の保全処分の審判の告知については，法109条2項により法74条2項ただし書の規定の適用が除外されており，審判を受ける者に告知することによって効力を生ずることになるほかは，本案の審判の告知に関する規律と同様の規律による。

したがって，遺産管理者の選任等の審判（申立てを認容する審判）は，当事者及び利害関係参加人，遺産管理者となるべき者に告知する必要があり（法74条1項），審判を受ける者である遺産管理者となるべき者に告知することによって当該審判の効力が生じる（同条2項本文）。また，事件の関係人に対して財産の管理に関する事項を指示した場合は，当該事件の関係人に対しても告知することとなる（上原裕之，髙山浩平，長秀之編著「リーガル・プログレッシブ・シリーズ遺産分割〔改訂版〕」（青林書院）458頁参照）。

なお，申立てを却下する審判は，申立人に告知することによってその効力を生ずる（法74条3項）。

おって，申立てを認容する審判及び却下する審判のいずれについても即時抗告をすることができない（法110条）ことから，審判書謄本を普通郵便で送付する等の相当と認める方法で告知する（法74条1項）。

キ 遺産管理者の選任後の職務等

法200条1項の規定により選任された遺産管理者については，同条3項において，法125条1項から6項までの規定及び民法27条から29条まで（同法27条2項を除く。）の規定が準用されている。

家庭裁判所は，遺産管理者に財産の状況の報告及び管理の計算を命ずることができ（法200条3項，125条2項），この報告及び計算に要する費用は，管理に係る遺産から支弁するものとしている（法200条3項，125条3項）。家庭裁判所は，遺産管理者に遺産の管理及び返還について相当の担保を立てさせることができ（法200条3項，民法29条1項），また，その提供した担保の増減，変更又は免除を命ずることができる（法200条3項，125条4項）。遺産管理者の不動産又は船舶の上に抵当権の設定を命ずる審判が効力を生じたときは，書記官は，その設定の登記を嘱託しなければならない（設定した抵当権の変更又は消滅の登記についても，同様である。）（法200条3項，125条5項，規104条，83条）。遺産管理者の権限は，原則として，民法103条に規定する保存行為及び管理行為

第2　財産の管理者の選任等（第1類型の審判前の保全処分）

に限定されており（法200条3項，民法28条），その職務は，管理すべき財産の目録の作成及び提出（法200条3項，民法27条1項，規104条，82条），家庭裁判所が必要と認めて命じた財産の保存に必要な処分（法200条3項，民法27条3項）等であり，遺産管理者は，必要に応じて権限外行為許可（法200条3項，民法28条）及び報酬付与（法200条3項，民法29条2項）の申立てをすることができる。遺産管理者の注意義務，受取物の引渡し等，金銭の消費についての責任，費用等の償還請求等については，民法644条，646条，647条及び650条の規定が準用される（法200条3項，125条6項）。

　　なお，家庭裁判所は，いつでも遺産管理者を改任することができる（法200条3項，125条1項）。この改任の手続については，平成27年度書記官実務研究の第2編の第2章の第1の15の(2)（207頁）を，適宜，遺産管理者の改任の手続の場合に読み替えた上で参照されたい。

ク　遺産管理者の選任等の保全処分の効力の終期

　　次の(ｱ)から(ｴ)までの事由があった場合に遺産管理者の選任等の保全処分の効力は消滅する。

(ｱ)　本案審判の効力発生及び取下げの場合

　　a　遺産管理者の選任等の保全処分の効力の終期は，本案の遺産の分割の申立てについての審判が効力を生ずるまでと規定されている（法200条1項）。これは，遺産の分割の審判が効力を生ずればその審判内容に従った財産の管理が開始されるはずであるし，遺産の分割の申立てが却下された場合には，当該申立てのための財産の管理の必要性はなくなったものと認められるからである。なお，遺産の分割の申立てが却下された場合には，申立てを却下する審判は申立人への告知により直ちに効力を生ずるから（法74条3項），遺産管理者の選任等の保全処分もその時に失効する。遺産の分割の申立てを却下する審判に対して即時抗告がされた場合であっても，既に保全処分は失効しているから，遺産管理者の選任等を求める必要があれば，改めて保全処分の申立てをするか，裁判所の職権発動を促すほかはない（逐条632頁及び633頁参照）。

　　b　本案の遺産の分割の審判の申立てが取り下げられた場合も，遺産管理者の選任等の保全処分の効力は消滅する（上原裕之，髙山浩平，長秀之編著「リーガル・プログレッシブ・シリーズ遺産分割〔改訂版〕」（青林書院）459頁参照）。

(ｲ)　申立ての取下げ

　　審判前の保全処分の申立ては，審判前の保全処分があった後であっても，その全部又は一部を取り下げることができる（法106条4項）。これは，審判前の保全処分は，飽くまで本案の審判がされるまでの暫定的な処分である以上，その後の事情変更により保全の必要性が失われるに至った場合には速やかに原状に戻すのが相当であるからである。

　　なお，審判前の保全処分は，その本案が別表第二審判事件であっても，別表第二に掲げる事項になるわけではない。したがって，法82条2項の適用はな

く，別表第二審判事件を本案とする審判前の保全処分がされた後に当該審判前の保全処分の申立てを取り下げる場合であっても，相手方の同意を要しない（逐条348頁及び349頁参照）。
　㋒　調停成立，付調停後の調停成立及び調停に代わる審判の確定
　　これらの場合も，成立した調停及び確定した調停に代わる審判の内容に従った財産の管理が開始されることになるので，前記㋐と同様に当然に遺産管理者の選任等の保全処分の効力は消滅する（上原裕之，髙山浩平，長秀之編著「リーガル・プログレッシブ・シリーズ遺産分割〔改訂版〕」（青林書院）459頁参照）。
　㋓　審判前の保全処分の取消し
　　審判前の保全処分の取消し（法112条）の手続については，平成27年度書記官実務研究の第2編の第1章の第8の2（129頁）と同様であるため参照されたい。
ケ　遺産管理者の任務終了後の措置
　遺産管理者は，任務終了後の措置として，管理計算を行い，審判によって遺産を取得すべき者に管理していた遺産を引き渡すことになる（法200条3項，125条6項，民法646条）。相続開始後の遺産から生じた賃料等の法定果実について遺産の分割の審判において分割対象とはされずにその取得者が決まらなかった場合には，法定相続分に応じて共同相続人に分配し，また，本案の遺産の分割の審判の申立てが取り下げられた場合には，管理財産のうち，分配できるものは法定相続分に従って分配し，分配できないものは相続人の誰かに引き渡せばよいと解すべきであるとされている（上原裕之，髙山浩平，長秀之編著「リーガル・プログレッシブ・シリーズ遺産分割〔改訂版〕」（青林書院）458頁及び459頁参照）。

(2)　**遺産管理者の権限外行為許可の申立て（法200条3項，民法28条）**
　遺産管理者は，法200条3項により民法28条の規定が準用されている結果，原則として，民法103条に規定する権限を有する。当該権限の内容の詳細については，司法研修所編「遺産分割事件の処理をめぐる諸問題」（法曹会）351頁～354頁を参照されたい。
　遺産管理者はこの権限外の行為をする必要がある場合には，権限外行為許可の申立て（法200条3項，民法28条）をする必要がある。その手続については，不在者財産管理人の権限外行為許可の申立ての手続の場合と同様（ただし，立件基準は「申立書」（受付分配通達別表第5の11の(6)）であり，記録符号は「家ロ」である。）であるため，平成27年度書記官実務研究の第2編の第2章の第4の2（354頁）を，適宜，遺産管理者の権限外行為許可の申立ての手続の場合に読み替えた上で参照されたい。

(3)　**遺産管理者に対する報酬付与の申立て（法200条3項，民法29条2項）**
　遺産管理者に対する報酬付与の申立ての手続については，不在者財産管理人に対する報酬付与の申立ての手続の場合と同様（ただし，立件基準は「申立書」（受付分配通達別表第5の11の(7)）であり，記録符号は「家ロ」である。）であるため，平成27年度書記官実務研究の第2編の第2章の第4の3（359頁）を，適宜，遺

第3 本人の職務執行停止又は職務代行者の選任（第3類型の審判前の保全処分）

産管理者に対する報酬付与の申立ての手続の場合に読み替えた上で参照されたい。

第3 本人の職務執行停止又は職務代行者の選任（第3類型の審判前の保全処分）
1 概説

別表第二審判事件を本案とする第3類型の審判前の保全処分の申立てには，親権者の指定又は変更の審判事件を本案とする親権者の職務執行停止の申立て及び親権者の職務代行者選任の申立て（法175条3項）がある。

家庭裁判所は，親権者の指定又は変更の審判又は調停の申立てがあった場合において，子の利益のため必要があるときは，当該申立てをした者の申立てにより，親権者の指定又は変更の申立てについての審判が効力を生ずるまでの間，親権者の職務の執行を停止し，又はその職務代行者を選任することができる。次項では，これらの手続における書記官事務を記載する。

2 親権者の指定又は変更の審判事件を本案とする親権者の職務執行停止及び職務代行者の選任の手続
(1) **申立て**
ア 管轄

本案の親権者の指定又は変更の審判事件（親権者の指定又は変更の調停の申立てがあった場合にあっては，親権者の指定又は変更の調停事件）が係属する家庭裁判所（法105条1項）。

なお，本案の親権者の指定又は変更の審判事件が高等裁判所に係属する場合には，その高等裁判所（法105条2項）。

イ 申立人

本案である親権者の指定又は変更の審判又は調停の申立人（法175条3項）

(2) **申立書類の受付及び審査等**
ア 申立費用
(ｱ) 申立手数料
不要
(ｲ) 郵便切手

この郵便切手は，審判の告知等に要する費用であり（民訴費用法11条1項1号），郵便切手で予納する（民訴費用法13条）。申立時に必要な郵便切手の券種及び枚数は，申立先の各家庭裁判所の実務上の運用によって異なる。

イ 申立書

申立ては，申立書を家庭裁判所に提出してしなければならない（法49条1項）。この申立書の記載事項等については，前記第2の2の(1)のイの(ｲ)（374頁）と同様であるため参照されたい。

なお，親権者の職務執行停止及び職務代行者選任の申立ての趣旨については，「未成年者○○の親権者○○の職務の執行を停止すること。」及び「当該親権者の職務代行者を選任すること。」が明示されていれば，申立人の求める処分の具体的内容が明示されているといえる。

また，申立書に職務代行者の候補者が記載されることがあるが，誰を職務代行

第6章　別表第二審判手続に関する書記官事務

者に選任するかについては，家庭裁判所の裁量に委ねられている。
　おって，親権者の職務執行停止及び職務代行者選任の要件である「子の利益のため必要がある」（法175条3項）とは，典型的には，父母による子への虐待等が重大で，子の現在の状況に危険があって暫定的にそれを除去する必要がある（本案の判断を待っていては，子の利益が害されることが懸念される）ような場合が想定される（逐条573頁及び568頁参照）。

　ウ　附属書類（添付書類）
　　前記第2の2の(1)のイの(ウ)の①及び②（375頁）と同様であるため参照されたい。
　　なお，親権者の職務執行停止及びその職務代行者を選任する審判前の保全処分の効力が生じた場合は，戸籍の記載の嘱託が必要となる（法116条2号，規76条2項2号）。当該戸籍の記載の嘱託では，職務代行者の戸籍の表示を記載する必要がある（規76条3項1号）ので，職務代行者の候補者の戸籍全部事項証明書（戸籍謄本）等の提出を求める。

(3) **立件基準（事件番号の付け方の基準）**
　申立書（受付分配通達別表第5の11の(8)，家事雑事件（記録符号（家ロ））

(4) **審理**
　親権者の職務執行停止及び職務代行者選任の事件においては，本案認容の蓋然性及び保全の必要性について審理される。その留意事項等については，次のアからウまでのとおりである。
　なお，その他の審理に関する一般的な事項については，本章の第5節（404頁）（第2及び第10並びに別表第二審判事件に特有の事項は除く。）と同様であるため参照されたい。

　ア　審理方針についての認識の共有
　　事件の配布を受けた事件担当書記官は，速やかに申立書の審査（本章の第2節の第5の1（356頁）（別表第二審判事件に特有の事項は除く。）参照）を行い，調査官による手続選別（インテーク）を経た上で，裁判官に記録を提出し，裁判官の指示に基づいて，裁判官，調査官及び事件担当書記官の三者で協議する場を設ける等し，申立書等の写しの相手方への送付の要否，審問の実施の予定，審問を実施する場合の審問期日の指定の時期（本案の審判期日と同時に並行して進めるか等），調査官による調査の要否や調査官による調査が行われる場合の調査事項，調査の段取り，調査期間，調査報告書の提出時期等の基本的な審理方針を確認し（本案である親権者の指定又は変更についての家事調停事件が係属している場合には，当該家事調停事件についても調停の運営等の方針を確認するため，裁判官の指示に基づき，調停委員会の評議の場を設ける場合もある。），当該審理方針に従って必要な事務を行う。

　イ　事実の調査等
　　前記第2の2の(1)のエの(イ)（376頁）と同様であるため，適宜，親権者の職務執行停止及び職務代行者選任の申立ての手続の場合に読み替えた上で参照されたい。

　ウ　審問等
　　親権者の職務執行停止及び職務代行者選任の事件は，「仮の地位を定める仮処

第3 本人の職務執行停止又は職務代行者の選任（第3類型の審判前の保全処分）

分」（その意義については，後記第4の4の(1)（399頁）参照）であるので（逐条573頁及び568頁参照），原則として，審判を受ける者となるべき者の陳述を聴かなければすることができない（法107条本文）。親権者の職務執行停止の事件の審判を受ける者となるべき者は，職務の執行を停止される親権者であり，親権者の職務代行者選任の事件の審判を受ける者となるべき者は，職務代行者に選任される者（職務代行者の候補者）であるので，両事件が申し立てられている場合には，それぞれの陳述を聴取しなければならない。

　本案の審判事件の手続においては当該審判を受ける者となるべき者の陳述の聴取が必要的とされているか否かを問わず，審判前の保全処分において当該陳述の聴取が必要的とされているのは，①仮の地位を定める仮処分が将来の本案の執行を現段階で保全することを目的とするものではないこと，②本案よりも簡易迅速な手続により自己に関係する法律関係が形成されることとなる者の手続保障を図る必要があることによるものであるが，審判前の保全処分の手続における緊急性及び暫定性に鑑みれば，仮の地位を定める仮処分について，その審判を受ける者となるべき者の手続保障として陳述の聴取を行うことが必要であるとしても，それをどのように行うか（審問の期日で行うこととするか，書面によることで足りるものとするか等）は，事案に応じて裁判所の適正な裁量に委ねるのが相当であるとされている（逐条349頁及び350頁参照）。

　したがって，事件担当書記官は，親権者の職務執行停止及び職務代行者選任の申立てがあったときに裁判官，調査官及び事件担当書記官の三者で協議して確認した審理方針（前記ア参照）に従い，審問の実施に関する事務（審問の期日の指定，当該期日の呼出しに関する事務等）又は審問以外の方法による陳述聴取に関する事務（書面照会や，調査官による調査で陳述聴取を行う場合における調査命令発令に伴う事務等）を速やかに行う。

　なお，調書の作成については，前記第2の2の(1)のエの(ｳ)（376頁）と同様であるため参照されたい。

　おって，裁判官がこの陳述聴取を行うことによって，保全処分の目的を達することができない事情があると判断した場合には，陳述聴取が行われないこともある（法107条ただし書）。

(5) **審判**

　審判前の保全処分の申立てが手続要件を充足し，保全処分を求める事由につき疎明がされたとき（法109条1項）は（担保を立てることを命じた場合には，担保提供があったことを確認した後[385]），申立てを認容する審判がされる。

　なお，親権者の職務代行者を選任する場合には，誰を職務代行者に選任するかは家庭裁判所の裁量による。本案である親権者の指定又は変更の審判事件の認容の蓋

385　法115条が準用する民事保全法14条の規定により，審判前の保全処分の審判をするに当たっては，担保を立てさせることが可能ではあるが，親権者の職務執行停止又は職務代行者選任については，後見的な要請からされる処分であることから，担保を立てさせることは考えにくいとされている（昭和56年3月家庭裁判資料第121号「改正民法及び家事審判法規に関する執務資料」（最高裁判所事務総局）106頁参照）。

第6章　別表第二審判手続に関する書記官事務

然性が必要とされることに鑑みると，本案事件の申立人を選任する場合が多いと考えられるが，裁判官の指示により弁護士等の第三者を選任する場合には，各家庭裁判所の実情に応じて，弁護士会等に推薦依頼をするなどの事務を行う。

　おって，認容審判の審判書の例は，家事審判法（旧法）時の資料であるが，平成8年3月家庭裁判資料第166号「改訂家事審判書集」（最高裁判所事務総局）436頁～438頁が参考になるため，参照されたい。

(6) **審判の告知**

　ア　認容審判の告知

　　(ｱ)　申立人に対する告知

　　　　申立人が即時抗告権者に該当する場合には当該即時抗告期間の起算日を明確にするため，また，審判の告知を受ける者でない者による即時抗告期間の起算日を明確にするために，審判書謄本を送達する方法により告知するのが相当である。

　　(ｲ)　利害関係参加人に対する告知

　　　　利害関係参加人がいる場合には，その者にも告知するが，その者が即時抗告権者に該当する場合には，審判書謄本を送達する方法により告知するのが相当であり，それ以外の場合には，審判書謄本を普通郵便で送付する方法により告知することで足りる。

　　(ｳ)　職務の執行を停止される親権者（相手方），子に対し親権を行う者又は選任された職務代行者に対する告知

　　　　親権者の職務執行停止の審判の効力は，職務の執行を停止される親権者（相手方），子に対し親権を行う者又は選任した職務代行者のいずれか1名に告知することによって効力を生ずる（効力発生日は，告知を受けた者のうち，最も早く告知を受けた者が告知を受けた日）（法175条4項）（逐条573頁，569頁及び570頁参照）。また，職務代行者選任の審判の効力は，審判を受ける者である選任された職務代行者に告知することによって効力を生ずる（法74条2項本文）。これらの審判の効力が生じたときは，戸籍記載の嘱託を要する（法116条2号，規76条2項2号）ので，戸籍記載の嘱託書に記載する戸籍記載の原因が生じた日を明確にし，かつ，親権者の職務執行停止の認容審判に対する即時抗告期間の起算日を明確にするため，職務の執行を停止される親権者，子に対し親権を行う者又は選任した職務代行者に対する告知は審判書謄本を送達する方法によるのが相当である。

　イ　却下審判の告知

　　　申立てを却下する審判は，当事者及び利害関係参加人に告知する（法74条1項）。申立人は，親権者の職務執行停止の申立てを却下する審判については即時抗告をすることができる（法110条1項）ので，即時抗告期間の起算日を明確にするため，申立人に対する告知は審判書謄本を送達する方法によるのが相当である。

(7) **戸籍記載の嘱託**

　　親権者の職務執行停止の審判及び職務代行者選任の審判の効力が生じたときは，

第3 本人の職務執行停止又は職務代行者の選任（第3類型の審判前の保全処分）

事件担当書記官は，遅滞なく，戸籍記載の嘱託をしなければならない（法116条2号，規76条2項2号）。この戸籍記載の嘱託の手続については，規76条の規定に基づき，平成24年11月22日付け最高裁家一第004237号家庭局長，総務局長通達「戸籍記載の嘱託手続について」に定められており，当該通達の別紙様式第3の戸籍記載嘱託書に当該通達所定の事項を記載し，同条4項が規定する戸籍の記載の原因を証する書面（当該保全処分の審判書の謄本）を添付して，戸籍の記載に係る未成年者の本籍地の戸籍事務を管掌する者に対して戸籍記載の嘱託を行う。

この戸籍記載嘱託書の詳細な記入要領については，同日付け最高裁家庭局第一課長，総務局第三課長事務連絡の添付資料「戸籍記載の嘱託手続通達の概要等」（平成25年3月家庭裁判資料第197号「家事事件手続法執務資料」（最高裁判所事務総局）127頁～139頁）を参照されたい。

(8) **即時抗告**
　ア　親権者の職務執行停止の認容審判に対する即時抗告
　　(ア)　即時抗告権者
　　　　本案の親権者の指定又は変更の申立てを認容する審判に対して即時抗告権を有する者，すなわち，子の父母及び子の監護者（法110条2項，172条1項10号）である。
　　(イ)　即時抗告期間（法86条）
　　　　審判の告知を受ける者が即時抗告をする場合には，その者が審判の告知を受けた日から2週間。
　　　　審判の告知を受ける者でない者が即時抗告をする場合には，申立人が審判の告知を受けた日（2以上あるときは，当該日のうち最も遅い日）から2週間。
　イ　親権者の職務執行停止の却下審判に対する即時抗告
　　(ア)　即時抗告権者
　　　　申立人（法110条1項）
　　(イ)　即時抗告期間（法86条）
　　　　申立人が審判の告知を受けた日から2週間。
　ウ　親権者の職務代行者選任の審判に対する即時抗告の可否
　　　認容審判及び却下審判のいずれについても即時抗告をすることはできない（法110条）。

(9) **即時抗告がされた場合の手続**
　　本編の第7章の第2節の第3（450頁）を参照されたい。

(10) **審判前の保全処分に対する即時抗告に伴う執行停止等の申立て**
　　審判前の保全処分に対する即時抗告に伴う執行停止等の申立て（法111条）に関する手続については，本編の第7章の第2節の第3の1の(5)（452頁）及び2の(4)（453頁）と同様であるため参照されたい。

(11) **親権者の職務執行停止の効果及び親権者の職務代行者の権限等**
　ア　親権者の職務執行停止の効果
　　　親権者の職務執行停止の審判があった場合は，職務執行停止の審判を受けた当該親権者は，保全処分の申立人との関係にとどまらず第三者との関係においても

- 387 -

第6章　別表第二審判手続に関する書記官事務

絶対的に親権等の行使が停止される（逐条573頁及び569頁並びに昭和56年3月家庭裁判資料第121号「改正民法及び家事審判法規に関する執務資料」（最高裁判所事務総局）82頁参照）。

　イ　親権者の職務代行者の権限等

職務代行者は，職務執行停止の審判を受けた当該親権者と同一の地位を有することとなる（逐条573頁及び569頁並びに昭和56年3月家庭裁判資料第121号「改正民法及び家事審判法規に関する執務資料」（最高裁判所事務総局）82頁参照）。

(12)　**親権者の職務代行者の改任**

家庭裁判所は，いつでも，法175条3項の規定により選任した親権者の職務代行者を改任することができる（同条5項）。職務代行者が自ら辞任することは認められていない。したがって，辞任しようとする者は，職務代行者の改任の審判を求めて家庭裁判所の職権発動を促すことになる（逐条573頁及び570頁参照）。この親権者の職務代行者の改任の手続については，平成27年度書記官実務研究の第2編の第2章の第8の6の(5)のイ（474頁）と同様であるため，適宜，法175条5項の規定による親権者の職務代行者の改任の手続の場合に読み替えた上で参照されたい。

なお，親権者の職務代行者の改任の審判の効力発生後の戸籍記載の嘱託（法116条2号，規76条2項2号）の手続については，前記(7)（386頁）と同様であるため参照されたい。

(13)　**親権者の職務代行者への報酬付与**

家庭裁判所は，親権者の職務代行者（改任した職務代行者を含む。）に対し，子の財産の中から，相当な報酬を与えることができる（法175条6項）。この親権者の職務代行者への報酬付与の手続については，平成27年度書記官実務研究の第2編の第2章の第1の19の(5)のエ（226頁）及び同章の第1の13（200頁）と同様であるため，適宜，親権者の職務代行者への報酬付与の手続の場合に読み替えた上で参照されたい。

(14)　**親権者の職務執行停止及び職務代行者選任の保全処分の効力の終期**

親権者の職務執行停止及び職務代行者選任の保全処分は，本案である親権者の指定又は変更の申立てについての審判が効力を生ずるまで効力を有するものと規定されている（法175条3項）。具体的には，次のアからエまでの事由があった場合に親権者の職務執行停止及び職務代行者選任の保全処分の効力は消滅することとなる。

なお，親権者の職務執行停止及び職務代行者選任の保全処分が効力を失った場合には，事件担当書記官は，遅滞なく，戸籍記載の嘱託をする必要がある（法116条2号，規76条2項2号）。この戸籍記載の嘱託の手続については，前記(7)（386頁）と同様であるため参照されたい。

　ア　本案審判の効力発生及び取下げの場合

　　　a　親権者の職務執行停止及び職務代行者選任の保全処分は，本案である親権者の指定又は変更の申立てについての審判の効力発生により，当然に効力を失うため，改めて取消しの審判をする必要はない。

また，本案の申立てを却下する審判がされたときは，申立人への告知により

第4　仮差押え，仮処分その他の必要な保全処分（第4類型の審判前の保全処分）

その効力を生ずるから（法74条3項），当該保全処分もそのときに失効する。本案の申立てを却下する審判に対して即時抗告がされた場合にも，既に保全処分は失効しているから，親権者の職務執行停止及び職務代行者選任を求める必要があれば，改めてこれらの保全処分の申立てをすることになろう（逐条355頁，573頁及び569頁参照）。
　　　b　本案の申立てが取り下げられた場合も，親権者の職務執行停止及び職務代行者選任の保全処分の効力は当然に消滅すると解されている（逐条573頁及び569頁参照）。
　　イ　申立ての取下げ
　　　前記第2の2の(1)のク(イ)（381頁）と同様であるため参照されたい。
　　ウ　調停成立，付調停後の調停成立及び調停に代わる審判の確定
　　　これらの場合も，親権者の職務執行停止及び職務代行者選任の保全処分の効力は当然に消滅すると解されている（逐条573頁及び569頁参照）。
　　エ　審判前の保全処分の取消し
　　　審判前の保全処分の取消し（法112条）の手続については，平成27年度書記官実務研究の第2編の第1章の第8の2（129頁）と同様であるため参照されたい。

第4　仮差押え，仮処分その他の必要な保全処分（第4類型の審判前の保全処分）

1　概説

別表第二審判事件を本案とする第4類型の審判前の保全処分として認められているものは，前記第1の5の【別表第二審判事件を本案とする審判前の保全処分に関する事件一覧表】（372頁）のとおりである。第4類型の審判前の保全処分では，仮差押え，仮処分その他の必要な保全処分を命ずることができ（法105条1項），そのうち仮処分については，係争物に関する仮処分（法115条，民事保全法23条1項）と仮の地位を定める仮処分（法115条，民事保全法23条2項）の2種類がある。

そこで，次の2から4までにおいて，仮差押え，係争物に関する仮処分，仮の地位を定める仮処分について，具体的な事件を例に挙げて，これらの手続における書記官事務について記載する。

なお，この第4では飽くまで一部の事件類型における具体的な書記官事務の例を示すにとどまるため，当然ながら，裁判官の審理の方針，事案ごとの個別の事情等の実情に応じて取扱いが異なる場合もある。

おって，審判前の保全処分については，法115条において民事保全法の一部の規定が，規75条3項において民事保全規則の一部の規定がそれぞれ準用されており，また，その執行及び効力については，民事保全法その他の仮差押え及び仮処分の執行及び効力に関する法令の規定に従う（法109条3項）とされている。したがって，民事保全に関する書記官事務が参考となるため，本節で引用している箇所以外でも，適宜，平成18年10月研修教材第16号「民事保全実務講義案（改訂版）」（裁判所職員総合研修所）の該当箇所を参照されたい。

第6章　別表第二審判手続に関する書記官事務

2　仮差押えの申立て（財産の分与に関する処分の審判事件を本案とする場合[386]（法157条1項4号））

(1) 概説

　　家庭裁判所（法105条2項の場合にあっては，高等裁判所）は，財産の分与に関する処分についての審判又は調停の申立てがあった場合において，強制執行を保全する等のため必要があるときは，当該申立てをした者の申立てにより，財産の分与に関する処分についての審判を本案とする仮差押えの保全処分を命ずることができる（法157条1項4号）。

　　この第4の2では，離婚に伴う財産分与請求権を被保全権利として，相手方（債務者）が銀行（第三債務者）に対して有する預金債権を仮差押えする場合等，実務上比較的例が多いと考えられる債権の仮差押えの手続を例にして，その具体的な書記官事務を記載する。

(2) 申立て

ア　管轄

　　本案の財産の分与に関する処分の審判事件（財産の分与に関する処分の調停の申立てがあった場合にあっては，財産の分与に関する処分の調停事件）が係属する家庭裁判所（法105条1項）。

　　なお，本案の財産の分与に関する処分の審判事件が高等裁判所に係属する場合には，その高等裁判所（法105条2項）。

イ　申立人

　　本案である財産の分与に関する処分の審判又は調停の申立人（法157条1項4号）

(3) 申立書類の受付及び審査等

ア　申立費用

(ア)　申立手数料

　　1,000円（収入印紙）（民訴費用法3条1項別表第一の一六の項のイ）

(イ)　郵便切手

　　この郵便切手は，審判の告知等に要する費用であり（民訴費用法11条1項1号），郵便切手で予納する（民訴費用法13条）。申立時に必要な郵便切手の券種及び枚数は，申立先の各家庭裁判所の実務上の運用によって異なる。

イ　申立書

　　申立ては，申立書を家庭裁判所に提出してしなければならない（法49条1

---

[386] 離婚調停の申立てと併せて財産分与の審判の申立てがあった場合に財産分与請求権を保全するための保全処分をすることができるかという問題がある。家事審判手続においては，離婚前に財産分与請求権について審判することは許されず，離婚後においてのみ審理判断することができるものとされているから，離婚前にされた財産分与の審判の申立ては不適法と考えられ，財産分与請求権保全のための保全処分はなし得ないものと考えられる。この意味において，財産分与請求権を保全する仮差押え及び仮処分については，離婚前にあっては人事訴訟手続によって，離婚後にあっては家事審判手続によってなされるものということになり，手続は明確に区別されていると言うことができる（昭和56年3月家庭裁判資料第121号「改正民法及び家事審判法規に関する執務資料」（最高裁判所事務総局）95頁及び96頁参照）。

第4 仮差押え,仮処分その他の必要な保全処分(第4類型の審判前の保全処分)

項)。この申立書の記載事項等については,前記第2の2の(1)のイの(イ)(374頁)と同様であるため参照されたい。ただし,この仮差押えの保全処分については,特に密行性(前記第1の1の(3)(370頁)参照)が重視される保全処分であるため,通常は,前記第2の2の(1)のイの(イ)(374頁)の遺産管理者の選任等の保全処分における取扱い(審理の充実及び円滑な進行の実現を図るために相手方に申立書の写し等を送付して反論等を求めることがあるという取扱い)をすることはない。

なお,仮差押えの保全処分の申立てに当たっては,申立ての趣旨において仮に差し押さえるべき物を特定してしなければならず(規75条3項,民事保全規則19条1項本文),債権の仮差押えにおいては,債権の種類及び額その他の債権を特定するに足りる事項を明らかにしなければならない(規75条3項,民事保全規則19条2項1号)ことから,実務上は,申立書の別紙として,申立債権目録(被保全権利[387]である財産分与請求権について具体的な金額を特定して記載したもの)と仮差押債権目録(預貯金債権等,相手方が第三債務者に対して有している債権を特定して記載したもの)を添付させ,申立ての趣旨を記載させる取扱いである。この申立ての趣旨は,原則として,保全処分の審判の主文に対応するものであることから,前記仮差押債権目録の記載例(被差押債権の表示例)とともに,平成18年10月研修教材第16号「民事保全実務講義案(改訂版)」(裁判所職員総合研修所)の主要保全命令主文例集の2頁~7頁を,適宜,この第4の2の債権の仮差押えの保全処分の手続の場合に読み替えた上で参照されたい。このほか,債権の仮差押えの申立書には,第三債務者の氏名又は名称及び住所並びに法定代理人の氏名及び住所を記載しなければならない(規75条3項,民事保全規則18条1項)。

ウ 附属書類(添付書類)

前記第2の2の(1)のイの(ウ)の①及び②(375頁)と同様であるため参照されたい。

なお,第三債務者が法人である場合には,当該法人及び代表者の資格等の確認のため,実務上,当該法人の登記事項証明書の提出を求めている。

おって,この第4の2の債権の仮差押え以外の仮差押えの申立書については,規75条3項で準用する民事保全規則20条の規定において,仮差押えの対象となる財産に応じて必要な附属書類(添付書類)が規定されているため,留意する必要がある。

(4) **立件基準(事件番号の付け方の基準)**

申立書(受付分配通達別表第5の11の(9),家事雑事件(記録符号(家ロ))

(5) **審理**

債権の仮差押えの事件においては,本案認容の蓋然性及び保全の必要性について審理される。その留意事項については,前記第2の2の(1)のエ(375頁)と同様で

---

[387] 仮差押えにおける被保全権利は金銭債権であり,当該金銭債権は,条件付又は期限付であってもよい(法115条,民事保全法20条)。

第6章 別表第二審判手続に関する書記官事務

あるため[388]，適宜，この第4の2の債権の仮差押えの事件における審理の場合に読み替えた上で参照されたい。

(6) 担保

　法115条が準用する民事保全法14条1項の規定により，審判前の保全処分の審判をする前に，担保を立てさせることが可能である。したがって，裁判官の判断により当該審判をする前に担保を立てさせる場合には，裁判官の指示に基づき，担保を立てることを命じる決定書を起案して裁判官の押印を受け，事件担当書記官は，申立人に対して，当該決定の内容（担保の額及び担保提供期間）を電話等の相当と認める方法により告知し（法81条1項，74条1項），その旨及び告知の方法を記録上明らかにする（規50条4項・3項）。

　この担保を立てることを命じる決定や担保提供の方法等に関する書記官事務については，平成25年11月研修教材第6号「民事実務講義案Ⅱ（四訂再訂版）」（裁判所職員総合研修所）151頁～156頁及び平成18年10月研修教材第16号「民事保全実務講義案（改訂版）」（裁判所職員総合研修所）18頁～28頁に詳細が記載されているため，適宜，この第4の2の債権の仮差押えの事件における担保の場合に読み替えた上で参照されたい。

(7) 審判

　審判前の保全処分の申立てが手続要件を充足し，保全処分を求める事由につき疎明がされたとき（法109条1項）は（前記(6)のとおり担保を立てることを命じた場合には，担保提供があったことを確認した後），申立てを認容する審判がされる。

　なお，仮差押えの審判をした場合には，仮差押えの執行の停止を得るため，又は既にした仮差押えの執行の取消しを得るために債務者が供託すべき金銭（仮差押解放金）の額を定めなければならない（法115条，民事保全法22条）。仮差押解放金の額については，原則として請求債権額の全額を基準として定められるが，目的物価額が請求債権額を明らかに下回るときは目的物価額を基準とする見解が有力であるので，裁判官の指示に従う（平成18年10月研修教材第16号「民事保全実務講義案（改訂版）」（裁判所職員総合研修所）30頁参照）。

　おって，債権に対する仮差押えの執行については，当該仮差押えの審判をした裁判所が保全執行裁判所となり，第三債務者に対し債務者への弁済を禁止する命令を発する方法により行う（法109条3項，民事保全法50条1項・2項）ので，当該仮差押えの審判の主文には仮差押宣言とともに，第三債務者に対する支払禁止が掲げられるのが通常である。

　この債権の仮差押えの審判の主文例については，平成18年10月研修教材第16号「民事保全実務講義案（改訂版）」（裁判所職員総合研修所）の主要保全命令主文例集の2頁～7頁を，適宜，この債権の仮差押えの審判の場合に読み替えた上で参照されたい。また，家事審判法（旧法）時の資料であり，不動産に対する仮差押えの審判例ではあるものの，平成8年3月家庭裁判資料第166号「改訂家事審判書

---

[388] なお，実務上は，密行性（前記第1の1の(3)（370頁）参照）等の観点から債権の仮差押えの事件で相手方（債務者）の審問が行われる事案は少ないものと考えられる。

第4　仮差押え，仮処分その他の必要な保全処分（第4類型の審判前の保全処分）

集」（最高裁判所事務総局）445頁及び446頁も参考になるため，併せて参照されたい。

(8) **審判の告知**

　審判前の保全処分の審判の告知については，法109条2項により法74条2項ただし書の規定の適用が除外されているほかは本案の審判の告知に関する規律と同様の規律によるので，債権の仮差押えの審判は，当事者及び利害関係参加人に相当と認める方法で告知する（法74条1項）。後記(10)の即時抗告期間の起算日（法86条2項）を明確にするため，また，後記(9)の保全処分の執行（法109条3項，民事保全法43条1項参照）も考慮すると，審判書正本を送達する方法により告知するのが相当である。

　審判前の保全処分は，緊急性や迅速性の要請から，審判の確定を待たずに，審判を受ける者（審判を受ける者が数人あるときは，そのうちの一人）に告知することによってその効力を生ずる（法109条2項，74条2項本文）。

(9) **保全処分の執行**

　審判前の保全処分でその内容が強制執行に親しむもの，すなわち，第4類型の保全処分のうち，金銭の支払，物の引渡し，登記義務の履行その他の給付を命ずるものや，不動産について仮差押え又は処分禁止の仮処分を命ずるもの等の保全処分の執行については，審判を受ける者（債務者）に保全処分を認識され，当該執行の目的を達することができなくなるのを防ぐために，審判を受ける者（債務者）への告知前であっても，民事保全法等の規定に従いすることができる（法109条3項，民事保全法43条3項）（逐条353頁参照）。

　また，債権の仮差押えの保全処分の申立てには，その保全処分に基づく執行の申立ても併せて行われているものと解されるし，債権の仮差押えの保全処分が発せられたときに保全執行裁判所として行う執行の内容も一義的に明らかであることから，改めて執行の申立書を提出することは不要である（平成18年10月研修教材第16号「民事保全実務講義案（改訂版）」（裁判所職員総合研修所）45頁参照）。

　このようなことから，債権の仮差押えの審判は，まず，当該審判書正本を第三債務者及び債権者に送達し，第三債務者に対する送達[389]により仮差押えの効力を発生させた後（法109条3項，民事保全法50条5項，民執法145条4項）に，債務者に対し当該審判書正本を送達して告知することが通常である。債務者に対する具体的な送達時期については，裁判官と打ち合わせている家庭裁判所もある。

　なお，債権の仮差押えの保全処分の申立ての際に，併せて第三債務者に対する陳述催告の申立てがあった場合（法109条3項，民事保全法50条5項，民執法147条1項）には，第三債務者に当該審判書正本を送達する際に，併せて催告書も送達する。この第三債務者に対する陳述催告の申立てがあった場合の手続については，平成18年10月研修教材第16号「民事保全実務講義案（改訂版）」（裁判所職員総合研修所）46頁及び47頁を，適宜，この第4の2の債権の仮差押えの保全処分の

---

[389] 第三債務者への審判書正本の送達は，飽くまで債権の仮差押えの執行方法としてされるもので，審判前の保全処分の告知ではない。

手続において第三債務者に対する陳述催告の申立てがあった場合に読み替えた上で参照されたい。

おって、債権者に対して当該審判書正本を送達したときは、当該送達がされた日は、保全処分の執行期間（2週間）の始期になる（法109条3項、民事保全法43条2項）。

(10) 即時抗告

ア 認容審判に対する即時抗告

(ア) 即時抗告権者

本案の財産の分与に関する処分の申立てを認容する審判に対して即時抗告権を有する者，すなわち，夫又は妻であった者（法110条2項，156条5号）である。

(イ) 即時抗告期間（法86条）

それぞれ審判の告知を受けた日から2週間。

イ 却下審判に対する即時抗告

(ア) 即時抗告権者

申立人（法110条1項）

(イ) 即時抗告期間（法86条）

申立人が審判の告知を受けた日から2週間。

(11) 即時抗告がされた場合の手続

本編の第7章の第2節の第3（450頁）を参照されたい。

(12) 審判前の保全処分に対する即時抗告に伴う執行停止等の申立て

審判前の保全処分に対する即時抗告に伴う執行停止等の申立て（法111条）に関する手続については，本編の第7章の第2節の第3の1の(5)（452頁）及び2の(4)（453頁）と同様であるため参照されたい。

(13) 仮差押えの保全処分の終期

第4類型の保全処分の終期については，明文の規定がないので，解釈で補う必要があるが，仮差押えの保全処分に沿った内容の本案の審判が効力を生じた場合には，その性質上，本執行の着手まで当該保全処分の効力が存続すると解すべきであると考えられる。これに対し，当該保全処分に沿わない内容の本案の審判（例えば，申立てを却下する審判）がされた場合については，登記等がされている関係で当該保全処分の効力の有無を明確にすべきであると考えられるから，当該保全処分の取消しの審判がされるまで失効しないとするのが相当であると解されているので，家庭裁判所は，当該保全処分に沿わない内容の本案の審判をする場合には，併せて当該保全処分を職権で取り消すべきであろうとされている（逐条354頁及び昭和56年3月家庭裁判資料第121号「改正民法及び家事審判法規に関する執務資料」（最高裁判所事務総局）90頁参照）。

なお，審判前の保全処分の取消し（法112条）の手続については，平成27年度書記官実務研究の第2編の第1章の第8の2（129頁）と同様であるため参照されたい。

(14) 担保の取消しについて

審判前の保全処分の手続において担保（前記(6)（392頁）参照）を提供させてお

第4　仮差押え，仮処分その他の必要な保全処分（第4類型の審判前の保全処分）

く必要がなくなった場合の担保の取消し（法115条，民事保全法4条2項，民訴法79条）の手続については，平成18年10月研修教材第16号「民事保全実務講義案（改訂版）」71頁～77頁及び平成25年11月研修教材第6号「民事実務講義案Ⅱ（四訂再訂版）」（裁判所職員総合研修所）157頁～164頁を，適宜，この第4の2の債権の仮差押えの保全処分の手続における担保の取消しの場合に読み替えた上で参照されたい。

3　係争物に関する仮処分の申立て（財産の分与に関する処分の審判事件を本案とする場合（法157条1項4号））

(1)　**概説**

　家庭裁判所（法105条2項の場合にあっては，高等裁判所）は，財産の分与に関する処分についての審判又は調停の申立てがあった場合において，強制執行を保全する等のため必要があるときは，当該申立てをした者の申立てにより，財産の分与に関する処分についての審判を本案とする仮処分を命ずることができる（法157条1項4号）。

　仮処分には，係争物に関する仮処分と仮の地位を定める仮処分の2種類がある。この第4の3の係争物に関する仮処分は，特定物に対する給付命令の強制執行を保全しようとするものであり，債務者の目的物に対する法律上の処分を禁止する不作為命令を中核とする処分禁止の仮処分や，目的物の占有の移転を禁止する占有移転禁止の仮処分等がある（平成18年10月研修教材第16号「民事保全実務講義案（改訂版）」（裁判所職員総合研修所）50頁参照）。この第4の3では，離婚に伴う財産分与としての不動産の所有権移転登記請求権を被保全権利として，相手方（債務者）名義の不動産についての処分禁止の仮処分をする場合等，実務上比較的例が多いと考えられる不動産の処分禁止の仮処分の手続を例にして，その具体的な書記官事務を記載する。

(2)　**申立て**

ア　管轄

　本案の財産の分与に関する処分の審判事件（財産の分与に関する処分の調停の申立てがあった場合にあっては，財産の分与に関する処分の調停事件）が係属する家庭裁判所（法105条1項）。

　なお，本案の財産の分与に関する処分の審判事件が高等裁判所に係属する場合には，その高等裁判所（法105条2項）。

イ　申立人

　本案である財産の分与に関する処分の審判又は調停の申立人（法157条1項4号）

(3)　**申立書類の受付及び審査等**

ア　申立費用

(ｱ)　申立手数料

1,000円（収入印紙）（民訴費用法3条1項別表第一の一六の項のイ）

(ｲ)　郵便切手

この郵便切手は，審判の告知等に要する費用であり（民訴費用法11条1項

第6章　別表第二審判手続に関する書記官事務

1号），郵便切手で予納する（民訴費用法13条）。申立時に必要な郵便切手の券種及び枚数は，申立先の各家庭裁判所の実務上の運用によって異なる。

(ウ)　登録免許税

不動産の所有権移転登記請求権を保全するための処分禁止の仮処分の執行は，処分禁止の登記をする方法により行う（法109条3項，民事保全法53条1項）ので，担保を立てさせる場合には，担保提供の証明としての供託書正本等の提示のときまでに，担保を立てさせない場合には遅くとも当該仮処分の審判の前までに，登記嘱託に要する登録免許税を納付させる。

なお，登録免許税は，嘱託登記においても現金納付の方法によるのが原則である（登録免許税法23条1項）ので，申立人（登記を受けようとする者）がその登記に必要な登録免許税の額に相当する現金を，一定の納付書により国に納付し，当該納付に係る領収証書の交付を受けて，裁判所に提出する必要があるが，納付すべき登録免許税の額が3万円以下の場合（同条2項）は，当該登録免許税の額に相当する金額の収入印紙を提出して登録免許税を国に納付することができることから，実務上，収入印紙で提出されることも多い。

おって，登録免許税額の算定方法については，後記⑽（398頁）を参照されたい。

イ　申立書

申立ては，申立書を家庭裁判所に提出してしなければならない（法49条1項）。この申立書の記載事項等については，前記第2の2の⑴のイの(イ)（374頁）と同様であるため参照されたい。ただし，この不動産の処分禁止の仮処分については，特に密行性（前記第1の1の⑶（370頁）参照）が重視される保全処分であるため，通常は，前記第2の2の⑴のイの(イ)（374頁）の遺産管理者の選任等の保全処分における取扱い（審理の充実及び円滑な進行の実現を図るために相手方に申立書の写し等を送付して反論等を求めることがあるという取扱い）をすることはない。

なお，係争物に関する仮処分の申立書においては，実務上，被保全権利の内容を明らかにするほか，申立ての趣旨に仮処分の対象財産及び求める仮処分の態様（処分禁止の仮処分か占有移転禁止の仮処分か等。この第4の3の例では，不動産の処分禁止の仮処分である旨）を明示する必要がある。

ウ　附属書類（添付書類）

前記第2の2の⑴のイの(ウ)の①及び②（375頁）と同様であるため参照されたい。

なお，不動産の処分禁止の仮処分の事件の場合，登録免許税額の算定等のため，処分禁止を求める不動産の当該年度の固定資産評価額の記載のある固定資産評価証明書の提出を求める必要がある（平成18年10月研修教材第16号「民事保全実務講義案（改訂版）」（裁判所職員総合研修所）11頁参照）。

(4)　**立件基準（事件番号の付け方の基準）**

申立書（受付分配通達別表第5の11の⑼，家事雑事件（記録符号（家ロ））

(5)　**審理**

不動産の処分禁止の仮処分の事件においては，本案認容の蓋然性及び保全の必要

第4　仮差押え，仮処分その他の必要な保全処分（第4類型の審判前の保全処分）

性について審理される。その留意事項については，前記第2の2の(1)のエ（375頁）と同様であるため[390]，適宜，この第4の3の不動産の処分禁止の仮処分の事件における審理の場合に読み替えた上で参照されたい。

(6) **担保**

前記2の(6)（392頁）と同様であるため参照されたい。

(7) **審判**

審判前の保全処分の申立てが手続要件を充足し，保全処分を求める事由につき疎明がされたとき（法109条1項）は（担保を立てることを命じた場合には，担保提供があったことを確認した後），申立てを認容する審判がされる。

不動産の処分禁止の仮処分の主文例（基本型）は次のとおりである。この主文例を含む各種仮処分の主文例については，平成18年10月研修教材第16号「民事保全実務講義案（改訂版）」（裁判所職員総合研修所）の主要保全命令主文例集の8頁から22頁までに記載されており，また，家事審判法（旧法）時の資料であるが，平成8年3月家庭裁判資料第166号「改訂家事審判書集」（最高裁判所事務総局）449頁に不動産の処分禁止の仮処分の審判書の例も掲載されているため，適宜，この第4の3の不動産の処分禁止の仮処分の審判の場合に読み替えた上で参照されたい。

【不動産の処分禁止の仮処分の主文例（基本型）】

> 1　相手方は，別紙物件目録記載の不動産について，譲渡並びに質権，抵当権及び賃借権の設定その他一切の処分をしてはならない。
> 2　手続費用は〇〇の負担とする。※
> （別紙物件目録省略）
> ※　審判前の保全処分も「事件を完結する裁判」であるため（逐条92頁参照），手続費用の負担の裁判をする必要がある（法29条1項）。

(8) **審判の告知**

前記2の(8)（393頁）と同様であるため，適宜，この第4の3の不動産の処分禁止の仮処分の審判の告知の場合に読み替えた上で参照されたい。

(9) **保全処分の執行**

審判前の保全処分でその内容が強制執行に親しむもの，すなわち，第4類型の保全処分のうち，金銭の支払，物の引渡し，登記義務の履行その他の給付を命ずるものや，不動産について仮差押え又は処分禁止の仮処分を命ずるもの等の保全処分の執行については，審判を受ける者（債務者）に保全処分を認識され，当該執行の目的を達することができなくなるのを防ぐために，審判を受ける者（債務者）への告知前であっても，民事保全法等の規定に従いすることができる（法109条3項，民事保全法43条3項）（逐条353頁参照）。

このようなことから，不動産の処分禁止の仮処分の審判は，審判後直ちに仮処分

---

[390] なお，実務上は，密行性（前記第1の1の(3)（370頁）参照）等の観点から不動産の処分禁止の仮処分の事件で相手方（債務者）の審問が行われる事案は少ないものと考えられる。

第6章　別表第二審判手続に関する書記官事務

の審判をした裁判所の書記官が当該不動産の所在地を管轄する登記所（法務局等）[391]に登記嘱託を行い（不動産の処分禁止の仮処分の執行については，仮処分の審判をした裁判所が保全執行裁判所となり，書記官が仮処分の登記嘱託を行う（法109条3項，民事保全法53条3項，47条2項・3項）。この登記嘱託の手続については，後記(10)を参照されたい。），登記（保全執行）が完了したことを確認した後に，債務者に当該審判書正本を送達して告知することが通常である。

　なお，債権者に対して当該審判書正本を送達したときは，当該送達がされた日は，保全処分の執行期間（2週間）の始期になる（法109条3項，民事保全法43条2項）。

(10)　**登記嘱託の手続**

　不動産に関する権利についての登記（仮登記を除く。）を請求する権利（登記請求権）を保全するための不動産の処分禁止の仮処分の執行は，処分禁止の登記をする方法により行う（法109条3項，民事保全法53条1項）。登記嘱託については，平成17年6月9日付け最高裁家庭局第一課長，総務局第三課長事務連絡「審判前の保全処分に基づく登記嘱託書の様式について」（家月57巻10号139頁～152頁参照）に従い登記嘱託書を作成して実施する。

　処分禁止の登記の登録免許税額は，不動産仮差押えの場合と同様であり，一定の債権金額があるものはその額が課税標準となるが（登録免許税法9条，同別表第一の一の（五）），この第4の3の不動産の処分禁止の仮処分のように一定の債権金額がない場合には，対象となる不動産の価額（固定資産評価証明書記載の価額）が債権金額とみなされ（登録免許税法11条）[392]，当該価額が課税標準となり，当該課税標準（1,000円未満切捨て，国税通則法118条1項）の1000分の4（100円未満切捨て，国税通則法119条1項）の額が登録免許税額となる。ただし，このようにして算定した金額が1,000円に満たないときは，当該登記に係る登録免許税額は1,000円とされている（登録免許税法19条）。

　なお，固定資産評価額のない不動産の課税標準額については，当該不動産に類似する不動産の固定資産課税台帳に登録された評価額等を基礎として，登記機関が認定した価額とすることとなっている（登録免許税法附則7条，登録免許税法施行令附則3項）ので，具体的な価額については嘱託先の登記所（法務局等）に確認することが望ましい。

　おって，前記登記嘱託後，不動産の処分禁止の仮処分の申立てが取り下げられ，又は当該仮処分の審判の取消しの審判の効力が生じた場合には，保全執行裁判所の書記官は，前記平成17年6月9日付け最高裁家庭局第一課長，総務局第三課長事務連絡に従い当該処分禁止の登記の抹消登記の嘱託を行う（法109条3項，民事保全法53条3項，民執法54条）。

391　不動産登記法6条参照。
392　したがって，この場合は，前記登記嘱託書を登記所（法務局等）に送付するに当たって，対象となる不動産の固定資産評価証明書を添付する必要がある（平成19年1月家庭裁判資料第183号訟廷執務資料第74号「家事書記官事務の手引（改訂版）」（最高裁判所事務総局）164頁参照）。

第4 仮差押え，仮処分その他の必要な保全処分（第4類型の審判前の保全処分）

(11) **即時抗告**
　ア　認容審判に対する即時抗告
　　(ア)　即時抗告権者
　　　　本案の財産の分与に関する処分の申立てを認容する審判に対して即時抗告権を有する者，すなわち，夫又は妻であった者（法110条2項，156条5号）である。
　　(イ)　即時抗告期間（法86条）
　　　　それぞれ審判の告知を受けた日から2週間。
　イ　却下審判に対する即時抗告
　　(ア)　即時抗告権者
　　　　申立人（法110条1項）
　　(イ)　即時抗告期間（法86条）
　　　　申立人が審判の告知を受けた日から2週間。
(12) **即時抗告がされた場合の手続**
　　本編の第7章の第2節の第3（450頁）を参照されたい。
(13) **審判前の保全処分に対する即時抗告に伴う執行停止等の申立て**
　　審判前の保全処分に対する即時抗告に伴う執行停止等の申立て（法111条）に関する手続については，本編の第7章の第2節の第3の1の(5)（452頁）及び2の(4)（453頁）と同様であるため参照されたい。
(14) **係争物に関する仮処分の終期**
　　前記2の(13)（394頁）と同様であるため，適宜，この第4の3の係争物に関する仮処分の終期の場合に読み替えた上で参照されたい。
(15) **担保の取消しについて**
　　審判前の保全処分の手続において担保（前記(6)（397頁）参照）を提供させておく必要がなくなった場合の担保の取消し（法115条，民事保全法4条2項，民訴法79条）の手続については，平成18年10月研修教材第16号「民事保全実務講義案（改訂版）」71頁～77頁及び平成25年11月研修教材第6号「民事実務講義案Ⅱ（四訂再訂版）」（裁判所職員総合研修所）157頁～164頁を，適宜，この第4の3の係争物に関する仮処分の手続における担保の取消しの場合に読み替えた上で参照されたい。

4 **仮の地位を定める仮処分の申立て（子の監護に関する処分（子の引渡し）の審判事件を本案とする場合（法157条1項3号））**
(1) **概説**
　　仮の地位を定める仮処分は，本案の審判事件で問題とされる権利や法律関係についての現在の危険や不安を除去するために本案の審判の効力が生ずるまでの間の暫定的な法律関係を形成するもので，本案の執行の保全を目的としないものであり（逐条349頁参照），例えば，婚姻費用や養育費，扶養料の仮払，子の生活の妨害禁止，子の仮の監護者の指定及び子の仮の引渡し等がある[393]。
　　この第4の4では，この仮の地位を定める仮処分のうち，実務上比較的多くみられる別居中の夫婦間における子の監護に関する処分（子の引渡し）の審判事件を本

案とする仮の地位を定める仮処分（子の引渡しの仮処分）を例にして，具体的な書記官事務を記載する。

なお，別居中の夫婦の一方が子の引渡しを求める場合は，実務上は子の引渡しの仮処分の申立てと併せて子の監護者の指定の仮処分の申立てがされることが多い。

(2) 申立て

ア　管轄

本案の子の監護に関する処分（子の引渡し）（以下，この第4の4において「子の引渡し」という。）の審判事件（子の引渡しの調停の申立てがあった場合にあっては，子の引渡しの調停事件）が係属する家庭裁判所（法105条1項）。

なお，本案の子の引渡しの審判事件が高等裁判所に係属する場合には，その高等裁判所（法105条2項）。

イ　申立人

本案である子の引渡しの審判又は調停の申立人（法157条1項3号）

(3) 申立書類の受付及び審査等

ア　申立費用

(ｱ)　申立手数料

1,000円（収入印紙）（民訴費用法3条1項別表第一の一六の項のイ）。

なお，例えば，一通の申立書で，子一人の事案において子の監護者の指定の仮処分と子の引渡しの仮処分を求める申立てがされた場合は，申立手数料は審判事項ごとに算出する必要があるので，それぞれの申立てについて1,000円（収入印紙）の申立手数料（合計で2,000円（収入印紙）の申立手数料）が必要になる。

(ｲ)　郵便切手

この郵便切手は，審判の告知等に要する費用であり（民訴費用法11条1項1号），郵便切手で予納する（民訴費用法13条）。申立時に必要な郵便切手の券種及び枚数は，申立先の各家庭裁判所の実務上の運用によって異なる。

イ　申立書

申立ては，申立書を家庭裁判所に提出してしなければならない（法49条1項）。この申立書の記載事項等については，前記第2の2の(1)のイの(ｲ)（374頁）と同様であるため参照されたい。

なお，子の引渡しを求める仮処分の申立ての趣旨の記載としては，実務上，「相手方は，申立人に対し，〇〇を仮に引き渡せ。」又は「相手方は，申立人が〇〇を仮に引き取ることを妨害してはならない。」などとすることが一般的である（冨永忠祐編集「〔改訂版〕子の監護をめぐる法律実務」（新日本法規）41頁参照）。この申立ての趣旨の記載に当たっての留意事項等については，第5編の第1章の第3節の第2の1の(3)のイ（480頁）のなお書き以下に詳細が記載されて

393　なお，一般的には，遺産の分割の審判を本案とする保全処分で仮の地位を定める仮処分はあまり想定し難いが，例えば，遺産の分割までの時間が相当かかることが見込まれる場合に，生活が困窮しているために一刻も早く生活費に当てる現金を取得したい場合に，相続財産中の現金をこの者に取得させるため他の共同相続人に仮払を命ずる場合等が考えられるとされている（逐条634頁参照）。

第4　仮差押え，仮処分その他の必要な保全処分（第4類型の審判前の保全処分）

いるため参照されたい。

おって，「保全処分を求める事由」で記載すべき事情としては，「申立ての理由」で記載すべき事情（①当事者の身分上の関係，②子の監護状況，③相手方が子を監護するに至った事情等）に加えて，④本案審判又は調停の申立ての事実，⑤保全処分の必要性の根拠となる事情が挙げられる（冨永忠祐編集「〔改訂版〕子の監護をめぐる法律実務」（新日本法規）41頁及び42頁参照）。

ウ　附属書類（添付書類）

前記第2の2の(1)のイの(ウ)の①及び②（375頁）と同様であるため参照されたい。

(4)　立件基準（事件番号の付け方の基準）

申立書（受付分配通達別表第5の11の(9)，家事雑事件（記録符号（家ロ））

(5)　審理

子の引渡しの仮処分の事件においては，本案認容の蓋然性及び保全の必要性について審理される。その留意事項等については，次のアからウまでのほか，前記第2の2の(1)のエ（375頁）と同様であるため，適宜，子の引渡しの仮処分の事件における審理の場合に読み替えた上で参照されたい。

ア　審理方針の策定

第5編の第1章の第3節の第1の11の(4)（476頁）と同様であるため参照されたい。

なお，実務上，数次の裁判において異なった判断がされる都度子の引渡しの強制執行がされると，子に対して著しく大きな精神的緊張と精神的苦痛を与えることになり，このこと自体が子の福祉に反することになるとの配慮から，例えば，子に対する虐待やネグレクト等が認められる場合や，別居後にその一方の親の下で監護されていた子を他方の親が実力を行使して連れ去るような場合など，本案認容の蓋然性が比較的容易に認められる事情がなければ，本案における権利義務関係の形成の状況を一応見極められる段階まで，かなりの実質的審理を必要とする場合も少なくない（東京家事事件研究会編「家事事件・人事訴訟事件の実務～家事事件手続法の趣旨を踏まえて～」（法曹会）250頁及び251頁参照）。

イ　仮の地位を定める仮処分の手続における審判を受ける者となるべき者の必要的陳述聴取（法107条）

子の引渡しの仮処分は，「仮の地位を定める仮処分」である（逐条350頁参照）ので，原則として，審判を受ける者となるべき者（相手方）の陳述を聴かなければすることができない（法107条本文）。この陳述の聴取については，審判期日における聴取（審問）以外の方法（書面照会や調査官による調査等）によっても行うことができるが，実務上，相手方が立ち会うことができる審判期日を指定し，これと併せて，本案の審判期日を指定する場合も多い。もっとも，陳述を聴く手続を経ることにより保全処分の目的を達することができない事情があるときなどにおいては，保全処分のみを先行させ，又は陳述聴取の機会を経ることなく保全処分を発令することもあり得る（法107条ただし書）（東京家事事件研究会編「家事事件・人事訴訟事件の実務～家事事件手続法の趣旨を踏まえて～」（法曹会）248頁及び249頁参照）ので，このような審理方針についても，前記

第6章　別表第二審判手続に関する書記官事務

　　ア の裁判官，調査官及び事件担当書記官による審理方針についての打合せ等の際に確認しておく必要がある。
　　ウ　子の監護に関する処分の審判事件を本案とする審判前の保全処分の特則（法157条2項）
　　　子の監護に関する処分の審判事件を本案とする審判前の保全処分のうち仮の地位を定める仮処分（子の監護に要する費用の分担に関する仮処分[394]を除く。）を命ずる場合には，法107条の規定により審判を受ける者となるべき者の陳述を聴くほか，当該仮処分が子に与える影響の重大さを考慮し，15歳以上の子の陳述を聴かなければならないとされている（法157条2項）。
　　　この陳述聴取は，家庭裁判所が，子の福祉を考慮して，その年齢，性別，心身の状況等の諸般の事情を考慮し，審問のほか，調査官による調査その他の相当な方法を選択して行われる（「別冊法学セミナーno.225 新基本法コンメンタール人事訴訟法・家事事件手続法」（日本評論社）393頁参照）。
　　　なお，子の陳述の聴取の手続を経ることにより保全処分の目的を達することができない事情があるときは，当該陳述の聴取の手続を経ることなく保全処分を命ずることができる（法157条2項ただし書）。この法157条2項ただし書に当たる場合としては，例えば，父が子を連れて突然別居したため，母から子の引渡しの仮処分の申立てがされ，調査の結果からすれば，当該仮処分をする見込みが高いと認められる場合に，父が子を連れて海外転居を意図していることが発覚し，子の陳述を聴取する手続を経ていては，審判がされる前に父が子を連れて海外に転居してしまうおそれがあるというような事情がある場合が考えられる（逐条507頁参照）。
　　　おって，子の引渡しの仮処分が子に多大な影響を与えるものであること及び法65条（子の意思の把握・考慮）の規定の趣旨に照らすと，15歳未満の子であっても，子の年齢及び発達の程度に応じ，可能な限りその陳述を聴取することが相当と考えられる場合が多いとされている（逐条507頁参照）。したがって，15歳未満の子を対象とする子の引渡しの仮処分が申し立てられた場合は，当該15歳未満の子の陳述の聴取の要否や，陳述の聴取を行う場合の方法等についても，前記アの裁判官，調査官及び事件担当書記官による審理方針についての打合せ等の際に確認しておく必要がある。
　(6)　**審判**
　　　審判前の保全処分の申立てが手続要件を充足し，保全処分を求める事由につき疎明がされたとき（法109条1項）は（担保を立てさせることを命じた場合には，担保提供があったことを確認した後[395]），申立てを認容する審判がされる。

394　例えば，養育費の仮払命令等である（逐条507頁参照）。
395　法115条が準用する民事保全法14条の規定により，審判前の保全処分の審判をするに当たっては，担保を立てさせることが可能ではあるが，子の引渡しの仮処分については，無担保の運用が一般的であろうと考えられる。本案の結果を十分見通し慎重な判断がされること，保全処分は申立人の利益のためというよりは子のためにされるものと考えられるからである（梶村太市ほか6名「子の引渡し保全処分事件の処理をめぐる諸問題」（家月47巻7号38頁及び39頁）参照）。

第4　仮差押え，仮処分その他の必要な保全処分（第4類型の審判前の保全処分）

なお，認容審判の主文等については，第5編の第1章の第3節の第2の12（483頁）が参考となるため参照されたい。

おって，家事審判法（旧法）時の資料であるが，平成8年3月家庭裁判資料第166号「改訂家事審判書集」（最高裁判所事務総局）457頁及び458頁に子の引渡しの仮処分の審判書の例が掲載されているため，適宜，この第4の4の子の引渡しの仮処分の審判の場合に読み替えた上で参照されたい。

(7) **審判の告知**

前記2の(8)（393頁）と同様であるため，適宜，この第4の4の子の引渡しの仮処分の審判の告知の場合に読み替えた上で参照されたい。

(8) **保全処分の執行**

保全執行は，債権者に対して保全処分が送達された日から2週間を経過したときは，これをしてはならない（法109条3項，民事保全法43条2項）ため，その旨をあらかじめ債権者（申立人）に教示しておくことが望ましい。

このような保全処分の執行期間等も考慮し，子の引渡しの仮処分の審判をする時期や送達方法等について，あらかじめ裁判官に確認して認識を共有しておく必要がある。

なお，子の引渡しの強制執行の具体的方法等については，第5編の第1章の第3節の第2の15（484頁）を参照されたい。

(9) **即時抗告**

ア　認容審判に対する即時抗告

　(ｱ)　即時抗告権者

　　本案の子の引渡しの審判の申立てを認容する審判に対して即時抗告権を有する者，すなわち，子の父母及び子の監護者（法110条2項，156条4号）である。

　(ｲ)　即時抗告期間（法86条）

　　審判の告知を受ける者が即時抗告をする場合には，その者が審判の告知を受けた日から2週間。

　　審判の告知を受ける者でない者が即時抗告をする場合には，申立人が審判の告知を受けた日（2以上あるときは，当該日のうち最も遅い日）から2週間。

イ　却下審判に対する即時抗告

　(ｱ)　即時抗告権者

　　申立人（法110条1項）

　(ｲ)　即時抗告期間（法86条）

　　申立人が審判の告知を受けた日から2週間。

(10) **即時抗告がされた場合の手続**

本編の第7章の第2節の第3（450頁）を参照されたい。

(11) **審判前の保全処分に対する即時抗告に伴う執行停止等の申立て**

審判前の保全処分に対する即時抗告に伴う執行停止等の申立て（法111条）に関する手続については，本編の第7章の第2節の第3の1の(5)（452頁）及び2の(4)（453頁）と同様であるため参照されたい。

(12) **仮の地位を定める仮処分の終期**

第6章 別表第二審判手続に関する書記官事務

　　子の引渡しの仮処分については，基本的に執行力を有するものであること，本案の申立てが却下された場合において当該却下の審判が確定するまで当該仮処分の効力を維持することが相当でないときは，裁判所は，申立てにより又は職権で，当該仮処分を取り消すことが可能であること等を考慮すると，本案の審判の確定によって，原則として，失効すると解される（逐条354頁参照）。

第5節　審理
第1　審理手続の原則

　　別表第二審判手続についても，家事調停手続と同様，①職権探知主義（法56条1項），②非公開主義（法33条），③本人出頭主義（法51条2項）及び④簡易迅速処理の要請（法53条，61条3項，54条，64条1項等）の原則が妥当する。したがって，詳細については，第2編の第7章の第4節の第1（117頁）と同様であるため参照されたい。

第2　別表第二審判手続における審理手続の特則

　　別表第二審判事件は，相手方があり紛争性の高い事件であるから，その手続は，家事調停をすることができない公益性の高い事件（法別表第一に掲げる事項についての家事審判事件）に比して，職権探知主義の下でも，審判の基礎となる資料の収集等について，当事者のより主体的な手続追行に委ねるのが合理的であり，当事者それぞれが自らの主張を述べ，その主張を裏付ける資料を提出する機会を保障することが重要である（一問一答119頁参照）。

　　そこで，別表第二審判手続においては，法第2編第1章第1節第6款（66条から72条まで）の各規定等において，次の1から7までのような特則が設けられている。

1　合意管轄（法66条）
　　本編の第5章の第1節の第2の1（338頁）を参照されたい。
2　申立書の写しの送付等（法67条）
　　本章の第2節の第7の1（362頁）及び2（363頁）を参照されたい。
3　陳述の聴取と審問（法68条，69条）
(1)　必要的陳述聴取（法68条1項）

　　家庭裁判所は，別表第二審判手続においては，申立てが不適法であるとき又は申立てに理由がないことが明らかなときを除き，当事者[396]の陳述を聴かなければならない（法68条1項）。これは，別表第二審判事件は，当事者間に利害対立があることが多いため，当該手続において，当事者双方に攻撃防御の機会を十分に保障する必要があるためである（一問一答120頁参照）。

　　この陳述の聴取とは，言語的表現による認識，意見，意向等の表明を受ける事実の調査の方法であるが，その方法に特に制限はなく，裁判官の審問（審判期日において審問を受ける者が口頭で認識等を述べるのを裁判官が直接聴くもの）の方法によるほか，調査官による事実の調査による方法，書面照会（例えば，家庭裁判所が

---

[396]　この「当事者」には，利害関係参加人は含まれない（逐条231頁参照）。

第2 別表第二審判手続における審理手続の特則

尋ねたい事項を記載した書面を当事者に送付し，当事者が書面に記載した回答を提出するもの）による方法等がある（逐条231頁参照）。

(2) **審問の申出（法68条2項）**

もっとも，当事者が一度は直接家庭裁判所に自らの認識等を陳述したいという希望があれば，家庭裁判所（裁判官）の心証に与える影響に鑑み，これを尊重するのが相当であるため，当事者[397]の申出があるときは，前記(1)の当事者の陳述の聴取は，審問の期日においてしなければならない（法68条2項）。

なお，法68条2項の規定は，他方の当事者の陳述を聴取するための審問の申出は想定しておらず，仮に一方の当事者から他方の当事者の陳述を聴取するための審問の申出があった場合の対応は，家庭裁判所の裁量に委ねられる（逐条232頁参照）。

おって，請求すべき按分割合に関する処分（法別表第二の十五の項の事項）の審判事件についての審理及び判断は，基本的に，対象期間標準報酬総額，按分割合の範囲，これらの算定の基礎となる期間等に関する客観的な資料に基づいてされるものであり，当事者の陳述の内容によって左右される要素はそれほど多くはないこと等から，法233条3項において，請求すべき按分割合に関する処分の審判の手続については，この法68条2項の規定は適用されていない（逐条703頁及び第5編の第7章の第10の1（569頁）参照）。

(3) **審問の期日への他の当事者の立会い（法69条）**

ア 審問の期日への他の当事者の立会い（法69条）

(ア) 原則

別表第二審判手続においては，家庭裁判所が審問の期日を開いて当事者の陳述を聴くことにより事実の調査をするときは，他の当事者[398]は，当該期日に立ち会うことができる（法69条本文）[399]。

これは，別表第二審判手続において，当事者に対して審問をする場合には，それが家庭裁判所に与える心証の影響の大きさに鑑み，後日，調書化された発言内容を閲覧・謄写を通じて知ることができたとしても（法46条及び47条参照），それだけでは手続保障としては不十分であり，他方の当事者には発言内容そのものに限らず，その表情，態度等をその場で検証する機会を与えるのが相当であることを考慮したものである（逐条233頁参照）。

(イ) 例外

当該他の当事者が前記(ア)の審問の期日に立ち会うことにより事実の調査に支

---

397 この法68条2項の「当事者」は，同条1項の「当事者」を受けて規定されているものであるため，これには利害関係参加人は含まれない（逐条232頁参照）。
398 この「当事者」には，利害関係参加人も含まれる。利害関係参加人は，法42条7項の規定により，審問の期日に立ち会うという当事者に認められた手続行為をすることができるものとされているからである（逐条233頁参照）。
399 当事者が審問に立ち会うだけでなく，発問することが許容されるかどうかは，家庭裁判所の手続指揮に委ねられている。証拠調べとしての当事者尋問とは異なり，発問権が法律上保障されているわけではない（逐条233頁（注1）参照）。

第6章 別表第二審判手続に関する書記官事務

障を生ずるおそれがあると認められるときは,当該他の当事者の当該期日への立会いを認めないことができる(法69条ただし書)。

事実の調査に支障を生ずるおそれがあると認められる場合とは,事実の調査を公平・公正なものとして行うという手続保障の措置が,家事事件に特有な葛藤の強い事案における特殊事情等から,当該事実の調査そのものを形骸化させる場合,さらには,当事者が当該事件の取下げを余儀なくされる等,追い詰められた状況に至っていると危惧される場合等である。例えば,他方当事者に保護命令(配偶者からの暴力の防止及び被害者の保護等に関する法律10条)が発せられている等のドメスティック・バイオレンス(DV)等の行為が背景にある事案等のように陳述当事者及び同人が監護する未成年者等の生命身体の安全に具体的な侵害のおそれがある場合や,強い家庭内葛藤のゆえに他方当事者を面前にして発言することができないおそれが客観的に存在し,その結果,当事者が正確な陳述をすることができない場合等である[400]。しかし,一方当事者が単に他方当事者を嫌悪して会いたくないといった感情的な立会いの拒否だけでは,この例外に当たるとはいえない。

なお,他方当事者に当該審問の期日への立会いを認めない場合でも,当該他方当事者に手続代理人が選任されていれば,当該手続代理人のみを当該審問の期日に立ち会わせるといった運用や,手続代理人が選任されていなくても,当該審問の期日に立ち会わなかった他方当事者に対しては,当該審問の期日の終了後に裁判官がその概要を伝えるといった運用はあり得る[401][402](「別冊法学セミナーno.225 新基本法コンメンタール人事訴訟法・家事事件手続法」(日本評論社)260頁及び東京家事事件研究会編「家事事件・人事訴訟事件の実務~家事事件手続法の趣旨を踏まえて~」(法曹会)242頁参照)。

イ 審問の期日の通知(規48条)
(ア) 原則
前記アの法69条の審問の期日は,当事者及び利害関係参加人に通知しなければならない(規48条本文)。
これは,当事者及び利害関係参加人の審問の期日への立会権を実効的なもの

---

[400] アンケート調査の結果では,大半の家庭裁判所において,法69条ただし書の規定に該当するとして,当該他の当事者が前記(ア)の審問の期日に立ち会うことにより事実の調査に支障を生ずるおそれがあると認め,当該他の当事者の当該期日への立会いを認めなかった事案があると回答しており,当該事案の内容も本文に記載した場合等と同様の事案であった。なお,法69条ただし書の規定により,当該他の当事者の当該期日への立会いを認めなかった場合は,手続の適正及び明確を期するため,当該期日の調書にもその旨を記載して記録化している家庭裁判所もあった。

[401] アンケート調査の結果によると,大半の家庭裁判所においても,個別の事案に応じて,このような運用を行っているとのことであった。

[402] なお,アンケート調査の結果によると,多くの家庭裁判所において,法69条ただし書の規定に該当しない場合でも,ドメスティック・バイオレンス(DV)等の行為が背景にある事案等,個別の事案に応じて,当事者の審問を行う際には,遮へい措置や家事審判廷における当事者の配席の配慮(当事者双方の席間の距離をとる,対面や隣り合うような配席をしない等といった配慮),ビデオリンク方式(映像と音声の送受信により相手の状態を相互に認識しながら通話をすることができる方法)の利用等といった運用上の工夫をしているとのことであった。

とするために，これらの者が当該審問の期日を把握できるようにするために行う通知である。したがって，これらの者に事前に規48条の規定による通知がされていない期日においては，次の(イ)の例外を除き，原則として，当事者の陳述の聴取（審問）をすることができないことになる（条解規則119頁参照）。

この規48条の規定による審問の期日の通知は，相当と認める方法（普通郵便，電話等）によってする（規5条，民訴規4条1項）。実務上は，審判期日の呼出し（本章の第2節の第6の2の(2)（360頁）参照）と併せて，当該審問の期日の通知書を普通郵便で送付する等の方法により通知する例が多い。この通知をしたときは，その旨及び通知の方法を，例えば，当該通知書を普通郵便で送付して通知した場合は，当該通知書の控えに「平成○○年○月○日○○（※送付した当事者等を記載する。）に普通郵便で通知済み㊞（書記官の認印）」等と付記して記録につづる等して記録上明らかにする（規5条，民訴規4条2項）。

(イ) 例外

前記(ア)の審問の期日の通知をすることにより事実の調査に支障を生ずるおそれがあると認められるときは，当該審問の期日の通知をすることを要しない（規48条ただし書）。

この規48条ただし書の規定は，前記アの(イ)の法69条ただし書が規定する例外と同様の趣旨で規定されたものである。したがって，これらの規定により，一定の場合には，当事者等に事前に通知されていない期日において，他の当事者等の立会いなくして当事者の審問を行うことが可能となる。

この規48条ただし書は，当事者の審問の期日を通知すること自体によって事実の調査に支障を生ずるおそれがある場面を想定しているから，同条ただし書の要件が認められる場合には，通常，法69条ただし書の事実の調査に支障を生ずるおそれも認められると考えられる。他方で，例えば，当事者（本人）に手続代理人が選任されており，当該当事者（本人）が他方当事者の審問の期日に立ち会うと事実の調査に支障を生ずる場合には，家庭裁判所の裁量によって当該手続代理人のみを当該審問の期日に立ち会わせることもあり得るため（前記アの(イ)参照），その前提として当該手続代理人に当該審問の期日の通知をするといったように，法69条ただし書の事実の調査に支障を生ずるおそれが認められるからといって，直ちに規48条ただし書の要件が認められるわけではない。

規48条ただし書の規定によって審問の期日の通知をしなかった場合には，事実の調査に支障を生ずるおそれがあるために通知を行わなかった場合であることを明らかにするため，その旨を記録化しておくべきであろう（条解規則119頁及び120頁参照）[403]。

4 事実の調査の通知（法70条）

(1) 概説

家庭裁判所は，別表第二審判手続において，事実の調査をしたときは，特に必要がないと認める場合を除き，その旨を当事者及び利害関係参加人に通知しなければ

第6章　別表第二審判手続に関する書記官事務

ならない（法70条）。

　　法別表第一に掲げる事項についての家事審判事件の手続において事実の調査をした場合は、その結果が当事者による家事審判手続の追行に重要な変更を生じ得るものと認めるときに限り、これを当事者及び利害関係参加人に通知するものとされている（法63条）。これは、法別表第一に掲げる事項についての家事審判事件においては、相手方の反論の機会の保障は考える必要がなく、申立人にとって、追加的な主張や資料の提出の機会を何ら与えられることなく、いきなり申立てを却下する審判がされるのを防ぐということが重要であり、そのためには前述の限度で事実の調査の結果を通知すれば足りるからである。

　　これに対し、別表第二審判手続については、定型的に紛争性があり、事実の調査の結果については、それが申立てを認容する方向に作用するものであれ、逆の方向に作用するものであれ、いずれも当事者及び利害関係参加人にとって重要であることから、当事者及び利害関係参加人に閲覧・謄写を通じてその内容を知り、反論や更に補強する資料の提出等の適切な対応をとる機会を与えることが重要になるため、事実の調査をしたときは、特に必要がないと認める場合を除き、その旨を当事者及び利害関係参加人に通知しなければならないとされている（逐条234頁参照）。

　　なお、別表第二審判手続における事実の調査に関する書記官事務については、後記第7（426頁）を参照されたい。

(2)　**通知の内容**

　　この通知の趣旨は、前記(1)のとおり、当事者及び利害関係参加人に閲覧・謄写を通じて事実の調査の結果を知り、反論等をする機会を与えることにある。したがって、閲覧・謄写のきっかけとなる程度の情報が与えられることが必要である一方、その結果の具体的な内容については閲覧・謄写により了知することをもって足りるから通知する必要はないことになる。例えば、事実の調査としてある団体に調査嘱託（法62条）をしてその回答を得たという場合には、事案に応じて、いつ、どの団体に、何を対象に調査嘱託をして回答を得たということを告げれば足り、どのような回答があったかについてまでは告げる必要はない（逐条211頁及び234頁参照）。また、家事調停手続から審判移行した別表第二審判事件における事実の調査の通知については、例えば、後記(5)のアの各記載例のように、審判期日において、審判移行前の調停事件記録及び当該審判期日までに当事者から提出された資料（主張が記載された書面及び証拠書類）について事実の調査をした旨等を告げることをもって通知したものといえる[404]（「別冊法学セミナーno.225 新基本法コンメンター

---

[403] アンケート調査の結果によると、規48条ただし書の規定に基づき、法69条の審問の期日の通知をすることにより事実の調査に支障を生ずるおそれがあるとして当該期日の通知を行わなかった事案がある旨回答した家庭裁判所は少数であった。なお、当該家庭裁判所から回答された主な事案は、元夫婦間における別表第二審判事件で、他方当事者（元夫）に保護命令（配偶者からの暴力の防止及び被害者の保護等に関する法律10条）が発せられている事案や、元妻である申立人が元夫である相手方に対して強い恐怖心を抱いているという事案であった。当該事案では、規48条ただし書の規定により事実の調査に支障を生ずるおそれがあるために当該期日の通知を行わなかったことを明らかにするために、当該期日の指定書にその旨を記載して記録化したとのことであった。

第2 別表第二審判手続における審理手続の特則

ル人事訴訟法・家事事件手続法」(日本評論社) 262 頁参照)。

(3) **通知の時期**

事実の調査の通知の時期については,法文上明示的な規定は置かれていないが,当事者及び利害関係参加人が通知を受けて閲覧・謄写をし,それに基づき適時の反論等をするだけの時間的余裕を見込んで,事実の調査後時機を失することなくされる限り,事実の調査をする度に直ちにその結果を通知せず,ある程度まとめて通知することも許容される(逐条 234 頁及び 235 頁参照)。実務上は,審判期日が開かれる場合には,当該審判期日までに行われた事実の調査の結果を当該審判期日において通知することや,審判期日が開かれない場合には,後述する審理を終結する日及び審判をする日の指定の裁判の告知をする際に,併せて,その時点までに行われた事実の調査の結果をまとめて通知することが多い。

(4) **通知の方法等**

事実の調査の通知は,相当と認める方法(普通郵便,ファクシミリ,電話,口頭等)によってする(規5条,民訴規4条1項)。実務上は,審判期日において裁判官が出頭した当事者及び利害関係参加人に対して口頭で通知したり,審判期日外に家庭裁判所(裁判官)の命を受けた事件担当書記官が,当該通知書を普通郵便で送付する,又はファクシミリで送信する等して通知したり,電話等で通知する例が多い。

なお,裁判官の判断により,当事者の主張及び反論を十分かつ迅速に尽くさせ,審理の充実を図る等の目的から,当事者が提出する主張書面及び証拠書類の写しについて,家庭裁判所提出用のほかに,他方当事者交付(送付)用の写しも併せて提出させている場合(規3条2項参照)は,家庭裁判所が当該主張書面及び証拠書類の事実の調査をしたときは,当該写しを他方当事者へ交付又は送付することによって事実の調査の通知を行うこともある。この場合は,前述の審理の充実を図る等の目的から単に当該写しを送付したのではなく,事実の調査の通知として送付したことも明確にするため,例えば,当該事実の調査の通知書とともに当該写しを送付したり,あるいは当該写しの送付書に「次の書面の写しを送付します。(※具体的な書面を記載した上で)これらの資料について事実の調査を行いました。」等と記載する等して,その趣旨を明確にしておく必要がある。

おって,事実の調査の通知の費用は,民訴費用法2条2号の同法 11 条1項の費用に該当し,手続費用として当事者等の負担となる(平成 25 年8月1日付け最高裁家庭局第二課長事務連絡「家事事件の手続における通知に要する費用の負担について」参照)。

(5) **通知をしたことの記録化**

事実の調査の通知をしたときは,その旨及び通知の方法を記録上明らかにしなけ

---

404 家事調停手続の進行中に,当該手続の充実を図る目的等から,当事者が提出する主張書面及び証拠書類の写しを他方当事者に交付(送付)する取扱いをしていた場合であったとしても,審判移行後に家庭裁判所が改めて当該主張書面及び証拠書類の事実の調査をした場合には,法 70 条の規定に基づく事実の調査の通知をする必要があることはもちろんである。

第6章　別表第二審判手続に関する書記官事務

ればならない（規5条，民訴規4条2項）。この事実の調査の通知の記録化の主な例は，次のアからウまでのとおりである[405]。

　ア　審判期日において裁判官が出頭した当事者等に対して口頭で通知した場合の記録化の例

　　次の記載例①から③までのように，当該審判期日の調書の「手続の要領等」欄に記載して記録化することが考えられる。

　　なお，当該審判期日に出頭しなかった当事者及び利害関係参加人に対しては，別途，家庭裁判所（裁判官）の命を受けた事件担当書記官が，事実の調査の通知書を普通郵便で送付する，又はファクシミリで送信する等して通知したり，電話等で通知することとなる。この審判期日外に家庭裁判所の命を受けて事件担当書記官が行った事実の調査の通知については，例えば，当該期日調書の余白部分に「平成○○年○月○日○○（※事実の調査の通知をした当事者及び利害関係参加人を記載する。）に○○（※普通郵便や電話等の通知の方法を記載する。）で○○（※事実の調査をした資料を記載する。）について事実の調査をした旨を通知済み　裁判所書記官㊞」等と付記して記録化したり，後記イ及びウのように記録化する方法がある。

　　おって，審判期日において当事者の審問を行った場合は，当該審判期日（審問の期日）に出頭して立ち会った当事者及び利害関係参加人には，当該審問を行ったことは明らかであるため，後記(6)の「特に必要がないと認める場合」に該当し，当該審判期日（審問の期日）に出頭して立ち会った当事者及び利害関係参加人に対しては，当該審問を行った旨の事実の調査の通知は不要である[406]。

405　なお，アンケート調査の結果によると，これらの記録化の例のほかに，事実の調査の通知をしたことを分かりやすく一元的に管理するために，通知年月日（通知した期日），通知者，被通知者，通知の方法及び内容を記載して書記官が押印する「事実の調査の通知一覧」を作成し，記録の第2分類（2分方式の場合）や第3分類（3分方式の場合）の冒頭等に編てつして記録化をしている家庭裁判所もあった。

406　当該審判期日（審問の期日）に出頭しなかった当事者及び利害関係参加人に対しては，当該審問を行った旨の事実の調査の通知が必要であることはもちろんである。

第2 別表第二審判手続における審理手続の特則

【記載例①：審判移行前の調停事件記録の全部及び当該審判期日までに当事者から提出された資料について事実の調査をした場合】

> 裁判官
> 　次の資料について事実の調査をした。※1
> 1　本件審判移行前の当庁平成〇〇年（家イ）第〇〇号調停事件記録※2
> 2　本件において，本日までに当事者から提出された資料（主張が記載された書面及び証拠書類）※3
> 　※1　規5条で準用する民訴規4条2項の規定の文言に従い，「次の資料について事実の調査の通知をした。」と記載することも考えられる。
> 　※2　審判移行前の調停事件記録の全部について事実の調査をした場合は，単に「本件調停事件記録」と通知することも考えられるが，調停事件記録には，審判移行前の調停事件の記録と，それ以外の関連する調停事件の記録が存在するため，審判移行前の調停事件の記録であることをより明確にするため，「本件審判移行前の」という文言と事件番号等により当該調停事件の記録を特定して通知することが考えられる（後記記載例③も参照されたい。）。
> 　※3　この場合，事実の調査の対象となった資料の標目等を個別に挙げて通知することも考えられるが，前記(2)（408頁）のとおり，通知を受けた当事者及び利害関係参加人にとって閲覧・謄写のきっかけとなる程度の情報が与えられることで足りるため，この程度の内容の通知で足り，また，このように通知した方が通知漏れの有無の確認も容易である。

【記載例②：審判移行後又は当事者の申立てによって開始された別表第二審判手続において調査官による調査と調査嘱託（法62条）が行われた場合】

> 裁判官
> 1　家庭裁判所調査官による調査（平成〇〇年〇月〇日調査報告書提出）を行った。※1
> 2　〇〇※2に対して，〇〇※3について，平成〇〇年〇月〇日付け調査嘱託をし，回答を得た。
> 　※1　なお，家事調停手続において調査官による調査を行った場合は，当該調査報告書が既に調停事件記録の一部となっているため，当該調停事件記録の全部又は当該調停事件記録中の当該調査報告書について事実の調査を行い，前記記載例①や後記記載例③のように通知することとなる。
> 　※2　嘱託先を記載する。
> 　※3　調査嘱託の対象を記載する。

第6章　別表第二審判手続に関する書記官事務

【記載例③：審判移行前の調停事件の記録の一部（当事者から提出された資料と調査報告書）とそれ以外の関連する調停事件の記録の一部（調査報告書）について事実の調査をした場合】

> 裁判官
> 　次の資料について事実の調査をした。※1
> 1　本件審判移行前の当庁平成○○年（家イ）第○○号調停事件記録中※2，当事者から提出された資料（主張が記載された書面及び証拠書類）及び平成○○年○月○日付け調査報告書
> 2　当庁平成○○年（家イ）第○○号調停事件記録中※2，平成○○年○月○日付け調査報告書
> 　※1　規5条で準用する民訴規4条2項の規定の文言に従い，「次の資料について事実の調査の通知をした。」と記載することも考えられる。
> 　※2　当該記録の一部について事実の調査がされた，審判移行前の調停事件の記録と，それ以外の関連する調停事件の記録を区別して特定するため，「本件審判移行前の」という文言と事件番号等により，それぞれの調停事件の記録を特定して通知することが考えられる。

　イ　審判期日外に家庭裁判所の命を受けて事件担当書記官が事実の調査の通知書を普通郵便で送付又はファクシミリで送信して通知した場合の記録化の例
　　当該通知書の控え（ファクシミリで送信した場合は，送信に使用した当該通知書）に「平成○○年○月○日○○（※普通郵便で送付又はファクシミリで送信して事実の調査の通知をした当事者及び利害関係参加人を記載する。）に○○（※普通郵便又はファクシミリ）で通知済み　㊞（書記官の認印）」等と付記して記録につづる等して記録化することが考えられる。
　　なお，当該通知書には，前記アの期日調書の「手続の要領等」欄の記載例①から③までと同様の内容を記載することになる。
　ウ　審判期日外に家庭裁判所の命を受けて事件担当書記官が電話又は口頭で通知した場合の記録化の例
　　家庭裁判所が事実の調査をした資料（当事者から提出された資料（主張が記載された書面及び証拠書類），調査報告書，調査嘱託の回答書（又は報告書）等）の余白部分に「平成○○年○月○日○○（※電話又は口頭で事実の調査の通知をした当事者及び利害関係参加人を記載する。）に○○（※電話又は口頭）で本○○（※事実の調査をした資料を記載する。）について事実の調査をした旨を通知済み　㊞（書記官の認印）」等と付記したり，あるいは記録表紙の裏面等を利用して同様の付記をする等して記録化することが考えられる。

(6)　**通知が不要である場合（特に必要がないと認める場合）**
　法70条が規定する「特に必要がないと認める場合」とは，例えば，事実の調査として調査嘱託（法62条）をしたところ，嘱託先から有意な情報が全く得られなかったような場合や，当事者が既に事実の調査をしたことを了知している場合（前記(5)のア参照）等，通知する意味がないような例外的な場合が想定される（逐条

235頁参照)。

　この「特に必要がないと認める場合」に当たるかどうかを判断するのは家庭裁判所(裁判官)であるため, 事件担当書記官は, 前述の通知不要と考えられるような事案については, 個別に裁判官に相談して判断を仰ぎ, 裁判官が通知不要の判断をした場合は, 手続の適正を期するために, 例えば, 当該判断をした書面の余白に「事実の調査の通知不要　平成○○年○月○日　裁判官㊞」等と付記する等して, その旨を記録上明らかにしておくことが相当である。

5　審理の終結(法71条)
(1)　概説

　家庭裁判所は, 別表第二審判手続においては, 申立てが不適法であるとき又は申立てに理由がないことが明らかなときを除き, 相当の猶予期間を置いて, 審理を終結する日を定めなければならない(法71条本文)。

　このように, 別表第二審判手続においては, 当事者に審判の基礎となる資料の提出期限及び審判の基礎となる資料の範囲を明らかにし, 十分に攻撃防御を尽くさせることができるように, 審理の終結の制度が導入されている。

　もっとも, 当事者双方が立ち会うことができる別表第二審判手続の期日においては, 当事者はその場で審理を終結することに対する意見(例えば, 今後資料を提出する予定があることやその資料の重要性を示すことによって, 審理を終結することに反対する等)を述べることができることから, 相当の猶予期間を置く必要はなく, 直ちに審理を終結する旨を宣言することができる(法71条ただし書)。ここでいう「相当の猶予期間」とは, 主張及び資料の提出に要する期間であり, 最終的には, 事案に応じて定められることになる。

　なお, この法71条ただし書が規定する当事者双方が立ち会うことができる別表第二審判手続の期日とは, 当事者のいずれもが正式な呼出し(法34条4項, 民訴法94条参照)を受けた期日をいう。正式な呼出しを受けていれば, 当事者の一方又は双方が当該期日に出頭していなくても審理を終結することができる。しかし, 当事者がいわゆる簡易呼出し(本章の第2節の第6の2の(2)のウ(360頁)参照)を受けただけの場合には, 当該当事者が出頭していれば審理を終結することができるが, 出頭していなければ審理を終結することはできない(逐条236頁参照)。

(2)　審理の終結の裁判
ア　裁判

　審理を終結する日の定めの裁判及び審理を終結する旨の宣言(裁判)の法的性質は, 審判以外の裁判(法81条)である(逐条236頁参照)。したがって, 裁判書を作成する必要はないが(法81条1項では法76条1項の規定の準用が除外されている。), 審判期日において当該裁判がされたときは, 次の(ア)の記載例のように当該期日の調書に記載する(規32条1項6号)(条解規則81頁参照)。

　また, これらの裁判に対しては, 即時抗告をすることができる旨の特別の定め(法99条参照)が設けられていないため, 即時抗告をすることはできないが, 審理の終結には後記(3)の効果があるため, 審判期日外に審理を終結する日の定めの裁判がされた場合には, 手続の適正を期するために, 次の(イ)の例のように記録上

第6章　別表第二審判手続に関する書記官事務

明らかにする。
(ア)　審判期日において審理を終結する日の定めの裁判又は審理を終結する旨の宣言（裁判）がされた場合の当該期日の調書の記載例
　　次の①及び②の記載例のように，当該期日の調書の「手続の要領等」欄に記載する（平成25年3月家庭裁判資料第197号「家事事件手続法執務資料」（最高裁判所事務総局）166頁参照）。

【記載例①：審理を終結する日の定めの裁判がされた場合（法71条本文）】

> 裁判官
> 1　審理を終結する日　平成○○年○月○日
> 2　審判をする日　　　平成○○年○月○日※
> 　※　実務上，相当の猶予期間を置いて審理を終結する日を定める際に，その日に審理を終結することを条件としてあらかじめ審判をする日（法72条。後記6（416頁）参照。）を定める場合がある（逐条238頁参照）。そのような場合には，このように記載する。

【記載例②：審理を終結する旨の宣言（裁判）がされた場合（法71条ただし書）】

> 裁判官
> 1　審理終結
> 2　審判をする日　平成○○年○月○日※
> 　※　実務上，審理を終結する旨の宣言とともに審判をする日（法72条。後記6（416頁）参照。）の定めもされる場合がある。そのような場合は，このように記載する。

(イ)　審判期日外に審理を終結する日の定めの裁判がされた場合の記録化の例
　　記録表紙の裏面等を利用して，次のように記録上明らかにする。

> 1　審理を終結する日を平成○○年○月○日と定める。
> 2　審判をする日を平成○○年○月○日と定める。※
> 　　　　　　　　　　　　　　　平成○○年○月○日　裁判官　㊞
> 　※　実務上，相当の猶予期間を置いて審理を終結する日を定める際に，その日に審理を終結することを条件としてあらかじめ審判をする日（法72条。後記6（416頁）参照。）を定める場合がある（逐条238頁参照）。そのような場合には，このように記載する。

イ　告知
　　この審理を終結する日の定めの裁判及び審理を終結する旨の宣言（裁判）は，当事者及び利害関係参加人に対して相当と認める方法によって告知することによって効力を生ずる（法81条1項，74条1項・2項本文）（逐条236頁参照）。したがって，事件担当書記官は，審判期日において裁判官がこれらの裁判をして口頭で告知した場合は，当該期日の調書に前記アの(ア)のとおり裁判の内容と告知

第2　別表第二審判手続における審理手続の特則

した旨を記載することによって記録上明らかにし，また，審判期日外に審理を終結する日の定めの裁判がされ，家庭裁判所の命を受けた事件担当書記官が普通郵便や電話等の送達以外の相当と認める方法により当該裁判の告知をした場合は，例えば，前記ア(イ)の記録化とともに「平成○○年○月○日○○（※普通郵便や電話等で告知した当事者及び利害関係参加人を記載する。）に○○（※普通郵便や電話等の告知の方法を記載する。）で告知済み㊞（書記官の認印）」等と付記する等して記録上明らかにする（規50条4項・3項）（条解規則125頁参照）。

(3) **審理の終結の効果**

審理の終結日の後は，当事者等は審判の基礎となる資料を提出することはできなくなる。また，家庭裁判所は，審理の終結日までに当事者等から提出された資料に基づき審判をしなければならない。審理の終結日の後に当事者等から提出された資料を審判の資料とするためには，後記(5)のとおり審理を再開する必要がある。したがって，審理の終結日は，審判の基準日としての意味を持つことになる（逐条236頁及び「別冊法学セミナーno.225 新基本法コンメンタール人事訴訟法・家事事件手続法」（日本評論社）263頁参照）[407]。

(4) **審理の終結後に当事者等から提出された資料の取扱い**

審理の終結日の後に当事者等から資料が提出された場合は，事件担当書記官は，直ちに裁判官に記録とともに当該資料を提出し，審理を再開するか否かについての判断を仰ぐ。

裁判官が審理を再開しないと判断した場合は，当該資料は，前記(3)のとおり審判の資料にはならないため，「審理終結後提出」等と付記して審理の終結日の後に提出された資料であることを明示した上で，記録編成通達に従って記録中の適切な箇所に編てつする。

裁判官が審理を再開すると判断した場合は，後記(5)の手続を行う。

(5) **審理を終結する日の変更及び終結した審理の再開**

審理を終結する日の定めの裁判及び審理を終結する旨の宣言（裁判）は，手続の指揮に関する裁判であり，審判以外の裁判（法81条）である。したがって，審理を終結する日を定めた後に当該審理を終結する日を変更する必要が生じた場合には，その定めの裁判を取り消すことができるし，審理の終結後に審理を再開する必要が生じた場合には，審理を終結する旨の裁判を取り消し，審理を再開することができる（逐条237頁参照）。

このような審理を終結する日の定めの裁判や審理を終結する旨の裁判を取り消す裁判は，前記(2)（413頁）と同様に記録化（例えば，審理を終結する日の定めの裁判を取り消す場合は「審理を終結する日（平成○○年○月○日）の指定を取り消す。」等と，審理を終結する旨の裁判を取り消す場合は「審理終結を取り消す。」等

---

[407] アンケート調査の結果によると，このような審理の終結の効果の重要性に鑑み，審理終結日について，後述の審判をする日（審判日）とともに，民事裁判事務支援システム（MINTAS）の事件カード備考欄に入力して管理したり，庁独自の点検票（審理終結日及び審判日の指定及び告知済みか否かを点検するもの）を用いる等して管理している家庭裁判所もあった。

第6章　別表第二審判手続に関する書記官事務

と記載し，当該裁判をした年月日を付記して裁判官が押印する等）して当事者及び利害関係参加人に告知することになる。

6 審判日（法72条）
(1) 概説

家庭裁判所は，法71条の規定により審理を終結したときは，審判をする日（審判日）を定めなければならない（法72条）。

ここでいう「審判をする日」とは，審判書が作成され（法76条1項本文参照）[408]，家庭裁判所が当事者及び利害関係参加人に相当と認める方法で審判の告知をすることができる日[409]を指す。また，審判は期日で言い渡さなければならないものではないから，「審判をする日」とは年月日を指し，時刻の指定は意味しない。

別表第二審判事件は，紛争性が高く，当事者対立的な構造をとることから，家庭裁判所がその判断を示す「審判をする日」は，当事者等にとって重大な関心事である。また，「審判をする日」の指定をするのは，当事者等に審判がされる日を事前に知らせることにより，将来の不服申立ての可能性に備えることを容易にすることに意義がある（逐条237頁及び「別冊法学セミナーno.225新基本法コンメンタール人事訴訟法・家事事件手続法」（日本評論社）264頁参照）[410]。

(2) 審判をする日の指定の時期

審判をする日の指定は，審理の終結時に必ずしなければならないわけではない。しかし，審理の終結後，長期間，審判をする日を指定せず，審判をする日の直前になって指定をしたのでは，当事者等への予告機能を発揮できないため，前記(1)の制度趣旨に反し，許されない。したがって，審理を終結した時かその後程ない時期に審判をする日を指定し，それを当事者等に告知することになる。

なお，相当の猶予期間を置いて審理を終結する日を指定する際に（法71条本文），その日に審理を終結することを条件としてあらかじめ審判をする日を指定することも許容される。

また，審判をする日を指定するに当たっては，前記5の(2)のアの(ｱ)の期日調書の記載例及び同(ｲ)の記録化の例（414頁）のように，「平成○○年○月○日」と，特定の日を定める必要がある。

おって，この審判をする日の指定の裁判は，審判以外の裁判（法81条）であり，当事者及び利害関係参加人に対して相当と認める方法によって告知することによって効力を生ずる（法81条1項，74条1項・2項本文）。したがって，当該告知を

---

[408] 審判書は，審判日までに作成されていなければならない（秋武憲一編著「概説家事事件手続法」（青林書院）136頁及び上原裕之，高山浩平，長秀之編著「リーガル・プログレッシブ・シリーズ遺産分割〔改訂版〕」（青林書院）166頁参照）。

[409] なお，当事者が告知用の審判書謄本（又は正本）を受領するために来庁する可能性等も考慮し，当該審判書謄本の受領（交付）可能時刻に関する当事者への説明の要否及び説明内容について，裁判官に事前に相談して確認しておくことも考えられる。

[410] アンケート調査の結果によると，このような審判をする日（審判日）の重要性に鑑み，審判をする日（審判日）について，前述の審理終結日とともに，民事裁判事務支援システム（MINTAS）の事件カード備考欄に入力して管理したり，庁独自の点検票（審理終結日及び審判日の指定及び告知済みか否かを点検するもの）を用いる等して管理している家庭裁判所もあった。

したときは，事件担当書記官は，前記5の(2)のイ（414頁）と同様に，その旨及び告知の方法を記録上明らかにする（規50条4項・3項）（逐条237頁及び238頁参照）。

(3) **審判をする日の指定の取消し及び変更**

審判をする日の指定の裁判は，審判以外の裁判（法81条）であり，手続の指揮に関する裁判である。したがって，いったん審判をする日を指定した後であっても，審理を再開する場合（前記5の(5)（415頁）参照）等，事情の変更等によりこれを維持することが相当でなくなる場合には，当該指定の裁判を取り消し，改めて審判をする日を指定することもできる。

このような審判をする日の指定の裁判を取り消して改めてそれを指定する裁判は，前記5の(2)（413頁）と同様に記録化（例えば，「1　審判をする日（平成〇〇年〇月〇日）の指定を取り消す。2　審判をする日を平成〇〇年〇月〇日と定める。」等と記載し，当該裁判をした年月日を付記して裁判官が押印する等[411]）して当事者等に告知することになる（逐条238頁参照）。

7　**その他**

前記1から6までのほか，別表第二審判手続において，紛争の相手方が当事者となっていることを反映し，法定代理権及び手続代理人の代理権の消滅の通知（法20条，25条），参与員の関与（法40条3項ただし書），抗告審における原審の当事者の陳述の聴取（法89条2項），原裁判所による審判の更正（法90条ただし書），第一審が管轄違いの場合の処理（法92条1項）について特則がある（一問一答122頁参照）。

第3　審判期日外における書記官事務

本項に記載する審判期日外における書記官事務は，審理の充実及び円滑な進行の実現を図るものであり，別表第二審判手続の適正確保並びに円滑な進行確保及び進行促進に資する事務である。当然ながら，各家庭裁判所においては，裁判官の審理の方針，事案ごとの個別の事情等の実情に応じて，審判期日外における書記官事務の内容に多少の差異は生じ得る。そこで，本項では，そのような差異が生じ得ることにも留意して，各家庭裁判所における事務処理状況等の調査結果等も踏まえ，審判期日外における書記官事務のうち基本となる主な事務について記載した。

なお，個別の事件類型において特に留意すべき審判期日外における書記官事務等については，第5編（460頁）の各章の各節を参照されたい。

1　**期日間準備事務**

(1) **提出予定書面の提出期限の管理**

事件担当書記官は，提出期限が定められている書面がある場合は，裁判官の指示や裁判官と共有した認識に基づいて，当該提出期限までに当該書面が提出されているか否かの確認や当該提出期限までに当該書面が提出されるように適宜の時期に電

---

[411] このほか，単に「審判をする日を平成〇〇年〇月〇日に変更する。」と記載し，当該裁判をした年月日を付記して裁判官が押印するといった記録化をしている家庭裁判所もある。

第6章 別表第二審判手続に関する書記官事務

話等の適宜の方法で督促する等の、提出予定書面の提出期限の管理を行う[412]。

(2) 当事者等（主に相手方）からの提出書面の取扱い

　本章の第2節の第7の3（364頁）記載のとおり，相手方には，申立書の写しや審判期日通知書を送付する際に，①申立書の「申立ての趣旨」及び「申立ての理由」についての相手方の意見等を記載する書面及び②進行に関する照会回答書等が送付されている場合がある。そのような場合等において，相手方から①及び②の書面等が提出されたら，事件担当書記官は，受付事務を行い，あらかじめ裁判官との間で認識を共有している提出書面の確認事項（提出書面の体裁や連続性等の形式面のほか，裁判官が提出を指示した書面であれば当該指示に基づいた書面が提出されているかどうか，非開示希望情報等の有無や当事者の暴力等の別表第二審判手続の進行に影響を与え得る事項の記載の有無や内容，法が規定する申立てや申出の有無等[413]）について確認する。当該確認の結果については，前記(1)の提出期限が定められている書面が提出された場合や別表第二審判手続の進行に影響を与え得る事項が記載されている場合等，書面の緊急度や重要度，手続への影響度等に応じて，適時適切に裁判官に報告し，手続の進行方針等について指示を仰ぐ。

　なお，相手方から前記①及び②の書面等が提出された際に，家庭裁判所提出用の証拠書類の写しのほかに申立人交付（送付）用の当該写しも併せて提出された場合は，事件担当書記官において，前述のとおり提出書面の確認等をした上で，裁判官に報告し，審理の充実及び円滑な進行の実現を図るために，申立人に当該写しを交付又は送付するか否か等の手続の進行方針について指示を仰ぐ（規3条2項参照）[414]。

　おって，調査官による手続選別（インテーク）（本章の第2節の第5の5（358頁）参照）は，例えば，当事者の申立て（本章の第1節の第2（341頁）参照）によって開始された別表第二審判事件の場合，主に申立人提出書面のみによって行われたものであるため，更に手続選別の適正を期するために，相手方から前記①及び②の書面等が提出された後に，再度，調査官による手続選別を行うこととしている家庭裁判所もある。

(3) 当事者等からの問合せ対応

　申立書の写しや審判期日通知書の送付の際に，手続説明書面を同封して送付して

---

412 なお，アンケート調査の結果によると，提出予定書面の提出期限の管理の方法として，事案に応じて，民事裁判事務支援システム（MINTAS）の書面の提出期限管理の機能を利用している家庭裁判所もある。
413 なお，アンケート調査の結果によると，多くの家庭裁判所において，事件担当書記官は当事者等からの提出書面について主にこのような事項に留意して確認をしており，当該確認事項については裁判官と事件担当書記官との間で事案に応じて個別に認識の共有を図っているとのことであった。このほか，アンケート調査の結果からは，各家庭裁判所において，裁判所における障害を理由とする差別の解消の推進に関する対応要領（平成28年4月1日実施。詳細については，後記第4の1の脚注（422頁）参照。）に基づき，障害がある当事者等からの現に社会的障壁の除去を必要としている旨の意思表明の有無についても確認していることが確認できた。
414 なお，書面の直送その他の送付に関しては，裁判所がその責任で送付しなければならないもの（別表第二審判の申立書の写し（法67条1項）等）と，当事者等がその責任で直送しなければならないもの（証拠の申出を記載した書面（規46条3項。文書提出命令の申立書も含まれる。）等）があるため，これらについては，規26条の規定に従って，当該送付に関する事務を行う必要がある（詳細については，条解規則57頁～61頁を参照されたい。）。

第3　審判期日外における書記官事務

いたとしても，当事者等から，別表第二審判手続に関する事項，各種書面の書き方や証拠書類の写しの提出方法，審判期日当日の手続の流れ等について電話等で問合せをされることがある。このような問合せがあったときは，事件担当書記官は，当該当事者等の理解の程度等に応じて，簡にして要を得た説明をする必要がある。また，このような問合せの際には，併せて，他方当事者等に対する強い不満等が述べられたり，精神的に不安定な状況が見受けられたり，粗暴な態度が示されたりすること等もあるため，当該問合せをしてきたときの当事者等の状況や対応結果については，必要に応じて，裁判官にも報告し，手続の進行方針等について指示を仰ぐ。

　当事者等から審判期日における裁判官の発言の内容やその趣旨の確認を求める問合せ，今後の手続の流れ等についての問合せを受けた場合は，これらの情報は，当事者等の手続についての理解の程度を明らかにしたり，手続に対する要望等を把握できる等，今後の手続の円滑な進行確保及び進行促進の観点からも重要な情報となり得るものであることから，その内容や対応結果については，緊急度や重要度，手続への影響度等に応じて，適宜電話聴取書を作成する等して記録化し，裁判官に報告する。

(4)　**当事者の連絡先の変更**

　第2編の第7章の第4節の第2の1の(2)のオ（124頁）と同様であるため参照されたい。

(5)　**調査報告書等の取扱い**

ア　調査報告書の取扱い

　調査官により審判期日外に事実の調査（法58条1項）が行われた別表第二審判事件について，当該調査の結果等が記載された調査報告書（法58条3項・4項）が提出された場合は，事件担当書記官は，裁判官の判断補助及び別表第二審判手続の進行促進等を目的として，当該調査報告書の誤字脱字等の形式面の点検に加え，あらかじめ裁判官及び調査官と共有した方針に従い，非開示希望情報等や推知情報の有無等の別表第二審判手続の進行に影響を与え得る事項の記載の有無等にも留意して当該調査報告書を閲読し[415]，裁判官に提出して押印をしてもらった後，裁判官の指示に基づいて，当事者に当該調査報告書が提出された旨を電話等で連絡し，当該調査報告書の閲覧・謄写を促す。

　なお，この当事者に対する閲覧・謄写の促しの連絡の際に，併せて，事実の調査の通知（法70条）を行った場合は，当該調査報告書の余白部分にその旨及び通知の方法を付記する等して記録上明らかにする（規5条，民訴規4条2項）（前記第2の4の(5)のウ（412頁）参照）。

イ　調査嘱託の回答書（又は報告書）の取扱い

　審判期日外に事実の調査として調査嘱託（法62条）が行われた別表第二審判事件について，当該嘱託先から回答書（又は報告書）が提出された場合は，事件

---

[415] アンケート調査の結果においても，多くの家庭裁判所において，事件担当書記官が調査報告書を閲読する目的や留意事項はこのような内容であり，当該目的や留意事項については，裁判官と事件担当書記官との間で事案に応じて個別に認識の共有を図っているとのことであった。

第6章　別表第二審判手続に関する書記官事務

　　担当書記官は，嘱託した調査事項についての回答の記載の有無や内容，マイナンバーや非開示希望情報等の記載の有無等に留意して当該回答書を閲読し，裁判官に提出した後，裁判官の指示に基づいて，当事者に当該回答書が提出された旨を電話等で連絡し，当該回答書の閲覧・謄写を促す。
　　なお，この当事者に対する閲覧・謄写の促しの連絡の際に，併せて，事実の調査の通知（法70条）を行った場合は，当該回答書の余白部分にその旨及び通知の方法を付記する等して記録上明らかにする（規5条，民訴規4条2項）（前記第2の4の(5)のウ（412頁）参照）。
　　おって，嘱託を受けた団体等が回答（又は報告）をした場合には，家庭裁判所に対し，その報酬及び必要な費用を請求することができるため（民訴費用法20条1項及び昭和48年度書記官実務研究「民事訴訟における訴訟費用等の研究」（裁判所書記官研修所）468頁参照），当該回答とともに当該報酬及び必要な費用の請求がされれば，関連通達等（第2編の第7章の第14節の第4（191頁）参照）に従って，当事者等に予納させた保管金（民訴費用法12条1項参照）の払渡し等の手続を行う必要がある。

(6)　**参与員による記録の閲読等**
　　参与員が関与する別表第二審判事件（法40条及び本編の第2章の第2節（331頁）参照）については，参与員が立ち会う審判期日前等に，当該事件の記録を閲読して意見を述べるための準備を行う。したがって，事件担当書記官は，参与員との間で当該事件の記録の貸出し（授受）（平成27年6月19日付け最高裁総三第133号総務局長通達「民事裁判事務支援システムを利用した家事事件等の事務処理の運用について」記第6の1の(2)のイ参照）等の当該準備に関する事務を行う。

(7)　**審判期日実施前の準備事務**
　　事件担当書記官は，審判期日における手続の円滑な進行確保及び進行促進のため，当該審判期日の1週間程度前までには，主に次のアからエまでの事務を行うことが望ましい。
　　ア　審判期日の呼出しの成否（当事者等の出頭確保）の確認
　　　　審判期日の呼出しの未了等により当該審判期日を空転させないために，記録中の当該審判期日の通知書（当事者等に送付済みのもの）の控え（写し）や弁護士の手続代理人等から提出された期日請書等により，指定した当該審判期日（日時）の呼出しが適正かつ確実に完了しているかを確認する。
　　イ　記録の所在等の確認
　　　　審判期日前に調査官による事実の調査（法58条1項）が行われ，調査官に記録を貸し出している場合（本章の第2節の第6の2の(3)（361頁）参照）は，記録の返還の有無を確認し，記録の返還が未了であれば記録の返還予定日（調査報告書の提出日）等を確認し，当該記録の閲読等を予定している裁判官に報告する。
　　ウ　業務系システムの入力内容の正確性の確認
　　　　審判期日当日使用する期日簿（後記第4の1の(1)（422頁）参照）等を印刷することができる民事裁判事務支援システム（MINTAS）に入力された審判期日の情報の正確性を確認する。

エ 裁判官による記録の閲読
　　当該審判期日の別表第二審判事件の記録を，当該事件担当の裁判官との申合せや取決め等（例えば，当該裁判官が審判期日における進行等の準備をするために，当該審判期日の1週間程度前に，当該審判期日の別表第二審判事件の記録を閲読する等）に従って，当該裁判官の閲読のために提出する。
　　裁判官の閲読のために記録を提出する際の記録の授受（貸出し及び返還）については，民事裁判事務支援システム（MINTAS）の貸出しの機能を利用するか，あるいは裁判官から即日記録が返還される場合は，適宜の方法により，記録の出納（授受）を把握する（平成27年6月19日付け最高裁総三第133号総務局長通達「民事裁判事務支援システムを利用した家事事件等の事務処理の運用について」記第6の1の(2)のア参照）。
　　この記録の閲読後，事案（例えば，調査官により審判期日前に事実の調査（前記イ参照）が行われていた事案等）によっては，裁判官の指示により，裁判官，調査官及び書記官において，当該審判期日における手続の進行方針等についてあらかじめ打合せを行うこともある。

2 審判期日の変更
　第2編の第7章の第4節の第2の2（126頁）と同様であるため，適宜，別表第二審判手続における審判期日の変更の場合に読み替えた上で参照されたい。

3 医師である裁判所技官の関与
　第2編の第7章の第4節の第2の3（128頁）と同様であるため，適宜，別表第二審判手続における医師である裁判所技官の関与の場合に読み替えた上で参照されたい。

4 通訳人の立会い等
　第2編の第7章の第4節の第2の4（129頁）と同様であるため，適宜，別表第二審判手続における通訳人の立会い等の場合に読み替えた上で参照されたい。

5 事故防止対策等
　第2編の第7章の第4節の第2の5（130頁）と同様であるため，適宜，別表第二審判手続における事故防止対策等の場合に読み替えた上で参照されたい。

第4 審判期日における書記官事務
　本項に記載する審判期日における書記官事務は，前記第3（417頁）と同様に，審理の充実及び円滑な進行の実現を図るものであり，別表第二審判手続の適正確保並びに円滑な進行確保及び進行促進に資する事務である。当然ながら，各家庭裁判所においては，裁判官の審理の方針，事案ごとの個別の事情等の実情に応じて，審判期日における書記官事務の内容に多少の差異は生じ得る。そこで，本項では，そのような差異が生じ得ることにも留意して，各家庭裁判所における事務処理状況等の調査結果等も踏まえ，審判期日における書記官事務のうち基本となる主な事務について記載した。
　なお，個別の事件類型において特に留意すべき審判期日における書記官事務等については，第5編（460頁）の各章の各節を参照されたい。

1 出頭当事者等への対応等
　審判期日に出頭した当事者等に対応する書記官は，手続の円滑な進行確保及び事故

防止対策等（前記第3の5（421頁）参照）の観点等から，主に次の(1)から(4)までに留意して対応する必要がある[416]。
(1) 書記官室等において，当事者等本人の出頭であることを確認する。実務上，当事者等が持参した審判期日通知書や身分証明書等により，書記官室等に備え付けられている期日簿等とも対照する等して出頭確認をすることが多い。

　この当事者等の出頭時には，他方当事者等に対する感情の高ぶり等から粗暴な態度を示す当事者等もいるため，審判期日の運営に影響を与え得るような当事者等の出頭時の様子等については，事故防止対策等の観点からも，裁判官，当該審判期日に立ち会う参与員や調査官，上司（主任書記官等）等に速やかに報告及び相談をし，対応を検討する必要がある。

(2) 前記(1)の出頭確認後，書記官室等に備え付けられている期日簿等で当該審判期日で使用する家事審判廷等を確認し，当該当事者等を待合室へ案内する。このとき，例えば，ドメスティック・バイオレンス（DV）等の行為が背景にある事案等で，申立人が使用する待合室と相手方が使用する待合室の階を分けて使用することとなっている事件，警備対応がとられている事件[417]等では，当事者双方が家庭裁判所庁舎内において不用意に接触することがないように，事前に双方の動線を確認した上で正確に待合室へ案内する必要がある。

　なお，調停期日に出頭した当事者等本人を調停室等に案内する場合と同様に，待合室に案内した後に出頭当事者等を呼びに行くとき等，他の事件の関係者がいるときには，プライバシーへの配慮等の観点から，当該出頭当事者等本人の名前を呼ばないような配慮をしている家庭裁判所もある（第2編の第7章の第4節の第3の2の(2)（131頁）参照）。

(3) 当事者等の出頭時の様子から，前記第1（404頁）の別表第二審判手続の非公開主義（法33条）や審判期日における録音や録画等の制限（規33条，民訴規77条）等についての理解が十分ではないと見受けられる場合は，これらの留意事項についても説明し，当事者等の反応について裁判官に報告する。

(4) 審判期日の呼出しを受けた一部の当事者等が不出頭である場合は，当該当事者等が書記官室に向かわずに直接待合室や休憩場所等に行っていないか（他の場所で待っていないか）等を確認した上で，裁判官に当該当事者等が不出頭である旨を報告し，当該審判期日の進行方針についての指示を受ける。

---

[416] このほか，書記官だけでなく，裁判官を含む裁判所の全職員が事務を行うに当たって留意すべき事項として，平成28年3月24日付け最高裁総一第346号事務総長通達「裁判所における障害を理由とする差別の解消の推進に関する対応要領について」がある。この通達の別紙の対応要領は，障害を理由とする差別の解消の推進に関する法律（平成25年法律第65号）の趣旨を踏まえ，障害を理由とする不当な差別的取扱いをすることなく，また，障害者から現に社会的障壁の除去を必要としている旨の意思表明があった場合に合理的な配慮を行うことができるように定められたものであり，関係部署とも連携・協力して，この対応要領の趣旨に沿った手続を実現する必要がある（同日付け最高裁総一第347号総務局長通知「裁判所における障害を理由とする差別の解消の推進に関する対応要領について」参照）。

[417] このようないわゆる要注意事件については，実務上，各家庭裁判所において，関係職種間で情報を共有するために，記録表紙に注意喚起の表示をする等の取扱いを定めている例が多い（第2編の第7章の第2節の第2の2の※1（75頁）参照）。

2 審判期日における当事者等からの提出書面の取扱い

法の趣旨（第1編の第1章（4頁）及び第2章（5頁）参照）等を踏まえ，別表第二審判手続の透明性や公平性の確保及び審理の充実を図る目的等から，例えば，収入や資産等に関する客観的な事情等を当事者双方が把握しておく必要がある，いわゆる経済事件（婚姻費用分担，養育費，財産分与，年金分割，扶養，遺産分割，寄与分等の金銭等の給付を目的とした事件）については，実務上，原則として，当事者等が提出する主張書面や証拠書類の写しについては，規3条2項に基づき，家庭裁判所提出用1通のほか，他方当事者交付（送付）用に他方当事者の人数分も提出してもらう取扱いが多い[418]。

このように審判期日において当事者等から家庭裁判所提出用及び他方当事者交付用の主張書面や証拠書類の写しが提出された場合は，当該書面の受付事務[419]を行うとともに，当該審判期日に出頭している他方当事者には他方当事者交付用の写しを交付し，当該写しの授受の明確を期すために，家庭裁判所提出用の書面の余白に当該他方当事者から受領を示す署名（サイン）又は押印をしてもらう取扱いが一般的である。

なお，このような取扱いをするに当たっては，当事者等が提出する当該書面中に非開示希望情報等が含まれていないか等について当事者等に注意喚起をしたり，実際に非開示希望情報等が含まれている場合には適切な管理を行う等，第2編の第7章の第2節の第3（76頁）記載の非開示希望情報等の適切な管理に十分留意する必要があることはもちろんである。

3 審判期日に立ち会った調査官の意見を記載したメモ等の提出等

家庭裁判所は，必要があると認めるときは，審判期日に立ち会った調査官に，事件の見立てや解決の方針，事実の調査の必要性等に関する意見を述べさせることができる（法59条2項）。事件担当書記官は，当該調査官から，口頭又は書面（意見を記載したメモ（記録外書面）等）により当該意見が述べられたら，次回審判期日への立会いの要否や審判期日外における調査命令の要否等に関する事項を併せて確認し，これらに関する命令が必要である場合は，当該命令の発令に関する事務（当該命令の発令のための裁判官への記録の提出や当該命令の発令後の調査官への記録の引継ぎ等の事務）を行う。

4 調書及び事件経過表の作成

(1) 概説

書記官は，家事審判の手続の期日（審判期日）について，調書を作成しなければならない（法46条本文）[420]。これは，家事審判の手続を期日で行った場合には，その重要性に鑑み，できる限り記録化しておくのが相当であるからである（逐条159頁参照）。

---

[418] このような提出書面の取扱いについては，実務上，受付窓口や電話等における手続案内のほか，手続説明書面を作成して，申立書の写し等を送付する際に同封する等して当事者等に説明していることが多い。

[419] 実務上，事務の適正を期するために，この受付事務の際に併せてゴム印等で提出者を明示する取扱いもある。

[420] 法46条の規定の趣旨は，審判期日以外の手続について調書を作成することが許されないという趣旨ではない。裁判所の判断により，調書を作成する方法により記録を明確化しておくことも許される（一問一答100頁（注2）及び逐条160頁（注）参照）。

第6章　別表第二審判手続に関する書記官事務

　　もっとも，証拠調べの期日以外の期日については，裁判長においてその必要がないと認めるときは，その経過の要領を記録上明らかにすることをもって，これに代えることができる（法46条ただし書）。証拠調べについては，一般にその結果が審判の資料として重要な価値があることから必ず調書を作成すべきものとされているが，それ以外の期日における手続については，その具体的な内容や重要性は様々であって，家事審判手続において常に一律に調書を作成しなければならないものとすることは，場合によっては簡易迅速な処理の要請に反し，不合理な結果を招きかねない。そこで，裁判長の適正な裁量により調書の作成を省略することを許容することとしている[421]。この場合，「経過の要領」において，期日の外形的な経過（期日を行った日時，出頭した当事者，指定した次回期日等）を記録上明らかにしておかなければならないため（逐条160頁参照），実務上，事件経過表（後記(4)のイ（426頁）参照）を作成して[422]，記録編成通達に従って，記録につづり込む取扱いをしている。

> ☆アンケート調査の結果
> 　別表第二審判事件において，法46条ただし書の規定に基づき，調書の作成に代えて経過の要領を記録上明らかにするための事件経過表を作成した事案があるか。
> 　①　ある。　　　　　　　　　　　　　　　　　　　　　……3庁
> 　②　ない。　　　　　　　　　　　　　　　　　　　　　……45庁
> 　なお，部ごとに回答が異なるとして，①及び②のいずれにも回答した家庭裁判所が2庁あった。
> 　おって，前記回答が①の場合の主な事案の内容は次のとおりであった。
> 　【事案1】　当事者の不出頭等の理由により，予定されていた審問等の事実の調査が実施されなかったため，当該審判期日の手続を調書として記録化する必要がない事案
> 　【事案2】　審判期日において当事者間の合意に向けた協議（付調停した場合の調停成立に向けた協議）のみが行われた事案
> 　【事案3】　審判期日において審問を実施後，直ちに調停に付し，調停が成立した事案※
> 　　　　※　審判期日において審問等の事実の調査をした場合には，仮に調書の作成を省略してもその要旨（事実の調査の方法及びその結果等）を家事審判事件の記録上明らかにしておく必要がある（規44条2項。逐条160頁参照。）。

(2) 調書の記載事項

　　審判期日の調書（法46条）の記載事項は次のア及びイのとおりである。これら

---

[421] もっとも，審判期日において審問が実施された場合には，その判断資料としての重要性から，当該期日の調書と一体となる審問調書を作成する方法により記録化をすることになろう（条解規則80頁参照）。
[422] この事件経過表の作成により，裁判長が，法46条ただし書の規定に基づき，調書を作成する必要がないと認めてその作成を省略したことが記録上も明らかになる（昭和57年3月訟廷執務資料第52号「裁判所書記官会同協議要録（家庭関係）」（最高裁判所事務総局）60頁103参照）。

第4　審判期日における書記官事務

の記載事項の趣旨等については，条解規則74頁から83頁までに記載されているため併せて参照されたい。
　このほか，審判期日及び期日調書については，規33条において，民訴規68条から77条までの規定が，必要な読替えをした上で準用されている。
ア　形式的記載事項
　　審判期日の調書には，次の①から④までの事項を記載し（規31条1項），書記官が記名押印し，裁判長[423]が認印しなければならない（同条2項）。
　①　事件の表示
　②　裁判官及び裁判所書記官の氏名
　③　出頭した当事者，利害関係参加人，代理人，補佐人，通訳人及びその他の関係人の氏名
　④　期日の日時及び場所
イ　実質的記載事項
　(ア)　実質的記載事項
　　　審判期日の調書には，手続の要領を記載し，特に，次の①から⑥までの事項を明確にしなければならない（規32条1項）。
　　　また，審判期日の調書には，手続の要領のほか，当事者及び利害関係参加人による書面の提出の予定その他手続の進行に関する事項を記載することができる（規32条3項）。
　　①　申立ての趣旨又は理由の変更及び申立ての取下げ
　　②　証人，当事者本人及び鑑定人の陳述
　　③　証人，当事者本人及び鑑定人の宣誓の有無並びに証人及び鑑定人に宣誓をさせなかった理由
　　④　検証の結果
　　⑤　裁判長が記載を命じた事項及び当事者の請求により記載を許した事項
　　⑥　書面を作成しないでした裁判
　(イ)　裁判によらないで完結した場合の調書記載の省略
　　　規32条1項の規定にかかわらず，家事審判手続が裁判によらないで完結した場合（付調停による調停成立，申立て又は即時抗告の取下げ（取下げとみなされる場合を含む。）その他の事由により家事審判手続が終了する場合）には，裁判長の許可を得て，証人，当事者本人及び鑑定人の陳述並びに検証の結果の記載（前記(ア)の②及び④参照）を省略することができる。ただし，当事者が家事審判手続の完結を知った日から1週間以内にその記載をすべき旨の申出をしたときは，省略することはできない（規32条2項）（条解規則81頁及び82頁参照）。

(3)　調書作成のための書記官の立会い
　第2編の第7章の第4節の第3の9の(3)（137頁）と同様であるため，適宜，別

---
[423]　この裁判長に支障があるときは，陪席裁判官がその事由を付記して認印しなければならない。裁判官に支障があるときは，書記官がその旨を記載すれば足りる（規31条3項）。

第6章　別表第二審判手続に関する書記官事務

表第二審判手続における調書作成のための書記官の立会いの場合に読み替えた上で参照されたい。

(4) **調書及び事件経過表の様式及び記載方法**

ア　調書の様式及び記載方法

第2編の第7章の第4節の第3の9の(4)のア（137頁）と同様であるため参照されたい。

イ　事件経過表の参考様式

第2編の第7章の第4節の第3の9の(4)のイ（138頁）と同様であるため参照されたい。

5　審判期日の続行

審判期日が続行される場合は，事件担当書記官は，次回審判期日が充実したものとなるよう，円滑な進行確保及び進行促進を図るため，審判期日に不出頭であった当事者へ次回審判期日の呼出し（法34条4項，民訴法94条1項）を行ったり，次回審判期日までの間に調査官による事実の調査（法58条1項）が行われることとなった事件については，調査命令の発令に関する事務（調査命令の発令のための裁判官への記録の提出や当該調査命令の発令後の調査官への記録の引継ぎ等の事務）等を行う。このほか，審判期日外における各種書記官事務については，前記第3（417頁）を参照されたい。

第5　**テレビ会議システム又は電話会議システムの方法による審判期日における手続の実施**

第2編の第7章の第4節の第5（140頁）と同様であるため，適宜，別表第二審判手続においてテレビ会議システム又は電話会議システムの方法による審判期日における手続を実施する場合に読み替えた上で参照されたい。

第6　**手続の併合・分離**

別表第二審判手続の併合・分離に関する書記官事務については，家事事件手続法概説52頁（手続の併合等）や平成27年度書記官実務研究の第1編の第7章の第2（47頁）と同様であるため参照されたい。ただし，併合された事件の記録の編成については，第2編の第7章の第2節の第2の2（72頁）も参照されたい。

なお，遺産の分割の審判事件（法別表第二の十二の項の事項についての審判事件）と寄与分を定める処分の審判事件（法別表第二の十四の項の事項についての審判事件）が係属するときは，これらの審判の手続及び審判は，併合してしなければならない。数人からの寄与分を定める処分の審判事件が係属するときも同様である（法192条）。詳細については，第5編の第6章の第1節の第11の2（542頁）及び同章の第3節の第10の1（560頁）を参照されたい。

第7　**事実の調査**

別表第二審判手続における事実の調査に関する書記官事務は，主に，①事実の調査の要旨の記録化（規44条2項），②事実の調査の通知（法70条），③事実の調査の通知をしたことの記録化（規5条，民訴規4条2項）の三つである。

これらのうち，事実の調査の意義や類型，①事実の調査の要旨の記録化（規44条2項）を含む事実の調査に関連する書記官事務については，第2編の第7章の第5節の第1（145頁）及び平成27年度書記官実務研究の第2編の第1章の第3の2の(1)（法63条の規定による事実の調査の通知に関する部分は除く。）（66頁）と同様であるため，適宜，前記第2（404頁）の別表第二審判手続における審理手続の特則に留意し，別表第二審判手続における事実の調査の場合に読み替えた上で参照されたい。審判移行後に当該審判事件が係属する家庭裁判所が審判移行前の調停事件記録について事実の調査をした場合の記録の編成については，本章の第2節の第2の2（354頁）を参照されたい。

また，②事実の調査の通知（法70条）及び③事実の調査の通知をしたことの記録化（規5条，民訴規4条2項）については，前記第2の4（407頁）を参照されたい。

このほか，個別の事件類型における事実の調査に関する書記官事務については，第5編（460頁）の各章の各節を参照されたい。

第8 証拠調べ

第2編の第7章の第6節の第1（147頁）及び平成27年度書記官実務研究の第2編の第1章の第3の2の(2)（72頁）と同様であるため，適宜，別表第二審判手続における証拠調べの場合に読み替えた上で参照されたい。また，個別の事件類型における証拠調べに関する書記官事務については，第5編（460頁）の各章の各節を参照されたい。

第9 子の意思の把握・考慮等

1 子の意思の把握・考慮（法65条）

第2編の第7章の第7節（148頁）と同様であるため，適宜，別表第二審判手続における子の意思の把握・考慮の場合に読み替えた上で参照されたい。また，個別の事件類型における子の意思の把握・考慮に関する書記官事務については，第5編（460頁）の各章の各節を参照されたい。

2 子の必要的陳述聴取

法65条の規定によれば，子の意思を把握するためにどのような方法をとるのが適切であるのかは家庭裁判所が判断することを前提にしているが，法は，一定の家事審判事件については，その結果の重大性等から，その結果により影響を受ける子が15歳以上の場合に当該家事審判事件について認識や意向を述べる機会を保障するとともに，陳述の聴取の結果によって得た子の意思や意向を最終的な判断に当たって考慮するため，個別の規定により必ず子から陳述を聴取しなければならないこととしている（逐条223頁及び224頁参照）。

別表第二審判事件のうち，15歳以上の子の必要的陳述聴取について規定しているのは，子の監護に関する処分の審判事件（子の監護に要する費用の分担に関する処分の審判事件を除く。）（法152条2項）及び親権者の指定又は変更の審判事件（法169条2項）である。これらの個別の事件類型における子の必要的陳述聴取の手続については，第5編の第1章の第3節の第1の11の(3)（476頁）及び同編の第3章の第2

第6章　別表第二審判手続に関する書記官事務

節の第1の11の(1)(513頁)を参照されたい。

また，これらの審判事件を本案とする審判前の保全処分の事件のうち，子の監護に関する処分の審判事件を本案とする保全処分（子の監護に要する費用の分担に関する仮処分を除き，仮の地位を定める仮処分に限る。）の事件（法157条2項）及び親権者の指定又は変更の審判事件を本案とする保全処分（仮の地位を命ずる仮処分に限る。）の事件（法175条2項）についても，原則として，15歳以上の子の陳述を聴取しなければならない旨規定されている（逐条224頁（注2）参照）。

第10　別表第二審判手続における関係職種との連携

第2編の第7章の第4節の第7の1及び2（143頁）と同様であるため，適宜，別表第二審判手続における関係職種との連携の場合に読み替えた上で参照されたい。ただし，調査官の関与に伴う関係職種との連携については，家事調停手続から審判移行した別表第二審判事件のように，裁判官が家事調停手続における進行状況を把握していたり，当事者の申立てによって開始された別表第二審判事件のように，裁判官が書記官との間で手続の進行の見通しを共有しながら審判期日を重ね，当事者の状況についても把握している場合には，裁判官は，調査官の関与の必要性について主体的に判断することができることから，このような事件においては，事件担当書記官は，期日前準備事務の一種である進行に関する打合せの中等で，必要に応じて調査官の関与の要否についての意見を述べれば足りると考えられる。

なお，参与員が関与する別表第二審判事件については，家事調停事件における家事調停委員との連携と同様に，当該事件の記録の授受をするときや，当該事件に関する相談等に乗ることで，日頃から参与員とのコミュニケーションを図り，別表第二審判手続の円滑な進行にもつながる関係を構築しておく必要がある。

第6節　記録の閲覧・謄写等
第1　概説

別表第二審判事件の記録の閲覧・謄写等の規律は法47条に規定されており，当該規律には，当事者[424]から当該閲覧・謄写等の許可の申立てがあったときは，同条4項に規定されている例外事由[425]に該当して許可しないときを除き，原則として，これを許可しなければならないものとし（同条3項），また，当該申立てを却下した裁判に対しては，即時抗告をすることができる（同条8項）等といった特徴がある。

この別表第二審判事件を含む家事事件の記録の閲覧・謄写等の規律をまとめた一覧表（151頁）が第2編の第7章の第8節の第1に掲載されているため参照されたい。

424　なお，法47条3項は「当事者」としているが，利害関係参加人は当事者がすることができる手続行為をすることができ（法42条7項），利害関係参加人の記録の閲覧・謄写等の許可の申立ては当事者の記録の閲覧・謄写等の許可の申立てと同視されることになる（逐条164頁参照）。
425　この例外事由の具体的な内容や例等については，逐条164頁～166頁に詳細が記載されているため参照されたい。

第2 別表第二審判事件の記録の閲覧・謄写等に関する書記官事務
1 別表第二審判事件の記録の閲覧・謄写・複製に関する書記官事務
(1) 当事者（利害関係参加人を含む。）による申請（申立て）に関する手続
平成27年度書記官実務研究の第2編の第1章の第3の5の(1)のア（87頁）と同様であるため参照されたい。
(2) 利害関係を疎明した第三者による申請（申立て）に関する手続
平成27年度書記官実務研究の第2編の第1章の第3の5の(2)（90頁）と同様であるため参照されたい。
(3) 留意事項
ア 非開示希望情報等の適切な管理について

書記官は，前記(1)及び(2)の閲覧・謄写等に関する手続及び事務を行うに当たっては，家庭裁判所の意図に反して非開示希望情報等を流出させることのないように適切に管理する必要がある。非開示希望情報等が含まれている記録について当事者等から閲覧・謄写等の申請がされたときの対応等については，第2編の第7章の第2節の第3の3の(4)のアの(イ)（89頁）を参照されたい。

イ 家事調停手続が終了して審判移行した別表第二審判事件の記録の閲覧・謄写等について

家事調停手続が終了して審判移行した別表第二審判事件（法272条4項，286条7項参照）については，家事調停手続において提出又は収集された資料が当然に別表第二審判の資料となるものではなく，当該調停事件記録中の資料について当該別表第二審判事件が係属する家庭裁判所が事実の調査等をすることによって初めて別表第二審判の資料となることから（逐条818頁参照），当該調停事件記録中の書類のうち当該別表第二審判事件が係属する家庭裁判所が事実の調査をした書類については，記録編成通達に定める分類及び区分ごとに整理して別表第二審判事件記録につづり込むこととされている（本章の第2節の第2の2（354頁）参照）。

また，記録の閲覧・謄写等については，別表第二審判事件と家事調停事件で異なる規律が設けられている（法47条，254条）ところ，審判移行後の別表第二審判事件記録と調停事件記録を一体として管理していたとしても，当該調停事件記録中，事実の調査をした書類以外の書類は，前述のとおり，別表第二審判の資料とはならず，家事調停事件の規律に従うことになることから，記録の編成に当たっても，一件記録上，別表第二審判の資料となる審判事件記録の部分以外の調停事件記録の部分が明確に区別できるよう，当該書類については，別表第二審判事件記録の末尾に区別してつづり込むこととされている（本章の第2節の第2の2（354頁）参照）。

したがって，このような審判移行後の別表第二審判事件記録と調停事件記録を一体として管理している記録について当事者から閲覧・謄写等の申請がされた場合は，いずれの記録の部分についての閲覧・謄写等の申請かについて，その範囲を特定してもらった上で，それぞれの事件の記録の閲覧・謄写等の規律に従って，閲覧・謄写等に関する事務を行う必要がある。

第6章 別表第二審判手続に関する書記官事務

なお，この場合において，審判移行後の現に係属中の別表第二審判事件記録の部分ではなく，又は当該別表第二審判事件記録の部分と併せて，調停事件記録の部分についての閲覧・謄写等の申請がされた場合は，当該調停事件は終了している（法272条4項，286条7項参照）ことから，当該調停事件記録の部分についての閲覧・謄写等の申請については，事件の係属中に当事者が申請（請求）する場合には該当せず，1件につき150円の手数料（収入印紙）の納付を要することになる（民訴費用法7条別表第二の一の項，8条本文）（内田恒久責任編集「民事訴訟費用等に関する法律・刑事訴訟費用等に関する法律の解説」（法曹会）150頁参照）。

2 別表第二審判事件の記録の正本，謄本若しくは抄本又は別表第二審判事件に関する事項の証明書の交付に関する書記官事務

(1) 申請人（申立人）等

別表第二審判事件の記録の正本，謄本若しくは抄本又は別表第二審判事件に関する事項の証明書の交付の申請人（申立人）等については，次の一覧表のとおりである。

【別表第二審判事件の記録の正本等の交付の申請人（申立人）等一覧表】

申請人	対象	家庭裁判所の許可	根拠条文
当事者（利害関係参加人を含む。）	審判書その他の裁判書の正本，謄本若しくは抄本又は別表第二審判事件に関する事項の証明書	不要	法47条6項
	審判書その他の裁判書以外の別表第二審判事件の記録の正本，謄本又は抄本	要	法47条1項※
利害関係を疎明した第三者	別表第二審判事件の記録の正本，謄本若しくは抄本又は別表第二審判事件に関する事項の証明書		

※ 当事者（利害関係参加人を含む。）からの法47条1項の規定による許可の申請（申立て）については，同条4項に規定されている例外事由に該当して許可しないときを除き，同条3項において，原則として，許可しなければならない旨規定されており，また，同条8項では，当該申請（申立て）を却下した裁判に対しては，即時抗告をすることができる旨規定されている。一方，利害関係を疎明した第三者からの法47条1項の規定による許可の申請（申立て）については，同条5項において，家庭裁判所が相当と認めるときは，これを許可することができる旨規定されている。

(2) 手続

ア 当事者（利害関係参加人を含む。）による申請（申立て）に関する手続

当事者（利害関係参加人を含む。）による法47条6項の規定に基づく申請（申立て）に関する手続については，平成27年度書記官実務研究の第2編の第1章の第3の5の(1)のイ（89頁）と同様であるため参照されたい。

イ 利害関係を疎明した第三者による申請（申立て）に関する手続

平成27年度書記官実務研究の第2編の第1章の第3の5の(2)（90頁）と同様であるため参照されたい。

ウ 別表第二審判事件の記録の正本，謄本又は抄本の作成及び交付

第2編の第7章の第8節の第3の2の(4)のアの(イ)（155頁）と同様であるため，適宜，別表第二審判事件の記録の正本，謄本又は抄本の作成及び交付の場合に読み替えた上で参照されたい。

なお，執行力のある債務名義と同一の効力を有する，金銭の支払，物の引渡し，登記義務の履行その他の給付を命ずる別表第二審判（法75条参照）の審判書の正本を執行債権者である当事者に交付したときの民執規18条2項の規定に準ずる当該審判書の原本への付記等については，第2編の第7章の第8節の第3の2の(4)のイ（156頁）のなお書きと同様であるため，適宜，別表第二審判事件の場合に読み替えた上で参照されたい。
　エ　別表第二審判事件に関する事項の証明書の作成及び交付
　　別表第二審判事件に関する事項の証明書の作成及び交付については，家庭裁判所の書記官が当該別表第二審判事件の記録に基づいて審判確定証明書を交付する旨等が規定された規49条に従うほかは，第2編の第7章の第8節の第3の2の(4)のアの(ｳ)（156頁）と同様であるため，適宜，別表第二審判事件に関する事項の証明書の作成及び交付の場合に読み替えた上で参照されたい。
　　なお，特に審判確定証明書の作成に当たっては，審判確定証明書を添付して戸籍の届出をする身分関係事件（親権者の指定又は変更の審判事件等）へ及ぼす影響等の重要性に鑑み，前述のとおり別表第二審判事件の記録に基づいて（規49条参照），審判の告知（即時抗告ができる当事者への告知等の完了）の確認，確定日計算の基準日の調査，即時抗告提起の有無の確認，確定日の計算等を，関連する法や規則に従って，適正かつ確実に行わなければならないことに十分留意する（平成27年4月3日付け最高裁総務局第三課長及び家庭局第二課長書簡参照）。

第7節　受継

　法は，家事審判の手続の受継について，法令により手続を続行すべき者による受継（法44条）と他の申立権者による受継（法45条）の規律を定めており，これらについては，平成27年度書記官実務研究の第2編の第1章の第3の4の(3)（83頁）と同様であるため，適宜，別表第二審判手続における受継の場合に読み替えた上で参照されたい。
　なお，別表第二審判手続においては，申立てが一身専属的な地位に基づいている場合には，通常，当事者となる資格を有する者が，申立人又は相手方として当該手続に関与することが想定されているため（例えば，夫婦間の協力扶助に関する処分の審判事件や婚姻費用の分担に関する処分の審判事件），申立人が当該手続を続行することができない場合には，事件が終了することになるが，当事者となる資格を有する者が申立人又は相手方として当該手続に関与しないことが想定される場合には，他の申立権者による受継（法45条）が想定される。例えば，親権者の指定又は変更の審判事件（法別表第二の八の項の事項についての審判事件）（ただし，民法819条6項に基づくもの）において，子の親族が申立てをしたときに，当該申立人が死亡したような場合である。離婚又は離縁の場合における祭具等の所有権の承継者の指定の審判事件（法別表第二の五の項及び六の項の事項についての審判事件）についても同様である（逐条156頁（注5）参照）。

第6章　別表第二審判手続に関する書記官事務

第8節　中止

　第2編の第7章の第10節（158頁）と同様であるため，適宜，別表第二審判手続の中止の場合に読み替えた上で参照されたい。
　なお，家事調停の手続を優先させるための法定の中止命令である別表第二審判手続の中止については，本章の第3節の第4（369頁）を参照されたい。

第9節　別表第二審判手続の終了

　別表第二審判手続が終了する主な類型は，①「審判」，②「取下げ」，③「付調停後の調停成立又は調停に代わる審判の確定」及び④「当然終了等」[426]である。
　本節では，次の第1から第4までにおいて，それぞれの類型の内容や関連する書記官事務等について記載する。

第1　審判
1　概説

　審判は，家庭裁判所が本案について終局的な判断をする裁判である。
　審判には，様々な種類があり，その手続は個別に異なるが，大別すると，①家事審判手続における審判（法39条），②家事調停手続における審判（法244条）[427]及び③履行確保の手続における審判（法290条1項）[428]の三つがある。
　これらの審判のうち，家事審判手続における審判（法39条）は，法別表第一及び別表第二に掲げられている事項についての審判が代表的なものであり，そのほかには，各種審判前の保全処分の審判（法105条1項等）や，審判の取消し又は変更の審判（法78条1項）等がある（一問一答17頁及び128頁参照）。
　他方，家庭裁判所の裁判であっても，家事審判手続における派生的又は付随的な事項に関する手続的な判断をする裁判（移送，除斥，忌避についての裁判（法9条～16条），記録の閲覧・謄写等の許可の申立てについての裁判（法47条），家事審判の申立書の補正命令及び申立書却下命令（法49条4項・5項）等多数ある。）や，本案に関する判断ではあっても本案についての終局的な判断を示すものではない裁判（更正決定（法77条）及び中間決定（法80条））については，審判以外の裁判（法81条）として区別されている（一問一答17頁及び129頁～131頁参照）。この審判以外の裁判の内容や手続等については，平成27年度書記官実務研究の第2編の第1章の第4の4（102頁）と同様であるため参照されたい。
　これらの審判等のうち，本項では，次の2及び3において，本研究の対象である別表第二審判を中心に，その要件や手続等について記載する。

---

[426] このほか，申立書却下命令（法49条5項等）も別表第二審判手続が終了する類型として挙げることができるが，これについては，本章の第2節の第5の4（358頁）を参照されたい。

[427] 家事調停手続における審判の例としては，家事調停の申立てを不適法として却下する審判（法255条3項），合意に相当する審判（法277条）及びこれに対する異議の申立てを却下する審判（法280条1項），調停に代わる審判（法284条）及びこれに対する異議の申立てを却下する審判（法286条3項）がある（一問一答128頁及び129頁参照）。

[428] 履行確保の手続における審判の例としては，義務の履行を命ずる審判（法290条1項）がある（一問一答129頁参照）。

2　要件
(1)　審判

家庭裁判所は，家事審判事件が裁判をするのに熟したときは，審判をする（法73条1項）。

この法73条1項の「家事審判事件」とは，別表第二審判事件を含む法39条に規定する審判をする事件を意味するものであり，同項において規定する「審判」とは，申立てにより開始した別表第二審判事件については当該申立てによって求められている事項について，裁判をするのに熟したときにする，当該別表第二審判事件についての終局的な裁判（本案の裁判）を意味するものである（逐条239頁参照）。

また，この法73条1項が規定する「裁判をするのに熟したとき」をどのように理解すべきかについてはなお検討する余地があるが，別表第二審判事件も訴訟も同様であると解することができるとすれば，この「裁判をするのに熟したとき」とは，別表第二審判事件を担当する裁判官が当該別表第二審判事件の審理をした結果，もはやこれ以上審理し，当事者に攻撃防御を展開させても，それまでに得られた審理の結果が覆るおそれがないという心証に達したときをいう，と理解することができる（「別冊法学セミナーno.225 新基本法コンメンタール人事訴訟法・家事事件手続法」（日本評論社）265頁及び秋武憲一編著「概説家事事件手続法」（青林書院）137頁参照）。

(2)　一部審判

家庭裁判所は，家事審判事件の一部が裁判をするのに熟したときは，その一部について審判をすることができる。手続の併合を命じた数個の家事審判事件中その一が裁判をするのに熟したときも，同様とする（法73条2項）。

この法73条2項の規定により家庭裁判所が一部審判をした場合は，一部審判をしなかった残部はなお係属しているため，当該残部について審判がされたときに，当該事件が完結する（逐条240頁参照）。

3　手続等
(1)　審判書の作成等
ア　審判書の作成
(ｱ)　審判の方式

審判は，審判書を作成してしなければならない。ただし，即時抗告をすることができない審判については，家事審判の申立書又は調書に主文を記載することをもって，審判書の作成に代えることができる（法76条1項）。

なお，別表第二審判事件においては，ほとんどの事件類型において，認容又は却下の審判に対する即時抗告をすることができるため（詳細については，第5編（460頁）の各章の各節の「審判に対する即時抗告」の項を参照されたい。），法76条1項ただし書が規定するいわゆる代用審判ではなく，同項本文の規定に従って，原則どおり，審判書を作成することになると考えられる。

(ｲ)　審判書の記載事項等

審判書には，①主文，②理由の要旨，③当事者及び法定代理人，④裁判所を記載しなければならない（法76条2項）。

第6章　別表第二審判手続に関する書記官事務

　　　また，審判書には，審判をした裁判官が記名押印しなければならない（規50条1項）。合議体の構成員である裁判官が審判書に記名押印することに支障があるときは，他の裁判官が審判書にその事由を付記して記名押印しなければならない（同条2項）。
　　　このほか，実務上は，「審判」との表題を記載し，どの事件についての審判であるかを明らかにするため，当該表題の前に事件番号及び事件名を記載し，手続代理人（法22条）が選任されている場合は当該手続代理人を記載するのが通例である。また，「当事者及び法定代理人」ではないものの，家事審判事項の内容を特定するといった観点から，例えば，子の監護に関する処分（法別表第二の三の項の事項）の審判事件における審判の対象となる「子」や遺産の分割（法別表第二の十二の項の事項）の審判事件における「被相続人」[429] 等のその他の者を審判書に記載するのが相当である場合がある[430]。

　イ　審判書の原稿の点検
　　　別表第二審判事件の審判書は，一般的に，別表第一審判事件の審判書や審判以外の裁判の裁判書（決定書）と異なり，不定型な審判書が多い。
　　　事件担当書記官は，裁判官から別表第二審判事件の審判書の原稿を受領したら，無用な更正決定（法77条）や審判の取消し又は変更（法78条）が行われたり，無用な即時抗告（法85条1項）や再審（法103条）を招いたりすることのないよう，当該審判書の原稿の点検を行う必要がある。
　　　この審判書の原稿の点検事務は，手続の適正確保を目的とする事務であり，事件担当書記官は，事件や当事者の表示の正確性，審判書の頁の連続性，物件目録等の審判書の別紙が添付されているか等といった形式的な事項の正確性のほか，主文の適法性及び執行可能性，計算違い，誤記その他これに類する誤り，審判をすべき事項についての判断の脱漏（法79条で準用されている民訴法258条（2項後段を除く。）参照）の有無（例えば，手続費用の負担の裁判（法29条1項）がされているかどうか等）について，非開示希望情報等の適切な管理（第2編の第7章の第2節の第3の3の(4)のイの(ア)（90頁）参照）にも十分留意して，記録と照合したり，法規を確認する等して点検する必要がある。特に，別表第二審判事件については，法に手続の特則（法66条～72条等）が規定されていることから（本章の第5節の第2（404頁）参照），審判をする前提として，当該特則に係る手続が適正に行われているかどうかについても確認する必要がある[431]。

429　遺産の分割（法別表第二の十二の項の事項）の審判事件における「被相続人」の表示については，審判書の冒頭の当事者の表示に引き続いて，「被相続人〇〇〇〇」として，本籍，最後の住所，死亡年月日を表示するのが一般である（平成16年3月「遺産分割審判書作成の手引（改訂版）」（司法研修所）30頁参照）。
430　なお，参考までに，家事審判法（旧法）時の資料ではあるが，平成8年3月家庭裁判資料第166号「改訂家事審判書集」（最高裁判所事務総局）には各種事件類型の審判書の例が掲載されているため，適宜，家事事件手続法の場合に読み替えた上で参照されたい。
431　なお，アンケート調査の結果によると，一部の家庭裁判所では，手続の適正確保並びに合理化及び標準化等を図るために，審判書の原稿の点検事項を記載した庁独自の点検票を作成して使用していた。また，審判書の原稿の点検事項については，多くの家庭裁判所において，審判書の原稿の作成者である裁判官と点検者である書記官との間で事案に応じて個別に認識を共有しているとのことであった。

第1 審判

(2) 判事補（いわゆる未特例判事補）の権限
審判は，判事補（いわゆる未特例判事補）が単独ですることができない（裁判所法27条1項及び判事補の職権の特例等に関する法律1条1項参照）[432]。

(3) 審判の告知
ア 告知の対象者
審判は，特別の定め[433]がある場合を除き，当事者（法41条1項又は2項の規定により当事者として参加した者を含む。）及び利害関係参加人並びにこれらの者以外の審判を受ける者に対し，告知しなければならない（法74条1項）。

この審判の告知の対象者のうち，「審判を受ける者」とは，審判の名宛人となる者を意味し，申立てを却下する審判の場合は申立人がこれに当たり，積極的な内容の審判の場合は，これにより自己の法律関係が形成（創設，変更又は消滅）される者[434]である（逐条243頁参照）。

なお，告知の対象者が未成年者や成年被後見人のときは，その法定代理人を告知の名宛人とする（法17条1項，民訴法31条参照[435]）。法定代理人が数人いるときは，そのうちの一人に対して告知すれば足りる[436]。ただし，未成年者や成年被後見人であっても，意思能力があり，法定代理人によらずに自ら手続行為をする能力を有する場合（法151条，168条6号・7号及び118条並びに本編の第3章の第1節の第4（333頁）参照）は，当該未成年者や成年被後見人を告知の名宛人とすることが考えられる。

また，手続代理人（法22条）が選任されている場合は，当該手続代理人を告知の名宛人とする。手続代理人が数人あるときは，各自がそれぞれ当事者本人を代理するため（法26条，民訴法56条1項），告知はそのうちの一人に対してすれば足りる。

おって，手続代理人が選任されている場合でも，当事者本人に対して告知しても差し支えない（最判昭25.6.23（民集4巻6号240頁），仙台高決昭32.12.27（家月10巻1号32頁））が，当該当事者本人や当該手続代理人に無用な誤解を生じさせないためにも，当該当事者本人に対して告知しなければならない特別の事情がない限り，当該手続代理人に告知することが相当である。

イ 告知の方法
審判は，相当と認める方法で告知しなければならない（法74条1項）。

---

[432] これに対し，審判以外の裁判は，判事補（いわゆる未特例判事補）も単独ですることができる（法81条3項）。その趣旨等の詳細については，逐条265頁を参照されたい。

[433] この特別の定めについては，別表第一審判事件にその例（法122条等）がある。詳細については，逐条244頁（注）を参照されたい。

[434] なお，一問一答260頁～271頁には，積極的内容の審判がされた場合に審判を受ける者（自己の法律関係が形成される者）となる「審判を受ける者となるべき者」の一覧表が掲載されているため併せて参照されたい。

[435] このほか，送達手続における受送達者に関する規定ではあるが，法36条で準用する民訴法102条1項も参照されたい。

[436] 送達手続における受送達者に関する規定ではあるが，法36条で準用する民訴法102条2項も参照されたい。また，前の脚注とともに，家事審判法（旧法）時の資料ではあるが，平成21年3月研修教材第15号「家事審判法実務講義案（六訂再訂版）」（裁判所職員総合研修所）128頁を参照されたい。

第6章 別表第二審判手続に関する書記官事務

　　　事案ごとの個別の事情等にもよるが，即時抗告をすることができる審判や審判の確定後に戸籍届出をしなければならない審判（親権者の指定又は変更の審判等）の告知の場合には，審判の告知日を明確にして，即時抗告期間の起算日（法86条2項参照）や戸籍に記載される当該審判の確定日を明確にするため，審判書の謄本又は正本[437]を送達する方法により告知するのが相当である（逐条244頁及び条解規則144頁（注3）参照）。

　　ウ　告知完了後の手続（告知の記録化）
　　　審判の告知がされたときは，書記官は，その旨及び告知の方法を別表第二審判事件の記録上明らかにしなければならない（規50条3項）。
　　　この「記録上明らかに」するとは，必ずしも審判書の原本や調書に記載する必要はなく，審判書の謄本等の送達の方法によって審判が告知された場合には，その送達報告書を別表第二審判事件記録に編てつすれば足りる。その他の場合には，書記官が，審判書の原本等のほか，別表第二審判事件の記録中の適宜の場所に告知がされた旨及びその方法を記載することになる（条解規則125頁参照）。
　　　なお，この告知の記録化等の事務の詳細については，平成27年度書記官実務研究の第2編の第1章の第4の1の(2)のウ（95頁）に記載されているため併せて参照されたい。

(4)　審判の効力発生時期
　ア　認容審判（積極的内容の審判）の場合
　　(ア)　即時抗告をすることができない審判の場合
　　　申立てを却下する審判を除く審判（積極的内容の審判）のうち，即時抗告をすることができない審判は，特別の定めがある場合を除き，審判を受ける者（審判を受ける者が数人あるときは，そのうちの一人）に告知することによってその効力を生ずる（法74条2項本文）。
　　　これは，即時抗告をすることができる旨の特別の定めが置かれていない審判（法85条1項参照）については，告知によって効力が生ずると同時に確定することを前提としている（逐条246頁参照）。
　　(イ)　即時抗告をすることができる審判の場合
　　　申立てを却下する審判を除く審判（積極的内容の審判）のうち，即時抗告をすることができる審判（法85条1項参照）は，特別の定めがある場合を除き，確定（後記(5)参照）しなければその効力を生じない（法74条2項ただし書）。

---

[437] 金銭の支払，物の引渡し，登記義務の履行その他の給付を命ずる審判は，執行力のある債務名義と同一の効力を有することから（法75条），当該審判書の正本は，それ自体で単純執行文の付された債務名義の正本と同視される（後記(6)のイ（438頁）参照）。そのため，当該審判の告知の際に審判書の正本を職権で作成・送達することは，申立てを待たず，かつ，執行力の調査を行わずに債権者に単純執行文を付与することと同視され，相当でないとして，妥当性の見地から，当該審判の告知は審判書の謄本で行うという見解がある（片岡武，管野眞一編著「新版家庭裁判所における遺産分割・遺留分の実務」（日本加除出版）510頁及び上原裕之，髙山浩平，長秀之編著「リーガル・プログレッシブ・シリーズ遺産分割〔改訂版〕」（青林書院）166頁参照）。しかし，実務においては，審判の告知のために送達する書類は，事案により，審判書の謄本又は正本によっているのが実情である（平成8年度書記官実務研究「遺産分割事件における進行管理事務の研究」（裁判所書記官研修所）350頁及び351頁，平成21年3月研修教材第15号「家事審判法実務講義案（六訂再訂版）」（裁判所職員総合研修所）129頁及び家事事件手続法概説77頁参照）。

なお，法74条２項本文の「効力を生ずる」や同項ただし書の「効力を生じない」とは，その内容に応じた本来の意味での審判の効力（形成力，執行力等（後記(6)（438頁）参照））を意味するものであり，外部的成立の意味ではない。外部的成立は，前記(3)のアの審判の告知の対象者（法74条１項）のうちの一人（これ以外の者に対し裁判所が任意で告知した場合にはその者を含む。）が最初に告知を受けることにより生ずる（逐条243頁（注）及び245頁参照）。

　イ　却下審判の場合

　　　申立てを却下する審判は，申立人に告知することによってその効力を生ずる（法74条３項）。

(5) **審判の確定時期**

　審判は，即時抗告の期間（特別の定め[438]がある場合を除き２週間。法86条参照。）の満了前には確定しない（法74条４項）。

　この即時抗告の期間は，例えば，遺産の分割（法別表第二の十二の項の事項）の審判事件のように，相続人（当事者）が多数の事案において，各相続人への審判の告知の日が異なる場合は，相続人ごとに各自が審判の告知を受けた日から進行する。したがって，各相続人は，自らが審判の告知を受けた日から２週間（法86条）を経過したときは，即時抗告をすることはできない。一方，各相続人は，各自が単独で即時抗告をすることができるが，遺産の分割の審判は，相続人の全員について合一にのみ確定すべきものであるから，相続人の一人がした即時抗告の効果は，他の相続人にも及ぶものであり，相続人ごとに審判の告知を受けた日が異なるときは，そのうちの最も遅い日から２週間が経過するまでの間は，当該審判は確定しない（最決平15.11.13（民集57巻10号1531頁）参照）[439]。

　なお，即時抗告をする権利は，その発生後にこれを放棄することができる（法93条３項において準用する民訴法284条参照。ただし，審判の告知前の放棄は認められない（逐条302頁参照）。）から，特別の定めにより即時抗告権を有するとされた者全員がこれを放棄したときは，その時点で審判は確定するものと解される（逐条246頁参照）。

　おって，審判の確定は，即時抗告の期間内（法86条参照）にした即時抗告の提起により，遮断される（法74条５項）。この審判の確定とは，審判について通常の不服申立ての手段が尽きた状態をいうから，職権による審判の取消し又は変更（法78条１項），特別抗告（法94条１項）又は許可抗告（法97条１項）の余地があっ

---

[438] なお，この特別の定めとしては，例えば，法87条５項や法96条２項の規定がある（逐条280頁参照）。

[439] これに対し，抗告審の裁判については，その不服申立ての方法として特別抗告（法94条１項）及び許可抗告（法97条１項）があるが，これらには確定遮断効がなく（逐条246頁参照），例えば，申立てを認めた原審判を取り消して申立てを却下する審判に代わる裁判をする場合や申立てを却下した原審判を取り消して申立てを認める審判に代わる裁判をする場合は，法93条１項で準用する法74条２項本文の規定（同項ただし書の規定は準用されていない。）により，当該裁判を受ける者である相続人（原審（第一審）における審判を受ける者となるべき者）が複数いるときは，そのうちの一人に告知されたときに効力が生じ，最初に告知を受けた者が告知を受けた日が確定日となる。なお，抗告審の裁判が抗告棄却決定の場合は，当該決定を受ける者である抗告人が告知を受けたときに効力が生じ，当該告知を受けた日が確定日となる。おって，この抗告審における「審判を受ける者」等の概念については，逐条300頁及び301頁を参照されたい。

第6章　別表第二審判手続に関する書記官事務

ても確定は妨げられない（逐条246頁参照）。

(6)　確定した審判の効力

　ア　形成力

　　形成力とは，権利又は法律関係を創設し，変更し，又は消滅させる効力をいい，形成的内容を有する裁判に認められる効力である。

　　例えば，遺産の分割の審判等の申立てを認容する家事審判については，形成的内容を有し，この形成力を有することは，学説・判例において異論なく認められているところである（「別冊法学セミナーno.225 新基本法コンメンタール人事訴訟法・家事事件手続法」（日本評論社）267頁参照）。

　イ　執行力

　　金銭の支払，物の引渡し，登記義務の履行その他の給付を命ずる審判は，執行力[440]のある債務名義と同一の効力を有する（法75条）。

　　権利の形成とともに金銭の支払等の給付を命ずることができる別表第二審判としては，例えば，夫婦間の協力扶助に関する処分（法別表第二の一の項の事項）の審判，婚姻費用の分担に関する処分（法別表第二の二の項の事項）の審判，子の監護に関する処分（法別表第二の三の項の事項）の審判，財産の分与に関する処分（法別表第二の四の項の事項）の審判，離婚等，離縁等又は相続の場合における祭具等の所有権の承継者の指定（法別表第二の五，六又は十一の項の事項）の審判，扶養の程度又は方法についての決定及びその決定の変更又は取消し（法別表第二の十の項の事項）の審判，遺産の分割（法別表第二の十二の項の事項）の審判等があり，法第2編第2章において個別に規定されている（法154条2項～4項，163条2項，185条，190条2項及び196条）。

　　この法75条の規定により，金銭の支払等の給付を命ずる審判で確定したものは，執行力のあることが法律上当然に認められることになるため，単純執行文の付与（民執法26条参照）を受けることなく，当該審判を債務名義として強制執行をすることができるものとして取り扱われることになる。もっとも，給付が条件にかかっている場合には条件成就執行文の付与（民執法27条1項参照）が，当事者に承継があった場合には承継執行文の付与（同条2項参照）がそれぞれ必要になることは当然である（逐条248頁参照）。

(7)　審判後の事務

　本項では，実務上，事件担当書記官が審判後に一般的に行う事務について記載する。個別の事件類型において審判後に特に行う事務については，第5編（460頁）の各章の各節を参照されたい。

　ア　審判確定証明書の交付及び手続教示等

　　(ｱ)　戸籍届出を要する事件の場合

　　　別表第二審判事件には，親権者の指定又は変更（法別表第二の八の項の事項）の審判事件等のように，認容審判（積極的内容の審判）の確定後に戸籍届

---

[440] 執行力とは，一般に，裁判がその内容を強制執行によって実現できる効力をいう（家事事件手続法概説78頁参照）。

出を要する事件がある。
　例えば，親権者の指定又は変更（法別表第二の八の項の事項）の審判事件であれば，審判の告知の際等に，親権者となった者に対して，手続説明書面等も利用して，審判が確定した日から10日以内に審判書謄本（告知時のもの）及び審判確定証明書を添付して，子又は親権者の本籍地又は届出人の所在地（住所地等）[441]の戸籍役場（市区町村役場）に戸籍届出をしなければならない（戸籍法79条，63条1項，25条）旨及び正当な理由がなく届出期間内に戸籍届出をしない場合には過料に処されることがある（戸籍法135条）旨を説明し，併せて，戸籍届出の際に必要な審判確定証明書の交付申請をするよう促す。
　なお，審判確定後の審判確定証明書の作成及び交付に関する事務については本章の第6節の第2の2の(2)のエ（431頁）を，個別の事件類型における審判確定証明書の交付及び手続教示等の詳細については第5編の第3章の第1節の第11（507頁）並びに同章の第2節の第1の12の(2)（514頁）及び同節の第2の12の(2)（519頁）を，それぞれ参照されたい。
　(イ)　その他の事件の場合
　　請求すべき按分割合に関する処分（法別表第二の十五の項の事項。いわゆる年金分割）の審判事件では，按分割合（分割割合）を定める審判の確定後に，年金事務所等で年金分割の請求手続を行う際には，審判書謄本（又は抄本）のほかに，審判確定証明書も必要になるため，あらかじめ申立時等に審判確定証明書の交付申請がされていなければ，審判の告知等の際に，申立人に対して，手続説明書面等も利用して，審判確定証明書の交付申請をするよう促す。また，離婚等の日の翌日から起算して2年を経過する前に家庭裁判所に当該審判の申立てをした場合には，按分割合を定める審判が確定したのが離婚等の日の翌日から起算して2年を経過した日以後であったとき，又は2年を経過した日前1か月以内であったときでも，例外的に，按分割合を定める審判が確定した日の翌日から起算して1か月を経過するまでは年金分割の請求をすることができるため，この場合は，前述の審判書謄本（又は抄本）及び審判確定証明書のほかに，更に当該申立日を証明する書面（申立日証明書）が必要になるので，当該申立日証明書の交付申請をするよう促す。
　　このほか，例えば，登記義務の履行を命ずる審判がされた場合は，審判確定後に登記手続（申請）を行う際に当該審判の確定証明書を要するため，必要に応じて，また，当事者等の理解の程度等に応じて，適宜，登記手続用の審判確定証明書の交付申請をするよう促す等の審判確定後の手続についての説明等を行う。
　イ　審判確定後の戸籍事務管掌者への通知
　　本章の第10節（446頁）を参照されたい。

441　この本籍地と所在地（住所地等）の戸籍役場が異なり，当該当事者が所在地（住所地等）での戸籍届出を予定している場合には，別途当事者の戸籍全部事項証明書（戸籍謄本）の提出を要する場合があるため，当該当事者の理解の程度等に応じて，戸籍届出時に必要な書類については戸籍役場にも確認するよう説明する。

第6章　別表第二審判手続に関する書記官事務

(8) **審判に対する不服申立て**
　　本編の第7章の第2節（449頁）を参照されたい。
(9) **審判の取消し又は変更**
　　本編の第8章（457頁）を参照されたい。

第2　取下げ
1　概説
(1) **原則**

　　家事審判の申立ては，特別の定めがある場合を除き，審判があるまで，その全部又は一部を取り下げることができる（法82条1項）。
　　この「特別の定め」については，次の(2)に例外として記載する。

(2) **例外**

　　前記(1)の「特別の定め」には，①別表第二審判の申立ての取下げ（法82条2項），②後見開始等の申立ての取下げの制限（法121条，133条，142条，180条，221条），③財産の分与に関する処分の審判及び遺産の分割の審判の申立ての取下げの制限（法153条，199条），④遺言の確認及び遺言書の検認の申立ての取下げの制限（法212条）並びに⑤審判前の保全処分の申立ての取下げ（法106条4項）がある。

　　これらのうち，本項では，本研究に関係する，①別表第二審判の申立ての取下げ（法82条2項）及び③財産の分与に関する処分の審判及び遺産の分割の審判の申立ての取下げの制限（法153条，199条）の規律について記載する。

　　なお，その他の，②後見開始等の申立ての取下げの制限（法121条，133条，142条，180条，221条），④遺言の確認及び遺言書の検認の申立ての取下げの制限（法212条）並びに⑤審判前の保全処分の申立ての取下げ（法106条4項）の規律については，平成27年度書記官実務研究の第2編の第1章の第6の1の(1)（115頁）を参照されたい。

　　おって，別表第二審判事件を含む家事事件の申立ての取下げの規律について整理して記載されている資料として，平成25年3月家庭裁判資料第197号「家事事件手続法執務資料」（最高裁判所事務総局）の「第3部　参考資料」の「第7　家事事件の申立ての取下げについて」（212頁及び213頁）があるため，併せて参照されたい。

ア　別表第二審判の申立ての取下げ（法82条2項）

　　別表第二審判の申立ては，審判が確定するまで，その全部又は一部を取り下げることができる。ただし，申立ての取下げは，審判がされた後にあっては，相手方の同意を得なければ，その効力を生じない（法82条2項）。

　　一般に，別表第二審判事件は，当事者間の話合いを通じた合意によって定めることができるという意味で当事者が自ら処分することができるものであり，公益性は相対的に低いということができることを考慮したものである。この趣旨から，法82条2項ただし書における「相手方」には，利害関係参加人（例えば，子の監護に関する処分の審判事件において参加した子）を含まない（逐条269頁

参照)。
　なお，財産の分与に関する処分の審判及び遺産の分割の審判の申立ての取下げについては，法153条（法199条において準用する場合を含む。）において，この法82条2項の規定の特則が規定されている。その内容については，後記イを参照されたい。
　イ　財産の分与に関する処分の審判及び遺産の分割の審判の申立ての取下げの制限（法153条，199条）
　　財産の分与に関する処分の審判及び遺産の分割の審判の申立ての取下げは，前記アの法82条2項の規定にかかわらず，相手方が本案について書面を提出し，又は家事審判の手続の期日において陳述をした後にあっては，相手方の同意を得なければ，その効力を生じない（法153条，199条）。
　　これらの審判事件は，いずれも別表第二審判事件であるが，財産の分与に関する処分の審判事件は，民法768条2項によりその申立ての期間に制限があることに加え，その審理の対象は，基本的に離婚の際の夫婦共有財産の清算であって，定型的に，夫婦の一方である申立人のみならず他の一方である相手方にも審判を得ることに特に強い利益があるものと類型的に認められる事件であり，また，遺産の分割の審判事件も，共同相続人間の遺産の分割について審理，判断するものであり，申立人のみならず相手方にも審判を得ることについて特に強い利益があるものと類型的に認められる事件であることから，審判前であっても，相手方が本案について書面を提出し，又は家事審判の手続の期日において陳述をした後にあっては，相手方の同意を得なければ，申立ての取下げについてその効力を生じないものとされている（逐条269頁，494頁及び630頁参照）。

2　手続
(1)　取下げの方式
　ア　原則（書面）
　　別表第二審判の申立ての取下げは，原則として，書面でしなければならない（法82条5項，民訴法261条3項本文）。
　　取下げの書面（取下書）の方式や提出方法，提出された場合の事件担当書記官による確認や裁判官への報告等の事務については，第2編の第7章の第12節の第7の3の(1)のア（185頁）と同様であるため，適宜，別表第二審判の申立ての取下げの場合に読み替えた上で参照されたい。
　イ　例外（口頭）
　　家事審判の手続の期日においては，口頭でも別表第二審判の申立ての取下げをすることができる（法82条5項，民訴法261条3項ただし書）。
　　家事審判の手続の期日において口頭で別表第二審判の申立ての取下げがされれば，当該期日に立ち会った書記官が期日調書にその旨を記載する（法46条本文，規32条1項1号）。また，申立ての取下げに同意が必要な場合（法82条2項ただし書，153条，199条）に，当該期日において口頭で同意があったときは，これも当該期日の調書に記載すべきである（条解規則80頁参照）。

(2)　当事者等への通知等

第6章　別表第二審判手続に関する書記官事務

　　　ア　申立ての取下げについて相手方の同意が不要な場合
　　　　別表第二審判の申立ての取下げがあった場合において，相手方の同意を要しないときは，書記官は，申立ての取下げがあった旨を当事者及び利害関係参加人に通知しなければならない（規52条１項[442]）。
　　　　この規52条１項における「当事者」には，別表第二審判事件の相手方のほか，遺産の分割の審判事件や手続が併合された場合におけるその他の申立人や当事者参加人が含まれる[443]。
　　　　なお，別表第二審判事件において，申立書の写しを相手方に送付する（法67条１項参照）前に申立ての取下げがあった場合には，相手方に対するこの通知は不要である（条解規則129頁参照）。
　　　　また，事件担当書記官は，相当と認める方法（普通郵便，電話，ファクシミリ等）でこの通知をし（規５条，民訴規４条１項），通知をした旨及び通知の方法を，例えば，通知書を普通郵便で送付して通知をした場合は，当該通知書の控えに「平成〇〇年〇月〇日相手方（利害関係参加人）に普通郵便で通知済み ㊞（書記官の認印）」等と付記して記録につづったり，前記(1)のアの取下書の余白に「平成〇〇年〇月〇日相手方（利害関係参加人）に〇〇（普通郵便，電話，ファクシミリ等）で本申立ての取下げがあった旨を通知済み ㊞（書記官の認印）」等と付記する等して，記録上明らかにする（規５条，民訴規４条２項）。
　　　　おって，この通知に要する費用は，当事者の負担である（民訴費用法２条２号，11条１項。平成19年１月家庭裁判資料第183号訟廷執務資料第74号「家事書記官事務の手引（改訂版）」（最高裁判所事務総局）37頁参照）。
　　　イ　申立ての取下げについて相手方の同意を要する場合
　　　　㈠　相手方に対する申立ての取下げがあったことの通知，相手方の同意及びその旨の通知
　　　　　　a　相手方に対する申立ての取下げがあったことの通知
　　　　　　　申立ての取下げについて相手方の同意を要する場合（法82条２項ただし書，153条，199条）においては，家庭裁判所は，相手方に対し，申立ての取下げがあったことを通知[444]しなければならない（法82条３項本文）。こ

---

[442] この規52条１項の規定は，審判前の保全処分の申立ての取下げについては，適用されない（規75条１項本文）。これは，審判前の保全処分については，その性質上密行性が要求されるものもあるため，当事者及び利害関係参加人に対して常に取下げがあった旨を通知すべきものとすることは相当ではなく，またその必要性もないためである。もっとも，審判前の保全処分の事件における審判を受ける者となるべき者に対し，当該事件が係属したことを通知し，又は審判前の保全処分を告知した後にその申立ての取下げがされた場合には，密行性を確保する必要はなく，むしろ利害関係を有する当事者及び利害関係参加人に対して取下げを知らせる必要性が生じることから，規75条１項ただし書において，この場合には，規52条１項の規定を適用することとされている（条解規則188頁参照）。
[443] 取下げをした当該申立人に対しては通知を要しないことは当然である（条解規則131頁（注４）参照）。
[444] なお，迅速な処理が要請される家事審判の手続の特質に照らせば，民訴法261条４項と異なり，申立ての取下げがあったことを相手方に知らせる方法を取下げの書面又は口頭で取下げがされた期日の調書の謄本の送達に限定する必要はないと考えられることから，相手方への「通知」をもってすることで足りるものとしている（逐条270頁参照）。

第2 取下げ

れは，相手方に取下げの事実を了知させ，同意するかどうかを検討する機会を与えるものであるとともに，後記(イ)の相手方の同意の擬制（法82条4項参照）の効果の発生のための前提としての意味を有する（逐条270頁参照）。ただし，相手方が出頭している家事審判の手続の期日において口頭で申立ての取下げがされた場合には，相手方がその事実を直ちに了知することから，通知の必要はない（法82条3項ただし書）。

　事件担当書記官がこの通知をする場合（規5条，民訴規4条6項）は，前記アと同様に相当と認める方法で通知をし（規5条，民訴規4条1項），その旨及び通知の方法を記録上明らかにする（規5条，民訴規4条2項）。

　なお，この通知に要する費用は，当事者の負担である（民訴費用法2条2号，11条1項）。

　b　相手方の同意及びその旨の通知

　申立ての取下げについての相手方の同意は，書面又は家事審判の手続の期日において口頭でされることが考えられる。家事審判の手続の期日において口頭で当該同意がされた場合は，当該期日に立ち会った書記官が，当該期日の調書に記載する（条解規則80頁参照）。

　このように相手方が申立ての取下げに同意したときは，書記官は，その旨を当事者及び利害関係参加人に通知しなければならない（規52条2項）。したがって，事件担当書記官は，前記アと同様に相当と認める方法でこの通知をし（規5条，民訴規4条1項），その旨及び通知の方法を記録上明らかにする（規5条，民訴規4条2項）。

　なお，この通知に要する費用は，民訴費用法2条2号の同法11条1項の費用に該当し，手続費用として当事者の負担となる（平成25年8月1日付け最高裁家庭局第二課長事務連絡「家事事件の手続における通知に要する費用の負担について」参照）。

(イ)　相手方の同意の擬制

　①前記(ア)のaの申立ての取下げがあったことの通知（法82条3項本文の規定による通知）を受けた日から2週間以内に相手方が異議を述べないとき，また，②相手方が出頭している家事審判の手続の期日において口頭で申立ての取下げされた場合（法82条3項ただし書の規定による場合）において，申立ての取下げがあった日から2週間以内に相手方が異議を述べないときは，いずれも申立ての取下げに同意したものとみなされる（法82条4項）。

　この法82条4項の規定により相手方が申立ての取下げに同意したものとみなされた場合は，書記官は，その旨を当事者及び利害関係参加人に通知しなければならない（規52条2項）。したがって，事件担当書記官は，前記アと同様に相当と認める方法でこの通知をし（規5条，民訴規4条1項），その旨及び通知の方法を記録上明らかにする（規5条，民訴規4条2項）。

　なお，この通知に要する費用は，民訴費用法2条2号の同法11条1項の費用に該当し，手続費用として当事者の負担となる（平成25年8月1日付け最高裁家庭局第二課長事務連絡「家事事件の手続における通知に要する費用の負

第6章　別表第二審判手続に関する書記官事務

担について」参照）。
3　取下げの擬制
(1)　概説

　　家事審判の申立人（申立ての取下げについて相手方の同意を要する場合（法153条，199条）にあっては，当事者双方）が，①連続して2回，呼出しを受けた家事審判の手続の期日に出頭せず，又は②呼出しを受けた家事審判の手続の期日において陳述をしないで退席をしたときは，家庭裁判所は，申立ての取下げがあったものとみなすことができる（法83条）。その趣旨については，逐条271頁を参照されたい。

　　なお，この法83条の規定の要件を満たし，申立人に手続追行の意思がないことが認められても，家事審判手続においては，家庭裁判所が公益的後見的な見地から手続を進行させるのが相当であると考える場合も想定されることから，民事訴訟における訴えの取下げの擬制（民訴法263条）とは異なり，取下げとみなすかどうかについては，家庭裁判所の裁量に委ねることとされている（逐条272頁参照）。

　　おって，この取下げの擬制の前提となる呼出しは，いわゆる簡易呼出しではなく，正式な呼出し（呼出状の送達又は当該事件について出頭した者に対する期日の告知）でなければならない（法34条4項，民訴法94条2項）（逐条271頁参照）。

(2)　裁判所が申立ての取下げがあったものとみなした場合の記録化

　　前記(1)のとおり，民訴法において当然に取下げの擬制の効果が生じる（民訴法263条参照）のとは異なり，家事審判手続では，申立人等の期日不出頭等による取下げの擬制をするか否かは，家庭裁判所の裁量に委ねられているため，家庭裁判所が申立ての取下げがあったものとみなした場合には，明確化の観点から記録上明らかにしておく必要があると考えられる。取下げの擬制が期日においてされた場合には，手続の要領に該当するものとして期日調書に申立ての取下げがあったものとみなした旨を記載し，期日外においてされた場合には，適宜の方法で記録化する必要があろう（条解規則131頁参照）。この記録化の具体例については，平成27年度書記官実務研究の第2編の第1章の第6の1の(3)（118頁）と同様であるため参照されたい。

(3)　当事者等への通知

　　この法83条の規定により家事審判の申立ての取下げがあったものとみなされた場合は，書記官は，その旨を当事者及び利害関係参加人に通知しなければならない（規52条3項・1項）。したがって，事件担当書記官は，前記2の(2)のアと同様に相当と認める方法でこの通知をし（規5条，民訴規4条1項），その旨及び通知の方法を記録上明らかにする（規5条，民訴規4条2項）。

　　なお，この通知に要する費用は，民訴費用法2条2号の同法11条1項の費用に該当し，手続費用として当事者の負担となる（平成25年8月1日付け最高裁家庭局第二課長事務連絡「家事事件の手続における通知に要する費用の負担について」参照）。

4　効果

　　別表第二審判の申立ての取下げがされた場合は，当該取下げがあった部分について

は，初めから係属していなかったものとみなされる（法82条5項，民訴法262条1項）。取下げの擬制（法83条）の場合の効果も同様である（逐条272頁参照）。

第3 付調停後の調停成立又は調停に代わる審判の確定

別表第二審判事件が係属している裁判所が法274条1項の規定により事件を調停に付した場合において，調停が成立し，又は法284条1項の審判（調停に代わる審判）が確定したときは，当該別表第二審判事件は，終了する（法276条2項）[445][446]。

この終了の場合における手続等については，第2編の第7章の第12節の第1の3の(2)のア（162頁）及び同節の第6の7の(1)（184頁）を参照されたい。

第4 当然終了等

1 当然終了

例えば，夫婦間の協力扶助に関する処分（法別表第二の一の項の事項）及び婚姻費用の分担に関する処分（法別表第二の二の項の事項）の審判事件のように，当事者の一身専属的な権利や地位に関する別表第二審判事件において当事者が死亡した場合や，子の監護に関する処分（法別表第二の三の項の事項）や親権者の指定又は変更（法別表第二の八の項の事項）の審判事件のように，審判の対象となっていた子（未成年者）が死亡した場合等は，当該審判の目的が消滅することから，当該原因事実の発生時（死亡日）において，当該審判事件は当然に終了する（一問一答139頁及び逐条156頁（注5）並びに平成21年3月研修教材第15号「家事審判法実務講義案（六訂再訂版）」（裁判所職員総合研修所）110頁，111頁及び121頁参照）。

この当然終了の手続については，平成27年度書記官実務研究の第2編の第1章の第6の2の(2)のア（119頁）と同様であるため，適宜，別表第二審判事件の当然終了の場合に読み替えた上で参照されたい。

2 裁判官の終了認定による事件の終了

例えば，子の親族が申立てをした親権者の変更（法別表第二の八の項の事項（民法819条6項に基づくもの））の審判事件において当該申立人が死亡したような場合や，離婚や離縁の当事者以外の利害関係人が申立てをした離婚等又は離縁等の場合における祭具等の所有権の承継者の指定（法別表第二の五の項及び六の項の事項）の審判事件において当該申立人が死亡したような場合（いずれも法令により手続を続行する資格のある者がない場合）[447]では，他の申立権者による受継（法45条）の余地がある

---

445 この場合における別表第二審判事件の終了についても，実務上，「当然終了」ということがある（平成19年1月家庭裁判資料第183号訟廷執務資料第74号「家事書記官事務の手引（改訂版）」（最高裁判所事務総局）38頁参照）。

446 当然のことながら，調停が成立した範囲，調停に代わる審判が確定した範囲で当該別表第二審判事件が終了するのであり，別表第二審判事件の対象が残っている場合には，その範囲で別表第二審判の手続を進めるべきことになる（逐条833頁（注1）参照）。

447 これらの場合に対し，例えば，遺産の分割（法別表第二の十二の項の事項）の審判事件においては，申立人が死亡した場合には，申立人の地位を基礎付けている相続分は申立人の相続人に相続されることになるので，法令により手続を続行する資格のある者があるといえ，その者が，法44条の規定に基づいて，その手続を受け継ぐことになる（逐条152頁参照）。

第6章　別表第二審判手続に関する書記官事務

ため（逐条156頁（注5）及び本章の第7節（431頁）参照），当事者の死亡によって必ずしも当然終了とはならず，他の申立権者による受継がされないときに，裁判官が当該審判事件の手続の終了を認定することによって，当該審判事件が終了することになる。

　この裁判官の終了認定による事件の終了の手続については，平成27年度書記官実務研究の第2編の第1章の第6の2の(2)のイ（120頁）と同様であるため，適宜，別表第二審判事件の当該終了の場合に読み替えた上で参照されたい。

第10節　戸籍事務管掌者への通知

　書記官は，別表第二審判手続において，一定の事項についての審判が確定し，その効力が生じたときは，遅滞なく，戸籍事務管掌者へその旨を通知する（実務上，この通知は「戸籍通知」と呼ばれている。その趣旨については，第2編の第7章の第13節（188頁）と同様であるため参照されたい。）。

　本節では，この戸籍通知をする事件類型や関係する書記官事務について記載する。

第1　戸籍通知をする事件類型

　別表第二審判事件のうち，親権者の指定又は変更の審判（法別表第二の八の項の事項についての審判）が確定したときは，書記官は，遅滞なく，子の本籍地の戸籍事務管掌者に対し，その旨を通知しなければならない（規95条前段）。

　なお，平成25年3月家庭裁判資料第197号「家事事件手続法執務資料」（最高裁判所事務総局）210頁には「戸籍通知を要する事件一覧表」が掲載されているため，併せて参照されたい。

第2　戸籍通知に関する書記官事務

　第2編の第7章の第13節の第2（189頁）と同様であるため，適宜，別表第二審判手続における戸籍通知の場合に読み替えた上で参照されたい。

第11節　別表第二審判手続終了後の書記官事務

　本節では，別表第二審判手続の終了（本章の第9節（432頁）参照）後に書記官が実務上行うことが多い事務について簡潔に記載し，個別の事件類型において別表第二審判手続終了後に特に行う事務については，第5編（460頁）の各章の各節において記載する。

第1　記録表紙への記載及び民事裁判事務支援システム（MINTAS）への入力

　第2編の第7章の第14節の第1（190頁）と同様であるため参照されたい。

第2　裁判統計報告書（事件票，月報・年表）の作成

　第2編の第7章の第14節の第2（190頁）と同様であるため，適宜，別表第二審判手続における裁判統計報告書（事件票，月報・年表）の作成の場合に読み替えた上で参照されたい。

第3 予納郵便切手の返還

第2編の第7章の第14節の第3（191頁）と同様であるため参照されたい。

第4 家事予納金の返還

第2編の第7章の第14節の第4（191頁）と同様であるため，適宜，別表第二審判手続における家事予納金の返還の場合に読み替えた上で参照されたい。

第5 民事保管物の返還

第2編の第7章の第14節の第5（192頁）と同様であるため，適宜，別表第二審判手続における民事保管物の返還の場合に読み替えた上で参照されたい。

第6 記録の整理及び引継ぎ

第2編の第7章の第14節の第6（192頁）と同様であるため，適宜，別表第二審判手続における記録の整理及び引継ぎの場合に読み替えた上で参照されたい。

第7 記録等の保存・廃棄

別表第二審判事件の記録等の送付を受けた記録係は，次の①から③までの関連通達等に従い，記録等の保存・廃棄の事務を行う必要がある。その主な留意点は次の1から8までのとおりである。

（関連通達等）
① 昭和39年12月12日付け最高裁判所規程第8号「事件記録等保存規程」（以下，本節において「保存規程」という。）
② 平成4年2月7日付け最高裁総三第8号事務総長通達「事件記録等保存規程の運用について」
③ 平成27年6月19日付け最高裁総三第133号総務局長通達「民事裁判事務支援システムを利用した家事事件等の事務処理の運用について」

1 記録の保存の始期（原則）

記録の保存期間の始期は，事件完結の日[448]である（保存規程4条2項）。別表第二審判事件の完結の日は次の一覧表のとおりである。

【別表第二審判事件の完結日等一覧表】

完結事由	完結日
審判の確定	審判の確定日[449]
取下げ	取下げの効力が生じた日
当然終了	当然終了の日

---

[448] 「事件完結」とは，事件が最終的に裁判所の係属を離脱することをいう（平成7年3月訟廷執務資料第64号「事件記録等保存規程の解説（改訂版）」（最高裁判所事務総局）62頁参照）。
[449] 審判の確定時期の詳細については，本章の第9節の第1の3の(5)（437頁）を参照されたい。

第6章　別表第二審判手続に関する書記官事務

2　記録の保存の始期（例外）
　　第2編の第7章の第14節の第7の2（196頁）と同様であるため，適宜，別表第二審判事件記録の保存の始期の例外の場合に読み替えた上で参照されたい。
3　記録の保存期間（原則）
　　別表第二審判事件記録の保存期間は，保存の始期から起算して5年である（保存規程別表第一の18参照）。
4　記録の保存期間（例外）
　　第2編の第7章の第14節の第7の4（196頁）と同様であるため参照されたい。
5　別表第二審判事件が調停に付された場合（法274条1項）に付調停事件が調停成立等で事件が完結した場合の別表第二審判事件記録の保存
　　第2編の第7章の第14節の第7の5の(2)（197頁）と同様であるため参照されたい。
6　別表第二調停事件が審判移行（法272条4項，286条7項）して事件が完結した場合の記録の保存
　　第2編の第7章の第14節の第7の6（197頁）と同様であるため参照されたい。
7　事件書類の分離及び編冊
　　第2編の第7章の第14節の第7の7（197頁）と同様であるため，適宜，別表第二審判事件の事件書類の分離及び編冊の場合に読み替えた上で参照されたい。
　　なお，別表第二審判事件の事件書類（審判の原本（申立てを却下するものを除く。））の保存期間は30年である（保存規程別表第一の18参照）。
8　記録等の廃棄
　　第2編の第7章の第14節の第7の8（198頁）と同様であるため参照されたい。

第7章　別表第二審判手続における不服申立てに関する書記官事務

第1節　概説

　　家事事件においては，法律関係の早期安定及び簡易迅速な紛争解決の要請が強いことから，審判及び審判以外の裁判に対しては，特別の定めがある場合に限り，即時抗告をすることができるとされている（法85条1項，99条）。ここでは，別表第二審判手続において審判及び審判以外の裁判に対して即時抗告がされた場合における家庭裁判所の手続及び書記官事務について記載する。

第2節　審判に対する不服申立て（即時抗告）

第1　即時抗告の対象となる別表第二審判等

1　即時抗告の対象となる別表第二審判及び即時抗告権者

　　即時抗告をすることができる別表第二審判及び当該審判に対して即時抗告をすることができる者（即時抗告権者）は，審判ごとに定められている。

　　この即時抗告の対象となる別表第二審判及び当該審判に対して即時抗告をすることができる者については，第5編（460頁）の各章の各節の「審判に対する即時抗告」の項において個別に記載しているため参照されたい。

　　なお，手続費用の負担の裁判に対しては，独立して即時抗告をすることができない（法85条2項）。

2　抗告審における当事者等（第一審の当事者等の地位）

　　第一審の別表第二審判に対して即時抗告がされた場合の抗告審における当事者等（第一審の当事者等の地位）については，次の①から③までのとおりであると考えられている（逐条278頁及び279頁参照）。

　①　第一審の別表第二審判に対して一方の当事者が即時抗告をしたときは，他方の当事者が抗告審における相手方になる。

　②　第一審の別表第二審判に対して当事者以外の者が即時抗告をしたとき（法156条4号，172条1項8号〜10号等参照）は，即時抗告をした者は，抗告審における当事者になり，第一審の申立人及び相手方もいずれも抗告審における当事者になる。

　③　第一審における利害関係参加人は，自ら即時抗告をしたときは抗告人になる（法42条7項参照）が，他の者が即時抗告をしたときは，抗告審においても引き続き利害関係参加人としての地位に就く。

第2　即時抗告期間及びその起算点

　　審判に対する即時抗告は，特別の定めがある場合[450]を除き，2週間の不変期間内にしなければならない（法86条1項本文）。期間の計算は，民事訴訟の場合と同様に行い，原則として期間の初日は算入しないが，その期間が午前零時から始まると

---

[450] この特別の定めとしては，例えば，法87条5項や法96条2項の規定がある（逐条280頁参照）。

第7章　別表第二審判手続における不服申立てに関する書記官事務

き[451]は，初日を算入する（法34条4項，民訴法95条，民法140条）。また，即時抗告期間前に提起した即時抗告も有効とされる（法86条1項ただし書）。

なお，別表第二審判事件においては，即時抗告期間の起算点に関する特別の定めは設けられていないため，即時抗告期間の起算点は次のとおりとなる（法86条2項）[452]。

1　即時抗告をする者が審判の告知を受ける者（法74条1項）である場合

その者が審判の告知を受けた日である。

審判の告知を受ける者は，特別の定めがある場合を除き，当事者及び利害関係参加人並びにこれらの者以外の審判を受ける者であるところ（法74条1項），別表第二審判事件においては，審判の告知を受ける者についての特別の定めは設けられていないため，即時抗告期間はそれぞれが審判の告知を受けた日から進行する。

2　即時抗告をする者が審判の告知を受ける者でない場合

申立人が審判の告知を受けた日（2以上あるときは，当該日のうち最も遅い日）である。

例えば，前記第1の2の②（449頁）のように，当事者以外の者が即時抗告をする場合で，当該即時抗告をする者が審判の告知を受ける者でない場合の即時抗告期間は，申立人が審判の告知を受けた日（2以上あるときは，当該日のうち最も遅い日）から進行する。

第3　即時抗告がされた場合の手続

1　抗告状の受付に関する事務

受付の意義，受付事務の取扱者及び内容については，基本的には第2編の第7章の第2節の第1の1（67頁）と同様であるが，抗告状の受付に当たっては，主に次の(1)から(6)までの各事項にも留意する必要がある。

(1)　抗告状の提出先

即時抗告は，抗告状を原裁判所（第一審として審判をした家庭裁判所）に提出してしなければならない（法87条1項。ただし，抗告状に記載される宛先は高等裁判所である。）。

(2)　抗告状の記載事項及び委任事項の確認等

抗告状には，当事者及び法定代理人，原審判の表示[453]及びその審判に対して即時抗告をする旨[454]を記載しなければならない（法87条2項）。抗告状に原審判の取消し又は変更を求める事由の具体的な記載がないときは，抗告人は，即時抗告の提起後14日以内に，これらを記載した書面を原裁判所に提出しなければならない

---

[451]　なお，公示送達の効力は，効力発生の日の午前零時に発生することになる（法36条，民訴法112条参照）。

[452]　なお，審判の確定時期については，本編の第6章の第9節の第1の3の(5)（437頁）に詳細に記載されているため参照されたい。

[453]　原審判の表示としては，原裁判所，事件番号，事件名，審判の日等により即時抗告の対象となる審判が特定できていれば足りるが，原審判の主文も併せて記載されるのが一般的である。

[454]　「その審判に対して即時抗告をする旨」としては，原審判に不服があり，抗告審における審理及び裁判を求める旨の記載があれば足りるが，抗告の趣旨（抗告人が求める裁判の主文）が記載されるのが一般的である。

(規55条1項)。

なお，手続代理人が抗告人を代理して即時抗告をする場合には，法24条2項3号の特別の委任が必要となることから，手続代理委任状の委任事項に，即時抗告の提起に関する事項が含まれているか確認する必要がある。確認の結果，手続代理委任状の委任事項に，即時抗告の提起に関する事項が含まれていない場合は，当該委任事項が記載された手続代理委任状を提出してもらう必要がある[455]。

(3) 抗告提起手数料等

別表第二審判及び審判前の保全処分に対する即時抗告の提起手数料は，それぞれの申立ての手数料の額の1.5倍の額である（民訴費用法3条1項別表第一の一八の項の(1)）[456]。

したがって，別表第二審判に対する即時抗告の提起であれば，当該抗告提起手数料は1件につき1,800円となる。具体的には，即時抗告の提起手数料は別表第二審判事項ごとに算出する必要があるので，例えば，子二人の事案で，子の監護者の指定の審判及び子の引渡しの審判（いずれも子の監護に関する処分についての審判）に対する即時抗告が提起された場合には，即時抗告の提起手数料は4件分（子一人につき別表第二審判事項が2件）の7,200円となる（この場合，1通の抗告状で即時抗告が提起されたのであれば，立件は1件となる（後記(6)（452頁）参照）。）。

また，遺産の分割の審判（被相続人は一人）に対する即時抗告の場合で，併合された寄与分を定める処分の審判についても不服を申し立てているときは，当該遺産の分割の審判に対する即時抗告の提起手数料に，当該寄与分を定める処分の審判に対する即時抗告の提起手数料も加算する必要がある（この場合も，1通の抗告状で即時抗告が提起されたのであれば，立件は1件となる（後記(6)（452頁）参照）。）（昭和57年3月訟廷執務資料第52号「裁判所書記官会同協議要録（家庭関係）」（最高裁判所事務総局）44頁69参照）。

このほか，即時抗告の提起時に，各高等裁判所及び家庭裁判所の実情に応じ，書類の送達等のために必要な費用を郵便切手により予納してもらうのが一般的である（民訴費用法11条～13条）。

(4) 抗告状の写しの添付

審判に対する即時抗告があった場合には，抗告裁判所は，原則として，原審における当事者及び利害関係参加人（抗告人を除く。）に対し，抗告状の写しを送付しなければならないことから（法88条1項本文），抗告状には，原審における当事者及び利害関係参加人（抗告人を除く。）の数と同数の写しを添付しなければならない（規54条）。したがって，抗告状の点検の際は，当該抗告状の写しが添付されているか確認する必要がある。

なお，抗告人が当該抗告状の写しを提出しない場合に，そのことをもって補正命

---

[455] 実務上，手続の明確を期するため，この法24条2項3号の特別委任事項の記載の有無にかかわらず，抗告審段階で改めて手続代理委任状を提出させる取扱いもある。
[456] 審判前の保全処分のうち申立手数料が不要とされているもの（事件）についての即時抗告の提起手数料は，1,000円である（民訴費用法3条1項別表第一の一八の項の(4)）。

第 7 章　別表第二審判手続における不服申立てに関する書記官事務

令の対象としたり，抗告状を却下したりすることはできない。したがって，抗告人が当該写しを任意に提出しない場合には，最終的には抗告裁判所の書記官が抗告状の写し（コピーで足りる。）を作成して，これを原審における当事者及び利害関係参加人に送付することとなる（条解規則 135 頁参照）。

(5) **審判前の保全処分に対する即時抗告に伴う執行停止等の申立て（法 111 条）**

審判前の保全処分は，即時抗告ができる場合であっても，確定を待たずに，審判を受ける者への告知により効力が生じ（法 109 条 2 項において法 74 条 2 項ただし書の規定の適用が除外されている。），また，当該審判に対する即時抗告によっては当然には執行停止の効力は生じないことから，審判前の保全処分に対する即時抗告の提起と同時に，法 111 条に基づき，執行停止等の申立書が家庭裁判所に提出されることがある。この執行停止等の手続については，後記 2 の(4)（453 頁）を参照されたい。

(6) **立件基準（事件番号の付け方の基準）**

抗告状（受付分配通達別表第 5 の 6，家事抗告提起事件（記録符号（家ニ））

2　担当部における事務

即時抗告が不適法でその不備を補正することができないことが明らかであるときは，原裁判所は，これを却下しなければならない（法 87 条 3 項）ため，家事抗告提起事件の記録を引き継いだ担当部の書記官は，裁判官の指示により，抗告状及び添付書類等の確認を行うほか，次の(1)から(5)までについても留意する必要がある。

(1) **原裁判所において即時抗告を却下する場合（法 87 条 3 項）**

法 87 条 3 項所定の「即時抗告が不適法でその不備を補正することができないことが明らかであるとき」とは，即時抗告期間の経過後に即時抗告が提起された場合や，即時抗告権放棄後に即時抗告が提起された場合のほか，手続費用の負担の裁判に対する独立した即時抗告など即時抗告が許されない審判に対して即時抗告が提起された場合などが考えられるが，書記官は，抗告状等の確認の結果，提起された即時抗告がこれらに該当する可能性があると認めたときは，まずは原裁判所において当該即時抗告を却下するかどうか，裁判官の判断を得る必要がある[457]。

なお，抗告状の方式に関する審査，補正命令及び抗告状却下命令は，抗告裁判所の裁判長の権限事項であるから（法 87 条 6 項，49 条 4 項・5 項），原裁判所が審査等を行うことができない点に留意する必要がある[458]。

おって，原裁判所による即時抗告の却下審判に対しては，抗告人から，1 週間の不変期間内に即時抗告をすることができる（ただし，その期間前に提起した即時抗告であっても有効である。）（法 87 条 5 項）。したがって，当該却下審判の告知は，

---

[457] 原裁判所が即時抗告を却下する審判（この裁判の形式は，審判である（法 87 条 4 項参照）。）の記載例については，原裁判所による抗告却下決定の例ではあるが，平成 11 年度書記官実務研究「民事上訴審の手続と書記官事務の研究」（裁判所書記官研修所）315 頁が参考になるため参照されたい。

[458] 原裁判所において補正命令の対象となる事項を発見した場合に，抗告人に手続代理人が付いているなどしてその補正が比較的容易と考えられるもの（例えば，抗告手数料分の収入印紙が不足しているなど）については，事実上補正を促す取扱いも考えられるが，原裁判所は遅滞なく抗告裁判所に事件を送付しなければならないことから（規 56 条 1 項），補正を促す場合にも，送付事務に支障を来さないよう注意する必要がある。

即時抗告期間の始期を明確にするため，抗告人に対して，審判書謄本を送達する方法によるのが相当である。

(2) 抗告理由書の提出管理

審判に対する即時抗告をする場合において，抗告状に原審判の取消し又は変更を求める事由の具体的な記載がないときは，抗告人は，即時抗告の提起後14日以内に，これらを記載した書面（実務上「抗告理由書」と呼ばれる。）を原裁判所に提出しなければならない（規55条1項。ただし，14日以内に提出されない場合であっても，それだけの理由で抗告が却下されることはない（条解規則137頁参照）。）。

前記(1)のとおり抗告却下の審判をしたときを除き，原裁判所は遅滞なく事件を抗告裁判所に送付する（規56条1項）ことになる。抗告状に具体的な抗告理由が記載されている場合や，抗告提起後の早い段階で抗告理由書が提出された場合でも，抗告理由書の提出期間内に更に追加の抗告理由書等が提出される場合があることから，書記官は，抗告理由書の提出期限を管理し，その状況を適時に裁判官に報告する必要がある[459]。

また，抗告理由書の写しについても，抗告状の写しと同様，抗告裁判所が原審における当事者及び利害関係参加人（抗告人を除く。）に対し送付するのが原則であり（規58条），原審における当事者及び利害関係参加人（抗告人を除く。）の数と同数の写しを添付しなければならないとされていることから（規55条2項，54条），当該写しが添付されているか確認する必要がある。

(3) 原裁判所による更正（再度の考案）は認められていないこと

別表第二審判事件は，別表第一審判事件とは異なり，審判に対する即時抗告を理由があると認める場合であっても，原裁判所においてその審判を更正[460]することはできない（法90条ただし書）。これは，別表第二審判事件では，申立人及び相手方が主張及び資料を提出し，十分に実質的な審理をした上で家庭裁判所が審判をするものであること（法67条～72条参照）から，いわゆる再度の考案を認めたのでは，第一審の審理手続を手続保障の見地から充実させている意義（特に，法71条において審理の終結の制度が設けられていることの趣旨）を没却しかねないからである（逐条291頁及び292頁参照）。

(4) 審判前の保全処分に対する即時抗告に伴う執行停止等の手続

審判前の保全処分に対して即時抗告が提起された場合において，原審判の取消しの原因となることが明らかな事情及び原審判の執行により償うことができない損害を生ずるおそれがあることについて疎明があったときは，抗告裁判所又は審判前の保全処分の事件記録が家庭裁判所に存する間の当該家庭裁判所は，申立てにより，即時抗告についての裁判が効力を生ずるまでの間，次の①から⑤までの裁判をすることができる（法111条1項）。

---

[459] 抗告裁判所に事件を送付するとの裁判官の判断がされたときは速やかに記録を送付できるよう，後記(5)のウ（455頁）のうち，書記官による事件記録の点検及び整理については，抗告理由書の提出期間の経過を待たずに着手するのが相当な場合もあろう。

[460] なお，この更正は，計算違い，誤記等の明白な誤りを訂正するにとどまる法77条の更正決定とは異なるものである（逐条292頁参照）。

第7章 別表第二審判手続における不服申立てに関する書記官事務

① 担保を立てさせて，原審判の執行の停止を命ずる裁判
② 担保を立てることを条件として，原審判の執行の停止を命ずる裁判
③ 担保を立てさせないで，原審判の執行の停止を命ずる裁判
④ 担保を立てさせて，既にした執行処分の取消しを命ずる裁判
⑤ 担保を立てることを条件として，既にした執行処分の取消しを命ずる裁判

これらの執行停止等の裁判の申立てが家庭裁判所にあった場合における書記官事務については，平成27年度書記官実務研究の第2編の第1章の第9の1の(3)のイの(エ)（136頁）と同様であるため，適宜，別表第二審判事件を本案とする審判前の保全処分に対する即時抗告に伴う執行停止等の手続の場合に読み替えた上で参照されたい。

(5) 抗告裁判所への事件送付

原裁判所は，抗告却下の審判（前記(1)（452頁）参照）をしたときを除き，遅滞なく事件を抗告裁判所に送付しなければならない（規56条1項）。この事件の送付は，原裁判所の書記官が，抗告裁判所の書記官に対し，家事審判事件の記録を送付してしなければならない（同条2項）。

なお，即時抗告権の放棄（規60条2項において準用する民訴規173条）や即時抗告の取下げ（規60条2項において準用する民訴規177条）は，家事審判事件の記録の存する裁判所にしなければならないから，記録の送付（事件の送付）は，即時抗告の取下げ先等を規律する機能を有することとなる（条解規則139頁参照）。

おって，抗告裁判所への事件送付に当たっての主な事務及び留意事項は次のアからエまでのとおりである。

ア 原裁判所の意見の添付の要否の確認

別表第二審判に対する即時抗告があった場合には，原裁判所が抗告事件についての意見を付さなければならないとする規57条の規定の適用はない。これは，法90条ただし書の規定により，別表第二審判については，原裁判所による更正（再度の考案）が認められなかったため（前記(3)（453頁）参照），原裁判所としては，別表第二審判については抗告理由について検討する契機がないからである。もっとも，事案によっては，原裁判所の意見が抗告裁判所にとって有益であるような場合も考え得るところであるので，そのような場合に原裁判所が任意に意見を添付することは禁止されていない（条解規則141頁参照）。したがって，書記官は，事件を送付するに当たって（任意に）意見を添付するかどうかについて裁判官に確認する。

イ 事件送付の時期

規56条1項では「即時抗告があった場合には，遅滞なく」とされており，別表第二審判事件においては，前記(3)（453頁）のとおり，再度の考案についての裁判官の判断は不要であること等から，事件の送付の時期（抗告理由書の提出期間経過後に送付するか等）については，裁判官に相談して指示を受ける[461]。

---

461 なお，事件の送付の期限については，実務上，各高等裁判所において，例えば，即時抗告提起後○日以内等と定めている例が多い。

第3 即時抗告がされた場合の手続

　　ウ　記録の送付等
　　　抗告裁判所への事件の送付は，原裁判所の書記官が，抗告裁判所の書記官に対し，家事審判事件の記録，すなわち，即時抗告提起事件の記録[462]のみではなく，一件記録全てを送付してしなければならない（規56条2項）。
　　　裁判所の事件に関する記録その他の書類の作成及び保管は，裁判所法60条2項に定められた書記官の職務権限に属する事項であるから，書記官は，即時抗告の提起に伴い抗告裁判所へ当該記録を送付する際には，記録編成通達等の関連通達等に従い，再度当該記録の点検及び整理をするとともに，返還すべき予納郵便切手や家事予納金，民事保管物の返還の確認等を行い，当該記録が適正に管理されていたことを確認する必要がある[463]。
　　　また，抗告裁判所に引き継ぐべき予納郵便切手については，昭和46年6月14日付け最高裁判所規程第4号「予納郵便切手の取扱いに関する規程」及び平成7年3月24日付け最高裁総三第18号事務総長通達「予納郵便切手の取扱いに関する規程の運用について」に基づいて引継ぎの事務を行う必要がある。
　　　当該事件記録の整理等の後，主任書記官等の供閲に付し，書記官は民事裁判事務支援システム（MINTAS）等を利用して記録送付書を作成し，当該事件記録とともに送付する（訟廷事務室がある家庭裁判所においては，訟廷事務室を通じて送付することになる。）[464]。
　　エ　抗告裁判所（高等裁判所）との連携（非開示希望情報等の情報の提供等）
　　　非開示希望情報等が存在する事件の記録を抗告裁判所に送付する際は，例えば，①非開示希望情報等が記録に表れた場合の注意喚起の表示の措置（第2編の第7章の第2節の第3の3の(3)のア（87頁）参照）を執った状態のままで送付したり，②記録送付前の原裁判所内での決裁の段階で関係職種において記録全体

---

[462] この即時抗告提起事件の記録については，実務上，原審の家事審判事件の記録の末尾に，分界紙を挟む等して明確に区別した上で，編年体でつづり込むといった取扱いがされている（平成11年度書記官実務研究「民事上訴審の手続と書記官事務の研究」（裁判所書記官研修所）318頁（注6）参照）。

[463] アンケート調査の結果によると，このような即時抗告の提起に伴い抗告裁判所へ事件を送付する際の当該記録の再度の点検及び整理に当たっては，本文記載の目的に加え，合理化及び標準化等の目的から，庁あるいは部等で独自に点検事項等（例えば，前記第3の1（450頁）の抗告状の受付に当たっての留意事項のほか，非開示希望情報等の管理に関する事項，手続の適法性に関する事項等）を記載した点検票等を作成して使用している家庭裁判所もあった。

[464] 平成7年3月24日付け最高裁総三第14号総務局長通達「事件記録の保管及び送付に関する事務の取扱いについて」記第2の1参照。なお，当該事件記録の送付の際に，審判書の写しも添付する取扱いが一般的である（平成11年度書記官実務研究「民事上訴審の手続と書記官事務の研究」（裁判所書記官研修所）319頁参照）。その通数等については，各高等裁判所において定めている（高等裁判所において上訴提起された場合の取扱いであるが，平成10年2月民事裁判資料第221号「民事訴訟手続の改正関係資料(3)」（最高裁判所事務総局）529頁参照）。また，併せて，抗告裁判所（高等裁判所）が原裁判所に対し，手続の円滑な進行確保及び進行促進等のため，審判書のデータの送付を求める場合もあるが，このような取扱いをする場合には，①平成19年3月16日付け最高裁情政第000156号事務総長依命通達「裁判所の保有する情報及び情報システムの取扱いについて」，②同月22日付け最高裁情政第000184号情報政策課長通達「情報セキュリティに関する対策基準について」，③平成27年7月31日付け最高裁情報政策課長事務連絡「職員が情報及び情報システムを取り扱う際の情報セキュリティ対策実施要領について」等の情報セキュリティ関連通達等に従い，各庁で定められた処理をする必要がある。

第7章　別表第二審判手続における不服申立てに関する書記官事務

を精査して非開示希望情報等の有無や内容を確認し，また，前記①の非開示希望情報等が記録に表れた場合の注意喚起の表示の措置に漏れがないか等を確認し，併せて，留意すべき事項等については，事件担当書記官において，抗告裁判所宛ての事務連絡を作成する等，原裁判所が抗告裁判所との間であらかじめ認識を共有している連携の方法等に従って送付し，抗告裁判所において引き続き非開示希望情報等の適切な管理ができるように十分に連携する必要がある。

　また，非開示希望情報等以外でも，原裁判所の家事審判手続における当事者の精神的不安定な状態や暴力的傾向の有無（警備対応の要否に関する情報），渉外事件における外国人当事者の日本語能力に関する情報等の抗告裁判所における審理手続にも影響を及ぼし得る情報についても，適切に抗告裁判所に引き継ぐことができるように十分に連携する必要がある[465]。

第3節　審判以外の裁判に対する不服申立て（即時抗告）

　審判以外の裁判に対する不服申立て（即時抗告）の手続及び書記官事務については，平成27年度書記官実務研究の第2編の第1章の第9の2（139頁）と同様であるため参照されたい。

---

[465] アンケート調査の結果によると，多くの家庭裁判所において，抗告裁判所（高等裁判所）との連携（情報共有）について，本文記載のように，どのような情報をどのような形で提供するか等について，抗告裁判所（高等裁判所）との間で申合せや取決め等をして認識を共有していた。

第8章　審判の取消し又は変更に関する書記官事務

第1節　概説

　家庭裁判所は，審判をした後，その審判を不当と認めるときは，次の①及び②の審判を除き，職権で，これを取り消し，又は変更することができる（法78条1項）。
① 　申立てによってのみ審判をすべき場合において申立てを却下した審判
② 　即時抗告をすることができる審判

　審判が確定した日から5年を経過したときは，家庭裁判所は，法78条1項の規定による取消し又は変更をすることができない。ただし，事情の変更によりその審判を不当と認めるに至ったときは，取消し又は変更をすることができる（法78条2項）。

　家庭裁判所は，法78条1項の規定により審判の取消し又は変更をする場合には，その審判における当事者及びその他の審判を受ける者の陳述を聴かなければならない（法78条3項）[466]。

　法78条1項の規定による取消し又は変更の審判に対しては，取消し後又は変更後の審判が原審判であるとした場合に即時抗告をすることができる者に限り，即時抗告をすることができる（法78条4項）。

　これらの規定の趣旨等については，逐条254頁～257頁を参照されたい。

第2節　審判の取消し又は変更に関する書記官事務

　この法78条の規定による審判の取消し又は変更は，申立てによることはできないが，審判の取消し又は変更をすべき事情については，主に，当事者等からその旨を記載した書面が提出されること等によって裁判所が把握する場合が想定される。書記官は，当事者等からこのような書面が提出された場合には，職権発動を促すものとして取り扱い，法78条の規定による審判の取消し又は変更の対象となるものかどうかを確認した上で，速やかに裁判官に提出して指示を受ける。裁判官から職権により手続を開始する旨の指示を受けた場合は，審判の取消し又は変更に関する事務を行う。この審判の取消し又は変更に関する書記官事務については，平成27年度書記官実務研究の第2編の第1章の第4の3（100頁）と同様であるため参照されたい。

　なお，裁判官から職権により手続を開始しない旨の指示があった場合には，手続の適正及び明確を期するため，当事者等から提出された当該書面の余白に，当該日付及び「本件につき職権発動しない。」旨記載して裁判官の押印を受ける等してその旨を記録上明らかにし，手続の円滑な進行確保のため，当該書面を提出した当事者等にその旨を電話等の適宜の方法で連絡する等の取扱いが考えられる。

---

[466] なお，審判以外の裁判については，このような手続保障の規定は設けられていない（法81条1項による法78条3項の規定の準用除外）。

第9章 再審に関する書記官事務

第1節 概説

再審（法103条）とは，法定の再審事由（法103条3項が準用する民訴法338条1項・2項）を主張して，確定した審判その他の裁判（事件を完結するものに限る。）を取り消し，終結した従前の家事審判手続の再審判（審理及び判断）を求める手続である。この再審の手続の趣旨等については，逐条334頁～338頁を参照されたい。

第2節 再審に関する書記官事務

平成27年度書記官実務研究の第2編の第1章の第9の3（142頁）と同様であるため，適宜，別表第二審判の再審の場合に読み替えた上で参照されたい。

第10章　審判の更正に関する書記官事務

第1節　概説

　　審判に計算違い，誤記その他これらに類する明白な誤りがあるときは，家庭裁判所は，申立てにより又は職権で，いつでも更正決定をすることができる（法77条1項）。また，この更正決定は，裁判書を作成してしなければならない（同条2項）。この審判の更正に関する書記官事務については，平成27年度書記官実務研究の第2編の第1章の第4の2（98頁）と同様であるため参照されたい。

第2節　審判の更正に関する留意事項

　　家事審判法（旧法）適用事件の審判に計算違い，誤記その他これらに類する明白な誤りがあるときは，家事審判法（旧法）では，審判の更正の明文の規定がなかったことから，民訴法257条を類推適用して，家庭裁判所は，申立てにより又は職権で，更正「審判」をすることになるので，留意する必要がある（平成21年3月研修教材第15号「家事審判法実務講義案（六訂再訂版）」（裁判所職員総合研修所）159頁参照）。この家事審判法（旧法）時における審判の更正に関する書記官事務については，平成19年1月家庭裁判資料第183号訟廷執務資料第74号「家事書記官事務の手引（改訂版）」（最高裁判所事務総局）46頁及び47頁を参照されたい。

第5編　別表第二審判手続における書記官事務【各論】

　本編では，第4編の別表第二審判手続における書記官事務の総論部分を前提として，各章の各節において，法別表第二に掲げる一から十六までの項の全ての事項についての具体的な事件類型を取り上げ，それぞれの事件類型において，当該総論部分とは異なる事項や特に留意すべき事項等を中心に具体的な書記官事務について記載する。

第1章　婚姻等に関する審判事件における書記官事務

　本章では，別表第二審判事件のうち，婚姻等に関する審判事件である，①夫婦間の協力扶助に関する処分（法別表第二の一の項の事項）の審判事件，②婚姻費用の分担に関する処分（法別表第二の二の項の事項）の審判事件，③子の監護に関する処分（法別表第二の三の項の事項）の審判事件，④財産の分与に関する処分（法別表第二の四の項の事項）の審判事件及び⑤離婚等の場合における祭具等の所有権の承継者の指定（法別表第二の五の項の事項）の審判事件について，以下の第1節から第5節までにおいて，第4編の別表第二審判手続における書記官事務の総論部分とは異なる事項や特に留意すべき事項等を中心に具体的な書記官事務について記載する。

第1節　夫婦間の協力扶助に関する処分の審判事件

【どんな事件？】
　夫婦は同居し，互いに協力し扶助しなければならない（民法752条）。婚姻は夫婦の精神的・肉体的・経済的結合であることから，民法752条は，夫婦が同居し，協力し，扶助することを婚姻の本質的義務として規定したものである※1。
　この「同居」とは，単に同じ屋根の下に住むということではなく，夫婦として同居生活することを意味する。同居する場所は，まず夫婦の協議によって定め，当該協議が不調・不能の場合には，当該夫婦の一方は，同居義務を履行しない他方の配偶者を相手方として，家庭裁判所に対し，同居を求める審判（又は調停）を申し立てることができる※2。
　また，この「協力し扶助する」とは，相互に精神的・肉体的・経済的に協力し，一体不可分の関係にあって共同生活を保持することである（いわゆる生活保持義務（自分の生活を保持するのと同程度の生活を他方の配偶者にも保持させる義務）と解されている。）※2。例えば，別居中の夫婦間において，この協力扶助義務に基づく生活費（生活保持のための費用）の支払についての協議が不調・不能の場合には，当該夫婦の一方は，生活費を支払わない他方の配偶者を相手方として，家庭裁判所に対し，生活費の支払を求める審判（又は調停）を申し立てることができる※3。
　これらの審判は，いずれも法別表第二の一の項の事項（夫婦間の協力扶助に関する処分）についての審判である。
※1　「別冊法学セミナーno.240 新基本法コンメンタール親族」（日本評論社）56頁参照。
※2　平成26年10月研修教材第4号「親族法相続法講義案（七訂補訂版）」（裁判所職員総合研修所）57頁～59頁参照。
※3　この民法752条が規定する夫婦の協力扶助義務と民法760条が規定する夫婦の婚姻費用分担義務との関係が問題になる。通説・判例は，いずれも夫婦間での生活保持義務を規定したものであり，本質的に同一であるとする（「別冊法学セミナーno.240 新基本法コンメンタール親族」（日本評論社）58頁参照）。したがって，夫婦間における生活費の請求は，いずれの規定によっても構わないが，実務上は，婚姻費用の分担に関する処分（法別表第二の二の項の事項）の審判（又は調停）（本章の第2節（467頁）参照）として申立てをするのが一般的である（「別冊法学セミナーno.240 新基本法コンメンタール親族」（日本評論社）58頁及び梶村太市・石田賢一・石井久美子編「家事事件手続書式体系Ⅱ」（青林書院）64頁参照）。

第1　申立て
1　管轄
　夫又は妻の住所地を管轄する家庭裁判所（法150条1号）又は当事者が合意で定める家庭裁判所（法66条1項）。
　なお，管轄の詳細については，第4編の第5章の第1節（338頁）と同様であるため参照されたい。
2　申立人
　夫又は妻（民法752条）。

第1章　婚姻等に関する審判事件における書記官事務

　　なお，この夫婦間の協力扶助に関する処分の審判事件及び当該審判事件を本案とする保全処分についての審判事件（いずれの審判事件においても，財産上の給付を求めるものを除く。）における夫及び妻については，法151条柱書き及び1号において，手続行為能力の特則の規定である法118条の規定が準用されている。

3　申立ての方式

(1)　**申立費用**

　ア　申立手数料

　　1,200円（収入印紙）（民訴費用法3条1項別表第一の一五の二の項）

　イ　郵便切手

　　各家庭裁判所の実務上の運用によって異なる。

　なお，これら申立費用の詳細については，第4編の第6章の第1節の第2の1の(1)（341頁）と同様であるため参照されたい。

(2)　**申立書**

　申立ては，申立書を家庭裁判所に提出してしなければならず（法49条1項），申立書を家庭裁判所に提出する際は，相手方の数と同数の申立書の写し（相手方送付用）を提出する必要がある（規47条）。

　申立書の方式や記載事項等については，第4編の第6章の第1節の第2の1の(2)（341頁）と同様であるため参照されたい。

(3)　**附属書類（添付書類）**

　夫婦間の協力扶助に関する処分の審判事件の申立時に提出される，又は提出を求めることが多い主な附属書類（添付書類）は次のとおりである（各書類の趣旨等については，以下に記載する留意事項等のほか，第2編の第7章の第1節の第2の1の(3)（57頁）の①から③までの各類型の各書類の※の説明部分（家事調停事件に特有の事項は除く。）と同様であるため参照されたい。）。

　なお，本項では飽くまで主な附属書類（添付書類）の類型を示すにとどまるため，当然ながら，各家庭裁判所においては，裁判官の審理の方針，事案ごとの個別の事情等の実情に応じて，夫婦間の協力扶助に関する処分の審判事件の手続の円滑な進行を図るために，規37条3項の規定に基づき，本項で示す類型以外の書類の提出を求める場合がある。

　◇　申立ての理由及び事件の実情についての証拠書類写し（規37条2項）

　　※　民法752条が規定する夫婦の協力扶助義務に基づいて生活費を請求する審判の申立ての場合（冒頭の【どんな事件？】参照）は，婚姻費用の分担に関する処分（法別表第二の二の項の事項）の調停事件の附属書類（添付書類）の「申立ての理由及び事件の実情についての証拠書類写し」（第3編の第2章の第1節の第1の3の(3)（234頁）参照）と同様の趣旨で，生活費の算定に関する証拠書類として，当事者の収入に関する書類（源泉徴収票，給与明細，確定申告書，課税証明書等の写し）の提出を求める場合がある。その場合，当事者が相互に当該収入に関する書類を交換することで，審理の充実及び円滑な進行の実現を図るために，当該収入に関する書類については，家庭裁判所提出用の写しのほかに相手方交付（送付）用の写しを提出してもらう取扱い（規3条2項参

照）をしている家庭裁判所もある。ただし，このような取扱いをするに当たっても，非開示希望情報等の適切な管理（第2編の第7章の第2節の第3（76頁）参照）に留意する必要があることはもちろんである。

◇ 夫婦の戸籍全部事項証明書（戸籍謄本）（外国人当事者については住民票等）（規37条3項）
◇ 事情説明書（規37条3項）
◇ 連絡先届出書（規37条3項）
　※ 本書類の趣旨については，第4編の第6章の第1節の第2の1の(3)の②の「◇　連絡先届出書」の※の説明部分（345頁）と同様であるため参照されたい。
◇ 非開示希望申出書（非開示希望の申出をする場合にのみ使用する書類）（規37条3項）
◇ 進行に関する照会回答書（規37条3項）
◇ 手続代理人の権限（代理権）を証明する書面（委任状）（規18条1項）
◇ 法定代理権及び手続行為をするのに必要な授権を証明する書面（規15条，民訴規15条前段）

第2　受付及び審査

　夫婦間の協力扶助に関する処分の審判事件の申立書の受付及び審査に関する書記官事務において特に留意すべき事項は，主に次の1から4までのとおりである。
　なお，その他の申立書の受付及び審査に関する書記官事務（全般）については，第4編の第6章の第2節の第1（350頁）と同様であるため参照されたい。

1　同居を請求する審判の申立てと夫婦関係調整調停（円満）の申立てとの関係について

　同居を請求する審判の申立てについては，仮に同居の請求を認容する審判がされたとしても，相手方が当該審判に応じない場合は，事柄の性質上，直接強制はもとより，間接強制をすることも許されない（後記第12（465頁）参照）。また，当該審判がされたとしても，別居に至った経緯や事情等によっては，円満な夫婦生活を続けることが困難な事案もあることから，実務上は，同居を請求する審判ではなく，夫婦関係調整調停（円満）を申し立て，当該調停の中で同居も含め調整を図る事案もある（梶村太市・石田賢一・石井久美子編「家事事件手続書式体系Ⅱ」（青林書院）59頁参照）。

2　婚姻費用の分担に関する処分（法別表第二の二の項の事項）の審判との関係について

　夫婦間における生活費の請求の審判の申立ては，冒頭の【どんな事件？】の※3記載のとおり，民法752条の夫婦の協力扶助義務に関する規定と民法760条の夫婦の婚姻費用分担義務に関する規定のいずれの規定によってもすることができるため，申立ての趣旨及び理由の記載から，いずれの規定によるものであるか（法別表第二の一の項の事項についての審判なのか，あるいは法別表第二の二の項の事項についての審判なのか）判然としない場合には，いずれの規定によるものであるのかを特定してもらう必要がある（第4編の第6章の第1節の第2の1の(2)のイの(イ)のaの(b)（343頁）

第1章　婚姻等に関する審判事件における書記官事務

参照)。

3　審判又は調停成立後の事情の変更に基づく申立てについて

夫婦間の協力扶助に関する処分の審判又は調停成立後にそれらの基礎とされた事情に変更が生じたことによって，審判や成立した調停の内容（扶助の程度又は方法）が実情に適さなくなった場合には，その変更を求めることができる（法154条1項）（逐条496頁及び255頁（注2）参照）。このような従前の審判や成立した調停の内容の変更を求める審判の申立ても夫婦間の協力扶助に関する処分の審判事件となる。

4　当事者に外国人が含まれる場合（いわゆる渉外事件の場合）について

第3編の第1章の第1節の第2の3（206頁）と同様であるため参照されたい。

第3　立件基準（事件番号の付け方の基準）

申立書（受付分配通達別表第5の1の「内訳表」の「家事法別表第二関係」の(1)参照）

第4　記録の編成

第4編の第6章の第2節の第2（354頁）と同様であるため参照されたい。

第5　事件の分配

第4編の第6章の第2節の第5（355頁）と同様であるため参照されたい。

第6　審判期日の指定

第4編の第6章の第2節の第6（358頁）と同様であるため参照されたい。

第7　申立書の写しの送付等

基本的な事務は第4編の第6章の第2節の第7（362頁）と同様であるため参照されたい。

なお，民法752条が規定する夫婦の協力扶助義務に基づいて生活費を請求する審判事件（冒頭の【どんな事件？】参照）では，婚姻費用の分担に関する処分（法別表第二の二の項の事項）の審判事件における申立書の写しの送付等の取扱い（本章の第2節の第7（468頁）参照）と同様の趣旨で，生活費の算定に関する証拠書類として当事者の収入に関する書類（源泉徴収票，給与明細，確定申告書，課税証明書等の写し）の提出を求めるため，相手方に申立書の写し等を送付する際に，同封する手続説明書面等で，当該収入に関する書類を提出するよう指示する場合がある。その場合，当事者が相互に当該収入に関する書類を交換することで，審理の充実及び円滑な進行の実現を図るために，当該収入に関する書類については，家庭裁判所提出用の写しのほかに申立人交付（送付）用の写しを提出してもらう取扱い（規3条2項参照）をしている家庭裁判所もある（前記第1の3の(3)の「◇　申立ての理由及び事件の実情についての証拠書類写し」の※の説明部分（462頁）も併せて参照されたい。）。ただし，このような取扱いをするに当たっても，非開示希望情報等の適切な管理（第2編の第7章の第2節の第3（76頁）参照）に留意する必要があることはもちろんである。

第8　参考事項の聴取

第2編の第7章の第2節の第8（112頁）と同様であるため，適宜，夫婦間の協力扶助に関する処分の審判の手続における参考事項の聴取の場合に読み替えた上で参照されたい。

第9　付調停

第4編の第6章の第3節（365頁）と同様であるため参照されたい。

第10　審判前の保全処分

家庭裁判所（法105条2項の場合にあっては，高等裁判所）は，夫婦間の協力扶助に関する処分についての審判又は調停の申立てがあった場合において，強制執行を保全し，又は子その他の利害関係人の急迫の危険を防止するため必要があるときは，当該申立てをした者の申立てにより，当該処分についての審判を本案とする仮差押え，仮処分その他の必要な保全処分（審判前の保全処分）を命ずることができる（法157条1項1号）。

この審判前の保全処分の手続は第4編の第6章の第4節の第4（389頁）と同様であるため，適宜，夫婦間の協力扶助に関する処分の審判を本案とする審判前の保全処分の手続の場合に読み替えた上で参照されたい。

第11　審理等

第4編の第6章の第5節（404頁）から第8節（432頁）までと同様であるため参照されたい。

第12　審判手続の終了

夫婦間の協力扶助に関する処分の審判事件における審判手続の終了に関する書記官事務（全般）については，第4編の第6章の第9節（432頁）と同様であるため参照されたい。ただし，審判については，以下に記載する事項についても留意する必要がある。

家庭裁判所は，夫婦間の協力扶助に関する処分の審判において，扶助の程度若しくは方法を定め，又はこれを変更することができ（法154条1項），また，扶助の程度若しくは方法を定め，又はこれを変更する場合には，必要な事項を指示することができる（規90条）。この規90条の規定による具体的な指示の内容は個別の審判に委ねられることになるが[467]，当該指示は，家庭裁判所の後見的性格の現れとしてされるものにすぎないため，形成力や執行力はないと解される（条解規則231頁参照）。

なお，この夫婦間の協力扶助に関する処分の審判のうち同居の請求を認容する審判については，実体的な同居義務の存在を前提として，同居の時期，場所，態様等について具体的内容を定めることを要する（最決昭40.6.30民集19巻4号1089頁）。この

---

[467] 例えば，互いに反省して円満な関係を保つよう努力すること，互いに相手を思いやり日常生活においてできるだけ声をかけ合うよう努めることなどといった指示が想定される（条解規則231頁（注1）参照）。

第1章　婚姻等に関する審判事件における書記官事務

　　同居の請求を認容する審判がされたとしても，相手方が当該審判に応じない場合は，事柄の性質上，直接強制はもとより，間接強制をすることも許されないが，扶養義務を免れ，損害賠償を請求し得るほか，「悪意の遺棄」として裁判上の離婚原因になり得ると解されている（民法770条1項2号）（平成26年10月研修教材第4号「親族法相続法講義案（七訂補訂版）」（裁判所職員総合研修所）58頁参照）。

第13　審判手続終了後の書記官事務
　　第4編の第6章の第11節（446頁）と同様であるため参照されたい。

第14　審判に対する即時抗告
　　夫婦間の協力扶助に関する処分の審判及びその申立てを却下する審判に対しては，夫及び妻が即時抗告をすることができる（法156条1号）。
　　この即時抗告の手続については，第4編の第7章の第2節（449頁）と同様であるため参照されたい。

第2節　婚姻費用の分担に関する処分の審判事件

> 【どんな事件？】
> 　第3編の第2章の第1節（婚姻費用の分担請求調停申立事件）の【どんな事件？】（233頁）と同様であるため，適宜，婚姻費用の分担に関する処分の審判事件の場合に読み替えた上で参照されたい。

第1　申立て

1　管轄

　夫又は妻の住所地を管轄する家庭裁判所（法150条3号）又は当事者が合意で定める家庭裁判所（法66条1項）。

　なお，管轄の詳細については，第4編の第5章の第1節（338頁）と同様であるため参照されたい。

2　申立人

　夫又は妻（民法760条）

3　申立ての方式

(1)　**申立費用**

　ア　申立手数料

　　1,200円（収入印紙）（民訴費用法3条1項別表第一の一五の二の項）

　イ　郵便切手

　　各家庭裁判所の実務上の運用によって異なる。

　なお，これら申立費用の詳細については，第4編の第6章の第1節の第2の1の(1)（341頁）と同様であるため参照されたい。

(2)　**申立書**

　申立ては，申立書を家庭裁判所に提出してしなければならず（法49条1項），申立書を家庭裁判所に提出する際は，相手方の数と同数の申立書の写し（相手方送付用）を提出する必要がある（規47条）。

　申立書の方式や記載事項等については，第4編の第6章の第1節の第2の1の(2)（341頁）と同様であるため参照されたい。

(3)　**附属書類（添付書類）**

　婚姻費用の分担に関する処分の審判事件の申立時に提出される，又は提出を求めることが多い主な附属書類（添付書類）は，第3編の第2章の第1節の第1の3の(3)（234頁）と同様であるため，適宜，婚姻費用の分担に関する処分の審判事件における附属書類（添付書類）の場合に読み替えた上で参照されたい。

第2　受付及び審査

　婚姻費用の分担に関する処分の審判事件の申立書の受付及び審査に関する書記官事務において特に留意すべき事項は第3編の第2章の第1節の第2の1（235頁）から4（236頁）までと同様であるため，適宜，婚姻費用の分担に関する処分の審判事件の申立書の受付及び審査の場合に読み替えた上で参照されたい。

　なお，その他の申立書の受付及び審査に関する書記官事務（全般）については，第

第1章　婚姻等に関する審判事件における書記官事務

4編の第6章の第2節の第1（350頁）と同様であるため参照されたい。

第3　立件基準（事件番号の付け方の基準）
申立書（受付分配通達別表第5の1の「内訳表」の「家事法別表第二関係」の(2)参照）

第4　記録の編成
第4編の第6章の第2節の第2（354頁）と同様であるため参照されたい。

第5　事件の分配
第4編の第6章の第2節の第5（355頁）と同様であるため参照されたい。

第6　審判期日の指定
第4編の第6章の第2節の第6（358頁）と同様であるため参照されたい。

第7　申立書の写しの送付等
基本的な事務は第4編の第6章の第2節の第7（362頁）と同様であるため参照されたい。

なお，婚姻費用の分担に関する処分の審判事件では，いわゆる標準的算定方法を利用した婚姻費用の算定（後記第11（469頁）参照）に関する証拠書類として当事者の収入に関する書類（源泉徴収票，給与明細，確定申告書，課税証明書等の写し）の提出を求めるため，相手方に申立書の写し等を送付する際に，同封する手続説明書面等で，当該収入に関する書類を提出するよう指示する場合がある。その場合，当事者が相互に当該収入に関する書類を交換することで，審理の充実及び円滑な進行の実現を図るために，当該収入に関する書類については，家庭裁判所提出用の写しのほかに申立人交付（送付）用の写しを提出してもらう取扱い（規3条2項参照）をしている家庭裁判所もある（前記第1の3の(3)（467頁）で参照する第3編の第2章の第1節の第1の3の(3)の「◇　申立ての理由及び事件の実情についての証拠書類写し」の※の説明部分（234頁）も併せて参照されたい。）。ただし，このような取扱いをするに当たっても，非開示希望情報等の適切な管理（第2編の第7章の第2節の第3（76頁）参照）に留意する必要があることはもちろんである。

第8　参考事項の聴取
第2編の第7章の第2節の第8（112頁）と同様であるため，適宜，婚姻費用の分担に関する処分の審判の手続における参考事項の聴取の場合に読み替えた上で参照されたい。

第9　付調停
第4編の第6章の第3節（365頁）と同様であるため参照されたい。

第10　審判前の保全処分

　　家庭裁判所（法105条2項の場合にあっては，高等裁判所）は，婚姻費用の分担に関する処分についての審判又は調停の申立てがあった場合において，強制執行を保全し，又は子その他の利害関係人の急迫の危険を防止するため必要があるときは，当該申立てをした者の申立てにより，当該処分についての審判を本案とする仮差押え，仮処分その他の必要な保全処分（審判前の保全処分）を命ずることができる（法157条1項2号）。

　　この審判前の保全処分の手続は第4編の第6章の第4節の第4（389頁）と同様であるため，適宜，婚姻費用の分担に関する処分の審判を本案とする審判前の保全処分の手続の場合に読み替えた上で参照されたい。

第11　審理等

　　婚姻費用の分担に関する処分の審判事件の審理においても，当該調停事件の運営等と同様に，いわゆる標準的算定方法が広く利用されている。この標準的算定方法や婚姻費用の分担の終期については，第3編の第2章の第1節の第9の1及び2（237頁）と同様であるため参照されたい。

　　また，婚姻費用の分担に関する処分の調停の手続が調停不成立により終了して審判移行した場合における書記官事務については第3編の第2章の第1節の第10の2（239頁）と同様であり，その他の審理等に関する書記官事務（全般）については第4編の第6章の第5節（404頁）から第8節（432頁）までと同様であるため，それぞれ参照されたい。

第12　審判手続の終了

　　第4編の第6章の第9節（432頁）と同様であるため参照されたい。

第13　審判手続終了後の書記官事務

　　第4編の第6章の第11節（446頁）と同様であるため参照されたい。

第14　審判に対する即時抗告

　　婚姻費用の分担に関する処分の審判及びその申立てを却下する審判に対しては，夫及び妻が即時抗告をすることができる（法156条3号）。

　　この即時抗告の手続については，第4編の第7章の第2節（449頁）と同様であるため参照されたい。

第1章　婚姻等に関する審判事件における書記官事務

第3節　子の監護に関する処分の審判事件

　　子の監護に関する処分（法別表第二の三の項の事項）の審判事件は，民法766条2項及び3項（これらの規定を同法749条，771条及び788条において準用する場合を含む。）を根拠規定とする審判事件であり，申立人が求める審判の内容に応じて，面会交流，養育費請求，子の監護者[468]の指定又は変更，子の引渡し等の類型があり，これらの類型はそれぞれ審判を求める事項（審判の対象）は別個である（逐条174頁及び島津一郎，阿部徹編集「新版注釈民法(22)親族(2)」（有斐閣）107頁参照）。

　　本節では，これらの類型の審判事件のうち，既に第3編（家事調停手続における書記官事務【各論】）で記載した，実務上比較的調停での申立てが多い面会交流（同編の第2章の第2節（241頁）参照）と養育費請求（同章の第4節の第1（273頁）参照）の各事件を除き，実務上比較的審判での申立てが多い子の監護者の指定と子の引渡しの各審判事件[469]について，次の第1と第2において，当該各審判事件の関係や，当該各審判事件を本案とする審判前の保全処分の事件が申し立てられた場合等にも触れながら，その手続や具体的な書記官事務等について記載する。

---

[468]　「監護者」は「監護権者」といわれることもあるが（島津一郎，阿部徹編集「新版注釈民法(22)親族(2)」（有斐閣）106頁及び「別冊法学セミナーno.240 新基本法コンメンタール親族」（日本評論社）78頁参照），本節では「監護者」に統一して記載する。

[469]　これらの審判事件では，別居や監護親が子を連れ去った事実経緯等をめぐり当事者が激しい対立下にあったり，申立人において子の連れ去りや監護状況が子の福祉に反すること等を理由に迅速な処理を求めたりすることもあり，当初から調停手続を選択せず，審判事件として申立てをし，その際に併せて審判前の保全処分（子の仮の監護者の指定・仮の引渡し）を付随して申し立てることも少なくない（東京家事事件研究会編「家事事件・人事訴訟事件の実務～家事事件手続法の趣旨を踏まえて～」（法曹会）232頁，233頁及び239頁参照）。

第1 子の監護者の指定の審判事件

> 【どんな事件？】
> 　子の監護とは，親権の効力としての監護（民法820条）であり，子の身体的な生育を図ることをいう。父母の婚姻中は，共同で親権を行う父母が監護も共同して行うが，父母が離婚するときには，離婚後の親権者を父母の一方に定めなければならず（民法819条1項～3項・5項），また，子の利益を最も優先して考慮して，子の監護をすべき者（監護者），父又は母と子との面会及びその他の交流，子の監護に要する費用の分担その他の子の監護について必要な事項を協議で定めることとなる（民法766条1項）が，子の監護者を特に定めなかった場合には，親権者となった父又は母が子を監護する※1。
> 　この子の監護者についての協議が調わないとき，又は協議をすることができないときは，家庭裁判所に子の監護者の指定を求める審判（又は調停）を申し立てることができる（民法766条2項）。
> 　民法766条※2は，その文言上，離婚の際の子の監護に関する事項の定め等について規定するにとどまるが，別居中（婚姻中）の夫婦の場合も，同条を類推適用して子の監護に関する処分の審判をすることができると解されており※3，実務上も，別居中（婚姻中）の夫婦間における子の監護者の指定の審判が申し立てられている状況である※4。
> 　本項では，このような状況等を踏まえ，実務上比較的申立てが多い別居中（婚姻中）の夫婦間における子の監護者の指定の審判事件を中心として，その手続や具体的な書記官事務等について記載する。
> 　※1　「別冊法学セミナーno.240 新基本法コンメンタール親族」（日本評論社）77頁参照。
> 　※2　この民法766条の規定は，同法749条において婚姻の取消しについて，同法771条において裁判上の離婚について，同法788条において父が認知する場合について，それぞれ準用されている。
> 　※3　面会交流（面接交渉）の裁判例ではあるが，最決平12.5.1（民集54巻5号1607頁）参照。
> 　※4　実務上，子の監護者の指定の審判がされる場合としては，①別居中（婚姻中）の夫婦間において子の監護者を指定する必要がある場合，②離婚に際し親権者とは別に監護者を定める必要がある場合，③離婚後に親権者とは別に監護者の指定を求める場合等がある（梶村太市著「裁判例からみた「子の奪い合い」紛争の調停・裁判の実務」（日本加除出版）15頁参照）。

1　申立て

(1)　管轄

　子（父又は母を同じくする数人の子についての申立てに係るものにあっては，そのうちの一人）の住所地を管轄する家庭裁判所（法150条4号）又は当事者が合意で定める家庭裁判所（法66条1項）。

　なお，管轄の詳細については，第4編の第5章の第1節（338頁）と同様であるため参照されたい。

第1章 婚姻等に関する審判事件における書記官事務

(2) **申立人**
　父，母[470]

(3) **申立ての方式**
　ア　申立費用
　　(ア)　申立手数料
　　　子一人につき1,200円（収入印紙）（民訴費用法3条1項別表第一の一五の二の項）
　　(イ)　郵便切手
　　　各家庭裁判所の実務上の運用によって異なる。
　　なお，これら申立費用の詳細については，第4編の第6章の第1節の第2の1の(1)（341頁）と同様であるため参照されたい。
　イ　申立書
　　申立ては，申立書を家庭裁判所に提出してしなければならず（法49条1項），申立書を家庭裁判所に提出する際は，相手方の数と同数の申立書の写し（相手方送付用）を提出する必要がある（規47条）。
　　申立書の方式や記載事項等については，第4編の第6章の第1節の第2の1の(2)（341頁）と同様であるため参照されたい。
　ウ　附属書類（添付書類）
　　子の監護者の指定の審判事件の申立時に提出される，又は提出を求めることが多い主な附属書類（添付書類）は次のとおりである（各書類の趣旨等については，以下に記載する留意事項等のほか，第2編の第7章の第1節の第2の1の(3)（57頁）の①から③までの各類型の各書類の※の説明部分（家事調停事件に特有の事項は除く。）と同様であるため参照されたい。）。
　　なお，本項では飽くまで主な附属書類（添付書類）の類型を示すにとどまるため，当然ながら，各家庭裁判所においては，裁判官の審理の方針，事案ごとの個別の事情等の実情に応じて，子の監護者の指定の審判事件の手続の円滑な進行を図るために，規37条3項の規定に基づき，本項で示す類型以外の書類の提出を求める場合がある。
　　◇　申立ての理由及び事件の実情についての証拠書類写し（規37条2項）
　　　※　法は，申立書については相手方への写しの送付についての規律（法67条1項本文）を定めている一方で，その他の主張書面や証拠書類については相手方への写しの送付についての規律を定めていないが，子の監護者の指定の審判事件では，例えば，審判前の保全処分が併せて申し立てられている場合等，当事者双方の迅速かつ充実した主張反論の要請等から，申立書に添付される証拠書類についても，家庭裁判所提出用の写しのほかに相手方送付用の

470　このほか，父母以外の第三者である監護者が申立人になり得るかについては，積極説（梶村太市・石田賢一・石井久美子編「家事事件手続書式体系Ⅰ」（青林書院）311頁並びに島津一郎，阿部徹編集「新版注釈民法⑵親族⑵」（有斐閣）108頁及び109頁等参照）と消極説（東京高決平20.1.30（家月60巻8号59頁）等参照）の両説がある。

写しを提出してもらい（規3条2項参照），申立書の写しと併せて当該証拠書類の写しも相手方に送付している家庭裁判所もある（東京家事事件研究会編「家事事件・人事訴訟事件の実務～家事事件手続法の趣旨を踏まえて～」（法曹会）240頁参照）。ただし，このような取扱いをするに当たっても，非開示希望情報等の適切な管理（第2編の第7章の第2節の第3（76頁）参照）に留意する必要があることはもちろんである。

◇ 未成年者の戸籍全部事項証明書（戸籍謄本）（外国人当事者については住民票等）（規37条3項）

◇ 事情説明書（規37条3項）

◇ 連絡先届出書（規37条3項）

　※ 本書類の趣旨については，第4編の第6章の第1節の第2の1の(3)の②の「◇　連絡先届出書」の※の説明部分（345頁）と同様であるため参照されたい。

◇ 非開示希望申出書（非開示希望の申出をする場合にのみ使用する書類）（規37条3項）

◇ 進行に関する照会回答書（規37条3項）

◇ 手続代理人の権限（代理権）を証明する書面（委任状）（規18条1項）

◇ 法定代理権及び手続行為をするのに必要な授権を証明する書面（規15条，民訴規15条前段）

2　受付及び審査

子の監護者の指定の審判事件の申立書の受付及び審査に関する書記官事務において特に留意すべき事項は，主に次の(1)から(3)までのとおりである。

なお，その他の申立書の受付及び審査に関する書記官事務（全般）については，第4編の第6章の第2節の第1（350頁）と同様であるため参照されたい。

(1) 父母（親）以外の第三者を監護者として指定することの可否について

子の監護者を指定するに当たっての一般的・抽象的な判断基準は「子の利益」であり[471]，当該判断基準からして，父母（親）による子の監護が不適切である場合等は，祖父母やその他の親族等の第三者を監護者として定めることができるとする見解もある（島津一郎，阿部徹編集「新版注釈民法(22)親族(2)」（有斐閣）106頁，「別冊法学セミナーno.240 新基本法コンメンタール親族」（日本評論社）78頁及び逐条503頁（注1）参照）。したがって，子の監護者の指定の審判の申立ての内容が父

---

[471] 子の監護者の指定だけでなく，その他の子の監護に関する処分の全ての事項についての判断基準が「子の利益」であることは，判例・学説上異論はない。「子の利益」を判断するに当たっては，従前の監護状況，現在の監護状況や父母の監護能力（健康状態，経済状況，居住・教育環境，監護意欲や子への愛情の程度，監護補助者による援助の可能性等），子の年齢，心身の発育状況，従来の環境への適応状況，環境の変化への適応性，父又は母との親和性，子の意思等，父母の側と子の側の双方の事情を比較考量して結論が出されることになる。なお，「子の利益」については，実務上，「子の福祉」とか「子の幸福」あるいは「子の保護」とかいわれることもあるが，実質的な差異はない（島津一郎，阿部徹編集「新版注釈民法(22)親族(2)」（有斐閣）123頁及び124頁並びに東京家事事件研究会編「家事事件・人事訴訟事件の実務～家事事件手続法の趣旨を踏まえて～」（法曹会）234頁参照）。

第1章　婚姻等に関する審判事件における書記官事務

母（親）以外の第三者を監護者として指定することを求めるような内容であった場合は，前述の見解も踏まえた上で，裁判官に審理方針についての指示を仰ぐ。

(2) 受付担当部署（受付担当書記官）と事件担当部署（事件担当書記官）との連携について

前述のとおり，実務上，子の監護者の指定の審判については，子の引渡しの審判（後記第2（480頁）参照）とともに申立てをされることが多く，別居や子の連れ去りの経緯等をめぐり当事者間の感情的な対立が激しいことに加え，子をとにかく早く取り戻したいという心情も働いているためか，申立時において調停手続ではなく審判手続が選択され，その際には併せて審判前の保全処分（子の仮の監護者の指定・仮の引渡し）も申し立てられる場合が少なくない（東京家事事件研究会編「家事事件・人事訴訟事件の実務～家事事件手続法の趣旨を踏まえて～」（法曹会）232頁，233頁及び239頁参照）。

このように審判前の保全処分も併せて申し立てられた場合には，当該保全処分事件が迅速かつ実効的に処理されるために，事件受理後速やかに，当該事件を担当する裁判官，調査官及び書記官が打合せを行って審理方針を策定し（後記11の(4)（476頁）参照），裁判官による審問や調査官による調査等の審理手続を行わなければならない。そのためには，事件係等の受付担当部署（受付担当書記官）においても，事件受理後直ちに事件担当部署（事件担当書記官）に事件を受理した旨を通知し，かつ，当該事件記録を速やかに事件担当部署（事件担当書記官）に配布する必要がある（梶村太市ほか6名「子の引渡し保全処分事件の処理をめぐる諸問題」（家月47巻7号31頁）参照）。

(3) 当事者に外国人が含まれる場合（いわゆる渉外事件の場合）について

第3編の第1章の第1節の第2の3（206頁）と同様であるため参照されたい。

3　立件基準（事件番号の付け方の基準）

子（受付分配通達別表第5の1の「内訳表」の「家事法別表第二関係」の(3)参照）

4　記録の編成

第4編の第6章の第2節の第2（354頁）と同様であるため参照されたい。

なお，子の監護者の指定の審判（本案）の申立てとともに審判前の保全処分（子の仮の監護者の指定）が申し立てられた場合は，各事件の記録の編成後，当該審判前の保全処分の事件記録は，子の監護者の指定の審判（本案）の事件記録に添付する（いわゆる「ひき舟」にする。）（昭和57年3月訟廷執務資料第52号「裁判所書記官会同協議要録（家庭関係）」（最高裁判所事務総局）113頁198参照）。

5　事件の分配

第4編の第6章の第2節の第5（355頁）と同様であるため参照されたい。

6　審判期日の指定

第4編の第6章の第2節の第6（358頁）と同様であるため参照されたい。

7　申立書の写しの送付等

基本的な事務は第4編の第6章の第2節の第7（362頁）と同様であるため参照されたい。

なお，前記1の(3)のウの「◇　申立ての理由及び事件の実情についての証拠書類写

第1 子の監護者の指定の審判事件

し」の※の説明部分（472頁）記載の当該書類の趣旨と同様に，当事者双方の迅速かつ充実した主張反論の要請等から，相手方に申立書の写し等を送付する際に，同封する手続説明書面等で，相手方が提出する主張書面や証拠書類についても，家庭裁判所提出用の写しのほかに申立人交付（送付）用の写しを提出するよう求め（規3条2項参照），後日相手方から提出された当該申立人交付（送付）用の写しを申立人に交付（送付）する取扱いをしている家庭裁判所もある（東京家事事件研究会編「家事事件・人事訴訟事件の実務〜家事事件手続法の趣旨を踏まえて〜」（法曹会）242頁及び243頁参照）。ただし，このような取扱いをするに当たっても，非開示希望情報等の適切な管理（第2編の第7章の第2節の第3（76頁）参照）に留意する必要があることはもちろんである。

8 参考事項の聴取

第2編の第7章の第2節の第8（112頁）と同様であるため，適宜，子の監護者の指定の審判の手続における参考事項の聴取の場合に読み替えた上で参照されたい。

9 付調停

第4編の第6章の第3節（365頁）と同様であるため参照されたい。

10 審判前の保全処分

家庭裁判所（法105条2項の場合にあっては，高等裁判所）は，子の監護に関する処分についての審判又は調停の申立てがあった場合において，強制執行を保全し，又は子その他の利害関係人の急迫の危険を防止するため必要があるときは，当該申立てをした者の申立てにより，当該処分についての審判を本案とする仮差押え，仮処分その他の必要な保全処分（審判前の保全処分）を命ずることができる（法157条1項3号）。

この審判前の保全処分のうち仮の地位を定める仮処分の手続は第4編の第6章の第4節の第4の4（399頁）と同様であるため，適宜，子の監護者の指定の審判を本案とする審判前の保全処分（子の仮の監護者の指定）の手続の場合に読み替えた上で参照されたい。

11 審理等

子の監護者の指定の審判事件における審理等に関する主な留意事項は，次の(1)から(6)までのとおりである。

その他の審理等に関する書記官事務（全般）については，第4編の第6章の第5節（404頁）から第8節（432頁）までと同様であるため参照されたい。

(1) 子の手続行為能力の特則

子の監護者の指定の審判事件や子の引渡しの審判事件（後記第2（480頁）参照）等の子の監護に関する処分の審判事件及びこれらの審判事件を本案とする審判前の保全処分についての審判事件（いずれの審判事件においても，財産上の給付を求めるものを除く。）については，その審判の結果によって直接影響を受けることとなる子の意思を可能な限り尊重する必要があることから，子は，意思能力を有する限り，自ら有効に手続行為をすることができる（法151条2号，118条）（逐条491頁参照）。

第1章　婚姻等に関する審判事件における書記官事務

(2)　子の利害関係参加等

　　子の監護者の指定の審判の結果により直接の影響を受ける意思能力がある子は，家庭裁判所の許可を得て，当該審判の手続に参加することができ，また，家庭裁判所は，相当と認めるときは，職権で，当該子を，当該審判の手続に参加させることができる（法42条2項・3項）（逐条138頁～140頁参照）。この利害関係参加に関する書記官事務については，平成27年度書記官実務研究の第2編の第1章の第3の4の(1)のイ（81頁）と同様であるため参照されたい。

　　なお，利害関係参加した意思能力のある子が手続行為をしようとする場合（前記(1)参照）において，必要があると認めるときは，裁判長は，申立てにより，弁護士を手続代理人に選任することができ（法23条1項），申立てがない場合でも，弁護士を手続代理人に選任すべき旨を命じ，又は職権で弁護士を手続代理人に選任することができる（同条2項）。この裁判長による手続代理人の選任に関する書記官事務については，第2編の第4章の第2節の第1の3の(3)（27頁）と同様であるため，適宜，子の監護者の指定の審判の手続における裁判長による手続代理人の選任の場合に読み替えた上で参照されたい。

(3)　15歳以上の子の必要的陳述聴取及び子の意思の把握・考慮

　　家庭裁判所は，子の監護に関する処分の審判（子の監護に要する費用の分担に関する処分の審判を除く。）をする場合には，法68条の規定により当事者の陳述を聴くほか，15歳以上の子の陳述を聴かなければならない（法152条2項）。

　　したがって，子の監護者の指定の審判の対象となる子が15歳以上の場合には，この法152条2項の規定に基づいて，当該子の陳述を聴取しなければならない。この陳述の聴取の方法に制限はなく，事実の調査による裁判官の審問のほか，調査官による事実の調査，書面（陳述書等）による陳述の受領，書面照会等の方法が考えられる（逐条493頁参照）。

　　もっとも，子の監護者の指定の審判の対象となる子が15歳未満であっても，家庭裁判所は，当該子の利益の観点から，当該子の陳述の聴取，調査官による調査その他の適切な方法により，当該子の意思を把握するように努め，審判をするに当たり，当該子の年齢及び発達の程度に応じて，その意思を考慮しなければならないことはもちろんである（法65条）。子の意思の把握・考慮に関する書記官事務については，第2編の第7章の第7節（148頁）と同様であるため，適宜，子の監護者の指定の審判の手続における子の意思の把握・考慮の場合に読み替えた上で参照されたい。

(4)　審理方針の策定

　　前記2の(2)（474頁）のように，子の監護者の指定の審判とともに子の引渡しの審判や審判前の保全処分（子の仮の監護者の指定・仮の引渡し）も併せて申し立てられた場合は，当該事件を担当する裁判官，調査官及び書記官は速やかに打合せ等を行って審理方針を策定する必要がある。したがって，事件担当書記官は，事件受理後速やかに，当該事件を担当する裁判官や調査官と日程調整をして当該打合せの場を設ける等の審理方針の策定に向けた連携を図る。

　　審理方針としては，主として，①本案の審判期日と審判前の保全処分の審判期日

第1　子の監護者の指定の審判事件

を併せて早期に指定し，調査官がそれらの審判期日に立ち会った（法59条1項）上で，裁判官がそれらの審判期日において争点整理的な審問等を行い，立ち会った調査官の意見（同条2項）[472]も参考にして，緊急性の有無，調査官による調査の要否や時期，調査命令の内容，調停に付して話合いによる解決を図ることが可能か等を見極める審判期日（審問等）先行（中心）型と，②当事者の都合により速やかに審判期日が指定できない場合や関係機関の調査を先行する必要がある場合等，事件受理後，審判期日を開くまでに，速やかに調査官による調査を行う調査先行（中心）型がある（梶村太市ほか6名「子の引渡し保全処分事件の処理をめぐる諸問題」（家月47巻7号35頁，36頁及び52頁～54頁）参照）。

　どのような審理方針とするかについては，事案ごとの個別の事情にもよるが，例えば，前述のように審判前の保全処分が併せて申し立てられている場合には，審判前の保全処分の認容の可能性を見極めながら，本案と審判前の保全処分のいずれに軸足を置いた審理を行うか，調査官による調査を，限定的にであっても，とりあえず審判前の保全処分の帰すうを迅速に判断するための調査とするか，むしろ，本案の帰すうをも見据えた上での幅広い調査とするか，あるいは連れ去りの違法性が顕著な事案であるなど，あえて調査官による調査を行うまでもなく速やかに審判前の保全処分を発令すべきと見極めるか等について，当事者の意向を踏まえつつ，審理方針の策定がされることになる（東京家事事件研究会編「家事事件・人事訴訟事件の実務～家事事件手続法の趣旨を踏まえて～」（法曹会）253頁参照）。

　事件担当書記官は，策定された審理方針に従って，審判期日の指定や呼出しに関する事務，審判期日への調査官の立会命令や調査命令の発令に関する事務（調査命令の発令のための裁判官への記録の提出や当該調査命令の発令後の調査官への記録の引継ぎ等の事務）等を適時適切に行う。

(5)　**関係職種との連携**

　前記2の(2)（474頁）や前記(4)のとおり，子の監護者の指定の審判とともに子の引渡しの審判や審判前の保全処分（子の仮の監護者の指定・仮の引渡し）も併せて申し立てられた場合等においては，これらの事件を適正かつ迅速に処理するためには，裁判官や調査官との適時適切な連携[473]が重要となる。

　事件担当書記官は，裁判官や調査官，当事者等の当該事件の手続に関与する全ての者との間で共通する唯一の接点であり，いわゆるキーステーション的な役割として，適時に関係職種が必要な情報を適切に共有できるように連絡調整を図る等，手続の各場面において，常に主体的な事務を遂行する必要がある。

(6)　**国際的な子の奪取の民事上の側面に関する条約の実施に関する法律（以下，本節において「子奪取条約実施法」ともいう。）に関する留意事項**

　子奪取条約実施法152条は，親権者の指定若しくは変更又は子の監護に関する処

---

[472] 調査官が審判期日に出席した当事者の面前で意見を述べるのか，当事者を退席させて意見を述べるのか，あるいは審判期日後別の機会に意見を述べるのかは，家庭裁判所の裁量に委ねられている（逐条204頁参照）。
[473] 調査官との連携の重要性やポイントについては，梶村太市ほか6名「子の引渡し保全処分事件の処理をめぐる諸問題」（家月47巻7号32頁～34頁）にも記載されているため参照されたい。

第1章　婚姻等に関する審判事件における書記官事務

分についての審判事件（人訴法32条1項に規定する附帯処分についての裁判及び同条3項の親権者の指定についての裁判に係る事件を含む。）（以下，本節において「本案事件」という。）が係属している裁判所に対し，本案事件に係る子について不法な連れ去り又は不法な留置と主張される連れ去り又は留置があったことが外務大臣又は当該子についての子の返還申立事件が係属する裁判所から通知されたときは，本案事件が係属している裁判所は，子の返還の申立てが相当の期間内にされないとき，又は子の返還の申立てを却下する裁判が確定したときを除き，本案事件について裁判をしてはならない旨規定している。

そこで，国際的な子の奪取の民事上の側面に関する条約の実施に関する法律による子の返還に関する事件の手続等に関する規則（以下，本節において「子奪取条約実施規則」ともいう。）97条1項は，子奪取条約実施法152条本文が規定する通知のうち子の返還申立事件が係属する裁判所からの通知について，子の返還申立事件が係属する裁判所の書記官が，遅滞なく，子の返還申立事件が係属した旨を当該子の返還申立事件の記録上判明している本案事件が係属する裁判所に通知しなければならない旨を規定している[474]。したがって，本案事件が係属する裁判所は，子の返還申立事件が係属する裁判所から当該通知がされた後は，当該子の返還申立事件が終了するまで[475]，既に係属していた本案事件について，裁判をしてはならないこととなる。

そこで，子奪取条約実施規則97条2項は，子の返還申立事件が終了したときは，書記官は遅滞なく，その旨を本案事件が係属する裁判所に通知しなければならない旨規定している[476]。

常居所地国への子の返還を命ずる裁判がされたときは，本案事件については常居所地国で判断がされるべきものであることから，それ以降日本の裁判所が手続を進めるべきではなく，本案事件について裁判をすることができなくなると解すべきであり，裁判所は，申立ての取下げがされない場合には，これを却下すべきことになると考えられている。また，子の返還申立事件における調停又は和解において子の返還を内容とする合意が成立した場合にも，子の返還を命ずる裁判がされた場合と同様，日本において本案についての裁判を進めるべきではないと考えられている。

これに対し，常居所地国への子の返還の申立てを却下する裁判が確定したとき

---

[474] この通知の趣旨や内容等の詳細については，平成26年9月家庭裁判資料第198号「国際的な子の奪取の民事上の側面に関する条約の実施に関する法律執務資料」（最高裁判所事務総局）259頁～261頁を参照されたい。

[475] 子の返還申立事件の終了には，当該事件が，終局決定によって終了した場合及び子の返還の申立ての取下げがされたり，和解や調停が成立するなどして裁判によらずに終了した場合を含む（金子修編集代表「一問一答　国際的な子の連れ去りへの制度的対応　ハーグ条約及び関連法規の解説」（商事法務）305頁（注1）及び平成26年9月家庭裁判資料第198号「国際的な子の奪取の民事上の側面に関する条約の実施に関する法律執務資料」（最高裁判所事務総局）260頁参照）。

[476] 子の返還申立事件が終了した旨の通知は，当該事件の記録に基づいて行われるべきであると考えられることから，子奪取条約実施規則97条2項の書記官とは，当該記録の存する裁判所の書記官と解することが相当である。このほか，この通知の趣旨や内容等の詳細については，平成26年9月家庭裁判資料第198号「国際的な子の奪取の民事上の側面に関する条約の実施に関する法律執務資料」（最高裁判所事務総局）259頁～261頁を参照されたい。

は，本案事件が係属する裁判所は，その本案事件について裁判をすることが可能となる（子奪取条約実施法152条ただし書）（金子修編集代表「一問一答　国際的な子の連れ去りへの制度的対応　ハーグ条約及び関連法規の解説」（商事法務）304頁及び305頁参照）。

12　審判手続の終了

審判手続の終了の類型（第4編の第6章の第9節（432頁）参照）のうち，子の監護者の指定の審判をするに当たっては，主に次の点に留意する必要がある。

家庭裁判所は，子の監護者の指定の審判において，当事者に対し，子の引渡し又は金銭の支払その他の財産上の給付その他の給付を命ずることができる（法154条3項）。したがって，家庭裁判所は，子の監護者の指定の審判をする場合には，当事者の申立てがなくても，当該審判の付随的処分として，職権で子の引渡しを命ずることができる。この子の引渡命令は，後記第2（480頁）の子の引渡しの審判事件における審判ではなく，飽くまで子の監護者の指定の審判の付随的処分としての子の引渡命令であり，職権事項である以上，当事者は，この付随的処分については職権発動を促す申立てをすることができるにとどまることに留意する必要がある（梶村太市著「裁判例からみた「子の奪い合い」紛争の調停・裁判の実務」（日本加除出版）14頁参照）。また，子の監護者の指定の審判をする際に，子の監護に要する費用の分担の定めについての申立てがないにもかかわらず，その付随的処分として，職権で子の監護に要する費用の支払を命ずることが許容されるかについては疑問があり，別個の申立てを待って処理するのが相当であるとされている（逐条498頁及び499頁参照）。

なお，その他の審判手続の終了に関する書記官事務（全般）については，第4編の第6章の第9節（432頁）と同様であるため参照されたい。

13　審判手続終了後の書記官事務

第4編の第6章の第11節（446頁）と同様であるため参照されたい。

14　審判に対する即時抗告

子の監護に関する処分の審判及びその申立てを却下する審判に対しては，子の父母及び子の監護者が即時抗告をすることができる（法156条4号）。

この即時抗告の手続については，第4編の第7章の第2節（449頁）と同様であるため参照されたい。

第1章　婚姻等に関する審判事件における書記官事務

第2　子の引渡しの審判事件

> 【どんな事件？】
> 　離婚後，親権者として養育していた子を親権者でない父又は母が連れ去ってしまったというような場合に，その子を取り戻すためなどに，子の監護に関する処分として，家庭裁判所に子の引渡しを求める審判（又は調停）を求めることができる（民法766条2項）※1。
> 　民法766条は，その文言上，離婚の際の子の監護に関する事項の定め等について規定するにとどまるが，別居中（婚姻中）の夫婦の場合も，同条を類推適用して子の監護に関する処分の審判をすることができると解されており※2，実務上も，前記第1（471頁）の子の監護者の指定の審判と同様に，また，当該審判と併せて，別居中（婚姻中）の夫婦間における子の引渡しの審判が申し立てられている状況である。
> 　本項では，このような状況等を踏まえ，実務上比較的申立てが多い別居中（婚姻中）の夫婦間における子の引渡しの審判事件を中心として，その手続や具体的な書記官事務等について記載する。
> 　※1　このほか，非親権者又は非監護者が，親権者又は監護者に対して子の引渡しを求める場合は，親権者の指定・変更（民法819条5項・6項，法別表第二の八の項の事項）の審判又は監護者の指定・変更（民法766条2項・3項，法別表第二の三の項の事項）の審判を申し立て，これらの審判の付随的処分として子の引渡し（法171条，154条3項）を求める（裁判所の職権発動を求める）ことが考えられる（梶村太市ほか6名「子の引渡し保全処分事件の処理をめぐる諸問題」（家月47巻7号7頁及び8頁）及び冨永忠祐編集「〔改訂版〕子の監護をめぐる法律実務」（新日本法規）24頁参照）。
> 　※2　面会交流（面接交渉）の裁判例ではあるが，最決平12.5.1（民集54巻5号1607頁）参照。

1　申立て

(1) **管轄**

　　前記第1の1の(1)（471頁）と同様であるため参照されたい。

(2) **申立人**

　　父又は母

(3) **申立ての方式**

ア　申立費用

　　前記第1の1の(3)のア（472頁）と同様であるため参照されたい。

イ　申立書

　　前記第1の1の(3)のイ（472頁）と同様であるため参照されたい。

　　なお，申立書の「申立ての趣旨」については，申立人が求める審判の内容を認容審判の主文に対応する文言で記載することとなるため，実務上は，従前から多くの裁判例で用いられている「相手方は，申立人に対し，子○○を引き渡せ。」との文言で記載されることが多い。ただし，この認容審判の主文については，強制執行との関係（直接強制ができない場合等）で，例えば，当該審判の法的性質

を不作為債務であると解して,「相手方は,申立人が子○○を引き取ることを妨害してはならない。」という文言が用いられる場合があるため,留意する必要がある。いずれにしても,審理の途中で,裁判官が申立ての趣旨の当否について釈明し,そのうちのいずれによるべきかを申立人に選択させ,申立ての趣旨を変更する(法50条)(第4編の第6章の第1節の第2の3(347頁)参照)ことも可能であること等を考慮すると,申立段階では,いずれの文言の申立ての趣旨であっても差し支えないものと解される(梶村太市ほか6名「子の引渡し保全処分事件の処理をめぐる諸問題」(家月47巻7号25頁~27頁)参照)。

おって,認容審判の主文については,後記12の(1)(483頁)を参照されたい。

ウ　附属書類(添付書類)

前記第1の1の(3)のウ(472頁)と同様であるため,適宜,子の引渡しの審判事件における附属書類(添付書類)の場合に読み替えた上で参照されたい。

2　受付及び審査

子の引渡しの審判事件の申立書の受付及び審査に関する書記官事務において特に留意すべき事項は主に次の(1)及び(2)のとおりであり,また,併せて,前記第1の2の(2)及び(3)(474頁)についても同様に留意する必要がある。

なお,その他の申立書の受付及び審査に関する書記官事務(全般)については,第4編の第6章の第2節の第1(350頁)と同様であるため参照されたい。

(1)　人身保護請求との関係

従前,子の引渡し(奪い合い)をめぐる紛争については,子の引渡しの審判事件(審判前の保全処分を含む。)と人身保護請求との関係が問題とされていたが,これについては,最判平5.10.19(民集47巻8号5099頁)が,「夫婦の一方が他方に対し,人身保護法に基づき,共同親権に服する幼児の引渡しを請求する場合において,幼児に対する他方の配偶者の監護につき拘束の違法性が顕著であるというためには,当該監護が一方の配偶者の監護に比べて,子の幸福に反することが明白であることを要する。」旨判示し,いわゆる明白性の要件が必要であるとして,人身保護請求の適用範囲を限定的に解釈し,さらに,その補足意見でも,このような別居中の夫婦間における子の監護権をめぐる紛争は,本来,家庭裁判所の専属的守備範囲に属するとし,家庭裁判所における審判前の保全処分の活用が示された。また,最判平6.4.26(民集48巻3号992頁)が,前述の明白性の要件を満たす場合として,①拘束者に対し,家庭裁判所の幼児の引渡しを命ずる仮処分又は審判が出され,その親権行使が実質上制限されているのに当該拘束者が当該仮処分等に従わない場合(審判等違反事例)と,②幼児にとって,請求者の監護の下では安定した生活を送ることができるのに,拘束者の監護の下においては著しくその健康が損なわれたり,満足な義務教育を受けることができないなど,拘束者の幼児に対する処遇が親権行使という観点からみてもこれを容認することができないような例外的な場合(親権濫用事例)を示した。このようなことから,婚姻中の夫婦間における子の引渡しをめぐる紛争については,これらの最高裁の判例の趣旨等に沿って,家庭裁判所における子の引渡しの審判事件や当該審判事件を本案とする審判前の保全処分の手続が積極的に利用されてきたものといえる。

第1章　婚姻等に関する審判事件における書記官事務

　　　なお，前述の最高裁の判例における各事案（婚姻中の夫婦間における子の引渡しをめぐる紛争の事案）に対して，例えば，離婚後の夫婦間における子の引渡しをめぐる紛争の事案等，子の監護権を有する者（親権者・監護者）が，監護権を有しない者（非親権者・非監護者）に対して子の引渡しを求める場合には，前述の明白性の要件は要求されない（最判平6.11.8（民集48巻7号1337頁）参照）。

　(2)　民事訴訟との関係

　　　例えば，親権者である申立人が子の引渡しを求める相手方が監護権を有しない第三者の場合には，親権に基づく妨害排除請求権の行使として，民事訴訟事項に属すると解されている。また，同様の場合において，相手方が親権者又は監護者から監護の委託を受けた第三者（祖父母や兄弟等の事実上監護している者）であるときは，民事訴訟事項に属するとする見解と，民法766条2項及び3項を類推適用して家事審判事項に属するとする見解がある。

　　　このほか，非親権者から非親権者に対して子の引渡しを求める事案（例：離婚後に子を監護していた親権者が死亡し，事実上子を監護している者（祖父母等の第三者）に対し，親権及び監護権を有しない一方の親が子の引渡しを求める事案）で，親権者の指定又は変更の審判を経て親権者となった後に子の引渡しを求める場合については，親権に基づく妨害排除請求権の行使として，民事訴訟事項に属するとする見解がある[477]。

3　立件基準（事件番号の付け方の基準）

　前記第1の3（474頁）と同様であるため参照されたい。

4　記録の編成

　第4編の第6章の第2節の第2（354頁）と同様であるため参照されたい。

　なお，子の引渡しの審判（本案）の申立てとともに審判前の保全処分（子の仮の引渡し）が申し立てられた場合は，各事件の記録の編成後，当該審判前の保全処分の事件記録は，子の引渡しの審判（本案）の事件記録に添付する（いわゆる「ひき舟」にする。）（昭和57年3月訟廷執務資料第52号「裁判所書記官会同協議要録（家庭関係）」（最高裁判所事務総局）113頁198参照）。

5　事件の分配

　第4編の第6章の第2節の第5（355頁）と同様であるため参照されたい。

6　審判期日の指定

　第4編の第6章の第2節の第6（358頁）と同様であるため参照されたい。

7　申立書の写しの送付等

　基本的な事務は第4編の第6章の第2節の第7（362頁）と同様であり，また，前記第1の7（474頁）のなお書きの取扱いについても同様であるため，それぞれ参照されたい。

---

[477]　これらの民事訴訟との関係を含む子の引渡しをめぐる紛争の類型及び法的性質の詳細については，梶村太市ほか6名「子の引渡し保全処分事件の処理をめぐる諸問題」（家月47巻7号5頁～8頁）及び冨永忠祐編集「〔改訂版〕子の監護をめぐる法律実務」（新日本法規）21頁～24頁等を参照されたい。

第2　子の引渡しの審判事件

8　参考事項の聴取

　第2編の第7章の第2節の第8（112頁）と同様であるため，適宜，子の引渡しの審判の手続における参考事項の聴取の場合に読み替えた上で参照されたい。

9　付調停

　第4編の第6章の第3節（365頁）と同様であるため参照されたい。

10　審判前の保全処分

　前記第1の10（475頁）と同様であるため，適宜，子の引渡しの審判を本案とする審判前の保全処分（子の仮の引渡し）の手続の場合に読み替えた上で参照されたい。

11　審理等

　前記第1の11（475頁）と同様であるため，適宜，子の引渡しの審判事件における審理等の場合に読み替えた上で参照されたい。

12　審判手続の終了

　審判手続の終了の類型（第4編の第6章の第9節（432頁）参照）のうち，子の引渡しの審判をするに当たっては，主に次の(1)及び(2)に留意する必要がある。

　なお，その他の審判手続の終了に関する書記官事務（全般）については，第4編の第6章の第9節（432頁）と同様であるため参照されたい。

(1)　**認容審判の主文について**

　認容審判の主文については，後述する強制執行（後記15参照）との関係（直接強制が可能であるか否か等）や債務名義の法的性質（いわゆる「与える債務（債務者が金銭や有体物等を引き渡す債務）」，「為す債務（債務者の作為又は不作為を目的とする債務）」等）等を考慮して，その文言を検討する必要があるとされている。

　例えば，申立人が相手方から子の引き渡しを受ける場合は，いわゆる「与える債務」となり，直接強制の対象となるから，その主文は，「相手方は，申立人に対し，子〇〇を引き渡せ。」となる。

　これに対し，子の引渡請求を妨害排除請求ととらえ，直接強制ができないとするのであれば，「相手方は，申立人が子〇〇を引き取ることを妨害してはならない。」という「為す債務」のうちの「不作為債務」を負担させる文言とするのが本来的であろうとされている。

　このような子の引渡しの認容審判の主文の在り方については，遠藤真澄「子の引渡しと直接強制―主に家裁の審判，保全処分と直接強制の在り方について―」（家月60巻11号30頁～34頁）に詳細が記載されているため参照されたい。

(2)　**審判書の理由中の判断について**

　子の引渡しの強制執行においては，後記15のとおり，子の意思能力の有無が直接強制の可否の判断基準ともなっているため，審理の結果，家庭裁判所として，子に意思能力がないと判断したのであれば，その判断に至った合理的理由を審判書の理由中にも明示して，執行官の判断にも資するようにすべきことが望ましいとされている。また，子が義務者のもとにとどまりたいとの意向を示している場合には，その旨及び子の意向に関する家庭裁判所の評価（執行不能とすべき事案かどうかに関する情報），義務者の監護が拉致監禁等の不法を原因とするものか，それとも，親子の自然の情愛に基づくものかどうか（義務者やその補助者に実力行使をすべき

第1章　婚姻等に関する審判事件における書記官事務

かどうかに関する情報）等の執行官の判断にも資するような情報については，可能な範囲で審判書の理由中にも記載されることが望ましいとされている（詳細については，遠藤真澄「子の引渡しと直接強制―主に家裁の審判，保全処分と直接強制の在り方について―」（家月60巻11号34頁～36頁）参照）。

13　審判手続終了後の書記官事務

第4編の第6章の第11節（446頁）と同様であるため参照されたい。

14　審判に対する即時抗告

前記第1の14（479頁）と同様であるため参照されたい。

15　子の引渡しの強制執行の具体的方法等

認容審判（審判前の保全処分を含む。）に基づく子の引渡しの強制執行の具体的方法についての学説としては，①間接強制説（子の引渡請求権（親権に基づく妨害排除請求権と解釈）の性質上，間接強制の方法（民執法172条）しか許されないとする説），②直接強制説（子を動産に準じるものとみて，動産の引渡執行の方法（民執法169条）により，直接強制が可能とする説。この直接強制説の中でも，「子の意思能力の有無を問わない説」，「子の意思能力の有無により区別し，意思能力がない子に対しては直接強制を肯定し，意思能力がある場合にはこれを否定する説」及び「子の発達段階に照らして現監護者との関係が，物に対する支配関係と同一視できる場合には，直接強制が可能とする説」がある。），③間接強制を原則とし，例えば，乳幼児の拉致誘拐の場合や債務者が子を虐待するなど子を緊急に取り上げる必要性が高い場合は，例外的に直接強制を認める説（折衷説）等がある。

従前の執行実務においては，間接強制のみを認める運用がされていたが，直接強制をおよそ否定することは自力救済を誘発する危険を招きかねないことや，子の人格への配慮は，直接強制の可否の問題としてではなく，子の人格に配慮した妥当な執行方法による実現が可能であること等の指摘がされるようになり，子の引渡しの審判の実効性を確保する観点から，現在の実務は，直接強制が可能であることを前提として，債務者と子との関係が，動産の所持者の占有関係と類似の物理的心理的支配関係にある場合にのみ直接強制を認め，子の意思能力の有無によって個別に直接強制の可否を判断している（遠藤真澄「子の引渡しと直接強制―主に家裁の審判，保全処分と直接強制の在り方について―」（家月60巻11号13頁～21頁）及び東京家事事件研究会編「家事事件・人事訴訟事件の実務～家事事件手続法の趣旨を踏まえて～」（法曹会）250頁参照）。

なお，国際的な子の奪取の民事上の側面に関する条約の実施に関する法律には，子の利益に対する配慮の観点から，執行官による子の解放実施の手続のプロセスにも重点を置いた規律（①執行官による債務者の説得（同法律140条1項柱書き），②解放実施場所は債務者の住居その他債務者の占有する場所が原則（同項柱書き），③解放実施時における債務者と子の同時存在の原則（同条3項），④執行官による威力の行使の制限（同条5項），⑤外務大臣による必要な協力としての専門家等の立会い（同法律142条））が規定されており，また，国際的な子の奪取の民事上の側面に関する条約の実施に関する法律による子の返還に関する事件の手続等に関する規則87条3項から5項までには，家庭裁判所から執行官に対する子の解放実施の参考となる情報

第 2　子の引渡しの審判事件

の提供その他の必要な協力をすること等が規定されていることから，これを受けて，国内における子の引渡しの執行の運用についても見直しが行われ，地方裁判所と家庭裁判所の連携を中心とする事務処理態勢の検討が進められている[478][479]。事件担当書記官としては，このような地方裁判所と家庭裁判所の連携にも留意し，各裁判所において検討の上構築された事務処理態勢に従って事務を行う必要がある。

---

[478] このような地方裁判所と家庭裁判所の連携を中心とする事務処理態勢の検討に当たっての参考資料として，平成26年2月28日付け最高裁民事局長及び家庭局長書簡並びに同日付け最高裁民事局第三課長及び家庭局第二課長事務連絡「国内の子の引渡しの強制執行における事前ミーティングの実施手続について」が発出され，国内の子の引渡しの強制執行において，執行官が，子の利益に十分に配慮しつつ，円滑に当該強制執行を行うために，家庭裁判所から当該強制執行の参考となる情報の提供等の協力を円滑に受けられるようにするための態勢の構築について，「国内の子の引渡しの強制執行における事前ミーティングの実施手続（モデル案）」が示された。

[479] なお，参考までに，法制審議会民事執行法部会において，国際的な子の奪取の民事上の側面に関する条約の実施に関する法律も踏まえ，子の引渡しの強制執行に関する規律の明確化についての検討等が行われている。

第1章　婚姻等に関する審判事件における書記官事務

第4節　財産の分与に関する処分の審判事件

> 【どんな事件？】
> 　財産の分与とは，夫婦が婚姻中に協力して取得した財産を，離婚する際又は離婚後に分けることをいう。
> 　離婚後，離婚をした者の一方（元夫又は元妻）は，他方に対して財産の分与を請求することができ（民法768条1項※1），財産の分与について当事者間に協議が調わないとき，又は協議をすることができないときは，離婚の時から2年以内に，家庭裁判所に審判（又は調停）を申し立て，当該協議に代わる処分（財産の分与に関する処分（法別表第二の四の項の事項））を求めることができる（同条2項）※2。
> 　家庭裁判所は，この財産の分与に関する処分の審判が申し立てられた場合は，当事者双方がその協力によって得た財産の額その他一切の事情※3を考慮して，分与をさせるべきかどうか並びに分与の額及び方法を定めることとなる（民法768条3項）。
> ※1　この民法768条の規定は，同法749条において婚姻の取消しについて，同法771条において裁判上の離婚について，それぞれ準用されている。
> ※2　離婚前の場合は，例えば，夫婦関係調整調停（離婚）（第3編の第1章の第1節（202頁）参照）の申立てに付随して財産の分与を求め，当該調停の中で財産の分与について話合いをすることができる。また，仮に当該調停が不成立となった後に離婚訴訟が提起される場合には，当該離婚訴訟の手続において，他の要素（離婚，親権の帰属，面会交流，養育費，慰謝料，年金分割等）とともに財産の分与についても一体的な解決を求めることができる。
> ※3　ここにいう「一切の事情」とは，婚姻生活の期間，生活状況，職業，協力の程度，婚姻のため一方が収入の途を失ったか，離婚に対する有責性，離婚後における生活の見通しなど，婚姻の前後を通じてのあらゆる事情である。当事者の一方が，婚姻継続中に過当に負担した婚姻費用の清算のための給付なども，事情の一つとしてしんしゃくされてよい（最判昭53.11.14（民集32巻8号1529頁））（平成26年10月研修教材第4号「親族法相続法講義案（七訂補訂版）」（裁判所職員総合研修所）89頁参照）。

第1　申立て

1　管轄

　夫又は妻であった者の住所地を管轄する家庭裁判所（法150条5号）又は当事者が合意で定める家庭裁判所（法66条1項）。
　なお，管轄の詳細については，第4編の第5章の第1節（338頁）と同様であるため参照されたい。

2　申立人

　離婚した元夫又は元妻（民法768条2項）。
　なお，内縁が当事者の生存中に解消された場合（離別による解消）にも，民法768条の規定が類推適用されるとするのが通説及び実務である（「別冊法学セミナーno.240 新基本法コンメンタール親族」（日本評論社）92頁参照）。
　おって，内縁が当事者の一方の死亡により解消された場合（死別による解消）には，民法768条の規定は類推適用されない（最決平12.3.10（民集54巻3号1040頁）

参照)。
3 申立ての方式
(1) 申立費用
ア 申立手数料
1,200円（収入印紙）（民訴費用法3条1項別表第一の一五の二の項）
イ 郵便切手
各家庭裁判所の実務上の運用によって異なる。
なお，これら申立費用の詳細については，第4編の第6章の第1節の第2の1の(1)（341頁）と同様であるため参照されたい。
(2) 申立書
申立ては，申立書を家庭裁判所に提出してしなければならず（法49条1項），申立書を家庭裁判所に提出する際は，相手方の数と同数の申立書の写し（相手方送付用）を提出する必要がある（規47条）。
申立書の方式や記載事項等については，第4編の第6章の第1節の第2の1の(2)（341頁）と同様であるため参照されたい。
(3) 附属書類（添付書類）
財産の分与に関する処分の審判事件の申立時に提出される，又は提出を求めることが多い主な附属書類（添付書類）は次のとおりである（各書類の趣旨等については，以下に記載する留意事項等のほか，第2編の第7章の第1節の第2の1の(3)（57頁）の①から③までの各類型の各書類の※の説明部分（家事調停事件に特有の事項は除く。）と同様であるため参照されたい。)。

なお，本項では飽くまで主な附属書類（添付書類）の類型を示すにとどまるため，当然ながら，各家庭裁判所においては，裁判官の審理の方針，事案ごとの個別の事情等の実情に応じて，財産の分与に関する処分の審判事件の手続の円滑な進行を図るために，規37条3項の規定に基づき，本項で示す類型以外の書類の提出を求める場合がある。

◇ 申立ての理由及び事件の実情についての証拠書類写し（規37条2項）
※ 財産の分与に関する処分の審判事件の審理では，財産の分与の対象財産（後記第11の2の(1)（492頁）参照）の特定や評価が重要な要素になることから，これらに関する証拠書類として，当該対象財産ごとに，例えば，不動産であれば不動産登記事項証明書や固定資産評価証明書[480]等を，預貯金であれば預貯金通帳や残高証明書等の写しを，掛け捨てではない貯蓄性の保険であれば保険証券や財産の分与の対象財産の確定の基準時（別居時等（後記第11の2の(2)（493頁）参照））における解約返戻金を証する資料等の写しを，株式であれば当該基準時における保有株式数を証する資料等の写しを，それぞれ提出してもらうこととなる。また，当該対象財産として，退職金が問題となる事案は，勤

---

[480] 不動産の評価に関する証拠書類としては，固定資産評価証明書のほかに，審理を進める中で，裁判官の判断により，路線価や公示価格に関する資料，不動産業者が作成した査定書等の写しの提出を求める場合がある。また，住宅ローンが残っている不動産については，財産の分与に当たって，当該住宅ローンの残高が考慮されることがあるため，当該住宅ローンの残高の分かる資料の写しも提出してもらう場合がある。

第1章　婚姻等に関する審判事件における書記官事務

務先会社の退職金支給予定額の計算書や証明書等の資料の写しを提出してもらう場合がある。このほか，実務上，当事者双方の当該対象財産についての主張や証拠書類の整理等にも資するように，前記の各証拠書類に基づいて当該対象財産を記載した財産目録の提出を求めることが多い。

　なお，財産の分与に関する処分の審判事件は，いわゆる経済事件であり，審理の充実及び円滑な進行を図るため，また，当事者双方がお互いの主張内容を正確に理解することで分かりやすく公正な審理手続の実現を図るために，前述の証拠書類の写しについては，家庭裁判所提出用の写しのほかに相手方交付（送付）用の写しも提出してもらう取扱い（規3条2項参照）をしている家庭裁判所もある（東京家事事件研究会編「家事事件・人事訴訟事件の実務～家事事件手続法の趣旨を踏まえて～」（法曹会）119頁及び131頁参照）。ただし，このような取扱いをするに当たっても，非開示希望情報等の適切な管理（第2編の第7章の第2節の第3（76頁）参照）に留意する必要があることはもちろんである。

◇　離婚時の夫婦の戸籍全部事項証明書（戸籍謄本）（離婚により夫婦の一方が除籍された記載のあるもの）（外国人当事者については住民票等）（規37条3項）
◇　事情説明書（規37条3項）
◇　連絡先届出書（規37条3項）
　※　本書類の趣旨については，第4編の第6章の第1節の第2の1の(3)の②の「◇　連絡先届出書」の※の説明部分（345頁）と同様であるため参照されたい。
◇　非開示希望申出書（非開示希望の申出をする場合にのみ使用する書類）（規37条3項）
◇　進行に関する照会回答書（規37条3項）
◇　手続代理人の権限（代理権）を証明する書面（委任状）（規18条1項）
◇　法定代理権及び手続行為をするのに必要な授権を証明する書面（規15条，民訴規15条前段）

第2　受付及び審査

　財産の分与に関する処分の審判事件の申立書の受付及び審査に関する書記官事務において特に留意すべき事項は，主に次の1から3までのとおりである。
　なお，その他の申立書の受付及び審査に関する書記官事務（全般）については，第4編の第6章の第2節の第1（350頁）と同様であるため参照されたい。

1　請求期間（申立ての期間制限）について

　財産の分与に関する処分の審判（又は調停[481]）の申立ては，離婚の時から2年以内にしなければならない（民法768条2項ただし書）。これは，除斥期間と解されて

---

[481] 調停が成立しないときは，財産の分与に関する処分の調停事件は終了し，家事審判手続に移行して審理及び審判がされることになる。この場合，当該調停の申立ての時に，当該財産の分与に関する処分の審判の申立てがあったものとみなされるため（法272条4項），当該調停の申立ての時までに民法768条2項ただし書が規定する期間（離婚の時から2年）が経過していないことを要する（「別冊法学セミナーno.240新基本法コンメンタール親族」（日本評論社）89頁参照）。

いる（「別冊法学セミナーno.240 新基本法コンメンタール親族」（日本評論社）89頁参照）。したがって，申立時に提出された離婚時の夫婦の戸籍全部事項証明書（戸籍謄本）（離婚により夫婦の一方が除籍された記載のあるもの）等を確認し，当該期間内の申立てか否かを確認する。

　なお，この除斥期間経過後（離婚の時から2年を経過した後）の財産の分与を求める**調停**の申立てが，別表第二**調停**事件か，一般**調停**事件かについては争いがあるとされているが（平成19年1月家庭裁判資料第183号訟廷執務資料第74号「家事書記官事務の手引（改訂版）」（最高裁判所事務総局）126頁参照），一方で，当該除斥期間経過後の財産の分与を求める**調停**の申立てを離婚後の紛争調整**調停**等の一般**調停**の申立てとするよう促す実務上の取扱いもある（東京家事事件研究会編「家事事件・人事訴訟事件の実務～家事事件手続法の趣旨を踏まえて～」（法曹会）103頁脚注23及び梶村太市・石田賢一・石井久美子編「家事事件手続書式体系Ⅱ」（青林書院）71頁参照）。いずれにせよ，このような除斥期間経過後（離婚の時から2年を経過した後）の財産の分与を求める審判や調停の申立てがされた場合には，立件等を含むその取扱いについて，裁判官に相談して指示を受ける必要がある。

2　申立ての特定について

　財産の分与に関する処分の審判の申立てについては，分与を求める額及び方法を特定して申し立てることを要せず，抽象的に，相手方との離婚についての財産の分与を求めるとの申立ての趣旨により，申立てとしては，特定していると考えられ，どのような財産の分与を求めるかどうかまでを特定して申し立てる必要はないとされている（最判昭41.7.15（民集20巻6号1197頁）及び逐条175頁参照）。

　なお，後記第11の1（491頁）のとおり，民法768条が規定する財産分与請求権の法的性質には，清算的要素，扶養的要素及び慰謝料的要素が含まれ得ること，しかも，慰謝料請求は前二者とは別個に請求し得るものとされていること（最判昭46.7.23（民集25巻5号805頁））を前提にすれば，少なくとも慰謝料部分が含まれているのか否かが明らかになっていなければ，特定として不十分であると解する余地もあるため，当該財産の分与に関する処分の審判の申立てに慰謝料部分が含まれているのか否かが明らかでない事案については，裁判官に相談し，慰謝料部分が含まれているのか否かを明らかにしてもらうか等について指示を仰ぐ必要がある（逐条175頁参照）。

3　当事者に外国人が含まれる場合（いわゆる渉外事件の場合）について

　第3編の第1章の第1節の第2の3（206頁）と同様であるため参照されたい。

第3　立件基準（事件番号の付け方の基準）

　申立書（受付分配通達別表第5の1の「内訳表」の「家事法別表第二関係」の(4)参照）

第4　記録の編成

　第4編の第6章の第2節の第2（354頁）と同様であるため参照されたい。

第1章　婚姻等に関する審判事件における書記官事務

第5　事件の分配
第4編の第6章の第2節の第5（355頁）と同様であるため参照されたい。

第6　審判期日の指定
第4編の第6章の第2節の第6（358頁）と同様であるため参照されたい。

第7　申立書の写しの送付等
基本的な事務は第4編の第6章の第2節の第7（362頁）と同様であるため参照されたい。

なお，前記第1の3の(3)の「◇　申立ての理由及び事件の実情についての証拠書類写し」の※の説明部分（487頁）記載の当該書類の趣旨と同様に，審理の充実及び円滑な進行を図るため，また，当事者双方がお互いの主張内容を正確に理解することで分かりやすく公正な審理手続の実現を図るために，相手方に申立書の写し等を送付する際に，同封する手続説明書面等で，相手方が提出する主張書面や証拠書類についても，家庭裁判所提出用の写しのほかに申立人交付（送付）用の写しを提出するよう求め（規3条2項参照），後日相手方から提出された当該申立人交付（送付）用の写しを申立人に交付（送付）する取扱いをしている家庭裁判所もある（東京家事事件研究会編「家事事件・人事訴訟事件の実務～家事事件手続法の趣旨を踏まえて～」（法曹会）119頁及び131頁参照）。ただし，このような取扱いをするに当たっても，非開示希望情報等の適切な管理（第2編の第7章の第2節の第3（76頁）参照）に留意する必要があることはもちろんである。

第8　参考事項の聴取
第2編の第7章の第2節の第8（112頁）と同様であるため，適宜，財産の分与に関する処分の審判の手続における参考事項の聴取の場合に読み替えた上で参照されたい。

第9　付調停
財産の分与に関する処分の審判事件には，後記第11の2（491頁）のとおり法的な問題が少なくないが，柔軟な解決が求められることも多いため，当初から当該審判の申立てがされたとしても，例えば，検討対象財産が多く，それらが財産の分与の対象となるのか否か，財産形成の寄与の有無ないし程度等について双方の主張が対立している事案や，過去の経緯等から当事者間の感情的な対立が深刻であり，任意の財産開示や裏付資料の提出に支障がある事案等，審判として審理を進める方が相当であるといった事情等がない限りは，調停に付して（法274条1項），柔軟な解決を図ることができる家事調停手続が活用される傾向にあるということができる（東京家事事件研究会編「家事事件・人事訴訟事件の実務～家事事件手続法の趣旨を踏まえて～」（法曹会）103頁，106頁及び129頁参照）。

この付調停に関する書記官事務については，第4編の第6章の第3節（365頁）と同様であるため参照されたい。

第10 審判前の保全処分

家庭裁判所（法105条2項の場合にあっては，高等裁判所）は，財産の分与に関する処分についての審判又は調停の申立てがあった場合において，強制執行を保全し，又は子その他の利害関係人の急迫の危険を防止するため必要があるときは，当該申立てをした者の申立てにより，当該処分についての審判を本案とする仮差押え，仮処分その他の必要な保全処分（審判前の保全処分）を命ずることができる（法157条1項4号）。

この審判前の保全処分の手続は第4編の第6章の第4節の第4（389頁）と同様であるため，適宜，財産の分与に関する処分の審判を本案とする審判前の保全処分の手続の場合に読み替えた上で参照されたい。

第11 審理等

1 財産分与請求権の法的性質

民法768条が規定する財産分与請求権の法的性質については，①婚姻中に形成した夫婦の財産（夫婦共有財産）の清算（清算的要素），②離婚後の扶養（扶養的要素）[482]及び③離婚に伴う慰謝料（慰謝料的要素）が含まれるとされている。これらのうち中核となるのは清算的要素（清算的財産分与）である（逐条175頁，山本拓「清算的財産分与に関する実務上の諸問題」（家月62巻3号1頁及び2頁）及び島津一郎，阿部徹編集「新版注釈民法(22)親族(2)」（有斐閣）194頁参照）。

2 審理等

財産の分与に関する処分の審判事件のうち，その中核となる清算的財産分与を内容とする審判事件の審理は，①分与の対象財産の確定・評価，②分与の割合（寄与度）の認定，③具体的な取得分額の算定，④分与の方法の決定，⑤給付命令の内容の特定というプロセスで行われることになる（山本拓「清算的財産分与に関する実務上の諸問題」（家月62巻3号2頁）参照）。

本項では，このような審理のプロセスにおいて，特に清算的財産分与で問題となることが多い事項や留意すべき事項等について，次の(1)から(5)までに記載する。

なお，財産の分与に関する処分の審判事件は，既に家事調停手続を経ている事案も少なくなく，場合によっては，離婚訴訟を経ている事案もある等，紛争性が相当高い事案も少なくない。そのため，特に，分与の対象財産が多く，対立点が多い事案等では，双方当事者の主張及び立証の整理等のために，複数回の審判期日を重ねつつ，審理を行うことが多い。したがって，事件担当書記官は，各審判期日における審理の充実のため，また，その手続の円滑な進行確保及び進行促進を図るため，期日間におけ

---

[482] 離婚後の扶養という観点から決められる財産分与のことを扶養的財産分与という。実務的には，扶養的財産分与は，清算的財産分与や慰謝料を受領しても，離婚後の生活に困窮するというような場合に補充的に命じられるものとされている。高齢，病気等のために稼働が困難である場合，子の監護のために就労に制約が生じる場合，稼働するのに準備期間，職業訓練等が必要である場合等，扶養が必要であることが要件になり，分与を命じられる相手方の扶養能力，すなわち，収入や，特有財産を含めた資産状況等が考慮されて，適正な財産分与額を算定することになるとされている（松谷佳樹「財産分与の基本的な考え方」（家庭事件研究会「ケース研究第294号」133頁）参照）。

第1章　婚姻等に関する審判事件における書記官事務

る各種準備事務や審判期日における事務等を適時適切に行う必要がある。この審理等に関する書記官事務（全般）については，第4編の第6章の第5節（404頁）から第8節（432頁）までと同様であるため参照されたい。

(1) **対象財産**

清算的財産分与の対象財産は，名義のいかんを問わず，夫婦が婚姻中に協力して取得（形成）した財産（共有財産）である。したがって，婚姻前から有していた財産や，婚姻後に取得したものであっても，親族等から贈与を受け，又は相続した財産等は，特有財産として，原則として，清算的財産分与の対象にはならない。ただし，婚姻（法律婚）の前に内縁（事実婚）が先行していた場合等は，内縁後に夫婦が協力して取得した財産は，清算的財産分与の対象財産となり得る。

共有財産には，夫婦共同名義で取得した財産や，婚姻中に取得した共同生活に必要な家財，家具等のほかに，夫婦の一方の名義になっている婚姻中に取得した自宅等の不動産及び自動車や共同生活の基金となっている預金等，名義は一方に属するものの実質的には婚姻中に夫婦の協力によって形成された財産（実質的共有財産）が含まれる。

なお，ある財産が特有財産かどうか争いになる場合もあるが，証拠上，特有財産かどうか不明なものは，民法762条2項の規定により，清算的財産分与の対象財産と推定することが一般的である。

また，夫婦の一方の特有財産であっても，他方の積極的な協力により形成され，又は維持されたという事情があるときには，その貢献分を評価して清算の対象とする場合がある（松谷佳樹「財産分与の基本的な考え方」（家庭事件研究会「ケース研究第294号」136頁）及び東京家事事件研究会編「家事事件・人事訴訟事件の実務～家事事件手続法の趣旨を踏まえて～」（法曹会）108頁参照）。

おって，実務上，清算的財産分与の対象（清算の対象）となるか否かについて問題となることが多い財産（例えば，①第三者名義の財産（当事者が経営する法人の財産，家族名義の財産等）[483]，②退職金[484]，③将来の私的年金（いわゆる企業年金等）[485]，④債務[486]，⑤過去の婚姻費用[487]等）については，松谷佳樹「財産分与の基

---

[483] 例えば，夫婦間の子の名義の預貯金については，当該子自身が小遣いやアルバイト代等を貯めたような場合は当該子の固有資産といえるが，親が当該子の将来の進学資金を当該子名義で預貯金していた場合等は，清算的財産分与の対象になるとされている。このように，第三者名義の財産であっても，その実質的な帰属については，財産形成の趣旨・目的等に照らして判断する必要があるとされている。その詳細については，本文記載の各文献等に記載されているため参照されたい。

[484] 退職金については，将来の支払の蓋然性や，退職金の算定方法等について問題となることが多い。このような問題については，本文記載の各文献等に詳細が記載されているため参照されたい。

[485] なお，厚生年金については，別途請求すべき按分割合に関する処分（法別表第二の十五の項の事項）の審判や調停等の年金分割制度の対象となるため，清算的財産分与の対象財産として考慮する必要はない。

[486] 実務上，財産の分与において清算の際に考慮する債務としては，日常家事債務（民法761条）に限らず，生活費の不足を補うための借入等の婚姻生活維持のための債務や居住用不動産に係る住宅ローン等の夫婦の実質的共有財産取得のための債務等がある。ただし，債務超過の事案で，債務のみの財産分与を行うことについては，審判書の主文をどうするかといった問題や，債権者への効果や当事者間の効果が明確でない等の問題もあり，消極に解されている。これらの債務の清算の具体的な方法や問題等については，本文記載の各文献等に詳細が記載されているため参照されたい。

第11 審理等

本的な考え方」（家庭事件研究会「ケース研究第 294 号」136 頁～142 頁）及び山本拓「清算的財産分与に関する実務上の諸問題」（家月 62 巻 3 号 4 頁～26 頁）等に詳細が記載されているため参照されたい。

(2) 対象財産の確定の基準時

財産は時間の経過によって増減するため，どの時点の財産を清算的財産分与の対象とするのか，清算的財産分与の対象財産を確定するための基準時が問題となる。この点，学説上は争いがあるが[488]，前記(1)のとおり，財産分与とは，夫婦が婚姻中に協力して取得（形成）した財産（共有財産）を対象とするものであり，夫婦の協力関係は，原則として，別居で終了すると考えられることから，実務上は，原則として，離婚に先行して別居している場合は別居時を，別居していない場合は離婚時を，それぞれ清算的財産分与の対象財産の確定の基準時としている（東京家事事件研究会編「家事事件・人事訴訟事件の実務～家事事件手続法の趣旨を踏まえて～」（法曹会）107 頁及び秋武憲一著「新版離婚調停」（日本加除出版）295 頁参照）。

(3) 対象財産の評価（評価の基準時）

清算的財産分与の対象財産として確定した具体的財産の中には，不動産や有価証券等のように，物の価値自体が変動する財産が含まれる場合がある。

別居時（又は離婚時）（前記(2)参照）から分与時までの間に，財産価値が大幅に下落してしまったような場合に，別居時（又は離婚時）を基準として評価してしまうと，当該財産の分与を受けた者に酷となってしまうことからすれば，裁判所の判断の直近の評価を基準とするのが公平かつ合理的であると考えられることから，清算的財産分与の対象財産として確定した具体的財産の評価の基準時は，原則として，審判時[489]であると解されている（山本拓「清算的財産分与に関する実務上の諸問題」（家月 62 巻 3 号 28 頁）並びに東京家事事件研究会編「家事事件・人事訴訟事件の実務～家事事件手続法の趣旨を踏まえて～」（法曹会）107 頁及び 108 頁参照）。

(4) 財産形成に対する寄与・貢献

清算的財産分与においては，衡平の原則に基づき，貢献度に応じた寄与割合を評価して算定する方法が相当と解されるが，実務上，共有財産は，原則として，夫婦が協力して形成したものとして，特段の事情がない限り，相互に 2 分の 1 の権利を有するものと考える，いわゆる 2 分の 1 ルールによる寄与度の認定が行われている。この 2 分の 1 ルールは原則にとどまるものであり，必ず 2 分の 1 の割合で分与

---

487 当事者の一方が婚姻継続中に過当に負担した婚姻費用の清算を財産分与の中で行うことは可能であるとされている（最判昭 53.11.14（民集 32 巻 8 号 1529 頁））。ただし，どの程度の過去分までさかのぼるのか，また，いわゆる標準的算定方法（第 3 編の第 2 章の第 1 節の第 9 の 1（237 頁）参照）により算定された金額を全て財産分与分に上乗せするのか等といった問題がある。このような問題については，本文記載の各文献等に詳細が記載されているため参照されたい。

488 この対象財産の確定の基準時に関する学説及び判例の動向等については，松谷佳樹「財産分与の基本的な考え方」（家庭事件研究会「ケース研究第 294 号」133 頁～136 頁）及び山本拓「清算的財産分与に関する実務上の諸問題」（家月 62 巻 3 号 26 頁～28 頁）等を参照されたい。

489 なお，離婚訴訟であれば，口頭弁論終結時が評価の基準時になると解されている。

第1章　婚姻等に関する審判事件における書記官事務

しなければならないわけではなく，例えば，家事調停手続において，当事者間に合意があれば，別の割合で分与できることは当然であるし，対象財産ごとに分与割合を合意することも可能である。また，例えば，各対象財産の取得について自己資金を一部支出したことや，投資の専門知識を有する当事者が，その才覚によって金融資産の取得・維持のための行動をとったこと等の事実が，資料の裏付けをもって客観的に明確にされるようなことがあれば，この2分の1ルールを修正することもあり得るとされている（山本拓「清算的財産分与に関する実務上の諸問題」（家月62巻3号29頁～33頁）及び東京家事事件研究会編「家事事件・人事訴訟事件の実務～家事事件手続法の趣旨を踏まえて～」（法曹会）113頁参照）。

(5) **財産の分与の方法**

財産の分与の方法は，金銭給付に限らず，現物給付でもよく（最判昭41.7.15（民集20巻6号1197頁）），一時払でも分割払でも差し支えない（平成26年10月研修教材第4号「親族法相続法講義案（七訂補訂版）」（裁判所職員総合研修所）89頁参照）。

審判の場合は，即時の金銭での一括払を命じるのが通常であるが，当事者の支払能力等を考慮して，支払に条件等を付すことや，支払うべき総額を定めた上で分割金額・期間を定めて分割払を認めることなども一応は可能である。また，居住用不動産を分与する場合等では，当該不動産の分与の必要性や当該不動産についての利害関係等を考慮して，当該不動産の所有権移転登記手続を命じたり，他方当事者が占有している不動産の場合は，当該所有権移転登記手続とともに退去や明渡しを命じることもできると解されている。このような財産の分与の方法の詳細については，松谷佳樹「財産分与の基本的な考え方」（家庭事件研究会「ケース研究第294号」143頁～145頁）及び山本拓「清算的財産分与に関する実務上の諸問題」（家月62巻3号39頁～42頁）等を参照されたい。

なお，夫婦が共有持分を有する共有財産については，通常の共有物分割の手続によることも許容されるとする判例（東京地中間判平20.11.18（判例タイムズ1297号307頁））がある。

第12　審判手続の終了

財産の分与に関する処分の審判事件における審判手続の終了の類型のうち，申立ての取下げについては，法82条2項の規定にかかわらず，相手方が本案について書面を提出し，又は家事審判の手続の期日において陳述をした後にあっては，相手方の同意を得なければ，その効力を生じないとされている（法153条）[490]。

この申立ての取下げの制限の規定（法153条）の趣旨等を含む審判手続の終了に関する書記官事務（全般）については，第4編の第6章の第9節（432頁）と同様であ

---

[490] なお，財産の分与に関する処分の**調停**事件については，この法153条の申立ての取下げの制限に関する規定の適用はなく，法273条の規定により，当該**調停**の申立ては，当該**調停**事件が終了するまで，その全部又は一部を取り下げることができる（東京家事事件研究会編「家事事件・人事訴訟事件の実務～家事事件手続法の趣旨を踏まえて～」（法曹会）128頁参照）。

るため参照されたい。

第13　審判手続終了後の書記官事務
　　第4編の第6章の第11節（446頁）と同様であるため参照されたい。

第14　審判に対する即時抗告
　　財産の分与に関する処分の審判及びその申立てを却下する審判に対しては，夫又は妻であった者が即時抗告をすることができる（法156条5号）。
　　この即時抗告の手続については，第4編の第7章の第2節（449頁）と同様であるため参照されたい。

第1章　婚姻等に関する審判事件における書記官事務

第5節　離婚等の場合における祭具等の所有権の承継者の指定の審判事件

> 【どんな事件？】
> 　婚姻によって氏を改めた夫又は妻が，民法897条1項の祭祀に関する権利（系譜，祭具及び墳墓の所有権（祭祀財産）※1）を承継した後，協議上の離婚をしたときは，当事者その他の関係人の協議で，その権利を承継すべき者を定めなければならない（民法769条1項）。この協議が調わないとき，又は協議をすることができないときは，離婚の当事者その他の関係人※2は，家庭裁判所に対し，この権利を承継すべき者を定めることを求める審判（又は調停）を申し立てることができる（民法769条2項※3）。
> 　この審判は，法別表第二の五の項の事項（離婚等の場合における祭具等の所有権の承継者の指定）についての審判である。
>   ※1　相続財産の包括承継の原則（民法896条）に対して，系譜，祭具及び墳墓など祭祀を営むために必要とする財産（祭祀財産）は，一般の相続財産から除外され，相続による承継によらないものとされている。すなわち，祭祀財産の承継は，相続による承継ではなく，法律の規定による特別の承継ということになる。系譜とは，先祖代々からの家系を記載した文書，祭具とは，神棚，位はい，仏壇など，墳墓とは，墓石のみならず，その維持のために必要とする土地（墓地）の所有権，借地権を含むものと解されている（平成26年10月研修教材第4号「親族法相続法講義案（七訂補訂版）」（裁判所職員総合研修所）247頁参照）。
>   ※2　「その他の関係人」とは，祭祀承継の審判に利害関係を有する者（例えば，被相続人の親族等）である（逐条499頁参照）。
>   ※3　この民法769条2項の規定は，同法749条において婚姻の取消しについて，同法751条2項において生存配偶者の復氏及び姻族関係の終了の場合について，同法771条において裁判上の離婚について，それぞれ準用されている。なお，民法769条の適用を受ける場合としては，例えば，父の死亡によって祭祀を承継した（民法897条）長女が婚姻して，夫が長女の氏を称することにし，協議で夫に祭具を譲渡した後に，夫が離婚により復氏する，という場合が考えられる。離婚による復氏である限り，生来の氏に復する場合であると，転婚のために前の婚姻による氏に復する場合であるとを問わない。離婚後復氏した者が婚氏続称した場合（民法767条2項）にも民法769条2項は適用されると解されている（島津一郎，阿部徹編集「新版注釈民法(22)親族(2)」（有斐閣）259頁参照）。

第1　申立て

1　管轄

　権利承継の対象となる祭祀財産である系譜，祭具及び墳墓（民法769条1項，897条1項）の所有者の住所地を管轄する家庭裁判所（法150条6号）又は当事者が合意で定める家庭裁判所（法66条1項）。
　なお，管轄の詳細については，第4編の第5章の第1節（338頁）と同様であるため参照されたい。

2 申立人

民法769条1項(同法749条,751条2項及び771条において準用する場合を含む。)において協議の当事者とされている「当事者その他の関係人」。

具体的には,離婚の当事者,婚姻取消しの当事者又は生存配偶者及び祭祀承継の審判に利害関係を有する者(例えば,被相続人の親族等)である(逐条499頁参照)。

3 申立ての方式

(1) 申立費用

ア 申立手数料

1,200円(収入印紙)(民訴費用法3条1項別表第一の一五の二の項)

イ 郵便切手

各家庭裁判所の実務上の運用によって異なる。

なお,これら申立費用の詳細については,第4編の第6章の第1節の第2の1の(1)(341頁)と同様であるため参照されたい。

(2) 申立書

申立ては,申立書を家庭裁判所に提出してしなければならず(法49条1項),申立書を家庭裁判所に提出する際は,相手方の数と同数の申立書の写し(相手方送付用)を提出する必要がある(規47条)。

申立書の方式や記載事項等については,第4編の第6章の第1節の第2の1の(2)(341頁)と同様であるため参照されたい。

(3) 附属書類(添付書類)

離婚等の場合における祭具等の所有権の承継者の指定の審判事件の申立時に提出される,又は提出を求めることが多い主な附属書類(添付書類)は次のとおりである[491](規37条2項・3項,18条1項,15条,民訴規15条前段)(各書類の趣旨等については,以下に記載する留意事項等のほか,第2編の第7章の第1節の第2の1の(3)(57頁)の①から③までの各類型の各書類の※の説明部分(家事調停事件に特有の事項は除く。)と同様であるため参照されたい。)。

なお,本項では飽くまで主な附属書類(添付書類)の類型を示すにとどまるため,当然ながら,各家庭裁判所においては,裁判官の審理の方針,事案ごとの個別の事情等の実情に応じて,離婚等の場合における祭具等の所有権の承継者の指定の審判事件の手続の円滑な進行を図るために,規37条3項の規定に基づき,本項で示す類型以外の書類の提出を求める場合がある。

【共通の附属書類(添付書類)】

◇ 申立人及び相手方の戸籍全部事項証明書(戸籍謄本)

◇ 被相続人の出生時から死亡時までの全ての戸籍(除籍,改製原戸籍)全部事項証明書(これらの謄本)

◇ 相続人全員の戸籍全部事項証明書(戸籍謄本)

◇ 被相続人の子(及びその代襲者)で死亡している者がある場合は,その者の出

---

[491] 本附属書類(添付書類)は,平成23年3月家庭裁判資料第194号「家事事件申立添付書類一覧表」(最高裁判所事務総局)32頁に掲載されている「標準的な申立添付書類」の「例:相続の際の承継の申立添付書類(民法897Ⅱ)」に基づいて記載した。

第1章　婚姻等に関する審判事件における書記官事務

　　　　生時から死亡時までの全ての戸籍（除籍，改製原戸籍）全部事項証明書（これらの謄本）
　　◇　祭祀財産に関する証明書（不動産登記事項証明書，墓地使用権の証明書等）
　　◇　利害関係人からの申立ての場合，利害関係を証する資料（親族関係であれば戸籍全部事項証明書（戸籍謄本））
　　◇　事情説明書
　　◇　連絡先届出書
　　　　※　本書類の趣旨については，第4編の第6章の第1節の第2の1の(3)の②の「◇　連絡先届出書」の※の説明部分（345頁）と同様であるため参照されたい。
　　◇　非開示希望申出書（非開示希望の申出をする場合にのみ使用する書類）
　　◇　進行に関する照会回答書
【相続人が，被相続人の（配偶者と）父母・祖父母等（直系尊属）（第二順位相続人）の場合の追加の附属書類（添付書類）】
　　◇　被相続人の直系尊属に死亡している者（相続人と同じ代及び下の代の直系尊属に限る（例えば，祖母が相続人である場合の祖父と父母）。）がある場合は，その者の死亡の記載のある戸籍（除籍，改製原戸籍）全部事項証明書（これらの謄本）
【相続人が，被相続人の配偶者のみの場合，又は被相続人の（配偶者と）兄弟姉妹及びその代襲者（おいめい）（第三順位相続人）の場合の追加の附属書類（添付書類）】
　　◇　被相続人の父母の出生時から死亡時までの全ての戸籍（除籍，改製原戸籍）全部事項証明書（これらの謄本）
　　◇　被相続人の直系尊属の死亡の記載のある戸籍（除籍，改製原戸籍）全部事項証明書（これらの謄本）
　　◇　被相続人の兄弟姉妹に死亡している者がある場合は，その者の出生時から死亡時までの全ての戸籍（除籍，改製原戸籍）全部事項証明書（これらの謄本）
　　◇　代襲者としてのおいめいに死亡している者がある場合は，その者の死亡の記載のある戸籍（除籍，改製原戸籍）全部事項証明書（これらの謄本）
【申立人に代理人がいる場合】
　　◇　手続代理人の権限（代理権）を証明する書面（委任状）
　　◇　法定代理権及び手続行為をするのに必要な授権を証明する書面

第2　受付及び審査
　　　第4編の第6章の第2節の第1（350頁）と同様であるため参照されたい。

第3　立件基準（事件番号の付け方の基準）
　　　申立書（受付分配通達別表第5の1の「内訳表」の「家事法別表第二関係」の(5)参照）

第4　記録の編成
　　　第4編の第6章の第2節の第2（354頁）と同様であるため参照されたい。

第5　事件の分配
第4編の第6章の第2節の第5（355頁）と同様であるため参照されたい。

第6　審判期日の指定
第4編の第6章の第2節の第6（358頁）と同様であるため参照されたい。

第7　申立書の写しの送付等
第4編の第6章の第2節の第7（362頁）と同様であるため参照されたい。

第8　参考事項の聴取
第2編の第7章の第2節の第8（112頁）と同様であるため，適宜，離婚等の場合における祭具等の所有権の承継者の指定の審判の手続における参考事項の聴取の場合に読み替えた上で参照されたい。

第9　付調停
第4編の第6章の第3節（365頁）と同様であるため参照されたい。

第10　審理等
第4編の第6章の第5節（404頁）から第8節（432頁）までと同様であるため参照されたい。

第11　審判手続の終了
第4編の第6章の第9節（432頁）と同様であるため参照されたい。

第12　審判手続終了後の書記官事務
第4編の第6章の第11節（446頁）と同様であるため参照されたい。

第13　審判に対する即時抗告
離婚等の場合における祭具等の所有権の承継者の指定の審判及びその申立てを却下する審判に対しては，婚姻の当事者（民法751条2項において準用する同法769条2項の規定による場合にあっては，生存配偶者）その他の利害関係人[492]が即時抗告をすることができる（法156条6号）。

この即時抗告の手続については，第4編の第7章の第2節（449頁）と同様であるため参照されたい。

---

[492] ここでいう「婚姻の当事者（生存配偶者）その他の利害関係人」とは，祭具等の所有権の承継者の指定の審判の前提となる協議の主体となり得る者として民法769条1項（同法749条，751条2項及び771条において準用する場合を含む。）において定める「当事者その他の関係人」と同義であり，祭具等の所有権の承継者の指定の審判事件において当事者となる資格を有する者を意味し，具体的には，離婚若しくは婚姻取消しの当事者又は生存配偶者及び祭具等の所有権の承継者の指定の審判に利害関係を有する者であると解されている（逐条504頁参照）。

第2章　親子に関する審判事件における書記官事務

　本章では，別表第二審判事件のうち，親子に関する審判事件である，離縁等の場合における祭具等の所有権の承継者の指定（法別表第二の六の項の事項）の審判事件について，第4編の別表第二審判手続における書記官事務の総論部分とは異なる事項や特に留意すべき事項等を中心に具体的な書記官事務について記載する。

離縁等の場合における祭具等の所有権の承継者の指定の審判事件

>【どんな事件？】
>　縁組によって氏を改めた養子が，民法897条1項の祭祀に関する権利（祭祀財産※1）を承継した後，離縁して復氏したときは，当事者その他の関係人の協議で，その権利を承継すべき者を定めなければならない（民法817条，769条1項）。この協議が調わないとき，又は協議をすることができないときは，離縁の当事者その他の関係人※2は，家庭裁判所に対し，この権利を承継すべき者を定めることを求める審判（又は調停）を申し立てることができる（民法817条，769条2項※3）。
>　この審判は，法別表第二の六の項の事項（離縁等の場合における祭具等の所有権の承継者の指定）についての審判である。
>　※1　本編の第1章の第5節の冒頭の【どんな事件？】の※1（496頁）参照。
>　※2　「その他の関係人」とは，祭祀承継の審判に利害関係を有する者（例えば，被相続人の親族等）である（逐条525頁参照）。
>　※3　この民法769条2項の規定は，同法808条2項において縁組の取消しについて準用されている。なお，養子が，離縁の際に称していた氏を称する旨の届出（民法816条2項，戸籍法73条の2）をしたときにも民法817条が準用する同法769条2項の規定が適用される。おって，離縁による復氏の際の権利の承継は，①養子が縁組によって氏を改めたこと，②離縁によって復氏したことが要件となる（離婚の場合と異なり，離縁の場合は常に復氏するとは限らないからである。）。特に養子が共同縁組した養父母の一方のみと離縁したときは，復氏しない（民法816条1項ただし書）ので，例えば，共同縁組した養父から祭具等を承継した後に，生存配偶者である養母と離縁したときは，祭具等の承継は問題とならない（中川善之助，山畠正男編集「新版注釈民法(24)親族(4)」（有斐閣）586頁参照）。

第1　申立て
1　管轄
　権利承継の対象となる祭祀財産である系譜，祭具及び墳墓（民法808条2項及び817条において準用する同法769条1項，897条1項）の所有者の住所地を管轄する家庭裁判所（法163条1項）又は当事者が合意で定める家庭裁判所（法66条1項）。
　なお，管轄の詳細については，第4編の第5章の第1節（338頁）と同様であるため参照されたい。

2　申立人
　民法808条2項及び817条において準用する同法769条1項の規定において協議の当事者とされている「当事者その他の関係人」。
　具体的には，離縁の当事者又は縁組取消しの当事者及び祭祀承継の審判に利害関係を有する者（例えば，被相続人の親族等）である（逐条525頁参照）。

3　申立ての方式
(1)　申立費用
　　ア　申立手数料
　　　1,200円（収入印紙）（民訴費用法3条1項別表第一の一五の二の項）

第2章 親子に関する審判事件における書記官事務

　　　イ　郵便切手
　　　　各家庭裁判所の実務上の運用によって異なる。
　　　なお，これら申立費用の詳細については，第4編の第6章の第1節の第2の1の(1)(341頁)と同様であるため参照されたい。
　(2)　**申立書**
　　　申立ては，申立書を家庭裁判所に提出してしなければならず（法49条1項），申立書を家庭裁判所に提出する際は，相手方の数と同数の申立書の写し（相手方送付用）を提出する必要がある（規47条）。
　　　申立書の方式や記載事項等については，第4編の第6章の第1節の第2の1の(2)(341頁)と同様であるため参照されたい。
　(3)　**附属書類（添付書類）**
　　　離縁等の場合における祭具等の所有権の承継者の指定の審判事件の申立時に提出される，又は提出を求めることが多い主な附属書類（添付書類）は，本編の第1章の第5節の第1の3の(3)(497頁)と同様であるため，適宜，離縁等の場合における祭具等の所有権の承継者の指定の審判事件における附属書類（添付書類）の場合に読み替えた上で参照されたい。

第2　受付及び審査
　　第4編の第6章の第2節の第1 (350頁)と同様であるため参照されたい。

第3　立件基準（事件番号の付け方の基準）
　　申立書（受付分配通達別表第5の1の「内訳表」の「家事法別表第二関係」の(6)参照）

第4　記録の編成
　　第4編の第6章の第2節の第2 (354頁)と同様であるため参照されたい。

第5　事件の分配
　　第4編の第6章の第2節の第5 (355頁)と同様であるため参照されたい。

第6　審判期日の指定
　　第4編の第6章の第2節の第6 (358頁)と同様であるため参照されたい。

第7　申立書の写しの送付等
　　第4編の第6章の第2節の第7 (362頁)と同様であるため参照されたい。

第8　参考事項の聴取
　　第2編の第7章の第2節の第8 (112頁)と同様であるため，適宜，離縁等の場合における祭具等の所有権の承継者の指定の審判の手続における参考事項の聴取の場合に読み替えた上で参照されたい。

第9 付調停

第4編の第6章の第3節（365頁）と同様であるため参照されたい。

第10 審理等

第4編の第6章の第5節（404頁）から第8節（432頁）までと同様であるため参照されたい。

第11 審判手続の終了

第4編の第6章の第9節（432頁）と同様であるため参照されたい。

第12 審判手続終了後の書記官事務

第4編の第6章の第11節（446頁）と同様であるため参照されたい。

第13 審判に対する即時抗告

離縁等の場合における祭具等の所有権の承継者の指定の審判及びその申立てを却下する審判に対しては，離縁の当事者その他の利害関係人[493]が即時抗告をすることができる（法163条3項）。

この即時抗告の手続については，第4編の第7章の第2節（449頁）と同様であるため参照されたい。

---

[493] ここでいう「離縁の当事者その他の利害関係人」とは，祭具等の所有権の承継者の指定の審判の前提となる協議の主体となり得る者として民法808条2項及び817条において準用する同法769条1項が定める「当事者その他の関係人」と同義で，具体的には，離縁又は縁組取消しの当事者及び祭具等の所有権の承継者の指定の審判事件における当事者となる資格を有する者を意味する（逐条525頁及び526頁参照）。

第3章　親権に関する審判事件における書記官事務

　本章では，別表第二審判事件のうち，親権に関する審判事件である，①養子の離縁後に親権者となるべき者の指定（法別表第二の七の項の事項）の審判事件，②親権者の指定又は変更（法別表第二の八の項の事項）の審判事件について，以下の第1節及び第2節において，第4編の別表第二審判手続における書記官事務の総論部分とは異なる事項や特に留意すべき事項等を中心に具体的な書記官事務について記載する。

第1節　養子の離縁後に親権者となるべき者の指定の審判事件

> 【どんな事件？】
> 　縁組の当事者は，その協議で，離縁をすることができ（民法811条1項），養子が15歳未満であるときは，その離縁は，養親と養子の離縁後にその法定代理人となるべき者との協議でこれをする（同条2項）。
> 　縁組後，養子の実父母が離婚しているときは，その協議で，その一方を養子の離縁後にその親権者となるべき者と定めなければならない（同条3項）が，当該協議が調わないとき，又は協議をすることができないときは，父若しくは母又は養親は，家庭裁判所に対し，養子の離縁後に親権者となるべき者の指定の審判（又は調停）の申立てをすることができる（同条4項）。
> 　この審判は，法別表第二の七の項の事項（養子の離縁後に親権者となるべき者の指定）についての審判である。

第1　申立て

1　管轄

　子の住所地を管轄する家庭裁判所（法167条）又は当事者が合意で定める家庭裁判所（法66条1項）。

　なお，管轄の詳細については，第4編の第5章の第1節（338頁）と同様であるため参照されたい。

2　申立人

　父若しくは母又は養親（民法811条4項）。

　父母の一方が申し立てるときは，他方を相手方とし，養親が申し立てるときは，父母の双方を相手方とする。

　なお，この養子の離縁後に親権者となるべき者の指定の審判事件における養子，その父母及び養親については，法168条柱書き及び6号において，手続行為能力の特則の規定である法118条の規定が準用されている[494]。

3　申立ての方式

(1) 申立費用

　　ア　申立手数料

　　　1,200円（収入印紙）（民訴費用法3条1項別表第一の一五の二の項）

　　イ　郵便切手

　　　各家庭裁判所の実務上の運用によって異なる。

　なお，これら申立費用の詳細については，第4編の第6章の第1節の第2の1の(1)（341頁）と同様であるため参照されたい。

---

[494] この手続行為能力の特則の規定により，養子についても意思能力があれば手続行為能力が認められるが，申立権の有無については，飽くまでも民法811条4項の規定によるので，養子に，この養子の離縁後に親権者となるべき者の指定の審判の申立権が認められるものではない（第4編の第3章の第1節の第4の2（333頁）参照）。なお，養子の利害関係参加等については，本編の第1章の第3節の第1の11の(2)（476頁）と同様であるため，適宜，養子の離縁後に親権者となるべき者の指定の審判の手続における養子の利害関係参加等の場合に読み替えた上で参照されたい。

第3章　親権に関する審判事件における書記官事務

(2) 申立書

申立ては，申立書を家庭裁判所に提出してしなければならず（法49条1項），申立書を家庭裁判所に提出する際は，相手方の数と同数の申立書の写し（相手方送付用）を提出する必要がある（規47条）。

申立書の方式や記載事項等については，第4編の第6章の第1節の第2の1の(2)(341頁)と同様であるため参照されたい。

(3) 附属書類（添付書類）

養子の離縁後に親権者となるべき者の指定の審判事件の申立時に提出される，又は提出を求めることが多い主な附属書類（添付書類）は次のとおりである（各書類の趣旨等については，以下に記載する留意事項等のほか，第2編の第7章の第1節の第2の1の(3)(57頁)の①から③までの各類型の各書類の※の説明部分（家事調停事件に特有の事項は除く。）と同様であるため参照されたい。）。

なお，本項では飽くまで主な附属書類（添付書類）の類型を示すにとどまるため，当然ながら，各家庭裁判所においては，裁判官の審理の方針，事案ごとの個別の事情等の実情に応じて，養子の離縁後に親権者となるべき者の指定の審判事件の手続の円滑な進行を図るために，規37条3項の規定に基づき，本項で示す類型以外の書類の提出を求める場合がある。

◇ 申立ての理由及び事件の実情についての証拠書類写し（規37条2項）
◇ 申立人，相手方及び未成年者（養子）の戸籍全部事項証明書（戸籍謄本）（規37条3項）
◇ 事情説明書（規37条3項）
◇ 連絡先届出書（規37条3項）
　※ 本書類の趣旨については，第4編の第6章の第1節の第2の1の(3)の②の「◇　連絡先届出書」の※の説明部分（345頁）と同様であるため参照されたい。
◇ 非開示希望申出書（非開示希望の申出をする場合にのみ使用する書類）（規37条3項）
◇ 進行に関する照会回答書（規37条3項）
◇ 手続代理人の権限（代理権）を証明する書面（委任状）（規18条1項）
◇ 法定代理権及び手続行為をするのに必要な授権を証明する書面（規15条，民訴規15条前段）

第2　受付及び審査

第4編の第6章の第2節の第1（350頁）と同様であるため参照されたい。

第3　立件基準（事件番号の付け方の基準）

養子（受付分配通達別表第5の1の「内訳表」の「家事法別表第二関係」の(7)参照）

第4　記録の編成

第4編の第6章の第2節の第2（354頁）と同様であるため参照されたい。

第5　事件の分配
第4編の第6章の第2節の第5（355頁）と同様であるため参照されたい。

第6　審判期日の指定
第4編の第6章の第2節の第6（358頁）と同様であるため参照されたい。

第7　申立書の写しの送付等
第4編の第6章の第2節の第7（362頁）と同様であるため参照されたい。

第8　参考事項の聴取
第2編の第7章の第2節の第8（112頁）と同様であるため，適宜，養子の離縁後に親権者となるべき者の指定の審判の手続における参考事項の聴取の場合に読み替えた上で参照されたい。

第9　付調停
第4編の第6章の第3節（365頁）と同様であるため参照されたい。

第10　審理等
第4編の第6章の第5節（404頁）から第8節（432頁）までと同様であるため参照されたい。

第11　審判手続の終了
養子の離縁後に親権者となるべき者の指定の審判事件における審判手続の終了に関する書記官事務（全般）については，第4編の第6章の第9節（432頁）と同様であるため参照されたい。

なお，この審判により養子の離縁後に親権者となるべき者に指定された者が，離縁の協議者となり，離縁後の親権者となる。当該養子の離縁後に親権者となるべき者と養親との間で離縁の協議が成立したときは，その旨を離縁の当事者の本籍地又は届出人の所在地（戸籍法25条）に届け出なければならず（同法70条，71条），離縁届を提出する際に，養子の離縁後に親権者となるべき者の指定の審判書謄本及び審判確定証明書を添付することになる。また，養子の離縁後に親権者となるべき者は，離縁の届出が受理された日から親権を行使することになるので，その者は，離縁の届出後に同法79条に準じて親権者指定の届出をすることになる[495]。この親権者指定の届出の

---

[495] この親権者指定届の届出期間については，戸籍法79条に準じて届出をするものであることから，離縁の成立後10日以内と解されている（長山義彦ほか共著「〔新版〕家事事件の申立書式と手続」（新日本法規）526頁参照）。この点，前述のとおり，審判により養子の離縁後に親権者となるべき者に指定された者は，離縁届が受理された日から親権を行うことになる。すなわち，創設的届出である離縁届があってはじめて親権者指定届を要することになるが，実際は離縁届と同時に親権者指定届をすることになるので，当該届出期間については，あまり問題を生じないと思われるとされている（南敏文監修，髙妻新著，青木惺補訂「最新体系・戸籍用語辞典」（日本加除出版）442頁参照）。

第3章　親権に関する審判事件における書記官事務

際には当該審判書謄本及び審判確定証明書の添付が必要になるが，離縁届と同時に届出するときは，離縁届に添付した当該審判書謄本及び審判確定証明書を援用する取扱いができ，さらには，親権者指定届と離縁届の届出人は同一であるから，離縁届の「その他」欄に，親権者指定に関する事項を記載し，親権者指定届に代えることもできるという戸籍事務の取扱い（昭和37年5月30日付け法務省民事甲第1469号民事局長通達）（木村三男監修，竹澤雅二郎，荒木文明著「〔改訂〕設題解説戸籍実務の処理—Ⅵ親権・未成年後見編—」（日本加除出版）72頁及び102頁参照）がある。当事者には，その理解の程度等に応じて，適宜このような戸籍事務の取扱いについて説明することが考えられる。

第12　審判手続終了後の書記官事務
第4編の第6章の第11節（446頁）と同様であるため参照されたい。

第13　審判に対する即時抗告
養子の離縁後に親権者となるべき者の指定の審判に対しては，養子の父母及び養子の監護者[496]が即時抗告をすることができる（法172条1項8号）。

養子の離縁後に親権者となるべき者の指定の申立てを却下する審判に対しては，申立人，養子の父母及び養子の監護者[497]が即時抗告をすることができる（法172条1項9号）。

この即時抗告の手続については，第4編の第7章の第2節（449頁）と同様であるため参照されたい。

第2節　親権者の指定又は変更の審判事件
親権者の指定又は変更（法別表第二の八の項の事項）の審判事件は，民法819条5項及び6項（これらの規定を同法749条において準用する場合を含む。）を根拠規定とする審判事件であり，申立人が求める審判の内容に応じて，親権者の指定の審判事件（同法819条5項）及び親権者の変更の審判事件（同条6項）に分類することができる。

本節では，これらの審判事件について，次の第1と第2において，その手続や具体的な書記官事務等について記載する。

---

[496] ここでいう養子の監護者とは，協議又は審判によって指定された監護者（民法766条）を指す（逐条562頁参照）。
[497] 前の脚注と同様である。

第1　親権者の指定の審判事件

> 【どんな事件？】
> 　民法は、①父母が協議上の離婚をするときは、その協議で、その一方を親権者と定めなければならない（同法819条1項）、②子の出生前に父母が離婚した場合には、親権は、母が行う。ただし、子の出生後に、父母の協議で、父を親権者と定めることができる（同条3項）、③父が認知した子に対する親権は、父母の協議で父を親権者と定めたときに限り、父が行う（同条4項）旨規定しており、これらの協議が調わないとき、又は協議をすることができないときは、父又は母は、家庭裁判所に当該協議に代わる親権者の指定の審判（又は調停）の申立てをすることができる（同条5項※1）※2。
> ※1　この民法819条5項の規定は、同法749条において婚姻の取消しについて準用されている。
> ※2　離婚と親権者の指定については、同時解決が原則とされているが（民法819条1項・2項、765条）、何らかの事情で親権者の指定を欠いた協議離婚届が誤って受理された場合や、調停離婚において親権者の指定を分離して離婚のみの調停を成立させた場合等は、当該離婚自体は有効であるため、親権者の指定の追完は、審判（又は調停）によることができるとされている（於保不二雄、中川淳編集「新版注釈民法(25)親族(5)〔改訂版〕」（有斐閣）40頁～43頁及び平成26年10月研修教材第4号「親族法相続法講義案（七訂補訂版）」（裁判所職員総合研修所）86頁参照）。

1　申立て

(1)　**管轄**

　子（父又は母を同じくする数人の子についての申立てに係るものにあっては、そのうちの一人）の住所地を管轄する家庭裁判所（法167条）又は当事者が合意で定める家庭裁判所（法66条1項）。

　なお、管轄の詳細については、第4編の第5章の第1節（338頁）と同様であるため参照されたい。

(2)　**申立人**

　父又は母（民法819条5項）。

　なお、この親権者の指定の審判事件（当該審判事件を本案とする保全処分についての審判事件を含む。）における子及びその父母については、法168条柱書き及び7号において、手続行為能力の特則の規定である法118条の規定が準用されている[498]。

---

[498] この手続行為能力の特則の規定により、子についても意思能力があれば手続行為能力が認められるが、申立権の有無については、飽くまでも民法819条5項（同法749条において準用する場合を含む。）の規定によるので、子に、親権者の指定の審判の申立権が認められるものではない（第4編の第3章の第1節の第4の2(333頁)参照）。なお、子の利害関係参加等については、本編の第1章の第3節の第1の11の(2)(476頁)と同様であるため、適宜、親権者の指定の審判の手続における利害関係参加等の場合に読み替えた上で参照されたい。

第3章 親権に関する審判事件における書記官事務

(3) 申立ての方式
　ア　申立費用
　　(ア)　申立手数料
　　　　子一人につき1,200円（収入印紙）（民訴費用法3条1項別表第一の一五の二の項）
　　(イ)　郵便切手
　　　　各家庭裁判所の実務上の運用によって異なる。
　　　なお，これら申立費用の詳細については，第4編の第6章の第1節の第2の1の(1)（341頁）と同様であるため参照されたい。
　イ　申立書
　　申立ては，申立書を家庭裁判所に提出してしなければならず（法49条1項），申立書を家庭裁判所に提出する際は，相手方の数と同数の申立書の写し（相手方送付用）を提出する必要がある（規47条）。
　　申立書の方式や記載事項等については，第4編の第6章の第1節の第2の1の(2)（341頁）と同様であるため参照されたい。
　ウ　附属書類（添付書類）
　　親権者の指定の審判事件の申立時に提出される，又は提出を求めることが多い主な附属書類（添付書類）は次のとおりである（各書類の趣旨等については，以下に記載する留意事項等のほか，第2編の第7章の第1節の第2の1の(3)（57頁）の①から③までの各類型の各書類の※の説明部分（家事調停事件に特有の事項は除く。）と同様であるため参照されたい。）。
　　なお，本項では飽くまで主な附属書類（添付書類）の類型を示すにとどまるため，当然ながら，各家庭裁判所においては，裁判官の審理の方針，事案ごとの個別の事情等の実情に応じて，親権者の指定の審判事件の手続の円滑な進行を図るために，規37条3項の規定に基づき，本項で示す類型以外の書類の提出を求める場合がある。
　　◇　申立ての理由及び事件の実情についての証拠書類写し（規37条2項）
　　　　※　単独親権者が行方不明の場合（後記2の(2)（511頁）参照）は，当該行方不明を証する書類（戸籍附票等）の写しの提出を求める必要がある。
　　◇　申立人，相手方及び未成年者（子）の戸籍全部事項証明書（戸籍謄本）（外国人当事者については住民票等）（規37条3項）
　　◇　事情説明書（規37条3項）
　　◇　連絡先届出書（規37条3項）
　　　　※　本書類の趣旨については，第4編の第6章の第1節の第2の1の(3)の②の「◇　連絡先届出書」の※の説明部分（345頁）と同様であるため参照されたい。
　　◇　非開示希望申出書（非開示希望の申出をする場合にのみ使用する書類）（規37条3項）
　　◇　進行に関する照会回答書（規37条3項）
　　◇　手続代理人の権限（代理権）を証明する書面（委任状）（規18条1項）

◇ 法定代理権及び手続行為をするのに必要な授権を証明する書面（規15条，民訴規15条前段）

2 受付及び審査

親権者の指定の審判事件の申立書の受付及び審査に関する書記官事務において特に留意すべき事項は，主に次の(1)から(4)までのとおりである。

なお，その他の申立書の受付及び審査に関する書記官事務（全般）については，第4編の第6章の第2節の第1（350頁）と同様であるため参照されたい。

(1) 親権者の指定の審判の申立ての前提となる要件について

親権者の指定の審判の申立ての前提となる要件は，原則として，冒頭の【どんな事件？】（509頁）記載のとおりである。したがって，受付及び審査に当たっては，冒頭の【どんな事件？】記載の各要件に該当するかについて確認する必要がある。

(2) 非嫡出子の単独親権者が行方不明の場合について

例えば，非嫡出子の単独親権者である母が行方不明になった場合（事実上親権を行うことができない状態にある場合）には，原則として，後見が開始すると解されるが（民法838条1号及び「別冊法学セミナーno.240 新基本法コンメンタール親族」（日本評論社）265頁参照），後にその子を認知した父を親権者に指定し得ることには異論がないとされており（平成26年10月研修教材第4号「親族法相続法講義案（七訂補訂版）」158頁参照），また，親権者である母が所在不明のため未成年後見人が選任されている未成年の子（非嫡出子）について，認知の裁判が確定した後，父を親権者と指定し後見を終了させた裁判例（大阪家審昭57.5.21（家月35巻11号98頁）参照）等もあることから，実務上は，このような場合にも親権者の指定の審判の申立てが認められている。したがって，このような審判の申立てがあった場合には，親権者の指定の審判事件として手続を進行させてよいか等の審理の方針について裁判官の指示を受ける。

(3) 非嫡出子の単独親権者が死亡している場合について

例えば，非嫡出子の単独親権者である母が死亡した場合には，原則として，後見が開始する（民法838条1号及び「別冊法学セミナーno.240 新基本法コンメンタール親族」（日本評論社）264頁参照）。そのため，後見人を選任するほかはなく，生存親の父を親権者に指定することはできないとするのが従来の通説的立場であった（大阪高決昭28.9.3（高等裁判所民事判例集6巻9号530頁）参照）。しかし，生存親を後見人とし親権者となし得ないのは，実質的に疑問であるのみならず，このような場合は，民法819条5項の「協議をすることができないとき」に当たるとして，生存親を親権者に指定し得ると考える見解もある。学説の中には後の肯定説を支持するものもあり，実務の取扱いは肯定・否定の両説に別れている（平成26年10月研修教材第4号「親族法相続法講義案（七訂補訂版）」（裁判所職員総合研修所）158頁及び159頁参照）。したがって，このような審判の申立てがあった場合には，親権者の指定の審判事件として手続を進行させてよいか等の審理の方針について裁判官の指示を受ける。

(4) 当事者に外国人が含まれる場合（いわゆる渉外事件の場合）について

第3編の第1章の第1節の第2の3（206頁）と同様であるため参照されたい。

第3章　親権に関する審判事件における書記官事務

3　立件基準（事件番号の付け方の基準）
子（受付分配通達別表第5の1の「内訳表」の「家事法別表第二関係」の(8)参照）

4　記録の編成
第4編の第6章の第2節の第2（354頁）と同様であるため参照されたい。

5　事件の分配
第4編の第6章の第2節の第5（355頁）と同様であるため参照されたい。

6　審判期日の指定
第4編の第6章の第2節の第6（358頁）と同様であるため参照されたい。

7　申立書の写しの送付等
第4編の第6章の第2節の第7（362頁）と同様であるため参照されたい。

8　参考事項の聴取
第2編の第7章の第2節の第8（112頁）と同様であるため，適宜，親権者の指定の審判の手続における参考事項の聴取の場合に読み替えた上で参照されたい。

9　付調停
親権者の指定の審判事件では，当事者双方が将来にわたり協力して子の監護養育を行うことが子の利益[499]のために重要であることから，できる限り調停で解決することが望ましいため，実務上，単独親権者の死亡や行方不明等の調停が望めない場合等を除き，調停に付すことを検討する場合が多い。

この付調停に関する書記官事務については，第4編の第6章の第3節（365頁）と同様であるため参照されたい。

10　審判前の保全処分
家庭裁判所（法105条2項の場合にあっては，高等裁判所）は，親権者の指定の審判又は調停の申立てがあった場合において，強制執行を保全し，又は子その他の利害関係人の急迫の危険を防止するため必要があるときは，当該申立てをした者の申立てにより，親権者の指定の審判を本案とする仮処分その他の必要な保全処分を命ずることができる（法175条1項）。また，子の利益のため必要があるときは，当該申立てをした者の申立てにより，親権者の指定の申立てについての審判が効力を生ずるまでの間，親権者の職務の執行を停止し，又はその職務代行者を選任することができる（同条3項）。

この審判前の保全処分の手続は第4編の第6章の第4節（369頁）と同様（第2（373頁）並びに第4の2（390頁）及び3（395頁）を除く。）であるため，適宜，親権者の指定の審判を本案とする審判前の保全処分の手続の場合に読み替えた上で参照されたい。

499　親権者指定の基準について，民法は規定を置いていない。しかし，親権者変更について「子の利益」が基準とされる（民法819条6項）のと同じく，ここでも「子の利益」が判断基準となることに異論はないとされている。具体的には，父母側の事情（監護能力，精神的・経済的家庭環境（資産，収入，職業，住居，生活態度），居住・教育環境，子に対する愛情の度合い，従来の監護状況，実家の資産，親族の援助の可能性等）や，子の側の事情（年齢，性別，心身の発育状況，従来の環境への適応状況，子の意向，父母及び親族との結び付き等）等を総合的に比較衡量して判断することになるとされている（「別冊法学セミナーno.240 新基本法コンメンタール親族」（日本評論社）222頁参照）。

11 審理等

親権者の指定の審判事件における審理等に関する主な留意事項は，次の(1)から(3)までのとおりである。

その他の審理等に関する書記官事務（全般）については，第4編の第6章の第5節（404頁）から第8節（432頁）までと同様であるため参照されたい。

(1) 15歳以上の子の必要的陳述聴取及び子の意思の把握・考慮

家庭裁判所は，親権者の指定の審判をする場合には，法68条の規定により当事者の陳述を聴くほか，15歳以上の子の陳述を聴かなければならない（法169条2項）。その具体的な内容等については，本編の第1章の第3節の第1の11の(3)（476頁）と同様であるため，適宜，親権者の指定の審判の手続における15歳以上の子の必要的陳述聴取及び子の意思の把握・考慮の場合に読み替えた上で参照されたい。

(2) 調査官との連携

親権者の指定の審判事件では，裁判官が，前記9（512頁）の子の利益の判断基準に関する資料を収集する等の目的から，争点を絞った上で，行動科学の専門的知見を有する調査官による事実の調査（子の監護の現状を把握するための調査や子の意向を把握するための調査等）を活用することがある。

事件担当書記官は，裁判官が当該事実の調査の命令を発令する場合は，当該命令の発令に関する事務（当該命令の発令のための裁判官への記録の提出や当該命令の発令後の調査官への記録の引継ぎ等の事務）等を適時適切に行う。

(3) 国際的な子の奪取の民事上の側面に関する条約の実施に関する法律に関する留意事項

本編の第1章の第3節の第1の11の(6)（477頁）と同様であるため参照されたい。

12 審判手続の終了

審判手続の終了の類型（第4編の第6章の第9節（432頁）参照）のうち，親権者の指定の審判をするに当たっては，主に次の(1)及び(2)に留意する必要がある。

なお，その他の審判手続の終了に関する書記官事務（全般）については，第4編の第6章の第9節（432頁）と同様であるため参照されたい。

(1) 給付を命ずる審判

家庭裁判所は，親権者の指定又は変更の審判において，当事者に対し，子の引渡し又は財産上の給付その他の給付を命ずることができる（法171条）。ここでいう「財産上の給付その他の給付」とは，子を監護する上で不可欠な物の引渡し等が想定されており，子の監護とは関係がない物の引渡し等を命ずることはできない。具体的には，「財産上の給付」としては，例えば，子が所有し，利用している携帯電話やパソコンの引渡しなど，財産的価値があり子を監護する上で不可欠な物の引渡し等が，「その他の給付」とは，例えば，子が利用している衣服やランドセルの引渡しなど，必ずしも財産的価値があるとはいえないが子を監護する上で不可欠な物の引渡し等が，それぞれ想定されている。この法171条の規定による子の引渡し等は職権で命ずるものであるから，親権者の指定を求めている申立人が子の引渡し等を求めていない場合でも，必要があれば，家庭裁判所は，子の引渡し等を命ずるこ

第3章 親権に関する審判事件における書記官事務

とができる。もっとも，手続保障の観点から，別途子の引渡しの申立てがあった場合と同様の審理が望まれるとされている。

なお，前述のとおり，この法171条の規定による子の引渡し等は職権で命ずるものであるが，当事者は，子の監護に関する処分（法別表第二の三の項の事項）として子の引渡し等の審判の申立てをすることもできる。当事者が，親権者の指定とともに，子の監護に関する処分として子の引渡し等の審判の申立てをした場合において，この申立てに理由があれば，家庭裁判所は，この申立てに応答して，親権者の指定をするとともに，子の引渡し等を命ずる審判をすることになるが，この場合の子の引渡し等は飽くまで子の監護に関する処分として命じられるものであり，法171条の規定によるものではない（逐条556頁～558頁参照）。

おって，子の監護に関する処分（子の引渡し）の審判事件については，本編の第1章の第3節の第2（480頁）を参照されたい。

(2) **当事者への戸籍届出等についての手続教示**

親権者の指定の審判が確定したときは，親権者指定の届出をする必要があることから，審判の告知の際等に，親権者となった者に対して，手続説明書面等も利用して，親権者の指定の審判が確定した日から10日以内に審判書謄本（告知時のもの）及び審判確定証明書を添付して，子又は親権者の本籍地又は届出人の所在地（住所地等）[500]の戸籍役場（市区町村役場）に親権者指定の届出をしなければならない（戸籍法79条，63条1項，25条）旨及び正当な理由がなく届出期間内に当該届出をしない場合には過料に処されることがある（同法135条）旨を説明し，併せて，当該届出の際に必要な審判確定証明書の交付申請をするよう促す。

なお，子が従前の親権者の戸籍に入っている場合には，親権者を指定しても，自動的に親権者となった者の戸籍に入籍するわけではなく，子を親権者となった者の戸籍に入籍させるには，子の氏の変更についての許可（法別表第一の六十の項の事項）についての審判が必要になるので，当事者の理解の程度等に応じて適宜その旨も説明することが考えられる。この子の氏の変更についての許可の審判の手続については，平成27年度書記官実務研究の第2編の第2章の第7の2（387頁）を参照されたい。

13 **戸籍事務管掌者への通知**

親権者の指定の審判が確定したときは，書記官は，遅滞なく，子の本籍地の戸籍事務を管掌する者に対し，その旨を通知しなければならない（規95条前段）。この戸籍事務管掌者への通知については，第4編の第6章の第10節（446頁）と同様であるため参照されたい。

14 **審判手続終了後の書記官事務**

第4編の第6章の第11節（446頁）と同様であるため参照されたい。

---

500 この本籍地と所在地（住所地等）の戸籍役場が異なり，当該当事者が所在地（住所地等）での戸籍届出を予定している場合には，別途当事者の戸籍全部事項証明書（戸籍謄本）の提出を要する場合があるため，当該当事者の理解の程度等に応じて，戸籍届出時に必要な書類については戸籍役場にも確認するよう説明する。

15 審判に対する即時抗告

　親権者の指定の審判及びその申立てを却下する審判に対しては，子の父母及び子の監護者が即時抗告をすることができる（法172条1項10号）。

　この即時抗告の手続については，第4編の第7章の第2節（449頁）と同様であるため参照されたい。

第3章　親権に関する審判事件における書記官事務

第2　親権者の変更の審判事件

> 【どんな事件？】
> 　父母の一方が親権者と定められている場合において，子の利益のため必要があると認めるときは，子の親族は，家庭裁判所に，親権者を他の一方に変更する審判（又は調停）の申立てをすることができる（民法819条6項※）。
> 　この親権者の変更は，親権者の指定の場合とは異なり，必ず家庭裁判所の審判（又は調停）によって行わなければならず，当事者の協議だけで行うことはできない（「別冊法学セミナーno.240新基本法コンメンタール親族」（日本評論社）222頁参照）。したがって，親権者の変更について当事者間で合意がある場合でも，家庭裁判所は，当事者の意思に拘束されることなく，子の利益のため，後見的立場から合目的的に裁量権を行使する。
> 　※　この民法819条6項の規定は，同法749条において婚姻の取消しについて準用されている。

1　申立て[501]

(1)　管轄
　前記第1の1の(1)（509頁）と同様であるため参照されたい。

(2)　申立人
　子の親族[502]（民法819条6項）。
　なお，この親権者の変更の審判事件（当該審判事件を本案とする保全処分についての審判事件を含む。）における子及びその父母については，法168条柱書き及び7号において，手続行為能力の特則の規定である法118条の規定が準用されている[503]。

(3)　申立ての方式
ア　申立費用
　前記第1の1の(3)のア（510頁）と同様であるため参照されたい。

---

[501] 親権者の変更の審判の申立てについては，子が未成年の間であればその回数に制限はない。ただし，短期間における多数回の変更は子の利益を害することになろうと解されており（於保不二雄，中川淳編集「新版注釈民法㉕親族(5)」〔改訂版〕（有斐閣）47頁参照），また，当該申立てが申立権の濫用に該当すると認められるような例外的な場合は，当該申立てが却下されることになろうと解されている（清水節著「判例先例親族法Ⅲ―親権―」（日本加除出版）145頁参照）。なお，親権者の変更の申立てをしない旨の合意は法律上無効であるとされている（東京高決昭24.7.29（家月1巻9・10号9頁）参照。おって，大阪高決昭47.1.14（家月25巻2号76頁）も併せて参照されたい。）。

[502] 一般的には，子の父又は母が申立人となる事案が多い。なお，実務上，親権者になろうとする親からだけでなく，現在の親権者が，病気や事故，経済的困窮，再婚など諸種の事情から，親権を辞退するため自らその変更を申し立てる場合もある（清水節著「判例先例親族法Ⅲ―親権―」（日本加除出版）145頁参照）。

[503] この手続行為能力の特則の規定により，子についても意思能力があれば手続行為能力が認められるが，申立権の有無については，飽くまでも民法819条6項（同法749条において準用する場合を含む。）の規定によるので，子に，親権者の変更の審判の申立権が認められるものではない（第4編の第3章の第1節の第4の2（333頁）参照）。なお，子の利害関係参加等については，本編の第1章の第3節の第1の11の(2)（476頁）と同様であるため，適宜，親権者の変更の審判の手続における利害関係参加等の場合に読み替えた上で参照されたい。

イ　申立書
　　　前記第1の1の(3)のイ（510頁）と同様であるため参照されたい。
　　ウ　附属書類（添付書類）
　　　前記第1の1の(3)のウ（510頁）と同様であるため，適宜，親権者の変更の審判事件における附属書類（添付書類）の場合に読み替えた上で参照されたい。
2　受付及び審査
　親権者の変更の審判事件の申立書の受付及び審査に関する書記官事務において特に留意すべき事項は，主に次の(1)から(5)までのとおりである。
　なお，その他の申立書の受付及び審査に関する書記官事務（全般）については，第4編の第6章の第2節の第1（350頁）と同様であるため参照されたい。
(1) **単独親権者が行方不明の場合について**
　　例えば，単独親権者である母が行方不明となった場合（事実上親権を行うことができない状態にある場合）には，原則として，後見が開始すると解されるが（民法838条1号及び「別冊法学セミナーno.240新基本法コンメンタール親族」（日本評論社）265頁参照），離婚により親権者となった者が行方不明である場合にも，他方の実親から，親権者変更の審判の申立てはできると解されており（平成19年1月家庭裁判資料第183号訟廷執務資料第74号「家事書記官事務の手引（改訂版）」（最高裁判所事務総局）96頁参照），これに沿った裁判例もある（仙台家審昭33.2.5（家月10巻2号85頁）参照）。したがって，このような審判の申立てがあった場合には，親権者の変更の審判事件として手続を進行させてよいか等の審理の方針について裁判官の指示を受ける。
(2) **単独親権者が死亡している場合について**
　　例えば，離婚の際に単独親権者と定められた一方の親が死亡した場合には，原則として，後見が開始するとする見解があるが（民法838条1号及び「別冊法学セミナーno.240新基本法コンメンタール親族」（日本評論社）263頁及び264頁参照），実務上，このような場合にも，未成年後見人選任の前後を問わず，親権者の変更の審判ができるとする立場が有力であり（平成19年1月家庭裁判資料第183号訟廷執務資料第74号「家事書記官事務の手引（改訂版）」（最高裁判所事務総局）96頁参照），これに沿った裁判例もある（名古屋高金沢支決昭52.3.23（家月29巻8号33頁），佐賀家唐津支審平22.7.16（家月63巻6号103頁）参照）。したがって，このような審判の申立てがあった場合には，親権者の変更の審判事件として手続を進行させてよいか等の審理の方針について裁判官の指示を受ける。
(3) **養親死亡後実親への親権者変更について**
　　未成年の養子は養親（養父母）の親権に服するものとされ（民法818条2項），その結果として，養子の実親は，養子縁組の存続中養子の親権者となる資格を有しない。この点，単独親権者である養親あるいは養父母双方が死亡した場合でも，実親の親権は当然に復活するものではなく，後見が開始すると解すべきであり，死後離縁許可（民法811条6項）前には実親への親権者変更をすることはできないとする裁判例（東京高決昭56.9.2（家月34巻11号24頁）参照）があるが，実親への親権者変更を認める裁判例（札幌家審昭56.6.9（家月34巻11号45頁）参照）等

第3章　親権に関する審判事件における書記官事務

もあるため[504]，このような内容の親権者の変更の審判の申立てがあった場合には，その審理の方針について裁判官の指示を受ける。

(4) **子が実親と養親の共同親権に服している場合の親権者変更の可否について**

例えば，離婚によって子の単独親権者となった父又は母が再婚し，当該父又は母の配偶者（再婚相手）と子が養子縁組をした場合は，子が養親（再婚相手）とその配偶者である実親の共同親権に服することになるため，親権者でない他方の実親が親権者の変更の申立てをすることは許されないと解されている（於保不二雄，中川淳編集「新版注釈民法(25)親族(5)〔改訂版〕」（有斐閣）47頁，「別冊法学セミナーno.240 新基本法コンメンタール親族」（日本評論社）214頁，215頁及び222頁並びに最決平26.4.14（民集68巻4号279頁）参照）ので，このような内容の親権者の変更の審判の申立てがあった場合には，その審理の方針について裁判官の指示を受ける。

(5) **当事者に外国人が含まれる場合（いわゆる渉外事件の場合）について**

第3編の第1章の第1節の第2の3（206頁）と同様であるため参照されたい。

3　立件基準（事件番号の付け方の基準）

子（受付分配通達別表第5の1の「内訳表」の「家事法別表第二関係」の(8)参照）

4　記録の編成

第4編の第6章の第2節の第2（354頁）と同様であるため参照されたい。

5　事件の分配

第4編の第6章の第2節の第5（355頁）と同様であるため参照されたい。

6　審判期日の指定

第4編の第6章の第2節の第6（358頁）と同様であるため参照されたい。

7　申立書の写しの送付等

第4編の第6章の第2節の第7（362頁）と同様であるため参照されたい。

8　参考事項の聴取

第2編の第7章の第2節の第8（112頁）と同様であるため，適宜，親権者の変更の審判の手続における参考事項の聴取の場合に読み替えた上で参照されたい。

9　付調停

前記第1の9（512頁）と同様であるため，適宜，親権者の変更の審判事件の付調停の場合に読み替えた上で参照されたい。

10　審判前の保全処分

前記第1の10（512頁）と同様であるため，適宜，親権者の変更の審判を本案とする審判前の保全処分の場合に読み替えた上で参照されたい。

11　審理等

親権者の変更の審判事件における審理等に関する主な留意事項は，次の(1)から(3)までのとおりである。

その他の審理等に関する書記官事務（全般）については，第4編の第6章の第5節

504　このような裁判例や学説の状況等については，「別冊法学セミナーno.240 新基本法コンメンタール親族」（日本評論社）214頁及び265頁にも記載されているため併せて参照されたい。

第2　親権者の変更の審判事件

(404頁)から第8節（432頁）までと同様であるため参照されたい。
(1) **15歳以上の子の必要的陳述聴取及び子の意思の把握・考慮**
　　前記第1の11の(1)（513頁）と同様であるため，適宜，親権者の変更の審判の手続における15歳以上の子の必要的陳述聴取及び子の意思の把握・考慮の場合に読み替えた上で参照されたい。
(2) **調査官との連携**
　　前記第1の11の(2)（513頁）と同様であるため，適宜，親権者の変更の審判の手続における調査官との連携の場合に読み替えた上で参照されたい。
(3) **国際的な子の奪取の民事上の側面に関する条約の実施に関する法律に関する留意事項**
　　本編の第1章の第3節の第1の11の(6)（477頁）と同様であるため参照されたい。

12　**審判手続の終了**
　　審判手続の終了の類型（第4編の第6章の第9節（432頁）参照）のうち，親権者の変更の審判をするに当たっては，主に次の(1)及び(2)に留意する必要がある。
　　なお，その他の審判手続の終了に関する書記官事務（全般）については，第4編の第6章の第9節（432頁）と同様であるため参照されたい。
(1) **給付を命ずる審判**
　　前記第1の12の(1)（513頁）と同様であるため，適宜，親権者の変更の審判において給付を命ずる審判をする場合に読み替えた上で参照されたい。
(2) **当事者への戸籍届出等についての手続教示**
　　親権者の変更の審判が確定したときは，親権者変更の届出をする必要があることから，審判の告知の際等に，親権者となった者に対して，手続説明書面等も利用して，親権者の変更の審判が確定した日から10日以内に審判書謄本（告知時のもの）及び審判確定証明書を添付して，子又は親権者の本籍地又は届出人の所在地（住所地等）[505]の戸籍役場（市区町村役場）に親権者変更の届出をしなければならない（戸籍法79条，63条1項，25条）旨及び正当な理由がなく届出期間内に当該届出をしない場合には過料に処されることがある（同法135条）旨を説明し，併せて，当該届出の際に必要な審判確定証明書の交付申請をするよう促す。
　　なお，子が従前の親権者の戸籍に入っている場合には，親権者を変更しても，自動的に親権者となった者の戸籍に入籍するわけではなく，子を親権者となった者の戸籍に入籍させるには，子の氏の変更についての許可（法別表第一の六十の項の事項）についての審判が必要になるので，当事者の理解の程度等に応じて適宜その旨も説明することが考えられる。この子の氏の変更についての許可の審判の手続については，平成27年度書記官実務研究の第2編の第2章の第7の2（387頁）を参照されたい。

---

[505] この本籍地と所在地（住所地等）の戸籍役場が異なり，当該当事者が所在地（住所地等）での戸籍届出を予定している場合には，別途当事者の戸籍全部事項証明書（戸籍謄本）の提出を要する場合があるため，当該当事者の理解の程度等に応じて，戸籍届出時に必要な書類については戸籍役場にも確認するよう説明する。

13　戸籍事務管掌者への通知

親権者の変更の審判が確定したときは，書記官は，遅滞なく，子の本籍地の戸籍事務を管掌する者に対し，その旨を通知しなければならない（規95条前段）。この戸籍事務管掌者への通知については，第4編の第6章の第10節（446頁）と同様であるため参照されたい。

14　審判手続終了後の書記官事務

第4編の第6章の第11節（446頁）と同様であるため参照されたい。

15　審判に対する即時抗告

親権者の変更の審判及びその申立てを却下する審判に対しては，子の父母及び子の監護者が即時抗告をすることができる（法172条1項10号）。

この即時抗告の手続については，第4編の第7章の第2節（449頁）と同様であるため参照されたい。

第4章　扶養に関する審判事件における書記官事務

　本章では，別表第二審判事件のうち，扶養に関する審判事件である，①扶養の順位の決定及びその決定の変更又は取消し（法別表第二の九の項の事項）の審判事件，②扶養の程度又は方法についての決定及びその決定の変更又は取消し（法別表第二の十の項の事項）の審判事件について，以下の第1節及び第2節において，第4編の別表第二審判手続における書記官事務の総論部分とは異なる事項や特に留意すべき事項等を中心に具体的な書記官事務について記載する。

第4章　扶養に関する審判事件における書記官事務

第1節　扶養の順位の決定及びその決定の変更又は取消しの審判事件

> 【どんな事件？】
> 「扶養」とは，老幼，病弱，不具等の自然的原因や，失業等の社会的原因によって，自己の資産や能力だけでは独立して生計を立てることができない状態にある者を，他者が現物又は金銭を給付して援助することをいう※1。
> ①この扶養をする義務のある者（扶養義務者（民法877条参照））が数人ある場合の扶養をすべき者の順序（順位）や，②扶養を受ける権利のある者が数人ある場合において，扶養義務者の資力がその全員を扶養するのに足りないときの扶養を受けるべき者の順序（順位）については，法定されておらず，まずは当事者間で協議を行って定めることになるが，当該協議が調わないとき，又は協議をすることができないときは，それぞれ，家庭裁判所に，扶養の順位の決定の審判（又は調停）を申し立てることができる（民法878条）※2。
> また，扶養をすべき者又は扶養を受けるべき者の順序（順位）について当事者間の協議又は審判があった後事情※3に変更を生じたときは，家庭裁判所に，当該協議又は審判の変更又は取消しの審判（又は調停）の申立てをすることができる（民法880条）。
> これらの審判は，いずれも法別表第二の九の項の事項（扶養の順位の決定及びその決定の変更又は取消し）についての審判である。
> ※1　於保不二雄，中川淳編集「新版注釈民法㉕親族(5)〔改訂版〕」（有斐閣）723頁及び平成26年10月研修教材第4号「親族法相続法講義案（七訂補訂版）」（裁判所職員総合研修所）200頁参照。
> ※2　具体的には，例えば，老親の入院費・治療費を，その成年の子が支払わないので，老親の弟が負担している場合に，扶養能力のある当該子を第一次的な扶養義務者とし，その扶養能力がなくなったときに，当該老親の弟が当該老親を扶養する旨の扶養の順位の決定を求める旨の申立て等がある。
> ※3　「事情」とは，前協議又は審判により扶養関係を定める上で基礎となった当事者の身分・地位・資力・健康などの事情や物価の高騰・貨幣価値の変動などが挙げられているが，法的安定性の要請から，前協議又は審判の際に予見されなかった事情であり，かつ前協議又は審判を維持することが困難な程度に事情の変更が顕著であることを要するとされている（「別冊法学セミナーno.240 新基本法コンメンタール親族」（日本評論社）334頁参照）。

第1　申立て
1　管轄
相手方（数人に対する申立てに係るものにあっては，そのうちの一人）の住所地を管轄する家庭裁判所（法182条3項）又は当事者が合意で定める家庭裁判所（法66条1項）。

なお，管轄の詳細については，第4編の第5章の第1節（338頁）と同様であるため参照されたい。

2　申立人

扶養権利者又は扶養義務者（民法878条，880条）。

なお，扶養義務者が他の扶養義務者を相手方として扶養の順位の決定及びその決定の変更又は取消しの審判を申し立てた場合は，当該審判は，扶養権利者と扶養義務者との間の法律関係を具体的に形成するものであり，当該審判の手続には法律関係の一方当事者である扶養権利者を参加させ，審判の名宛人とする必要があるとの見解が有力であることから（於保不二雄，中川淳編集「新版注釈民法(25)親族(5)〔改訂版〕」（有斐閣）782頁参照），裁判官にこのような見解に基づく処理方針でよいか等を確認した上で，扶養権利者を当該審判の手続に当事者として参加させる（法41条）ことが考えられる[506]。

3　申立ての方式

(1)　申立費用

ア　申立手数料

扶養権利者一人につき1,200円（収入印紙）（民訴費用法3条1項別表第一の一五の二の項）

イ　郵便切手

各家庭裁判所の実務上の運用によって異なる。

なお，これら申立費用の詳細については，第4編の第6章の第1節の第2の1の(1)（341頁）と同様であるため参照されたい。

(2)　申立書

申立ては，申立書を家庭裁判所に提出してしなければならず（法49条1項），申立書を家庭裁判所に提出する際は，相手方の数と同数の申立書の写し（相手方送付用）を提出する必要がある（規47条）。

申立書の方式や記載事項等については，第4編の第6章の第1節の第2の1の(2)（341頁）と同様であるため参照されたい。

なお，申立書の「申立ての趣旨」については，申立人が求める審判の内容を認容審判の主文に対応する文言で記載することとなるため，実務上は，例えば，本節の冒頭の【どんな事件？】の※2記載の扶養の順位の決定を求める旨の申立ての場合には，「1　相手方〇〇（子）は，相手方〇〇（老親）に対し，入院費・治療費として毎月〇万円ずつ支払う。2　申立人は，相手方〇〇（子）が扶養能力がなくなったときは，相手方〇〇（老親）を扶養する旨，扶養の順位を決定するとの審判を求める。」等と記載されることが多い。

(3)　附属書類（添付書類）

扶養の順位の決定及びその決定の変更又は取消しの審判事件の申立時に提出される，又は提出を求めることが多い主な附属書類（添付書類）は次のとおりである（各書類の趣旨等については，以下に記載する留意事項等のほか，第2編の第7章の第1節の第2の1の(3)（57頁）の①から③までの各類型の各書類の※の説明部

---

[506] 梶村太市・石田賢一・石井久美子編「家事事件手続書式体系Ⅱ」（青林書院）253頁及び255頁並びに長山義彦ほか共著「〔新版〕家事事件の申立書式と手続」（新日本法規）611頁参照。

第4章　扶養に関する審判事件における書記官事務

分（家事調停事件に特有の事項は除く。）と同様であるため参照されたい。）。

　なお，本項では飽くまで主な附属書類（添付書類）の類型を示すにとどまるため，当然ながら，各家庭裁判所においては，裁判官の審理の方針，事案ごとの個別の事情等の実情に応じて，扶養の順位の決定及びその決定の変更又は取消しの審判事件の手続の円滑な進行を図るために，規37条3項の規定に基づき，本項で示す類型以外の書類の提出を求める場合がある。

◇　申立ての理由及び事件の実情についての証拠書類写し（規37条2項）
　　※　この証拠書類の写しとしては，扶養の順位の決定等のために考慮すべき事情（例えば，どのような扶養権利者・義務者がいるか，従来の当該関係の親疎，相続や贈与による家産的財産の取得状況，相続権の有無，相続順位，相続分，当事者の意思，当該関係における扶養請求権の濫用といえるような事実の存否等（於保不二雄，中川淳編集「新版注釈民法⑵親族(5)〔改訂版〕」（有斐閣）783頁参照））に関する書類が考えられる。
◇　申立人及び相手方の戸籍全部事項証明書（戸籍謄本）（外国人当事者については住民票等）（規37条3項）
◇　扶養義務者が他の扶養義務者を相手方とする場合は，扶養権利者の戸籍全部事項証明書（戸籍謄本）（外国人当事者については住民票等）（規37条3項）
◇　事情説明書（規37条3項）
◇　連絡先届出書（規37条3項）
　　※　本書類の趣旨については，第4編の第6章の第1節の第2の1の(3)の②の「◇　連絡先届出書」の※の説明部分（345頁）と同様であるため参照されたい。
◇　非開示希望申出書（非開示希望の申出をする場合にのみ使用する書類）（規37条3項）
◇　進行に関する照会回答書（規37条3項）
◇　手続代理人の権限（代理権）を証明する書面（委任状）（規18条1項）
◇　法定代理権及び手続行為をするのに必要な授権を証明する書面（規15条，民訴規15条前段）

第2　受付及び審査
第4編の第6章の第2節の第1（350頁）と同様であるため参照されたい。

第3　立件基準（事件番号の付け方の基準）
扶養権利者（受付分配通達別表第5の1の「内訳表」の「家事法別表第二関係」の(9)参照）

第4　記録の編成
第4編の第6章の第2節の第2（354頁）と同様であるため参照されたい。

第5　事件の分配
第4編の第6章の第2節の第5（355頁）と同様であるため参照されたい。

第6 審判期日の指定
第4編の第6章の第2節の第6（358頁）と同様であるため参照されたい。

第7 申立書の写しの送付等
第4編の第6章の第2節の第7（362頁）と同様であるため参照されたい。

第8 参考事項の聴取
第2編の第7章の第2節の第8（112頁）と同様であるため，適宜，扶養の順位の決定及びその決定の変更又は取消しの審判の手続における参考事項の聴取の場合に読み替えた上で参照されたい。

第9 付調停
第4編の第6章の第3節（365頁）と同様であるため参照されたい。

第10 審判前の保全処分
家庭裁判所（法105条2項の場合にあっては，高等裁判所）は，扶養の順位の決定及びその決定の変更又は取消しの審判又は調停の申立てがあった場合において，強制執行を保全し，又は事件の関係人の急迫の危険を防止するため必要があるときは，当該申立てをした者の申立てにより，扶養の順位の決定及びその決定の変更又は取消しの審判を本案とする仮差押え，仮処分その他の必要な保全処分を命ずることができる（法187条1号）。

この審判前の保全処分の手続は第4編の第6章の第4節（369頁）と同様（第2（373頁）及び第3（383頁）を除く。）であるため，適宜，扶養の順位の決定及びその決定の変更又は取消しの審判を本案とする審判前の保全処分の手続の場合に読み替えた上で参照されたい。

第11 審理等
第4編の第6章の第5節（404頁）から第8節（432頁）までと同様であるため参照されたい。

第12 審判手続の終了
第4編の第6章の第9節（432頁）と同様であるため参照されたい。

第13 審判手続終了後の書記官事務
第4編の第6章の第11節（446頁）と同様であるため参照されたい。

第14 審判に対する即時抗告
扶養の順位の決定及びその決定の変更又は取消しの審判並びにこれらの申立てを却下する審判に対しては，申立人及び相手方が即時抗告をすることができる（法186条5号）。

第4章　扶養に関する審判事件における書記官事務

　　この即時抗告の手続については，第4編の第7章の第2節（449頁）と同様であるため参照されたい。

第2節　扶養の程度又は方法についての決定及びその決定の変更又は取消しの審判事件

> 【どんな事件？】
> 　扶養※1の程度又は方法※2について、まずは当事者間で協議を行って定めることになるが、当該協議が調わないとき、又は協議をすることができないときは、家庭裁判所に、扶養の程度又は方法についての決定の審判（又は調停）を申し立てることができ※3、家庭裁判所は、扶養権利者の需要、扶養義務者の資力その他一切の事情を考慮して、これを定めることとなる（民法879条）。
> 　また、扶養の程度又は方法について当事者間の協議又は審判があった後事情※4に変更を生じたときは、家庭裁判所に、当該協議又は審判の変更又は取消しの審判（又は調停）の申立てをすることができる（民法880条）※5。
> 　これらの審判は、いずれも法別表第二の十の項の事項（扶養の程度又は方法についての決定及びその決定の変更又は取消し）についての審判である。
> 　※1　本章の第1節の冒頭の【どんな事件？】の※1（522頁）参照。
> 　※2　扶養の程度に関して、最も重要なのは扶養料額である。扶養の方法には、扶養権利者を引き取って直接衣食住を提供する引取り扶養と、権利者を引き取らないで生活資金又は生活物資を支給する給付扶養との二つがある（平成26年10月研修教材第4号「親族法相続法講義案（七訂補訂版）」（裁判所職員総合研修所）206頁参照）。
> 　※3　具体的には、例えば、未成熟子が親に対し扶養料の支払を求める旨の申立てや、老親が成年の子に対し扶養料の支払や引取り扶養を求める旨の申立て等がある。また、後記第2の2（530頁）のとおり、扶養義務者が複数である場合に、扶養義務者が他の扶養義務者を相手方として過去の扶養料の求償を求める申立てもある。
> 　※4　本章の第1節の冒頭の【どんな事件？】の※3（522頁）参照。
> 　※5　具体的には、例えば、未成熟子と親が調停で決めた扶養料について、当該未成熟子が当該親に対し、当該親の収入増加等を理由としてその増額を求める旨の申立てや、当該親が当該未成熟子に対し、当該親の収入減少等を理由としてその減額を求める旨の申立て等がある。

第1　申立て

1　管轄

相手方（数人に対する申立てに係るものにあっては、そのうちの一人）の住所地を管轄する家庭裁判所（法182条3項）又は当事者が合意で定める家庭裁判所（法66条1項）。

なお、管轄の詳細については、第4編の第5章の第1節（338頁）と同様であるため参照されたい。

2　申立人

扶養権利者又は扶養義務者（民法879条、880条）。

なお、扶養義務者が数人いるときは、そのうちの一人だけを相手方として申立てをすることもできる[507]。

おって、扶養義務者が他の扶養義務者を相手方として扶養の程度又は方法についての決定及びその決定の変更又は取消しの審判を申し立てた場合は、当該審判は、扶養

第4章 扶養に関する審判事件における書記官事務

権利者と扶養義務者との間の扶養法律関係を具体的に形成するものであるから，扶養権利者を当事者として当該審判の手続に参加させる必要がある（東京高決平6.4.20（家月47巻3号76頁）参照）とされているため，裁判官に審理方針を確認した上で，扶養権利者を当該審判の手続に当事者として参加させる（法41条）ことが考えられる[508]。

3 申立ての方式
(1) 申立費用
ア 申立手数料

扶養権利者一人につき1,200円（収入印紙）（民訴費用法3条1項別表第一の一五の二の項）

イ 郵便切手

各家庭裁判所の実務上の運用によって異なる。

なお，これら申立費用の詳細については，第4編の第6章の第1節の第2の1の(1)（341頁）と同様であるため参照されたい。

(2) 申立書

申立ては，申立書を家庭裁判所に提出してしなければならず（法49条1項），申立書を家庭裁判所に提出する際は，相手方の数と同数の申立書の写し（相手方送付用）を提出する必要がある（規47条）。

申立書の方式や記載事項等については，第4編の第6章の第1節の第2の1の(2)（341頁）と同様であるため参照されたい。

なお，申立書の「申立ての趣旨」については，申立人が求める審判の内容を認容審判の主文に対応する文言で記載することとなるため，実務上は，例えば，本節の冒頭の【どんな事件？】の※3記載の扶養料の支払を求める旨の申立ての場合には「相手方は，申立人に対し，扶養料として毎月〇万円を支払うとの審判を求める。」等と，同じく引取り扶養を求める旨の申立ての場合には「相手方は，申立人を引き取って扶養するとの審判を求める。」等と，また，本節の冒頭の【どんな事件？】の※5記載の扶養料の増額を求める旨の申立ての場合には「申立人と相手方間に平成〇〇年〇月〇日に成立した〇〇家庭裁判所平成〇〇年（家イ）第〇〇号扶養料請求調停申立事件の調停条項〇項について，相手方が申立人に支払うべき扶養料を1か月〇万円に増額するとの審判を求める。」等と記載されることが多い[509]。

(3) 附属書類（添付書類）

扶養の程度又は方法についての決定及びその決定の変更又は取消しの審判事件の申立時に提出される，又は提出を求めることが多い主な附属書類（添付書類）は次のとおりである（各書類の趣旨等については，以下に記載する留意事項等のほか，

---

[507] ただし，既に手続に関与している当事者のみによっても有効な家事審判をすることが可能であっても，より根本的な紛争の解決のために，相手方とされた扶養義務者以外の扶養義務者が手続に参加する（法41条）場合がある（逐条129頁参照）。

[508] 梶村太市・石田賢一・石井久美子編「家事事件手続書式体系Ⅱ」（青林書院）248頁及び長山義彦ほか共著「〔新版〕家事事件の申立書式と手続」（新日本法規）603頁参照。

[509] 長山義彦ほか共著「〔新版〕家事事件の申立書式と手続」（新日本法規）598頁，602頁及び613頁等参照。

第2編の第7章の第1節の第2の1の(3)（57頁）の①から③までの各類型の各書類の※の説明部分（家事調停事件に特有の事項は除く。）と同様であるため参照されたい。）。

　なお，本項では飽くまで主な附属書類（添付書類）の類型を示すにとどまるため，当然ながら，各家庭裁判所においては，裁判官の審理の方針，事案ごとの個別の事情等の実情に応じて，扶養の程度又は方法についての決定及びその決定の変更又は取消しの審判事件の手続の円滑な進行を図るために，規37条3項の規定に基づき，本項で示す類型以外の書類の提出を求める場合がある。

◇　申立ての理由及び事件の実情についての証拠書類写し（規37条2項）
　　※　この証拠書類写しとしては，例えば，夫婦相互間や親の未成熟子に対する扶養以外の一般親族間の扶養であれば，扶養権利者が要扶養状態にあることや扶養義務者が扶養可能状態にあること等を明らかにする書類（収入や資産に関する書類等）が挙げられる。
　　　なお，事情変更による扶養料の増額や減額を求める旨の申立ての場合（本節の冒頭の【どんな事件？】の※5参照）には，事情変更に関する書類（扶養義務者の収入の増加や減少に関する書類等）のほか，過去の扶養料の取決めの内容が分かる書類（調停調書又は審判書の正本又は謄本の写し等）も提出してもらう必要がある。

◇　申立人及び相手方の戸籍全部事項証明書（戸籍謄本）（外国人当事者については住民票等）（規37条3項）
◇　扶養義務者が他の扶養義務者を相手方とする場合は，扶養権利者の戸籍全部事項証明書（戸籍謄本）（外国人当事者については住民票等）（規37条3項）
◇　事情説明書（規37条3項）
◇　連絡先届出書（規37条3項）
　　※　本書類の趣旨については，第4編の第6章の第1節の第2の1の(3)の②の「◇　連絡先届出書」の※の説明部分（345頁）と同様であるため参照されたい。
◇　非開示希望申出書（非開示希望の申出をする場合にのみ使用する書類）（規37条3項）
◇　進行に関する照会回答書（規37条3項）
◇　手続代理人の権限（代理権）を証明する書面（委任状）（規18条1項）
◇　法定代理権及び手続行為をするのに必要な授権を証明する書面（規15条，民訴規15条前段）

第2　受付及び審査

　扶養の程度又は方法についての決定及びその決定の変更又は取消しの審判事件のうち扶養料の支払を求める内容の審判事件の申立書の受付及び審査に関する書記官事務において特に留意すべき事項は，主に次の1及び2のとおりである。
　なお，その他の申立書の受付及び審査に関する書記官事務（全般）については，第4編の第6章の第2節の第1（350頁）と同様であるため参照されたい。

第4章　扶養に関する審判事件における書記官事務

1　婚姻費用の分担に関する処分の審判の申立て及び子の監護に関する処分（養育費請求）の審判の申立てとの関係について

　未成熟子の扶養請求[510]については，実務上，例えば，両親（父母）が離婚せずに別居している場合は婚姻費用分担請求（法別表第二の二の項の事項）として，また，離婚している場合は，子の親権者（監護者）から他方の親（非親権者）に対する養育費請求（法別表第二の三の項の事項）又は未成熟子から当該他方の親に対する扶養料請求（法別表第二の十の項の事項）として審判又は調停の申立てをすることが考えられるため，当事者の理解の程度等に応じて，適切に手続教示をする必要がある。

2　過去の扶養料請求について

　過去の扶養料請求については，「扶養義務者が複数である場合に各人の扶養義務の分担割合は，協議が調わないかぎり，家庭裁判所が審判によって定めるべきである。扶養義務者の一人のみが扶養権利者を扶養してきた場合に，過去の扶養料を他の扶養義務者に求償する場合においても同様である。」（最判昭42.2.17（家月19巻5号73頁）参照）とされており，学説上も審判事項と解する立場が通説である。したがって，過去の扶養料請求も別表第二審判事件として立件する。

　なお，このように扶養義務者が他の扶養義務者を相手方として過去の扶養料の求償を求める審判の申立てをした場合には，前記第1の2（527頁）おって書きについて留意する必要がある。

第3　立件基準（事件番号の付け方の基準）

　扶養権利者（受付分配通達別表第5の1の「内訳表」の「家事法別表第二関係」の(10)参照）

第4　記録の編成

　第4編の第6章の第2節の第2（354頁）と同様であるため参照されたい。

第5　事件の分配

　第4編の第6章の第2節の第5（355頁）と同様であるため参照されたい。

第6　審判期日の指定

　第4編の第6章の第2節の第6（358頁）と同様であるため参照されたい。

第7　申立書の写しの送付等

　第4編の第6章の第2節の第7（362頁）と同様であるため参照されたい。

---

[510] 親が未成熟子に対して負う扶養義務は，親子という身分関係そのものから生じるものであり，生活保持義務（自分の生活を保持するのと同程度の生活を被扶養者にも保持させる義務）とされている。これに対し，その他の親族間（夫婦間は除く。）における扶養義務は，生活扶助義務（自分の生活を犠牲にしない限度で被扶養者の最低限の生活扶助を行う義務）とされている（平成26年10月研修教材第4号「親族法相続法講義案（七訂補訂版）」（裁判所職員総合研修所）202頁参照）。なお，この扶養を受ける権利（扶養請求権）は，処分することができない（民法881条）。

第11 審理等

第8 参考事項の聴取
第2編の第7章の第2節の第8（112頁）と同様であるため，適宜，扶養の程度又は方法についての決定及びその決定の変更又は取消しの審判の手続における参考事項の聴取の場合に読み替えた上で参照されたい。

第9 付調停
第4編の第6章の第3節（365頁）と同様であるため参照されたい。

第10 審判前の保全処分
家庭裁判所（法105条2項の場合にあっては，高等裁判所）は，扶養の程度又は方法についての決定及びその決定の変更又は取消しの審判又は調停の申立てがあった場合において，強制執行を保全し，又は事件の関係人の急迫の危険を防止するため必要があるときは，当該申立てをした者の申立てにより，扶養の程度又は方法についての決定及びその決定の変更又は取消しの審判を本案とする仮差押え，仮処分その他の必要な保全処分を命ずることができる（法187条2号）。

この審判前の保全処分の手続は第4編の第6章の第4節（369頁）と同様（第2（373頁）及び第3（383頁）を除く。）であるため，適宜，扶養の程度又は方法についての決定及びその決定の変更又は取消しの審判を本案とする審判前の保全処分の手続の場合に読み替えた上で参照されたい。

第11 審理等
本節の冒頭の【どんな事件？】の※2に記載したとおり，扶養の程度に関して，最も重要なのは扶養料額である。従来から扶養料の算定に当たっては，実費方式，標準生活費方式，労研生活費方式，生活保護基準方式等が利用されているが，最終的には，扶養権利者の需要，扶養義務者の資力その他一切の事情を考慮して，家庭裁判所がその額を判断することになる（於保不二雄，中川淳編集「新版注釈民法(25)親族(5)〔改訂版〕」（有斐閣）798頁及び「別冊法学セミナーno.240新基本法コンメンタール親族」（日本評論社）333頁参照）。

また，夫婦間で争われる婚姻費用の分担（民法760条）や離婚後の養育費の分担（同法766条）については，多くの家庭裁判所において，平成15年に東京・大阪養育費等研究会から提案された養育費・婚姻費用の算定方式と算定表（いわゆる標準的算定方法。詳細については，判例タイムズ1111号285頁以下参照。）が活用されている（第3編の第2章の第1節の第9の1（237頁）参照）。この標準的算定方法は，養育費や婚姻費用のように生活保持義務に基づく費用の算定を目的とするものであることから，扶養料額の算定に当たっては，例えば，未成熟子が親を相手に扶養料を請求するような生活保持義務に基づく場合等に活用されることもある（したがって，兄弟姉妹間で扶養料を請求するような生活扶助義務に基づくものには当てはまらない。）（「別冊法学セミナーno.240新基本法コンメンタール親族」（日本評論社）333頁参照）。

その他の審理等に関する書記官事務（全般）については，第4編の第6章の第5節（404頁）から第8節（432頁）までと同様であるため参照されたい。

第4章　扶養に関する審判事件における書記官事務

第12　審判手続の終了

　第4編の第6章の第9節（432頁）と同様であるため参照されたい。

　なお，家庭裁判所は，扶養の程度又は方法についての決定及びその決定の変更又は取消しの審判において，必要な事項を指示することができる（規98条）。この具体的な指示内容は個別の審判に委ねられることになるが（例えば，互いに反省し円満な親族関係を保つよう努力する，老親を月1回程度見舞う，扶養権利者がなるべく早く受けた扶養を返還するといった指示が想定される。），この指示は，家庭裁判所の後見的性格の現れとしてされるものにすぎないため，形成力や執行力はないと解される（条解規則250頁参照）。

第13　審判手続終了後の書記官事務

　第4編の第6章の第11節（446頁）と同様であるため参照されたい。

第14　審判に対する即時抗告

　扶養の程度又は方法についての決定及びその決定の変更又は取消しの審判並びにこれらの申立てを却下する審判に対しては，申立人及び相手方が即時抗告をすることができる（法186条6号）。

　この即時抗告の手続については，第4編の第7章の第2節（449頁）と同様であるため参照されたい。

第5章　相続に関する審判事件における書記官事務

　本章では，別表第二審判事件のうち，相続に関する審判事件である，相続の場合における祭具等の所有権の承継者の指定（法別表第二の十一の項の事項）の審判事件について，第4編の別表第二審判手続における書記官事務の総論部分とは異なる事項や特に留意すべき事項等を中心に具体的な書記官事務について記載する。

第5章　相続に関する審判事件における書記官事務

相続の場合における祭具等の所有権の承継者の指定の審判事件

> 【どんな事件？】
> 　相続人は，相続開始の時から，被相続人の財産に属した一切の権利義務（被相続人の一身に専属したものは除く。）を承継する（民法896条）。これに対し，民法897条1項の祭祀に関する権利（系譜，祭具及び墳墓の所有権（祭祀財産※1））については，「祖先の祭祀を主宰すべき者」が承継する。
> 　この「祖先の祭祀を主宰すべき者」は，①被相続人の指定※2により，②①の指定がないときは，その地方の慣習※3により，③①の指定がなく，②の慣習も明らかでないときは，家庭裁判所の審判（又は調停）により定められる（民法897条2項）。
> 　この審判は，法別表第二の十一の項の事項（相続の場合における祭具等の所有権の承継者の指定）についての審判である。
> 　※1　本編の第1章の第5節の冒頭の【どんな事件？】の※1（496頁）参照。
> 　※2　被相続人が指定する方法は，生前行為，遺言，口頭，書面，明示，黙示を問わず，指定の意思が外部から推認されるものであれば足りる。被指定者（祭祀主宰者）の資格についても制約はなく，相続人か否か，親族関係の有無，氏の異同等は問わない（「別冊法学セミナーno.193 基本法コンメンタール［第五版］相続」（日本評論社）42頁参照）。
> 　※3　この慣習は，被相続人の住所地の慣習をいうが，出身地や職業に特有の慣習があればそれによる（「別冊法学セミナーno.193 基本法コンメンタール［第五版］相続」（日本評論社）42頁参照）。

第1　申立て

1　管轄

　相続が開始した地[511]を管轄する家庭裁判所（法190条1項）又は当事者が合意で定める家庭裁判所（法66条1項）。

　なお，管轄の詳細については，第4編の第5章の第1節（338頁）と同様であるため参照されたい。

2　申立人

　共同相続人及び当該祭祀財産の権利承継につき法律上の利害関係を持つ親族又はこれに準ずる者とされている（東京家審昭42.10.12（家月20巻6号55頁）参照）。

3　申立ての方式

　(1)　申立費用

　　ア　申立手数料

　　　1,200円（収入印紙）（民訴費用法3条1項別表第一の一五の二の項）

　　イ　郵便切手

　　　各家庭裁判所の実務上の運用によって異なる。

---

[511] 相続は，被相続人の住所において開始する（民法883条）。被相続人が現実にどこで死亡したか，相続財産がどこにあるかなどということは無関係である。民法がこのように相続開始の場所に関する規定を設けたのは，相続事件の裁判管轄の基準を定めることを目的とするものである（平成26年10月研修教材第4号「親族法相続法講義案（七訂補訂版）」（裁判所職員総合研修所）213頁参照）。

なお、これら申立費用の詳細については、第4編の第6章の第1節の第2の1の(1)（341頁）と同様であるため参照されたい。

(2) **申立書**

申立ては、申立書を家庭裁判所に提出してしなければならず（法49条1項）、申立書を家庭裁判所に提出する際は、相手方の数と同数の申立書の写し（相手方送付用）を提出する必要がある（規47条）。

申立書の方式や記載事項等については、第4編の第6章の第1節の第2の1の(2)（341頁）と同様であるため参照されたい。

(3) **附属書類（添付書類）**

相続の場合における祭具等の所有権の承継者の指定の審判事件の申立時に提出される、又は提出を求めることが多い主な附属書類（添付書類）は、本編の第1章の第5節の第1の3の(3)（497頁）と同様であるため、適宜、相続の場合における祭具等の所有権の承継者の指定の審判事件における附属書類（添付書類）の場合に読み替えた上で参照されたい。

第2 受付及び審査

相続の場合における祭具等の所有権の承継者の指定の審判の申立書の受付及び審査に当たっては、その当事者の範囲について留意する必要がある。すなわち、当該審判事件の当事者は、各共同相続人及び当該祭祀財産の権利承継につき法律上の利害関係を持つ親族又はこれに準ずる者と解されている（東京家審昭42.10.12（家月20巻6号55頁）参照）が、共同相続人全員を必ず当事者（特に相手方）として当該審判事件の手続に参加させる必要があるかについては見解が分かれている（昭和61年1月家庭裁判資料第135号「改訂家事執務資料集中巻の二（乙類五号～九号）」（最高裁判所事務総局）202頁及び203頁並びに東京家庭裁判所身分法研究会編「家事事件の研究(2)」（有斐閣）223頁参照）。したがって、例えば、一部の共同相続人を相手方とする当該審判の申立てがされた場合は、共同相続人全員を相手方として当該審判の手続に参加させる必要があるかについて裁判官の方針を確認し、当該方針に従って申立書の補正指示や必要な附属書類（添付書類）の提出指示等の必要な事務を行う。

なお、その他の申立書の受付及び審査に関する書記官事務（全般）については、第4編の第6章の第2節の第1（350頁）と同様であるため参照されたい。

第3 立件基準（事件番号の付け方の基準）

申立書（受付分配通達別表第5の1の「内訳表」の「家事法別表第二関係」の(11)参照）

第4 記録の編成

第4編の第6章の第2節の第2（354頁）と同様であるため参照されたい。

第5 事件の分配

第4編の第6章の第2節の第5（355頁）と同様であるため参照されたい。

第5章 相続に関する審判事件における書記官事務

第6 審判期日の指定
第4編の第6章の第2節の第6（358頁）と同様であるため参照されたい。

第7 申立書の写しの送付等
第4編の第6章の第2節の第7（362頁）と同様であるため参照されたい。

第8 参考事項の聴取
第2編の第7章の第2節の第8（112頁）と同様であるため，適宜，相続の場合における祭具等の所有権の承継者の指定の審判の手続における参考事項の聴取の場合に読み替えた上で参照されたい。

第9 付調停
第4編の第6章の第3節（365頁）と同様であるため参照されたい。

第10 審理等
第4編の第6章の第5節（404頁）から第8節（432頁）までと同様であるため参照されたい。

第11 審判手続の終了
第4編の第6章の第9節（432頁）と同様であるため参照されたい。

第12 審判手続終了後の書記官事務
第4編の第6章の第11節（446頁）と同様であるため参照されたい。

第13 審判に対する即時抗告
相続の場合における祭具等の所有権の承継者の指定の審判及びその申立てを却下する審判に対しては，相続人その他の利害関係人が即時抗告をすることができる（法190条3項）。

この即時抗告の手続については，第4編の第7章の第2節（449頁）と同様であるため参照されたい。

第6章　遺産の分割に関する審判事件における書記官事務

　本章では，別表第二審判事件のうち，遺産の分割に関する審判事件である，①遺産の分割（法別表第二の十二の項の事項）の審判事件，②遺産の分割の禁止（法別表第二の十三の項の事項）の審判事件及び③寄与分を定める処分（法別表第二の十四の項の事項）の審判事件について，以下の第1節から第3節までにおいて，第4編の別表第二審判手続における書記官事務の総論部分とは異なる事項や特に留意すべき事項等を中心に具体的な書記官事務について記載する。

第6章　遺産の分割に関する審判事件における書記官事務

第1節　遺産の分割の審判事件

> 【どんな事件？】
> 　第3編の第2章の第3節（遺産の分割調停申立事件）の【どんな事件？】（249頁）と同様であるため，適宜，遺産の分割の審判事件の場合に読み替えた上で参照されたい。

第1　申立て

1　管轄

相続が開始した地[512]を管轄する家庭裁判所（法191条1項）又は当事者が合意で定める家庭裁判所（法66条1項）。

なお，管轄の詳細については，第4編の第5章の第1節（338頁）と同様であるため参照されたい。

2　当事者

第3編の第2章の第3節の第1の2（250頁）と同様であるため参照されたい。

3　申立ての方式

(1) 申立費用

　ア　申立手数料

　　被相続人一人につき1,200円（収入印紙）（民訴費用法3条1項別表第一の一五の二の項）

　イ　郵便切手

　　各家庭裁判所の実務上の運用によって異なる。

　なお，これら申立費用の詳細については，第4編の第6章の第1節の第2の1の(1)（341頁）と同様であるため参照されたい。

(2) 申立書

　申立ては，申立書を家庭裁判所に提出してしなければならず（法49条1項），申立書を家庭裁判所に提出する際は，相手方の数と同数の申立書の写し（相手方送付用）を提出する必要がある（規47条）。

　なお，遺産の分割の審判の申立書には，①共同相続人及び②民法903条1項に規定する遺贈又は贈与の有無及びこれがあるときはその内容を記載し，かつ，遺産目録を添付しなければならない（規102条1項）。この遺産目録には，相続開始時における被相続人の積極財産を記載する必要があるが，その際，当該財産の現在の状態（例えば，利用関係や保管状況）についても，正確に調査し，備考欄等適宜の箇所に記載することが望ましい（条解規則258頁参照）。

　おって，その他の申立書の方式や記載事項等については，第4編の第6章の第1節の第2の1の(2)（341頁）と同様であるため参照されたい。

---

[512] 相続は，被相続人の住所において開始する（民法883条）。被相続人が現実にどこで死亡したか，相続財産がどこにあるかなどということは無関係である。民法がこのように相続開始の場所に関する規定を設けたのは，相続事件の裁判管轄の基準を定めることを目的とするものである（平成26年10月研修教材第4号「親族法相続法講義案（七訂補訂版）」（裁判所職員総合研修所）213頁参照）。

第7　申立書の写しの送付等

(3) 附属書類（添付書類）

　　遺産の分割の審判事件の申立時に提出される，又は提出を求めることが多い主な附属書類（添付書類）は，第3編の第2章の第3節の第1の3の(3)（250頁）と同様であるため，適宜，遺産の分割の審判事件における附属書類（添付書類）の場合に読み替えた上で参照されたい。

第2　受付及び審査

　　遺産の分割の審判事件の申立書の受付及び審査に関する書記官事務において特に留意すべき事項等は第3編の第2章の第3節の第2（253頁）と同様であるため，適宜，遺産の分割の審判事件の申立書の受付及び審査の場合に読み替えた上で参照されたい。
　　なお，その他の申立書の受付及び審査に関する書記官事務（全般）については，第4編の第6章の第2節の第1（350頁）と同様であるため参照されたい。

第3　立件基準（事件番号の付け方の基準）

　　被相続人（受付分配通達別表第5の1の「内訳表」の「家事法別表第二関係」の(12)参照）

第4　記録の編成

　　第4編の第6章の第2節の第2（354頁）と同様であるため参照されたい。

第5　事件の分配

　　基本的な事務は第4編の第6章の第2節の第5（355頁）と同様であるため参照されたい。
　　なお，遺産の分割の審判事件は，いわゆる経済事件であり，主に法律専門職である書記官（事件担当書記官）が，裁判官の手続選別や判断の補助を目的として，申立書や附属書類（添付書類）等を確認し，前記第2の受付及び審査の結果も踏まえた上で手続選別をし，裁判官に審判の進行に関する意見（移送（回付）又は自庁処理をするか，付調停の要否，審判期日を指定してよいか，調査官の関与の要否，警備対応の要否等）及び理由を伝え[513]，その指示を仰ぐといった取扱いをしている家庭裁判所が多い。

第6　審判期日の指定

　　第4編の第6章の第2節の第6（358頁）と同様であるため参照されたい。

第7　申立書の写しの送付等

　　基本的な事務は第4編の第6章の第2節の第7（362頁）と同様であるため参照さ

---

[513] 実務上，事件担当書記官が裁判官に手続選別の意見及び理由を伝えるに当たっては，当該意見及び理由を正確に伝えるために，事件担当書記官による意見及び理由欄等のほかに裁判官の意見欄（措置欄）を設けた手続選別メモ（記録外書面）等の書面により伝えるという取扱いをしている例が多い。

第6章 遺産の分割に関する審判事件における書記官事務

れたい。

　なお，遺産の分割の審判事件においては，相手方に申立書の写しや審判期日通知書を送付する際には，実務上，手続の適正かつ円滑な進行を図り，審理の充実を図る目的から，また，審判期日が指定されている場合には，当該期日前に争点の有無や争いの程度等を把握して審理の方針を立てる等の事前準備をして当該期日の充実を図る目的から，手続説明書面や照会書等を送付することとなる。相手方に送付する当該照会書は，前記第1の3の(3)（539頁）で参照する第3編の第2章の第3節の第1の3の(3)記載の事情説明書（252頁）と同様の趣旨で，相続人の範囲，遺産の範囲・状況，遺言書の有無，遺言書がある場合は検認済みか否か，遺産分割協議の有無・内容，遺産の取得希望の有無・内容，特別受益や寄与分に関する主張の有無・内容，審判期日への出頭の可否，出頭できない場合の理由等についての回答を求めるというものであり，相続人の範囲についての回答を求める際の基礎資料として，相続関係図も同封して送付する取扱いが多い。この相続関係図は，相手方だけでなく申立人にも，審判期日通知書を送付する際に同封して送付する取扱いが多い。

　おって，遺産の分割の審判事件では，相手方に申立書の写し等を送付する際に，審理の充実及び円滑な進行を図るため，また，当事者双方がお互いの主張内容を正確に理解することで分かりやすく公正な審理手続の実現を図る等の目的で，同封する手続説明書面等で，相手方が提出する主張書面や証拠書類についても，家庭裁判所提出用の写しのほかに申立人交付（送付）用の写しを提出するよう求め（規3条2項参照），後日相手方から提出された当該申立人交付（送付）用の写しを申立人に交付（送付）する取扱いをしている家庭裁判所もある（上原裕之，髙山浩平，長秀之編著「リーガル・プログレッシブ・シリーズ遺産分割〔改訂版〕」（青林書院）167頁参照）。ただし，このような取扱いをするに当たっても，非開示希望情報等の適切な管理（第2編の第7章の第2節の第3（76頁）参照）に留意する必要があることはもちろんである。

第8　参考事項の聴取

　第2編の第7章の第2節の第8（112頁）と同様であるため，適宜，遺産の分割の審判の手続における参考事項の聴取の場合に読み替えた上で参照されたい。

第9　付調停

　遺産の分割の事件の実情としては，調停事件として申し立てられることの方が多く，当初から審判事件として申し立てられるという事案は少ない。

　遺産の分割の事件は，当事者が任意に処分できる私的な相続財産に関する紛争であり，家庭内の紛争でもあるから，当事者間の話合いを通じた合意による自主的かつ円満な解決が望ましい。また，民法907条1項・2項においても，遺産の分割は，第一次的に共同相続人間の協議により行うものとされている。

　したがって，実務上は，当初から遺産の分割が審判事件として申し立てられて家事審判手続が開始した場合でも，家事調停手続によることが相当でないと認められる特段の事情がある場合を除き，職権で調停に付して（法274条1項），家事調停手続による解決が図られる傾向にあるということができる（上原裕之，髙山浩平，長秀之編

著「リーガル・プログレッシブ・シリーズ遺産分割〔改訂版〕」（青林書院）11頁及び130頁参照）。

この付調停に関する書記官事務については，第4編の第6章の第3節（365頁）と同様であるため参照されたい。

第10 審判前の保全処分

家庭裁判所（法105条2項の場合にあっては，高等裁判所）は，遺産の分割の審判又は調停の申立てがあった場合において，財産の管理のため必要があるときは，申立てにより又は職権で，担保を立てさせないで，遺産の分割の申立てについての審判が効力を生ずるまでの間，財産の管理者を選任し，又は事件の関係人に対し，財産の管理に関する事項を指示することができる（法200条1項）。この審判前の保全処分の手続については，第4編の第6章の第4節の第2（373頁）を参照されたい。

また，家庭裁判所（法105条2項の場合にあっては，高等裁判所）は，遺産の分割の審判又は調停の申立てがあった場合において，強制執行を保全し，又は事件の関係人の急迫の危険を防止するため必要があるときは，当該申立てをした者又は相手方の申立てにより，遺産の分割の審判を本案とする仮差押え，仮処分その他の必要な保全処分を命ずることができる（法200条2項）。この審判前の保全処分の手続は第4編の第6章の第4節の第4（389頁）と同様であるため，適宜，遺産の分割の審判を本案とする審判前の保全処分の手続の場合に読み替えた上で参照されたい。

第11 審理等

遺産の分割の審判事件においては，第3編の第2章の第3節の第9の1（261頁）記載の調停の運営のプロセスと同様に，①相続人の範囲，②遺産の範囲[514]，③遺産の評価，④各相続人の取得額（特別受益及び寄与分等）及び⑤遺産の分割方法[515]という順序で審理が進められるのが通常である（条解規則260頁（注2）参照）。この審理手続において主に留意すべき事項等は，次の1から4までのとおりである。

なお，この審理手続では，遺産の分割の調停の手続と同様に，相続分の譲渡・放棄

---

514 この相続人の範囲や遺産の範囲等の前提問題といわれる事項は，訴訟事項とされ，最終的には判決手続によって確定されるものが多いが，このような訴訟事項であっても，家庭裁判所が遺産の分割の審判手続において，前提問題として審理判断した上，遺産の分割に関する処分をすることは差し支えないとされている。ただし，当該訴訟事項を判断した遺産の分割に関する処分の審判には既判力が生じないため，後日，これを争う当事者が提起した訴訟における判決によって，当該審判で認定した前提となる権利の存在が否定されれば，当該判決と当該審判が抵触する限度で，当該審判は効力を失うことになる（最決昭41.3.2（民集20巻3号360頁）及び平成16年3月「遺産分割審判書作成の手引（改訂版）」（司法研修所）1頁〔2〕参照）。
515 遺産の分割方法には，①現物分割（遺産の現物を分割する方法であり，原則的方法である。），②代償分割（法195条参照），③換価分割（遺産を任意売却や形式競売等で換金して金銭を分配する方法）及び④共有分割（遺産を相続分に従って共有取得とする方法）の4種類がある（第3編の第2章の第3節の第9の1の⑤【遺産の分割方法】（261頁）参照）。これらの分割方法のうちいずれを選択するかについては，家庭裁判所が，民法906条に則り，遺産に属する物又は権利の種類及び性質，各相続人の年齢，職業，心身の状態及び生活の状況その他一切の事情を考慮して，当事者の意思に拘束されることなく，後見的立場から合目的的に裁量権を行使して具体的に形成決定することになる（片岡武，管野眞一編著「新版家庭裁判所における遺産分割・遺留分の実務」（日本加除出版）361頁参照）。

第6章　遺産の分割に関する審判事件における書記官事務

に伴う排除の手続や中間合意調書の作成，鑑定に関する手続等について留意する必要があるため，これらの手続等について記載された第3編の第2章の第3節の第9（260頁）についても，適宜，遺産の分割の審判の手続においてこれらの手続等を行う場合に読み替えた上で参照されたい。

おって，遺産の分割の調停の手続が調停不成立により終了して審判移行した場合における書記官事務については第3編の第2章の第3節の第10の2（270頁）と同様であり，その他の審理等に関する書記官事務（全般）については第4編の第6章の第5節（404頁）から第8節（432頁）までと同様であるため，それぞれ参照されたい。

1　中間決定

(1) 概説

家庭裁判所は，審判の前提となる法律関係の争いその他中間の争いについて，裁判をするのに熟したときは，中間決定をすることができる（法80条1項）。

この中間決定は，家事審判事件についての終局的判断ではないから，審判ではなく，審判以外の裁判（法81条）であり，取消し又は変更の対象となり（法81条1項において準用する法78条（同条3項を除く。）），審判をする裁判所も必ずしも中間決定に拘束されない。

遺産の分割の審判事件において中間決定をすることが考えられる事項（審判の前提となる法律関係の争い）としては，例えば，遺産の範囲や遺産の評価についての争いなどが挙げられる（逐条260頁及び片岡武，管野眞一編著「新版家庭裁判所における遺産分割・遺留分の実務」（日本加除出版）57頁参照）[516]。

なお，中間決定に対する即時抗告は認められていない（逐条261頁参照）。

(2) 方式

中間決定は，裁判書を作成してしなければならない（法80条2項）。

中間決定は，前述のとおり審判以外の裁判であり，原則として，裁判書の作成が必ずしも義務付けられない（法81条1項における法76条1項の規定の準用除外）が，主として当事者間で争点となった事項について判断するものであり，取消し又は変更がされない限り，その判断に従って審判がされることが通常であることを踏まえると，その判断に至った理由が明確に示されていることが必要であると解されるから，法80条2項において，審判以外の裁判の特則として，中間決定は裁判書を作成してしなければならない旨規定されている（逐条261頁参照）。

2　寄与分を定める処分の審判事件との関係（手続及び審判の併合等）

遺産の分割の審判事件が係属している場合には，寄与分を定める処分の審判事件（法別表第二の十四の項の事項についての審判事件）は，当該遺産の分割の審判事件が係属している裁判所の管轄に属する（法191条2項）。その趣旨については，逐条613頁及び614頁を参照されたい。

したがって，遺産の分割の審判事件が抗告裁判所（高等裁判所）に係属している場合には，当該遺産の分割の審判事件の申立人又は相手方からの寄与分を定める処分の

---

[516] なお，アンケート調査の結果では，別表第二審判事件において中間決定をした事案がある旨回答した家庭裁判所はなかった。

審判の申立ては，現に遺産の分割の審判事件が係属している抗告裁判所（高等裁判所）にされることになる（逐条614頁並びに「別冊法学セミナーno.225新基本法コンメンタール人事訴訟法・家事事件手続法」（日本評論社）438頁及び439頁参照）。

なお，これらの審判事件が係属するときは，これらの審判の手続及び審判は，併合してしなければならない。また，数人からの寄与分を定める処分の審判事件が係属するときも同様である（法192条）。この詳細については，本章の第3節の第10の1（560頁）を参照されたい。

3 中間処分としての遺産の換価を命ずる裁判（法194条）

前述のとおり，遺産の分割方法には，①現物分割，②代償分割，③換価分割及び④共有分割の4種類がある。

このうち換価分割（遺産を任意売却や形式競売等で換金して金銭を分配する方法）については，遺産の分割の審判手続中に中間処分として遺産の換価を命ずる場合（法194条）と，終局審判で遺産の換価を命ずる場合がある。本項では，次の(1)から(9)までにおいて，これらの場合のうち，遺産の分割の審判手続中に中間処分として遺産の換価を命ずる場合[517]（法194条）の手続について記載する。

(1) 競売して換価することを命ずる裁判

家庭裁判所は，遺産の分割の審判をするため必要があると認めるときは，相続人に対し，遺産の全部又は一部を競売して換価することを命ずることができる（法194条1項）。

この法194条1項の規定による換価を命ずる裁判は，遺産の分割の審判事件が係属する家庭裁判所が職権のみによってすることができる。また，この規定による競売は，いわゆる形式的競売であり，その手続は，一般的には民執法195条の規定により担保権の実行としての競売の例によって売却されることになる（逐条620頁参照）。

なお，この法194条1項の規定による換価を命ずる裁判の主文例等については，家事審判法（旧法）時の資料ではあるが，平成16年3月「遺産分割審判書作成の手引（改訂版）」（司法研修所）39頁［121］及び40頁［125］を参照されたい。

(2) 任意に売却して換価することを命ずる裁判

家庭裁判所は，遺産の分割の審判をするため必要があり，かつ，相当と認めるときは，相続人の意見を聴き，相続人に対し，遺産の全部又は一部について任意に売却して換価することを命ずることができる。ただし，共同相続人中に競売によるべき旨の意思を表示した者があるときは，この限りでない（法194条2項）。

この法194条2項の規定中の「相当と認めるとき」とは，競売によらなくても換

---

[517] 遺産の分割の審判手続中に中間処分としての遺産の換価が必要になる場合の例としては，①現物分割又は代償分割をするのに，遺産の一部を換価してその代金を調整金などに活用する場合，②経済変動などにより終局審判まで待つと交換価値が著しく下落する場合，③終局審判前に特に有利な条件で売却が可能である場合，④遺産が変質しやすい，あるいは維持費が高額なため保管が困難である場合等が挙げられる（片岡武，菅野眞一編著「新版家庭裁判所における遺産分割・遺留分の実務」（日本加除出版）370頁及び371頁並びに上原裕之，髙山浩平，長秀之編著「リーガル・プログレッシブ・シリーズ遺産分割〔改訂版〕」（青林書院）404頁参照）。

第6章　遺産の分割に関する審判事件における書記官事務

価の公正が担保される場合で，競売によるよりも実質的に妥当，あるいは迅速な売却が期待できる場合である（逐条620頁参照）。

家庭裁判所は，この法194条2項の規定により，遺産の全部又は一部について任意に売却して換価することを命ずるときは，売却の方法及び期限その他の条件を付することができ（規103条4項），遺産のうち不動産について任意に売却して換価することを命ずるときは，最低売却価額を定めなければならない（同条5項）。この最低売却価額を定めるについては，当事者全員が特に合意できる金額であるような場合を除いては，専門的知識を有する者の鑑定又はこれに準ずるような方法によるべきである。最低売却価額を下回る金額で締結された売買契約は，無権代理で無効となる（条解規則266頁参照）。

なお，この法194条2項の規定による換価を命ずる裁判の主文例等については，家事審判法（旧法）時の資料ではあるが，平成16年3月「遺産分割審判書作成の手引（改訂版）」（司法研修所）39頁［122］及び40頁［125］並びに平成8年3月家庭裁判資料第166号「改訂家事審判書集」（最高裁判所事務総局）394頁及び395頁等を参照されたい。

おって，この法194条2項の規定による換価を命ずる裁判に基づいて動産を売却する場合は，取引所の相場のある有価証券は，その日の相場以上の価額で，貴金属又はその加工品は，地金としての価額以上の価額で，それぞれ売却しなければならない（規103条9項，民執規123条及び124条）。

(3) 換価を命ずる裁判の告知等

前記(1)及び(2)の換価を命ずる裁判は，遺産の分割の審判事件の手続内において中間処分としてされるものであることから，審判以外の裁判（法81条）である（逐条620頁参照）。したがって，当事者及び利害関係参加人並びにこれらの者以外の審判を受ける者（法81条1項において準用する法74条1項に規定する者）に相当と認める方法で告知するほか，遺産の分割の審判事件の当事者に相当と認める方法で告知しなければならない（法194条4項）（逐条621頁参照）。相続人は，この換価を命ずる裁判に対して即時抗告をすることができるため（法194条5項），相続人に対しては，当該裁判書の謄本を送達する方法により告知するのが相当である。

(4) 換価の対象となる財産の管理者の選任

家庭裁判所は，換価を命ずる裁判をする場合において，法200条1項の財産の管理者が選任されていないときは，換価の対象となる財産の管理者を選任しなければならない（法194条6項）。

この法194条6項の規定により選任された財産の管理者は，法200条1項の規定により選任された財産の管理者（審判前の保全処分として選任された財産の管理者）と基本的に同様の地位及び権限を有するものとして，法125条の規定及び民法27条から29条まで（同法27条2項を除く。）の規定が準用されている（法194条8項）[518]ことに照らすと，法194条6項の規定による財産の管理者の選任の裁判は，「審判」と位置付けるのが相当とされている。

なお，法194条6項の規定により選任された財産の管理者は，換価の対象となる財産の管理のみを職務とするものであるから，当該管理者が選任された後に，換価

の対象となる財産以外の財産の管理のため必要が生じたときは，改めて法200条1項の規定により財産の管理者を選任する必要がある。このように，法194条6項の規定により財産の管理者を選任した後に法200条1項の規定により財産の管理者を選任した場合には，法194条8項において準用する法125条7項の「財産の管理を継続することが相当でなくなったとき」に当たるものとして，同項の規定により財産の管理者の選任の処分を取り消す審判をすることになると考えられる（逐条622頁及び623頁参照）。

おって，規103条8項において，法194条6項の規定により選任された財産の管理者及び同条8項において準用する法125条1項の規定により改任された財産の管理者が作成する管理すべき財産の目録の提出等については規82条の規定が，当該財産の管理者の不動産又は船舶の上に抵当権の設定を命ずる審判が効力を生じたときの書記官による抵当権の設定の登記の嘱託及び当該設定した抵当権の変更又は消滅の登記の嘱託（法194条8項において準用する法125条5項の規定による登記の嘱託）については規83条の規定が，それぞれ準用されている。

(5) 換価を命ずる裁判が確定した旨の通知

前記(1)及び(2)の換価を命ずる裁判が確定したときは，書記官は，法194条6項又は法200条1項の規定により選任された財産の管理者に対し，その旨を通知しなければならない（規103条1項）。

これは，財産の管理者は，換価終了後，換価を命じられた相続人や執行機関から換価代金の引渡しを受け，これを保管しなければならないためである（規103条7項及び民執規181条並びに条解規則264頁参照）。

書記官は，この規103条1項の規定による通知をしたときは，その旨及び通知の方法を記録上明らかにしなければならない（規5条，民訴規4条2項）。

(6) 換価を命じられた相続人（換価人）[519]の義務等

ア　換価を命じられた相続人の届出義務

法194条1項の規定による裁判（前記(1)の競売して換価することを命ずる裁判）により換価を命じられた相続人は，執行裁判所又は執行官に対して競売の申立てをしたときは，その旨及び事件の表示を家庭裁判所に届け出なければならない（規103条2項）。

イ　前記アの届出があったときの書記官の通知

前記アの届出があったときは，書記官は，執行裁判所又は執行官に対し，法194条6項又は法200条1項の規定により選任された財産の管理者の氏名又は名

518　したがって，法194条6項の規定により選任された財産の管理者が，民法103条に規定する権限を超える行為を必要とするときは，家庭裁判所の権限外行為許可を得る必要があり（法194条8項，民法28条），また，家庭裁判所は，遺産の中から，当該財産の管理者に対し，相当な報酬を与えることができる（法194条8項，民法29条2項）。当該財産の管理者が，この権限外行為許可や報酬付与の申立てをする場合は，いずれも申立手数料は不要であり，当該申立てはいずれも家事雑事件（記録符号（家ロ））として申立書を立件基準として立件することになる（受付分配通達別表第5の12の⑭及び⑮参照）。

519　この換価を命じられた相続人（換価人）は，当該換価処分について相続人の代理人としての地位に立つ（「別冊法学セミナーno.225新基本法コンメンタール人事訴訟法・家事事件手続法」（日本評論社）442頁参照）。

第6章 遺産の分割に関する審判事件における書記官事務

称及び住所を通知しなければならない（規103条3項前段）。
　これらの財産の管理者がその地位を失ったときも，同様に，当該財産の管理者がその地位を失った旨と，当該財産の管理者の氏名又は名称及び住所を通知することになる（規103条3項後段）。
　また，法200条1項の規定により選任された財産の管理者が改任された場合も，この規103条3項後段の規定により，当該財産の管理者の氏名又は名称及び住所を通知することになる（条解規則266頁参照）。
　書記官は，これらの規103条3項の規定による通知をしたときは，その旨及び通知の方法を記録上明らかにしなければならない（規5条，民訴規4条2項）。
　ウ　換価の報告等
　　前記(1)及び(2)の換価を命ずる裁判により換価を命じられた相続人は，換価の手続が終了したときはその結果を，換価することができなかったときはその理由及び結果を，遅滞なく，家庭裁判所に対して報告しなければならない（規103条6項）。
　　この換価の手続が終了したときの「その結果」とは，具体的には，買受人の住所，氏名，売却の価額，売却に伴う費用などである（条解規則266頁参照）。
　エ　換価代金の引渡義務
　　法194条2項の規定による裁判（前記(2)の任意に売却して換価することを命ずる裁判）により換価を命じられた相続人は，換価の手続が終了したときは，直ちに，換価代金を法194条6項又は法200条1項の規定により選任された財産の管理者に引き渡さなければならない（規103条7項）。
　　この引き渡すべき換価代金は，売却代金から売却に必要な費用（換価人の報酬は含まれない。）を控除した金額をいう（条解規則267頁参照）。

(7) **換価代金等の管理（保管）**
　法194条1項の規定による裁判（前記(1)の競売して換価することを命ずる裁判）に基づく換価の場合において，換価の手続が終了したときは，執行裁判所又は執行官が，換価代金から競売の費用で必要なものを控除した金銭を，法194条6項又は法200条1項の規定により選任された財産の管理者に交付する（民執規181条）。
　また，法194条2項の規定による裁判（前記(2)の任意に売却して換価することを命ずる裁判）に基づく換価の場合は，換価代金は，前記(6)のエのとおり，換価を命じられた相続人から当該財産の管理者に引き渡される。
　このように，執行裁判所又は執行官から交付された換価代金から競売の費用で必要なものを控除した金銭や換価を命じられた相続人から引き渡された換価代金は，当該財産の管理者が管理（保管）することになる[520]。

(8) **換価を命じられた相続人（換価人）に対する報酬の付与**
　家庭裁判所は，換価を命ずる裁判により換価を命じられた相続人に対し，遺産の

---

[520] このように当該財産の管理者が管理（保管）する執行裁判所又は執行官から交付された換価代金から競売の費用で必要なものを控除した金銭や換価を命じられた相続人から引き渡された換価代金（これらを預貯金口座に入金して保管する場合には，更にその利息）は，遺産の分割の対象財産となる（平成16年3月「遺産分割審判書作成の手引（改訂版）」（司法研修所）62頁［197］参照）。

- 546 -

中から，相当な報酬を与えることができる（法194条7項）。
　この法194条7項の規定は，民訴費用法20条1項後段に規定する「別段の定め」となるため，換価を命じられた相続人の報酬については，同法は適用されない（遺産から支給され，手続費用にはならない。）（逐条623頁参照）。

(9) **換価を命ずる裁判の取消し**
　前記(1)及び(2)の換価を命ずる裁判が確定した後に，その換価を命ずる裁判の理由の消滅その他の事情の変更があるとき[521]は，家庭裁判所は，相続人の申立てにより又は職権で，これを取り消すことができる（法194条3項）。
　この換価を命ずる裁判の取消しは，審判以外の裁判の取消しではあるが，法81条1項において準用する法78条（同条3項を除く。）に規定する取消しの裁判とは異なる，換価を命ずる裁判について認められる固有の裁判である（逐条621頁参照）。
　相続人がこの換価を命ずる裁判の取消しの申立てをする場合は，申立手数料は不要であり，当該申立ては家事雑事件（記録符号（家ロ））として申立書を立件基準として立件することになる（受付分配通達別表第5の12の(23)参照）。
　なお，この換価を命ずる裁判を取り消す裁判に対する即時抗告は認められていない（逐条620頁参照）。

4　参与員の関与
　実際には参与員が関与する事案はそれほど多くはないものの，遺産の分割方法を決める場合に，社会の実情に通じた参与員の意見を聴取することが考えられる。また，遺産や特別受益財産の評価についての資料を検討する際に，参与員の意見を聴取することなどが考えられる（上原裕之，髙山浩平，長秀之編著「リーガル・プログレッシブ・シリーズ遺産分割〔改訂版〕」（青林書院）251頁参照）。
　この参与員の指定等に関する書記官事務については，第4編の第2章の第2節（331頁）を参照されたい。

第12　審判手続の終了
　遺産の分割の審判事件における審判手続の終了の類型のうち，審判及び申立ての取下げに関する主な留意事項は，次の1及び2のとおりである。
　なお，その他の審判手続の終了に関する書記官事務（全般）については，第4編の第6章の第9節（432頁）と同様であるため参照されたい。

1　審判について
　遺産の分割の審判については，基本的に第4編の第6章の第9節の第1（432頁）と同様であるが，例えば，その審判書の主文の記載には，遺産の分割の審判事件固有の法技術的な問題を伴うことも多く，また，遺産の分割の審判事件と寄与分を定める処分の審判事件が併合され（法192条），1個の審判がされる場合でも，各審判事件

---
[521] 例えば，遺産の分割に当たり，債務負担の方法（法195条参照）によることが困難であるとして換価を命ずる裁判がされたが，その後，実際に換価される前に相続人が債務負担能力を具備するに至った場合が典型的な例として挙げられる（逐条620頁参照）。

第6章 遺産の分割に関する審判事件における書記官事務

は別個の事件なので，主文において，認定された寄与分と遺産の分割の結果は区別されなければならない等の留意すべき事項も多い（上原裕之，髙山浩平，長秀之編著「リーガル・プログレッシブ・シリーズ遺産分割〔改訂版〕」（青林書院）198頁及び388頁並びに「別冊法学セミナーno.225 新基本法コンメンタール人事訴訟法・家事事件手続法」（日本評論社）439頁参照）。

このような遺産の分割の審判書の記載例や留意事項等については，家事審判法（旧法）時の資料ではあるが平成16年3月「遺産分割審判書作成の手引（改訂版）」（司法研修所）のほか，上原裕之，髙山浩平，長秀之編著「リーガル・プログレッシブ・シリーズ遺産分割〔改訂版〕」（青林書院）194頁～236頁等にも記載されているため，審判書の点検等の際に併せて参照されたい。

2 申立ての取下げの制限について

遺産の分割の審判の申立ての取下げについては，法82条2項の規定にかかわらず，相手方が本案について書面を提出し，又は家事審判の手続の期日において陳述をした後にあっては，相手方の同意を得なければ，その効力を生じない（法199条，153条）。

なお，当初から遺産の分割の審判（本案）の申立てがされ，家事審判手続が開始したが，相手方が本案について書面を提出したり，家事審判の手続の期日において陳述をする前に，職権で当該審判事件が調停に付され（法274条1項），家事調停手続が開始した場合には，その後の家事調停手続で相手方が答弁書等の書面を提出した後であっても，当該審判の申立ての取下げは，相手方の同意を得ずにすることができる。家事調停手続は，基本的に当事者の合意による自主的解決を目指した話合いの手続であり，裁判所が事実認定を行いそれに基づいて公権的な判断をする家事審判手続とは異なるから，相手方が，家事調停手続で本案に関する相手方の主張を述べたとしても，それだけで相手方が審判を得る利益まで保護する必要はないからである（東京家事事件研究会編「家事事件・人事訴訟事件の実務～家事事件手続法の趣旨を踏まえて～」（法曹会）168頁参照）。

おって，この申立ての取下げの制限の規定（法199条，153条）の趣旨等を含む取下げの手続の詳細については，第4編の第6章の第9節の第2（440頁）を参照されたい。

第13 審判手続終了後の書記官事務

第4編の第6章の第11節（446頁）と同様であるため参照されたい。

第14 審判に対する即時抗告

遺産の分割の審判及びその申立てを却下する審判に対しては，相続人[522]が即時抗告をすることができる（法198条1項1号）。

この即時抗告の手続については，第4編の第7章の第2節（449頁）と同様である

---

[522] 相続開始後に破産手続開始決定を受けた相続人の破産管財人は，遺産の分割の審判や調停の当事者適格を有するものと解され，破産管財人が遺産の分割の審判の当事者として当然に即時抗告権を有することになると解される（逐条628頁及び629頁（注2）参照）。

第14 審判に対する即時抗告

ため参照されたい。

なお、即時抗告期間については、各相続人への審判の告知の日が異なる場合は、相続人ごとに各自が審判の告知を受けた日から進行する。したがって、各相続人は、自らが審判の告知を受けた日から2週間（法86条）を経過したときは、即時抗告をすることはできない。一方、各相続人は、各自が単独で即時抗告をすることができるが、遺産の分割の審判は、相続人の全員について合一にのみ確定すべきものであるから、相続人の一人がした即時抗告の効果は、他の相続人にも及ぶものであり、相続人ごとに審判の告知を受けた日が異なるときは、そのうちの最も遅い日から2週間が経過するまでの間は、当該審判は確定しない（最決平15.11.13（民集57巻10号1531頁）参照）。詳細については、第4編の第6章の第9節の第1の3の(5)（437頁）も参照されたい。

また、法192条前段の規定により遺産の分割の審判と寄与分を定める処分の審判とが併合してされたときは、民法904条の2第4項の趣旨である一括処理の要請から、寄与分を定める処分の審判又はその申立てを却下する審判に対しては、独立して即時抗告をすることができない（法198条2項）（逐条629頁参照）。

おって、法192条後段の規定により遺産の分割の審判と数人からの寄与分を定める処分の審判とが併合してされたときは、前述の法198条2項と同様に一括処理の要請から、申立人の一人がした即時抗告は、申立人の全員に対してその効力を生ずる（法198条3項）（逐条629頁参照）。

第6章　遺産の分割に関する審判事件における書記官事務

第2節　遺産の分割の禁止の審判事件

> 【どんな事件？】
> 　遺産の分割はいつでもできるのが原則であるが（民法907条1項参照），その例外として，特別の事由※1があるときは，家庭裁判所に，遺産の全部又は一部について，期間を定めて，その分割の禁止を求める審判（又は調停）を申し立てることができる（民法907条3項）※2。
> 　この遺産の分割の禁止を求める審判事件は，法別表第二の十三の項の事項についての審判事件である。
> ※1　この「特別の事由」とは，一般に，一定の事情があるため分割を禁止することが，全相続人にとって利益になるという客観的な状態を指すとされている。具体的には，①法律上の障害によって直ちに分割をすることができない場合（例えば，相続人となり得る胎児がいる場合や，相続人が限定承認をして清算中である場合等），②相続人の範囲や遺産の範囲等のいわゆる前提問題に争いがある場合（この場合の具体的な要件としては，事件全体から見て重要な前提問題に争いがあり，その前提問題に非訟手続になじまないような紛争性が認められること，前提問題の訴訟が相当程度長期化することが予想されること，一部分割が相当な場合に当たらないこと等が指摘されている。），③分割を一定期間禁止しなければ分割自体を適正に行うことができない場合，④分割を一定期間禁止しなければ相続人の一部又は全部の家庭生活の維持に不当な影響を及ぼす場合で，分割しないことが客観的にみて共同相続人の共通の利益になる場合等が「特別な事由」に該当するという指摘がされている（松原正明著「全訂判例先例相続法Ⅱ」（日本加除出版）493頁及び494頁並びに野田愛子，梶村太市総編集「新家族法実務大系③相続［Ⅰ］─相続・遺産分割─」（新日本法規）290頁及び291頁参照）。
> ※2　この審判（又は調停）による遺産の分割の禁止のほかに，遺言による遺産の分割の禁止（民法908条）がある。また，当該調停による遺産の分割の禁止が可能であることや民法256条1項ただし書の規定から，相続人の協議による遺産の分割の禁止も可能と解されている。

第1　申立て

1　管轄

　相続が開始した地[523]を管轄する家庭裁判所（法191条1項）又は当事者が合意で定める家庭裁判所（法66条1項）。

　なお，管轄の詳細については，第4編の第5章の第1節（338頁）と同様であるため参照されたい。

2　当事者

　第3編の第2章の第3節の第1の2（250頁）と同様であるため参照されたい。

---

[523]　相続は，被相続人の住所において開始する（民法883条）。被相続人が現実にどこで死亡したか，相続財産がどこにあるかなどということは無関係である。民法がこのように相続開始の場所に関する規定を設けたのは，相続事件の裁判管轄の基準を定めることを目的とするものである（平成26年10月研修教材第4号「親族法相続法講義案（七訂補訂版）」（裁判所職員総合研修所）213頁参照）。

3　申立ての方式

(1)　申立費用

ア　申立手数料

被相続人一人につき1,200円（収入印紙）（民訴費用法3条1項別表第一の一五の二の項）

イ　郵便切手

各家庭裁判所の実務上の運用によって異なる。

なお，これら申立費用の詳細については，第4編の第6章の第1節の第2の1の(1)（341頁）と同様であるため参照されたい。

(2)　申立書

申立ては，申立書を家庭裁判所に提出してしなければならず（法49条1項），申立書を家庭裁判所に提出する際は，相手方の数と同数の申立書の写し（相手方送付用）を提出する必要がある（規47条）。

なお，その他の申立書の方式や記載事項等については，第4編の第6章の第1節の第2の1の(2)（341頁）と同様であるため参照されたい。

(3)　附属書類（添付書類）

遺産の分割の禁止の審判事件の申立時に提出される，又は提出を求めることが多い主な附属書類（添付書類）は，第3編の第2章の第3節の第1の3の(3)（250頁）と同様であるため，適宜，遺産の分割の禁止の審判事件における附属書類（添付書類）の場合に読み替えた上で参照されたい。

なお，遺産の分割の審判（又は調停）事件が既に係属している場合は，附属書類（添付書類）は不要である。

第2　受付及び審査

第4編の第6章の第2節の第1（350頁）と同様であるため参照されたい。

第3　立件基準（事件番号の付け方の基準）

被相続人（受付分配通達別表第5の1の「内訳表」の「家事法別表第二関係」の(13)参照）

第4　記録の編成

第4編の第6章の第2節の第2（354頁）と同様であるため参照されたい。

第5　事件の分配

第4編の第6章の第2節の第5（355頁）と同様であるため参照されたい。

第6　審判期日の指定

第4編の第6章の第2節の第6（358頁）と同様であるため参照されたい。

第6章　遺産の分割に関する審判事件における書記官事務

第7　申立書の写しの送付等
第4編の第6章の第2節の第7（362頁）と同様であるため参照されたい。

第8　参考事項の聴取
第2編の第7章の第2節の第8（112頁）と同様であるため，適宜，遺産の分割の禁止の審判の手続における参考事項の聴取の場合に読み替えた上で参照されたい。

第9　付調停
第4編の第6章の第3節（365頁）と同様であるため参照されたい。

第10　審理等
次の事項（遺産の分割の禁止の期間について）に留意するほかは，第4編の第6章の第5節（404頁）から第8節（432頁）までと同様であるため参照されたい。

※　遺産の分割の禁止の期間について

審判による遺産の分割の禁止については，民法907条3項において「期間を定めて」と規定されているだけであり，当該禁止をすることができる期間について明文の規定はない。

しかし，民法256条及び908条との均衡等から，審判による遺産の分割の禁止の期間も5年を超えることができないと解されている。ただし，5年を超えない期間であれば，分割禁止の期間の更新は否定されない（民法256条2項参照）。審判によって分割を禁止する具体的な期間については，家庭裁判所が，遺産の分割を禁止すべき「特別の事由」をしんしゃくして裁量によって定めるべきことになる（松原正明著「全訂判例先例相続法Ⅱ」（日本加除出版）494頁並びに野田愛子，梶村太市総編集「新家族法実務大系③相続［Ⅰ］―相続・遺産分割―」（新日本法規）291頁及び292頁参照）。

第11　審判手続の終了
遺産の分割の禁止の審判事件における審判手続の終了の類型のうち，審判に関する主な留意事項は，次の1から3までのとおりである。

なお，その他の審判手続の終了に関する書記官事務（全般）については，第4編の第6章の第9節（432頁）と同様であるため参照されたい。

1　審判について
遺産の分割の禁止の審判については，基本的に第4編の第6章の第9節の第1（432頁）と同様であるが，例えば，審判書の主文において分割を禁止する遺産の範囲及び禁止期間を明示しなければならない等の留意事項がある。このような遺産の分割の禁止の審判書の記載例や留意事項等については，家事審判法（旧法）時の資料ではあるが平成16年3月「遺産分割審判書作成の手引（改訂版）」（司法研修所）41頁［130］及び100頁［288］～102頁［290］のほか，上原裕之，髙山浩平，長秀之編著「リーガル・プログレッシブ・シリーズ遺産分割〔改訂版〕」（青林書院）216頁等にも記載されているため，審判書の点検等の際に併せて参照されたい。

2 遺産の分割の禁止の審判の効果について

遺産の分割の禁止の審判により，従前の遺産共有状態が解消されて通常の共有関係になるとする見解もあるが，遺産の分割の禁止は単に遺産の分割を延期するものにすぎず，従前の遺産共有状態は継続しているものとする見解[524]が多数説とされている（松原正明著「全訂判例先例相続法Ⅱ」（日本加除出版）494頁及び495頁並びに野田愛子，梶村太市総編集「新家族法実務大系③相続[Ⅰ]―相続・遺産分割―」（新日本法規）292頁参照）。

なお，審判で定められた遺産の分割の禁止の期間中に遺産の分割の協議をしても効力はなく，遺産の分割の禁止の審判の取消し又は変更の審判を得る必要があると解されている（司法研修所編「遺産分割事件の処理をめぐる諸問題」（法曹会）35頁及び上原裕之，髙山浩平，長秀之編著「リーガル・プログレッシブ・シリーズ遺産分割〔改訂版〕」（青林書院）427頁参照）。この遺産の分割の禁止の審判の取消し又は変更の手続については，後記第14（554頁）を参照されたい。

3 遺産の分割の禁止の審判と登記

不動産について遺産の分割の禁止の審判がされた場合にその旨の登記手続ができるかについては，先例がなく必ずしもはっきりしないが，当該審判の主文において禁止すべき不動産を特定した上，その旨の登記手続をすべき旨を命じていれば可能であろうとする見解がある（斎藤秀夫，菊池信男編「注解家事審判法【改訂】」（青林書院）572頁参照）[525]。

これに関し，前掲文献等では，共同相続人全員が遺産である特定の不動産について共有物分割禁止（不分割）の合意（特約）をし，相続による所有権移転登記とは別に，その旨変更登記として申請することが可能であるとする先例（昭和49年12月27日民三第6686号法務省民事局第三課長回答）が紹介されている。

第12 審判手続終了後の書記官事務

第4編の第6章の第11節（446頁）と同様であるため参照されたい。

第13 審判に対する即時抗告

遺産の分割の禁止の審判に対しては，相続人が即時抗告をすることができる（法198条1項2号）[526]。

この即時抗告の手続については，第4編の第7章の第2節（449頁）と同様であるため参照されたい。

---

524 この見解によると，当該遺産共有状態を解消する方法は遺産分割手続となる。
525 このような登記手続について疑義が生じた場合には，必要に応じて，当該不動産の所在地を管轄する登記所（法務局等）に確認する等して調査することも考えられる（平成8年度書記官実務研究「遺産分割事件における進行管理事務の研究」（裁判所書記官研修所）299頁参照）。
526 したがって，遺産の分割の禁止の申立てを却下する審判に対しては，即時抗告をすることはできない。

第6章　遺産の分割に関する審判事件における書記官事務

第14　遺産の分割の禁止の審判の取消し又は変更
1　概説
　家庭裁判所は，事情の変更があるときは，相続人の申立てにより，いつでも，遺産の分割の禁止の審判を取り消し，又は変更する審判をすることができる。この申立てに係る審判事件は，別表第二に掲げる事項についての審判事件とみなされる（法197条）。
　これは，冒頭の【どんな事件？】の※１に記載した「特別の事由」に該当する事情に変更があれば，遺産の分割の禁止を維持する必要はなく，当該禁止の内容を取り消したり変更したりするのが相当となるからであり，そうすることが相続人の利益にかなうからである（「別冊法学セミナーno.225新基本法コンメンタール人事訴訟法・家事事件手続法」（日本評論社）445頁参照）。

2　手続
(1)　概説
　遺産の分割の禁止の審判の取消し又は変更の審判事件は，民法上に根拠を有する審判事項ではないが，遺産の分割の禁止の審判の取消し又は変更は，前述の遺産の分割の禁止の審判と表裏をなす関係にあるといえ，別表第二審判手続の規律（法66条から72条までの特則等）が適用される遺産の分割の禁止の審判事件の手続と同様のものとするのが相当であることから，法197条後段において，遺産の分割の禁止の審判の取消し又は変更の審判事件については，別表第二審判事件とみなし，別表第二審判手続の規律によるべきこととしている（逐条612頁及び626頁参照）。
　したがって，遺産の分割の禁止の審判の取消し又は変更の審判事件の手続の規律は，基本的には前記遺産の分割の禁止の審判事件の手続の規律と同様ではあるが，異なる部分もあるため，次の(2)から(6)においては，当該異なる部分や特に留意すべき事項について記載する。

(2)　管轄
　遺産の分割の禁止の審判をした裁判所（高等裁判所が遺産の分割の審判に代わる裁判をした場合には，その原審である家庭裁判所）が想定されている（逐条625頁及び626頁参照）。

(3)　申立人
　相続人（法197条）

(4)　申立手数料
　1,200円（収入印紙）（民訴費用法3条1項別表第一の一五の二の項）

(5)　立件基準（事件番号の付け方の基準）
　被相続人（受付分配通達別表第5の1の「内訳表」の「家事法別表第二関係」の(15)参照）

第14　遺産の分割の禁止の審判の取消し又は変更

(6) **審判に対する即時抗告**
　遺産の分割の禁止の審判を取り消し，又は変更する審判に対しては，相続人が即時抗告をすることができる（法198条1項3号）[527]。

527　したがって，遺産の分割の禁止の審判の取消し又は変更の申立てを却下する審判に対しては，即時抗告をすることはできない（「別冊法学セミナーno.225 新基本法コンメンタール人事訴訟法・家事事件手続法」（日本評論社）446頁参照）。

第6章　遺産の分割に関する審判事件における書記官事務

第3節　寄与分を定める処分の審判事件

> 【どんな事件？】
> 　第3編の第2章の第4節の第2（寄与分を定める処分調停申立事件）の【どんな事件？】（277頁）と同様であるため，適宜，寄与分を定める処分の審判事件の場合に読み替えた上で参照されたい。

第1　申立て
1　管轄
　寄与分を定める処分の審判事件の管轄は，次の(1)及び(2)のとおりである。
　なお，その他の管轄の詳細については，第4編の第5章の第1節（338頁）と同様であるため参照されたい。
(1)　原則
　相続が開始した地[528]を管轄する家庭裁判所（法191条1項）又は当事者が合意で定める家庭裁判所（法66条1項）。
(2)　特則
　遺産の分割の審判事件（法別表第二の十二の項の事項についての審判事件）が係属している場合における寄与分を定める処分の審判事件は，当該遺産の分割の審判事件が係属している裁判所の管轄に属する（法191条2項）。
　その趣旨については，逐条613頁及び614頁を参照されたい。
　なお，遺産の分割の審判事件が抗告裁判所（高等裁判所）に係属した後に当該遺産の分割の審判事件の申立人又は相手方から寄与分を定める処分の申立てがされる場合には，一括処理の要請（民法904条の2第4項参照）により，現に遺産の分割の審判事件が係属している抗告裁判所（高等裁判所）に当該申立てをすべきであると解されている。
　おって，この特則の例外として，民法910条に規定する場合（相続の開始後認知によって相続人となった者が価額の支払請求をする場合（遺産の分割の審判事件が係属していない場合））における寄与分を定める処分の審判事件は，前記(1)の原則どおり，相続が開始した地を管轄する家庭裁判所（法191条1項）の管轄に属することとなる（逐条614頁参照）。
2　当事者
　第3編の第2章の第4節の第2の2（278頁）と同様であるため参照されたい。
3　申立ての方式
(1)　申立費用
ア　申立手数料
　申立人一人につき1,200円（収入印紙）（民訴費用法3条1項別表第一の一五の二の項）

---

[528] 相続は，被相続人の住所において開始する（民法883条）。被相続人が現実にどこで死亡したか，相続財産がどこにあるかなどということは無関係である。民法がこのように相続開始の場所に関する規定を設けたのは，相続事件の裁判管轄の基準を定めることを目的とするものである（平成26年10月研修教材第4号「親族法相続法講義案（七訂補訂版）」（裁判所職員総合研修所）213頁参照）。

イ　郵便切手

各家庭裁判所の実務上の運用によって異なる。

なお，これら申立費用の詳細については，第4編の第6章の第1節の第2の1の(1)（341頁）と同様であるため参照されたい。

(2) **申立書**

申立ては，申立書を家庭裁判所に提出してしなければならず（法49条1項），申立書を家庭裁判所に提出する際は，相手方の数と同数の申立書の写し（相手方送付用）を提出する必要がある（規47条）。

なお，寄与分を定める処分の審判の申立書には，①寄与の時期[529]，方法[530]及び程度[531]その他の寄与の実情[532]，②遺産の分割の審判又は調停の申立てがあったときは，当該事件の表示，③民法910条に規定する場合にあっては，共同相続人及び相続財産の表示，認知された日並びに既にされた遺産の分割その他の処分の内容を記載しなければならない（規102条2項）。

おって，その他の申立書の方式や記載事項等については，第4編の第6章の第1節の第2の1の(2)（341頁）と同様であるため参照されたい。

(3) **附属書類（添付書類）**

後記第2の2の(1)（558頁）のとおり，一定の例外（民法910条に規定する場合）を除き，寄与分を定める処分の審判を申し立てられるのは遺産の分割の審判事件が係属している場合のみであるため，当該場合は，附属書類（添付書類）は不要である。

なお，民法910条に規定する場合における寄与分を定める処分の審判の申立ての場合（遺産の分割の審判事件が係属していない場合）は，遺産の分割調停申立事件の附属書類（添付書類）（第3編の第2章の第3節の第1の3の(3)（250頁）参照）と同様の附属書類（添付書類）を提出する必要がある。

第2　受付及び審査

寄与分を定める処分の審判事件の申立書の受付及び審査に関する書記官事務において特に留意すべき事項は，主に次の1及び2のとおりである。

なお，その他の申立書の受付及び審査に関する書記官事務（全般）については，第4編の第6章の第2節の第1（350頁）と同様であるため参照されたい。

1　寄与分制度の適用時期

第3編の第2章の第4節の第2の6（279頁）と同様であるため参照されたい。

---

[529] 寄与の時期を記載事項としているのは，被相続人の財産には増減があるのが通常であり，被相続人の財産の維持増加に特別の寄与があったか否かを判断するには，寄与行為が行われた時の被相続人の財産状態を知る必要があるためである（条解規則259頁参照）。

[530] 寄与の方法としては，労務の提供，金銭の贈与又は貸与，土地建物その他の事業用施設等の提供，債務の保証，療養看護等がある（条解規則259頁参照）。

[531] 寄与の程度としては，寄与の期間の長短，寄与の質・量がある（条解規則259頁参照）。

[532] その他の寄与の実情としては，特別の寄与の有無の判断とその評価に役立つ事情があればこれを記載すればよく，特に制限はない（条解規則259頁参照）。

第6章 遺産の分割に関する審判事件における書記官事務

2 申立ての時期の制限等
(1) 申立ての時期（遺産の分割の審判事件との関係）

寄与分を定める処分の**審判**の申立ては，一定の例外（民法910条に規定する場合）を除き，遺産の分割の**審判**の申立てがあった場合（これらの**審判**の申立てが同時にされた場合を含む。）のみ，すなわち，遺産の分割の**審判**事件が係属している場合（先行する当該遺産の分割の調停が不成立となって審判移行した場合を含む。）のみ申立てをすることができる。

したがって，遺産の分割の**調停**事件のみが係属している場合には，寄与分を定める処分の**審判**の申立ては許されないと解されている[533]（民法904条の2第4項及び昭和56年3月家庭裁判資料第121号「改正民法及び家事審判法規に関する執務資料」（最高裁判所事務総局）54頁参照）。

(2) 寄与分を定める処分の審判の申立ての期間の指定等（法193条）

ア　家庭裁判所は，遺産の分割の審判の手続において，1か月を下らない範囲内で，当事者が寄与分を定める処分の審判の申立てをすべき期間を定めることができる（法193条1項）。

家庭裁判所は，寄与分を定める処分の審判の申立てが法193条1項の期間を経過した後にされたときは，当該申立てを却下することができる（法193条2項）。

これらの規定は，権利濫用又は手続上の信義則の観点から一定の場合に寄与分を定める処分の審判の申立てを却下することができるようにすることを主眼として設けられた規定であるが，法193条1項の規定により指定した期間を経過したことをもって一律に却下すべきであるとする趣旨ではないから，寄与分を定める処分の申立てが遅れたことにつき申立人に帰責事由がなかったり，その段階では遺産の分割の審判の手続を著しく遅滞させるような状況にないというときは，申立てを却下しないで手続を進めていくことも可能である（逐条617頁参照）。

なお，この法193条2項の規定に基づいて寄与分を定める処分の申立てを却下する審判の主文例等については，家事審判法（旧法）時の資料ではあるが平成16年3月「遺産分割審判書作成の手引（改訂版）」（司法研修所）43頁［140］及び81頁［244］・［245］のほか，上原裕之，髙山浩平，長秀之編著「リーガル・プログレッシブ・シリーズ遺産分割〔改訂版〕」（青林書院）218頁等にも記載されているため参照されたい。

イ　家庭裁判所は，法193条1項の期間を定めなかった場合においても，当事者が時機に後れて寄与分を定める処分の申立てをしたことにつき，申立人の責めに帰すべき事由があり，かつ，申立てに係る寄与分を定める処分の審判の手続を併合することにより，遺産の分割の審判の手続が著しく遅滞することとなるときは，その申立てを却下することができる（法193条3項）。

この法193条3項の規定も同条1項及び2項と同様の趣旨（前記ア参照）で設

---

[533] これに対し，寄与分を定める処分の**調停**の申立てについては，遺産の分割の調停又は審判の係属の有無にかかわらず，相続開始後遺産の分割が終了するまでの間であれば，いつでも申立てをすることができる（第3編の第2章の第4節の第2の7（279頁）参照）。

けられた規定ではあるが，寄与分を定める処分の審判の申立ての期間の指定をしない場合には，申立てを却下することが，申立人にとって不意打ちとなりやすいため，申立権の不当な制限とならないように留意する必要があるとされている（逐条617頁及び618頁参照）。

第3 立件基準（事件番号の付け方の基準）
申立人（受付分配通達別表第5の1の「内訳表」の「家事法別表第二関係」の(14)参照）

第4 記録の編成
第4編の第6章の第2節の第2（354頁）と同様であるため参照されたい。

第5 事件の分配
第4編の第6章の第2節の第5（355頁）と同様であるため参照されたい。

第6 審判期日の指定
第4編の第6章の第2節の第6（358頁）と同様であるため参照されたい。

第7 申立書の写しの送付等
第4編の第6章の第2節の第7（362頁）と同様であるため参照されたい。

第8 参考事項の聴取
第2編の第7章の第2節の第8（112頁）と同様であるため，適宜，寄与分を定める処分の審判の手続における参考事項の聴取の場合に読み替えた上で参照されたい。

第9 付調停
遺産の分割の審判事件と寄与分を定める処分の審判事件を併合して審理しているときに（法192条及び後記第10の1（560頁）参照），寄与分を定める処分の審判事件のみを分離した上で調停に付し，寄与分を定める処分の調停事件について調停を成立させることができる。遺産の分割の審判事件の手続は，成立した当該調停の内容を前提として進めることとなる（逐条615頁及び片岡武，管野眞一編著「新版家庭裁判所における遺産分割・遺留分の実務」（日本加除出版）287頁参照）。

この付調停に関する書記官事務については，第4編の第6章の第3節（365頁）と同様であるため参照されたい。

第10 審理等
寄与分を定める処分の審判事件における審理等に関する主な留意事項は，次の1及び2のとおりである。

その他の審理等に関する書記官事務（全般）については，第4編の第6章の第5節（404頁）から第8節（432頁）までと同様であるため参照されたい。

第6章　遺産の分割に関する審判事件における書記官事務

1 遺産の分割の審判事件との手続及び審判の併合等について
(1) **遺産の分割の審判事件及び寄与分を定める処分の審判事件が係属するときは，これらの審判の手続及び審判は，併合してしなければならない（法192条前段）。**

　これは，寄与分を定める処分が，遺産の分割の審判をする上で前提となること（民法904条の2第1項）から，一括して処理する要請があることを踏まえ，それを手続及び審判についても確保するための規律である。ただし，例えば，被相続人の子の配偶者など共同相続人でない者から寄与分を定める処分の審判の申立てがされた場合のように明らかに不適法な申立てであるという場合には，遺産の分割の審判事件と併合するまでもなく当該申立てを却下することができるし，いったん併合した後であっても，不適法な申立てであることが判明した段階で，手続を分離して当該申立てを却下することもできる（逐条615頁参照）。

(2) **数人からの寄与分を定める処分の審判事件が係属するときも，法192条前段の規定（前記(1)参照）と同様に，これらの審判の手続及び審判は，併合してしなければならない（同条後段）。**

　これは，それぞれの寄与の程度等を相対的に比較考慮してそれぞれの寄与分を定める必要があることによるものである。遺産の分割の審判事件が係属している場合には，数人から申し立てられた寄与分を定める処分の審判事件は，法192条前段の規定により，遺産の分割の審判事件の手続及び審判と併合してしなければならないことになる結果，各寄与分を定める処分の審判事件の手続及び審判も併合してしなければならないことになることから，この法192条後段の規定は，専ら，民法910条の規定により相続の開始後認知によって相続人となった者が価額の支払請求をする場合において，数人から寄与分を定める処分の審判の申立てがされた場合の当該審判事件の手続及び審判の併合を想定して設けられたものであるとされている（逐条615頁及び616頁参照）。

2 寄与分の成立要件，寄与分についての事実の調査等について

　寄与分の成立要件は，①寄与行為の存在，②当該寄与行為が「特別の寄与」[534]と評価できること，③被相続人の財産の維持又は増加があること，④当該寄与行為と被相続人の財産の維持又は増加との間に因果関係があると評価できることの四つであるとされている（司法研修所編「遺産分割事件の処理をめぐる諸問題」（法曹会）268頁及び片岡武，管野眞一編著「新版家庭裁判所における遺産分割・遺留分の実務」（日本加除出版）269頁～272頁参照）。

　また，この寄与分を基礎付ける寄与行為の態様（代表的な態様）としては，主として，①家業従事型（被相続人の事業に関する労務の提供），②金銭等出資型（被相続人の事業に関する財産上の給付又は被相続人に対する財産上の利益の給付），③療養看護型（被相続人の療養看護），④扶養型（被相続人の扶養を行い，被相続人が生活費の支出を免れる等により被相続人の財産の維持に寄与するもの）及び⑤財産管理型（被相続人の財産管理をし，被相続人が管理費用の支出を免れる等により被相続人の

---

[534] この「特別の寄与」については，第3編の第2章の第4節の第2（寄与分を定める処分調停申立事件）の【どんな事件？】の※1（277頁）を参照されたい。

財産の維持に寄与するもの）等があるとされている[535]。

寄与分の審理に当たっては，寄与分の成立要件について判断するために，具体的な寄与行為の態様について，当事者提出書面（主張書面や証拠書類の写し）の事実の調査や裁判官による当事者等の審問等によって当該判断資料を収集することとなる[536]。

第11　審判手続の終了

寄与分を定める処分の審判事件における審判手続の終了の類型のうち，審判については，基本的に第4編の第6章の第9節の第1（432頁）と同様であるが，遺産の分割の審判事件と寄与分を定める処分の審判事件が併合され（法192条），1個の審判がされる場合でも，各審判事件は別個の事件なので，主文において，認定された寄与分と遺産の分割の結果は区別されなければならない等の留意すべき事項がある（上原裕之，髙山浩平，長秀之編著「リーガル・プログレッシブ・シリーズ遺産分割〔改訂版〕」（青林書院）388頁及び「別冊法学セミナーno.225新基本法コンメンタール人事訴訟法・家事事件手続法」（日本評論社）439頁参照）。

このような寄与分を定める処分の審判書の記載例や留意事項等については，家事審判法（旧法）時の資料ではあるが平成16年3月「遺産分割審判書作成の手引（改訂版）」（司法研修所）28頁[61]，42頁[133]～43頁[140]及び73頁[226]～82頁[245]のほか，上原裕之，髙山浩平，長秀之編著「リーガル・プログレッシブ・シリーズ遺産分割〔改訂版〕」（青林書院）217頁，218頁，232頁及び233頁等にも記載されているため，審判書の点検等の際に併せて参照されたい。

なお，その他の審判手続の終了に関する書記官事務（全般）については，第4編の第6章の第9節（432頁）と同様であるため参照されたい。

第12　審判手続終了後の書記官事務

第4編の第6章の第11節（446頁）と同様であるため参照されたい。

第13　審判に対する即時抗告

寄与分を定める処分の審判に対しては，相続人が即時抗告をすることができる（法198条1項4号）。

また，寄与分を定める処分の申立てを却下する審判に対しては，申立人が即時抗告をすることができる（法198条1項5号）。

この即時抗告の手続については，第4編の第7章の第2節（449頁）と同様である

---

[535] これらの寄与行為の態様等の詳細については，司法研修所編「遺産分割事件の処理をめぐる諸問題」（法曹会）280頁～294頁，片岡武，管野眞一編著「新版家庭裁判所における遺産分割・遺留分の実務」（日本加除出版）272頁～274頁及び292頁～343頁，上原裕之，髙山浩平，長秀之編著「リーガル・プログレッシブ・シリーズ遺産分割〔改訂版〕」（青林書院）373頁～378頁等に記載されているため参照されたい。

[536] なお，参考までに，寄与分を始めとする遺産の分割の審判事件への調査官の関与については，片岡武，管野眞一編著「新版家庭裁判所における遺産分割・遺留分の実務」（日本加除出版）314頁及び315頁並びに上原裕之，髙山浩平，長秀之編著「リーガル・プログレッシブ・シリーズ遺産分割〔改訂版〕」（青林書院）389頁～394頁に記載されているため，併せて参照されたい。

第6章 遺産の分割に関する審判事件における書記官事務

ため参照されたい。

　なお，法192条前段の規定により遺産の分割の審判と寄与分を定める処分の審判とが併合してされたときは，民法904条の2第4項の趣旨である一括処理の要請から，寄与分を定める処分の審判又はその申立てを却下する審判に対しては，独立して即時抗告をすることができない（法198条2項）（逐条629頁参照）。

　おって，法192条後段の規定により数人からの寄与分を定める処分の審判が併合してされた場合は，前述の法198条2項と同様に一括処理の要請から，申立人の一人がした即時抗告は，申立人の全員に対してその効力を生ずる（法198条3項）（逐条629頁参照）。したがって，この場合に，複数の寄与分を定める処分の審判のいずれかについて申立人の一部から即時抗告があれば，申立人全員について審判の確定が遮断されて，抗告審に全部移審することになる（「別冊法学セミナーno.225新基本法コンメンタール人事訴訟法・家事事件手続法」（日本評論社）447頁参照）。

第7章　厚生年金保険法に関する審判事件における書記官事務

　本章では，別表第二審判事件のうち，厚生年金保険法に関する審判事件である，請求すべき按分割合に関する処分（法別表第二の十五の項の事項）の審判事件について，第4編の別表第二審判手続における書記官事務の総論部分とは異なる事項や特に留意すべき事項等を中心に具体的な書記官事務について記載する。

第7章　厚生年金保険法に関する審判事件における書記官事務

請求すべき按分割合に関する処分の審判事件

【どんな事件？】
　離婚時の年金分割制度には，①「合意分割」と②「3号分割」の制度がある。
　このうち「合意分割」の制度は，平成19年4月1日以後に離婚等※1をした場合において，当事者間の合意や裁判手続により年金の按分割合（分割割合）※2を定めたときに，当事者の一方からの年金分割の請求によって，婚姻期間中※3に納めた保険料の額に対応する厚生年金を当事者間で分割することができる制度である※4。この「合意分割」の制度は，原則として，当事者間の協議に基づく合意により年金の按分割合（分割割合）を定めることになるが，当該協議が調わないとき，又は協議をすることができないときは，当事者は，家庭裁判所に対し，請求すべき按分割合を定める審判（又は調停）を申し立てることができる（厚生年金保険法78条の2第2項）※5。
　この審判は，法別表第二の十五の項の事項（請求すべき按分割合に関する処分）についての審判である。
　なお，「3号分割」の制度は，平成20年4月1日以後の第3号被保険者期間（特定期間）について，同日以後に離婚等をした場合に，第3号被保険者であった者からの年金分割の請求によって，第2号被保険者の厚生年金（保険料納付記録等）を（自動的に）2分の1に分割することができる制度であり，当事者間の合意や裁判手続により按分割合（分割割合）を定める必要はない（厚生年金保険法78条の14参照）※6。

※1　離婚，婚姻の取消し，厚生年金保険法施行規則78条が規定する事実上の婚姻関係の解消がある（厚生年金保険法78条の2第1項）。
※2　按分割合とは，例えば，夫婦であれば，その婚姻期間（対象期間）中に厚生年金等に加入して得た標準報酬総額の合計額のうち，一方（分割を受ける側）に割り当てるべき割合である。按分割合の定めの許容範囲は，夫婦であった者それぞれの分割前の対象期間標準報酬総額の合計額に対する分割により対象期間標準報酬総額が増額される者（分割を受ける者）の分割前の対象期間標準報酬総額の割合を超え0.5（50％）以下の範囲である。
※3　※1のとおり，一定の場合には，事実上の婚姻関係にあったと認められる者も対象になるが，その場合，分割の対象になるのは，当事者の一方が被扶養配偶者として国民年金法上の第3号被保険者と認定されていた期間（第3号被保険者期間）に限られる（厚生年金保険法施行規則78条の2参照）。
※4　具体的には，婚姻期間中の保険料納付記録等（年金額の算定の基礎となるもの）を分割し，離婚等をした当事者は，それぞれ分割後の記録に基づいて年金額が算定されることとなる（受給資格要件を満たしていることが前提である。）。
※5　原則として，離婚等の日の翌日から起算して2年を経過した場合には，この申立てをすることはできない（厚生年金保険法78条の2第1項ただし書，厚生年金保険法施行規則78条の3第1項）。
※6　平成20年4月1日より前の第3号被保険者期間については，厚生年金保険法78条の14第1項が規定する特定期間に算入されず，当該期間に係る年金については，当事者間の合意又は裁判手続により按分割合（分割割合）を定めることになる。

第1 申立て
 1 管轄
  申立人又は相手方の住所地を管轄する家庭裁判所（法233条1項）又は当事者が合意で定める家庭裁判所（法66条1項）。
  なお，管轄の詳細については，第4編の第5章の第1節（338頁）と同様であるため参照されたい。
 2 申立人
  離婚等[537]をした当事者の一方
 3 申立ての方式
  (1) 申立費用
   ア 申立手数料
    （年金分割のための情報通知書一通につき）1,200円（収入印紙）（民訴費用法3条1項別表第一の一五の二の項）
    なお，審判の申立ての場合は，これに加えて審判確定証明申請手数料として収入印紙150円分[538]が必要となる。
   イ 郵便切手
    各家庭裁判所の実務上の運用によって異なる。
    なお，これら申立費用の詳細については，第4編の第6章の第1節の第2の1の(1)（341頁）と同様であるため参照されたい。
  (2) 申立書
    申立ては，申立書を家庭裁判所に提出してしなければならず（法49条1項），申立書を家庭裁判所に提出する際は，相手方の数と同数の申立書の写し（相手方送付用）を提出する必要がある（規47条）。
    申立書の方式や記載事項等については，第4編の第6章の第1節の第2の1の(2)（341頁）と同様であるため参照されたい。
  (3) 附属書類（添付書類）
    請求すべき按分割合に関する処分の審判事件の申立時に提出される，又は提出を求めることが多い主な附属書類（添付書類）は次のとおりである（各書類の趣旨等については，以下に記載する留意事項等のほか，第2編の第7章の第1節の第2の1の(3)（57頁）の①から③までの各類型の各書類の※の説明部分（家事調停事件に特有の事項は除く。）と同様であるため参照されたい。）。
    なお，本項では飽くまで主な附属書類（添付書類）の類型を示すにとどまるため，当然ながら，各家庭裁判所においては，裁判官の審理の方針，事案ごとの個別

---

[537] 冒頭の【どんな事件？】の※1参照。
[538] この審判確定証明申請手数料（民訴費用法7条別表第二の三の項）は，行為手数料と解されているが，この行為手数料として提出された収入印紙150円分についても，申立手数料の収入印紙1,200円分の取扱いと同様に，速やかに（原則としてその日のうちに）消印しなければならない（平成5年12月訟廷執務資料第62号「受付分配通達の概要について　帳簿諸票通達の概要について　保管金通達の概要について」（最高裁判所事務総局）10頁参照）。

第7章　厚生年金保険法に関する審判事件における書記官事務

の事情等の実情に応じて、請求すべき按分割合に関する処分の審判事件の手続の円滑な進行を図るために、規37条3項の規定に基づき、本項で示す類型以外の書類の提出を求める場合がある。
　◇　年金分割のための情報通知書（原本）（規120条）
　　※　申立人には、年金事務所、各共済組合又は私学事業団のいずれか（以下「年金事務所等」という。）で年金分割のために必要な情報（対象期間標準報酬総額、按分割合の範囲、これらの算定の基礎となる期間等）の提供を請求してもらい（厚生年金保険法78条の4参照）、年金事務所等から交付された年金分割のための情報通知書（原本）（離婚後、婚姻の取消後又は事実上の婚姻関係の解消後に交付されたもの）を提出してもらう必要がある。
　　　なお、年金分割のための情報通知書は、申立書の別紙として提出（添付）してもらうこととなるが、原則として、申立書の写しは相手方に送付されるため（法67条1項）、申立人が住所の非開示を希望する場合は、当該非開示希望住所が記載されていない年金分割のための情報通知書を取得してその写しとともに提出するか[539]、あるいは年金分割のための情報通知書に当該非開示希望住所が記載されている場合には、当該非開示希望住所部分を黒塗り（マスキング）してその写しとともに提出するよう求める必要がある（非開示希望情報等の適切な管理については、第2編の第7章の第2節の第3（76頁）を参照されたい。）。
　◇　申立ての理由及び事件の実情についての証拠書類写し（規37条2項）
　◇　事情説明書（規37条3項）
　◇　連絡先届出書（規37条3項）
　　※　本書類の趣旨については、第4編の第6章の第1節の第2の1の(3)の②の「◇　連絡先届出書」の※の説明部分（345頁）と同様であるため参照されたい。
　◇　非開示希望申出書（非開示希望の申出をする場合にのみ使用する書類）（規37条3項）
　◇　進行に関する照会回答書（規37条3項）
　◇　手続代理人の権限（代理権）を証明する書面（委任状）（規18条1項）
　◇　法定代理権及び手続行為をするのに必要な授権を証明する書面（規15条、民訴規15条前段）

第2　受付及び審査

　請求すべき按分割合に関する処分の審判事件の申立書の受付及び審査に関する書記官事務において特に留意すべき事項は、主に次の1から4までのとおりである。
　なお、その他の申立書の受付及び審査に関する書記官事務（全般）については、第4編の第6章の第2節の第1（350頁）と同様であるため参照されたい。

---

[539] 日本年金機構は、配偶者等からの暴力の被害を受けている国民年金等の被保険者又は受給権者からの申出により、当該被保険者又は受給権者の住所等の情報を配偶者や第三者に知られないようにするための対応を行っている。

第2　受付及び審査

1　年金分割のための情報通知書の確認について

　前記第1の3の(3)の「◇　年金分割のための情報通知書（原本）」の※の説明部分（566頁）のとおり，年金分割のための情報通知書が，離婚後，婚姻の取消後又は事実上の婚姻関係の解消後に交付されたものであるかについて，当該情報通知書の「婚姻期間等」欄の末日（例えば，離婚の場合は，離婚が成立した日が記載される。）の記載により確認する。

　また，年金分割のための情報通知書に記載されている第1号改定者（対象期間標準報酬総額が減少する者（いわゆる年金分割をされる者））と第2号改定者（対象期間標準報酬総額が増加する者（いわゆる年金分割を受ける者））が申立ての趣旨と合致しているか[540]（反対になっていないか）等を確認する。

　なお，年金分割のための情報通知書の発行日が被用者年金制度の一元化等を図るための厚生年金保険法等の一部を改正する法律（平成24年法律第63号）（以下，本章において「一元化法」という。）の施行日（平成27年10月1日）以降になっているかも確認する必要がある。一元化法の施行日前に発行された年金分割のための情報通知書が添付されていた場合には，一元化法の施行日以降に発行された年金分割のための情報通知書の提出を求める必要がある（平成27年8月19日付け最高裁家庭局第二課長及び総務局第三課長書簡参照）。

2　請求期限について

　家庭裁判所の審判や調停において請求すべき按分割合が定められた場合，当該審判や調停に基づいて自動的に年金分割がされるわけではなく，実際に離婚時の年金分割制度を利用するためには，年金事務所等において，年金分割の請求手続を行う必要がある。この年金分割の請求手続は，原則として，離婚等の日の翌日から起算して2年を経過した場合にはすることができない（厚生年金保険法78条の2第1項ただし書，厚生年金保険法施行規則78条の3第1項）。したがって，この期限を過ぎた場合には，家庭裁判所に請求すべき按分割合に関する処分の審判又は調停の申立てをすることはできない。ただし，この離婚等の日の翌日から起算して2年を経過する前に家庭裁判所に請求すべき按分割合に関する処分の審判又は調停の申立てをした場合には，按分割合（分割割合）を定める審判が確定し，又は調停が成立したのが，離婚等の日の翌日から起算して2年を経過した日以後であったとき，又は2年を経過した日前1か月以内であったときでも，例外的に，按分割合（分割割合）を定める審判が確定した日又は調停が成立した日の翌日から起算して1か月を経過するまでは年金分割の請求をすることができる（厚生年金保険法施行規則78条の3第2項）。この場合，年金分割の請求手続の際には，審判に基づく請求であれば審判書の謄本（又は抄本）及び審判確定証明書が，調停に基づく請求であれば調停調書の謄本（又は抄本）が，それぞれ

540　例えば，夫婦が婚姻中共働きであった事案において，年金分割を求める申立人が年金分割のための情報通知書を取得してみると，当該申立人の方が実際は第1号改定者であったという場合や，被用者年金制度の一元化等を図るための厚生年金保険法等の一部を改正する法律（平成24年法律第63号）の施行日前に，夫が厚生年金に加入し，妻が共済年金に加入していたような事案において，一元化前の年金制度ごとの按分割合の範囲と一元化後の制度横断的な按分割合の範囲とが大きく異なり，第1号改定者と第2号改定者とが逆転している場合等には留意する必要がある。

第7章 厚生年金保険法に関する審判事件における書記官事務

必要になるほか，更に当該審判又は調停の申立日を証明する書面（申立日証明書）も必要となる。

このような審判又は調停後の年金分割の請求手続についても，受付及び審査時等の手続案内の際に，当事者の理解の程度等に応じて，適宜，説明しておくことが望ましい。

3 夫婦関係調整調停申立事件等との関係について

本章に記載している請求すべき按分割合に関する処分の審判手続は，離婚等の後に行う手続である。したがって，離婚の前に当該審判を求める意向を示している当事者に対しては，例えば，夫婦関係調整（離婚）調停申立てに付随して申立てをする（第3編の第1章の第1節の第2の1の(3)（205頁）参照）ことや，離婚訴訟における附帯処分（人訴法32条1項）として申立てをすること等について，手続案内等の際に説明をする必要がある。

4 財産分与制度と離婚時年金分割制度との関係について

財産分与制度は，夫婦が有する特定の財産を，一定の要件及び手続により具体的に分与すること等を内容とする制度である。これに対し，離婚時年金分割制度は，年金受給権の計算の基礎となる標準報酬を，一定の要件及び手続により分割することを内容とする制度である。

このように，財産分与と離婚時年金分割とは，分与（分割）の対象を異にする別個独立の制度として設けられたものであり，財産の分与に関する処分の審判（又は調停）の申立てとともに請求すべき按分割合に関する処分の審判（又は調停）の申立てがされているときは，それぞれについて，分割の可否及びその具体的な内容を定めるべきものであることから，離婚時年金分割制度の対象となる年金については，財産分与によるのではなく離婚時年金分割制度によることが相当である（平成19年3月家庭裁判資料第184号「離婚時年金分割制度関係執務資料」（最高裁判所事務総局）53頁参照）。

第3 立件基準（事件番号の付け方の基準）

法律に定める対象期間[541]（受付分配通達別表第5の1の「内訳表」の「家事法別表第二関係」の(16)参照）。

なお，この法律に定める対象期間が複数となり，複数の年金分割のための情報通知書が発行される事例としては，①法律婚関係が解消した後，引き続き事実婚関係に移行し，その後に事実婚関係を解消した場合（対象期間は，法律婚期間と事実婚期間の二つとなる。），②法律婚関係が解消した後，同一人間で再婚し，その後に法律婚関係を再度解消した場合（対象期間は，前の法律婚期間と後の法律婚期間の二つとなる。），③事実婚関係が解消した後，同一人間で再度事実婚関係に至り，その後に事実

---

[541] この「法律に定める対象期間」とは，厚生年金保険法78条の2第1項に定める対象期間（婚姻期間その他の厚生労働省令で定める期間（厚生年金保険法施行規則78条の2参照））であり，年金分割のための情報通知書の「対象期間」欄ではなく，「婚姻期間等」欄に記載される（平成27年9月18日付け最高裁総務局第三課長事務連絡「「「事件の受付及び分配に関する事務の取扱いについて」の一部改正の概要等」の送付について」参照）。

婚関係を再度解消した場合（対象期間は，前の事実婚期間と後の事実婚期間の二つとなる。）が考えられる。これらの場合には，当該対象期間ごとに発行される当該情報通知書1通ごとに1件として立件する必要がある（平成27年9月18日付け最高裁総務局第三課長事務連絡「「「事件の受付及び分配に関する事務の取扱いについて」の一部改正の概要等」の送付について」参照）。

第4 記録の編成
第4編の第6章の第2節の第2（354頁）と同様であるため参照されたい。

第5 事件の分配
第4編の第6章の第2節の第5（355頁）と同様であるため参照されたい。

第6 審判期日の指定
第4編の第6章の第2節の第6（358頁）と同様であるため参照されたい。

第7 申立書の写しの送付等
第4編の第6章の第2節の第7（362頁）と同様であるため参照されたい。

第8 参考事項の聴取
第2編の第7章の第2節の第8（112頁）と同様であるため，適宜，請求すべき按分割合に関する処分の審判の手続における参考事項の聴取の場合に読み替えた上で参照されたい。

第9 付調停
第4編の第6章の第3節（365頁）と同様であるため参照されたい。

第10 審理等
請求すべき按分割合に関する処分の審判事件における審理等に関する主な留意事項は，次の1及び2のとおりである。

その他の審理等に関する書記官事務（全般）については，第4編の第6章の第5節（404頁）（第2の3の(2)（405頁）は除く。）から第8節（432頁）までと同様であるため参照されたい。

1 陳述の聴取の特則（法68条2項の規定の不適用）について

請求すべき按分割合に関する処分の審判事件についての審理及び判断は，基本的に，対象期間標準報酬総額，按分割合の範囲，これらの算定の基礎となる期間等に関する客観的な資料に基づいてされるものであり，当事者の陳述の内容によって左右される要素はそれほど多くはないため，当事者からの陳述の聴取の方法として，申出があった場合には必ず審問の期日を開くことを法律上義務付けるまでの必要性はなく，この点については，家庭裁判所の適切な裁量に委ねるのが相当であることから，請求すべき按分割合に関する処分の審判の手続については，当事者からの審問の期日の申

第7章　厚生年金保険法に関する審判事件における書記官事務

出についての規律を定める法68条2項の規定は適用されない（法233条3項）（逐条703頁参照）。

2　審理の進め方について

前記1の陳述の聴取の特則（法233条3項）等により，実務上も，当事者の陳述聴取はほとんど書面照会により行われている（「別冊法学セミナーno.225 新基本法コンメンタール人事訴訟法・家事事件手続法」（日本評論社）490頁参照）。

実務上，この書面照会は，裁判官の指示により，書記官が，次の参考例のような定型の書式[542]を当事者に送付して行うことが多く，その内容は，①対象期間における保険料納付に対する当事者の寄与（特別な貢献）の程度[543]及び按分割合（分割割合）を定めるに当たって考慮すべき事情について陳述すべきことがあるか，②①がある場合には，その時期，期間，内容等の具体的な事情等となっている。

なお，申立書等の内容から，裁判官から特に当事者の審問を実施する旨の指示があった場合には，速やかに審問の実施に係る事務（審問を行う期日の日程調整や審問の期日の通知等の事務）を行う。

542　アンケート調査の結果においても，多くの家庭裁判所においてこのような定型の書式を使用していることが確認できた。
543　対象期間における保険料納付に対する夫婦の寄与の程度は，特別の事情がない限り，互いに同等と見るのが相当であると考えられている（平成19年3月家庭裁判資料第184号「離婚時年金分割制度関係執務資料」（最高裁判所事務総局）52頁及び53頁参照）。

【当事者の陳述聴取をするための書面照会の参考例】

> 平成○○年（家）第○○号　請求すべき按分割合に関する処分の審判事件
>
> 相手方　○　○　○　○　様
> 　　　　　　　　　〒○○○-○○○○
> 　　　　　　　　　　○○県○○市○○町○丁目○番○号
> 　　　　　　　　　　○○家庭裁判所
> 　　　　　　　　　　　裁判所書記官　○　○　○　○
> 　　　　　　　　　　　電話　○○-○○○○-○○○○
>
> 　　　　　　　　照　　　　会
> 　○○○○さん（申立人）から，あなたに対し，いわゆる年金分割について，請求すべき按分割合に関する処分の審判の申立てがされました。
> 　この事件は，申立人が日本年金機構等に対していわゆる年金分割の請求をする前提として，家庭裁判所において，分割の際の割合を定めるためのものです。
> 　つきましては，この事件について，下記のとおりお尋ねしますので，回答を記入の上，末尾にあなたの氏名を記載し，押印して<u>平成○○年○月○日</u>までに当職宛に返送してください。
> 　下記の枠に書ききれない場合はこの書面と同じ大きさの用紙に（白紙，罫紙いずれでも可）続きを記載してください。
> 　　　　　　　　　　　記
> 1　あなたと申立人との婚姻期間（離婚又は婚姻取消しまでの期間，事実婚の解消までの期間）に厚生年金等の保険料が納付されていますが，この保険料納付についてあなた又は申立人の「寄与（特別な貢献）の程度」及び年金分割の際の分割割合を定めるに当たって考慮すべき事情について，述べておくことはありますか（該当する番号を○で囲んでください。）。
> 　　　　(1)　ある　　　(2)　ない
> 2　1で(1)と回答した場合，どなた（あなた，申立人，双方）について，どのような事情がありましたか。時期，期間，内容等を具体的に記載してください。
> 　（　　　　　　　　　　　　　　　　　　　　　　　　　　　　）
> 3　そのほか，述べておきたいことがあれば，内容を具体的に記載してください。
> 　（　　　　　　　　　　　　　　　　　　　　　　　　　　　　）
> 上記のとおり回答します。
> 　　平成　　　年　　　月　　　日
> 　　　　氏名（署名）　　　　　　　　　　　　　㊞

第7章　厚生年金保険法に関する審判事件における書記官事務

第11　審判手続の終了

　　第4編の第6章の第9節（432頁）と同様であるため参照されたい。

　　なお，前記第2の2（567頁）のとおり，年金分割の請求手続には厳格な請求期限があることから，説明書面等も利用して，審判の告知時にも当事者に年金分割の請求手続について説明する必要がある。また，併せて，申立時にあらかじめ審判確定証明申請を受けていた場合には，審判確定後，速やかに，申請者に対し，審判確定証明書を交付（送付）する必要がある。

第12　審判手続終了後の書記官事務

　　第4編の第6章の第11節（446頁）と同様であるため参照されたい。

第13　審判に対する即時抗告

　　請求すべき按分割合に関する処分の審判及びその申立てを却下する審判に対しては，申立人及び相手方が即時抗告をすることができる（法233条2項）。

　　この即時抗告の手続については，第4編の第7章の第2節（449頁）と同様であるため参照されたい。

第8章　生活保護法等に関する審判事件における書記官事務

　本章では，別表第二審判事件のうち，生活保護法等に関する審判事件である，扶養義務者の負担すべき費用額の確定（法別表第二の十六の項の事項）の審判事件について，第4編の別表第二審判手続における書記官事務の総論部分とは異なる事項や特に留意すべき事項等を中心に具体的な書記官事務について記載する。

第8章　生活保護法等に関する審判事件における書記官事務

扶養義務者の負担すべき費用額の確定の審判事件

> 【どんな事件？】
> 　生活保護法は，国が生活に困窮する全ての国民に対し，その困窮の程度に応じ，必要な保護を行い，その最低限度の生活を保障するとともに，その自立を助長することを目的としている（同法1条）。そして，同法4条は，その2項において，民法に定める扶養義務者の扶養及び他の法律に定める扶助は，全て生活保護法による保護に優先して行われるものとする旨規定する等して，保護の補足性を規定している。
> 　このようなことから，生活保護法によって現に保護を受けている者（被保護者）に扶養義務者（民法877条参照）があるときは，当該義務の範囲内において，保護費を支弁した都道府県又は市町村の長は，その費用の全部又は一部を，当該扶養義務者から徴収することができる（生活保護法77条1項）。この場合において，当該扶養義務者の負担すべき費用額について，保護の実施機関（同法19条参照）と当該扶養義務者の間に協議が調わないとき，又は協議をすることができないときは，当該保護の実施機関は，家庭裁判所に，扶養義務者の負担すべき費用額の確定の審判（又は調停）を申し立てることができる（同法77条2項（ハンセン病問題の解決の促進に関する法律21条2項において準用する場合を含む。））。
> 　この審判は，法別表第二の十六の項の事項（扶養義務者の負担すべき費用額の確定）についての審判である。

第1　申立て
1　管轄
　扶養義務者（数人に対する申立てに係るものにあっては，そのうちの一人）の住所地を管轄する家庭裁判所（法240条2項）又は当事者が合意で定める家庭裁判所（法66条1項）。

　なお，管轄の詳細については，第4編の第5章の第1節（338頁）と同様であるため参照されたい。

2　申立人
　保護の実施機関（生活保護法77条2項）。

　保護の実施機関とは，都道府県知事，市長及び社会福祉法に規定する福祉に関する事務所（福祉事務所）を管理する町村長である（生活保護法19条参照）。

3　申立ての方式
(1)　申立費用

　ア　申立手数料

　　　1,200円（収入印紙）（民訴費用法3条1項別表第一の一五の二の項）

　イ　郵便切手

　　　各家庭裁判所の実務上の運用によって異なる。

　なお，これら申立費用の詳細については，第4編の第6章の第1節の第2の1の(1)（341頁）と同様であるため参照されたい。

(2)　申立書

　申立ては，申立書を家庭裁判所に提出してしなければならず（法49条1項），申

立書を家庭裁判所に提出する際は，相手方の数と同数の申立書の写し（相手方送付用）を提出する必要がある（規47条）。

申立書には，当事者（申立人及び相手方）のほか，被保護者を記載してもらう必要がある[544]。その他の申立書の方式や記載事項等については，第4編の第6章の第1節の第2の1の(2)（341頁）と同様であるため参照されたい。

(3) 附属書類（添付書類）

扶養義務者の負担すべき費用額の確定の審判事件の申立時に提出される，又は提出を求めることが多い主な附属書類（添付書類）は次のとおりである（各書類の趣旨等については，以下に記載する留意事項等のほか，第2編の第7章の第1節の第2の1の(3)（57頁）の①から③までの各類型の各書類の※の説明部分（家事調停事件に特有の事項は除く。）と同様であるため参照されたい。）。

なお，本項では飽くまで主な附属書類（添付書類）の類型を示すにとどまるため，当然ながら，各家庭裁判所においては，裁判官の審理の方針，事案ごとの個別の事情等の実情に応じて，扶養義務者の負担すべき費用額の確定の審判事件の手続の円滑な進行を図るために，規37条3項の規定に基づき，本項で示す類型以外の書類の提出を求める場合がある。

◇ 申立ての理由及び事件の実情についての証拠書類写し（規37条2項）
　※ この証拠書類写しの例としては，生活保護決定書謄本や保護費計算書等が挙げられる。
◇ 相手方（扶養義務者）及び被保護者の戸籍全部事項証明書（戸籍謄本）（規37条3項）
◇ 事情説明書（規37条3項）
◇ 連絡先届出書（規37条3項）
　※ 本書類の趣旨については，第4編の第6章の第1節の第2の1の(3)の②の「◇　連絡先届出書」の※の説明部分（345頁）と同様であるため参照されたい。
◇ 非開示希望申出書（非開示希望の申出をする場合にのみ使用する書類）（規37条3項）
◇ 進行に関する照会回答書（規37条3項）
◇ 手続代理人の権限（代理権）を証明する書面（委任状）（規18条1項）

第2　受付及び審査

第4編の第6章の第2節の第1（350頁）と同様であるため参照されたい。

第3　立件基準（事件番号の付け方の基準）

申立書（受付分配通達別表第5の1の「内訳表」の「家事法別表第二関係」の(17)参照）

---

[544] なお，家事審判法（旧法）時，申立てに当たっては，申立ての趣旨として扶養義務者の負担すべき費用額の確定を求め，事件の実情として，被保護者に対し保護を実施したこと，その保護費の負担につき保護の実施機関と扶養義務者との間において協議が調わないこと，あるいは協議することができないことを明らかにすることとされていた（斎藤秀夫，菊池信男編「注解家事審判規則【改訂】」（青林書院）612頁参照）。

第8章　生活保護法等に関する審判事件における書記官事務

第4　記録の編成
第4編の第6章の第2節の第2（354頁）と同様であるため参照されたい。

第5　事件の分配
第4編の第6章の第2節の第5（355頁）と同様であるため参照されたい。

第6　審判期日の指定
第4編の第6章の第2節の第6（358頁）と同様であるため参照されたい。

第7　申立書の写しの送付等
第4編の第6章の第2節の第7（362頁）と同様であるため参照されたい。

第8　参考事項の聴取
第2編の第7章の第2節の第8（112頁）と同様であるため，適宜，扶養義務者の負担すべき費用額の確定の審判の手続における参考事項の聴取の場合に読み替えた上で参照されたい。

第9　付調停
第4編の第6章の第3節（365頁）と同様であるため参照されたい。

第10　審理等
第4編の第6章の第5節（404頁）から第8節（432頁）までと同様であるため参照されたい。

第11　審判手続の終了
第4編の第6章の第9節（432頁）と同様であるため参照されたい。
なお，扶養義務者の負担すべき費用額の確定の審判書又は調停調書は，それ自体が債務名義となり，執行文の付与を得て強制執行することができる（平成4年7月27日付け最高裁家一第230号家庭局長回答「生活保護法77条2項の扶養義務者の負担費用額の確定審判に基づく強制執行手続について」参照）。

第12　審判手続終了後の書記官事務
第4編の第6章の第11節（446頁）と同様であるため参照されたい。

第13　審判に対する即時抗告
扶養義務者の負担すべき費用額の確定の審判及びその申立てを却下する審判に対しては，申立人及び相手方が即時抗告をすることができる（法240条6項3号）。
この即時抗告の手続については，第4編の第7章の第2節（449頁）と同様であるため参照されたい。

第6編　履行確保における書記官事務

本編では，家事調停や別表第二審判において定められた義務の履行を確保するための手段として，第1章において履行状況の調査及び履行の勧告（法289条）について，第2章において履行命令（法290条）について，それぞれ具体的な書記官事務について記載する。

第1章　履行状況の調査及び履行の勧告における書記官事務

第1　概説

義務を定める法39条の規定による審判をした家庭裁判所[545]，調停をした家庭裁判所，調停に代わる審判をした家庭裁判所及び調停委員会が調停前の処分を命じた家事調停事件の係属する家庭裁判所（以下，本章において「義務等を定めた家庭裁判所」という。）は，権利者の申出があるときは，当該審判（審判前の保全処分を含む。抗告裁判所又は高等裁判所が義務を定める裁判をした場合にあっては，当該裁判。以下，本章において同じ。），調停又は調停に代わる審判で定められた義務及び調停前の処分として命じられた事項（以下，本章において，義務及び事項を合わせて「義務等」ともいう。）の履行状況を調査し，義務者に対してその義務等の履行を勧告することができる（審判につき法289条1項。調停又は調停に代わる審判及び調停前の処分につき同条7項・1項）。これを一般に「履行勧告」と呼んでいる（以下，本章において，義務等の履行状況の調査及び履行の勧告を「調査及び勧告」という。）。

履行勧告は，義務者の義務等の履行を促すにすぎず，事実上の効果をねらって適宜の方法で行われる事実行為であり，審判その他の裁判には当たらず，家事審判に関する手続の直接の適用はない。

本章では，以下において，この調査及び勧告の制度の趣旨や内容，手続等の詳細について記載する。

第2　調査及び勧告の対象となる義務等

調査及び勧告の対象となるのは，審判，調停又は調停に代わる審判で定められた義務及び調停前の処分として命じられた事項である。

これらの義務等には，金銭の支払等の財産上の給付義務のほか，子の引渡義務や夫婦間の同居義務などのように財産上の給付義務でないものや強制執行をすることができないと解されているものも含まれる（逐条876頁参照）。

---

[545] 法91条1項（法96条1項及び98条1項において準用する場合を含む。）の規定により抗告裁判所が義務を定める裁判をした場合にあっては第一審裁判所である家庭裁判所，法105条2項の規定により高等裁判所が義務を定める裁判をした場合にあっては本案の家事審判事件の第一審裁判所である家庭裁判所を含む（法289条1項参照）。

第1章　履行状況の調査及び履行の勧告における書記官事務

第3　手続
1　管轄
義務等を定めた家庭裁判所（法289条1項・7項）。

2　申出人
義務等の権利者（法289条1項・7項）。

なお，調査及び勧告の家事事件は，権利者の申出があることが前提となるが，当該申出は飽くまで家庭裁判所の職権を促す趣旨である（逐条876頁参照）。

3　申出の方式
調査及び勧告は，権利者の申出があった場合に限り行われ，その方式は，書面又は口頭により，電話による申出でも差し支えない（平成16年3月29日付け最高裁家一第78号事務総長通達「履行確保事務の運用について」記第1の1の(1)参照）。

(1)　申出費用

　ア　申出手数料

　　不要である。

　イ　郵便切手

　　不要である。

なお，調査及び勧告に係る費用，すなわち，呼出，通知，嘱託等に要する費用並びに裁判官，調査官及び書記官の旅費等は，全て国庫支弁とするとされている（平成16年3月29日付け最高裁家一第78号事務総長通達「履行確保事務の運用について」記第1の3参照）。

(2)　申出書

前述のとおり，調査及び勧告の申出は，書面又は口頭のいずれによってもよく，電話による申出でも差し支えない。

口頭又は電話による申出があった場合は，必要な事項（権利者及び義務者の，氏名，住所，電話番号，勤務先の名称・所在地・電話番号，申出までの履行状況，申出人（権利者）の希望事項等）を聴取した上，聴取書又は調査勧告票（申出書に準ずる書面）を作成する（平成16年3月29日付け最高裁家一第78号事務総長通達「履行確保事務の運用について」記第1の1の(1)及び平成12年6月30日付け最高裁家三第279号家庭局長通達「調査勧告票の様式の制定について」参照）。

なお，この調査及び勧告の申出時等には，申出人（権利者）から現住所や電話番号等について義務者に対する非開示希望の申出がされる場合がある。当該非開示希望の申出がされた場合は，当該非開示希望の申出の対象となる情報を適切に管理する必要がある。このような非開示希望情報等の適切な管理については，第2編の第7章の第2節の第3（76頁）に詳細が記載されているため参照されたい。

(3)　附属書類（添付書類）

　　不要である。

4　立件基準（事件番号の付け方の基準）
履行勧告事件の立件基準は「申出書」であり，家事雑事件（記録符号（家ロ））として立件する[546]（受付分配通達別表第5の12の(26)参照）。

第3　手続

5　記録の編成

履行勧告事件の記録は，記録表紙，申出書又はこれに準ずる書面（口頭又は電話による申出があった場合における聴取書，調査勧告票に申出事項を記載した場合における当該書面等）[547]及び義務等を定めた審判書又は調停調書等の写しの順に並べて編成し，当該義務等を定めた審判又は調停事件の記録（基本事件記録）の末尾に編てつするか，あるいは当該基本事件記録に添付する（いわゆる「ひき舟」にする。）。ただし，当該基本事件記録が廃棄されている場合は，独立して保管する。また，調査及び勧告が終了するまでは，別に整理保管することを妨げない（平成16年3月29日付け最高裁家一第78号事務総長通達「履行確保事務の運用について」記第1の1の(3)，平成19年1月家庭裁判資料第183号訟廷執務資料第74号「家事書記官事務の手引（改訂版）」（最高裁判所事務総局）170頁及び平成7年3月訟廷執務資料第64号「事件記録等保存規程の解説（改訂版）」（最高裁判所事務総局）56頁参照）。

6　調査及び勧告

(1)　概説

義務等を定めた家庭裁判所は，調査及び勧告を他の家庭裁判所に嘱託することができる（法289条2項・7項）。義務等を定めた家庭裁判所並びに調査及び勧告の嘱託を受けた家庭裁判所（以下，本章において「調査及び勧告をする家庭裁判所」という。）は，調査官に調査及び勧告をさせることができる（同条3項・7項）[548]。調査及び勧告をする家庭裁判所は，調査及び勧告に関し，事件の関係人の家庭環境その他の環境の調整を行うために必要があると認めるときは，調査官に社会福祉機関との連絡その他の措置をとらせることができ（同条4項・7項），調査及び勧告に必要な調査を官庁，公署その他適当と認める者に嘱託し，又は銀行，信託会社，関係人の使用者その他の者に対し関係人の預金，信託財産，収入その他の事項に関して必要な報告を求めることができる（同条5項・7項）。同条2項又は5項（これらの規定を同条7項において準用する場合を含む。）の規定による嘱託の手続は，書記官が行う（規139条1項）。

なお，勧告は，手続上も実体上も何らの法律上の効果を伴うものではなく，裁判ではない。したがって，特定の形式による必要はなく，適宜書面又は口頭によって行われる。

(2)　調査及び勧告を裁判官が行う場合

履行勧告事件の受付後，当該記録を裁判官に提出した際等に，裁判官から履行状況に関する書面照会又は書面による履行勧告を行う旨の指示があったときは，当該指示に従った内容の各庁作成の照会書及び回答書又は履行勧告書を作成して，これを義務者に送付（送付費用は国庫負担）し，送付した照会書及び回答書又は履行勧

546　申出書又はこれに準ずる書面（口頭又は電話による申出があった場合における聴取書，調査勧告票に申出事項を記載した場合における当該書面等）に基づいて立件する（平成16年3月29日付け最高裁家一第78号事務総長通達「履行確保事務の運用について」記第1の1の(1)参照）。

547　これらの書面には受付日付印を押す。

548　調査及び勧告は，審判等で定められた義務の履行を自発的にするように導くケースワーク的な性質があるため，調査官が扱うことが適当である場合が多い（逐条876頁参照）。

第1章　履行状況の調査及び履行の勧告における書記官事務

告書の写しを当該記録に編てつする（平成19年1月家庭裁判資料第183号訟廷執務資料第74号「家事書記官事務の手引（改訂版）」（最高裁判所事務総局）170頁参照）。

　このように，調査及び勧告を裁判官がしたときは，担当の書記官が，調査及び勧告の内容とその結果を調査勧告票の経過欄に記入し，調査及び勧告の経過に関して特に申出人に通知する必要があると認める事項は，遅滞なく通知する（平成16年3月29日付け最高裁家一第78号事務総長通達「履行確保事務の運用について」記第1の1の(2)参照）。

(3) 調査及び勧告を調査官が行う場合

　裁判官が調査官に対し，調査及び勧告をさせる（法289条3項）ときは，当該記録を調査官に引き継ぐ。

　この場合には，調査官が，調査及び勧告の内容とその結果を調査勧告票の経過欄に記入し，調査及び勧告の経過に関して特に申出人に通知する必要があると認める事項は，遅滞なく通知する（平成16年3月29日付け最高裁家一第78号事務総長通達「履行確保事務の運用について」記第1の1の(2)参照）。

(4) 調査及び勧告の終了

　調査及び勧告をしないことが相当と認めるとき，又は調査及び勧告を終了させて差し支えないと認めるときは，裁判官のその旨の認定によって事件を終結させる（平成16年3月29日付け最高裁家一第78号事務総長通達「履行確保事務の運用について」記第1の1の(4)参照）。どのような場合に終了認定をすべきかは一概にいえないが，終了の態様として，①1回ないし数回履行があり将来も履行の見込みが強い，②履行完了，③強制執行申立て，④再調停の申立て，⑤申出の撤回，⑥所在不明のため勧告不能等が考えられる（平成21年3月研修教材第15号「家事審判法実務講義案（六訂再訂版）」（裁判所職員総合研修所）417頁参照）。この裁判官の終了認定は，調査勧告票の調査勧告経過等の末尾に「平成〇〇年〇月〇日終了」と付記し，裁判官が押印する形でされることになる（平成12年6月30日付け最高裁家三第279号家庭局長通達「調査勧告票の様式の制定について」記2の別紙様式第2参照）[549]。

7　嘱託による調査及び勧告の処理

　調査及び勧告を他の家庭裁判所に嘱託する場合（法289条2項）には，審判書や調停調書等の謄本その他必要と認める書面を嘱託書に添付する。嘱託があったときは，受託庁においては，これを家事共助事件（記録符号（家ハ））として立件する（受付分配通達別表第5の10参照）。受託庁のした調査及び勧告の経過に関して特に申出人に通知する必要があると認める事項は，嘱託庁において通知する（平成16年3月29日付け最高裁家一第78号事務総長通達「履行確保事務の運用について」記第1の2

---

[549] 履行勧告事件が終了（終局）したときは，平成17年1月31日付け最高裁情政第000005号事務総長通達「裁判統計報告について」及び同日付け最高裁情政第000006号情報政策課長通達「裁判統計報告に関する事務の処理について」並びに平成17年12月統計執務資料第39号「裁判統計報告書（事件票）作成要領家事・訴訟等編」（最高裁判所事務総局）に従い，記録に基づいて民事裁判事務支援システム（MINTAS）等を利用して家事履行勧告・履行命令事件票（家票4）を作成することになる。

- 580 -

参照)。

8 記録の閲覧及び謄写等

調査及び勧告は，家事審判手続や家事調停手続ではないため，家事審判事件及び家事調停事件の記録の閲覧・謄写等の規律（法47条，254条）の適用は受けず，調査及び勧告の事件の関係人から当該事件の記録の閲覧・謄写等の請求があった場合には，調査及び勧告をする家庭裁判所が相当と認めるときは，これを許可することができる（法289条6項・7項）。当該事件の記録の閲覧・謄写等を許可する裁判においては，当該事件の記録中の閲覧・謄写等を許可する部分を特定しなければならない（規139条3項，35条）。当該事件の記録の閲覧・謄写等の許可があった場合における閲覧・謄写等に関する事務は書記官が取り扱う（規139条2項）。

9 経過措置

非訟事件手続法及び家事事件手続法の施行に伴う関係法律の整備等に関する法律（平成23年法律第53号）3条の規定による廃止前の家事審判法（旧法）の規定による義務を定める審判その他の裁判，調停若しくは調停に代わる審判又は調停前の措置は，法の規定による義務を定める審判その他の裁判，調停若しくは調停に代わる審判又は調停前の処分とみなされ，法289条及び規139条の調査及び勧告の規定が適用される（法附則3条，規附則3条）。

第2章　履行命令における書記官事務

第1節　履行命令
第1　概説

　　　　履行命令（義務履行の命令）の制度は，義務者が，法39条の規定による審判又は調停若しくは調停に代わる審判において定められた金銭の支払その他の財産上の給付を目的とする義務の履行を怠った場合において，当該各審判又は調停をした家庭裁判所[550]は，相当と認めるときは，権利者の申立てにより，当該義務者に対し，相当の期限を定めて当該義務の履行をすべきことを命ずる審判をすることができ（法290条1項前段・3項），当該義務の履行を命じられた義務者が，正当な理由なく当該命令に従わないときは，10万円以下の過料に処することができる（同条5項）等といったことを内容とする制度である。

　　　　本節では，以下において，この履行命令の制度の趣旨や内容，手続等の詳細について記載する。

第2　履行命令の対象となる義務

　　　　履行命令の対象となる義務は，法39条の規定による審判又は調停若しくは調停に代わる審判において定められた義務のうち，金銭の支払その他の財産上の給付を目的とする義務に限定される。

　　　　すなわち，夫婦の同居等の身分関係に基づく義務は，履行命令違反（不服従）時の過料（本章の第2節（588頁）参照）の制裁を背景に履行させるのに適さないものであるから，履行命令の対象から除外されている。

　　　　このほか，面会交流を定める義務についても，前記過料の制裁をもって義務の履行を間接的に強制することにより履行の見込みが高まるとは必ずしもいえないこと，義務の履行の強制としては，より強制力の強い間接強制によることが可能であること等の理由により履行命令の対象から除外されており，また，子の引渡しを定める義務についても，同様に，前記過料の制裁をもって義務の履行を強制してもこれにより履行の見込みが高まるとは考えにくく，他方で，一般的にその審判の執行の場面でも迅速性が特に要請されることからすると，間接強制又は直接強制の手続によることが相当である等の理由により履行命令の対象から除外されている（逐条880頁参照）。

第3　手続
1　管轄
(1)　管轄

---

[550] 法91条1項（法96条1項及び98条1項において準用する場合を含む。）の規定により抗告裁判所が義務を定める裁判をした場合にあっては第一審裁判所である家庭裁判所，法105条2項の規定により高等裁判所が義務を定める裁判をした場合にあっては本案の家事審判事件の第一審裁判所である家庭裁判所を含む（法289条1項参照）。

履行命令事件の管轄裁判所は，義務を定める法39条の規定による審判又は調停若しくは調停に代わる審判をした家庭裁判所である（法290条1項前段・3項）。

また，法91条1項（法96条1項及び98条1項において準用する場合を含む。）の規定により抗告裁判所が義務を定める裁判をした場合にあっては第一審裁判所である家庭裁判所，法105条2項の規定により高等裁判所が義務を定める裁判をした場合にあっては本案の家事審判事件の第一審裁判所である家庭裁判所が管轄裁判所となる（法289条1項参照）。

(2) **移送**

履行命令の裁判の性質は審判であることから（逐条880頁参照），法の移送の規定の適用も受ける（家事事件手続法概説150頁参照）。履行命令事件を移送する場合には，義務を定める審判書又は調停調書の謄本その他必要と認める書面を添付することとされている（平成16年3月29日付け最高裁家一第78号事務総長通達「履行確保事務の運用について」記第2の2参照）。

2 申立人

法39条の規定による審判又は調停若しくは調停に代わる審判において定められた金銭の支払その他の財産上の給付を目的とする義務の権利者（法290条1項前段・3項）

3 申立ての方式

前述のとおり，履行命令の裁判の性質は審判であることから，その申立てから命令に至るまでの全ての手続は，家事審判に関する手続の規定に従って行われる（法290条4項，法第2編第1章，規140条2項，規第2編第1章）。

(1) **申立費用**[551]

ア 申立手数料

500円（収入印紙）（民訴費用法3条1項別表第一の一七の項のイの(ハ)）

イ 郵便切手

この郵便切手は，当事者等の呼出しや告知等のために要する費用であり（民訴費用法11条1項1号），郵便切手で予納する（民訴費用法13条）。申立時に必要な郵便切手の券種及び枚数は，申立先の各家庭裁判所の実務上の運用によって異なる。

(2) **申立書**

申立ては，申立書を家庭裁判所に提出してしなければならない（法290条4項，49条1項）。

申立書の方式や記載事項等については，第4編の第6章の第1節の第2の1の(2)（341頁）（別表第二審判事件に特有の事項は除く。）と同様であるため参照されたい。

(3) **附属書類（添付書類）**

不要である。

---

[551] 履行命令の申立ては，家事雑事件として取り扱うものとし，費用の予納，立替え等については，他の家事雑事件と同様の取扱いとするとされている（平成16年3月29日付け最高裁家一第78号事務総長通達「履行確保事務の運用について」記第2の1参照）。

第2章　履行命令における書記官事務

4　立件基準（事件番号の付け方の基準）
　履行命令事件の立件基準は「申立書」であり，家事雑事件（記録符号（家ロ））として立件する（受付分配通達別表第5の12の⑵参照）。

5　記録の編成
　履行命令事件の記録は，当該義務を定めた審判又は調停事件の記録（基本事件記録）の末尾に編てつするか，あるいは当該基本事件記録に添付する（いわゆる「ひき舟」にする。）。ただし，当該基本事件記録が廃棄されている場合は，独立して保管する（平成19年1月家庭裁判資料第183号訟廷執務資料第74号「家事書記官事務の手引（改訂版）」（最高裁判所事務総局）171頁及び平成7年3月訟廷執務資料第64号「事件記録等保存規程の解説（改訂版）」（最高裁判所事務総局）56頁参照）。

6　審理
　履行命令の申立てを受けた家庭裁判所は，必要な事項について調査及び審理をした上で，義務の履行をすべきことを命ずるか，又は申立てを却下することになる（逐条880頁参照）。

　家庭裁判所は，法290条1項の規定により義務の履行を命ずるには，義務者の陳述を聴かなければならない（同条2項）。この義務者の陳述聴取の方法に特に制限はなく，裁判官の審問によるほか，調査官による調査，書面照会等の方法が考えられる（一問一答19頁参照）。この陳述聴取については，例えば，義務者が正当な事由なく陳述聴取のための期日の呼出し[552]に応じず，当該期日に出頭しないような場合は，義務者に陳述の機会を与えたものとして，そのまま履行命令を発することができると解されている（平成21年3月研修教材第15号「家事審判法実務講義案（六訂再訂版）」（裁判所職員総合研修所）420頁及び斎藤秀夫，菊池信男編「注解家事審判規則【改訂】」（青林書院）448頁参照）。

　なお，前述のとおり，履行命令の手続は，家事審判に関する手続の規定に従って行われることから（法290条4項，法第2編第1章，規140条2項，規第2編第1章），例えば，事実の調査をした場合は，事実の調査の要旨の記録化（規44条2項），事実の調査の通知（法63条），事実の調査の通知をした旨及び通知の方法の記録化（規5条，民訴規4条2項）等の事務を行うことはもちろんである。

7　履行命令
(1)　概説
　履行命令の申立てを受けた家庭裁判所は，必要な事項について調査及び審理をした上で，相当と認めるとき[553]は，義務者に対し，相当の期限を定めてその義務の履行をすべきことを命ずる審判（履行命令）をすることができる。この履行命令

---

[552] 期日の呼出しの方法については，第4編の第6章の第2節の第6の2の(2)のウ（360頁）を参照されたい。なお，この期日の呼出しについては，義務者に陳述聴取の機会を与えたことを明確にするため，いわゆる簡易呼出しではなく，正式な呼出し（法34条4項で準用する民訴法94条1項参照）をすることが望ましい。
[553] この「相当と認めるとき」とは，過料の制裁をもって間接的に強制される履行命令をすることが適当であると認められる場合であると解されており，具体的には，義務者の義務の不履行の程度，理由，履行能力，生活状況，健康状態等を考慮して判断されることになる（平成21年3月研修教材第15号「家事審判法実務講義案（六訂再訂版）」（裁判所職員総合研修所）419頁及び420頁（注2）参照）。

は，履行命令をする時までに義務者が履行を怠った義務の全部又は一部についてすることができる（法290条1項）。

なお，申立ての範囲の一部についてのみ履行命令をした場合でも残余部分について申立てを却下する必要はない（平成21年3月研修教材第15号「家事審判法実務講義案（六訂再訂版）」（裁判所職員総合研修所）419頁及び斎藤秀夫，菊池信男編「注解家事審判規則【改訂】」（青林書院）448頁参照）。

おって，履行命令の基礎となる権利関係は，既に審判又は調停によって具体的内容が形成され，給付が命じられているものであるから，履行命令によってこれらの実体的権利義務及び審判等の効力に何らの影響も及ぼさない（家事事件手続法概説151頁参照）。

(2) **履行命令の形式**

前述のとおり，履行命令の裁判の性質は審判であり，その申立てから命令に至るまでの全ての手続は，家事審判に関する手続の規定に従って行われる（法290条4項，法第2編第1章，規140条2項，規第2編第1章）。

したがって，履行命令は，法76条の規定に従って，審判書を作成してしなければならず（同条1項），当該審判書には，①主文，②理由の要旨，③当事者及び法定代理人，④裁判所を記載し（同条2項），当該審判をした裁判官が記名押印しなければならない（規50条1項）。

この履行命令の参考例は次のとおりである。

第2章　履行命令における書記官事務

【履行命令の参考例】

> 平成○○年（家ロ）第○○号　履行命令申立事件
> 　　　　　　　審　　　判
> 　　　　　　　　○○県○○市○○町○丁目○番○号
> 　　　　　　　　　　　申立人　○　○　○　○
> 　　　　　　　　○○県○○市○○町○丁目○番○号
> 　　　　　　　　　　　相手方　○　○　○　○
> 　頭書事件について，当裁判所は，申立人の本件申立てを相当と認め，次の主文のとおり審判する。
> 　なお，正当な理由なく本命令に従わないときは，家事事件手続法290条5項により，10万円以下の過料に処する。※1
> 　　　　　　　　主　　　文
> 1　相手方は，申立人に対し，当庁平成○○年（家イ）第○○号○○調停申立事件について平成○○年○月○日に成立した調停条項第○項で定められた○○の給付義務について，本命令時までにその履行を怠った○○万円を※2，本命令送達の日から○○日以内※3に支払え。
> 2　手続費用は○○の負担とする。※4
> 　　　　　　　平成○○年○月○日
> 　　　　　　　　○○家庭裁判所
> 　　　　　　　　　　裁　判　官　○　○　○　○　㊞
> 　※1　このなお書きは，後記(3)の履行命令に違反した場合の制裁の告知（規140条1項）の記載である。
> 　※2　この主文は，履行命令をする時までに義務者（相手方）が履行を怠った義務の全部について命令をする場合の記載例である。
> 　※3　実務上は，14日以内とされる例が多い。
> 　※4　手続費用の負担の裁判を記載する（法29条1項）。

(3) **履行命令に違反した場合の制裁の告知**

　家庭裁判所は，法290条1項（同条3項において準用する場合を含む。）の規定による義務の履行をすべきことを命ずる審判（履行命令）をする場合には，同時に，義務者に対し，その違反に対する法律上の制裁（法290条5項参照）を告知しなければならない（規140条1項）。

　この履行命令に違反した場合の制裁の告知は，当該制裁の告知をするか否かが履行命令自体の効力に影響を及ぼすものではないが，履行命令を発する際に，同時に当該制裁の告知をしておけば，履行命令の内容が実現される効果も期待されることから行うものである。したがって，当該制裁の告知を欠いたとしても，履行命令に正当な理由なく従わない義務者に対して，過料の制裁を科すことは妨げられないと解される。

　当該制裁の告知は，履行命令を発する際に同時にされるものであるから，履行命令の告知の方法（後記(4)参照）として，義務の履行をすべきことを命ずる審判書を

作成し，これを送付する場合には，前記(2)の参考例のように，当該審判書に併せて過料の制裁がある旨を記載することによって当該制裁の告知を行うことが考えられる。また，当該審判書を作成の上，その内容を口頭で告知する場合には，過料の制裁がある旨を口頭で告知することが考えられる。その際，履行命令を告知した旨及び告知の方法を記録上明らかにする際に（規50条3項），当該制裁の告知をした旨も付記することになる（条解規則345頁参照）。

(4) 履行命令の告知

履行命令は，義務者（相手方）に相当と認める方法で告知することによってその効力が生ずる（法290条4項，74条1項・2項本文）（条解規則344頁及び345頁参照）。

履行命令に対しては不服申立て（即時抗告）をすることができないが（後記9参照），前述のとおり，履行命令違反の場合には過料の制裁が科されることから，手続の適正及び明確を期するために，義務者（相手方）に対しては，履行命令の審判書謄本を送達する方法により告知するのが望ましい。また，併せて，権利者（申立人）にも，履行命令の内容を了知させるため，当該審判書謄本を普通郵便で送付する等の相当と認める方法で告知するのが望ましい[554]。

8 履行命令手続の終了

履行命令手続は，履行命令，申立てを却下する審判，申立書却下命令（法49条5項参照）及び申立ての取下げ（法82条及び83条参照）によって終了する。[555]

9 不服申立て（即時抗告）の可否

履行命令及び当該申立てを却下する審判のいずれに対しても，不服申立て（即時抗告）は認められていない。その趣旨については，逐条881頁を参照されたい。

10 経過措置

非訟事件手続法及び家事事件手続法の施行に伴う関係法律の整備等に関する法律（平成23年法律第53号）3条の規定による廃止前の家事審判法（旧法）の規定による義務を定める審判その他の裁判，調停若しくは調停に代わる審判又は調停前の措置は，法の規定による義務を定める審判その他の裁判，調停若しくは調停に代わる審判又は調停前の処分とみなされ，法290条及び規140条の履行命令の規定が適用される（法附則3条，規附則3条）。

11 履行命令事件の記録及び審判書原本の保存について

(1) 履行命令事件の記録の保存について

履行命令事件は，昭和39年12月12日付け最高裁判所規程第8号「事件記録等

---

[554] 家事審判法（旧法）時の取扱いではあるが，平成19年1月家庭裁判資料第183号訟廷執務資料第74号「家事書記官事務の手引（改訂版）」（最高裁判所事務総局）171頁では，このような告知の方法が望ましい旨記載されている。

[555] 履行命令事件が終了（終局）したとき（移送，回付又は申立書却下命令等，各事件票に掲げられた終局事由のいずれにも該当しないものによって終局した場合は除く。）は，平成17年1月31日付け最高裁情政第000005号事務総長通達「裁判統計報告について」及び同日付け最高裁情政第000006号情報政策課長通達「裁判統計報告に関する事務の処理について」並びに平成17年12月統計執務資料第39号「裁判統計報告書（事件票）作成要領家事・訴訟等編」（最高裁判所事務総局）に従い，記録に基づいて民事裁判事務支援システム（MINTAS）等を利用して家事履行勧告・履行命令事件票（家票4）を作成することになる。

第2章　履行命令における書記官事務

保存規程」2条5項の付随事件に該当し（平成7年3月訟廷執務資料第64号「事件記録等保存規程の解説（改訂版）」（最高裁判所事務総局）15頁及び23頁参照），その記録は，基本事件記録（主たる事件の記録）の保存期間満了の日までともに保存する（平成4年2月7日付け最高裁総三第8号事務総長通達「事件記録等保存規程の運用について」記第1の6の(2)参照）。

なお，履行命令事件が基本事件記録の保存期間満了の後に完結した場合は，当該履行命令事件本来の保存期間による（平成4年2月7日付け最高裁総三第8号事務総長通達「事件記録等保存規程の運用について」記第1の6の(2)参照）。すなわち，履行命令事件は前記4（584頁）のとおり家事雑事件であることから，当該履行命令事件本来の保存期間は3年となる（昭和39年12月12日付け最高裁判所規程第8号「事件記録等保存規程」4条1項別表第一の26の項に掲げる家事雑事件の「その他」参照）。

(2) 履行命令事件の審判書原本の保存について

履行命令事件の審判書原本については，昭和39年12月12日付け最高裁判所規程第8号「事件記録等保存規程」に事件書類として保存するよう規定されていないことから，履行命令事件の記録から分離しないで当該記録とともに保存する。

第2節　履行命令違反（不服従）に対する過料

第1　概説

法290条1項（同条3項において準用する場合を含む。）の規定により義務の履行を命じられた者が正当な理由[556]なくその命令に従わないときは，家庭裁判所は，10万円以下の過料に処する（同条5項）[557]。

本節では，以下において，この履行命令違反（不服従）に対する過料の手続について記載する。

第2　手続

1　規律

この履行命令違反（不服従）に対する過料の裁判を含む家事事件の手続においてする過料の裁判は，それ自体が本案ではなく，本案の手続のためにする付随的又は派生的な裁判であり，審判以外の裁判（法81条）と位置付けられている。したがって，法が規定する審判以外の裁判の規律（法81条，99条，101条等）に服することになるほか，当該規律がない部分については，非訟事件手続法第5編の規定（同法119条及び121条1項の規定並びに同法120条及び122条の規定中検察官に関する部分を除

---

[556] この「正当な理由」とは，履行命令を発せられた者がこれに従わなかった事情が客観的にみてやむを得ないと認められるものであることを要すると解されている（平成21年3月研修教材第15号「家事審判法実務講義案（六訂再訂版）」（裁判所職員総合研修所）429頁及び430頁参照）。

[557] この履行命令違反（不服従）による過料の制裁は，違反者（不服従者）の処罰を目的とするのではなく，義務者を心理的に強制して，命じられた義務内容を任意かつ確実に履行させるよう促進することにその趣旨があるので，この制裁の運用に当たっては，画一的な取扱いをすることなく，この趣旨に沿い慎重適切に行うべきであるとされている（斎藤秀夫，菊池信男編「注解家事審判法【改訂】」（青林書院）848頁参照）。

く。）を準用することとなっている（法291条2項及び逐条884頁参照）。
 2 手続
  (1) 管轄
    当該義務の履行を命じた（履行命令を発した）家庭裁判所（法290条5項）（逐条886頁参照）。
  (2) 申立ての可否
    この過料の手続は，家庭裁判所が職権をもって開始及び裁判をするべきものである。したがって，例えば，履行命令の権利者から家庭裁判所に当該履行命令違反の事実（過料に処すべき事実）の通知があり[558]，家庭裁判所が相当と認める場合は，職権で手続を開始することになる[559]。
    なお，職権で手続を開始する場合は，手続の適正及び明確を期するために，次の参考例のようにその旨を記載した書面を作成して記録上明らかにすることが考えられる。
    【参考例】
    ┌─────────────────────────────────────┐
    │ 住　　所　　〇〇県〇〇市〇〇町〇丁目〇番〇号   │
    │ 被審人※　　〇　〇　〇　〇   │
    │ 上記被審人に対する過料事件について，当裁判所は，手続を開始する。   │
    │ 　　　　　　　　平成〇〇年〇月〇日   │
    │ 　　　　　　　　　　〇〇家庭裁判所   │
    │ 　　　　　　　　　　　　裁　判　官　〇　〇　〇　〇　㊞   │
    │ 　※　過料事件の当事者は，過料の裁判がされた場合において，その裁判を受ける│
    │ 　　者となる者であり（後記(5)のア（590頁）参照），「被審人」と呼ばれている。│
    └─────────────────────────────────────┘
  (3) 立件の要否
    過料事件としての立件は不要である（昭和52年3月訟廷執務資料第46号「事件の受付および分配に関する事務の取扱要領の解説―改訂―」（最高裁判所事務総局）122頁68参照）。
  (4) 記録の編成
    この履行命令違反（不服従）に対する過料事件は，独立の事件としては取り扱われないため，本案事件（履行命令事件）の記録の一部として取り扱うことになる（平成7年3月訟廷執務資料第64号「事件記録等保存規程の解説（改訂版）」（最高裁判所事務総局）47頁参照）。

---

[558] この履行命令違反の事実の通知の方法としては，電話や口頭によることも考えられるが，手続の適正及び明確を期するために，書面による通知（家庭裁判所の職権発動を促す上申書等）を求めることが相当である。
[559] なお，裁判官から職権で手続を開始しない旨の指示があった場合には，手続の適正及び明確を期するために，当事者等から提出された履行命令違反の事実を通知する書面の余白に，当該日付及び「本件につき職権発動しない。」旨記載して裁判官の押印を受ける等してその旨を記録上明らかにし，手続の円滑な進行確保のため，当該書面を提出した当事者等にその旨を電話等の適宜の方法で連絡する等の取扱いが考えられる。

第2章　履行命令における書記官事務

(5) **審理**
　ア　正式手続
　　家庭裁判所は，過料についての裁判[560]をするに当たっては，あらかじめ当事者（過料の裁判がされた場合において，その裁判を受ける者となる者。以下本節において同じ。）の陳述を聴かなければならない（法291条2項，非訟事件手続法120条2項）。
　　なお，この当事者の陳述聴取に要する費用（例えば，陳述の催告書の郵送費用）は，過料の裁判がされた場合には当該当事者の負担となるため（法291条2項，非訟事件手続法120条4項），国庫立替えで支出することになる[561]。したがって，国庫立替請求及び債権発生通知に係る事務を行う必要がある（昭和55年3月民事裁判資料第128号「過料事件関係執務資料」（最高裁判所事務総局）111頁「35　過料の裁判の告知費用等の取扱いについて」及び同114頁「36　郵便による過料の裁判の告知等の費用の国庫立替支出及び取立てに関する事務の処理指針」参照）。
　　おって，後記(6)（591頁）以降では，この当事者の陳述聴取を行う正式手続を前提として，過料についての裁判の手続について記載する。
　イ　略式手続
　　前記アの正式手続に対し，家庭裁判所は，法291条2項で準用する非訟事件手続法120条2項の規定にかかわらず，相当と認めるときは，当事者の陳述を聴かないで過料についての裁判をすることができる（法291条2項，非訟事件手続法122条1項）。この略式手続については，法291条2項で準用する非訟事件手続法122条において，略式手続による過料の裁判に対しては，当事者は，当該裁判の告知を受けた日から1週間の不変期間内に当該裁判をした家庭裁判所に異議の申立てをすることができ，適法な異議の申立てがあった場合には，当該異議の申立ては執行停止の効力を有し，家庭裁判所は，当事者の陳述を聴いて，更に過料についての裁判をしなければならない等といった特則が規定されている。この略式手続の規定の趣旨や手続等については，金子修編著「逐条解説　非訟事件手続法」（商事法務）414頁から417頁までに記載されているため参照されたい。

560　この法291条2項で準用する非訟事件手続法120条中の「過料についての裁判」は，過料に処する旨の裁判のほか，違反事実を認めないとき，又は違反事実を認めても事情が極めて軽微であって処罰する必要がないと認めるときにする過料に処さない旨（不処罰）の裁判を含めた過料についての裁判一般を指すものであり，他方，「過料の裁判」は，過料についての裁判のうち，過料に処する旨の裁判のみを指すものである（金子修編著「逐条解説　非訟事件手続法」（商事法務）408頁参照）。
561　なお，このように国庫立替えをした事件が過料に処さない旨（不処罰）の裁判若しくは裁判によらずに終了したときは，この当事者の陳述聴取に要する費用（過料についての裁判の手続に要する手続費用）は，国庫の負担となる（法291条2項，非訟事件手続法120条4項）。また，当該事件における過料の裁判に対して当事者から即時抗告がされ，抗告裁判所において原裁判が取り消されて更に過料についての裁判がされたときは，当該手続費用は国庫の負担となる（法291条2項，非訟事件手続法120条5項）。これらの場合は，債権の変更の通知に係る事務を行う必要がある（昭和55年3月民事裁判資料第128号「過料事件関係執務資料」（最高裁判所事務総局）114頁「36　郵便による過料の裁判の告知等の費用の国庫立替支出及び取立てに関する事務の処理指針」参照）。

第2 手続

(6) 過料の裁判（過料に処する旨の裁判）
　ア　裁判書の作成
　　　過料の裁判は，前述のとおり，審判以外の裁判（法81条）であるが，過料についての裁判には理由を付さなければならないため（法291条2項，非訟事件手続法120条1項），法81条1項で準用する法76条2項の規定等に従って裁判書を作成する。
　　　なお，過料の裁判書の参考例は，次のとおりである。

【過料の裁判書の参考例】

>　　　　　　　　　　　過　料　決　定
>　住　　所　　○○県○○市○○町○丁目○番○号
>　被審人　　　○　○　○　○
>　上記被審人に対する過料事件について，当裁判所は，次のとおり決定する。
>　　　　　　　　　主　　　文
>　1　被審人を過料○万円に処する。
>　2　手続費用は被審人の負担とする。※1
>　　　　　　　　　理　　　由
>　　一件記録によると，被審人は，当庁平成○○年（家イ）第○○号○○調停申立事件について平成○○年○月○日に成立した調停条項第○項で定められた○○の給付義務について，平成○○年○月○日送達の義務の履行の命令（当庁平成○○年（家ロ）第○○号）により，同命令時までにその履行を怠った○○万円を，同命令送達の日から○○日以内に支払うよう命じられたのに，正当な理由なく同命令に従わなかった事実が認められる。
>　　よって，家事事件手続法290条5項，291条2項，非訟事件手続法120条1項，2項※2及び4項により，主文のとおり決定する。
>　　　　　　　平成○○年○月○日
>　　　　　　　　○○家庭裁判所
>　　　　　　　　　裁判官　○　○　○　○　㊞
>　※1　法291条2項で準用する非訟事件手続法120条4項の規定により，過料の裁判をした場合は，過料についての裁判の手続に要する手続費用は当該裁判を受けた者の負担となる（金子修編著「逐条解説　非訟事件手続法」（商事法務）410頁参照）。
>　※2　この「2項」は，前記(5)のア（590頁）の正式手続により審理を行った場合に記載する。

　イ　過料の裁判の告知
　　　過料の裁判は，相当と認める方法で告知する（法81条1項，74条1項）。後記(7)のとおり，過料の裁判に対しては，当事者が即時抗告をすることができることから，当該即時抗告期間の起算日を明確にするため，当該当事者に対しては，過料の裁判書の謄本を送達する方法により告知するのが相当である。
　　　過料の裁判が告知されたときは，書記官は，その旨及び告知の方法を記録上明

第2章 履行命令における書記官事務

らかにしなければならない（規50条4項・3項）。

　なお，この過料の裁判の告知費用についても，前記(5)のア（590頁）の当事者の陳述聴取に要する費用と同様に，当該当事者の負担となるため（法291条2項，非訟事件手続法120条4項），国庫立替えで支出することになる。したがって，国庫立替請求及び債権発生通知に係る事務を行う必要がある（昭和55年3月民事裁判資料第128号「過料事件関係執務資料」（最高裁判所事務総局）111頁「35　過料の裁判の告知費用等の取扱いについて」及び同114頁「36　郵便による過料の裁判の告知等の費用の国庫立替支出及び取立てに関する事務の処理指針」参照）。

(7) 不服申立て（即時抗告）

　ア　即時抗告権者

　　　この過料の裁判に対しては，当事者に限り即時抗告をすることができる（法291条2項，非訟事件手続法120条3項）。

　イ　即時抗告期間

　　　この過料の裁判は，審判以外の裁判（法81条）であるから，即時抗告期間は1週間である（法101条1項）（逐条886頁参照）。

　ウ　執行停止効の有無

　　　審判以外の裁判に対する即時抗告には，特別の定めがある場合を除き，原則として，執行停止の効力はないが（法101条2項参照），この過料の裁判に対する即時抗告には執行停止の効力がある（法291条2項，非訟事件手続法120条3項）（家事事件手続法概説154頁参照）。

(8) 過料の裁判（過料に処する旨の裁判）の執行

　ア　執行命令

　　　法の規定による過料の裁判は裁判官の命令で執行し（法291条1項前段），当該命令（執行命令）は執行力のある債務名義と同一の効力を有する（同項後段）。

　　　この執行命令をする裁判官は，過料の裁判をした裁判官と同一人であることを要しない（斎藤秀夫，菊池信男編「注解家事審判法【改訂】」（青林書院）852頁参照）。

　　　この執行命令の方法については，平成7年3月31日付け最高裁民二第154号事務総長通達「法廷等の秩序維持に関する法律等に基づく過料の徴収について」記第1に記載されているため参照されたい。

　　　なお，執行命令は，執行力のある債務名義と同一の効力を有することから，単純執行文の付与（民執法26条参照）を要せずに過料の執行ができると解されている（斎藤秀夫，菊池信男編「注解家事審判法【改訂】」（青林書院）852頁及び「別冊法学セミナーno.225新基本法コンメンタール人事訴訟法・家事事件手続法」（日本評論社）594頁参照）。

　イ　執行の実施

　　　過料の裁判の執行は，民執法その他強制執行の手続に関する法令の規定に従ってする。ただし，執行をする前に裁判[562]の送達をすることを要しないとされている（法291条2項，非訟事件手続法121条2項）。実際に過料の裁判の執行を

実施する（過料の徴収をする）に当たっては，平成7年3月31日付け最高裁民二第154号事務総長通達「法廷等の秩序維持に関する法律等に基づく過料の徴収について」に従って処理することとなる。

(9) **手続終了後の過料事件の記録の保存**

前記(4)（589頁）のとおり，この履行命令違反（不服従）に対する過料事件は，独立の事件としては取り扱われないため，本案事件（履行命令事件）の記録の一部として保存することになる。また，過料の裁判の原本は，昭和39年12月12日付け最高裁判所規程第8号「事件記録等保存規程」に事件書類として保存するよう規定されていないことから，当該記録からは分離せずに，当該記録の一部として，当該記録の保存期間だけ保存する（平成7年3月訟廷執務資料第64号「事件記録等保存規程の解説（改訂版）」（最高裁判所事務総局）47頁及び220頁39参照）。

---

562 この送達の対象となる「裁判」については，家事審判法（旧法）時の資料ではあるが斎藤秀夫，菊池信男編「注解家事審判法【改訂】」（青林書院）853頁のほか，金子修編著「逐条解説　非訟事件手続法」（商事法務）411頁及び412頁を，適宜，本節の履行命令違反（不服従）に対する過料の裁判の執行の場合に読み替えた上で参照されたい。

家事事件手続法下における書記官事務の運用に関する実証的研究
―家事調停事件及び別表第二審判事件を中心に―

平成30年6月　第1刷発行

　　　　　　監　　修　　裁判所職員総合研修所
　　　　　　発 行 人　　境　　　敏　博
　　　　　　発 行 所　　一般財団法人　司 法 協 会
　　　　　　　　　　　〒104-0045　東京都中央区築地1-4-5
　　　　　　　　　　　第37興和ビル7階
　　　　　　　　　　　出版事業部
　　　　　　　　　　　電話　(03)5148-6529
　　　　　　　　　　　FAX　(03)5148-6531
　　　　　　　　　　　http://www.jaj.or.jp

落丁・乱丁はお取り替えいたします。　　　　　印刷製本／中和印刷（株）
ISBN978-4-906929-69-6　C3032　￥7000E